학습심리학
−인간의 사고, 정서, 행동의 이해−

An Introduction to Theories of Learning (9th ed.)

이 역서는 2013년 정부(교육부)의 재원으로 한국연구재단의
지원을 받아 번역 출간되었음(NRF-2013S1A3A2055007).

학습심리학

−인간의 사고, 정서, 행동의 이해−

Matthew H. Olson · B. R. Hergenhahn 공저
서울대학교 학습창의센터 역 | 대표 역자 신종호 · 이선영

학지사

An Introduction to Theories of Learning, 9th Edition

by Matthew H. Olson and B. R. Hergenhahn

Authorized translation from the English language edition,
entitled AN INTRODUCTION TO THEORIES OF LEARNING, 9th Edition, ISBN: 9780205871865 by
OLSON, MATTHEW H.; HERGENHAHN, B. R., published by Pearson Education, Inc.,
publishing as Pearson,
Copyright © 2013 by Pearson Education, Inc.

KOREAN language edition published by HAKJISA PUBLISHER, INC.
Copyright © **2015** by Hakjisa Publisher, Inc.

| 역자 서문 |

학습이란 개인이 자신의 능력을 계발해 나가는 심리적 과정이다. 학습 과정에 대한 체계적 이해는 교육 상황에서 어떻게 개인의 능력을 규정해야 하는가, 그리고 이를 어떻게 계발하는 것이 바람직한가에 대한 우리의 질문에 중요한 답을 제공한다.

역사적으로 학습 관련 이론의 발달을 이끌었던 주요 학자들의 연구를 바탕으로 집필된 이 책은 학습에 대한 우리의 관점을 깊이 있게 만들어 준다. 역사적으로 학습에 대한 이해 틀의 전환을 가져온 여러 학자들의 견해는 가르치고 배우는 과정에 대해 보다 '기초적인' 고민을 하게 만들기에, 이 책을 읽어 볼 만한 가치가 있다고 감히 제안하고 싶다.

독자들에게 부탁하고 싶은 것은 이 책을 읽는 동안 학습에 대한 이론적 고찰을 심도 있게 이해하기 위해 최선의 노력을 다하라는 것이다. 이 책이 주로 기초적인 학습 이론을 연구 중심으로 다루고 있다 보니, 학습의 하위 주제별로 주요 개념을 설명하는 방식으로 구성된 다른 학습심리학 서적에 비해 난해할 수 있기 때문이다.

그러나 학습에 관한 관점의 전환을 가져온 기초적인 학습 이론들에 대한 깊이 있는 이해는 최근의 학습 이론에 대한 보다 심도 있고 확장된 이해를 가능하게 할 것이다. 뿐만 아니라 교육 현장에서의 교수-학습과 관련하여 그 근거가 분명한 실천적 의사결정을 할 수 있게 도와줄 것이다. 이 책에서 소개되고 있는 각 학습 이론가들의 이론적 틀을 파악하고, 이론적 틀 내에서 주요 개념들의 내용과 관계를 완전히 파악하는 것이 중요하며, 이것이 학습에 대한 여러분들의 이해에 중요한 자산이 될 것으로 확신한다.

이 책의 번역 작업에 있어서는 대표 역자들 외에도 서울대학교 학습창의센터에 속한 연구원들이 중심이 되었다. 용어 하나하나에 대해 정확하고 엄밀한 번역을 하고자 했으며, 내용 전달에 있어서도 독자들이 쉽게 이해할 수 있도록 최선을 다하였다. 혹시 미진한 점이 있다면 너그러운 양해를 부탁드리며, 잘못 번역된 내용이나 이해하기 어려운 부분이 있다면 언제든지 edpsychsnu@gmail.com으로 연락해 주기 바란다.

끝으로 이 번역서가 출판되기까지 수고해 준 학습창의센터 연구원들 모두에게 감사하며, 특히 처음부터 끝까지 번역 작업을 총괄해 준 조은별 연구원에게 깊은 감사의 말을 전한다. 또한 이 책의 출판을 지원해 준 학지사 김진환 사장님과, 이 책의 번역이 정확하고 엄밀하게 이루어지도록 편집을 책임져 준 편집부 이현구 차장에게도 감사의 말을 전한다.

2015년 8월
대표 역자 신종호, 이선영

| 저자 서문 |

이전 판과 마찬가지로, 이 책의 주요 목적 네 가지는 학습을 정의하고, 학습의 과정이 어떻게 연구되는지 살펴보며(1장, 2장), 역사적 관점에서 학습 이론을 자리매김하고(3장), 교육적 실천을 위한 함의를 고려하여 주요 학습 이론의 핵심 특성들을 제시(4~16장)하는 것이다. 우리는 수정을 하면서 이전 판의 장점을 유지하고 최신 연구와 성과들을 반영하기 위하여 노력하였다. 주요 수정 사항은 다음과 같다.

새롭게 변경된 사항

다음은 새롭게 변경된 내용들이다.

- 전체 내용을 재조직하고 간소화하는 작업이 이루어졌다.
- 6장: 분산훈련의 우월성을 확인하는 사례로 시험 효과를 소개하고, 바이오피드백의 절차를 추가하였다.
- 7장: 조건화된 면역 반응의 진행에 대한 자료들을 추가하여 시걸(Siegel)의 조건적 보상 반응의 개념에 대한 논의의 범위를 확대하고, 부적 전이 효과를 소개하였다.
- 10장: '아하!' 현상에 대한 연구를 포함하여, 형태주의 심리학의 인지적·신경과학적 측면을 추가하였다.
- 11장: 유아기의 인지적 능력을 피아제(Piaget)가 과소평가했음을 보여 주는 증거들을 추

가하였다.

- 13장: 관찰학습에서 거울 뉴런의 역할에 대하여 설명하였다.

- 14장: 경화와 공간적 학습에서 해마의 역할에 대한 새로운 정보들을 제시하였다.

- 15장: 행동적 면역 체계(behavioral immune system)와 동료 선택 시 후각의 역할에 대한 내용을 소개하였다.

- 16장: 교육학의 최근 경향을 살펴보고 논의하였다.

감사의 말

타런트 카운티 대학의 Marl Evans, 로체스터 공과대학의 Suzan Tessier, 페이트빌 주립 대학교의 Vivian Dzokoto, 산호세 주립대학교의 Naomi Wagenr, 존제이 대학의 Dolores McCarthy, 로드아일랜드 대학의 Fredric Agatstein 등 개정판을 구성하는 데 도움을 준 여러분에게 감사의 마음을 표한다.

햄린 대학교(Hamline University)의 심리학과 동료들에게도 감사의 마음을 전한다. 이 프로젝트에 시간을 할애하도록 도움을 준 교수들인 Dorothee Dietrich, R. Kim Guenther, Robin Parritz에게 감사하며, 부교수 Serena King, 조교수 Paula Mullineaux에게도 감사한다. Susan Hartman과 Shelly Kupperman에게도 감사한다. 이분들은 Prentice Hall과 Laserwords의 Haseen Khan을 대표하여 많은 지원을 보내 주었다. 다이어그램, 그림, 그래프 등을 제공해 준 Bonnie J. Sather에게도 감사한다. 마지막으로 여러 차례 원고를 검토하고 책의 구성과 관련하여 사려 깊으며 통찰력 있는 제안을 해 준 아내 Marce Soderman-Olson에게 감사를 전한다.

이 책에 대한 제안, 의견이 있다면 햄린 대학교 심리학과, 혹은 mholson@gw.hamline. edu를 통해 직접 연락해 주기를 바란다.

Matthew H. Olson

| 차 례 |

제5부 중요한 신경생리학적 이론

제6부 진화 이론

제1부

학습에 대한 개관

제1장

학습이란 무엇인가

학습은 현대 심리학에서 가장 중요한 주제 중 하나이다. 그러나 학습에 대한 정의를 내리기는 매우 어렵다. 학습(learning)에 대한 일반적이고 폭넓게 받아들여지는 정의는 훈련이나 경험을 통해 얻는 이해(comprehension), 지식(knowledge), 또는 이해(understanding)이다. 그러나 대부분의 심리학자는 이러한 정의를 받아들이지 않는다. 왜냐하면 이러한 정의 안에 있는 지식(knowledge), 이해(comprehension), 숙달(mastery)과 같은 단어가 추상적이기 때문이다. 대신에 우리는 학습을 관찰 가능한 행동의 변화라고 정의하는 것을 가장 선호한다. 이와 같은 정의 중에서 가장 대표적인 것은 "강화된 훈련(reinforced practice)의 결과로 나타난 행동 잠재력(behavioral potentiality)의 비교적 영구적인 변화(relatively permanent change)"라는 킴블(Gregory A. Kimble, 1917~2006)의 정의이다. 하지만 유명함에도 불구하고 킴블의 정의

는 널리 수용되지 못하고 있다. 킴블의 정의가 널리 수용되지 못하는 이유를 살펴보기 전에 학
습에 대한 정의부터 자세히 살펴보자.

첫째, 학습은 행동의 변화로 나타나야 한다. 다시 말하면 학습의 결과는 언제나 반드시 측
정 가능한 행동의 변화로 나타나야 한다. 학습 후 학습자들은 학습하기 전에는 할 수 없었던
것을 할 수 있어야 한다. 행동은 외현적인 것(골프 스윙 또는 스페인 단어 발음 교정)이거나 내
현적인 것(혈압이나 심박 수 상승)일 수 있다. 둘째, 행동 변화는 비교적 영구적이어야 한다.
다시 말해, 행동 변화는 일시적이어도 안 되고 영구적이어도 안 된다. 셋째, 행동 변화는 학습
경험 후에 즉시 일어나지 않아도 된다. 예전과 다른 행동을 할 수 있는 잠재력을 가지고 있더
라도 이것이 즉시 행동으로 나타나지는 않는다. 넷째, 행동 변화(혹은 행동 잠재력)는 경험이
나 훈련을 통해 이뤄진다. 다섯째, 경험이나 훈련은 강화되어야 한다. 강화된 훈련이나 경험
을 통해서만 학습된다.

보상(reward)과 강화(reinforcement)가 자주 동일한 의미로 사용되지만, 동의어로 사용되면
안 되는 두 가지의 이유가 있다. 예를 들어, 파블로프(Pavlov)의 실험에서 강화인(reinforcer)
은 무조건 자극으로서 정의되었는데 이는 유기체로부터 자연스럽고 자동적인 반응을 이끌어
내는 자극을 의미한다. 파블로프의 실험에서 묽은 산성 용액이나 전기 충격이 무조건 자극으
로 활용되었지만 이는 일반적이지 않다. 이러한 자극을 강화인으로 부르는 것이 정확하지만
보상은 앞으로 받을 것이기 때문에 먼저 이뤄진 이러한 자극을 보상으로 볼 수 없다. 스키너
(Skinner) 학파 또한 강화와 보상을 동일하게 여기는 것에 반대하였다. 그들에게 강화인이란
강화인 이전의 행동을 강화시키는 것이다. 반대로 보상은 달성할 만한 것을 달성했을 때나 사
회적으로 기대되는 행동을 했을 때 주어지거나 받을 수 있는 어떤 것으로 여겨진다. 더불어 이
러한 기대되는 행동은 일반적으로 보상으로 알려지기 훨씬 전에 일어나기 때문에 보상이 이
를 강화한다고 볼 수 없다. 그러므로 스키너 학파의 관점에 따르면, 강화인은 행동을 강화할
수 있지만 보상을 강화할 수 없다. 스키너(1986)는 이러한 관점을 다음과 같이 설명하였다.

강화인이 보상으로 느껴지면, 강화(reinforcement)의 강화 효과(the strengthening effect)
는 사라진다. 사람은 보상을 받으면 행동이 강화된다. 만약 당신이 길을 걷고 있을 때 바닥
에서 돈을 주웠다고 가정하자. 이때 돈이 이러한 행동을 강화시켰다면 당신은 한동안 땅을
보고 걸으려고 할 것이다. 하지만 당신이 땅을 보며 걷는 것을 보상받았다고 할 수는 없다.
단어의 유래를 살펴보면, 보상은 배상을 의미하는 것으로서 희생과 손실에 상응하는 노력의
소모라고 할 수 있다. 우리는 영웅에게 메달을 수여하며, 학생에게 학위를 주고, 유명한 사

람에게는 상을 준다. 하지만 이러한 행위들은 그들이 행동한 것에 바로 이어지지 않는데, 대체로 보상이란 그 행동들이 열심히 노력한 결과로 여겨지지 않으면 보상받을 만하지 않다고 느껴진다(p. 569).

위의 글을 읽어 보면 보상과 강화가 동일하게 인식되지 않는다는 사실을 알 수 있다. 이미 살펴보았듯이, 보상이라는 단어는 스키너의 정의를 따를 경우가 아니라면 강화인과 강화는 배타적으로 사용될 것이다.

학습에 대한 킴블(1961)의 정의는 학습에 대한 논의에서 몇 가지 중요한 주제들을 다룰 때 도움이 되는 준거 틀(frame of reference)을 제공한다. 앞으로 중요한 주제들에 대해 살펴보도록 하자.

학습의 결과는 반드시 행동의 변화로 나타나야 하는가

3장에서 살펴보겠지만, 심리학은 일종의 '행동과학'이라고 할 수 있는데 여기에는 타당한 이유가 있다. 과학은 관찰 가능하고 측정 가능한 객관적인 대상을 요구한다. 심리학에서 객관적인 대상은 행동이다. 따라서 우리가 심리학에서 무엇을 연구하든지 명시적이거나 잠재적인 행동으로 반드시 나타나야 한다. 하지만 우리가 연구하는 행동이 반드시 학습이라는 것은 아니다. 우리는 우리가 관찰하는 행동 변화의 원인으로 여겨지는 과정에 대하여 추론하여 연구해야 한다. 이러한 과정이 학습이다. 대부분의 학습 이론가는 학습 과정은 직접적으로 연구될 수 없으며 대신 행동 변화를 통해 추론될 수 있다고 주장한다. 하지만 B. F. 스키너는 이러한 주장을 반대한다. 스키너에게 행동 변화는 학습이며 과정은 추론될 필요가 없다. 다른 이론가들은 행동의 변화가 학습에 따른 결과라고 주장한다. 우리는 스키너의 주장에 대해 5장에서 자세히 살펴볼 것이다.

스키너 학파를 제외하고 대부분의 학습 이론가는 학습이란 행동을 중재(mediate)하는 과정이라고 간주한다. 그들에게 학습은 특정한 경험의 결과를 이끌어 내거나 행동의 변화를 선행하는 것으로 여겨진다. 이러한 정의에서 학습은 매개 변인(intervening variables)으로 간주된다. 매개 변인은 관찰된 자극과 반응 사이에 발생하는 이론적 과정이라고 본다. 독립 변인은 매개 변인(학습)의 변화를 유발하며 매개 변인은 독립 변인(행동)의 변화를 일으킨다. 이러한 상황은 다음과 같이 도식화될 수 있다.

비교적 영구적인 것은 어느 정도를 의미하는가

여기서 우리는 두 가지 문제를 다룰 것이다. 첫 번째, 학습이 일어났다고 판단하기 위해 행동 변화는 얼마나 유지되어야 하느냐의 문제이다. 이러한 관점은 원래 피로와 질병, 성숙, 약물중독과 같은 사상(事象, events)에 의해 변화된 행동과 학습을 구분하기 위해 논의되기 시작했다. 확실히 이러한 사상들과 이들의 영향은 일시적이지만, 학습은 시간이 지나 망각이 발생하거나 새로운 학습이 오래된 학습을 대체하기 전까지 유지된다.

그러므로 일시적인 상태와 학습이 모두 행동을 변화시키지만 학습으로 인한 변화가 상대적으로 더 영구적이다. 그러나 학습에 의한 변화나 일시적인 신체 상태에 의한 변화의 기간 모두 명확하게 명시되기는 어렵다.

이와 관련된 문제는 더욱 난해하다. 많은 심리학자는 단기 기억(short-term memory; 14장)이라는 사상에 대해 연구한다. 심리학자들은 정보가 한 번만 제공되는 실험에서 무의미한 음절과 같이 익숙하지 않은 정보가 제시되었을 때 실험 참가자들이 이러한 정보를 3초 동안 완벽하게 기억하는 것을 발견하였다. 하지만 참가자들은 15초가 지난 후에는 거의 대부분을 기억하지 못하였다(Murdock, 1961; Peterson & Peterson, 1959). 짧은 시간이 지났음에도 불구하고 정보가 사라져 버렸지만 학습이 일어나지 않았다고 말하기는 어렵다.

학습이 비교적 영구적인 것이라는 전제에 근거하여 민감화(sensitization)와 습관화(habituation)의 과정은 학습의 예로 간주될 수 있다(14장 참조). 민감화는 유기체가 환경의 한 측면에 대해 더욱 민감하게 반응할 수 있도록 하는 과정이다. 예를 들어 벌이 쏘기 전에 내는 소리를 개의치 않는 사람이 있다고 할 때, 벌에 쏘이는 것은 이 사람으로 하여금 벌이 내는 소리에 더욱 민감하게 한다. 불쾌한 경험으로 인해 민감하게 느끼는 것이나 과민증(hypersensitive)은 우리가 일반적으로 잘 알고 있는 민감화의 한 형태이다.

습관화는 유기체가 환경에 덜 반응하도록 하는 과정이다. 유기체는 새로운 자극에 반응하는 경향이 있는데 이를 정위 반사(orienting reflex)라고 한다. 예를 들어 갑자기 소리가 들리면, 개는 소리가 나는 방향으로 고개를 돌린다. 하지만 소리에 익숙해지고 나면(소리가 위협적이지 않다고 판단되면), 개는 점차 이를 무시하게 되고 원래 관심사에 집중하게 된다. 이 경우 우리는 소리에 대한 개의 반응이 습관화되었다고 한다.

학습과 수행

앞서 논의되었듯이, 학습은 즉각적으로 활용되지 않을 수 있다. 예를 들어, 운동선수는 비디오나 강의를 통해 새로운 운동법을 배울 수 있다. 그러나 그들은 실제 시합 이전에 학습한 내용을 행동으로 옮기지 않을 수도 있다. 사실 몇몇 운동선수는 부상이나 질병을 이유로 오랜 기간 동안 수행을 못하기도 한다. 그러므로 행동이 즉각적으로 변화하지 않아도 행동을 다르게 할 수 있는 잠재력이 있다면 학습 결과가 나타났다고 할 수 있다.

이러한 이유로 학습(learning)과 수행(performance)은 반드시 구분되어야 하는데, 이는 6, 12, 13, 14장에서 자세히 논의될 것이다. 학습은 행동 잠재력(behavior potentiality)의 변화로 간주되며, 수행은 이러한 잠재력이 행동으로 전이된 것으로 여겨진다.

우리는 왜 훈련이나 경험을 논의하는가

분명히 모든 행동이 학습된 것은 아니다. 대부분의 단순한 행동들은 반사적(reflexive)이다. 반사(reflex)란 특정 자극에 대한 학습되지 않거나 선천적인 반응으로 정의된다. 코가 간지러워서 하는 재채기나 의사가 무릎을 쳤을 때 나타나는 무릎반사, 혹은 뜨거운 냄비를 만졌을 때 즉시 손을 떼는 행동이 반사 행동의 예이다. 명백하게 반사 행동은 학습되지 않는다. 일반적으로 반사적 행동은 경험의 결과라기보다는 개인의 특성으로 정의된다. 몇몇 복잡한 행동 또한 선천적일 수 있다. 복잡한 행동의 유형이 유전적인 것으로 판단될 때, 대체로 이를 본능(instinct)의 예라고 간주한다. 본능적 행동은 둥지 짓기, 이동, 동면, 짝짓기 등의 행동을 포함한다. 심리학자들은 이러한 행동 유형을 본능으로 설명하였다. 새나 물고기가 이주하는 것은 그들이 이주 본능을 가지기 때문이며 새가 둥지를 짓는 것은 둥지를 짓는 본능을 가지고 있기 때문이다. 우리는 설명하기 쉽도록 이러한 경향을 종 특유 행동(species-specific behavior)이라고 정의하고자 한다(Hinde & Tinbergen, 1958). 종 특유 행동은 특정한 행동에서 특정한 종이 보여 주는 복잡하고 학습되지 않았으며 비교적 수정되지 않는 행동을 의미한다.

그러나 종 특유 행동이 완벽하게 유기체에 따라 결정되는지, 학습이 개입되지 않는지에 대해서는 여전히 논의가 계속되고 있다. 새는 본능적으로 날 수 있을까 혹은 학습하는 것일까? 어떤 학자들은 어린 새가 나무에서 땅으로 떨어지는 과정에서 시행착오를 통해 나는 것을 배우며 학습하지 않고는 날 수 없다고 주장한다. 그러나 몇몇 예를 통해서 복잡한 행동들이 확실하게 학습의 영향을 받지 않는 것을 알 수 있다. 예를 들어, 뻐꾸기는 다른 새의 둥지에 알을 낳으며 수양부모가 새끼 뻐꾸기를 키운다. 어미 뻐꾸기는 수양부모가 어떤 종이든 간에 이러한 행동을 하므로 이런 행동이 학습된 것이라고 보기는 어렵다.

학습하지 않은 행동의 다른 예로 다람쥐가 견과류를 땅에 묻는 행동이 있다. 심지어 새끼 다람쥐가 다른 다람쥐들과 분리되어 자랐어도 처음 견과류를 보게 되면 이를 땅에 묻으려고 한다. 이러한 행동 유형은 심지어 나무 바닥에서 다람쥐에게 견과류를 보여 주었을 때도 나타난다. 다람쥐는 바닥에 구멍을 파듯 바닥을 긁고 바닥에 견과류를 밀어 넣듯이 코로 견과류를 누르고 발로 덮는 동작을 한다(Brown, 1965). 다른 연구들은 몇몇 종 특유 행동이 학습될 수 있고 선천적일 수 있음을 보여 준다(Hess, 1958; Lorenz, 1952, 1965, 1970; Thorpe, 1963). 예를 들어, 로렌츠(Lorenz)는 새로 태어난 오리들은 그들이 태어났을 때 본 움직이는 대상을 엄마라고 여기고 애착을 보이는 것을 발견했다. 로렌츠는 오리가 바퀴 달린 나무 상자와 사람, 혹은 다른 종의 새와도 애착을 가질 수 있음을 보여 주었다. 유기체와 환경 대상(environmental object) 간의 애착 관계를 각인(imprinting)이라고 한다. 각인은 결정적 기간(critical period)에만 나타나며 이 기간이 지나면 불가능하지는 않지만 발생하기 어렵다. 각인에는 학습된 행동과 본능적인 행동이 혼합되어 있다. 오리는 유전적인 특성 때문에 짧은 기간 동안 움직이는 대상에 대해 민감하게 반응하며, 이 기간 동안 대상을 따르는 강한 습관을 배우게 된다. 하지만 이 기간 동안 학습이 발생하지 않는다면, 이러한 행동은 다시는 일어나지 않을 수도 있다. 따라서 대상에 대한 강한 애착은 훈련으로 생성된 것으로 보기 어렵다. 대신에 한 번의 강한 시도로 학습된 것으로 볼 수 있다. 일회시행 학습(one-trial learning)은 8장과 9장에서 자세히 보도록 하자.

각인에 대한 연구는 많은 의문을 유발하였다. 만일 학습이 종 특유 행동으로 분류된다면, 어떤 학습의 종류가 얼마나 포함되어 있는지 향후 연구를 통해 확인해야 한다. 그러나 핵심은 행동 변화를 학습으로 귀인하기 위해서는 이러한 변화가 비교적 영구적이며 경험을 통해 이루어져야 한다는 것이다. 만약 유기체가 경험과 별개로 복잡한 행동 유형을 보인다면 그 행동은 학습된 것으로 간주하기 어렵다.

로렌츠와 그에게 각인된 새끼 오리들

학습은 특정한 종류의 경험을 통해 이뤄지는가

킴블(1961)의 정의에 의하면 학습은 강화된 훈련의 결과이다. 다시 말해, 오직 강화된 행동만이 학습된다. 이 점에서 학습 이론가들 사이에서 폭넓은 의견 대립이 나타나고 있다. 이론가들은 강화가 무엇인지뿐만 아니라 학습이 일어나기 위해 강화가 필수적인지에 대해서도 논쟁을 하고 있다. 이 책에서는 강화의 특성과 중요성에 대해 다양한 이해를 살펴보도록 하자.

학습에 대한 수정된 정의

그레고리 A. 킴블

"학습이란 비교적 영구적인 행동의 변화이거나, 경험을 통한 행동 잠재력의 변화이다. 질병, 피로 또는 약물로 인한 일시적 신체 상태(temporary body states)에 기인하지 않는다."라는 킴블(1961)의 정의는 강화에 대해 중립적이며, 따라서 더욱 폭넓게 수용될 수 있다.

이러한 정의는 경험의 중요성을 강조하고 있

지만, 여전히 학습이 일어나기 위한 특정 경험의 종류가 있다는 생각은 여전하다. 예를 들어 강화된 훈련, 자극과 반응의 인접, 또는 정보의 습득이 이에 해당된다. 또한 경험은 학습 외의 다른 과정들을 야기할 수 있으며, 피로 유발도 그 예가 될 수 있다.

학습에는 다양한 종류가 있는가

앞서 살펴보았듯이 학습은 경험을 통한 행동 잠재력의 변화를 나타내기 위한 일반적인 용어이다. 그러나 조건화(conditioning)는 행동을 변화시키는 실제적인 과정을 나타내기 위해 활용되는 좀 더 구체적인 용어이다. 조건화에는 두 가지 종류, 즉 도구적 조건화(instrumental conditioning)와 고전적 조건화(classical conditioning)가 있기 때문에, 많은 이론가는 학습의 유형에도 최소한 두 가지 종류가 있으며 학습은 궁극적으로 고전적 조건화와 도구적 조건화를 통해 이해될 수 있다는 결론을 내렸다. 비록 두 가지 조건화의 과정에 대해서 추후에 자세히 논의하겠지만 여기에서 간단히 요약하고자 한다.

고전적 조건화

7장에서 파블로프(Pavlov)의 학습에 대한 견해에 대해서 논의할 때 고전적 조건화에 대해서 자세히 살펴보겠지만, 고전적 조건화에 대해 다음과 같이 요약할 수 있다.

① 음식과 같은 자극이 유기체에게 제시되면 타액의 분비와 같은 자연스럽고 자동적인 반응이 유발된다. 이런 자연스러운 반응을 유발하는 자극을 무조건 자극(unconditioned stimulus: US)이라고 한다. 이 경우 음식을 무조건 자극이라고 한다. 무조건 자극에 대한 자연스럽고 자동적인 반응을 무조건 반응(unconditioned reaction: UR)이라고 하며, 이 경우 타액 분비가 무조건 반응이 된다.

② 무조건 자극이 제시되기 직전, 유기체에게 소리나 빛과 같은 중립적인 자극(무조건 반응을 일으키지 않는)이 제시된다. 이런 중립적 자극을 조건 자극(conditioned stimulus: CS)이라고 한다.

③ 조건 자극이 제시되고 무조건 자극이 제시되는 과정이 여러 번 반복되면 조건 자극만 제

시되어도 유기체는 타액을 분비하게 된다. 타액 분비와 같이 무조건 자극에 반응하는 유기체의 반응은 소리나 빛과 같은 조건 자극에도 일어나게 된다. 고전적 조건화에서는 무조건 자극을 강화라고 부르며, 이는 모든 조건화 과정이 무조건 자극에 의해 일어나기 때문이다. 그러나 고전적 조건화 상황에서 유기체는 강화를 조절할 수 없다. 오직 연구자가 원할 경우에만 강화가 조절될 수 있다. 다시 말해서, 고전적 조건화에서 강화는 유기체의 반응과 관련이 없는 것이다.

도구적 조건화

도구적 조건화에서 강화와 유기체의 행동 간 관계는 확실히 구분된다. 도구적 조건화에서 유기체는 강화되기 전 특정한 방법으로 행동을 한다. 즉, 강화는 유기체의 행동과 관련이 있다. 만약 유기체가 기대되는 행동을 하지 않는다면, 이것은 강화된 것이 아니다. 그러므로 도구적 조건화에서 유기체의 행동은 원하는 것, 즉 강화인을 얻기 위한 '도구적인' 것이다. 스키너 상자(Skinner box)라고 불리는 작은 상자는 도구적 조건화(같은 맥락에서 조작적 조건화[operant conditioning]라고 불리기도 함)[1]를 보여 주기 위해 종종 사용된다. 이 상자는 격자무늬 바닥과 동물이 누르면 배식 장치가 작동되어 먹이가 제공되는 레버가 장치되어 있다. 예를 들면, 연구자는 굶주린 쥐를 스키너 상자에 넣는다. 곧 쥐는 레버를 누르면 먹이가 나오는 것을 알게 되고 쥐가 막대를 누르는 횟수가 늘어나게 된다. 이 경우 쥐는 먹이를 얻기 위해 레버를 누르게 되는 것이다. 레버를 누르는 것은 조건화된 행동이며 먹이는 강화인이다.

도피 조건화(escape conditioning)와 회피 조건화(avoidance conditioning)는 도구적 조건화의 특별한 유형 중 하나이다. 도피 조건화에서는 쥐를 스키너 상자에 넣고 바닥에 전기를 흐르게 한다. 유기체는 반드시 충격에서 벗어나기 위해 작은 장애물을 넘거나 작은 플랫폼을 오르는 것과 같은 반응을 해야 한다. 쥐는 곧 충격의 종결과 반응을 연관시키게 된다. 이 경우 도피 반응은 조건화된 행동이며 충격의 종결은 강화인이다.

회피 조건화를 설명하기 위해, 스키너 상자의 바닥에 5분 간격으로 전기 충격을 주는데 전기를 흐르게 하기 전에 빛과 같은 신호를 먼저 보여 준다. 곧 쥐는 빛과 충격을 연관시킬 것이

---

1) 역자 주: 손다이크(Thorndike)는 특정 행동이 어떤 결과를 초래하는 데 있어 도구적 역할을 한다는 관점에서 '도구적 조건화'라고 하였고, 이후 스키너(Skinner)는 바람직한 결과를 이끌어 내기 위해 어떤 자극에 대해 단지 수동적으로 반응하는 것이 아니라 환경에 능동적인 조작을 가한다는 의미에서 '조작적 조건화'라는 용어를 사용하였다. 자세한 내용에 대해서는 5장에 기술되어 있다.

다. 그리고 빛이 보일 때마다 충격을 회피하기 위해 반응을 수행하게 될 것이다.

학습 이론가들은 고전적 조건화와 도구적 조건화에 그들의 연구를 한정시키는 것이 광범위한 인간의 행동에 대해 연구하는 데 도움이 안 된다는 것을 알고 있다. 예를 들어, 가네(Gagné, 1970)는 여덟 가지 종류의 학습이 있다고 보는 것이 더욱 현실적이라고 생각했다. 가네는 단순 조건화(simple conditioning)가 간단하게 학습의 발전된 유형을 위한 기초를 제공한다고 생각하였다. 12장에서 살펴보겠지만, 톨먼(Tolman)은 훨씬 이전에 이와 비슷한 견해를 제시하였다. 많은 이론가가 복잡한 행동들이 궁극적으로 고전적 조건화와 도구적 조건화를 통해 이해될 수 있다고 주장하지만, 다른 영향력 있는 이론가들은 이를 반대한다.

학습과 생존

오랜 진화를 통해 우리의 몸은 특정한 요구에 자동적으로 반응할 수 있는 능력을 발전시켜 왔다. 예를 들어, 우리는 자동적으로 숨을 쉬며, 우리 몸의 온도가 너무 높거나 너무 낮을 경우 메커니즘이 작동하여 몸의 온도를 내리기 위해 땀을 흘리거나 몸의 온도를 높이기 위해 몸을 떨게 한다.

이와 같이 혈당이 너무 낮을 경우, 간은 혈당의 농도가 정상 수준으로 회복될 때까지 혈액 속에 당분을 분비한다. 이러한 자동 조절 과정은 동질정체 기제(homeostatic mechanism)라고 불린다. 이 기능은 육체적 평형 또는 항상성(homeostasis)을 유지한다. 항상성 메커니즘에 대해 덧붙이면 대부분의 살아 있는 유기체는 고통스러운 자극에 대해 반사적으로 물러선다.

비록 항상성 메커니즘과 반사 모두 명백하게 생존을 위한 것이지만, 우리의 욕구를 충족하기 위해 이것들에만 의존한다면 오랫동안 생존할 수 없을 것이다. 생존하기 위해 유기체는 먹이, 물, 성(性) 등에 대한 욕구를 충족해야 하며 이를 위해 주변 환경과 상호작용해야 한다. 기본적인 욕구를 충족하기 위해 필요한 주변의 대상들을 활용하는 방법을 배우지 못한다면 유기체는 생존하기 어려울 것이며, 어떤 주변의 사물이 안전하고 위험한지 학습하지 못할 경우도 생존하기 어려울 것이다. 또한 학습 과정을 통해 유기체는 주변 변화에 적응하게 될 것이다. 만족의 원천과 위험의 원천은 종종 변화한다. 학습 과정을 통해 유기체는 다양한 환경적 조건에서 생존하기 위한 융통성을 광범위하게 획득하게 된다. 일반적으로 고전적 조건화를 통해 주변의 대상이 생존에 도움이 되는지를 학습하며, 도구적 조건화나 조작적 조건화를 통해 바람직한 대상을 획득하거나 바람직하지 않은 대상을 회피하는 방법을 학습한다. 고전적 조건화의 적응적 가치(adaptive value)는 고전적 조건화가 이전에 조건 자극과 무조건 자극이 수차례 짝지어지면서 드러난다. 우리를 둘러싼 환경은 자극으로 채워져 있지만 그중 몇몇은 지속적으로 고통스럽거나 즐거운 사상들(events)이라고 예상된다. 이후 살펴보겠지만, 조건 자극과 무조건 자극 간의 의미 있는 관계에 따라 고전적 조건화가 이루어진다. 비록 예외는 있지만 조건 자극이 조건 반응을 이끌어 내기 전 조건 자극과 무조건 자극은 대체로 여러 번 짝을 이루게 된다. 조건 자극과 무조건 자극의 짝이 단 한 차례 이뤄지고 난 뒤 어떤 학습이 이뤄질지 상상해 보자. 우리가 머리를 찧을 때 경적이 자동으로 울리거나 우리가 맛있는 샌드위치를 먹을 때 불빛이 비친다면 이를 통해 경적소리가 날 때 회피적인 반응을 보이거나 천둥이 치면 타액이 분비될 것이다. 학습은 무작위적이고 의미 없는 반사적 반응으로 구성된다. 학습은 주변에 적응할 수 있도록 하는 중요한 도구로서 선천적 동질정체 기제나 반사, 혹은 최소한 인간이 아닌 다른 동물들의 학습하지 않은 적응적 행동을 보완한다.

왜 학습에 대해 연구하는가

인간의 행동은 대부분 학습된 것이기 때문에 학습의 원리에 대해 연구하는 것은 우리가 왜 행동에 대해 연구하는지 이해하는 데 도움을 줄 것이다. 학습 과정에 대한 이해는 정상적이고 적응적인 행동뿐만 아니라 부적응적이고 비정상적인 행동을 유발하는 환경에 대해 더욱 깊이 이해할 수 있도록 할 것이다. 보다 효과적인 심리치료도 이러한 이해를 통해 가능하다. 자녀 양육 훈련에도 학습 원리가 활용될 수 있다. 개개인은 명백하게 서로 다르며, 다양한 용어로 개인의 학습 경험을 설명한다. 인간이 가지고 있는 가장 중요한 특징 중 하나는 언어이며 특정한 언어의 발전이 학습에서 기인하였다는 것은 의심의 여지가 없다. 또한 다른 인간의 특성들도 학습 과정을 통해 환경과의 상호작용에 의해 만들어진다. 부모가 바람직한 특성이라고 불리는 것을 생성해 가는 학습 경험에 대해 더욱 알게 된다면, 그들의 자녀가 이러한 특성을 가질 수 있도록 하는 환경을 조성하고자 할 것이다. 마찬가지로, 학습 원리와 교육적 훈련 사이에는 밀접한 관계가 있다. 대체로 실험실에서 학습 과정에 대해 연구하면서 발견한 원리들은 교실에서도 활용될 수 있다. 프로그램 학습(programmed learning)의 폭넓은 활용과 컴퓨터 보조 교수(computer-assisted instruction)는 학습이 교수 실제에 영향을 줄 수 있는 여러 예를 보여 준다. 개별화 교육을 지향하는 미국 교육의 현재 경향 또한 학습 과정에 대한 연구로부터 생겨났다고 볼 수 있다. 앞으로 학습 과정에 대한 지식이 늘어날수록 교육적 실제에서 얻을 수 있는 성과 역시 더욱 커질 것이다.

**논의
사항**

1. 학습으로 행동 변화가 일어나기 위해 그 이전에 필요한 사항들을 제시하라.

2. 민감화와 습관화의 과정을 자신의 경험에 비추어 설명하라.

3. 학습과 수행을 구분하라.

4. 학습되지 않은 복잡한 행동의 예를 들어 보자. 학습되지 않은 복잡한 행동이 인간의
   특징이라고 생각하는가? 설명하라.

5. 종 특유 행동이란 용어가 본능이란 용어를 대체한 이유는 무엇인가?

6. 학습과 조건화를 구분하라.

7. 학습의 종류는 몇 가지인가? 그렇게 생각하는 이유를 설명하라.

8. '각인이 학습과 본능에서 기인하였다'는 주장의 의미는 무엇인가?

9. 학습과 생존의 관계를 설명하라.

10. 학습 과정을 연구하는 이유를 설명하라.

주요 개념

- 각인(imprinting)
- 강화된 훈련(reinforced practice)
- 결정적 기간(critical period)
- 고전적 조건화(classical conditioning)
- 단기 기억(short-term memory)
- 도구적 조건화(instrumental conditioning)
- 도피 조건화(escape conditioning)
- 동질정체 기제(homeostatic mechanisms)
- 매개 변인(intervening variable)
- 민감화(sensitization)

- 반사(reflex)
- 본능(instinct)
- 수행(performance)
- 스키너 상자(Skinner box)
- 습관화(habituation)
- 일시적 신체 상태(temporary body states)
- 조건화(conditioning)
- 학습(learning)
- 행동 잠재력(behavioral potentiality)
- 회피 조건화(avoidance conditioning)

1장에서 살펴보았듯이 대부분의 학습 이론가는 학습이 행동을 통해 간접적으로 관찰될 수 있다고 주장한다. 그러므로 우리는 우리가 학습을 하고 행동을 관찰할 때 이러한 관찰을 바탕으로 특정한 유형의 학습이 일어나거나 일어나지 않았다고 추론한다. 학습의 비접근성 (inaccessibility) 때문에 연구에 다양한 접근법이 존재한다. 예를 들어, 몇몇은 학습에 대한 연구를 수행하기 위한 적합한 장소가 실험실이 아닌 실제 현장이라고 생각한다. 사상(event)이 일어나는 곳에서 자연스럽게 연구하는 이러한 방법을 자연관찰법(naturalistic observation)이라고 한다. 자연관찰법을 활용하기 위해 우리는 구체적으로 관찰하고 무엇이 연구되었는지 기록해야 한다. 이러한 연구는 관찰된 사상을 다양한 요소로 군집화하고 유목화한다. 예를 들어 교실에서의 학습에 대해 연구할 때, 연구자는 읽기, 쓰기 학습은 언어 학습(verbal learning)으로, 신체적 기량 학습은 지각–운동 기술 학습으로, 복잡한 정신 과정을 요구하는 학습은 문제 해결 또는 개념 형성으로 유목화한다.

자연관찰법은 두 가지의 명백한 단점을 가지고 있다. 첫째, 교실 상황은 매우 복잡하기 때문에 정확하게 관찰하고 기록하는 것이 매우 어렵다. 둘째, 사상(event)을 유목화할 때 큰 덩어리(chunk)로 묶는 경향이 있다. 예를 들어, 실제로는 여러 가지 다른 사상들의 특성을 놓치고 개념 형성으로 유목화할 수 있다. 유목화는 처음에 단순하게 보일 수 있지만 굉장히 복잡할 수 있다.

자연관찰법은 학습에 대한 연구에서 중요한 첫 번째 단계일 수 있다. 그러나 심리학자들은 기록된 행동을 세분화해야 하며 더욱 구체적으로 분석해야 한다. 다시 말해, 심리학자들은 학습 상황의 여러 법칙(laws)을 발견하기 위해 더욱 요소들에 집중해야 하며 실험을 구성하는 법칙을 발견해야 한다. 즉, 자연관찰법은 후속 연구를 위해 사상을 더욱 세분화해야 한다. 이러한 접근법을 요소주의(elementism)라 한다.

학습에 대한 체계적 연구

학습 과정에 대한 심리학자들의 관심은 최근 더욱 과학적으로 변화하고 있다. 다음 장에서 과학적인 방법을 활용하여 더욱 생산적으로 변모한 심리학을 살펴보기에 앞서 이 장에서는 이러한 생산적인 방법에 대해 구체적으로 알아보기로 하자.

과학이란 무엇인가

과학은 의문점을 제기하고 지식을 축적하기 위한 체계적인 방법이다. 올슨과 헤르젠한 (Olson & Hergenhahn, 2011)은 다음과 같이 정의한다.

과학(science)은 지식의 기원에 대해서 두 가지의 고대 철학적 관점을 포함한다. 한 가지 관점은 합리주의(rationalism)로, 사고하고 추론하고 논리를 사용하는 '마음 활용 (exercising the mind)'을 통해 지식의 획득이 가능하다고 주장한다. 합리주의자들은 합리적인 결론이 도출되기 전에 정보가 마음에서 분류되어야 한다고 주장한다. 다른 관점은 경험주의(empiricism)로서 모든 지식을 바탕으로 감각적으로 경험해야 한다고 한다. 극단적인 경험주의자들은 우리가 경험하는 것만 알 수 있다고 주장한다. 즉, 경험주의자들이 경험과 지식을 동일시한 반면, 합리주의자들은 정신 작용(mental operation)을 더욱 강조하였다. 과학은 두 가지 관점을 포함하여 가장 강력한 인식론적 도구를 생성하였다(p. 11).

이론의 여러 측면

과학 분야에서 경험주의와 합리주의는 과학적 이론(scientific theory)에서 하나로 합쳐진다 (Olson & Hergenhahn, 2011, p. 11). 과학적 이론은 두 가지 중요한 측면을 가진다. 첫째, 이론은 형식적 측면(formal aspect)을 가지며 이는 이론이 가지고 있는 단어와 상징을 의미한다. 둘째, 이론은 경험적 측면(empirical aspect)을 가지며 이는 이론이 설명하고자 하는 물리적 사상 (event)으로 구성되어 있다. 형식적 측면과 경험적 측면 사이에 복잡한 관계가 있지만 이론이 물리적 세계에 대해 잘못된 예측을 하더라도 형식적 측면은 그 자체로 의미를 갖는다. '모든 학습은 추동 감소(drive reduction)에 의한다'는 주장은 형식적으로 의미가 맞지만 학습을 구체적으로 설명하지 못할 수 있다. 여기서 중요한 점은 이론은 타당한 것처럼 들릴 수 있지만 엄격한 실험적 검증을 통과하지 못한다면 과학적으로 의미 없을 수 있다는 것이다. 이론 속에 있는 단어가 강한 인상을 주어서 경험적 사상을 얼마나 정확하게 예측하고 설명하는지를 잊게 할 위험성이 언제나 있다. 대부분의 심리학자는 점성술이 형식적 체계로 매우 발달하였지만 실제 경험적 사상과의 관계는 거의 없다고 한다. 다시 말해, 점성술은 그럴듯하게 보일 수 있지만 실제로 인간의 행동을 이해하는 데는 실질적인 도움이 되지 못한다는 것이다. 스타노비치(Stanovich, 2010)는 과학적 이론에 대해 다음과 같이 주장한다.

과학에서 이론은 자료를 설명하고 미리 실험 결과를 예측하는 데 사용되는 상호 관련된 개념의 집합이다. 가설(hypotheses)은 이론(더욱 일반적이고 포괄적인)에서 도출된 특정한 예측이다. 현재 사용 가능한 이론들은 대부분 검증된 가설을 가지고 있는 것들이다. 따라서 이러한 이론들의 이론적 구조는 많은 관찰로 이루어져 있다. 그러나 데이터베이스가 이론에서 도출된 가설을 반박하기 시작할 때 과학자들은 새로운 이론을 구성하기 시작하며(또는 간단히 이전의 이론을 수정하는 것을 더욱 자주 한다), 이는 데이터에 대한 더 나은 이해를 제공한다. 그러므로 과학적으로 논의 중인 이론은 좀 더 검증이 되어야 하고, 이용 가능한 데이터와 상반되는 예측을 최소화한 것이어야 한다. 이런 이론들은 단지 추측이나 예감이 아니다(p. 21).

이론이 추상적이고 복잡해지는 것은 중요하지 않으며 궁극적으로 관찰 가능한 물리적 사상과 관련 있어야 한다는 것을 기억해야 한다. 모든 과학적 이론은 (형식적 측면에서 추상적인 것이 될지라도) 관찰 가능한 사상(event)으로 시작하고 끝나야 한다. 과학적 법칙(scientific law)은 두 가지 이상의 사상 사이에서 지속적으로 관찰 가능한 관계로 정의되어야 한다. 모든 과학은 법칙을 발견하고자 한다.

연구에서 이론으로

심리학에서 이론을 이용한 좋은 예로 먹이를 강화인으로 활용하여 먹이 박탈(food deprivation)과 학습률(rate of learning) 사이의 관계를 연구한 것을 들 수 있다. 이 경우 학습률은 동물이 T-미로에서 왼쪽으로 도는 것을 학습하는 데 몇 회의 시도가 필요한가로 정의될 수 있다. 여러 번의 독립된 실험 뒤에 연구자들은 먹이 박탈 시간이 길어질수록 학습이 빠르게 일어나는 것을 발견했다. 즉, 먹이를 오랫동안 박탈당한 동물일수록 T-미로에서 왼쪽으로 도는 것을 빨리 학습하게 된다.

이러한 결과로 법칙이 드러난 것이라 할 수 있다. 여기서 먹이를 박탈한 정도와 학습 과제 수행 사이의 관계를 관찰할 수 있다. 연구자는 다음 단계로 넘어가서 물을 박탈한 상황을 연구할 수 있으며, 물을 박탈한 시간이 길어질수록 학습하는 데 걸리는 시간이 줄어드는 것을 알 수 있다. 이제 우리는 두 번째 법칙을 발견하였다. 물을 강화인으로 활용할 때, 물의 박탈 시간이 길어질수록 동물은 T-미로에서 왼쪽으로 도는 것을 더 빨리 배우는 것을 알 수 있다.

다음으로, 연구자들은 성 행동에 대해 연구하였다. 이번에는 성교 기회가 T-미로에서 쥐가 왼쪽으로 돌게 하는 강화인으로 활용되었다. 다시 성적 박탈의 시간이 길어질수록 학습을 빠르게 하는 것을 알 수 있었다.

비록 과학의 목표가 법칙(사상[event] 사이의 관찰된 관계)을 발견하는 것이지만 아마도 백 개 혹은 천여 개의 경험적 관계를 관찰하고 기록하는 것만으로는 충분하지 않다. 과학자들은 대체로 발견한 법칙들이 의미를 갖도록 하는데, 즉 일관적인 방식으로 법칙들을 군집화하려는 것이다. 이러한 군집화는 적어도 두 가지 기능을 갖는다. ① 통합적 기능(synthesizing function)은 많은 관찰을 체계적으로 설명하고자 하는 것이며, ② 발견적 기능(heuristic function)은 향후 연구 방향을 제시하는 것이다. 이런 관점에서 연구자는 더 높은 수준의 연구 활동을 시도하려 한다.

연구자는 "배고픈 동물이 배부른 동물보다 더 빨리 배우려는 경향이 있다."라고 진술할 수 있다. 혹은 "갈증 난 동물들이 갈증이 없는 동물들보다 더 빨리 배우려는 경향이 있다."라고 진술할 수 있다. 두 진술문을 통해 연구자는 이론의 영역을 넓히게 된다. 비록 실험이 특정한 상황에 국한된 것이지만(2, 4, 6, 8시간 박탈), 배고픔이라는 추상적인 개념은 모든 박탈을 대표한 개념이다. 그러므로 연구자는 관찰할 수 없는 내적인 기아 상태를 가정하여 관찰한 것과 향후 연구의 결과를 예측한 것을 연결하고자 한다. 이는 갈증과 성적 각성에 대한 개념도 해당된다.

연구자는 추가적인 단계를 만들 수 있으며 세 가지 이론적 용어를 다른 이론적 용어로 통합하고자 한다. 예를 들어, 연구자는 박탈이 추동을 증가시키며 강한 추동을 가진 동물이 빨리 배운다고 결론지을 수 있다. 연구자가 이 단계를 거치는 것은 이론의 두 가지 기능(통합과 예측)을 사용하는 것으로 볼 수 있다. "높은 추동을 가지고 있는 동물이 낮은 추동을 가진 동물보다 빨리 배운다."는 진술을 통해 연구자는 산소 박탈, 열 박탈, 고통 감소 등으로 연구를 진행할 수 있다. 배고픔, 갈증, 성적 각성과 이들로부터 도출된 경험적 사상 사이의 관계는 [그림 2-1]에서 볼 수 있다.

연구자는 추가적인 단계를 만들 수도 있고 동기에 대한 좀 더 일반적인 개념을 상정할 수 있다. 그리고 심리적 요인(성취에 대한 욕구 혹은 자아실현에 대한 욕구)뿐만 아니라 앞서 살펴본 심리적 요인들까지도 포함한다.

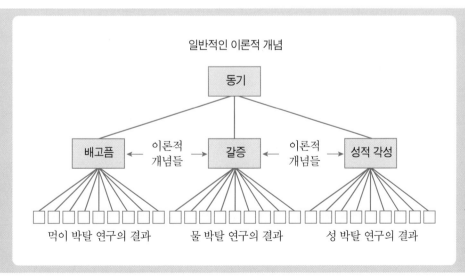

◀그림 2-1
이론적 개념들과
경험적 사상들
간의 관계

도구로서의 이론

이론은 단지 연구 도구이기 때문에 옳거나 그르다고 판단하기 어려우며, 유용하거나 유용하지 않을 뿐이다. 만일 어떤 이론이 다양한 관찰 결과를 명확히 하고, 추가적인 연구를 이끌어 낸다면 바람직한 것이다. 그러나 둘 중 하나라도 실패하게 된다면 연구자는 새로운 이론을 찾고자 할 것이다.

이론에 의해 만들어진 가정이 검증된다면 그 이론은 힘을 얻게 될 것이다. 만약 거부된다면 그 이론은 힘을 잃고 개정되거나 파기될 것이다. 앞으로 경험적 관찰에 기반을 둔 이론이 어떻게 검증되는지 살펴보게 될 것이다. 이론이 유지되거나 개정되거나 혹은 파기되는 것은 그 이론을 통해 만들어진 경험적 연구의 결과물에 따라 결정될 것이다. 그러므로 우리는 이론에서 다양한 가설들이 지속적으로 도출되어야 한다는 것을 알 수 있다(가설 자체가 비효과적이라는 것이 증명될지라도).

간략성의 원리

앞서 살펴보았듯이 과학의 특징 중 하나는 경험적으로 검증 가능한 주장에 대해서만 다룬다는 것이다. 다른 특징은 앞으로 살펴볼 간략성의 원리(principle of parsimony)(때로는 경제적 원리[the principle of economy], 오컴[Occam]의 면도칼 또는 모건[Morgan]의 규범으로 불린다)이다. 이는 한 가지 사상을 설명하는 두 가지 이론이 똑같이 효과적일 때 더 간단한 이론을 활용한다는 것이다.

과학적 이론의 특징 요약
① 이론은 여러 관찰을 종합한다.
② 좋은 이론은 생산적이며 새로운 연구를 창출해 낸다.
③ 이론은 반드시 경험적으로 검증될 수 있는 가설을 생산해야 한다. 만약 이러한 가설들이 검증된다면 이론은 힘을 얻을 것이고, 그렇지 않다면 이론은 힘을 잃고 개정되거나 폐기될 것이다.
④ 이론은 도구로서 옳거나 그를 수 없으며 단지 유용하거나 유용하지 않을 뿐이다.
⑤ 이론들은 간략성의 원리에 따라서 선정되며 이는 똑같이 효과적인 두 가지 이론이 존재할 때 더 간단한 이론이 선정되는 것을 의미한다.

⑥ 이론은 숫자나 단어와 같은 추상적인 단어를 포함하는데 이러한 것은 이론의 형식적인 측면이다.

⑦ 이론의 형식적인 측면은 반드시 이론의 경험적 측면을 구성하는 관찰 가능한 사상(event)과 관련되어야 한다.

⑧ 모든 이론은 경험적인 사상을 설명하고자 하며, 따라서 경험적인 관찰로 시작해서 끝나야 한다.

학습 실험

앞서 우리는 연구에서 이론으로 가는 과정에 대해 살펴보았다. 여기서 우리는 이론에서 연구로 가는 과정을 간단히 살펴볼 것이다. 첫째, 주제에 대해 자세히 설명해야 한다. 대체로 학습에 대한 일반적인 정의의 형식이나, 연구할 사상에 대한 일반적인 서술 방식을 따른다. 다음으로, 사상이 일어나기 위해 필요한 조건에 대해 상세히 해야 한다. 마지막으로, 학습 과정에 대한 이론적인 주장을 확인 가능하고 반복 가능한 활동이나 실험적 수행으로 변환시켜야 한다. 이론적 용어를 측정 가능하도록 정의하는 이러한 방법을 조작적 정의(operational definition)라고 한다. 다시 말해서, 조작적 정의란 정의되는 것(이 경우는 학습)과 측정하기 위해 사용되는 조작(operations)을 연결시키는 것이다. 예를 들어, 학습률에 대한 일반적인 조작적 정의는 준거에 이르는 횟수인 준거 도달 시도(trials to criterion)를 의미한다. 준거 도달 시도란 실험 대상이 특정한 수준의 수행을 성취하기 위해 필요한 경험의 횟수를 의미한다. 예를 들어, 무의미한 철자를 정확하게 암송하기 위해 얼마나 많이 보아야 하는지가 준거 도달 시도이다. 일단 연구자가 그들의 이론적 용어를 조작적으로 정의하고 나면 실험할 준비가 된 것이다.

모든 실험은 실험이 이뤄지는 동안 변화하며 연구자가 측정하고자 하는 행동 변인인 종속 변인(dependent variable)에 집중한다. 실험자는 또한 종속 변인에 어떻게 영향을 주는지 보기 위해 독립 변인(independent variables)을 조작하거나 통제한다. 앞서 살펴보았듯이 연구자는 먹이 박탈 시간과 학습률의 관계에 대해 연구하였다. 학습률은 조작적으로 T-미로에서 지속적으로 왼쪽으로 도는 것을 배우기 위해 시행한 횟수라고 정의되었다. 그러므로 준거에 이르는 시행 횟수란 종속 변인과 관련된다. 먹이 박탈 시간은 체계적으로 연구자에 의해 조작되었으며 독립 변인으로 볼 수 있다.

학습 실험 설정의 임의적 결정

과학은 종종 차갑고 진실에 이르기 위한 매우 객관적인 방법으로 여겨진다. 그러나 과학자들은 종종 매우 감정적이고 주관적이며 그들이 발견한 진실은 역동적이고 확률적이다. 이러한 특성은 과학 실험을 설정하는 과정에서 나타나는 다양한 임의적 결정에서 확인할 수 있다. 다음에서 이러한 임의적인 결정들을 살펴보자.

1. 학습의 어떤 측면을 연구해야 하는가　물론 연구해야 할 학습의 측면은 연구자의 관심 사항에 따라 부분적으로 영향을 받을 것이다. 실험실에서의 학습에 대해 연구할 수 있고 자연 관찰법을 통해 교실에서 일어나는 학습에 대해 관찰할 수도 있다. 더욱이 도구적 조건화, 고전적 조건화, 개념 형성, 문제 해결, 언어적 학습 혹은 지각-운동 학습을 연구할 수 있다. 학습이론은 학습이 일어나는 조건에 대해 구체화하는 반면, 실험은 연구하고자 하는 조건에 따라 달라진다.

2. 개별 사례법 대 규범적 기법　연구자는 다양한 상황에서 단일 실험 주제의 학습 과정에 대해서 연구해야 하는가(개별 사례법[idiographic technique]), 혹은 실험 주제 집단을 사용하고 그들의 평균 수행을 연구해야 하는가(규범적 기법[nomothetic technique])? 비록 완전히 다르기는 하지만 두 가지 기법은 가치가 있으며 학습 과정에 대해 유용한 정보를 제공한다. 뒤에서 다루겠지만 스키너(Skinner)는 개별 사례법을 사용하였고, 헐(Hull)은 규범적 기법을 사용하였다. 9장에서 보겠지만 두 가지 기법은 학습의 천성(nature)에 대해 완전히 다른 결론을 내렸다.

3. 연구 대상으로서의 인간 대 동물　만약 연구자가 연구 대상으로 사람을 선택한다면 실험실에서 내린 실험 결과를 어떻게 실제에 일반화할 것인지 고려해야 한다. 그러나 만약 인간이 아닌 쥐, 비둘기, 원숭이와 같은 대상을 사용한다면 실제에 일반화하기 위한 별도의 방법을 고려해야 할 뿐만 아니라 한 가지 종에서 다른 종으로 일반화할 것인지도 고려해야 한다.

왜 인간이 아닌 다른 것을 사용하고자 할까? 여러 어려움이 있음에도 불구하고, 연구자가 사람 대신 사람이 아닌 대상을 사용하는 데는 여러 이유가 있다.

① 사람의 학습은 종종 특정한 학습 실험 상황에서 다루기에 너무 복잡하다. 학습 과정에 대해서 연구하는 데 이전 경험들이 방해될 수 있다. 동물은 학습에 대한 경험이 없기 때

문에 비교적 쉽게 통제할 수 있다.

② 종종 학습 실험은 길고 지루하다. 이러한 특성 때문에 실험에 참여하려는 사람을 찾기가 어렵다. 동물은 불평하지 않는다.

③ 몇몇 실험은 학습 능력에 유전적으로 영향을 미치는 것을 연구하기 위해 설계된다. 동물을 사용함으로써 대상이 가지는 유전적 배경을 체계적으로 조작할 수 있다.

④ 특정한 약물과 학습의 관계를 동물을 통해 연구할 수 있다. 반대로 이러한 연구에 사람을 이용하는 것은 어렵거나 윤리적으로 불가능하다.

⑤ 다양한 외과적 기법이 동물에게는 사용될 수 있지만 사람에게는 사용될 수 없다. 뇌의 특정 부분을 외과적으로 제거하고 전극을 삽입하여 뇌를 직접적으로 자극하는 것이 그 예가 될 수 있다. 이와 같이 사람은 처치의 신경학적 효과를 알아보기 위한 실험에 희생될 수 없다.

⑥ 마지막으로, 사람은 종종 실험을 위한 약속을 잊어버릴 수 있지만 동물은 거의 언제나 제시간에 나타난다.

4. 상관 기법 대 실험 기법   몇몇 연구자들은 상관 기법(correlational technique)을 활용한다. 예를 들어, 그들은 학습(성취도 검사에서의 점수)과 지능(IQ 검사에서의 점수) 간의 상관을 연구하고자 한다. 이 단계는 한 가지 반응(성취도 검사에서의 점수)과 다른 반응(IQ 검사에서의 점수) 사이의 관계를 보는 것이기 때문에 R-R(반응-반응) 법칙(response-response 법칙)이라고 한다. R-R 법칙은 두 가지 대상의 행동적 사상이 어떻게 함께 변하는지를 설명하기 때문에 상관적이다.

다른 연구자들은 실험 기법(experimental technique)을 사용하고자 한다. 그들은 한 가지 혹은 더 많은 환경적 사상(environmental events)을 체계적으로 변화시키고 독립 변인에 대한 영향을 살펴볼 것이다. 여기에서 연구하려는 관계는 환경적 사상(자극)과 반응(종속 변인의 변화)의 관계이며 이는 S-R(자극-반응) 법칙으로 볼 수 있다.

상관 기법과 실험 기법의 상대적 장점에 대해 논의할 수 있지만 여기서 중요한 점은 적어도 연구를 수행하는 데 일반적으로 두 가지의 가능한 방법이 존재한다는 것이다. 두 가지 접근법은 서로 다른 정보를 제공하며 어떤 기법을 사용할지는 연구자의 선호에 달려 있다.

5. 어떤 독립 변인을 연구할 것인가   학습이 조작적으로 정의되면 종속 변인은 자동적으로 설정된다. 예를 들어, 학습이 '준거 도달 시도'라고 조작적으로 정의되면 이것이 실험에서 측

정하고자 하는 것이 된다. 다음으로 연구자는 '측정될 행동에 영향을 줄 변인 혹은 변인들이 무엇인가?'라는 의문을 가지게 된다. 이 의문에 대한 답은 아마도 활용 가능한 독립 변인들을 포함한 긴 목록으로 나타날 것이다. 예시 목록은 다음과 같다.

성차	지시
연령차	지능
사용된 자극의 크기	약물
제시율	시행 간 간격
사용된 자료의 유의미도	다른 과제와의 상호작용

이론의 다른 기능은 연구자가 독립 변인 혹은 변인들을 선택하는 데 가이드를 제공하는 것이다.

6. 독립 변인의 어떤 수준을 연구할 것인가   한 가지 혹은 여러 독립 변인이 선택된다면 연구자는 독립 변인의 어떤 수준을 연구할지 고려하게 된다. 예를 들어 실험 변인으로 나이를 선정한다면 어떤 연령을 선택할지 고려해야 한다. 종속 변인에 큰 영향을 주는 독립 변인의 수준을 제시하는 가이드라인(Anderson, 1971 참조)이 있지만 기본적으로 이러한 선택은 임의적이다.

7. 종속 변인의 선택   학습 실험에서 일반적인 종속 변인은 다음과 같다.

검사 점수(scores on tests)	준거 도달 시도
소거(extinction) 도달 시도	잠재 시간(latency)
달리는 속도(running speed)	반응 확률
반응률	오류 수
해결에 걸린 시간	반응폭(response amplitude)

각각 잠재된 종속 변인들은 학습의 조작적 정의에서 기인하기 때문에 연구자가 이용할 수 있는 많은 학습의 조작적 정의를 연구자가 명백히 활용할 수 있어야 한다. 어떤 것을 선택할지는 임의적이지만 이는 연구 결과에 큰 영향을 미칠 수 있다. 두 가지 종속 변인을 가진 실험에

서 한 가지 변인은 독립 변인에 영향을 받지만 다른 하나는 영향을 받지 않는 것이 일반적이
다. 예를 들어 한 손에서 다른 손으로 훈련 결과가 전이되는가를 연구할 때, 한 손의 연습이 다
른 손의 수행 속도를 증가시키는 것을 알 수 있다(반응 속도는 한 가지 종속 변인이다). 속도를
종속 변인으로 사용할 때, 한 손에서 다른 손으로 학습이 전이된다는 긍정적인 근거가 된다.
그러나 만약 오류 수를 종속 변인으로 사용한다면 한 손에서의 학습이 다른 손의 학습을 촉진
시키지 못한다는 것을 알 수 있다. 그러므로 종속 변인을 어떤 것으로 결정하느냐에 따라서 다
른 결과가 나타날 수 있다.

8. 자료의 분석과 해석　　자료(종속 변인의 점수)를 수집하고 나서 이를 어떻게 분석할 것
인가? 이 책의 범위를 벗어나지만, 연구자가 다양한 통계적 기법을 데이터 분석에 사용한다는
것을 알아야 한다. 통계적 검증이 다소 임의적이지만 결론에 큰 영향을 미칠 수 있다.

실험을 설계하면, 이를 수행하고 분석하며 해석해야 한다. 대체로 많은 자료 해석법이 있지
만 무엇이 가장 좋은지 알 수 있는 방법은 사실 없다. 과학적으로 가장 영향력 있는 절차를 따
라 실험 데이터를 수집했더라도, 이러한 자료에 대한 해석이 부적절할 수도 있다. 예를 들어
"뛰어."라고 말할 때마다 벼룩이 뛰도록 훈련시킨 연구자가 있다고 하자. 사전 훈련 후에 연구
자가 벼룩의 다리를 뗐다. 다리를 하나씩 차례로 제거하였고, 그가 "뛰어."라고 말하면 벼
룩이 뛰었다. 이런 방법으로 벼룩의 마지막 다리가 없어질 때까지 실험이 계속되었다. 이제 실
험자가 "뛰어."라고 말했을 때 벼룩이 움직이지 않았다. 실험자는 "벼룩은 다리가 없으면 귀
머거리가 된다."라고 결론을 내렸다. 우리는 같은 실험 결과에서 매우 다양한 결과가 도출될
수 있다는 점을 알아야 한다.

이 절에서 연구에서의 결정이 임의적이라는 것은 주어진 영역에서 실험을 설정하는 데 다
양한 방법이 있으며, 이 중 어떤 방법은 과학적으로 (더욱) 정확하다는 것을 의미한다. 그러나
실제로 연구의 주제, 연구 대상, 독립 변인과 종속 변인, 데이터 분석법, 해석법을 선택하는 것
은 부분적으로 비용, 실용성, 이론적 정향, 사회적 및 교육적 관심, 도구의 가용성에 따라 결정
된다.

모델의 활용

『랜덤하우스 영어사전(Random House Dictionary of the English Language)』은 유추 (analogy)를 "비교를 통해 같은 특성을 가진 것으로 밝혀진 두 대상 간의 부분적인 유사성"으로 정의한다. 과학에서 한 가지 대상은 잘 알려져 있고 다른 대상은 잘 알려져 있지 않은 경우 두 대상의 유사성을 연구하는 것은 종종 유용하다. 이런 경우 잘 알려져 있지 않은 것을 알기 위해 잘 알려져 있는 것을 모델(model)로 활용할 수 있다. 펌프의 기능(잘 알려져 있는)과 심장의 기능(잘 알려져 있지 않은)의 유사성은 심장 연구에 유용한 지침을 제공하였다. 또한 하등 동물과 사람의 관계는 인간에 대해 연구하기 위한 하등동물 연구를 촉진하였다.

최근 몇 년 동안 정보처리 심리학(information-processing psychology)은 인간의 지적 처리를 연구하기 위한 모델로 컴퓨터를 활용하였다. 정보처리 심리학을 연구하는 많은 학자들은 컴퓨터와 인간이 주변에서 정보를 받아들이고 여러 방식으로 정보를 처리하고 정보에 준하여 행동하는 점에서 유사하다고 하였다. 이러한 정보처리 심리학은 소프트웨어 프로그램이 컴퓨터가 어떻게 정보를 반영할지 결정한다고 주장한다. 그리고 이와 같이 사람도 경험을 통해 특정한 방법으로 정보를 처리하도록 프로그램 되었다고 생각한다. 이러한 유사성 때문에 정보처리 심리학 연구자들 중 몇몇은 컴퓨터와 인간이 비슷한 방법으로 정보를 처리하기 때문에 인간의 정보 처리에 대해 더 많이 연구할 수 있다고 믿는다. 그러나 모든 정보처리 심리학자가 인간의 인지 과정을 연구하는 데 있어 컴퓨터가 유용한 모델이라고 생각하는 것은 아니다.

이론과 달리, 모델은 복잡한 과정을 설명하는 데 사용되기보다는 과정을 단순화하는 데 사용되고, 좀 더 쉽게 이해하기 위해 사용된다. 모델의 사용은 다른 것과 어떻게 같은지를 보여 주는 것을 포함한다. 반면 이론은 복잡한 현상에 깔려 있는 과정을 설명하고자 한다. 예를 들어, 강화 이론은 왜 학습이 일어나는지를 설명하고자 한다. 이는 모델을 활용하여 학습이 무엇과 같은지 보여 주고자 하는 것이 아니다. 동기 분야에서는 유기체가 매달린 당근을 따라 움직이는 당나귀와 같이 행동한다고 말할 수 있고, 배고픔의 생리적(physiological) 상태가 이전에 학습된 습관과 상호작용하여 유기체가 달리게 한다고 말할 수도 있다. 전자는 행동을 기술 (describe)하기 위해 모델이 활용된 것이고, 후자는 행동을 설명(explain)하기 위해 이론이 사용된 것이다.

실험실에서의 학습과 자연관찰법의 학습

과학은 실험을 통해 검증된 주장을 다룬다. 관찰하고자 하는 것을 연구자가 통제할 수 없는 자연관찰법과 달리 실험은 통제된 관찰이라고 정의될 수 있다. 정보는 실험실 실험법에서 얻어질 수 있고 잃어버릴 수도 있다. 장점은 실험자가 상황을 통제할 수 있고 이로 인해 수많은 조건과 이들이 학습에 미치는 영향을 체계적으로 알아볼 수 있다는 것이다. 단점은 실험실이 학습이 일반적으로 일어나는 사상과 매우 다른 인위적인 상황을 만들어 낸다는 것이다. 이는 언제나 실험실 밖에서의 학습과 실험실에서 얻어진 정보를 어떻게 관련시킬 것인지 의문을 제기한다. 몇몇 연구자는 자연관찰법과 실험실 실험법을 혼용하는 것이 최고의 방법이라고 생각한다. 다시 말해 현장에서 초기 관찰을 할 수 있으며 실험실에서 더욱 자세하게 연구할 수 있다. 그런 다음 실험실 실험에서 얻어진 결과를 통해 현장에서 관찰한 사상에 대해 심도 있게 이해할 수 있다.

과학의 변화에 대한 쿤의 견해

우리가 이전에 해 왔듯이 과학이 자연을 더욱 정확하게 이해하는 방향으로 점차 진화해 왔다고 묘사하는 것은 다소 무리가 있다. 1973년에 출간된 쿤(Kuhn)의 『과학혁명의 구조(The Structure of Scientific Revolutions)』에서 그는 과학에 대해 전혀 다른 견해를 제시하였다. 쿤에 따르면 과학자들은 그들이 연구하고 있는 분야에 대해 특정한 견해를 갖는다. 예를 들어, 많은 물리학자는 물리학에 대한 그들의 연구에서 동시에 뉴턴(Newton)의 견해를 수용했다. 쿤은 많은 과학자가 공유하는 견해를 패러다임(paradigm)이라고 하였다. 패러다임은 경험적 연구를 위한 일반적인 틀(framework)을 제공하며 제한된 이론을 넘어선다. 패러다임은 학파 혹은 행동주의, 연합주의, 기능주의(다음 장에서 이 용어들에 대해 설명한다)에서와 같은 '주의(ism)'와 매우 비슷한 의미를 갖는다.

특정한 패러다임을 수용한 과학자들은 연구 주제의 틀에 대한 함축적 의미를 정교화하고 검증하는 연구를 주로 한다. 다시 말해, 패러다임은 특정한 문제를 밝혀 줄 주제를 찾는 방법이며 문제를 해결할 방법을 제시한다. 쿤은 패러다임을 따르는 과학자의 문제 해결 활동을 규범과학(normal science)이라고 하였다. 규범과학은 이 장에서 주로 다루는 내용이다.

특정 패러다임을 따르는 과학자들이 가지는 긍정적인 결과는 패러다임이 집중하는 특정한 범위의 사상을 철저하게 연구할 수 있다는 것이다. 부정적인 측면은 그들의 주제를 다루는 더욱 유용한 방법을 간과할 수 있다는 점이다. 그러므로 특정한 패러다임을 통한 연구는 깊이 있는 연구가 될 수 있지만 폭은 제한될 수 있다.

쿤(1973)에 따르면 특정 패러다임을 따르는, 즉 규범과학을 따르는 과학자들은 '마무리 작업(mop-up operation)' 이상은 하지 못한다. 쿤은 다음과 같이 문제를 제기한다.

> 마무리 작업은 대부분의 과학자들이 그들의 연구 수행 동안 사용하는 것이다. 그것은 규범과학으로 구성되어 있다. 역사적으로든 현대 실험실에서든 자세히 연구해 보면 일의 기획/참가는 자연을 이미 짜여 있고 패러다임이 제공하는 상대적으로 융통성이 없는 상자 속으로 밀어 넣는 것으로 보인다. 규범과학에서는 새로운 사상에 목적을 두지 않는다. 더불어 상자에 맞지 않는 것은 절대 보지 않는다. 과학자들은 대체로 새로운 이론을 만들어 내지 않으며 다른 이들이 만들어 내는 것을 종종 참지 못한다. 대신 규범과학적 연구는 패러다임이 이미 제공하는 현상과 이론에 대해서 관심을 표현한다(p. 24).

어떻게 새로운 패러다임이 나타나는가? 쿤에 따르면 과학에서의 혁명은 과학자들이 지속적으로 자신들이 따르던 특정 패러다임과 상충하는 사상(event)을 직면하게 될 때 나타난다. 결국 불일치가 지속되면 불일치뿐만 아니라 이전 패러다임이 지지하던 사상까지 설명할 수 있는 대체 패러다임이 나타나게 된다. 새로운 패러다임은 이전 패러다임보다 그들의 패러다임이 더욱 효과적이라고 동료들에게 설득하고자 하는 개인 또는 작은 집단에 의해 구성된다. 일반적으로 새로운 패러다임은 큰 저항을 직면하게 되지만 매우 천천히 흡수된다. 쿤은 패러다임이란 과학자의 모든 과학적 면을 의미하는 것이며, 한 패러다임에서 다른 패러다임으로 변화하는 것은 과학자가 그동안 과학을 하는 방법의 변화를 포함하기 때문에 저항에 직면하게 되는 것이라고 주장하였다. 이러한 이유 때문에 이러한 결정에는 감정적인 면이 포함된다. 쿤은 "경쟁 관계에 있는 정당을 선택하는 것과 같이 경쟁하는 패러다임 중 하나를 선택하는 것은 공동체 생활의 유형(modes of community life)을 선택하는 것과 같다."(p. 94)라고 말하였다. 이러한 감정적인 개입 때문에 과학자들은 대체로 변화를 숙고하기 전에 그들의 패러다임을 활용하기 위해 가능한 모든 것을 한다. 그러나 어떤 시점에서 오래된 패러다임은 없어질 것이며 새로운 패러다임이 이를 대체할 것이다. 뉴턴의 이론이 아인슈타인(Einstein)의 이론으로 대체된 것이 좋은 예이다. 그리고 인류 창조에 대한 종교적 관념이 다윈(Darwin)의 진화 이론으로 대체되기도 하였다.

쿤에 따르면 과학은 단일 이론적 틀에서의 지속적인 진보적 진화보다는 정치적 혁명과 같이 과학적 혁명(scientific revolutions)의 연속을 통해 변한다(항상 진보하는 것은 아닐지라도). 쿤은 과학의 진화는 사회적 사상일 뿐만 아니라 과학적 사상이라고 하였다. 감성적 개입 때문에 과학적 진화는 심리적 사상이기도 하다.

쿤의 주장은 타당해 보이지만 행동과학보다는 물리학에서 더욱 확실해 보인다. 더욱 발달된 물리학에서 대부분의 과학자가 지배적인 패러다임을 따르는 것이 원칙이기 때문에 패러다임의 변화는 혁명적이다. 그러나 아직 미숙한 행동과학에서는 많은 패러다임이 동시에 존재한다. 이 책에서는 학습 과정을 연구하는 다양한 방법을 소개하기 때문에 좋은 예가 될 수 있다. 학습 과정을 연구하는 많은 연구자가 이 책의 모든 이론을 상당히 수용하고 있다. 한 이론을 따르는 사람들은 집단(camp)을 형성하지만 그들은 여전히 다른 집단과 소통하며 영향을 미친다. 물리학에서는 이러한 사실을 발견하기가 어렵다. 예를 들어, 어떤 사람이 중력에 대한 이론을 책에서 찾을 수 없는 이유는 한 가지 분야에서 동시에 많은 패러다임이 존재하지 않기 때문이다.

그러므로 행동과학에서는 이러한 조건이 있는 것으로 보이며 패러다임의 혁명적인 변화는 가능성이 희박하며 필요하지 않은 것처럼 보인다. 이러한 주장에서 가능한 예외는 광범위하게 수용되고 가장 오래된 연합주의(associationism)가 심리학에서 아직도 광범위하게 수용되고 있다는 것이다. 실제로 이 책에 제시된 대부분의 이론은 연합주의의 몇 가지 측면을 전제로 한다. 현재 연합주의의 기본 가정에 대한 불만족이 높아지고 있으며 쿤이 그의 책에서 설명한 바와 같이 과학적 혁명이 일어나기 위해 필요한 조건이 만들어졌다.

과학에 대한 포퍼의 견해

앞서 살펴본 바와 같이, 과학은 전통적으로 경험적 관찰(empirical observation), 이론 형성(theory formation), 이론 검증(theory testing), 법칙적 관련성의 탐색(the search for lawful relationships)으로 간주되어 왔다. 쿤과 같이 포퍼(Popper, 1902~1994)는 과학에 대한 전통

적인 견해에 비판적이었다. 포퍼(1963)는 과학적인 활동은 많은 사람의 주장과 달리 경험적 관찰에서 시작되지 않으며 대신 문제가 존재하는 것에서 시작한다고 주장한다. 포퍼는 과학 자가 경험적 관찰을 위해 돌아다니며 관찰을 설명하고자 한다는 생각는 지극히 바보스럽다고 하였다.

> 25년 전, 나는 비엔나에서 물리학도들에게 다음과 같은 지시를 하면서 강의를 시작하였 다. "연필과 종이를 준비하고 조심스럽게 관찰하고 관찰한 것을 적어라!" 물론 그들은 그들 이 무엇을 관찰했으면 하는지 나의 생각을 물어보았다. "관찰하라!" 이런 지시는 명백하게 어리석은 것이다. 관찰은 언제나 선택적이다. 관찰은 대상의 선택, 명확한 업무, 관심사, 견 해, 문제를 필요로 한다(p. 46).

포퍼는 문제가 과학자가 무엇을 관찰할지 결정한다고 하였다. 포퍼에 따르면, 과학적 활동 의 다음 단계는 문제 해결법을 제안하는 것이다. 과학적 이론이 문제 해결 방법으로 제시될 것 이다. 과학적 이론과 비과학적 이론의 차이점은 논박의 원리(principle of refutability, 때때로 오류 입증의 원리[principle of falsification]로도 불림)이다. 이 원리에 따르면 과학적 이론은 특정한 환 경에서 무엇이 일어날지 명확하게 예측해야 한다. 게다가 예측이 오류로 판명되거나 그들이 기본으로 하는 이론이 논박의 대상이 될 수 있다는 점에서 예측의 위험성이 있다. 상대성에 대 한 아인슈타인의 이론은 물체가 빛의 속도로 접근하면 크기는 감소하고 질량은 증가한다는 위 험성 있는 예측을 하였다. 만약 이러한 예측이 잘못된 것으로 판명되었다면 아인슈타인의 이 론은 수정되거나 폐기되었을 것이다. 그러나 아인슈타인의 이론은 정확한 것으로 밝혀졌다.

포퍼는 논박을 거치지 않은 심리학의 많은 이론을 비판하였다. 예를 들어, 프로이트(Freud) 는 위험성 있는 예측을 하지 않았다. 프로이트의 이론에 따르면 사람이 하는 모든 것은 설명될 수 있다. 예를 들어, 초기 경험을 고려할 때 여성을 증오할 것으로 보이는 남성이 실제로는 여성 을 사랑할 경우 프로이트 학파의 연구자는 이 남성이 '반응 형성(reaction formation)'을 보여 주고 있다고 말할 수 있다. 이는 그가 실제로는 무의식 수준에서 여자를 증오하지만 증오한다 는 사실을 인정했을 때 일어나는 불안을 감소시키기 위해 단순히 반대 방향으로 행동하는 것 이라고 설명할 수 있다. 논박의 여지가 있는 관찰이 불가능하기 때문에, 점성술도 같은 맥락에 있다. 일반적인 신념과 달리, 인지할 수 있는 모든 관찰 결과가 이론과 일치한다면 이론은 힘 을 잃게 될 것이다.

쿤과 포퍼

포퍼에 따르면 쿤이 말하는 규범과학은 결코 과학이 아니다. 포퍼는 과학자들을 하나의 패러다임으로 묶는 쿤의 주장은 오히려 효과적인 문제 해결을 방해한다고 믿었다. 과학적 활동에 대한 포퍼의 분석이 문제 해결 방법으로 제시된 해결책의 논리적 논박에 중점을 둔 반면, 쿤은 사회학적이고 논리학적인 요인에 중점을 두었다. 포퍼는 문제 해결 방법이 엄격한 논박을 통과하거나 통과하지 못할 뿐 주관성(subjectivity)은 없다고 하였다. 쿤과 포퍼의 분석에 대해 옳다고 할 수 있을까? 로빈슨(Robinson, 1986)은 모두 맞을 수 있다고 하면서 다음과 같이 설명하였다. "절충적인 관점에서 쿤이 과학을 역사적으로 설명하였고 포퍼는 과학이 무엇이어야 하는지 주장하는 것이라고 본다면 둘 사이의 차이는 사라질 것이다." (p. 24)

논의 사항

1. 과학이 철학이나 신학과 같은 다른 분야와 다른 점은 무엇인가?

2. 과학적 법칙(scientific law)이란 무엇인가? 법칙(law)이란 단어가 과학적 개념으로 쓰일 때와 법이나 종교적 관점에서 사용될 때 다른 점은 무엇인가?

3. 자연관찰법의 장점과 단점을 논의하라.

4. 과학적 원리의 특성에 대해 간단히 논의하라.

5. 실험에서 이론으로 나아가는 단계에 대하여 논의하라.

6. 이론에서 실험으로 나아가는 단계에 대하여 논의하라.

7. 과학적 모델이란 무엇인가? 심리학에서 모델이 어떻게 쓰이는지 예를 들어 보라.

8. 이론과 모델의 차이를 설명하라.

9. 학습 실험을 준비하고 수행하고 분석하는 데 포함된 임의적 결정에 대하여 열거하고 간단히 설명하라.

10. 규범과학은 일의 기획/참가라고 말하는 쿤의 주장은 무엇을 의미하는가?

11. 쿤의 견해에서 과학적 혁명의 과정을 설명하라.

12. 과학의 전통적 관점에 대한 포퍼의 비판에 대해 논의하라.

13. 쿤과 포퍼의 과학적 분석은 어떻게 조화될 수 있는가?

주요 개념

- 간략성의 원리(principle of parsimony)
- 개별 사례법(idiographic technique)
- 과학(science)
- 과학적 법칙(scientific law)
- 과학적 이론(scientific theory)
- 과학적 혁명(scientific revolutions)
- 규범과학(normal science)
- 규범적 기법(nomothetic technique)
- 논박의 원리(principle of refutability, 오류 입증의 원리[principle of falsification])
- 독립 변인(independent variable)
- 모델(model)
- 상관 기법(correlational techniques)
- 실험 기법(experimental techniques)
- 요소주의(elementism)

- 유추(analogy)
- 이론의 경험적 측면(empirical aspect of a theory)
- 이론의 통합적 기능(synthesizing function of a theory)
- 이론의 형식적 측면(formal aspect of a theory)
- 이론의 발견적 기능(heuristic function of a theory)
- 자연관찰법(naturalistic observation)
- 종속 변인(dependant variable)
- 준거 도달 시도(trials to criterion)
- 패러다임(paradigm)
- 학습에 대한 조작적 정의(operational definition of learning)

제3장

초기 학습 이론

인식론과 학습 이론

인식론(epistemology)은 지식의 본질(nature)을 연구하는 철학의 한 분야이다. 인식론은 지식이란 무엇인가, 우리는 무엇을 알 수 있는가, 지식의 한계는 무엇인가, 아는 것의 의미는 무엇인가 등과 같은 질문을 한다. 이러한 질문은 초기 그리스 시대까지 거슬러 올라간다. 실제로 지식의 본질에 대한 플라톤(Plato)과 아리스토텔레스(Aristotle)의 견해는 현재까지 지속되는 철학적 태도를 마련하였다. 플라톤은 지식이 유전되는 것이라고 믿었으며 인간의 마음

(human mind)을 구성하는 요소라고 믿었다. 그는 인간의 마음이 가지고 있는 내용을 반영하여(reflecting) 지식을 얻는다고 믿었다. 그와 반대로 아리스토텔레스는 지식은 감각적인 경험에서 비롯되며 유전되는 것이 아니라고 믿었다.

플라톤은 지식이 유전되는 것이라고 믿었고 아리스토텔레스는 감각적인 경험에 의해 얻어지는 것이라고 믿었지만 둘 다 합리주의(rationalism)의 전형적인 예이다. 왜냐하면 둘 모두 지식을 얻기 위해 마음이 적극적으로 개입해야 한다고 믿었기 때문이다. 플라톤은 유전된 지식을 밝히기 위해 적극적인 내성(introspection)이 필요하다고 주장하였다. 아리스토텔레스는 감각이 제공하는 정보를 마음이 적극적으로 숙고함으로써 정보를 알아낼 수 있다고 주장했다. 생득론(nativism)은 플라톤의 견해로 볼 수 있는데 그가 지식이 타고난다고 주장했기 때문이다. 한편 아리스토텔레스는 모든 지식은 감각적 경험에 의한다고 주장하였기 때문에 경험주의(empiricism)를 주장하였다고 볼 수 있다.

플라톤과 아리스토텔레스와 같은 철학자들은 일반적인 철학적 용어인 이성주의, 생득론, 경험주의를 사용하는 것이 어렵다는 것을 보여 준다. 학습 이론 역사의 모든 과학자는 위의 세 가지 철학과 관련이 있다. 합리주의자들은 지식을 얻기 위해 반드시 마음이 적극적으로 개입(사고[thinking], 추론[reasoning] 또는 연역[deducing])해야 한다는 점을 여전히 강조한다. 플라톤과 아리스토텔레스 모두 합리주의자였다. 생득론은 유전되는 몇 가지 특성(traits)과 태도의 중요성을 주장한다. 플라톤은 몇 가지 특성 중 하나가 지식이라고 하였으며, 아리스토텔레스도 생득론을 철저히 반대한 것은 아니었다. 그는 감각적인 경험으로부터 지식을 이끌어 내는 추론 능력(reasoning powers)이 생득된다고 보았다. 경험주의자들은 모든 지식의 바탕이 감각적 정보라고 하였으며 아리스토텔레스도 이 점을 믿었기 때문에 경험주의자로 볼 수 있다. 그러나 감각적 정보가 플라톤의 철학에서 중요하지 않았다고 말할 수는 없다. 플라톤의 견해에서 생득적 지식은 종종 감각적 경험에 의해 도출된다.

이론 간에 공통된 부분이 있기 때문에, 합리주의자, 경험주의자, 생득론자와 같은 명칭은 이들이 중요시하는 것에 따라 붙여지는 것일 뿐, 순수한 합리주의자, 경험주의자, 생득론자가 있는 것은 아니다.

학습 이론의 역사에서 지식의 본질을 고려하는 플라톤과 아리스토텔레스의 견해는 매우 중요한 역할을 하였기 때문에 더 자세히 알아보도록 하자.

플라톤

플라톤(B.C. 427~347)은 소크라테스의 유명한 제자였다. 소크라테스는 그의 철학을 글로 남기지 않았지만 플라톤은 이를 글로 남겼다. 이 사실이 매우 중요한 이유는 초기 플라톤의 대화는 스승의 대단한 업적을 기록하고 소크라테스의 지식에 대한 접근법을 보여 주기 위한 것이었기 때문이다. 그러나 후기 대화는 플라톤 자신의 철학을 보여 주고 있으며 소크라테스에 대한 내용은 없다. 플라톤은 소크라테스가 불경함을 이유로 처형당하는 것을 보고 매우 충격을 받았으며 후에 남부 이탈리아로 망명하여 피타고라스 학파(Pythagoreans)의 영향을 받게 된다. 이 사실은 서구 사람들에게 중요한 시사점을 제공하며 이후 발생한 학습 이론을 포함하여 인식론에 대한 모든 접근법과 직접적인 관련이 있다.

피타고라스 학파는 우주가 물리적 세계에 영향을 미치는 수리적 관계에 의해 지배된다고 믿었다. 사실 숫자와 그들의 다양한 조합은 물리적 세계에서 사상(events)을 발생시킨다. 숫자와 그들이 일으키는 경험적 사상은 모두 진실이다. 그러므로 피타고라스 학파는 추상(the abstract)은 독립적으로 존재하며 물리적 대상에 영향을 미칠 수 있다고 보았다. 더 나아가 물리적 사상은 추상적인 것의 현현(manifestation)일 뿐이라고 보았다.

숫자와 물질(matter)은 상호작용하지만 우리가 감각을 통해 경험하는 것은 숫자가 아닌 물질이다. 이는 하나의 측면은 감각을 통해 경험될 수 있지만 또 다른 측면은 경험될 수 없다는 우주에 대한 이원론적 견해를 가져왔다. 이 개념을 통해 피타고라스 학파는 수학, 의학, 음악에서 큰 발전을 이루었다. 그러나 시간이 지날수록 신비주의를 발전시켰으며 그리하여 소수의 회원만이 남게 되었다. 플라톤도 그중 한 명이었다.

플라톤의 후기 대화는 피타고라스 학파가 믿었던 이원론적 우주관을 적극적으로 수용하였다. 그는 추상적인 것이 독립적이며 영향을 미치는 존재라는 피타고라스 학파의 개념을 바탕으로 한 지식의 이론을 발전시켰다.

지식에 대한 회상 이론

플라톤에 따르면 물리적 세계의 모든 대상은 그들을 유발한 상응하는 추상적 '이데아(idea)' 혹은 '형상(form)'을 가진다. 예를 들어, 의자에 대한 추상적 개념은 우리가 의자라고 부르는 물질(matter)과 상호작용한다. 나무에 대한 개념은 우리가 나무라고 보는 형상과 상호작용한다. 모든 물리적 대상은 이러한 근원(origin)을 가진다. 그러므로 우리가 감각을 통해 경험하는 것은 의자, 나무 혹은 집이지 추상적인 의자(chairness), 나무(treeness), 집(houseness)이 아니다. 순수한 개념이나 이러한 생각의 본질(essence)은 물질과 독립적으로 존재하며 개념이 물질로 변환되었을 때 의미를 상실한다. 그러므로 우리가 감각을 통해 경험한 것을 분석하여 지식을 얻고자 한다면 우리는 오류를 범하게 될 것이다. 감각적인 정보는 단지 의견만을 제공할 뿐이다. 추상적인 아이디어는 그 자체로 진실한 지식의 근원이다.

그렇다면 우리가 감각을 통해 경험할 수 없을 때 정보를 어떻게 얻을 것인가? 플라톤은 우리가 '마음의 눈(mind's eye)'을 통해 경험할 수 있다고 주장하였다. 우리는 내면의 생각을 보고 생득적으로 가능한 것이 무엇인지 탐색해야 한다. 모든 인간은 그들의 마음속에 세상을 구성하고 있는 모든 개념에 대한 완벽한 지식을 가지고 있다. 그러므로 진실한 지식은 내성(introspection) 혹은 자기 분석(self-analysis)을 통해 도출된다. 우리는 이미 알고 있는 것을 기억하게 하는 감각적 정보로부터 우리 자신을 분리시키는 법을 배워야 한다.

그렇다면 어떻게 이데아에 대한 지식을 가질 수 있을까? 플라톤은 신비주의적 견해를 가진다. 모든 인간은 영혼을 가진다. 출생하여 신체에 깃들기 전에, 영혼은 순수하고 완벽한 지식에 머물게 된다. 모든 인간의 영혼은 신체에 들어가기 전에 모든 것을 알고 있다. 신체에 들어가면 영혼의 지식은 감각적 정보에 의해 오염되기(contaminated) 시작한다. 플라톤에 의하면, 인간이 감각을 통해 경험하는 것을 진실이라고 받아들인다면 우리는 지식과 무지의 삶으로 파멸하게 될 것이다. 마음속으로 탐색하며 오직 물리적으로 순수하지 않은 세계에서 개념의 세계로 갈 때 우리는 진실한 지식을 얻을 수 있다. 그러므로 모든 지식은 회상(reminiscence)이거나 천국에서 우리가 가졌던 우리 영혼의 경험이 모인 것이다. 플라톤은 점성술사에게 천국은 그대로 두고 이성(reason)이라는 자연의 선물을 활용하라고 조언하였다(*Republic* VII, p. 296, from translation by Cornford, 1968).

우리가 앞서 살펴본 대로 플라톤은 지식이 타고나는 것이라고 믿었기 때문에 생득론자이다. 그는 또한 추론(reasoning)을 통해 지식이 만들어진다고 믿었기 때문에 합리주의자이다. 후에 논의하겠지만 플라톤만큼 감각적 정보에 대해 부정적인 태도를 취하는 강경한 합리주의자는 없다. 그러나 플라톤의 철학은 12세기 초 기독교 시대 유럽을 지배하였다. 플라톤 철학이 기독교에 막대한 영향을 미쳤기 때문에 우리는 여전히 서구 문화에서 플라톤의 사상을 찾아볼 수 있다.

아리스토텔레스

아리스토텔레스(B.C. 384~322)는 플라톤의 제자 중 하나이며 초기에는 플라톤의 가르침을 완벽하게 따랐지만 후에는 그에게서 완전히 분리하여 나왔다. 두 철학자의 기본적인 차이점은 감각적 정보에 대한 태도이다. 플라톤은 감각적 정보가 방해가 되며 신뢰할 수 없는 것이라고 보았지만 아리스토텔레스는 감각적 정보가 모든 지식의 기본이라고 믿었다. 경험적 관찰에 대한 호의적인 입장에서 볼 수 있듯이 아리스토텔레스는 물리적이고 생리적인 현상에 대한 방대한 사실들을 수집하였다.

그러나 아리스토텔레스는 이성 또한 포기하지 않았다. 그는 감각적 인상(sense impression)은 지식의 시작일 뿐이며, 법칙성(lawfulness)을 발견하기 위해서는 이성을 활용하여 감각적 인상에 대해 숙고해야 한다고 믿었다. 경험적 세계를 지배하는 법칙은 감각적 정보만으로는 알아낼 수 없으며, 적극적인 이성을 통해서만 발견할 수 있다는 것이다. 따라서 아리스토텔레스는 지식을 얻기 위해서는 감각 경험과 이성이 모두 필요하다고 믿었다.

지식에 대한 아리스토텔레스와 플라톤의 이론에는 두 가지 큰 차이가 있다. 첫째, 플라톤과 달리 아리스토텔레스는 찾고자 하였던 법칙, 형상, 우주가 경험적 표현과 독립적으로 존재하지 않는다고 보았다. 자연에서 그들의 관계는 관찰될 수 있었다. 둘째, 아리스토텔레스는 모든 지식이 감각적 경험에 기초한다고 믿었지만 플라톤은 이와 달랐다. 아리스토텔레스는 모든 지식의 원천이 감각적 경험이라고 믿었기 때문에 경험주의자라고 볼 수 있다.

지식에 대한 그의 경험주의적 견해를 정교화하면서 아리스토텔레스는 연합의 법칙(laws of association)을 구축하였다. 그는 경험이나 대상에 대한 회상(recall)이 그와 비슷한 대상에 대한 회상을 이끌어 낸다고 보았다(유사성의 법칙[law of similarity]). 더불어 반대되는 대상에 대한 회상(대비의 법칙[law of contrast])과 이와 함께 경험하였던 사물에 대한 회상(인접의 법칙[law of contiguity]) 또한 도출된다고 주장하였다. 아리스토텔레스는 또한 두 사물이 자주 경험될수록 하나에 대한 경험이 다른 하나에 대한 경험을 더 자주 자극할 것이라고 주장하였다. 이는 후에 빈도의 법칙(law of frequency)으로 알려졌다. 아리스토텔레스는 감각적 경험이 새로운 이데아를 유발한다고 보았다. 감각적 경험에 의해 축적된 생각들은 유사성의 법칙, 대비의 법칙, 인접의 법칙, 빈도의 법칙에 따라 다른 생각들도 축적시킨다고 여겼다. 생각 사이의 관계를 연합의 법칙으로 설명하려는 철학적 견해를 연합주의(associationism)라고 한다. 생각이

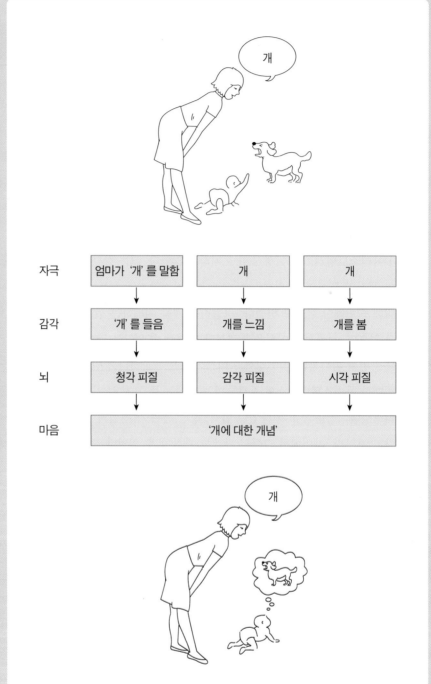

자극 | 엄마가 '개'를 말함 | 개 | 개 |

감각 | '개'를 들음 | 개를 느낌 | 개를 봄 |

뇌 | 청각 피질 | 감각 피질 | 시각 피질 |

마음 | '개에 대한 개념' |

그림 3-1 ▶

인접의 법칙은 아동이
개를 듣고 보고 느끼는
것을 동시에 하기
때문에 이러한 감각이
개에 대한 개념으로
통합된다고 주장한다.

어떻게 인접을 통해 연합되는지에 대한 예는 [그림 3-1]에서 볼 수 있다.

경험적 탐구에 대해 눈에 띄는 연구 외에도 아리스토텔레스는 심리학에 몇 가지 다른 공헌을 하였다. 그는 『드 애니마(De Anima)』라는 심리학사에 관한 첫 번째 책을 썼다. 그는 시각, 청각, 후각, 미각, 촉각으로 분류된 인간의 감각 기관에 대해 자세히 서술하였다. 그는 후에 기억, 사고, 학습에 대한 개념에 크게 기여하였다. 이전에 살펴본 바와 같이 그의 유사성, 대비, 인접, 빈도에 대한 연합의 원칙은 후에 현대 학습 이론의 중요한 부분인 연합주의의 기초가 된다. 이러한 공헌으로 인해 "마음은 심장에 있으며 뇌는 피를 차갑게 하는 시스템"이라고 한 그의 주장은 용서될 수 있다. 학습 이론에 미친 아리스토텔레스의 막대한 영향을 바이메르(Weimer, 1973)는 다음과 같이 평하였다.

> 잠시 회상해 보면 아리스토텔레스의 교리(doctrine)는 현대 인식론과 학습심리학의 중심이다. 현대의 모든 학습 이론은 연합의 법칙을 설명의 기초로 한다(p. 18).

아리스토텔레스의 죽음과 함께 경험과학의 발전에 대한 희망도 사라졌다. 아리스토텔레스 이후 수 세기 동안 아리스토텔레스가 발전시킨 과학적 연구에 대한 추후 연구는 없었다. 그리스 도시국가의 몰락, 야만인들의 유럽 침범, 기독교의 빠른 전파는 과학적 연구의 성장에 방해가 되었다. 중세 초기 사상가(thinker)들은 새로운 정보를 찾기보다는 과거 권위자들의 가르침에 의존하였다.

플라톤의 철학은 초기 기독교에 많은 영향을 미쳤다. 이 시기를 장악했던 인간에 대한 개념에 대해 막스와 크로넌-힐릭스(Marx & Cronan-Hillix, 1987)는 다음과 같이 설명한다.

> 인간은 일반적 자연의 법칙과는 다르게 자유의지(free will)를 가진 영혼을 가진 존재로 자유의지와 신의 통제에 의해서 움직이는 창조물(creature)이다. 자유의지를 가진 창조물은 과학적 탐구의 대상이 될 수 없다.
>
> 심지어 사람의 몸은 신성한 것으로 간주되었다. 해부학자들은 때로는 무덤을 파헤쳐야 했으며 해부학은 매우 위험하고 비용이 많이 드는 작업이 되었다. 관찰에 대한 엄격한 잣대는 해부학과 의학의 발전을 수 세기 동안 더디게 하였으며 수천 년 동안 오해가 지속되도록 하였다. 심리학은 이러한 환경에서 번성할 수 없었다(p. 28).

종교는 대화가 없는 철학으로 정의된다. 지식의 본질에 대한 플라톤의 견해가 기독교 교리와 통합되면서 더 이상의 발전이 없었다. 교회의 반경험주의에 도전하는 아리스토텔레스의 저서가 발견되기까지 대략 1500년이 흘렀다. 자연에 대한 연구가 다시 시작되면서 이는 들불처럼 빠르게 퍼져 나갔다. 심리학에서 데카르트의 저서는 르네상스 시대의 가장 중요한 예로 대표되고 있다.

현대 심리학의 시작

데카르트(René Descartes, 1596~1650)는 철저한 의심을 가지고 모든 철학적 물음에 접근하고자 하였다. 그는 "내가 의심을 한다는 단 하나의 사실을 제외하고 나는 모든 것을 의심한다. 그리고 내가 나의 생각을 의심할 때 나는 내가 존재한다고 생각한다."고 주장하였다. 그리하여 그는 "나는 생각한다. 고로 존재한다."는 유명한 결론에 도달하였다. 그는 이러한 관점에서 신의 존재를 증명하고자 하였으며 신이 우리를 속이지 않을 것이기 때문에 감각적 경험이 객관적 실제를 반영할 것이라고 주장하였다.

데카르트는 마음과 신체의 분리를 가정하였다. 그는 사람의 신체를 예상 가능한 방향으로 움직이는 기계라고 보았으며 이런 점에서 우리는 다른 동물과 같다고 보았다. 그러나 마음은 인간의 독특한 특성이다. 마음은 자유로우며 신체의 움직임을 결정할 수 있다. 데카르트는 송과선(pineal gland)[1]에서 마음과 신체가 만난다고 믿었다. 마음은 송과선을 이쪽에서 저쪽으로 움직일 수 있으며 뇌의 기공을 열거나 닫을 수도 있다고 생각했다. 기공을 통해서 동물적 영혼(animal spirits)은 작은 관을 통해 근육으로 흘러들어 오며 근육을 채우고 팽창시키며 짧고 굵게 만들 수 있고 이를 통해 몸의 움직임을 만들 수 있다. 물리적 움직임으로 인해 마음이 행동을 발생시키지만 감각적 경험 또한 행동을 유발시킬 수 있다. 신체 밖에서 일어나는 움직임은 뇌에 연결되어 있는 팽팽한 끈을 잡아당김으로써 뇌의 기공을 열며 동물적 영혼을 풀어 주며 근육에 흘러들어 가서 행동을 유발한다. 그러므로 마음이나 물리적 환경은 행동을 유발시킬 수 있다. 반사 행동(reflex action)은 심리학에 오랫동안 영향을 미쳤다. 데카르트는 자극-반응 심리학의 선구자이다.

인체를 기계에 비유하며 데카르트는 과학적인 연구를 가능하게 하였다. 그는 심리학자들에

---

1) 역자 주: 송과선(松果腺)은 대뇌 밑, 간뇌의 시상하부에 위치한 내분비기관이며 멜라토닌 호르몬을 분비한다.

게 신체를 자세히 연구하기 위해 해부학을 활용하도록 하였다. 데카르트는 인간과 동물이 생리적으로 비슷하다고 믿었기 때문에 동물에 대한 연구가 인간에 대한 연구에 도움이 될 것이라고 믿었다. 데카르트는 생리학과 비교심리학에 큰 기여를 하였다.

그러나 마음은 자유로우며 인간만이 가진 것이다. 마음의 작용을 설명하기 위해 데카르트는 생득적 관념(innate ideas)에 크게 의지하였는데 이는 플라톤이 그의 철학에 영향을 미쳤다는 것을 보여 준다. 생득적 관념은 경험에서 비롯되는 것이 아니고 마음에서 비롯되는 것이다. 생득적 관념의 예로는 신과 자신에 대한 개념(concept), 기하학의 축, 공간, 시간 및 운동에 대한 개념을 들 수 있다. 생득적 관념에 대한 의문은 데카르트 이후에 수많은 철학적 논쟁을 일으켰다.

홉스(Thomas Hobbes, 1588~1679)는 생득적 관념이 지식의 근원이라는 주장에 반대하였다. 그는 감각적 인상이 모든 지식의 근원이라고 주장하였다. 홉스는 경험주의의 철학적 학파를 재개하였고 연합주의와 관련시켰다.

홉스는 자극이 신체의 중요한 기능을 도울 수도 있고 방해할 수도 있다고 믿었다. 그의 견해에 따르면, 주요한 기능을 돕는 자극은 신체에 기쁜 감정을 일으키며 이에 따라 사람은 다시 이러한 기쁨을 찾기 위해 자극을 경험하고자 한다. 주요 기능을 방해하는 자극은 혐오스러운 느낌을 일으키며 사람은 이러한 감정을 감퇴시키고자 한다. 홉스에 따르면 사람의 행동은 이러한 '욕망(appetites)'과 '혐오(aversions)'에 의해 통제된다. 사람들이 접근하고자 하는 사상은 '선(good)'이라고 불리며 사람들이 피하고자 하는 사상은 '악(evil)'이라고 불린다. 그러므로 선과 악의 가치는 개인의 결정에 따른다. 이들은 절대적인 것이 아니다. 후에 제러미 벤담(Jeremy Bentham, 1748~1832)은 인간의 행동이 쾌락의 원리(pleasure principle)에 의해 통제된다고 주장하였으며 이러한 그의 주장은 프로이트(Freud)의 강화 이론가들에 의해 재조명되었다.

대체로 홉스는 사람이 살아가는 환경의 정책적이고 사회적인 조건에 대해 관심을 가졌다. 그는 인간이란 근본적으로 이기적이고 공격적이어서 그들이 본성에 따라 살 수 있다면 인간의 삶이란 자기만족과 전쟁으로 특징될 것이라고 생각하였다. 그는 사람이 정책적 시스템과 사회를 만드는 것은 이를 통해 이익을 추구하기 위함이지 타인과 어울리기를 좋아하기 때문이 아니라고 주장하였다. 규칙에 대한 동의와 규제(regulations)에 대한 고려가 없다면 인간 존재는 "지속적인 두려움, 폭력적인 죽음의 위험, 그리고 사람의 삶, 고독함, 빈곤, 끔찍함, 야만성, 부족함"으로 특징지어질 것이다(Hobbes, 1962[1651], p. 100). 다시 말해서, 홉스는 인간 사회의 형성은 두 가지 악을 감소시키기 위한 것인데 이는 다른 인간과의 지속적인 투쟁을 감소시키기 위함이라 주장하였다. 이러한 사회의 기능에 대한 견해는 수년 후 발표된 프로이트의 주장과 매우 밀접한 관련이 있다.

로크(John Locke, 1632~1704) 또한 생득적 관념에 대해 반대하였다. 그는 마음이 이데아로 구성되어 있으며 생각은 경험으로부터 나온다고 믿었다. 그는 만약 생각이 생득적이라면 사람들이 항상 생각을 가지고 있어야 하지만 실제로는 그렇지 못하다고 주장하였다. 다른 문화 집단에 있는 사람들은 확연하게 다른 생각과 믿음을 가질 것이며 유아는 태어날 때 백지 상태(tabula rasa)로 태어나며 경험이 비워진 칸을 채워 간다고 믿었다. 마음은 경험으로 채워지며, 경험은 감각에서 나온다. 간단한 생각은 감각 경험에서 직접적으로 얻어지며 복잡한 생각은 단순한 생각의 조합에서 얻어진다.

그러므로 명백하게 로크는 경험주의자이다. 그러나 그의 이론은 합리주의적 주요 요소 또한 포함하고 있다. 간단한 생각이 경험에서 비롯되지만 그들은 반성(reflection)에 의해 조합되며 반성은 합리주의적 과정이다. 라이프니츠(Leibniz, 1646~1716)는 로크의 철학에 대해 "마음에는 마음 자체를 제외하고 감각에서 오지 않은 것이 없다(except the mind itself)."라고 요약하였다.

갈릴레오(Galileo)와 같이 로크는 일차적 속성(primary quality)과 이차적 속성(secondary quality)을 구분하였다. 일차적 속성은 지각자의 마음에 강력한 정신적 표상(representations)을 유발시킬 만큼 강력한 물리적 세계의 특징이다. 크기, 무게, 양, 견고함, 모양, 유동성이 일차적 속성이다. 이차적 속성은 지각자의 마음속에 정신적 표상을 남기지 못하는 너무나 약한 물리적 세계의 속성이다. 전기 자기장, 원자와 분자, 공기의 파장, 혈액 속의 백혈구 등이 이차적 속성이다. 이차적 속성은 물리적 세계와 상응하는 것이 없는 정신적 경험을 유발하며 색, 소리, 냄새, 맛, 붉은 피 등이 예이다.

로크가 용어를 어떻게 사용하였을지라도 일차적 속성은 물리적 대상을 의미하고 이차적 속성은 물리적 세계와 정확하게 상응하는 것이 없는 심리적 경험을 의미한다. 일차적 속성과 이차적 속성의 차이는 종종 심리학이 과학이 되지 못하는 이유로 제시되곤 한다. 이차적 속성은 순수하게 인지되는 것이므로 일차적 속성과 같이 객관적으로 분석될 수 없다. 이차적 속성은 객관적 연구로 접근할 수 없기 때문에 과학적인 탐색의 연구 대상이 되지 못한다. 바로 이러한 관점은 오랜 세월이 지난 후 많은 행동주의자들이 인간 행동의 분석에 있어 정신적 작용을 배제하게 된 원인을 제공하기도 했다.

버클리(George Berkeley, 1685~1753)는 로크의 연구가 충분하지 못하다고 주장하였다. 여전히 물리적인 대상이 생각을 유발한다는 로크의 견해에는 두 가지 이원론이 존재한다. 로크는 경험적 세계를 통해 생각을 가지게 된다고 주장한 반면, 버클리는 오직 이차적 속성에 의하여 경험할 수 있다고 주장하였다. 지각되지 않는 것은 없으며 존재하는 것은 지각되는 것이다. 모양, 크기와 같은 일차적 속성 또한 실제로는 이차적 속성 혹은 이데아이다. 생각은 우리가 직접적으로 경험할 수 있는 것이며 우리가 확신할 수 있는 유일한 것이다. 이러한 믿음에도 불구하고 버클리는 외부 실제(external reality)에 대한 경험에서 마음의 내용이 얻어진다고 믿었기 때문에 경험주의자로 여겨진다. 외부 실제는 물질(material)이나 물리적인 것이 아니며 신의 지각(God's perception)이다. 이는 감각을 통해 경험하는 신의 생각이다.

흄(David Humm, 1711~1776)은 이러한 논쟁을 한 단계 더 끌어올렸다. 그는 버클리가 주장한 물리적 환경에 대해 어떠한 것도 알 수 없다는 것에 동의하였지만 생각에 대해서도 아무것도 알 수 없다고 주장하였다. 우리는 아무것도 확신할 수 없다는 것이다. 흄은 마음이 생각, 기억, 상상, 연합, 감정의 흐름일 뿐이라고 하였다.

이는 흄의 경험주의적, 연합주의적 성향을 부정한 것은 아니다. 그는 사람의 지식이 경험에서 얻어진 개념으로 구성되어 있으며 연합의 법칙에 의해서 연합된다고 강하게 주장하였다. 그러나 그는 우리의 생각을 통해 경험적 세계를 간접적으로만 경험할 수 있다고 하였다. 심지어 자연의 법칙도 상상(imagination)으로 구성되었다고 생각하였다. 즉, 자연의 '법칙(lawfulness)'은 우리 마음에 있다고 주장하였다. 예를 들어, 인과관계와 같은 일반적인 개념(concept)은 흄이 주장한 '습관적 순서 아이디어(habitual order ideas)'에서 비롯하였다.

말할 것도 없이 흄의 견해에 많은 사람은 분노하였다. 그의 생각을 받아들인다는 것은 이성적 생각, 과학, 심리학 그리고 종교에 대해 의문을 갖는 것이었다. 종교든지 과학이든지 모든 교리는 의심을 받기 시작했다. 헤르겐한(Hergenhahn, 2009)은 흄의 철학을 다음과 같이 요약하였다.

> 흄은 우리가 직접적으로 마주하는 것은 주관적 경험이기 때문에 우리가 내리는 모든 결론이 주관적 경험에 바탕을 둔다고 주장하였다. 그에 따르면 물리적 세계의 특성과 도덕에 대한 모든 주장은 이들에 의해 유발된 인상, 관념, 감정, 그리고 연합의 법칙에 의해 조직된 것으로부터 유발된다. 심지어 많은 철학자와 과학자에게 매우 중요한 인과관계도 흄의 철학에서는 마음의 습관으로 축소된다. 예를 들어, B가 언제나 A를 따르고 둘 사이의 간격이 항상 동일하더라도 우리는 A가 B의 원인이라고 결론을 내릴 수 없다. 실제를 명확하게 검증할 방법이 없기 때문이다. 흄에게는 합리주의 철학, 물리적 과학, 도덕적 철학 모두 주관적인 심리학으로 축소되었다. 흄은 모든 지식이 주관적인 경험을 기초로 하기 때문에 어떤 것도 정확하게 알 수 없다고 주장하였다(pp. 192-193).

칸트(Immanuel Kant, 1724~1804)는 흄이 '독선적 선잠(dogmatic slumber)'에서 자신을 일깨웠으며 자신으로 하여금 흄의 회의론에서 철학을 구해 내도록 만들었다고 주장하였다. 칸트는 합리주의와 경험주의가 가지고 있는 비현실적 특성을 바로잡고자 하였다. 그리고 합리주의는 단지 개념 조작에만 개입할 뿐이며 경험주의는 감각적 경험과 그로부터 파생된 것으로 지식을 제한한다고 보았다. 칸트는 이러한 두 가지 견해를 통합하고자 하였다.

칸트는 우리의 경험을 분석하여 생각의 특정한 범주(category)를 밝힐 수 있다고 생각하였다. 예를 들어, 칸트는 인과성(causality), 통일성(unity), 전체성(totality)과 같은 개념을 갖지만 흄이 주장한 바와 같이 우리는 이러한 개념을 경험한 적이 없다고 하였다. 그리고 이러한 생각의 범주, 능력(faculty)이 우리의 감각적인 경험의 일부분이 아닐 뿐만 아니라 경험에서 비롯되지 않는다고 주장하였다. 만약 이러한 생각이 감각적 경험의 경과가 아니라면 사고의 생득적 범주(innate categories of thought)라고 칸트는 추론하였다. 이러한 생득적 정신의 기능은 우리의 감각적 경험에 덧씌워져서 구조와 의미를 제시한다. 칸트는 12개의 생득적 능력이 있다고 믿었는데 이는 물리적 세계에서의 경험에 의미를 부여하는 통일성(unity), 전체성(totality), 실제성(reality), 존재성(existence), 필연성(necessity), 상호성(reciprocity), 인과성(causality) 등이다.

칸트에 따르면 우리가 의식적으로 경험하는 것은 경험적 세계에 의해 유발되는 감각적 경험과 생득적인 마음의 기능에 영향을 준다. 마음의 기능은 감각적 경험을 변형시키며 이를 조직화하고 의미를 부여한다. 칸트는 지식의 특성에 대해 정의하려는 모든 시도에서 마음의 적극적인 공헌에 대해 고려해야 한다고 주장하였다. 우리는 이러한 견해의 최근 예를 10장의 형태주의자들과 11장의 피아제(Jean Piaget) 이론을 통해 살펴보고자 한다. 칸트는 현대 정보처리 심리학과 인지과학의 선구자로 여겨진다. 플래너건(Flanagan, 1991, p. 181)은 "인지과학자들이 그들의 철학적 뿌리에 대해 논의할 때 칸트라는 이름을 언급한다."라고 주장하였다.

칸트는 마음이 지식의 근원임을 보임으로써 합리주의를 지속시켰다. 다시 말해서, 그는 감각적 경험이 아닌 지식을 설명하기 위한 방법을 부활시켰다. 칸트는 지식을 가지고 태어난다는 생득론적 견해를 가지고 데카르트 시대 이후 설 곳이 없어진 플라톤의 주장을 부활시켰다.

존 스튜어트 밀(John Stuart Mill, 1806~1873)은 홉스와 로크가 주장한 복잡한 생각이 실제로는 단순한 생각의 조합에 지나지 않는다는 초기 연합주의자들의 주장을 반대하였다. 그는 경험주의자와 연합주의자로 남아 있었지만 다른 연합주의자들이 취한 입장과는 매우 다른 견해를 취하였다. 복잡한 생각이 단순한 생각으로 구성되었다는 개념을 수용하면서, 밀은 몇몇 간단한 생각이 새로운 생각으로 조합되면 본래의 간단한 생각과는 완전히 달라진다는 견해를 추가하였다. 예를 들어 파란불, 빨간불, 초록불을 섞으면 흰색을 얻는다. 다시 말해, 밀은 전체는 각 요소의 단순한 합과는 다르다고 믿었다. 밀은 모든 생각은 감각적 축적을 반영한다는 경험주의자들의 생각을 수정하였다. 그는 몇몇 생각의 조합은 새로운 생각의 부분과 다르다고 하였다.

학습 이론에 영향을 미친 그 밖의 역사

리드(Thomas Reid, 1710~1796)는 경험주의자들의 요소주의(elementalism)를 반대하였으며 밀과 달랐다. 칸트와 같이 리드는 마음 그 자체로 힘을 가지고 있으며 이는 우리가 세계를 지각하는 데 큰 영향을 준다고 생각했다. 그는 마음의 스물일곱 가지 능력을 가정하였으며 대부분이 생득적이라고 생각했다. 마음의 기능에 대한 이러한 믿음은 후에 능력심리학(faculty psychology)이라고 불렸다. 능력심리학은 생득론, 합리주의, 경험주의의 혼합이다. 예를 들어, 칸트는 생득적으로 가지는(생득론) 생각의 범주(합리주의)를 알아내기 위해 감각적인 경험(경험주의)을 탐구하였다.

리드는 물리적 세계에 대해 어떠한 것도 직접적으로 알 수 없다는 흄의 주장이 잘못된 것이라고 주장하였다. 헤르젠한(2009)은 리드의 입장을 다음과 같이 요약하였다.

> 리드는 모든 인간은 물리적 실재의 존재를 믿기 때문에 물리적 실재가 존재한다고 주장하였다……. 만약 흄의 이론이 물리적 세계에 대해 절대 알 수 없다는 결론을 내린다면 흄의 이론은 잘못된 것이라고 주장한다. 우리는 물리적 세계에 대한 우리의 인상을 믿으며 이는 상식(common sense)을 만들어 낸다. 우리는 바깥세상을 다룰 수 있고 이해할 수 있는 능력을 타고난다(p. 190).

리드는 감각이 물리적 실재를 나타낸다는 사실을 부정할 때 우리의 삶이 어떻게 될 것인지에 관하여 예를 들어 설명했다. "나는 나의 감각을 믿지 않기 위해 코를 망가뜨렸다. 나는 더러운 도랑에 들어갔다. 그리고 스무 가지의 현명하고 합리적인 조치를 받은 후 정신병원에 수용되었다."(Beanblossom & Lehrer, 1983, p. 86) 우리가 지각하는 것이 실재라는 리드의 주장은 소박한 실재론(naive realism)이라고 불린다(Henle, 1986).

갤(Franz Joseph Gall, 1758~1828)은 능력심리학을 몇 단계 더 발전시켰다. 첫째, 그는 능력이 뇌의 특정한 부분에 위치한다고 가정하였다. 둘째, 그는 마음속의 능력이 모든 사람에게 같은 수준으로 존재하지 않는다고 믿었다. 셋째, 그는 만약 능력이 잘 발달되었다면 그 능력이 있는 뇌의 두개골 부위가 솟아난다고 믿었다. 마찬가지로 능력이 덜 발달하게 되면 해당 두개골 부위가 꺼진다고 믿었다. 이러한 가정을 바탕으로 갤은 사람들의 두개골 모양을 연구하였다. 그는 두개골의 어느 부분에 어떤 능력이 위치하는지 보여 주는 정교한 도표를 만들었다. 갤과 그의 제자들은 이러한 도표를 이용하여 사람 두개골의 융기와 함몰을 분석함으로써 개인의 발달된 능력과 덜 발달된 능력을 알 수 있다고 믿었다. 두개골의 특성을 연구하여 정신적 특성을 분석하는 것을 골상학(phrenology)이라고 한다. 전형적인 골상학 도표는 [그림 3-2]에서 볼 수 있다.

골상학은 심리학에 두 가지 영향을 미쳤는데 하나는 긍정적이고 다른 하나는 의문스럽다. 첫째, 골상학은 뇌의 다양한 부분의 기능에 대해 알아내기 위한 연구를 구상하도록 하였다. 그러나 골상학을 바탕으로 한 가정을 검증하지는 못하였다. 둘째, 많은 능력심리학자들은 운동으로 이두박근을 단련하듯이 연습(practice)을 통해 능력을 개발할 수 있다고 믿었다. 이러한 이유로 능력심리학자들은 학습에 대해 '정신 근육(mental muscle)'이라는 접근법을 채택하였다. 그들은 학습이 능력과 관련된 특성을 훈련하여 그 능력을 강화시키는 것이라고 주장하였다. 예를 들어 추론 능력을 발달시키기 위해 수학과 라틴어를 공부할 수 있다. 특정한 훈련이 특정한 능력을 발달시킨다는 믿음은 형식도야(formal discipline)라고 한다. 형식도야는 한 상황에서 다른 상황으로 학습이 어떻게 전이(transfer)되는지 설명한다. 학습의 전이는 4장에서 손다이크(E. L. Thorndike)에 대해 논의하면서 자세히 알아보도록 하자. 그러나 형식도야에 대한 개념은 능력심리학을 기초로 하고 있으며 수년 동안 학교 교육과정을 지배하였다. 그리고 학생들이 그들의 단어에 대한 수준과 관계없이 수학과 라틴어와 같은 분야에서 매우 어려운 주제에 대해 집중적으로 공부해야 한다는 주장을 정당화하였다. 현재 많은 교육자가 여전히 형식도야의 이점을 믿는다. 사실 형식도야가 효율적이라는 것을 보여 주는 몇몇 증거가 있다(예: Lehman, Lempert, & Nisbett, 1988).

다윈(Charles Darwin, 1809~1882)은 수많은 증거를 가지고 생물학적 진화론을 주장하였고 그의 주장은 결국 진지하게 받아들여졌다. 교회는 다윈의 주장을 심각하게 반대하였다. 사실 그는 스스로도 자신의 연구가 종교에 미칠 영향을 매우 걱정하여 자신의 연구가 사후에 발표되기를 바랐다.

진화론에 대한 과학계의 수용은 코페르니쿠스(Copernicus)나 프로이트의 사상처럼 인류사에 강한 영향을 미쳤다. 진화론은 수 세기 동안 지속된 인간과 동물의 연속성에 대한 부정을 회복시켜 주었다. 플라톤, 아리스토텔레스, 데카르트, 칸트와 같은 철학자들에게 토대(cornerstone)

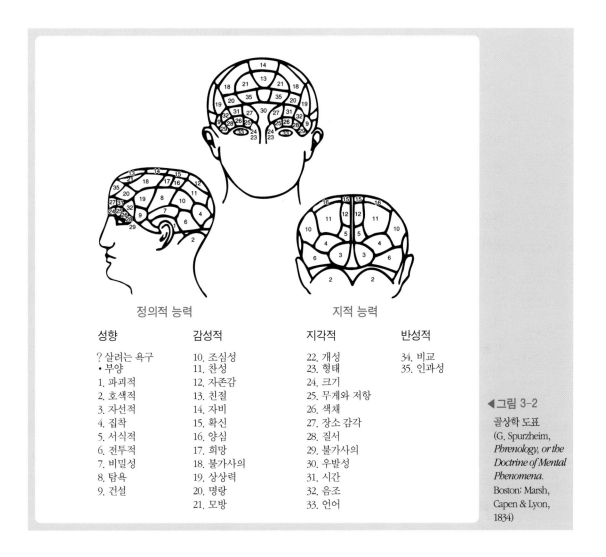

정의적 능력   지적 능력

성향	감성적	지각적	반성적
? 살려는 욕구	10. 조심성	22. 개성	34. 비교
• 부양	11. 찬성	23. 형태	35. 인과성
1. 파괴적	12. 자존감	24. 크기	
2. 호색적	13. 친절	25. 무게와 저항	
3. 자선적	14. 자비	26. 색채	
4. 집착	15. 확신	27. 장소 감각	
5. 서식적	16. 양심	28. 질서	
6. 전투적	17. 희망	29. 불가사의	
7. 비밀성	18. 불가사의	30. 우발성	
8. 탐욕	19. 상상력	31. 시간	
9. 건설	20. 명랑	32. 음조	
	21. 모방	33. 언어	

◀그림 3-2
골상학 도표
(G. Spurzheim,
*Phrenology, or the
Doctrine of Mental
Phenomena.*
Boston: Marsh,
Capen & Lyon,
1834)

가 되었던 인간과 다른 동물 간의 명백한 차이는 더 이상 존재하지 않았다. 만약 우리가 하등동물과 생물적으로 관련이 있다면 그들 또한 마음과 영혼 그리고 생득적 범주의 생각을 가지고 있을까? 만약 그렇다면 어느 정도를 가지고 있을까? 동물에 대한 연구는 현재 확실히 존중받고 있다. 데카르트는 동물 연구가 인간의 신체가 어떻게 움직이는지 밝힐 수 있지만 사람의 마음에 대해서는 어떤 것도 밝힐 수 없다고 하였다. 다윈 이전까지 사람의 행동은 일반적으로 합리적인 것으로, 동물의 행동은 본능적인 것으로 간주되었다. 다윈에 의해 이런 편리한 이분법은 사라졌다. '동물의 행동은 부분적으로 이성적일 수 있는가?' '인간의 행동은 부분적으로 본능적일 수 있는가?'와 같은 많은 질문이 제기되었다. 긴 진화의 과정을 거쳐서 얻어진 마음은 신에 의해 신체에 심어진 마음과는 다르게 보였다.

　　다윈은 인간의 본성(haman nature)에 대한 모든 생각을 바꿨다. 인간은 이제 그들의 생물학적 유전과 그들의 경험의 조합으로 여겨졌다. 경험주의자들의 순수한 연합주의는 이제 사고기제(mechanisms of thought)에 대한 연구를 위해 생리학과 연합되었다. 그리고 환경에 적응하는 방법으로서 행동의 기능이 심도 있게 연구되었다. 개성(individuality)이 전에 없이 존중되었으며 점차 개성에 대한 연구가 인기를 얻었다. 이러한 새로운 태도(attitude)는 다윈의 사촌인 골턴(Francis Galton, 1822~1911)을 통해 알 수 있다. 그는 개인의 차이를 측정하기 위해 질문지, 자유연상(free association), 상관 기법과 같은 다양한 방법을 고안하였다. 직접적으로 다윈의 영향을 받은 가장 유명한 사람은 프로이트(1856~1939)이며 그는 문명화된 세계에서 살아가고자 하는 인간이라는 문제에 대해 탐구하였다.

　　'사람은 어떻게 생각하는가?' 그리고 '인간은 무엇을 알 수 있는가?' 와 같은 질문들은 '인간은 어떻게 그들의 환경에 적응하는가?' 그리고 '주어진 특정 환경에서 인간은 무엇을 하는가?' 와 같은 질문으로 변하였다. 이러한 분위기는 행동과학을 위하여 설정되었다. 만약 인간 행동을 자연의 다른 측면과 같이 연구하고자 한다면 물리학에서 성공적으로 사용되고 있는 실험적 접근법을 인간에 대한 연구에도 적용해야 한다.

　　에빙하우스(Hermann Ebbinghaus, 1850~1909)는 학습이나 기억과 같은 '고등정신 과정(higher mental process)'이 실험적으로 연구될 수 있다고 설명함으로써 심리학을 철학에서 해방시켰다고 평가된다. 연합이 이미 형성되어 있는 것이라고 가정하고 그것을 성찰적으로 연구하는 지난 수 세기 동안의 방법 대신, 에빙하우스는 연합을 '일어나는' 현상으로 간주하고 그 과정을 연구했다. 그리하여 그는 연합의 발달에 영향을 주는 환경에 대해 체계적으로 연구할 수 있었다. 그는 극도로 신중한 연구자였으며 1885년 드디어 결과물을 출간하기 전까지 수년 동안 자신의 실험을 반복하였다. 학습과 기억의 특성에 대한 그의 많은 연구는 여전히 수용되고 있다.

　　중요한 연합의 원칙은 빈도의 법칙이며 이는 에빙하우스가 그의 연구에서 강조하였던 것이다. 빈도의 법칙은 더욱 자주 겪는 경험일수록 더욱 쉽게 기억될 수 있다는 것이다. 다시 말해, 기억은 반복을 통해 힘을 얻는다는 것이다. 이 개념을 실험하기 위해 에빙하우스는 이전 경험에 의해 훼손되지 않는 재료(material)를 필요로 하였다. 그는 이전 경험의 효과를 통제하기 위해 유명한 무의미 자료(nonsense material)를 고안하였다. 무의미 자료는 두 자음 사이에 하나의 모음이 포함된 음절로 구성되었다(예: QAW, JIT, XUW, CEW, TIB). 우리가 일반적으로 알고 있는 것과 달리 에빙하우스의 실험에서 사용된 음절들은 무의미한 것이 아니었다. 그가 사용한 음절은 실제와 비슷하거나 실제 단어이기도 했다. 음절들 사이의 관계는 무의미했다.

따라서 우리는 무의미 음절이라는 용어 대신 무의미 자료라는 용어를 사용한다. 음절들은 대체로 12개가 배열되는데 에빙하우스는 학습되는 재료의 양에 따라 달라지는 학습률을 측정하기 위해 묶음의 수를 다양하게 하였다. 그는 학습하는 음절의 수가 커질수록 이를 배우는 데 더 많은 시간이 소요되는 것을 발견했다. 현재는 당연하게 받아들여지는 이 사실은 에빙하우스에 의해 처음으로 발견되었다.

헤르만
에빙하우스

그 자신이 실험 참가자가 되어, 에빙하우스는 짧은 시간 동안 음절들을 보고 15초를 쉰 후 다시 음절들을 보았다. 그는 실수 없이 모든 음절을 암송할 수 있는 '완전습득' 수준에 도달할 때까지 계속 하였다. 이런 관점에서 그는 완전습득에 도달하기 위해 음절 묶음에 얼마나 노출되어야 하는지 연구하였다. 또한 음절 묶음에 노출하면서 생긴 오류의 수를 기록하였는데 이것이 심리학 최초의 학습 곡선(learning curve)이다.

습득 후에 에빙하우스는 시간 간격을 달리하여 음절 묶음을 다시 학습하였다. 그는 음절 묶음을 다시 배우는 데 걸린 시행 횟수를 기록하였고 목록을 학습하는 데 걸렸던 원래의 노출 횟수에서 다시 배우는 데 걸린 시행 횟수를 뺐다. 그 차이를 절약(saving)이라 부른다. 그는 절약을 최초의 학습에서 경과한 시간으로 간주하여 표를 그렸는데 이것이 심리학 최초의 파지곡선(retention curve)이다. 그의 그래프는 망각 속도가 학습한 후 처음 몇 시간 동안은 매우 빠르지만 그 이후에는 대단히 느리다는 것을 보여 주었다. 그는 또한 과잉학습(overlearning)이 망각 속도를 눈에 띄게 감소시킨다는 사실을 발견하였다. 이는 그가 음절 묶음을 완벽하게 학습한 후에 계속하여 공부한다면, 한번 공부한 이후에 음절 보는 것을 중단한 경우보다 훨씬 오래 기억할 것임을 보여 주었다.

에빙하우스는 또한 학습과 파지(retention)에서 의미의 효과에 대해 연구하였다. 예를 들어, 바이런의 시에서 80개의 음절을 기억하기 위해서는 9번을 읽으면 되지만, 자신이 만든 80개의 음절을 기억하기 위해서는 이보다 9배 더 많은 노력이 필요함을 알 수 있었다. 의미 있는 재료일수록 학습 속도가 빠를 뿐만 아니라 훨씬 오래 기억되었다.

에빙하우스의 연구는 연합 과정에 대한 연구에 혁명을 일으켰다. 빈도의 법칙에 대해 가정하는 대신, 그는 빈도의 법칙의 기능을 연구하였다. 그는 고등정신 과정을 실험실로 가져왔다.

심리학의 초기 학파

의지주의

심리학의 최초 학파는 분트(Wilhelm Maximilian Wundt, 1832~1920)가 고안한 의지주의 (voluntarism)이다. 분트는 독일 합리주의 전통을 따랐다. 그는 1879년에 심리학 최초의 실험적 연구실을 설립하였으며 생각의 요소와 인식적 경험을 지배하는 기초적인 과정을 밝혀내는 것을 중요한 목표로 하였다. 분트의 목표는 즉각적으로 경험되는 의식과 다양한 문화적 성취와 같은 의식의 산물에 대해 연구하는 것이었다. 그는 즉각적인 의식이 환경적 자극의 체계적인 기능으로서 과학적으로 연구될 수 있다고 주장하였다.

그러나 분트는 인간의 마음을 연구하는 데 실험심리학이 유용성에서 한계를 가진다고 하였다. 그는 마음의 가장 중요한 측면은 종교, 도덕, 신화, 예술, 사회적 관습, 언어, 법과 같은 마음의 산물을 연구함으로써 오직 간접적으로 연구될 수 있다고 믿었다. 이러한 마음의 산물들은 실험적으로 연구될 수 없으며 오직 자연적 관찰을 통해서만 연구될 수 있다. 즉, 이러한 산물들은 그들의 역사 속에서 혹은 삶의 과정에서 연구될 수 있다. 분트는 그의 마지막 20년을 10권의 『집단 혹은 문화 심리학(Völkerpsychologie)』을 저술하는 데 보냈다. 이 책에서 그는 이전에 언급한 문화적 행동에 대한 자신의 관찰을 서술하였다.

독일 합리주의 전통에 따라 분트는 주로 인간의 의지에 관심을 가졌다. 그는 인간이 그들이

빌헬름 분트

원하는 생각의 요소에 선택적으로 집중할 수 있으며 이를 통해 이러한 요소를 확실하게 지각할 수 있다고 주장하였다. 분트는 선택적 주의를 통각(apperception)이라고 하였다. 또한 생각의 요소는 의지에 따라 여러 조합으로 배열될 수 있으며 이러한 과정은 창의적 통합(creative synthesis)이라고 하였다. 이처럼 의지를 강조하였기 때문에 분트의 심리학파는 의지주의라고 불린다.

구조주의

분트의 의지주의는 미국에서 그의 제자들에 의해 전해지는 과정에서 수정되며 구조주의 (structuralism) 학파가 되었다. 티치너(Edward Titchener, 1867~1927)는 코넬 대학교에서 구조주의 학파를 창안하였다. 의지주의와 같이 구조주의도 인간의 의식을 체계적으로 연구하고자 하였으며 사고의 요소를 찾고자 하였다. 사고의 요소를 분석하면서 의지주의자들과 구조주의자들이 주로 활용한 것은 내성(introspection)이었다.

실험 참가자들은 내성 기법을 잘못 사용하지 않도록 훈련받았다. 그들은 대상을 지각했을 때 그들의 즉시 경험(immediate experience)을 보고하도록 훈련받았으며 대상에 대한 자신들의 해석은 보고하지 않도록 하였다. 다시 말해서, 분트와 티치너는 참가자들의 '날것의 경험'에 관심이 많았으며 이러한 경험에 의해 무엇을 배웠는지에는 관심이 없었다. 이 관점에서 학습은 연구해야 할 대상이 아닌 방해물로 간주되었다. 예를 들어 사과를 보여 주었을 때, 참가자들은 대상을 사과라고 부르기보다는 크기, 빛깔, 공간적 특징을 보고하도록 하였다. 내성 보고 동안 경험의 대상에 이름을 붙이는 것, 예를 들어 사과를 사과라고 부르는 것은 자극 오류 (stimulus error)라고 하였다. 다시 말해서, 만약 참가자들이 간단한 이데아보다 혼합된 생각을 보고한다면 마음은 여전히 모호하게 남게 된다. 명백한 것은 의지주의자와 구조주의자들은 마음속 구성물에만 관심을 가졌지 구성물의 근원에는 관심을 갖지 않았다.

사고의 요소에 대한 연구는 의지주의자들과 구조주의자들이 일반적으로 관심을 가지고 있던 것이었다. 요소들이 어떻게 복잡한 생각을 구성하는지 설명하기 위해 의지주의자들은 합리주의 전통에 따라 의지, 통각, 창의적 통합을 강조하였다. 다시 말해서, 의지주의자들은 능동적 마음(active mind)을 가정하였다. 복잡한 생각의 형성을 설명하기 위해 구조주의자들은 경험주의 전통에 따라 연합의 법칙을 강조하였다. 다시 말해, 그들은 수동적 마음(passive mind)을 강조하였다. 그러므로 의지주의와 구조주의를 동일시하는 것은 잘못된 것이다.

심리학 학파로서 구조주의는 짧은 기간 동안 유지되었는데 티치너가 죽으면서 명맥이 끊겼다. 구조주의가 소멸한 이유는 여러 가지가 있지만 가장 중요한 이유는 아마도 기능주의가 폭넓은 지지를 받은 것이라고 보인다. 구조주의는 간단한 생각이 연합의 법칙에 따라 복잡한 생각으로 혼합된다는 고대 철학적 신념을 증명하기 위해 화학적 방법을 이용하는 다소 독창성이 부족한 방법을 사용하였다. 하지만 인간의 역사에서 가장 중요한 진화론을 고려하지 않았다. 진화 과정의 중요성이 점차 명백해지면서 유기체가 환경에 적응해 가는 데 많은 관심이 집중되었다. 또한 진화론은 인간을 탐구하기 위한 방법으로서의 하등동물 연구를 정당화하였다. 구조주의는 이러한 경향을 모두 무시하였다. 그리고 프로이트와 같은 학자들에 의해 제시된 무의식적 과정의 존재를 입증하는 증거가 늘어나고 있다는 것 역시 무시되었다. 결국 구조주의자들은 점차 인기를 얻어 가는 응용심리학을 반대하였다. 그들은 의식에 관한 지식은 유용성과 상관없이 그 자체를 위해 연구되어야 한다고 믿었다. 이런 이유로 구조주의는 점차 사라지게 되었다. 구조주의에 대해 가장 중요한 것은 구조주의가 나타났고 노력하였으며 실패하였다는 것이다.

기능주의

기능주의(functionalism)는 미국에서 시작되었으며 구조주의와 동시에 공존하였다. 기능주의자들의 신념(beliefs)은 매우 다양하였지만 의식의 유용성, 환경에 적응하기 위한 행동을 강조하였다는 점에서는 일치하였다. 명백하게, 기능주의자들은 다윈의 진화론에 강하게 영향을 받았다.

기능주의적 기조의 창시자는 대체로 제임스(William James, 1842~1910)로 여겨진다. 학계에 큰 영향을 미친 저서 『심리학의 원리(The principles of Psychology)』(1890)에서 그는 구조주의를 선택하였다. 그는 의식이 요소로 환원될 수 없다고 주장하였다. 대신 통합으로서 의식 기능의 목적은 유기체가 환경에 적응하도록 하는 것이었다. '의식의 흐름(stream of consciousness)'은 모든 경험이 변화함에 따라 변화한다. 이러한 과정이 요소로 환원될 수 없는 것은 인간의 의식 과정이 전체로서 인간이 환경에 적응하는 데 개입하기 때문이다. 제임스가

윌리엄 제임스

생각한 의식에서 가장 중요한 것은 그것이 목적을 갖는다는 것이다. 그는 또한 심리학을 과학적으로 연구하는 것의 중요성에 대해 서술하였다. 제임스는 인간이 이성적인 면과 비이성적(감성적)인 면을 모두 갖는다고 강조하였다. 그는 정신적 사상의 생물학적 기본에 대한 이해의 중요성을 강조하였으며 인간에 대해 더 알기 위해 하등동물을 연구하도록 촉구하였다. 제임스의 이런 생각들은 여전히 수용되고 있다. 제임스는 심리학에 지대한 영향을 미쳤으며, 영감을 주는 학자로서의 그의 능력과 저서는 높게 평가되고 있다.

많은 사람은 제임스를 심리학의 전체 역사에서 가장 위대한 학자로 여긴다.

제임스와 더불어 기능주의에 큰 영향을 미친 학자로는 듀이(John Dewey, 1859~1952)와 에인절(James R. Angell, 1869~1949)이 있다. 듀이(1896)는 그의 유명한 논문인 「심리학에서 반사궁(反射弓) 개념(The Reflex Arc Concept in Psychology)」에서 자극과 반응의 관계를 분리하려는 심리학계의 태도에 대해 비난하였다. 그는 행동의 목적을 무시하는 결과를 낳기 때문에 이러한 연구는 시간 낭비에 불과하다고 하였다. 심리학의 목적은 환경에 적응하기 위한 행동의 중요성에 대해 연구하는 것이라고 주장하였다. 에인절의 중요한 공헌은 기능주의적 관점을 가지고 시카고 대학에 심리학과를 개설한 것이다.

학습 이론에 대한 기능주의자들의 중요한 공헌은 의식을 고립된 현상으로 보지 않고 의식과 환경의 관계에 대해 연구하였다는 것이다. 그들은 기능주의자들의 내성 기법을 반대하였는데 이는 요소주의적이며 그것이 의식을 연구하는 것이 아니기 때문이었다. 기능주의자들은 정신적 과정에 대해 연구하는 것을 반대한 대신 언제나 생존과의 관계에 대해 연구하였다. 구조주의자들과 달리 기능주의자는 응용심리학에 매우 관심이 많았다. 대부분의 기능주의자들은 그들의 주요한 목표 중 하나가 인간의 조건을 개발하기 위해 필요한 정보를 구축하는 것이라고 믿었다.

행동주의

행동주의(behaviorism)의 창시자는 왓슨(John B. Watson, 1878~1958)이다. 그는 의식은 일반적으로 신뢰할 수 없는 연구 방법인 내성의 과정으로만 연구될 수 있다고 주장하였다. 즉, 의식에 대한 신뢰성 있는 연구는 불가능하다는 것이었다. 그는 심리학이 과학적이기 위해서는 신뢰성 있게 측정할 수 있는 충분히 안정적인 주관적 실체가 필요한데 이것이 행동이라고 생각하였다. 왓슨은 심리학자의 주된 관심사는 행동 자체와 경험이 행동에 부여하는 다양성이어야 한다고 주장하였다. 또한 의식의 연구는 철학자들에게 넘겨주어야 한다고 하였다. 행동주의자들에게는 수천 년 동안 인식론의 주요 주제였던 의식이 단지 인간 행동 연구의 방해물로

존 B. 왓슨

여겨졌다.

　더 이상 내성과 본능적 행동에 대한 논의가 없었으며 인간의 의식과 무의식적 마음을 연구하지 않았다. 행동은 우리가 볼 수 있는 것이고 우리가 연구해야 할 것이라고 생각했다. 왓슨(1913)은 다음과 같이 주장하였다.

> 　행동주의자들의 견해에서 심리학은 자연과학에서 순수 실험의 한 부분이다. 심리학의 이론적 목표는 행동을 예측하고 통제하는 것이다. 내성은 심리학 연구 방법의 중요한 부분이 되지 못하며 이 방법이 제공하는 자료는 의식적 용어로 해석되어야 하기 때문에 과학적 가치가 없다. 행동주의자들은 동물과 인간의 반응이 동일하다고 보고 이를 구별하지 말아야 한다고 보았다. 세련되고 복잡한 인간의 행동은 단지 행동주의자들이 연구하고자 하는 전체의 일부분만을 구성하였다(p. 158).

　또한 왓슨은 다음과 같이 주장하였다(Watson & McDougall, 1929).

> 　행동주의자들은 그들의 과학적 분야에서 의식을 연구하지 않는다. 그들은 의식의 흐름에 대한 것을 알 수 없으며 제임스가 설명하였던 의식을 알지 못한다. 그러나 행동의 흐름에 대한 설득력 있는 증거들을 찾아내고 있다(p. 26).

　왓슨은 그의 연구와 그것의 영향에 대해 매우 열정적이었다. 그는 행동주의를 무지와 미신에서 벗어나게 하는 방법으로 보았으며 이를 통해 더욱 이성적이고 의미 있는 삶을 살 수 있다고 보았다. 행동의 원리에 대해 이해하는 것이 이러한 삶을 향한 첫 번째 단계라고 주장하였다. 왓슨(1925)은 다음과 같이 말하였다.

> 　나는 행동주의가 더 건강한 삶의 기초를 제공한다고 생각한다. 행동주의는 인간이 자신의 행동의 기본 원리를 이해할 수 있게 해 주는 과학이어야 한다. 그리고 인간이 자신의 삶을 재정비하고, 특히 자녀를 건강한 방법으로 양육할 수 있게 해 주어야 한다. 나는 이에 대해 더욱 상세하게 설명함으로써, 모든 아이들이 얼마나 풍요롭고 경이로운 사람으로 성장하게 될지를 그려 보고자 한다. 아이들이 스스로 건강하게 성장하도록 놓아두기만 한다면, 수천 년 전의 전설적인 이야기에 구속되지 않도록 해 준다면, 수치스러운 정치적 역사에 속박되지 않도록 해 준다면, 어리석은 관습에 얽매이지 않게 해 준다면, 아이들은 서로 조화를

이루어 성장해 나갈 수 있을 것이다(p. 248).

확실히 왓슨은 반항아였다. 그는 이전부터 존재한 심리학 연구에 대해 다양한 반대적 입장을 취했다. 그리고 그의 저술과 연설을 통해 심리학의 새로운 학파를 구성하였다. 불행히도 심리학 전문가로서 그의 경력은 이혼으로 인해 존스홉킨스 대학을 떠나게 되면서 끝이 났다. 대학을 떠난 해에 그는 레이너(Rosalie Rayner)와 결혼하였고 그녀와 함께 앨버트(Albert)라는 이름을 가진 유아를 대상으로 한 유명한 연구를 하였으며(7장에서 이에 대해 논의한다), 광고 산업에 뛰어들었다. 이때부터 전문 잡지에 글을 기고하는 대신 왓슨은 『맥콜(McCall's)』, 『하퍼스(Harper's)』, 『콜리어(Collier's)』와 같은 잡지에 그의 생각을 게재하였다.

왓슨은 자신의 행동주의적 견해에 대해 절대 흔들리지 않았으며 그가 1912년 취한 입장에 대해 다음과 같이 1936년에 주장하였다.

나는 여전히 내가 1912년에 취한 행동주의적 입장에 대해 확고하게 믿고 있다. 나는 이것이 심리학에 영향을 주었다고 생각한다. 이상하게 들리겠지만 나는 행동주의가 일시적으로 심리학을 쇠퇴하게 하였다고 생각한다. 나이 든 교수들이 행동주의를 완전히 받아들이지 못하고 학생들을 설득하는 데 실패하였기 때문이다. 젊은이들은 확실한 강의를 듣지 못하였고 이로 인해 행동주의 경험을 갖지 못하게 되었다. 하지만 그들이 제임스와 티치너, 에인절의 가르침을 받아들이지 않은 것도 아니다. 나는 심리주의가 몇 년 동안 불모지와 같았다고 생각한다. 우리는 대부분의 심리학자가 가지고 있는 신화를 참고하지 않으면서 객관적인 심리학을 가르칠 수 있는 젊은 교수들을 필요로 한다. 그날이 오면 심리학은 중세에 과학에서 일어난 르네상스보다 더 큰 르네상스를 맞이할 것이다. 나는 동물학, 생리학, 정신의학 및 물리화학의 동료로서 행동주의의 미래를 확고히 믿는다(p. 231).

왓슨은 심리학에 두 가지 큰 영향을 미쳤다. 첫째, 심리학의 목표를 의식을 이해하려는 노력에서 행동을 예측하고 통제하는 것으로 바꾸었다. 둘째, 그는 행동을 심리학의 주제로 만들었다. 왓슨 이후 모든 심리학자가 행동을 연구하였다. 심지어 인지심리학자들도 인식적 사상을 지수화하기 위해 행동을 사용한다. 이러한 이유로 현재 모든 심리학자가 행동주의자라고 할 수 있다.

요약과 개관

앞서 간단히 제시한 심리학사를 통해 학습 이론이 매우 풍부하고 다양한 유산을 가지고 있음을 알 수 있다. 이러한 유산의 결과로 오늘날 학습 과정에 대한 다양한 관점이 존재하게 되었다. 2장에서 막대한 수의 과학자가 공유하는 견해를 패러다임이라고 하였다. 현대 학습 이론에는 그러한 견해가 적어도 다섯 가지 존재한다.

첫째는 기능주의적(functionalistic) 패러다임이다. 이 패러다임은 학습과 적응 간의 관계를 강조한 다윈의 영향을 받았다. 두 번째는 연합주의적(associationistic) 패러다임으로 연합의 법칙이라는 견지에서 학습 과정을 연구한다. 이 패러다임은 아리스토텔레스가 창안하였으며 로크, 버클리, 흄이 정교화하였다. 세 번째는 인지적(cognitive) 패러다임으로 학습의 인지적 특성을 강조한다. 이 패러다임은 플라톤이 시작하였으며 데카르트, 칸트 그리고 기능주의 심리학자들이 널리 알렸다. 네 번째는 신경생리학적(neurophysiological) 패러다임으로 학습, 지각, 사고, 지능과 관련 있는 신경생리학적 요인들을 밝히고자 하였다. 이 패러다임은 데카르트로부터 시작된, 몸과 마음을 분리한 현대적 연구 방향이다. 그러나 대부분의 신경생리학 심리학자들의 최근 목표는 정신 과정과 생리학적 과정을 재통합하는 것이다. 다섯 번째는 학습 유기체의 진화적 역사를 강조하는 진화론적(evolutionary) 패러다임이다. 이 패러다임은 진화론적 과정이 유기체가 어떤 학습을 준비하게 하지만 어떤 학습은 어렵거나 불가능하게 만든다는 점에 중점을 둔다.

어떤 학습 이론도 한 가지 패러다임에 명확히 들어맞지 않기 때문에 이러한 패러다임들이 투박하게 보일 수 있다. 이론의 주요 강조점에 따라 특정 패러다임에 이론을 포함시킬 수 있지만 대부분의 이론은 동시에 다른 패러다임의 일부분에도 부합될 수 있다. 예를 들어, 헐(Hull)의 이론은 다음에 제시된 분류 목록에서와 같이 기능적 패러다임에 포함되어 있지만 연합주의적 생각에도 상당 부분 들어맞는다. 이와 유사하게, 피아제의 이론은 인지적 패러다임에 있지만 다윈주의의 영향도 많이 받았기 때문에 기능주의적 패러다임의 이론들과 상당 부분 공통점을 갖는다. 톨먼의 이론 또한 기능적 요소와 인지적 요소를 모두 갖기 때문에 한 패러다임의 범주로 보기 어렵다. 우리는 단지 그의 이론이 인지를 강조하였기 때문에 인지주의로 구분하였다. 이와 같이 헵(Hebb)의 이론 또한 신경생리학과 인지적 사상에 중점을 두고 있다. 실제로 헵의 이론은 인지적 경험의 신경생리학적 관계를 서술하려는 노력으로 보인다.

이러한 사실을 염두에 두고 이 책의 주요 학습 이론을 다음과 같이 분류하였다.

기능주의적 패러다임	인지적 패러다임
손다이크	형태주의(Gestalt theory)
스키너	피아제
헐	톨먼
	반두라(Bandura)
연합주의적 패러다임	
파블로프	신경생리학적 패러다임
거스리(Guthrie)	헵
에스테스(Estes)	
	진화론적 패러다임
	볼스(Bolles)

어떤 패러다임이 맞는가? 아마도 모두가 맞을 것이다. 모든 패러다임은 학습 과정에 대한 특정 측면은 강조하고 다른 측면은 무시한다. 역사적으로 이런 관점에서 학습 과정에 대해 정확하게 알기 위해서는 다양한 관점에서 조망하려는 노력이 필요하다. 이 책을 통해 많은 학생이 이러한 노력을 하길 기대한다.

논의
사항

1. 플라톤의 지식 이론과 아리스토텔레스의 지식 이론을 비교하라. 합리주의, 생득론, 경험주의를 정의하라.

2. 심리학에 미친 데카르트의 영향을 요약하라.

3. 칸트가 말한 '사고의 생득적 범주'에 대해 간단히 설명하라.

4. 흄의 회의론에 대한 리드의 비판을 요약하라.

5. 골상학과 그에 기초를 두고 있는 마음의 이론에 대해 논의하라.

6. 학습 이론에 미친 다윈의 영향력에 대해 논의하라.

7. 학습 이론의 역사에서 에빙하우스의 업적이 미친 막대한 영향은 무엇인가?

8. 의지주의, 구조주의, 기능주의, 행동주의 학파의 주요한 특징을 요약하라.

9. 구조주의가 쇠퇴하게 된 원인은 무엇인가?

10. 왓슨의 행동주의가 현대 심리학에 미친 영향은 무엇인가?

주요 개념

- 경험주의(empiricism)
- 골상학(phrenology)
- 구조주의(structuralism)
- 기능주의(functionalism)
- 내성(introspection)
- 능력심리학(faculty psychology)
- 데이비드 흄(David Hume)
- 르네 데카르트(René Descartes)
- 무의미 자료(nonsense material)
- 빌헬름 막시밀리안 분트(Wilhelm Maximilian Wundt)
- 생득론(nativism)
- 생득적 관념(innate ideas)
- 사고의 생득적 범주(innate category of thought)
- 소박한 실재론(naive realism)
- 아리스토텔레스(Aristotle)
- 에드워드 티치너(Edward Titchener)
- 연합의 법칙(laws of association)
- 연합주의(associationism)
- 윌리엄 제임스(William James)
- 의지주의(voluntarism)
- 인식론(epistemology)

- 임마누엘 칸트(Immanuel Kant)
- 자극 오류(stimulus error)
- 절약(savings)
- 조지 버클리(George Berkeley)
- 존 로크(John Locke)
- 존 스튜어트 밀(John Stuart Mill)
- 존 B. 왓슨(John B. Watson)
- 즉시 경험(immediate experience)
- 지식의 회상 이론(reminiscence theory of knowledge)
- 찰스 다윈(Charles Darwin)
- 창의적 통합(creative synthesis)
- 토머스 리드(Thomas Reid)
- 토머스 홉스(Thomas Hobbes)
- 통각(apperception)
- 프란츠 조셉 갤(Franz Joseph Gall)
- 플라톤(Plato)
- 피타고라스 학파(Pythagoreans)
- 합리주의(rationalism)
- 행동주의(behaviorism)
- 헤르만 에빙하우스(Hermann Ebbinghaus)
- 형식도야(formal discipline)

제2부

중요한 기능주의적 이론들

제4장

에드워드 리 손다이크
(Edward Lee Thorndike)

주요 학습 이론에 대한 논의는 가장 위대한 학습 이론가인 에드워드 리 손다이크(Edward L. Thorndike, 1874~1949)에서 시작하는 것이 옳다. 그는 학습 이론에 대한 연구뿐 아니라 교육적 실제(educational practices), 언어 행동(verbal behavior), 비교심리학(comparative psychology), 지능검사(intelligence testing), 천성-양육 문제(nature-nurture problem), 훈련 전이(transfer of training), 사회심리학적 문제의 양적 측정 적용(예를 들어, 그는 각기 다른 도시에서의 삶의 질을 비교하는 척도를 개발하였다)에 대한 연구에 있어서도 선구적인 역할을 하였다. 손다이크는 60세가 넘은 나이에 다른 많은 연구와 함께 양적 측정을 통한 사회심리학적 연구를 새로 시작하였다.

그의 연구는 어린아이들의 정신적 감응(mental telepathy)에 대한 연구에서 시작되었다(그

에드워드 리
손다이크

는 정신적 감응에 대하여 아동이 실험자의 극히 작은 움직임을 무의식적으로 감지하는 것이라 설명하였다). 그의 후반기 연구는 병아리, 고양이, 쥐, 개, 물고기, 원숭이, 마침내는 성인을 포함하여 이루어졌다. 그는 유인원 또한 이용하고 싶었으나, 구입과 사육 능력이 없어 바람을 실천하지는 못하였다.

손다이크는 믿기 어려운 연구 성과를 이루었다. 1949년에 그가 죽을 때까지, 그는 507편에 이르는 책과 전공 논문, 학술지 논문을 남겼다. 매사를 측정하려 하였던 손다이크는 자서전을 통해 과학 서적과 학술지를 읽고 공부하는 데에 60세가 될 때까지 2만 시간을 넘게 사용하였다고 밝혔다.

손다이크는 1874년, 매사추세츠 주의 윌리엄스버그에서 태어났다. 그는 감리교 목사의 둘째 아들이었다. 그는 웨슬리언 대학교 3학년이 될 때까지 심리학이라는 단어조차 들어보지 못하였다고 한다. 바로 그때 그는 윌리엄 제임스(William James)의 『심리학의 원리(Principles of Psychology)』(1980)를 읽었으며 깊이 감명받았다. 그는 하버드 대학교로 가서 제임스의 강의를 들었다. 둘은 좋은 친구가 되었다. 한번은 손다이크가 계속하여 침실에서 병아리를 부화시키자, 그의 집 주인 아주머니가 이를 금지시켰다. 그러자 제임스가 하버드 대학교 캠퍼스 안에 손다이크의 실험 장소를 만들어 주려 노력하였다. 제임스는 하버드 내에서 손다이크의 연구 공간을 구하지 못하자 자신의 집 지하실을 손다이크에게 내주었다. 제임스의 아내는 경악하였으나 그의 아이들은 매우 즐거워하였다.

손다이크는 과외로 생계를 유지하며 하버드에서 2년을 보낸다. 그 후, 제임스 맥킨 카텔(James McKeen Cattell) 아래에서 일하며 컬럼비아 대학교에서 장학금을 받았다. 그는 그의 '가장 잘 훈련된' 병아리 두 마리를 뉴욕으로 가져왔지만, 훈련 대상을 곧 병아리에서 고양이로 바꾸었다. 동물 연구의 성과는 그의 박사 학위 논문인 「동물지능: 동물에서의 연합 과정에 대한 실험 연구(Animal Intelligence: An Experimental Study of the Associative Processes in Animals)」에 고스란히 담겨 있다. 이 논문은 1898년 발간되었고, 『동물지능(Animal Intelligence)』(1911)이라는 이름으로 보완되어 다시 출판되었다. 근간이 되는 아이디어들은 손다이크의 모든 저술과 대부분의 학습 이론에 스며들어 있다. 손다이크가 끼친 영향력은 다음에 소개된 톨먼(Tolman, 1938)의 인용문에 나타나 있다.

아동 학습에 대한 심리학은 말할 것도 없으며, 동물 학습에 대한 심리학에 있어서도 여전히 손다이크에 동의하는지 반대하는지, 혹은 조금이라도 그의 연구를 발전시킬 수 있는지가 주요한 문제이다. 여기 미국에 있는 우리 모두, 즉 형태주의 심리학자, 조건-반사 심리학자, 기호-형태 심리학자들은 명시적으로든 암묵적으로든 손다이크를 출발점으로 여겼으리라. 우리는 새롭고 작은 주름만큼이나마 그의 논의를 진척시켰음을 보기만 해도 스스로를 매우 똑똑하다고 여기며 기뻐했다(p. 11).

손다이크 이전의 동물 연구

인간과 동물의 몸이 모두 같은 기계적 원리에 따라 작동한다는 데카르트(Descartes)의 주장은 동물의 해부학적 연구를 상당히 촉진하였다. 그러나 인간과 동물이 해부학적, 정서적, 인지적인 측면 모두에서 비슷하다고 주장한 것은 다윈(Darwin)이었다. 다윈이 쓴 『인간과 동물의 감정의 표현(The Expression of Emotions in Man and Animals)』은 최초의 비교심리학 교재로 여겨진다. 다윈이 이 책을 출판하고 오래 지나지 않아, 그의 친구인 조지 존 로매니스(George John Romanes, 1848~1894)가 『동물 지능(Animal Intelligence)』(1882), 『동물의 정신적 진화(Mental Evolution in Animals)』(1884), 『인간의 정신적 진화(Mental Evolution in Man)』(1885)를 출판하였다. 하등동물부터 인간에 이르는 지적인 행동과 정서적인 행동의 연속성에 대한 주장을 뒷받침하기 위해 로매니스가 제시한 증거는 대개 일화적이며 의인화(anthropomorphizing)를 통한 것이거나, 인간의 사고 과정이 동물에게도 있다는 것이었다. 예를 들어, 로매니스는 물고기는 화, 분노, 질투의 정서를 가지고 있고, 새는 애정, 동정, 자부심이 있으며, 개는 교활함과 추론 능력을 가지고 있다고 보았다. 다음은 로매니스(1882, 1897)에 대한 일화의 일부이다.

어느 날, 고양이와 앵무새가 싸웠다. 나는 고양이가 앵무새의 먹이나 그와 비슷한 것을 건드렸을 것이라 생각했다. 그런데 곧 그들은 괜찮아진 것 같아 보였다. 한 시간 정도나 지났을까, 앵무새가 식탁의 가장자리에 서 있었다. 앵무새는 애정을 흠뻑 담은 목소리로 고양이를 불렀다. "고양이야, 고양이야, 이리 온. 이리 온, 고양이야." 고양이는 다가서는 천진난만하게 앵무새를 올려다보았다. 앵무새는 옆에 있는 우유가 담긴 큰 그릇을 부리로 집어 기울게 만들었다. 우유가 모두 고양이에게 쏟아졌다. 앵무새는 악마처럼 웃어 댔다. 물론 물동이는 다 부수어졌고, 고양이는 흠뻑 젖어 버렸다(p. 277).

콘위 로이드 모건(Conwy Lloyd Morgan, 1842~1936)은 동물들의 행동을 보다 객관적으로 설명하기 위한 조언을 그의 책 『비교심리학 소개(An Introduction to Comparative Psychology)』(1891)에 남겼다. 모건의 규범(Morgan's canon)으로 알려진 이 조언은 "만약 어떤 행위가 심리적인 척도의 하위에 있는 기능이 작용한 결과로서 이루어진 것이라 해석할 수 있다면, 절대로 이것을 고등 심리 기능의 작용 결과로서 해석해서는 안 된다."(p. 53)는 것이다. 헤르젠한(Hergenhahn, 2009)이 지적한 것과 같이, 모건의 규범은 동물의 생각이나 감정을 추측하는 것에 대한 경고로 잘못 이해되기도 한다. 사실 모건은 동물 또한 인지 과정을 가지고 있다고 믿었다. 그의 규범은 우리가 인간의 정신적 과정이 동물이 경험하는 정신적 과정과 같다고 가정할 수 없으며, 어떠한 행동이 덜 복잡한 인지 과정으로 설명될 수 있을 때 이를 더 복잡한 인지 과정으로 보아서는 안 된다는 것을 말하고 있다.

동물 행동에 대해서는 모건의 설명이 로매니스의 설명보다 훨씬 더 빈약하지만, 이 역시 여전히 자연적 관찰에 의존하고 있다. 즉, 모건은 자연스러운 환경에서 일어나는 동물의 행동을 기술하였다. 예를 들어, 그는 개가 어떻게 정원 문의 빗장을 올리는 것을 학습하고 도망갈 수 있었는지 그 과정을 자세히 묘사하였다. 모건의 연구는 이전에 이루어진 연구들을 상당히 넘어선 향상을 보였으나 추가적인 개선이 필요했다. 동물 행동은 통제된 실험 상황 아래에서 체계적으로 연구되어야 했다. 달리 말하자면, 동물 행동은 과학적으로 연구되어야 했다.

마거릿 플로이 워시번(Margaret Floy Washburn, 1871~1939)은 심리학 박사 학위를 취득한 최초의 여성으로, 동물 연구를 실험실로 한 걸음 더 가깝게 이끌었다. 워시번의 책인 『동물의

마거릿 플로이
워시번

정신(The Animal Mind)』은 1908년에 처음 발간되었으며, 1936년까지 정기적으로 개정판이 나왔다. 워시번은 이 책에서 동물을 포함한 초기 감각, 지각, 학습 실험을 개관하였고, 이러한 연구 결과를 바탕으로 의식에 대해 추론하였다. 이는 현대의 많은 인지심리학자가 쓰는 방식과 다르지 않다(Hergenhahn, 2009). 워시번이 자연 관찰보다는 실험 연구를 통해 결론을 이끌어 냈음에도 불구하고, 학습과 관련된 주요한 변인들을 확인하거나 통제하거나 조작하지는 않았다.

동물 연구를 크게 진척시킨 사람은 E. L. 손다이크였다. 갈레프(Galef, 1998)는 손다이크의 연구 혁신을 다음과 같이 요약한다.

> 손다이크의 연구는 비교심리학의 연구에 혁명을 일으킨 일련의 방법론적 혁신을 포함한다. 연구는 대표성을 가진 피험자들을 대상으로, 자세히 묘사되고 표준화된 상황에서 이루어졌다. 수행의 양적 측정법이 만들어졌다. 표준화된 상황에서, 실험 전에 다른 처치를 받은 피험자 집단의 수행이 비교되었다. 비교 후 결과 차이의 함축적 의미에 대한 해석은 실험이 실시되기 전에 이루어졌다……. 요약하자면, 손다이크는 동물 학습뿐 아니라 동물과 인간 행동에 대한 실험 연구에도 적합한 방법론을 개발하였다(p. 1130).

주요 이론적 개념

연결주의

손다이크는 감각적 인상(sense impression)과 행위 충동(impulse to action) 간의 연합(association)을 매듭(band) 혹은 연결(connection)이라고 명명하였다. 이것은 감각적 사상과 행동을 연결하려는 공식적인 첫 시도로 남아 있다. 초기 연합주의자들은 관념들이 어떻게 연결되는가를 보여 주려 하였다. 손다이크의 접근은 이와는 상당히 다르며, 최초의 현대적 학습 이론으로 여겨질 만하다. 그는 다윈의 영향을 받아 행동의 기능적인 측면을 강조하였다. 사실 손다이크의 이론은 연합주의, 다윈주의, 과학적 방법의 조합이라고 할 수 있다.

손다이크는 자극 조건(stimulus condition)과 행위 경향성뿐 아니라 자극과 반응을 같이 묶는 것이 무엇인지에도 관심을 갖고 있었다. 그는 자극과 반응이 신경 매듭에 의해 연결된다고 믿었다. 그의 이론은 연결주의(connectionism)라고 불린다. 여기서 연결은 자극(S)과 반응(R) 사이의 신경 연결을 의미한다.

선택과 연결

손다이크에게 있어서 학습의 가장 기본적인 형태는 시행착오 학습(trial-and-error learning), 혹은 그가 본래 선택과 연결(selecting and connecting)이라고 불렀던 것이다. 그는 그의 초기 실험을 통해 이러한 기본 개념을 만들어 냈다. 그 실험은 특정 종류의 반응을 해야 탈출할 수 있도록 고안된 실험 장치 안에 동물을 넣는 것이었다. [그림 4-1]에 나와 있는 장치는 중간에 막대가 꽂혀 있거나 천장에 사슬이 매달린 작은 상자이다. 동물이 막대를 밀거나 사슬을 당기면 탈출할 수 있다. 그러나 어떤 실험에서는 동물이 탈출하기 위해 더욱 복잡한 일련의 반응을 하도록 되어 있다. 손다이크의 실험에서는 매번 각기 다른 반응을 요구하지만 아이디어는 항상 같다. 그것은 동물이 상자를 떠나기 위해서는 특정 행동을 해야 한다는 것이다. 『동물 지능』(1911)에 실린 다음 인용문에 손다이크 연구에 쓰인 문제 상자(puzzle box)에 대하여 잘 나타나 있다.

11과 13을 제외한 모든 고양이의 행동이 실제적으로 같았다. 고양이를 상자에 넣으면 불편하다는 명확한 신호를 보이며 나가려고 한다. 어디든 열려 있는 데가 있으면 빠져나오려 하며 막대나 철사를 할퀴고 물어뜯는다. 열려 있는 곳으로 발톱을 내밀고 발에 닿는 모든 것을 할퀸다. 약간 헐렁해지거나 흔들거리는 것을 치게 되면 더욱 노력을 기울인다. 상자 안에 있는 것들을 쥐어뜯는다. 바깥에 있는 먹이는 거의 신경 쓰지 않으며, 그저 탈출하기 위해 본능적으로 분투하는 것처럼 보인다. 몸부림치는 기운은 비범하다. 8~10분 동안 고양이는 끊임없이 할퀴고 깨물고 빠져나가려 한다. 늙은 고양이 13과 느림보 고양이 11의 행동은 달랐다. 그들은 격렬하거나 지속적인 노력을 하지 않았다. 어떨 때는 아무런 노력을 하지 않기도 하였다. 그래서 그들을 몇 분씩 상자 밖으로 꺼내 매번 먹이를 줘야 했다. 이를 통해

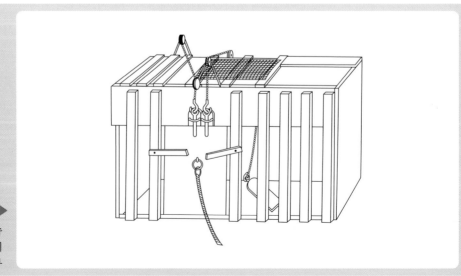

그림 4-1 ▶
손다이크가 학습 연구에서 사용한 문제 상자 중 한 종류

겨우 먹이를 얻는 것과 상자 밖으로 나오는 것을 연합시킨 후에야 상자에 집어넣으면 나오려고 노력하였다. 이후에도 격렬하게 나오려 한다거나 나머지 고양이처럼 마구 흥분하는 것은 아니었다. 투쟁하려는 충동은, 그것이 감금에 대한 본능적인 반응이든 연합에 의한 반응이든, 고양이를 밖으로 나오게 하는 것 같다. 충동적 투쟁을 하며 상자 곳곳을 할퀴던 고양이는 아마도 끈이나 막대기를 우연히 할퀴고는 밖으로 나오게 될 것이다. 그러고는 점진적으로 탈출에 성공적이지 않은 다른 모든 충동적 행동은 없어지고, 성공적인 행동으로 이끄는 특정한 충동만이 고양이에게 기쁨을 선사하며 남을 것이다. 많은 시도 후 고양이는 상자에 들어가자마자 탈출의 명확한 방법인 버튼이나 고리를 할퀴는 행동을 하게 될 것이다(pp. 35-40).

손다이크의 모든 동물은, 물고기 한 마리를 위해서든 감금에서 벗어나기 위해서든, 상자에서 벗어나기 위해 필요한 행동을 학습하였다.

손다이크는 동물이 문제를 해결하기 위해 걸린 시간과 동물이 문제를 해결하기 위한 기회의 수를 함수로 나타냈다. 모든 기회는 각 시도를 나타내며, 동물이 옳은 해답을 찾으면 시도가 종료된다. 이러한 상황 아래 도출된 전형적인 그래프가 [그림 4-2]에 나와 있다. 손다이크는 시행의 수가 증가함에 따라 문제를 해결하는 데 걸린 시간(그의 종속 변인)이 체계적으로 줄어든다는 것에 시종일관 주목하였다. 즉, 동물은 더 많은 기회를 가질수록 더 빨리 문제를 해결하였다.

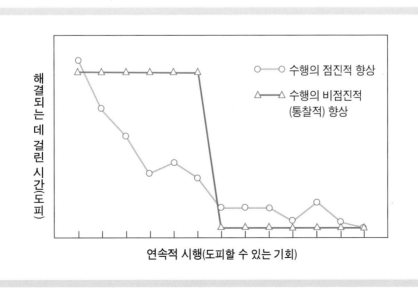

◀ 그림 4-2
이 표는 손다이크가 관찰한 수행상의 점진적 향상과 그가 관찰하지 않은 비점진적(통찰적) 향상의 전형적인 예를 보여 준다.

학습은 통찰적이지 않으며 점진적이다

손다이크는 시행이 계속되면 문제를 해결하는 데 걸리는 시간이 점차 줄어드는 것에 주목한 후, 학습이 통찰적(insightful)이라기보다는 점진적(incremental)이라는 결론을 내렸다. 달리 말하면, 학습은 비약적으로 이루어지는 것이 아니라 아주 작은 체계적 단계를 통해 이루어진다는 것이다. 그는 만약 학습이 통찰적이라면, 동물이 학습이 안 된 상태일 때 문제 해결에 걸리는 시간이 상대적으로 일정하고 높게 나타날 것이라고 보았다. 그리고 동물이 해결책에 대한 통찰을 얻게 되는 지점에서 그래프가 급격히 떨어지고 실험 기간 동안 그 지점을 유지할 것이라 보았다. [그림 4-2]는 학습이 통찰적으로 이루어진다면 그래프가 어떻게 나타날지를 보여준다.

학습은 관념에 의해 매개되는 것이 아니다

손다이크는, 그의 연구를 바탕으로, 학습은 생각이나 추론을 통해서가 아니라 직접적으로 이루어지는 과정이라고 결론지었다.

> 고양이는 상황을 잘 살펴보지 않는다. 깊이 생각하지도 않는다. 곧 무엇을 할지 결정한다. 밖에 먹이가 있고 배고픈 감금 상태에서는 본능이나 경험을 통해 옳다고 여기는 반응의 행동을 즉각적으로 한다. 성공의 과정 중에서도 이러한 행동이 먹이를 가져다줄 것이라는 것을 깨닫고 행동을 하기로 한 것으로 보이지 않는다. 그 이후부터는 충동이 아닌 결정에 따라 즉각적으로 행동한다(p. 45).

손다이크(1911)는 원숭이를 통해 같은 주장을 한다.

> 우리는 이러한 사실들을 논의하기에 앞서 학습이 '추론'에 기인한다는 통속적인 설명에 대해 우선적으로 명확히 할 필요가 있다. 만약 우리가 추론이라는 단어를 관계, 비교, 추리의 지각에 의해 결론에 이르는 기능이라는 기술 심리적인 의미로 사용한다면, 그리고 관계의 느낌, 유사성의 지각, 일반적이고 추상적인 개념과 판단이 포함된 정신적 내용으로 생각한다면, 우리는 원숭이의 행동에서 추론의 증거를 찾을 수 없다. 그리고 이러한 사실은 개나 고양이의 경우와 마찬가지로 원숭이가 추론을 사용한다는 주장을 기각한다. 동물들의

일반적이고 본능적인 행동 중 어느 우연한 행동이 막대, 고리, 밧줄 등을 충분히 잘 다루도록 할 수 있음을 발견한다면, 동물들이 기계 장치를 잘 다룬다는 것 자체가 그 기계의 속성에 대한 추론을 내포하고 있다는 주장은 파기되어야 한다. 거기에는 추론의 그 어떤 일반적인 기능도 없다(pp. 184-186).

손다이크는 절약의 원리에 따라 학습에 대해 직접적인 선택과 연결을 지지하였으며 추론은 거부하였다. 미국에서는 행동주의적인 움직임이 시작됨에 따라 학습에 있어 추론과 관념의 중요성이 떨어졌다.

모든 포유동물은 같은 방식으로 학습한다

모든 학습은 관념을 통해서가 아니라 직접적으로 이루어지는 과정이라는 손다이크의 주장은 많은 반감을 샀다. 이는 특히 손다이크가 인간을 포함한 포유동물의 학습이 같은 법칙을 따른다고 주장했기 때문이었다. 손다이크에 따르면, 인간의 학습을 설명하기 위해 그 어떤 특별한 학습 과정도 가정할 필요가 없다. 다음 인용문에 학습의 법칙이 모든 동물에게 적용된다는 손다이크(1913b)의 믿음이 잘 드러나 있으며, 우리가 이후에 살펴보고자 하는 손다이크 이론의 다른 측면들이 소개되어 있다.

동물의 학습을 통해 드러난 ……과 같은 간단하고 반기계적인 현상들은 인간 학습의 원리이기도 하다. 물론 이러한 현상들은 바이올린 연주 기술, 미적분, 창의적 공학의 기술 습득과 같이 인간 학습의 진보된 단계에서는 훨씬 복잡하게 이루어진다. 그러나 감각에 대한 신체적인 반응을 직접적으로 연결하는 초기 형태의 학습을 가능하게 만드는 힘에 대한 분명한 개념 없이, 인간의 미묘하고 보다 계획적인 학습을 이해하는 것은 불가능하다. 더욱이 설명하려는 학습의 형태가 얼마나 미묘하고 복잡하며 발달되어 있는 것인가와는 무관하게, 사용과 만족에 의한 연결의 선택, 불사용과 혐오에 의한 연결의 제거, 중다 반응, 하나의 조건으로서의 마음의 태도, 상황에 대한 단편적인 활동, 반응 결정에 있어서 어떤 요소의 우월성, 유추에 의한 반응, 연합적 이동과 같은 단순한 사실들은 사실상 학습을 설명하기 위해 필요한 주되고 유일한 방법일 것이다(p. 16).

1930년 이전의 손다이크

학습 과정에 대한 손다이크의 생각은 크게 1930년 이전과 1930년 이후로 나뉜다. 1930년, 손다이크는 자신의 초기 견해를 상당히 수정한다.

준비성의 법칙

손다이크의 책 『인간의 본성(The Original Nature of Man)』(Thorndike, 1913b)에서 제안한 준비성의 법칙(law of readiness)은 다음과 같이 세 부분으로 나누어진다.

① 전도 단위(conduct unit)가 전도할 준비가 되어 있을 때, 전도는 만족스럽다(satisfying).
② 전도할 준비가 된 전도 단위에게 전도하지 않는 것은 혐오스럽다(annoying).
③ 전도할 준비가 되어 있지 않은 전도 단위가 전도하도록 강요받을 때, 전도는 혐오스럽다 (annoying).

준비성의 법칙에는 현대 학습 이론가들이 보기에 주관적으로 보이는 용어가 있다. 그러나 우리는 손다이크가 행동주의 움직임이 일어나기 전에 저술하였고, 그가 논의하였던 많은 것이 이전에는 체계적으로 분석된 적조차 없었음을 기억해야 한다. 또한 손다이크의 글에 주관적으로 보이는 용어들이 실제로는 그렇지 않을 수도 있음이 중요하다. 예를 들어, 여기에서 '전도할 준비가 되어 있는 전도 단위'가 의미하는 바는 행위 준비성 또는 목표 지향성이다. 현대의 용어를 사용하면, 손다이크의 준비성의 법칙은 다음과 같이 새로 진술될 수 있다.

① 어떤 사람이 어떤 행동을 할 준비가 되어 있을 때, 수행을 하는 것은 만족스럽다.
② 어떤 사람이 어떤 행동을 할 준비가 되어 있을 때, 수행하지 않는 것은 혐오스럽다.
③ 어떤 사람이 어떤 행동을 할 준비가 되어 있지 않을 때, 수행을 하도록 강요받는 것은 혐오스럽다.

일반적으로 목표 지향적인 행동이 방해를 받거나, 원하지 않는 행동을 하도록 강요받을 때 좌절을 경험한다.

만족(satisfying)과 혐오(annoying)라는 용어조차 행동주의자들이 납득할 수 있도록 정의되어 있다(Thorndike, 1911). "만족스러운 사상태(satisfying state of affairs)란 동물이 회피하기 위한 행동은 아무것도 하지 않으면서 획득하고 보존하기 위한 행동은 자주 하는 상태이다. 불만족스럽거나 혐오적인 사상태(annoying state of affairs)란 동물이 쉽게 회피하거나 포기하는 상태를 말한다."(p. 245) 손다이크에 대하여 다룰 때는 만족인(satisfier)과 혐오인(annoyer)에 대한 정의를 늘 염두에 두어야 한다.

연습의 법칙

1930년 이전의 손다이크 이론에는 두 부분으로 이루어진 연습의 법칙(law of exercise)이 포함되어 있었다.

① 자극과 반응 간의 연결은 그들이 사용될 때 강화된다. 달리 말하여, 단지 자극 상황과 반응 간의 연결을 연습하는 것만으로도 둘 간의 연합이 강화된다. 이것이 연습의 법칙 중 사용의 법칙(law of use)이라고 하는 부분이다.

② 상황과 반응 사이의 연결은 수행이 계속되지 않거나 신경 매듭이 사용되지 않을 때 약화된다. 이것이 연습의 법칙 중 불사용의 법칙(law of disuse)이라고 하는 부분이다.

손다이크가 연결의 보강과 약화를 통해 의미하는 것은 무엇인가? 우리는 여기서 그가 시대를 앞서갔음을 다시금 깨닫는다. 이 이슈는 오늘날에도 여전히 중요한 시사점을 갖고 있다. 그는 보강(strengthening)에 대하여 다음과 같이 정의하였다. 보강은 자극이 다시 나타날 때 반응이 나타날 가능성이 증가하는 것이다. 만약 자극과 반응 사이의 매듭이 보강되면, 이후 자극이 발생할 때 반응이 일어날 확률은 증가한다. 만약 매듭이 약화되면, 이후 자극이 발생할 때 반응이 일어날 가능성은 감소한다. 요약하자면, 연습의 법칙은 우리가 행동하는 것을 통해 학습하고, 행동하지 않는 것을 통해 망각한다는 것이다.

효과의 법칙: 강화에 대한 손다이크의 연구

손다이크의 초기 연구에서 강화(reinforcement)라는 용어가 거의 쓰이지 않았음에도 불구하고, 그는 향후 이 용어의 사용을 위한 기반을 제공하였다. 1930년 이전에 효과의 법칙(law of effect)은 반응의 결과에 대한 결과(a result of the consequence of the response)로서, 자극과 반응 간 연결의 보강 혹은 약화를 뜻하였다. 만약 반응 후에 만족스러운 사상태(satisfying state of affairs)가 따라오면 연결의 강도는 증가한다. 그러나 반응 후에 혐오적인 사상태(annoying state of affairs)가 따라오면 연결의 강도는 줄어든다. 현대적인 용어로 바꾸어 보자면, 자극이 반응을 유발하였을 때 그 반응이 강화를 이끌면 S-R(stimulus-response) 연합은 보강된다. 반면 자극이 반응을 유발하였을 때 그 반응이 처벌을 이끌면, S-R 연합은 약화된다.

효과의 법칙은 발생 빈도나 단순한 인접(contiguity)이 연합 강도의 결정 요인이라는 전통적인 연합주의 이론으로부터의 역사적인 분리라는 의미가 있다. 손다이크는 빈도의 법칙(law of frequency)과 인접의 법칙(law of contiguity)을 모두 받아들였으나 거기에서 훨씬 진전했다. 그는 반응의 결과가 상황과 반응 사이의 연합 강도를 결정하는 데 중요하다고 하였다. 연합을 형성하는 데에 있어 행동의 결과가 중요하다는 것은 이전에 홉스(Hobbes)나 벤담(Bentham)과 같은 철학자들이 암시했을 뿐이었다. 여기서 우리는 손다이크의 관심사를 확인할 수 있다. 손다이크는 유기체가 환경에 적응함에 있어 행동이 어떤 유용성을 갖는가에 대해 주목하였는데, 이는 모든 기능주의 심리학자들의 관심사이기도 했다.

효과의 법칙에 따르면, 반응이 만족스러운 사상태를 이끌어 낼 때, S-R의 연결은 강화된다. 만약 전도 단위가 만족스러운 사상태가 되기 이전에 이미 흥분되었다면 어떻게 이런 일이 일어날 수 있을까? 손다이크는 이러한 질문에 답하기 위해 확인 반응(confirming reaction)을 가정하였다. 확인 반응은 반응이 만족스러운 사상태를 이끌어 낼 때 신경 체계에서 촉발되는 것이다. 손다이크는 이런 확인 반응은 사실상 신경생리적인 반응으로, 유기체가 확인 반응을 인식하지 못한다고 보았다. 손다이크는 확인 반응의 특성에 대한 후속 연구를 하지는 않았지만, 이러한 신경생리적인 반응이 신경 매듭을 강화시키는 강력한 요인이라고 생각하였다. 손다이크의 소속성(belongingness) 개념을 고려하면, 확인 반응에 대해 더 많은 이야기를 할 수 있다.

학습 이론가 몇몇은 만족이 일어났을 때 여전히 활동 중인 신경 흔적(neural trace)을 가정함으로써 '어떻게 강화가 반응을 보강하는가' 라는 질문에 대해 밝히고자 노력하였다. 즉, 이러한 학습 이론가들은 유기체가 만족스러운 사상태를 경험할 때에 전도 단위가 여전히 활동적이라고 생각한다. 강화가 반응을 강화시키는 이유에 대해 신경 흔적이라고 답한다면 이는 일반적인 답변일 수 있을 것이다. 그러나 여전히 강화가 반응을 어떻게 보강하는가에 대한 질문은 해결되지 않는다.

1930년 이전의 이차적 개념

1930년 이전에 손다이크의 연구에는 준비성의 법칙, 효과의 법칙, 연습의 법칙보다 중요성이 훨씬 떨어지는 많은 개념이 포함되어 있었다. 이러한 이차적 개념은 중다 반응, 태도, 요소의 우월성, 유추에 의한 반응, 연합적 이동 등이다.

중다 반응

손다이크는 중다 반응(multiple response), 즉 다양한 반응이 학습의 첫 단계라고 보았다. 이는 첫 번째 반응이 문제를 해결하지 못하면 다른 반응을 시도하는 것을 말한다. 시행착오 학습은 동물이 효과가 있을 때까지 한 가지 반응을 시도하고, 이후에 또 다른 반응을 시도하는 것이다. 문제가 해결되면 문제를 해결한 반응이 또다시 나타날 가능성이 늘어난다. 달리 말해, 손다이크는 대부분의 학습이 유기체가 현존하는 문제를 해결하는 반응이 이루어질 때까지 활동적으로 남아 있으려는 경향을 토대로 이루어진다고 보았다.

태도

손다이크(1913a)가 성질, 사전 적응, 또는 태도(sets, attitudes)라고 부른 것을 살펴보자. 이는 학습자가 학습 상황에 가져오는 것이 중요함을 나타내고 있다.

> 행동의 일반 법칙은 외부 상황에 대한 반응이 환경의 특성뿐 아니라 개인의 조건에 따라서도 달라진다는 것이다. 만약 개인의 특정 조건이 환경의 한 부분으로 여겨지면 그에 대한 반응은 개인의 남은 조건에 따라 결정된다. 결과적으로 학습의 일반 법칙은 특정 대리인(agent)의 행위로 인한 개인의 변화는 대리인이 행동할 때 개인의 조건에 의존한다는 것이다. 개인의 조건은 두 가지로 나누어 볼 수 있다. 하나는 보다 영속적이거나 고정된 태도이며 다른 하나는 보다 일시적이거나 유동적인 태도이다(p. 24).

그러므로 학습에서 나타나는 개인차는 사람들 사이의 기본적인 차이로 설명될 수 있다. 그것은 문화적이고 유전적인 유산의 차이이기도 하며 박탈, 피로, 다양한 정서적 조건과 같은 일시적인 상태에서의 차이이기도 하다. 어떤 것이 만족인 혹은 혐오인이 되는가의 문제는 유기체의 배경 정보와 학습 상황에서의 일시적인 신체 상태에 달려 있다. 예를 들어, 미로 상자를 충분히 경험한 동물은 사전 경험이 없는 다른 동물들보다 새로운 문제 상자의 과제를 빠르게 해결할 것이다. 손다이크는 동물의 추동 상태(drive state)가 만족스러운 것과 혐오적인 것을 결정함을 깨달았다. 이것이 손다이크의 태도의 개념과 일맥상통하다.

요소의 우월성

요소의 우월성(prepotency of elements)은 손다이크(1913b)가 "상황에 대한 부분적 혹은 단편적 활동"이라고 부른 것이다. 이것은 특정 상황에서 오직 몇 가지의 요소만이 활동을 지배함을 말한다.

> 동일한 외적 상황에서 사람의 행동이 각각 다른 것은 행동에 영향을 미치는 우세한 환경 요소가 매번 달라지는 까닭이다. 인간의 학습에 있어서 어떤 상황에서의 이런 부분적이거나 단편적인 활동은 하나의 규칙이다. 하등동물들은 보통 미분석적(unanalyzed), 미정의적(undefined)이면서도 지나치게 종합적으로 상황을 연결하지만, 인간은 이런 식으로 연결하는 경우가 거의 없다. 인간이 아이일 때에는 때때로 하등동물과 같은 방식으로 연결을 형성한다. 어린아이는 자신의 작은 재주를 과시하기 위해 같은 방, 같은 사람, 같은 톤의 목소리 등과 같은 요소들을 필요로 하는 식이다. 영아 초기나 정신이 박약한 사람들을 차치하고 나면, 대부분의 경우 어떤 상황도 한결같은 반응을 이끌어 내지 못한다(pp. 26-27).

손다이크는 요소의 우월성이라는 개념을 통해 환경의 복잡성을 인정하였으며, 우리가 환경의 특정 요소에 선택적으로 반응한다고 결론지었다. 다른 말로 하면, 우리는 어떠한 상황의 특정 요소에는 전형적으로 반응하나, 다른 것에는 반응하지 않는다. 그러므로 우리가 상황에 어떻게 반응하는가는 우리가 주목하는 자극과 그것에 결부되어 있는 반응이 어떠한 것인가에 달려 있다.

유추에 의한 반응

우리가 이전에 결코 직면한 적 없는 상황에 대해 어떻게 반응하는가를 결정하는 것은 무엇인가? 손다이크의 답은 유추에 의한 반응(response by analogy)이다. 이는 우리가 이전에 경험했던 상황에서 반응했던 것처럼 반응한다는 것이다. 친밀한 상황과 친밀하지 않은 상황 사이에서 훈련 전이(transfer of training)의 양은 두 상황이 공통적으로 가지고 있는 요소의 수로 결정된다. 이는 손다이크의 유명한 이론으로, 훈련 전이에 대한 동일요소 이론(identical elements theory of transfer)이다.

손다이크는 동일요소 이론을 통해 오랫동안 자리 잡고 있던 형식도야(formal discipline)설에 근거한 전이의 관점을 반박하였다. 3장에서 살펴본 바와 같이, 형식도야설은 능력심리학에 바탕을 두고 있다. 능력심리학은 인간의 마음이 추론, 주의, 판단 및 기억과 같이 다양한 힘 혹은 능력(faculty)으로 구성되어 있다는 것이다. 능력심리학에서는 다양한 능력이 연습을 통해 강화될 수 있다고 믿었다. 예를 들어, 추론을 훈련함으로써 추론을 더욱 잘하는 사람이 될 수 있다. 이런 방식으로 수학과 라틴어를 학습하는 것도 정당화될 수 있다. 수학과 라틴어가 추론과 기억 능력을 향상시키기 때문이다. 이쯤 되면 왜 능력심리학을 교육에 대한 '정신 근육(mental muscle)' 접근법이라고 부르는지 이해할 수 있게 된다. 우리가 운동을 통해 이두근을 강화시키는 것과 같이, 훈련을 하면 마음의 능력도 강화시킬 수 있다는 것이다. 이 접근법은 학교에서 학생들에게 어려운 문제들을 많이 풀도록 강요하면 학교 밖에서 문제를 유능하게 해결할 수 있게 된다고 주장한다. 하지만 손다이크(1906)는 교육이 그렇게 쉽게 일반화된다는 증거가 거의 없다고 느꼈다. 사실 그는 교육의 결과로 얻게 되는 것은 일반적인 기술이라기보다는 매우 특수한 기술이라고 믿었다.

> 어떤 사람이 매우 훌륭한 음악가라 할지라도 다른 관점에서 보면 우둔할 수 있다. 어떤 이는 천재적인 시인일지라도 음악에는 무지할 수 있다. 또 다른 이는 숫자에 대해서는 놀라운 기억력을 갖고 있을지라도 지명이나 시, 사람의 얼굴에 대해서는 거의 기억하지 못할 수 있다. 학생들이 과학 영역의 추론은 뛰어나게 잘 하지만 문법은 평균 이하일 수 있다. 또한 그림은 매우 잘 그리지만 춤은 무척 형편없을 수 있다(p. 238).

손다이크와 우드워스(Thorndike & Woodworth, 1901)는 전이에 대한 형식도야설을 비판적으로 검토하였고, 지지할 증거가 거의 없음을 발견하였다. 대신 두 상황이 공통적인 요소를 가진 정도에 따라 한 상황에서 다른 상황으로의 전이가 일어남을 발견하였다. 손다이크에 따르면 이러한 요소들은 실제 자극이거나 절차일 수 있다. 예를 들어, 학교에서 온라인으로 조사를 하는 것이 교실 안에서 조사한 정확한 경험과는 무관한 학교 밖의 다양한 상황으로 전이될 수 있다. 정보를 검색하는 능력이 전이되는 것이다. 이것은 자극 요소의 전이라기보다는 절차의 전이이다. 오랜 시간 동안 집중하는 것과 시간을 잘 지키는 것을 학습하는 것 또한 절차가 전이되는 것의 예이다.

그러면 더 어려운 과정이 더 똑똑한 학생들을 양산하는 것처럼 보이는 이유는 무엇일까? 손다이크는 더 똑똑한 학생들이 더 어려운 과정을 시작하기 때문이라고 보았다. 손다이크(1924)는 우드워스와 함께 8,564명의 고등학교 학생들을 대상으로 훈련 전이에 대해 연구한 결과를 다음과 같이 요약하였다.

> 결과를 합리적으로 해석하면, 학문의 지적 가치는 학문이 명백하게 만들어 내는 특정 정보, 습관, 흥미, 태도, 이상 등에 따라 결정되어야 한다. 어떤 학문을 공부하느냐에 따라 일반적인 '마음의 향상(improvement of mind)'에 큰 차이가 있을 것이라는 기대는 결국 실망을 낳을 것이다. 뛰어난 사상가들이 표면적으로 특정한 학교 공부를 통해 만들어진 것으로 보이는 가장 큰 이유는 그들이 그러한 공부를 선택했기 때문이다. 그들은 뛰어난 사상가로서의 타고난 자질 때문에 어떤 학문 분야에서도 학업에 재능이 없는 사람들보다 더 많은 것을 얻게 된다. 뛰어난 사상가들이 그리스어와 라틴어를 공부할 때, 이러한 공부가 좋은 생각을 만드는 것처럼 보인다. 뛰어난 사상가들이 물리학과 삼각법을 공부하면 이 과목들이 뛰어난 사상가를 만드는 것처럼 보인다. 만약 뛰어난 학생들이 모두 체육과 연극을 공부해야 한다면, 이러한 과목들이 뛰어난 사상가를 만드는 것처럼 보일 것이다……. 초기의 능력을 통해 얻는 것의 정적 상관을 고려한다면, 학업을 통해 얻는 것은 확실히 그리 크지 않다. 학습의 가치는 실제적이며, 교육과정에서 중요하게 다루어질 필요가 있다. 그러나 중요성을 다루는 것은 합리적이어야 한다(p. 98).

손다이크(1905)는 같은 행동이 나오려면 두 상황 사이에 얼마나 많은 요소가 공통적으로 존재해야 하는가에 대해 다음과 같이 말하였다. "이 경우는 네 마리의 말이 한 팀을 이루어 갈림길의 어느 방향을 선택할지를 고르는 문제와 비슷하다고 볼 수 있다. 이전에 이 말들은 한 번도 한 팀으로서 달려 본 적이 없었지만, 혼자 혹은 짝을 지어서는 갈림길을 달려 본 적이 있다. 예전에 왼쪽으로 달려 본 습관이 있을 때 전체 팀은 왼쪽으로 달려가게 된다."(pp. 212-213)

손다이크는 학생들이 학교를 떠났을 때에도 수행할 비슷한 과업들을 학교 과정에 포함해야 한다고 주장한다. 그러므로 수학이 교육과정에 포함되어야 하는 이유는 수학이 정신을 강화하기 때문이 아니라, 학생들이 학교를 떠났을 때 실제적으로 수학을 사용할 것이기 때문이다. 손다이크는 학교가 학교를 넘어서도 중요하게 여겨지는 기술들을 직접적으로 훈련해야 한다고 주장하였다.

손다이크는 동일요소 이론의 전이를 통해 새로운 상황에서 어떻게 반응하느냐의 문제와 훈련 전이에 대한 문제의 해답을 찾았다. 몇몇은 우리가 새로운 상황에서 자연스럽게 반응한다는 사실이 손다이크 이론의 단점이라고 보았으나, 손다이크(1913a)는 이것이 그의 이론을 지지하는 근거라고 보았다. "인간이 새로운 상황에 직면하였을 때 인간의 본성이 예측할 수 없는 경련을 일으키는 것처럼 제멋대로의 요술 같은 일은 벌어지지 않는다. 새롭고 신비한 독립체가 나타나 그의 행동을 지배하는 동안 그의 습관이 멀리 사라지는 것 같은 일도 생기지 않는다. 반면에 새로운 상황이 나타나면 지난 상황에서 획득한 것들이 보다 선명하게 행위를 통해 그 모습을 드러낸다."(pp. 28-29) 이전에 학습한 것이 한 상황에서 다른 상황으로 어떻게 전이되는가를 설명하려고 할 때, 손다이크의 동일요소 이론과 절차의 전이에 대한 그의 보다 일반적인 입장은 여전히 매우 큰 영향력을 끼치고 있다(DeCorte, 1999, 2003; Haskell, 2001).

연합적 이동

연합적 이동(associative shifting)은 훈련 전이에 대한 손다이크의 동일요소 이론과 깊이 관련되어 있다. 연합적 이동을 증명하는 과정은 특정 상황과 특정 반응 간의 연결로부터 시작된다. 다음 단계에서는 원래 상황에 있던 자극 요소들을 점차적으로 없애고, 본래 상황에는 없던 자극 요소들을 더한다. 손다이크의 동일요소 이론에 따르면, 원래 상황에 있던 자극 요소가 새로운 상황에 충분히 있는 한 같은 반응이 나타난다. 이러한 방식으로, 많은 자극이 바뀌더라도 같은 반응이 나타나며, 마침내는 본래 상황과 전혀 다른 자극 조건에도 같은 반응이 나타나는 것이다. 손다이크(1913a)는 다음과 같이 말하였다.

> 우리는 abcde로 인해 만들어진 반응 X에서 출발하여, 계속적으로 특정 요소를 제거하고 또 다른 요소는 첨가할 수 있다. 이런 과정으로 다른 방법으로는 연결이 불가능했을 fghij까지도 연결할 수 있게 된다. 이론적으로는 abcde에서 abfgh, afghi, fghij로 진전해 갈 수 있다. 모든 단계에서 반응 X를 할 때 머뭇거린다든가 사람이 할 수 있는 다른

어떤 반응을 하는 것보다 더 만족스러운 결과가 나오도록 하면, 어떤 상황도 반응 X와 연결할 수 있다(pp. 30-31).

더 일반적인 방식으로, 상당수의 광고가 연합적 이동을 기반으로 한다. 광고주는 아름다운 여성이나 잘생긴 남성의 사진, 존경받는 사람, 의사, 엄마, 혹은 로맨틱한 풍경과 같이 긍정적인 느낌을 끌어내는 자극 대상을 찾으면 된다. 그리고 나서 광고주는 그 자극 대상과 담배, 자동차, 탈취제와 같은 제품을 가능한 한 자주 짝지어 주면 된다. 이를 통해 그 제품은 원래의 자극 대상에서 추출된 긍정적인 느낌을 끌어낼 수 있다.

손다이크를 읽고, 연합적 이동이 시행착오 학습과는 완전히 다르다는 것을 알아야 한다. 시행착오 학습은 효과의 법칙에 의해 이루어진다. 연합적 이동은 효과의 법칙을 통해 학습하는 것과는 다르며, 인접에 의존한다. 연합적 이동은 7장과 8장에서 살펴볼 파블로프(Pavlov)와 거스리(Guthrie)의 이론과 비슷한 두 번째 종류의 학습이다.

1930년 이후의 손다이크

1929년 9월, 손다이크는 코네티컷 주 뉴헤이번에서 열린 국제심리학회에서 청중 앞에 서 있었다. 그는 "저는 틀렸습니다."라는 말로 연설을 시작했다. 이러한 행동은 훌륭한 과학자의 면모에 대해 보여 준다. 과학자는 자료가 요구할 때면 자신의 결론을 바꿀 의무가 있다.

수정된 연습의 법칙

손다이크는 연습의 법칙 전체를 본질적으로 포기했다. 단순한 반복이 연결을 강화한다는 사용의 법칙이 정확하지 않다고 밝혀졌다. 마찬가지로 단순한 불사용이 연결을 크게 약화시키지도 않았다. 손다이크는 여전히 연습이 조금의 향상을 이끌며 연습이 부족하면 약간 잊을 뿐이라고 주장하지만, 그는 1930년 이후 모든 연습의 법칙을 폐기하였다.

수정된 효과의 법칙

1930년 이후, 초기 효과의 법칙은 절반만 진실이라 밝혀졌다. 살아남은 절반은 만족스러운 사상태가 따라오는 반응이 강화된다는 것이었다. 나머지 절반에 대해 손다이크는 처벌이 따라오는 반응이 연결을 강화시키는 데에 아무 효과가 없음을 밝혀내었다. 그의 수정된 효과의 법칙은 강화가 연결의 강도(strength of a connection)를 늘리지만, 처벌은 연결의 강도에 아무 역할을 하지 않는다는 것이다. 이러한 발견은 오늘날까지도 깊은 함의를 갖고 있다. 처벌의 효과에 대한 손다이크의 결론은 수천 년 간의 상식에 반대되며, 교육, 아이 양육, 일반적인 행동 수정에 대해서도 숱한 함의를 갖는다. 우리는 이어지는 장들에서 행동 수정의 수단으로서 처벌이 효과가 있느냐의 질문에 대해 살펴볼 것이다.

소속성

손다이크는 연합의 법칙에 인접성과 함께 효과의 법칙도 주요한 요소로서 작용함을 밝혀냈다. 만약 연합 요소가 어느 정도 함께 소속된 것이라면, 그들 간의 연합은 그들이 함께 소속되어 있지 않은 것보다 훨씬 쉽게 학습되고 유지된다. 이 같은 현상을 살펴보기 위해 고안된 실험에서 손다이크(1932)는 실험 참여자들에게 다음의 문장을 10번씩 읽어 주었다.

알프레드 듀크스와 그의 여동생은 구슬프게 일했다. 에드워드 데이비스와 그의 남동생은 거의 싸우지 않았다. 프랜시스 브래그와 그의 조카는 열심히 놀았다. 바니 크로프트와 그의 아버지는 열심히 관찰하였다. 링컨 블레이크와 그의 삼촌은 기쁘게 들었다. 잭슨 크레이그와 그의 아들은 자주 다투었다. 샬럿 딘과 그녀의 친구는 쉽게 공부하였다. 메리 보라와 그녀의 동료는 따분하게 불평하였다. 노먼 포스터와 그의 엄마는 많은 것을 샀다. 앨리스 핸슨과 그녀의 선생님은 어제 왔다(p. 66).

그 후 참여자들은 다음의 질문을 받았다.

① '거의' 뒤에 온 단어는 무엇인가?
② '링컨' 뒤에 온 단어는 무엇인가?
③ '기쁘게' 뒤에 온 단어는 무엇인가?

④ '따분하게' 뒤에 온 단어는 무엇인가?

⑤ '메리' 뒤에 온 단어는 무엇인가?

⑥ '열심히' 뒤에 온 단어는 무엇인가?

⑦ '노먼 포스터와 그의 엄마' 뒤에 온 단어는 무엇인가?

⑧ '~와 그의 아들은 자주 다투었다' 뒤에 온 단어는 무엇인가?

만약 인접이 유일하게 영향을 끼치는 요인이라면 모든 단어는 똑같이 학습되고 기억되어야 한다. 그러나 그렇지 않았다. 문장의 끝에 있는 단어와 다음 문장의 처음에 있는 단어의 정확한 연합의 평균은 2.75였지만, 처음 단어와 두 번째 단어의 정확한 연합의 평균은 21.5였다. 이는 인접만이 아닌 다른 어떤 것이 작용하고 있다는 것을 분명하게 보여 준다. 손다이크는 이를 가리켜 소속성(belongingness)이라고 하였다. 한 문장의 마지막 단어와 다른 문장의 첫 단어가 연합하는 정도보다 한 문장에서 주어와 동사가 연합하는 정도가 더 높은데, 이것을 소속성이라 할 수 있다.

손다이크는 앞서 말한 확인 반응을 소속성의 개념과 관련지었다. 그는 유기체의 욕구 반응으로 야기된 결과 사이에 자연스러운 관계가 있으면, 없는 경우보다 학습이 더 잘 일어날 것이라고 보았다. 예를 들어, 배고픈 동물이 먹이를 찾으면 만족하고, 목마른 동물이 물을 찾으면 만족하는 식이다. 그러나 이 말이 배고프거나 목마른 동물이 다른 만족스러운 것을 찾지 않으리라는 것을 의미하지는 않는다. 구속으로부터의 도피와 고통으로부터의 자유는 둘 다 만족스러운 것이다. 그러나 강력한 욕구의 존재는 그 순간 가장 만족감을 주는 일련의 행동을 만들어 낸다. 손다이크는 유기체의 현재 욕구에 속하지 않는 효과가 다른 상황에서는 강력한 만족인이 된다 할지라도, 유기체의 현재 욕구에 속하는 효과가 현재 욕구에 속하지 않는 효과보다 강력한 확인적 반응을 이끌어 낸다고 주장한다.

손다이크가 소속성의 개념을 두 가지 방식으로 사용했음을 보았다. 첫 번째로는 사람들이 언어 자료를 학습할 때 학습한 내용을 함께 속한 것으로 여겨지는 단위로 조직화하는 경향이 있다는 이유를 설명하는 데 사용하였다. 둘째로는 반응에 의해 생긴 효과가 유기체의 욕구와 관련되어 있을 때, 유기체의 욕구와 관련되지 않을 때의 효과보다 학습에 더 효과적임을 설명하기 위해 사용하였다.

많은 이들은 손다이크가 자신의 소속성 개념을 통해 유기체가 구체적인 S-R 연결이 아닌 일반 원리를 학습한다고 주장하는 형태주의 심리학자들에게 항복하였다고 믿었다(10장 참조). 이러한 반응에 대해 손다이크는 학습된 반응은 이미 형성된 방향으로 일어나기 쉽다고 하는 극성 원리(principle of polarity)로 응한다. 예컨대, 거의 대부분의 사람이 알파벳을 차례대로 암송하기는 쉽지만 거꾸로 암송하기는 어렵다. 비슷하게, 대부분의 학생도 국민교육헌장을 차례대로 암송할 수는 있지만 거꾸로 암송할 수 있는 학생들은 흔치 않다. 손다이크는 사람들이 특정 S-R 연결이 아닌 일반 원리와 이해를 학습한다면, 학습한 것을 어느 방향으로든 거의 같은 수준으로 수행할 수 있어야 한다고 지적한다. 그러므로 손다이크는 소속성의 개념을 통해서도 학습 과정에 대한 기계적이고 비정신적인 관점을 유지했던 것이다.

효과의 파급

1930년 이후, 손다이크는 효과의 파급(spread of effect)이라는 새로운 주요 이론적 개념을 추가했다. 손다이크는 실험 중 만족스러운 사상태는 이를 이끌어 낸 반응이 다시 나타날 가능성을 증가시킬 뿐 아니라 강화된 반응을 둘러싼 다른 반응들이 다시 나타날 가능성까지 높인다는 것을 발견하였다.

이 효과를 증명하기 위한 전형적인 실험에서는 실험자들에게 catnip, debate, dazzle과 같은 10개의 단어를 제시하고, 단어들에 대하여 1에서 10까지의 숫자로 반응하도록 설계하였다. 만약 실험 참여자가 연구자가 단어마다 미리 정한 숫자로 정확하게 반응하면 연구자는 '맞았다'고 이야기한다. 만약 피실험자가 다른 숫자를 말하면 '틀렸다'고 말한다. 실험은 같은 방식으로 여러 차례 진행된다. 이 연구를 통해 두 가지 중요한 결과가 나왔다. 첫째는 강화(연구자가 '맞았다'고 말하는 것)가 이후에 같은 단어의 자극이 주어졌을 때 동일한 숫자가 반복될 가능성을 크게 증가시킨다는 것이다. 그러나 처벌(연구자가 '틀렸다'고 말하는 것)은 잘못된 숫자가 계속해서 나타날 가능성을 줄이지 못한다. 손다이크가 그의 초기 주장인 효과의 법칙을 수정한 것은 부분적으로 이 연구의 결과 때문이다. 둘째는 강화받은 숫자보다 앞서 나온 숫자와 뒤따라온 숫자는 그 숫자 자체가 강화를 받지 않았거나 심지어는 이전의 시행에서 처벌을 받았을지라도 다시 나타날 가능성이 증가하였다는 것이다. 이로써 손다이크가 만족스러운 사상태라고 부른 현상은 강화받은 반응에서 이웃한 반응으로 명백하게 '파급'된다. 그는 이러한 현상을 효과의 파급이라고 불렀다. 그는 또한 이러한 효과가 거리가 멀어짐에 따라 감소함을 발견하였다. 달리 말하면 강화된 반응은 다시 일어날 가능성이 가장 높고, 강화받은 것 다음의 반응이 그다음의 재현 가능성을 가지며, 그다음의 반응은 그다음의 가능성을 갖는 것이다. 그는 더불어 효과의 파급이 학습의 자동적이고 직접적인 특성을 증명하고 있다고 보았다.

손다이크의 교육론

손다이크는 교육적 실제(educational practice)가 과학적으로 연구되어야 한다고 믿었다. 그는 학습 과정에 대한 지식과 교수 실제(teaching practice) 사이에 밀접한 관계가 있음이 분명하다고 생각하였다. 그는 학습의 특성에 대해 더 많은 것이 발견될수록 교수 실제를 향상시키기 위해 적용될 수 있는 것들이 더욱 많아질 것이라 기대하였다. 손다이크(1906)는 다음과 같이 말했다.

물론 현재 심리학에 대한 지식은 완벽하다기보다는 무(無)에 가깝다. 그렇기에 심리학의 지식을 가르치는 것에 적용하는 것은 많은 경우 불완전하고, 명확하지 않으며, 불안정할 것임에 틀림없다. 심리학을 가르치는 것에 적용하는 것은 생리학이나 병리학을 의학에 적용하는 것보다 식물학과 화학을 농업에 적용하는 것과 더 유사하다. 훌륭한 감각을 가진 사람은 누구든 과학 없이도 농사를 상당히 잘 지을 수 있고, 훌륭한 감각을 가진 사람은 누구든 심리학을 알고 적용하지 못해도 잘 가르칠 수 있다. 그러나 식물학이나 화학을 농사에 적용할 수 있는 지식을 가진 농부는, 다른 조건들이 같다면 그렇지 않은 농부들보다 더욱 성공적일 것이다. 교사도 마찬가지이다. 다른 조건이 같을 때 인간 특성에 대한 과학이라 할 수 있는 심리학을 학교 문제에 적용할 수 있는 교사는 훨씬 더 성공적일 것이다(pp. 9-10).

손다이크의 생각은 여러 지점에서 교육에 대한 전통적인 생각과 대치된다. 전이에 대한 동일요소 이론에서 단적인 예를 볼 수 있다. 손다이크(1912)는 당시(그리고 지금도) 인기 있던 교수법을 폄하하였다.

강의법과 시연법은 학생들이 듣거나 볼 수 있는 것 외에는 그 무엇도 할 수 없게 하는 교수법이다. 이들은 학생들에게 결론을 제시하고, 학생들이 더 많이 배우기 위해서 제시된 결론을 사용할 것이라 믿는다. 또 학생들에게 문제에 주의를 기울이고, 이해하기 위해 최선을 다하고, 한 번도 생각하지 못한 것에 대해 질문하고, 답을 찾으라고 요구한다. 그들은 학생들에게 마치 유언으로 재산을 물려 주듯 강의법과 시연법을 통해 교육적인 자산을 주고자 한다(p. 188).

또한 그는 다음과 같이 말한다.

> 가르친 경험이 없는 천재적인 학자가 저지르는 가장 흔한 실수는 자신이 말한 것을 학생들이 알 것이라고 기대하는 것이다. 그러나 말하는 것은 가르치는 게 아니다. 아픈 아기를 껴안고 토닥이는 것이 자연적인 충동(natural impulse)인 것처럼, 다른 사람들이 자신의 마음속에 있는 것들을 알아주었으면 하고 바랄 때 마음속에 있는 사실을 표현하는 것은 자연적인 충동이다. 그러나 아이를 토닥이는 것이 그 아이의 성홍열(scarlet fever)을 치료하지 못하는 것처럼 아이에게 사실을 알려 주는 것이 그들의 무지함을 고치지는 못한다(p. 61).

그렇다면 좋은 교수법이란 무엇인가? 우선, 잘 가르치기 위해서는 당신이 가르치고자 하는 것이 무엇인가를 알아야 한다. 만약 당신이 가르치고자 하는 것이 무엇인지를 정확히 모른다면, 당신은 어떤 자료를 제시할지, 어떤 반응을 기대하는지, 또 언제 만족인을 제공할지 또한 알 수 없다. 이 원리는 말처럼 명확하지 않다. 우리는 최근이 되어서야 교육의 목표를 행동적으로 정의하는 것이 중요함을 깨달았다. 다음에 나오는 손다이크(1922)의 일곱 가지 법칙은 수학을 가르치기 위해 만들어진 것이지만, 가르치는 것 일반에 대한 그의 조언이기도 하다.

① 학생들이 직면한 상황을 고려하라.
② 당신이 연결시키고자 하는 반응을 고려하라.
③ 매듭을 형성하라. 매듭이 기적처럼 만들어질 것을 기대하지 말라.
④ 다른 것들이 같다면, 깨뜨려야 할 매듭은 만들지 말라.
⑤ 다른 것들이 같다면, 하나의 매듭만으로도 충분할 때 두 개 또는 세 개의 매듭을 만들지 말라.
⑥ 다른 것들이 같다면, 나중에 행동하도록 요구되는 방식대로 매듭을 만들라.
⑦ 그러므로 삶 자체가 제공하는 상황과 삶 자체가 요구하는 반응을 소중히 여겨라(p. 101).

보다 현대적인 용어를 쓰자면, 손다이크는 교실 장면에서 교육 목표가 명확하게 정의되도록 하였다. 이러한 교육 목표는 반드시 학습자들의 반응 범주 안에 있어야 하며, 이는 다시 다룰 수 있는 단원으로 나뉘어야 한다. 이는 학습자가 적절한 반응을 했을 때 교사가 만족스러운 사상태를 적용할 수 있도록 하기 위해서이다. 학습은 간단한 것에서 복잡한 것으로 진행된다.

동기(motivation)의 경우, 학습자들에게 '만족스러운 사상태'를 구성하는 것은 무엇인가를 결정한다는 점을 제외한다면 그렇게 중요하지는 않다. 학습자들의 행동은 무엇보다 외적 보상에 따라 결정되며, 내적 동기에 따라 결정되지는 않는다. 특정 자극에 바른 자극을 주어야 한다는 것은 강조되어야 한다. 부정확한 반응은 그것이 훈련되지 않도록 빠르게 수정되어야 한다. 그러므로 시험이 중요하다. 시험은 학습자와 교사에게 학습 과정에 관한 피드백을 제공한다. 만약 학생들이 덜 배웠다면 빠르게 강화되어야 한다. 만약 학생들이 부정확하게 배웠다면 그들의 실수는 빠르게 정정되어야 한다. 따라서 시험은 정기적으로 있어야 한다.

학습 상황은 가능한 한 실제 세계와 비슷해야 한다. 앞서 본 바와 같이, 손다이크는 교실과 교실 밖 환경이 비슷할 때만 학습이 교실에서 교실 밖으로 전이된다고 믿었다. 아이들에게 어려운 문제를 해결하도록 가르치는 것은 그들의 추론 능력을 향상시키지 못한다. 라틴어, 수학, 논리학을 가르치는 것은 그들이 학교를 떠나 라틴어, 수학, 논리학이 포함된 문제를 해결할 때에만 정당화될 수 있다. 손다이크는 도제식과 인턴십 프로그램에 대해서는 찬성할 것이며, 직업학교에 대해서는 열렬히 환호할 것이다. 그러나 그는 교과과정에 고용 혹은 교육 외부의 세계와 명확하게 연결되어 있는 실험적 학습이 포함되어 있지 않다면 이를 인정하지 않을 것이다.

손다이크를 지지하는 교사는 교실 안에서 긍정적인 통제를 사용할 것이다. 만족인은 결합을 강화하지만 혐오인은 결합을 약화시키지는 않기 때문이다. 그들은 강의하는 것은 피하며 학생들을 일대일로 지도하는 것은 선호할 것이다.

여기서 우리는 5장에서 살펴볼 교육적 실제에 대한 스키너(B. F. Skinner)의 견해의 씨앗을 볼 수 있다.

손다이크 이론에 대한 평가

공헌

손다이크의 선구적인 연구는 학습과 행동의 개념화에 분명한 대안을 제시한다. 그의 연구는 초기의 접근법들과는 크게 다르다. 손다이크 이전에는 학습을 체계적이거나 실험적으로 연구한 사람들이 없었다. 손다이크는 가용한 자료들을 토대로 학습에 대해 체계적으로 설명하고 종합했다. 더불어 학습 이론 분야를 정의 내리게 될 시행착오 학습이나 훈련 전이와 같은 현상들을 발견하고 발달시켰다.

효과의 법칙을 통해, 손다이크는 행동의 결과가 그 행동 강도의 후진적인 효과를 만든다는 것을 통제된 조건 아래에서 최초로 관찰하였다. 효과의 이유, 제한, 기간, 정의와 측정에 관련된 문제들은 이후 50년 동안에도 행동주의자들의 연구 주제가 되었으며, 오늘날까지도 여전히 연구와 논쟁의 주제이다. 헌스타인(Herrnstein)의 효과의 법칙(5장)은 직접적으로 그 연구를 이어 갔으며, 동시대의 연습의 법칙(Haider & Frensch, 2002)에서도 손다이크의 흔적을 따라갈 수 있다. 손다이크는 초기 연습의 법칙에서 망각의 성질을 연구하고 처벌을 다루면서 행동의 억압을 연구한 최초의 사람이었다. 그는 자료가 자신의 가설과 상반되자 그 현상을 다룬 초기의 설명을 기꺼이 폐기하였다. 손다이크는 형식도야설과 같은 교육적 실제에 관한 보편적인 가정에 격렬하게 의문을 제기한 최초의 사람이기도 하였다. 그를 초기 행동주의자라고 볼 수 있음에도 불구하고, 요소의 우월성이나 유추의 반응에 대한 그의 생각은 현대의 인지학습 이론을 예시한 것이라 할 수 있다.

비판

손다이크가 발견한 몇 가지 현상(예: 효과의 파급)이 그가 확인한 것과 다른 과정에 의한 것이라 밝혀졌음(Estes, 1969b; Zirkle, 1946)에도 불구하고, 손다이크 이론에 대한 중요한 비판은 크게 두 가지이다. 첫 번째는 효과의 법칙에서 만족인의 정의에 관한 것이다. 두 번째 비판 또한 효과의 법칙과 관련된 것인데, 그것은 학습을 지나치게 기계론적으로 정의한다는 것이다. 효과의 법칙에 대해 비판하는 사람들은 손다이크의 논거가 순환론적(circular)이라고 말한다. 만약 반응 확률이 증가하면 만족스러운 사상태가 존재하기 때문이라고 하고, 반응 확률이 증가하지 않으면 만족스러운 사상태가 존재하지 않기 때문이라고 말한다. 이러한 설명은 이론의 검증을 할 수 없게 한다. 같은 사건(반응 확률의 증가)이 학습과 만족스러운 사상태 둘 다를 알아내기 위해 사용되었기 때문이다. 이후 손다이크를 옹호하는 사람들은 이러한 비난이 유효하지 않다고 주장하였다. 왜냐하면 무엇인가가 만족인이라는 것이 드러나면 이것을 다른 상황에서도 행동을 수정하는 데에 사용할 수 있기 때문이다(Meehl, 1950). 그러나 5장에서 논의한 것과 같이 이러한 옹호는 실패했다.

손다이크의 효과의 법칙에 대한 두 번째 비판은 S-R 법칙이 강화되거나 약화되는 방법에 관한 것이다. 앞에서 살펴본 것처럼, 손다이크는 학습이 만족스러운 사상태의 자동적인 기능이며, 사고나 추론 등의 의식적인 기제의 결과는 아니라고 믿었다. 손다이크는 만족인이 효과를 갖기 위해 유기체가 만족인과 반응 사이의 관계를 인식할 필요가 없다고 믿었다. 비슷하게, 학습자의 의도와 전략은 학습에 필수적이지 않다고 보았다. 손다이크는 사고, 계획, 전략, 의도의 존재를 부인하지 않았지만, 이러한 것들에 대한 언급이 없이도 학습이 적절하게 설명될 수 있다고 믿었다. 오늘날의 학생들은 손다이크 시대의 많은 이가 그랬듯, 학습 연구에 대한 기계적인 접근에 대해 부정적으로 반응한다. 예를 들어, 윌리엄 맥두걸(William McDougall)은 1920년대에 손다이크의 선택과 연결에 대한 이론은 "바보 천치의, 바보 천치에 의한, 바보 천치를 위한 이론"이라고 썼다(Joncich, 1968). 강화의 성질과 관련된 논쟁과 강화가 효과적이려면 학습자가 강화 유관(reinforcement contigencies)을 자각하여야 하는가에 대한 논쟁은 지금까지도 계속되고 있다. 우리는 이 책을 통해 이러한 논쟁으로 자주 돌아가게 될 것이다.

논의 사항

1. 손다이크 이전의 동물 연구에 대해 요약하라. 손다이크의 연구는 이전에 이루어진 연구와 어떤 점에서 다른가? 답변에 모건의 규범에 대한 논의도 포함하라.

2. 인간과 동물 모두에게 같은 학습의 법칙이 적용된다는 손다이크의 논의에 동의하는가? 설명하라.

3. 손다이크의 수정된 효과의 법칙이 타당하다고 가정한다면, 현재의 교실에서의 실제가 그에 부합하는가? 자녀 양육의 방식은 그에 부합하는가? 설명하라.

4. 손다이크가 1930년 이후 그의 이론을 수정한 바를 요약하라.

5. 손다이크의 확인 반응이라는 개념에 대하여 논의하라.

6. 손다이크의 이론 중 태도의 중요성에 대하여 논의하라.

7. 손다이크에 따르면, 하나의 학습 상황에서 다른 학습 상황으로 전이되는 것을 결정하는 것은 무엇인가?

8. 교육의 형식도야설에 대한 손다이크의 비판을 요약하라. 훈련 전이에 대한 손다이크의 이론을 고려한다면, 교실에서의 실제를 어떻게 배열하겠는가?

9. 아동이 새로운 베이비시터를 만나는 것과 같은 새로운 상황을 두려워할 확률을 연합적 이동법(procedure of associative shifting)을 이용하여서 어떻게 낮출 수 있을지 서술하라.

10. 손다이크가 주장한 소속성 원리와 극성 원리에 대하여 논의하라.

11. 손다이크가 효과의 파급에 대한 자신의 연구를 통해 배운 바를 서술하라.

주요 개념

- 극성 원리(principle of polarity)
- 만족스러운 시상태(satisfying state of affairs)
- 모건의 규범(Morgan's canon)
- 불사용의 법칙(law of disuse)
- 사용의 법칙(law of use)
- 선택과 연결(selecting and connecting)
- 소속성(belongingness)
- 시행착오 학습(trial-and-error learning)
- 연결의 강도(strength of a connection)
- 연결주의(connectionism)
- 연습의 법칙(law of exercise)
- 연합적 이동(associative shifting)
- 요소의 우월성(prepotency of elements)
- 유추에 의한 반응(response by analogy)
- 의인화(anthropomorphizing)

- 전이에 대한 동일요소 이론(identical elements theory of transfer)
- 점진적 학습(incremental learning)
- 준비성의 법칙(law of readiness)
- 중다 반응(multiple response)
- 콘위 로이드 모건(Conwy Lloyd Morgan)
- 태도(sets, attitudes)
- 통찰적 학습(insightful learning)
- 혐오적인 사상태(annoying state of affairs)
- 형식도야(formal discipline)
- 확인 반응(confirming reaction)
- 효과의 법칙(law of effect)
- 효과의 파급(spread of effect)
- 훈련 전이(transfer of training)

제5장
버러스 프레더릭 스키너
(Burrhus Frederic Skinner)

스키너(Skinner, 1904~1990)는 펜실베이니아 주 서스쿼해나에서 태어났다. 그는 하버드 대학교에서 1930년에 석사 학위를, 1931년에 박사 학위를 받았다. 학부는 영어 전공으로, 뉴욕에 있는 해밀턴 대학에서 학위를 받았다. 학부 시절 스키너는 미국의 위대한 시인인 로버트 프로스트(Robert Frost)와 점심 식사를 함께 한 적이 있었다. 프로스트는 스키너에게 쓴 글의 일부를 보내라고 했고, 스키너는 세 편의 짧은 이야기를 프로스트에게 보냈다. 프로스

버러스
프레더릭
스키너

트는 이 글에 대해 호의적인 평가를 내렸고, 스키너는 작가가 되기로 결심했다. 변호사인 스키너의 아버지는 이 결정에 크게 실망했다. 그는 아들이 자신처럼 변호사가 되기를 원했다.

글을 쓰는 것이 너무 힘들어서 스키너는 정신과 진료를 받을 생각까지 했다. 결국 그는 석탄업 관련 법률 문서를 정리하는 일을 시작할 수밖에 없었다. 사실 그의 첫 책은 『석탄 노사조정위원회 의사결정 개요(A Digest of Decisions of the Anthracite Board of Conciliation)』라는 법률 문서와 관련된 책이었다. 그는 이 책을 아버지와 함께 썼다. 이 책을 쓴 후 스키너는 뉴욕 그리니치 빌리지에서 6개월을 보헤미안처럼 살았다. 그 후 그는 심리학을 공부하기 위해 하버드 대학교에 입학했다. 이 무렵 그는 문학에 넌더리가 났다. 그는 자서전(1967)에서 "나는 할 말을 찾지 못했기 때문에 작가로서 실패했다. 그러나 나는 그런 식의 설명을 받아들일 수 없다. 잘못된 것은 문학이었다."(p. 395)라고 말했다. 문학을 통해 인간 행동을 기술하려는 시도가 실패하자, 스키너는 과학을 통해서 이를 이루려고 하였다. 분명히 그는 후자에서 더 뛰어난 성취를 거뒀다.

스키너는 1936년부터 1945년까지 미네소타 대학교에서 심리학을 가르쳤다. 이 기간 동안 그는 그의 가장 영향력 있는 책인 『유기체의 행동(The Behavior of Organisms)』을 썼다. 미네소타 대학교 시절 그의 제자 중 하나는 심리학에 큰 영향을 끼친 에스테스(W. K. Estes)였다(9장 참조). 1945년에 스키너는 인디애나 대학교로 옮겼고, 거기서 심리학과 학과장을 맡았다. 1948년에 하버드 대학교 교수가 되었고, 그곳에서 1990년 죽을 때까지 근무했다.

스키너가 죽기 바로 직전에 실시된 설문조사(Korn, Davis, & Davis, 1991)에서, 심리학의 역사를 전공하는 사람들과 각 대학원 심리학 학과장들을 대상으로 심리학 역사를 통틀어 가장 탁월한 심리학자 10명을 선정해 달라고 요청했다. 설문 결과, 스키너는 심리학 역사를 통틀어 여덟 번째로 탁월한 심리학자로 선정되었다. 살아 있는 심리학자 중에는 첫 번째였으며, 여기에는 심리학의 역사를 전공하는 사람들, 각 대학원 심리학 학과장들 사이에 이견이 없었다.

살아 있는 동안 스키너는 많은 글을 썼다. 그의 주 관심사는 그의 실험실 연구 결과들을 인간 문제의 해결책과 관련짓는 것이었다. 그의 연구는 프로그램 학습과 교수 기계의 개발로 이어졌다. 이 분야의 대표적인 논문으로는 「학습과학과 교수법(The Science of Learning and the Art of Teaching)」(1954), 「교수 기계(Teaching Machines)」(1958)가 있다. 그는 홀랜드(Holland)와 함께 그의 이론적 개념을 바탕으로 『행동 분석(The Analysis of Behavior)』(Holland & Skinner, 1961)이란 책을 썼다. 1948년에 그는 유토피아를 그린 소설 『월든 2(Walden Two)』를 썼다. 이 책의 제목은 소로(Thoreau)의 『월든(Walden)』에서 따온 것이다. 『월든 2』는 7주 만에 쓰였다. 책에서 스키너는 그의 학습 이론을 바탕으로 이상적인 사회를 만들 수 있다는 것을 보여 주고자 했다. 이후에 스키너는 『자유와 존엄을 넘어(Beyond Freedom and Dignity)』(1971)를 통해 어떻게 행동공학이 문화를 디자인하는 데 활용될 수 있는지를 보여 주었다. 책에서 그는 문화를 공학적으로 조작하려는 시도가 왜 수많은 반대에 부딪히는지를 분석했다. 스키너의 생각은 바이주와 베어(Bijou & Baer, 1961, 1965)의 도움으로 아동 발달 분야로까지 확장되었다. 그의 생각은 『성격: 행동 분석(Personality: A Behavioral Analysis)』을 쓴 런딘(Lundin, 1974), 『아이의 성격을 조성하기(Shaping Your Child's Personality)』를 쓴 혜르젠한(Hergenhahn, 1972)에 의해 성격 및 양육 분야와도 관련을 맺게 되었다. 물론 행동공학이 아동들에게만 적용되는 것은 아니었다. 행동공학은 말 더듬, 공포증, 식이장애, 신경증적 행동과 같은 다양한 성인의 문제를 경감시키는 데도 적용되었다.

제2차 세계대전 동안, 미네소타 대학교에 있으면서 스키너는 그의 이론을 국가 방위의 문제를 해결하는 데도 적용하려고 하였다. 그는 이동 중인 적의 사진이 보이면 원반을 쪼도록 비둘기를 훈련시켰다. 이 장치들은 글라이더 안에 포함되었다. 글라이더는 펠리컨이라 불렸기 때문에, 이를 다룬 논문의 제목은 「펠리컨 안의 비둘기(Pigeons in a Pelican)」(1960)였다. 비둘기가 쪼면 여러 회로가 닫히고, 이에 따라 목표를 조준할 수 있었다. 이 미국식 카미카제 특공비행기는 인명 손실이 전혀 없었다. 스키너는 유수의 미국 과학자들에게 계획의 완벽함에 대해 설명했지만, 프로젝트는 거절당했다. 스키너는 이 계획이 위원회가 다루기에는 너무 벅찼기 때문에 거절당한 것은 아닐까 생각했다.

주요 이론적 개념

급진적 행동주의

스키너는 급진적 행동주의(radical behaviorism)로 알려진 과학 철학을 채택했고, 또 더 발전시

컸다. 급진적 행동주의는 언어, 해석과 같은 정신적 사상들(mentalistic events)을 거부했다. 살펴보았듯, 몇몇 행동주의 학습 이론가는 인간이나 동물들의 행동을 설명하기 위해 추동(drive), 동기, 목적과 같은 단어를 사용했다. 스키너는 이런 개인적이고, 정신적 경험과 표상을 뜻하는 단어를 사용하는 것이 종래 비과학적인 심리학으로 돌아가는 것과 같다고 생각했기 때문에 이 단어들을 쓰지 않았다. 스키너에게 있어서 환경, 유기체의 행동 그리고 행동의 결과가 관찰 가능하고 측정 가능하다는 것은 과학적 탐구에 있어 결정적인 요소이다. 린겐(Ringen, 1999)은 다음과 같이 말한다.

> 스키너는 과학이란 원인을 찾는 것이라는 신념을 가지고 있었다. 그는 원인을 찾는 것이 예측 및 통제를 가능하게 한다고 생각했으며, 적절히 수행된다면 실험적 탐구가 원인을 찾을 수 있도록 해 줄 것이라 생각했다. 이러한 스키너의 급진적 행동주의는 오히려 과학에 대한 전통적이고 평범한 관점이었다. 스키너의 급진적 행동주의의 독특하고 도전적이며 가장 오해받는 점은 그의 과학에 대한 관점이 유심론, 특히 학습과 지적인 행동에 관한 이론들의 발전에 영향을 끼친 다양한 접근에 대한 의심의 기초를 제공했다는 점이다(p. 161).

반응 행동과 조작적 행동

스키너는 두 가지 행동을 구분하였다. 하나는 반응 행동(respondent behavior)으로 알려져 있으며 자극에 의해 유발되는 것이다. 다른 하나는 조작적 행동(operant behavior)으로 알려져 있으며 자극에 의해서가 아니라 단순히 유기체에 의해 방출되는 것이다. 무조건 반응은 반응 행동의 예이다. 무조건 반응은 무조건 자극에 의해 유발된다. 핀에 찔렸을 때 손을 확 빼거나, 밝은 빛에 노출되었을 때 동공이 수축되는 것과 같은 반사 행동 또한 반응 행동의 예이다. 조작적 행동은 처음에는 자극과 아무 관련이 없어 보이기 때문에 마치 저절로 생겨난 것처럼 보인다. 휘슬을 부는 것, 일어나서 산책하는 것, 또는 다른 행동을 하려고 지금 하고 있는 행동을 그만두는 것이 그 예이다. 대부분의 일상 행동은 조작적 행동이다. 스키너는 조작적 행동이 자극과 무관하게 나타나는 것이 아니라고 생각했다. 그는 자극이 조작적 행동을 일으키며, 이때 조작적 행동의 원인은 중요하지 않다고 생각했다. 선행하는 자극에 종속된 반응 행동과 달리, 조작적 행동은 그 결과에 의해서 통제받는다.

S형, R형 조건화

행동에 두 종류가 있듯, 조건화 또한 두 종류가 있다. 반응적 조건화(respondent conditioning)라고 불리기도 하는 S형 조건화는 고전적 조건화(classical conditioning)와 동일하다. 기대된 반응을 유발하는 자극(stimulus)의 중요성을 강조하기 위해 S형 조건화라 부른다. 조작적 행동을 포함한 조건화는 반응(response)의 중요성을 강조하기 위해 R형 조건화라 불린다. R형 조건화는 조작적 조건화(operant conditioning)라고도 불린다.

R형 조건화에서는 조건화의 강도는 반응률(response rate)로 나타난다. 이와 달리 S형 조건화에서는 조건화의 강도는 대개 조건화된 반응의 크기(magnitude)에 따라 결정된다. 여기서 우리는 스키너의 R형 조건화는 손다이크(Thorndike)의 도구적 조건화와 매우 유사하고, S형 조건화는 파블로프(Pavlov)의 고전적 조건화와 동일하다는 것을 알 수 있다. 스키너는 대부분 R형 조건화, 즉 조작적 조건화에 관심을 두고 연구를 진행했다.

강화

R형 조건화와 관련된 두 가지 일반 원리가 있다. ① 강화 자극에 이어지는 반응은 어떤 것이든 반복되는 경향이 있다. ② 강화 자극은 조작적 반응이 나타나는 비율을 높인다. 또는 앞에서 살펴보았듯이 강화인은 반응의 발생 가능성을 높이는 것이라 말할 수도 있다.

스키너(1953)는 효과적인 강화인이 될 수 있는 것을 발견하는 데 필요한 규칙에 대해서 언급한 적은 없다. 다만 그는 어떤 것이 강화인인지 아닌지는 행동에 끼치는 영향력만으로 확인할 수 있다고 생각했다.

일상, 치료실, 실험실에서 사람들을 만날 때, 우리는 강화 과정에 관심을 가질 필요가 있다. 우리는 우리 자신의 행동이 동일한 사건에 의해 어느 정도로 강화되는지를 알아보는 것으로 시작한다. 그러나 이런 시도는 자주 실패로 끝난다. 왜냐하면 여전히 강화인이 특정한 유기체에 미친 영향과 별도로 확인할 수 있으리라 생각하기 때문이다. 그러나 강화라는 단어가 뜻하듯, 강화한다는 특성 그 자체가 강화 자극을 정의하는 유일한 특성이다(p. 72).

조작적 조건화에서는 행동과 그 결과가 강조된다. 조작적 조건화가 되면 유기체는 강화 자극이 만들어 낸 대로 반응해야만 한다. 유관 강화(contingent reinforcement)는 그 한 예이다. 강화인이 유기체와 유관적일수록(의존적일수록) 특정 반응이 방출된다. 유관 강화에 대해서는 미신적 행동에 대해 논의할 때 더 자세히 논의할 것이다.

조작적 조건화의 원리는 다양한 상황에 적용될 수 있다. 행동을 수정하기 위해서는 기대된 행동이 나타나기를 기다렸다가 즉시 강화를 하면 된다. 이것이 잘 된다면, 기대된 반응의 발생은 증가한다. 다음에 행동이 또 발생할 때 강화를 하면, 발생 비율은 더 증가할 것이다. 명시적으로 수행이 가능한 어떤 행동이라도 이런 식으로 조작할 수 있다.

같은 원리를 성격 발달에도 적용할 수 있다. 스키너에 따르면 우리는 강화의 산물이다. 우리의 성격은 강화의 역사를 종합한 지속적인 행동 패턴에 지나지 않는다. 예를 들어 우리가 영어를 말할 수 있는 것도 어릴 때 집에서 영어와 비슷한 소리를 냈을 때 강화를 받았기 때문이다. 만약 우리가 일본이나 러시아에서 자랐다면, 우리는 일본이나 러시아어를 배웠을 것이다. 왜냐하면 일본이나 러시아어와 비슷한 소리를 냈을 때 주목받고 어떤 식으로 강화를 받았을 것이기 때문이다. 스키너(1971)는 다음과 같이 말한다.

순수한 환경결정론의 증거는 많다. 다른 공간에 있을 때 사람들은 완전히 다르다. 외몽골에 사는 기마 유목민과 외계에 있는 우주비행사는 완전히 다른 사람이다. 그러나 우리가 아는 한 만약 그들이 바뀌어 태어났다면, 그들이 현재 있는 곳 또한 서로 바뀌었을 것이다. ('장소를 바꾼대[change place]'는 표현은 우리가 사람의 행동과 그 행동이 일어나는 환경을 얼마나 동일시하는지를 보여 준다.) 그러나 이런 사실이 유용하기 위해서 우리는 훨씬 더 많은 것에 대해 탐구할 필요가 있다. 호텐토트족을 만들어 내는 환경은 무엇인가? 호텐토트족을 영국 보수주의자로 바꾸기 위해서 필요한 것은 무엇인가?(p. 185)

스키너는 문화(culture)를 유관 강화의 집합으로 정의했다. 위 인용문에서의 질문에 대한 스키너의 답은 유관 강화의 특수한 집합이 호텐토트족을 만들고, 또 다른 집합이 영국 보수주의자를 만든다는 것이었다. 다른 문화는 다른 행동 패턴을 강화한다. 적절한 행동공학이 발달하기 위해서는 이 사실이 명확히 이해되어야만 했다. 스키너(1971)는 다음과 같이 기술했다.

환경의 중요성은 명백하지만, 그 역할은 여전히 모호하다. 환경은 밀거나 당기지 않는다. 환경은 선택하는 기능을 한다. 이 기능을 발견하거나 분석하는 것은 어렵다. 진화 과정에서 자연선택의 역할이 알려진 것은 고작 100년이 좀 넘었을 뿐이다. 개인의 행동을 조성하고 유지하는 데 환경의 선택이 어떤 역할을 하는지는 이제 막 알려지고 탐구되기 시작했다. 유기체와 환경 사이의 상호작용에 대해 이해하면서, 마음의 상태, 감정 그리고 특질 때문이라 여겨졌던 것들이 이제 접근 가능하게 되었고, 그럼으로써 행동공학을 사용할 수 있게 되었다. 그러나 전통적인 과학 이전의 관점을 대체하지 않고서, 또 이런 관점이 매우 견고한 상태에서는 우리의 문제를 해결할 수 없다(p. 25).

행동의 원인을 이해하고, 이를 바탕으로 행동을 예측·통제하려는 스키너에게 조작적 조건화와 자연선택 사이의 유사성은 중요한 것이었다. 린젠(1999)은 다음과 같이 기술한다.

전통적으로 목적 지향적이고 의도적이라 여겨진 행동을 만들어 내는 과정이 오히려 결과에 따라 선택된 것이라는 것을 드러내는 것이 그의 주된 연구 주제였다. 이 모델은 조작적 조건화(강화 유관)와 자연선택(생존 유관) 사이의 비유에서 드러난다……. 그는 설계자 없이 설계가 이루어질 수 있다는 것을 알게 된 것처럼 마음 없이 지능(그리고 목적)이 드러날 수 있다는 사실을 배우는 중이라고 말했다(p. 168).

만약 강화를 통제한다면, 행동 또한 통제할 수 있다. 그러나 이것을 부정적인 것이라 보아서는 안 된다. 인식하든 못하든 우리 행동은 끊임없이 강화에 의해 영향을 받고 있기 때문이다. 행동이 통제받고 있는지 여부는 중요한 문제가 아니다. 누가, 무엇이 통제하고 있는지가 더 중요하다. 예를 들어, 부모는 특정 행동을 강화함으로써 아동의 성격 형성에 영향을 끼칠 수 있다. 또는 TV, 친구, 학교, 책, 보모가 강화를 제공하도록 함으로써 사회가 아이들에게 영향을 끼치도록 할 수도 있다. 아이들의 삶에 영향을 준다는 것은 어려운 일이지만, 그러길 바라는 부모들은 다음 단계를 따름으로써 그렇게 할 수 있다(Hergenhahn, 1972, pp. 152-153).

① 당신의 자녀가 성인이 되었을 때 어떤 성격 특성을 가지기를 바라는지 결심하라. 예를 들어 창의적인 사람이 되었으면 좋겠다고 하자.
② 이 목표를 행동적 단어로 정의하라. 창의적인 사람의 경우 아이의 어떤 행동이 '창의적'인가?
③ 이 목표와 일치하는 행동에 대해 보상을 하라. 창의적인 사람의 경우, 창의적인 행동을 보일 경우 보상을 준다.
④ 아이의 환경 중 중요한 것들을 잘 조정해서 일관성을 유지하라. 그러면 아이의 환경 또한 당신이 중요하다고 생각하는 행동에 대해 똑같이 보상할 것이다.

스키너(1951)는 이런 원리에 대한 지식이 없다면, 교사나 부모가 이를 쉽게 오용할 수 있다는 것을 깨달았다. 시끄러운 교실이 조용해지기를 바라는 교사를 상상해 보자. 교사는 말을 하고 싶으면 소리 지르는 대신 손을 들어야 한다고 가르치는 중이다. 몇몇 아이가 손을 들 때, 몇몇 아이는 "나를 시켜 주세요."라고 소리를 지르며 애원한다. 이때 교사는 가장 큰 소리로 애원하는 학생에게 주의를 줌으로써 시끄러운 행동을 강화하게 된다. 그래서 다음번에 학생들은 더 크게 소리를 지를 것이다. 그리고 그 교사는 또 목소리기 기장 큰 학생을 지목할 것이고, 원래 목표했던 것과는 정반대가 되어 버린다. 만약 그 교사가 자신의 잘못을 깨닫지 못하고 또 조용한 학생들을 지목하지 않는다면 교실은 더욱 무질서해질 것이다.

스키너에 따르면, 살아 있는 유기체는 환경에 의해 끊임없이 조건화된다. 학습의 원리를 아이들을 변덕스럽게 만드는 데 활용할 수도 있고, 또는 체계적으로 적용함으로써 그들의 발달에 긍정적인 영향을 끼칠 수도 있다.

스키너 상자

초기 스키너 동물 연구의 대부분은 조그만 통에서 이루어졌다. 지금은 이 통을 스키너 상자(Skinner box)라 부른다. 이것은 손다이크가 사용한 문제 상자의 후예라 할 수 있다. 스키너 상자는 격자무늬 바닥, 빛, 지렛대 그리고 먹이통으로 이루어졌으며, 동물이 지렛대를 누르면

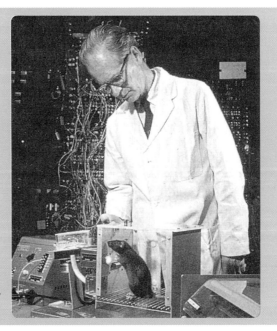

그림 5-1 ▶
전형적인 스키너 상자

먹이 장치가 활성화되고 작은 먹이가 먹이통에 떨어지도록 되어 있었다. 전형적인 스키너 상자는 [그림 5-1]에 제시되어 있다.

누가 기록

스키너는 스키너 상자에서 동물의 행동을 추적하기 위해 누가 기록(cumulative recording)을 사용하였다. 누가 기록은 학습 실험에서 데이터를 표시하는 데 사용되는 다른 방법과는 매우 다르다. 시간은 x축에 기록되며, 총 반응 횟수는 y축에 기록된다. 누가 기록은 절대로 내려가는 법이 없다. 누가 기록 선은 올라가거나 x축과 평행한 상태로 유지된다. 우리가 동물이 얼마나 자주 지렛대를 누르는지에 대해 관심이 있다고 하자. 누가 기록이 x축과 평행하게 나타난다면, 이는 아무 반응이 없다는 것을 뜻한다. 즉, 동물은 지렛대를 누르지 않았다. 동물이 지렛대를 누르는 반응을 보이면, 누가 기록 선은 한 단위 올라가고, 다음 반응이 있을 때까지 계속 유지될 것이다. 만약 동물이 매우 빠른 반응을 보이면, 누가 기록 선은 매우 급격히 상승한다. 선의 상승률은 반응률을 뜻한다. 매우 가파른 누가 기록 선은 매우 빠른 반응을 뜻하며, x축에 평행한 선은 반응 없음을 뜻한다. 동물들의 총 반응 횟수를 알고 싶다면, x축과 선 사이의 거리를 살펴보면 된다. 이 거리는 쉽게 총 반응 횟수로 전환시킬 수 있다. 누가 기록의 예시는 [그림 5-2]에서 확인할 수 있다.

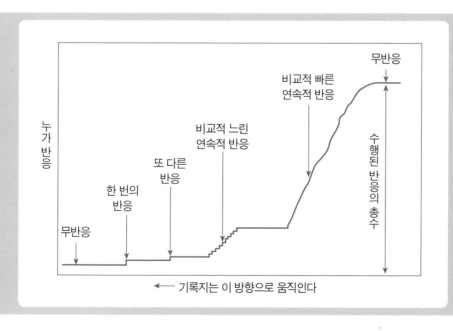

◀그림 5-2
누가 기록. 선이 가파를수록 반응률이 더 빠르다는 사실에 주목하라. 기저선과 평행한 선은 아무 반응이 없다는 것을 뜻한다.

지렛대 누름 반응의 조건화

일반적으로 지렛대 누름 반응의 조건화는 다음 단계를 따른다.

1. 박탈 실험동물이 박탈(deprivation) 계획을 따르도록 한다. 만약 먹이가 강화인으로 사용된다면, 동물은 실험 전 며칠 동안 23시간 정도 먹이를 먹지 못하도록 한다. 또는 평소 체중의 80%가 되게끔 유지시킨다. 물이 강화인으로 사용된다면, 실험 전 며칠 동안 23시간 정도 물을 섭취하지 못한다. (스키너 상자 중에는 작은 먹이를 주도록 고안된 것도 있고, 물을 주도록 고안된 것도 있다.) 스키너는 이 절차가 동물을 '동기화' 한다고 말하지는 않았다. 심지어 그는 이 절차가 동물이 욕구를 느끼는 상태를 만든다는 말도 주저할 정도였다. 박탈은 단순히 유기체가 특정 과업을 어떻게 수행하는지와 관련된 절차였다. 더 이상의 말은 필요 없었다.

2. 배식훈련 며칠 동안 박탈 계획을 따르도록 한 후, 동물은 스키너 상자에 놓인다. 배식훈련(magazine training)에서 실험 진행자는 외부 스위치를 사용하고, 천천히 배식 장치를 작동시킨다. 이를 통해 실험 진행자가 외부 스위치를 건드릴 때는 먹이통 주변에 있어서는 안 된다는 것을 알게 된다(그렇지 않으면 동물은 먹이통 주변에 머물러 있는다). 배식 장치가 외부 스위치에 의해 활성화되면, 먹이가 먹이통으로 떨어지기 전에 꽤 큰 딸깍 소리가 난다. 점차적으로 동물은 배식기의 딸깍 소리와 먹이를 연합하기 시작한다. 딸깍 소리는 일차 강화인인 먹이와 연합되어 이차 강화인이 된다. (이에 대해서는 뒤에서 더 자세히 살펴볼 것이다.) 딸깍 소리는 동물에게 먹이통으로 가면 강화받을 수 있다는 단서 또는 신호로 작용한다.

3. 지렛대 누름 이제 동물을 스키너 상자에서 혼자 활동하도록 남겨 둘 수 있다. 마침내 동물이 지렛대를 누르면 배식 장치가 작동되고, 딸깍 소리가 난다. 이는 동물들에게 먹이통으로 가면 먹이로 강화받을 수 있다는 신호로 기능한다. 조작적 조건화의 원리에 따라, 지렛대 누름 반응은 점차 강화되어 반복되게 된다. 이것이 반복되면 강화 또한 반복되며, 이는 지렛대 누름이 반복될 가능성을 증가킨다. 배식훈련 후에 스키너 상자에 있는 동물의 전형적인 누가 기록은 [그림 5-3]과 같다.

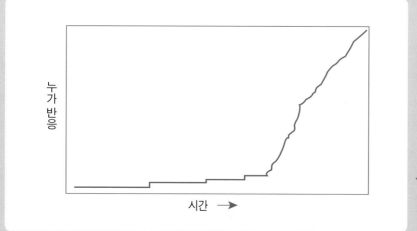

◀ 그림 5-3
지렛대 누름 반응을
획득한 경우에 나타나는
전형적인 누가 기록

조성

우리가 묘사한 조작적 조건화의 과정에는 꽤 많은 시간이 걸린다. 앞서 언급했듯이 지렛대 누름 반응을 훈련시키는 한 가지 방법은 박탈시킨 동물을 스키너 상자에 그냥 가만히 두는 것이다. 실험 진행자는 단지 누가 기록을 지속적으로 살펴보면서, 반응을 학습했는지 여부만 확인하면 된다. 이 조건하에서 동물은 학습하거나 죽거나 둘 중 하나를 해야만 한다.

조작적 조건화에 대한 다른 접근은 조성(shaping)이다. 조성은 앞서 언급한 만큼 오랜 시간을 필요로 하지 않는다. 앞서와 똑같이 동물이 박탈 계획을 따르도록 한 후 배식훈련을 시키고, 실험 진행자가 배식 장치를 외부에서 조정한다. 그러나 이때 실험 진행자는 동물이 스키너 상자의 절반쯤에 위치할 때 배식 장치를 작동시킨다. 동물이 지렛대 근처에 있는 것을 강화시키면 그 근처에 머물게 된다. 이제 동물이 지렛대 인근에 있으면, 실험 진행자는 지렛대 근처에 좀 더 가까이 갔을 때에만 강화인을 제공한다. 다음으로는 지렛대를 건드릴 때에만 강화하고, 마지막으로는 지렛대를 스스로 누를 때에만 강화한다.

이 과정은 아동 놀이인 '뜨겁다, 차갑다 놀이(You're Hot, You're Cold)'와 유사하다. 이 놀이를 할 때, 한 아이가 뭔가를 숨기면 다른 아이들이 그것을 찾는다. 다른 아이들이 숨긴 물건에 가까워질 때, 그 물건을 숨긴 아이는 "점점 따뜻해지고 있어, 점점 따뜻해지고 있어, 불이 붙었어, 불이 붙었어."라고 외친다. 숨긴 물건으로부터 멀어질 경우에는 "점점 추워지고 있어. 점점 추워지고 있어. 너무 추워. 얼어붙었어."라고 외친다.

조성은 두 가지 요소를 가지고 있다. 첫째, 차별적 강화(differential reinforcement)는 어떤 반응은 강화되지만 다른 반응은 그렇지 않다는 것이다. 둘째, 연속적 접근법(successive approximation)은 실험 진행자가 원하는 반응에 근접할수록 강화를 받는다는 뜻이다. 우리 예에서는 지렛대 누름 반응에 연속적으로 접근한 반응만이 차별적으로 강화받았다.

최근 특정 환경하에서는 환경 내 사건들과 동물 사이에 이미 존재하거나 혹은 우연한 유관들의 경우 자동적으로 행동을 조성한다는 것이 밝혀졌다. 이 현상은 자동조성(autoshaping)이라 불리며, 15장에서 논의될 것이다.

소거

고전적 조건화와 마찬가지로, 조작적 조건화 상황에서 강화인을 제거할 때는 소거(extinction)를 거쳐야 한다. 동물은 지렛대를 누를 때마다 먹이를 얻는다. 이런 조건에서 동물은 지렛대를 누르는 것을 학습하며, 이 행동은 배가 부를 때까지 계속 된다. 만약 배식 장치가 갑자기 작동을 하지 않고, 지렛대를 눌러도 먹이가 나오지 않는다면, 누가 반응은 약간 경사지게 되며, 마침내 x축에 평행해진다. 즉, 지렛대 누름 반응이 더 이상 나타나지 않는다. 이때 우리는 소거가 일어났다고 한다.

소거 후에 반응이 더 이상 나타나지 않는다는 표현은 부정확하다. 소거 후에 반응률이 강화가 시작되기 이전으로 돌아간다고 말하는 것이 더 정확한 표현이다. 반응의 조작 수준(operant level)이라고도 불리는 이 기저선은 아무런 강화 없이 동물이 자연스럽게 나타내는 반응의 빈도를 말한다. 소거처럼 실험에서 강화를 없애면 동물의 반응은 조작 수준으로 되돌아가는 경향이 있다.

자발적 회복

소거 후에 일정 시간 우리에 가둔 후 다시 실험 상황으로 동물을 데려오면, 동물은 어떤 추가적인 훈련 없이도 짧은 시간 동안 다시 지렛대를 누르기 시작한다. 이를 자발적 회복(spontaneous recovery)이라 부른다. 소거와 자발적 회복 때 나타나는 누가 기록은 [그림 5-4]에서 확인할 수 있다.

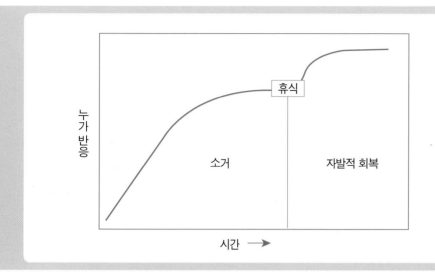

◀그림 5-4
지렛대 누름 반응의
소거와 자발적
회복을 보여 주는
누가 기록

미신적 행동

조작적 조건화에 대한 논의에서 우리는 유관 강화에 대해 언급했다. 지렛대 누름 반응에 따르는 강화가 유관 강화의 예이다. 그 이유는 강화인이 반응에 의존적이기 때문이다. 만약 동물의 행동과 관계없이 배식 장치가 적절한 시간에 작동하도록 상황을 만든다면 어떻게 될까? 다시 말해, 동물이 무엇을 하는지와 상관없이 배식 장치가 먹이를 제공하는 상황을 상상해 보자.

조작적 조건화의 원리에 따라 배식 장치가 작동할 때 동물이 한 행동은 무엇이든 강화될 것이며, 동물은 그 강화된 행동을 반복하게 될 것이다. 이 상황에서 강화인이 동물의 행동과 관련이 없기 때문에, 이는 비유관 강화(noncontingent reinforcement)라 할 수 있다. 이에 따라 동물은 이상하고 의례적인 반응을 계속 보인다. 머리를 까닥거리거나, 원을 돌거나, 뒷발로 서는 등의 행동이든 간에 배식 장치가 작동한 순간에 한 행동을 계속 한다. 동물이 이 행동이 먹이가 나온 원인인 것처럼 행동한다는 점에서 이 의례적인 행동은 미신적이다.

인간의 미신적 행동(superstitious behavior)의 수많은 실례를 쉽게 떠올릴 수 있다. 예를 들어, 팀 스포츠에서는 이러한 미신적 행동을 흔히 볼 수 있다. 홈 플레이트 앞에서 몇 걸음 걸은 후에 모자를 특정 방식으로 고쳐 쓰고는 홈런을 친 야구 선수를 생각해 보라. 이 선수는 다음번에도 같은 방식으로 모자를 고쳐 쓰려고 할 것이다.

변별 조작

스키너 상자에 대한 이야기로 돌아가 그때 언급했던 불빛에 대해 논의해 보자. 동물들이 지렛대를 누르도록 조건화한 후에 우리는 상황을 더 복잡하게 만들 수 있다. 우리는 불빛이 들어오는 상황에서는 먹이 덩어리를 받지만, 불빛이 꺼진 상황에서는 받지 못하도록 상황을 바꿀 수 있다. 이 조건에서 우리는 불을 S^D, 또는 변별 자극(discriminative stimulus)이라 부를 수 있다. 불빛이 켜진 상황은 S^D 조건으로, 불빛이 꺼진 상황은 S^d 조건이라 정의하자. 이런 상황에서 동물은 불빛이 켜질 때 지렛대를 누르고, 불빛이 꺼질 때는 누르지 않는 것을 학습한다. 그러므로 불빛은 지렛대 누름 반응을 위한 신호(단서)가 된다. 우리는 변별 조작(discriminative operant)을 개발했다. 변별 조작이란 특정 환경에서는 조작적 반응이 나타나지만, 다른 환경에서는 그렇지 않도록 하는 것이다. 이는 기호로 $S^D \rightarrow R \rightarrow S^R$와 같이 나타낼 수 있다. 여기서 R은 조작적 반응, S^R은 강화 자극을 뜻한다.

변별 조작의 개념은 조작적 조건화에서 어떤 자극-반응 관계에 더 관심을 둘 것인지와 관련된 더 세밀한 접근을 가능하게 한다. 손다이크의 경우 일반적인 환경적 상황과 문제 해결에 있어 반응의 효과성 간의 연합이 주 관심이었다. 스키너의 경우 관심사 간의 관계는 다음과 같이 도식화할 수 있다.

변별 자극(S^D) → 조작적 반응(R) → 강화 자극(S^R)

관심사의 연합

변별 조작과 반응 조건화 사이에 다소 유사한 점도 있다. 반응 조건화가 알려진 자극에 의해 일어난다는 점을 상기하라. 행동은 자극과의 연합 때문에 발생한다. 우리가 살펴보았듯, 그런 행동은 행동 결과의 통제를 따르지 않는다. 변별 조작의 경우 불빛은 특정 반응과 연결된 신호가 되었다. 이 특정 반응은 강화에 따른 결과로 유기체가 학습한 것이다.

조작적 행동은 유도된 행동이다. 그러나 스키너(1953)는 다음과 같이 말한다.

대부분의 조작적 행동은…… 주변 환경과의 중요한 연결을 획득하는 것이다. 우리는 불빛이 켜질 때와 꺼질 때를 구분하고, 불빛이 켜질 때만 목을 내밀도록 강화시킨 비둘기 실험을 통해 이를 보여 줄 수 있다. 마침내 비둘기는 불빛이 켜질 때만 목을 내밀게 된다. 이 자극-반응 연결을 불빛이 나타나면 머리를 재빨리 든다는 식으로 조건화 또는 무조건화된 반사와 비슷한 것으로도 설명할 수 있다. 그러나 이 연결은 이와는 기본적으로 다르다. 이 연결은 다른 역사와 특징을 가지고 있다. 우리는 자극(불빛)이 반응(목 내밀기)의 원인이라 할 수 있으며, 이는 강화(먹이)로 이어진다고 그 유관을 설명할 수 있다. 우리는 세 단어를 구분해야만 한다. 마침내 불빛이 켜지면 반응이 일어나게 되며, 이를 변별 과정이라 말한다. 이론적 분석에 있어서 또 실제적 행동 통제에 있어서 변별 과정의 중요성은 명백하다. 변별이 일어나면, 우리는 변별 자극을 제시하거나 제거함으로써 즉각적으로 반응의 가능성을 바꿀 수 있다(pp. 107-108).

그러므로 변별적 조건화에는 반응을 이끌어 내고 강화로 이끌어 주는 신호가 포함되어 있다. 일상에서 변별적 조건화의 예는 수없이 많다. 사업 거래를 위해서(S^R) 당신은 하루의 특정한 시간(S^D)에 특정한 장소(R)에 있어야 한다. 거리에서 운전할 때 붉은 신호등(S^D)을 보면 멈춰야 한다(R). 이는 사고를 피하게 해 준다(S^R). 당신이 마주치고 싶지 않은 사람과 볼 것 같으면(S^D), 당신은 가던 방향을 바꾸고(R), 이는 그 사람을 피하는 데 도움이 된다(S^R).

이차적 강화

일차적 강화인(예: 먹이, 물)과 짝지어진 어떤 중립적 자극이라도 그 자체로 강화인으로서의 특징을 가지고 있다. 이를 이차적 강화(secondary reinforcement)의 원리라고 한다. 일차적 강화인에 선행하는 모든 S^D는 이차적 강화물이 된다.

이전 중성 자극의 강화 속성은 스키너 상자에서 동물이 먹이를 얻기 위해 지렛대를 누르기 전에 불빛이 들어오는 것으로 설명할 수 있다. 이차적 강화의 원리에 따라 불빛과 먹이가 짝지어졌을 때 불빛이 강화인의 특성을 가지도록 만든다. 이 개념을 검증하는 한 방법은 지렛대를 눌렀지만 빛도 먹이도 제공되지 않는 경우에 지렛대 누름 반응을 알아보는 것이다. 반응률이 조작 수준으로 떨어질 때, 지렛대를 누르면 불이 켜지지만 먹이는 제공되지 않는다. 이때 반응률은 올라간다. 불빛만으로 반응률을 증가시키며 소거를 늦추기 때문에, 불빛이 훈련 기간에 먹이와의 결합을 통해 이차적 강화인의 특성을 가지게 되었다고 할 수 있다. 일차적 강화인과 연합되지 않은 불빛은 소거 기간 동안에 유사한 효과를 얻지 못할 것이다.

지렛대 누름 반응을 유지시키는 것뿐만 아니라, 불빛은 다른 반응을 조건화하는 데도 사용될 수 있다. 이전의 중립 자극이 일차적 강화와의 연합을 통해 강화인적인 특성을 가지게 되면, 이는 다양한 반응을 강화하는 데 사용될 수 있다.

켈러와 쇤펠드(Keller & Schoenfeld, 1950, p. 260)는 이차적 강화에 대한 훌륭한 요약을 남겼다.

① 강화를 유발하거나 강화와 동반되는 자극은 그 자체로 강화적인 가치를 가진다. 이를 조건화된, 이차적인, 유발된 강화라고 부를 수 있다. 이차적 강화는 일차적 강화 없이 지속적으로 반응들을 유발하도록 할 경우 사라지게 된다.

② 이차적 강화는 관련된 강화가 긍정적일 경우 긍정적이고, 관련된 강화가 부정적일 경우 부정적이다.

③ 일단 형성되고 나면, 이차적 강화는 독립적이고 일반적이다. 원래 강화가 만들어 내는 반응을 똑같이 만들어 낼 뿐만 아니라 새롭고 관련 없는 반응도 조건화할 수 있다. 다른 동기를 따를 때조차 그렇다.

④ 일반화를 통해 강화와 관련 있는 자극 이외에 다른 많은 자극도 강화인적인 가치(긍정적, 부정적 가치)를 지니게 된다.

일반화된 강화인

일반화된 강화인(generalized reinforcers)은 하나 이상의 일차적 강화인과 짝지어진 이차적 강화인이다. 돈은 많은 강화인과 관련을 맺는다는 점에서 일반화된 강화인이다. 일반화된 강화인의 가장 큰 이점은 특정 조건이나 결핍과 관계없이 효과적이라는 점이다. 예를 들어, 먹이의 경우 유기체에게 먹이가 결핍되었을 경우에만 강화를 제공할 수 있다. 그러나 돈은 먹이가 결핍되었는지 여부와 관계없이 항상 강화인으로 사용될 수 있다. 또한 강화를 제공한 활동은 그 자체가 강화적인 것이 된다. 스키너(1953)는 다음과 같이 말한다.

일반화된 강화인은 일차적 강화인이 동반되지 않더라도 효과적이다. 우리는 게임 그 자체를 위해서 게임을 한다. 우리는 그 자체의 목적을 위해 주목과 인정을 받고자 한다. 애정을 위해 꼭 외적인 성적 강화가 있어야 하는 것은 아니다. 타인의 복종은 우리에게 전혀 유익하지 않더라도 충분히 강화적이다. 구두쇠는 돈에 의해 강화를 받기 때문에 굶어죽더라도 돈을 포기하지는 않을 것이다(p. 81).

스키너의 이 언급은 고든 올포트(Gordon Allport)의 기능적 자율성(functional autonomy) 개념과 유사하다. 올포트(1961)는 과거에 강화를 받기 위해 했던 일이 나중에는 활동 그 자체가 강화된다고 말한다. 다시 말해, 원래 강화인에 의존적이었던 활동은 나중에 독립적인 것이 된다. 예를 들어, 처음에는 생계를 위해 해군에 지원했던 사람이 나중에는 바다를 항해하는 것 자체가 즐겁기 때문에 계속 항해를 하게 될 수 있다. 그래서 그는 더 이상 돈을 벌 수 없더라도 항해를 계속한다. 이 경우에 항해는 기능적 자율성을 가졌다고 말할 수 있다. 즉, 최초의 동기가 사라지더라도 활동은 계속될 수 있다. 스키너는 이런 활동은 마침내 일차적 강화가 되거나 소거될 것이라고 말한다. 그러나 올포트는 활동 자체가 더 이상 일차적 강화에 의존하지 않는다고 말할 것이다.

연쇄

한 반응은 유기체가 다른 반응을 유발하는 변별 자극(S^D)의 역할을 하는 자극과 접촉하도록 할 수 있다. 이는 세 번째 반응을 유발하는 자극과의 접촉을 또 만들 수 있으며, 이 과정은 계속될 수 있다. 이 과정을 연쇄(chaining)라 부른다. 사실 모든 행동은 연쇄의 형식으로 나타낼 수 있다. 예컨대, 심지어 스키너 상자에서 지렛대 누름 반응도 홀로 동떨어진 반응이 아니다. 스키너 상자 안의 자극은 변별 자극(S^D)으로서 기능하며, 동물이 지렛대로 향하도록 한다. 지렛대의 모습은 동물이 다가가 누르도록 만든다. 배식 장치의 가동은 먹이통으로 가게 하는 추가적인 변별 자극으로 기능한다. 먹이 덩어리를 먹는 것은 지렛대로 돌아가 다시 누르게 하는 변별 자극(S^D)으로 기능한다. 이 사건의 연쇄는 일차적 강화인인 먹이와 관련되어 일어난다. 다양한 행동 연쇄가 이차적 강화인과 관련되어 일어날 수도 있지만, 전체적인 연쇄 과정은 일차적 강화인에 의존적이다.

스키너의 관점에서 연쇄가 일어나는 과정을 설명하기 위해서는 이차적 강화와 연합적 이동(associative shifting)의 개념을 활용해야만 한다. 일차적 강화와의 연합 때문에, 먹이를 받기 전의 사건은 이차적 강화인적인 특징을 가지게 된다. 따라서 지렛대의 모습은 이차적 강화인이 되며, 지렛대를 보는 것을 강화시킨다. 이제 연합적 이동 과정(또는 7장에서 논의할 고차적 조건화)을 통해 지렛대와 멀리 떨어진 다른 자극들도 강화인적인 특성을 가지게 된다. 그러므로 꽤 많은 훈련을 받은 후에 동물을 스키너 상자에 두면, 처음 직면한 자극이 변별 자극처럼 기능하게 되고, 이는 지렛대를 향하도록 만든다. 이때 지렛대의 모습은 강화인이자 변별 자극으로서 기능하며, 연쇄의 다음 반응을 만들어 낸다. 이 과정은 [그림 5-5]에 나타나 있다.

S^D	→	R	→	S^D S^R	→	R	→	S^D S^R	→	R	→	S^R
실험 상자 안에서의 일반적 자극		지렛대 향하기		지렛대를 보는 것이 지렛대로 향하는 반응을 강화시키고, 다음 행동에 대한 단서로 기능		지렛대로 접근		지렛대 접촉이 지렛대 누름 반응으로 향하도록 하고, 단서로서 기능		지렛대 누름		먹이

그림 5-5 ▶
연속적 행동의 예

　　연쇄적인 반응이 만들어지는 것은 항상 일차적 강화인으로부터 거꾸로 간다는 것을 잘 기억하라. 점차 관련된 자극들이 강화인적인 특성을 더 많이 가지게 될수록 연쇄는 확장된다. 예를 들어, 가능하다면 연쇄는 동물의 우리에서부터 출발할 수도 있다.

　　연쇄적인 반응은 두 사람 사이에서도 일어날 수 있다. 예를 들어, 아는 사람을 만날 때 '안녕'이라는 말은 변별 자극이 된다. '안녕'이라는 말은 그 말을 들은 사람이 "안녕."이라고 말하도록 만든다. 상대의 '안녕'이란 말은 나의 '안녕'이란 말의 강화인이지만, 동시에 당신이 "잘 지냈니?"라고 말하도록 만드는 변별 자극이다. 이 두 사람의 연쇄는 다음과 같이 도식화할 수 있다.

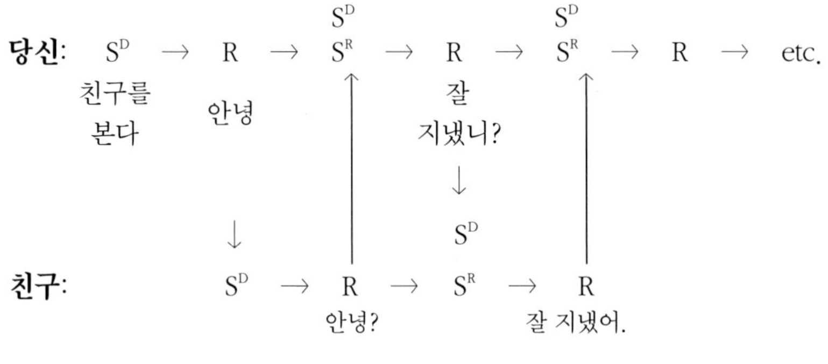

당신: S^D → R → S^R → R → S^R → R → etc.
친구를 본다　　　안녕　　　　잘 지냈니?

친구: S^D → R → S^R → R
안녕?　　　　잘 지냈어.

　　특정 반응의 결과는 다른 반응을 위한 단서로 기능할 뿐만 아니라 특정 생각은 다른 생각을 위한 변별 자극으로 기능할 수도 있다. 스키너(1953)는 다음과 같이 말한다.

　　한 반응은 다른 반응을 통제하는 몇몇 변수를 만들어 내거나 바꿀 수 있다. 그 결과는 '연쇄'이다. 연쇄는 그 조직이 없거나 거의 없을 수 있다. 산책을 할 때, 박물관이나 상점을 이리저리 돌아다닐 때, 우리 행동의 일부는 다른 것을 위한 조건화된 반응을 만들어 낸다. 우리는 한쪽을 쳐다보고, 우리 시선을 끄는 물체에 자극을 받아 그쪽으로 향한다. 이 운동의 과정 동안 빠르게 물러나도록 하는 혐오 자극을 받을 수도 있다. 일단 혐오 자극에서 자유로워지면, 우리는 만족감과 피로함을 느끼며 앉아서 쉬는 것 등을 한다. 연쇄는 공간 내에서 운동의 결과물만은 아니다. 예를 들어, 우리는 일상 대화에서 또는 자유연상에서 '우리의 생각을 말할' 때 언어적으로 움직이고 헤맨다(p. 224).

정적 · 부적 강화인

강화에 관한 스키너의 입장을 요약하기 위해서는 일차적 정적 강화부터 논의해야 한다. 일차적 정적 강화(primary positive reinforcement)는 생존과 관련된 먹이 또는 물처럼 유기체를 자연스럽게 강화시키는 것을 말한다. 일차적 정적 강화와 관련된 어떤 중립적인 자극이라도 이차적 정적 강화의 특성을 가질 수 있다. 일차적이든 이차적이든, 정적 강화는 특정 반응에 의해서 상황에 처할 수 있을 때 반응의 발생 가능성을 높이는 것을 말한다.

일차적 부적 강화(primary negative reinforcement)는 혐오스럽고 시끄러운 소리, 전기 자극처럼 유기체에게 해로운 것이다. 일차적 부적 강화와 관련된 어떤 중립적인 자극이라도 이차적 부적 강화의 특성을 가질 수 있다. 일차적이든 이차적이든, 부적 강화는 특정 반응에 의해서 상황으로부터 벗어날 수 있을 때 반응의 발생 가능성을 높이는 것을 말한다. 예를 들어, 지렛대를 누르면 혐오스러운 소음으로부터 벗어날 수 있도록 설계된 스키너 상자에서 지렛대 누름 반응은 학습될 것이다. 이 경우에 지렛대를 누름으로써 동물은 혐오 자극으로부터 벗어날 수 있다. 정적 강화는 반응이 유쾌하거나 바람직하기 때문에 정적이라 부르는 것이 아님을 기억해야 한다. 마찬가지로 부적 강화 또한 끔찍하고 유쾌하지 않은 결과물 때문에 부적이라 불리는 것이 아니다. 또한 부적 강화를 처벌과 혼동해서는 안 된다.

강화적인 것으로 알려진 두 종류가 있다. 몇몇 강화는 먹이, 물, 성적 접촉과 같이 자극을 제시하거나 무언가를 더하는 것이다. 이를 정적 강화인이라 부른다. 다른 하나는 시끄러운 소리, 지나치게 밝은 빛, 극한 추위, 더위, 전기 자극과 같은 것을 제거하는 것이다. 이를 부적 강화라 부른다. 두 경우 모두 강화의 결과는 반응을 증가시킨다는 점에서 동일하다. 부적인 경우에 지나치게 밝은 빛, 시끄러운 소리를 없애는 것이 강화되었다고 말해서는 안 된다. 효과적인 것이 있었다가 현재 없는 상태이기 때문에 자극이 사라졌다고 말하는 것이 맞다.

부적 강화인의 제시 또는 정적 강화인의 제거라는 말을 생각해 보면 둘 간의 차이점이 더 분명해질 것이다. 이것은 처벌이라고 불리는 것이다(p. 73).

처벌

처벌(punishment)은 반응이 상황에서 정적인 것을 제거하거나 부적인 것을 더하는 것을 말한다. 처벌은 유기체가 원하는 것을 빼앗아 가거나 원하지 않는 것을 주는 것이다. 각각의 경우에 반응의 발생 가능성은 일시적으로 줄어든다. 스키너와 손다이크는 처벌이 반응의 발생 가능성을 줄이지 않는다는 사실에 동의했다. 비록 처벌이 적용되는 동안에는 반응을 억제하지만, 그 습관을 약화시키지는 않는다. 스키너(1971)는 다음과 같이 말한다.

> 처벌은 불편하거나, 위험하거나, 원하지 않은 행동을 제거하기 위한 것이다. 여기에는 처벌받은 사람이 같은 방식으로 다시 행동하지 않으리라는 가정이 숨겨져 있다. 불행히도, 문제는 그렇게 간단하지 않다. 보상과 처벌은 만들고자 하는 변화의 방향에 있어서만 차이가 있는 것이 아니다. 성적인 행동 때문에 심한 처벌을 받은 아이는 그 행동을 덜 하는 것이 아니다. 폭력적인 행동 때문에 구속된 사람이 폭력을 덜 하게 되지는 않는다. 처벌받은 행동은 처벌적 유관이 사라지면 다시 나타나는 경향이 있다(pp. 61–62).

스키너의 이런 결론을 지지하는 대표적인 실험은 그의 학생인 에스테스(1944)가 수행하였다. 두 집단으로 나뉜 8마리 쥐가 스키너 상자에서 지렛대를 누르는 것을 훈련받았다. 훈련 후에 두 집단은 소거 절차를 거쳤다. 한 집단은 흔히 사용하는 방식으로 소거 절차를 거쳤다. 그들은 지렛대를 눌러도 먹이가 나오지 않았다. 두 번째 집단은 먹이를 받지 못할 뿐만 아니라 지렛대를 누를 때마다 전기 충격 또한 함께 받았다. 두 번째 집단의 쥐들은 평균 9번 전기 충격을 받았다. 세 번의 소거 절차가 있었고, 쥐들은 세 번의 절차 중 첫 번째 절차 때 전기 충격을 받았다. 두 번째, 세 번째 절차 때는 두 집단 모두 동일했다. 처벌을 받은 집단은 처벌을 받지 않은 집단에 비해 첫 번째 소거 절차 동안 반응을 덜 보였다. 두 번째 절차 때의 반응 수는 처벌을 받지 않은 집단이 다소 높았지만 모두 동일했다. 두 번의 절차 동안 수집된 데이터를 통해 볼 때, 처벌을 받은 집단이 소거까지 반응의 수가 더 적다는 이유로 처벌이 효과적이라고 주장할 수도 있다. 그러나 세 번째 소거 절차 때 이전에 처벌을 받았던 집단은 처벌을 받지 않은 집단에 비해 훨씬 더 많은 반응 수를 보였다. 즉, 장기적으로 원래 처벌받은 집단의 소거까

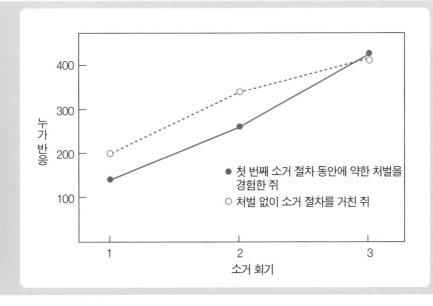

◀그림 5-6
처벌이 일시적으로만
반응률을 낮춘다는
것을 보여 주는
에스테스 실험의 결과
(W. K. Estes, An
experimental Study of
Punishment,
*Psychological
Monographs, 57,*
Whole No. 263, 1944, 5)

지 총 반응 수는 처벌을 받지 않은 집단과 거의 동일했다. 단순히 소거만 하는 것과 소거와 처벌을 더하는 것의 효과는 동일하다. 에스테스의 연구 결과는 [그림 5-6]에 나와 있다.

　처벌의 사용에 대한 스키너의 주된 주장은 처벌이 장기적으로 효과적이지 않다는 것이다. 처벌은 단순히 행동을 억제하기만 한다. 처벌의 위협이 사라지면, 행동이 발생할 가능성은 원래대로 돌아온다. 그러므로 비록 처벌이 효과적으로 보일 때도, 그 효과는 일시적이다. 처벌 사용을 반대하는 논거들은 다음과 같다.

① 처벌은 불쾌한 감정적 부산물을 만든다. 처벌을 받은 유기체는 두려워하게 되고, 이 공포는 처벌이 발생했을 때와 관련된 다양한 자극에 일반화된다.

② 처벌은 무엇을 하면 안 되는지만 알려 줄 뿐, 무엇을 해야 하는지에 대해서는 알려 주지 않는다. 강화와 비교했을 때, 처벌은 아무런 정보를 제공해 주지 않는다. 강화는 이 상황에서 무엇이 효과적인지를 알려 준다. 따라서 추가적인 학습이 필요하지 않다. 많은 경우 처벌은 이 상황에서 처벌받은 행동을 할 경우 강화를 받을 수 없다는 사실만 알려 준다. 따라서 효과적인 반응이 무엇인지 알기 위해서는 추가적인 학습이 필요하다.

③ 처벌은 타인에게 고통을 주는 것을 정당화한다. 당연히 이는 아동 양육에 있어 처벌을 사용하는 것에 반영된다. 아이들은 맞으면서 어떤 경우에는 다른 사람에게 고통을 주는 것이 정당화될 수 있다는 것을 학습하게 될 수 있다.

④ 이전에 처벌을 받던 행동이 더 이상 처벌받지 않은 상황에 놓이게 되면 아동은 그런 행동을 할 이유를 가지게 된다. 즉, 처벌하는 사람이 없으면 아이들은 욕을 하고, 창문을 깨고, 나이 든 사람에게 함부로 대하고, 자신보다 어린 친구들을 밀치는 등의 행동을 한다. 이런 아이들은 처벌을 받을 때에만 행동을 억제하도록 배웠다. 처벌하는 사람이 없다면 이런 일을 하지 않을 이유가 없는 것이다.

⑤ 처벌은 처벌을 가하는 사람 그리고 타인에 대한 공격성을 불러일으킨다. 처벌은 처벌을 받은 유기체를 공격적으로 만든다. 그리고 이 공격성은 또 다른 문제를 만들 수 있다. 예를 들어, 통제를 위한 주요 수단으로 체벌을 사용하는 형사기관이 처벌 또는 처벌에 대한 위협을 행동 통제의 수단으로 사용하려고 하는 한 사회는 매우 공격적인 사람들로 가득 찰 것이다.

⑥ 처벌은 바람직하지 않은 반응을 다른 바람직하지 않은 반응으로 대체하곤 한다. 예를 들어, 어지럽혔다는 이유로 처벌을 받은 아이는 대신 울게 된다. 물건을 훔친 것으로 처벌을 받은 사람은 더욱 공격적으로 변하고 기회가 있을 때 더 큰 범죄를 저지를지도 모른다.

시어스, 맥코비와 레빈(Sears, Maccoby, & Levin, 1957)은 강화와 처벌에 관심을 두고 태어나서부터 유치원 갈 나이까지의 뉴잉글랜드 지역 어머니들 379명의 양육 방식을 연구했다. 어머니들이 활용하는 처벌과 보상의 종류, 그리고 각 행동의 전반적인 빈도에 대해 어머니들에게 물었다. 비록 연구가 잘 통제되지 않았고, 강화와 처벌의 구체적인 예를 보여 주거나 기록하지는 않았지만, 연구자들은 여러 결론을 이끌어 낼 수 있었다. 이 중 가장 중요한 것은 강화와 처벌이 아동 양육에 있어 똑같이 효과적이지는 않다는 점이었다. 인터뷰 결과를 통해 어머니들의 양육 방식은 처벌적, 보상적이라는 범주로 각각 분류되었다. 처벌적인 경우 보상적인 경우보다 덜 효과적이었다. 처벌을 사용하는 것의 부정적인 효과는 행동에 있어 긍정적인 변화를 만드는 것과는 거리가 있었다.

연구자들은 그들의 증거가 '압도적'인 것으로 묘사한다. 침대에 오줌을 싸거나, 목욕탕에서 사고를 칠 때 처벌을 받은 아이들은 처벌을 받지 않은 아이들보다 더 자주 침대에 오줌을 쌌다. 아이가 너무 떨어져 있지 않으려 하고 의존적이라고 혼내는 어머니들의 아이들은 그런 행동을 더 자주 보였다. 공격적인 행동을 한다고 처벌을 받으면, 처벌받지 않은 아이들에 비해 더 많은 공격적인 행동을 했다. 흥미롭게도, 더 혹독하게 처벌을 받은 아이들은 위에 언급한 부정적인 행동을 더 심하게 보였다. 몇몇 아이에게는 심한 처벌이 섭식 문제와도 관련이 있었다.

스키너의 주장과 에스테스의 연구 결과와 동일하게, 이 연구자들 또한 처벌은 행동을 바꾸는 데 효과적이지 않다는 결론을 내린다. 그리고 아이를 키울 때 처벌을 사용하지 말 것을 추천한다.

비록 손바닥으로 치는 것과 같은 신체적 처벌이 미국에서는 여전히 자주 사용되지만, 다른 30개 국가는 신체적 처벌을 금지하는 법을 제정했다. 오늘날의 연구 또한 위에 인용된 연구를 지지한다. 처벌을 받은 아이들은 어린 시기에 행동 문제를 경험하는 경향이 높고(Mulvaney & Mebert, 2007), 우울증, 불안, 약물중독과 같은 정신적 문제를 겪기 쉽다(Gershoff, 2002; Gershoff & Bitensky, 2007). 그런데 왜 처벌이 이렇게 많이 사용되는가? 스키너는 이를 처벌이 처벌하는 사람을 강화하기 때문이라고 설명한다.

> 의심할 필요도 없이 심각한 처벌은 현재 하고 있는 행동을 감소시키는 데 즉각적인 효과가 있다. 이 결과가 처벌이 널리 사용되는 이유이다. 우리는 우리를 불쾌하게 만드는 사람을 '본능적으로' 공격한다. 물리적 공격의 형태가 아니더라도 비판, 부인, 비난, 조롱을 통해서 공격한다. 이런 행동을 하는 데 유전적인 영향이 있든 없든, 이 행동의 즉각적인 효과는 행동이 발생하는 이유를 설명하기에 충분하다. 그러나 장기적으로 처벌은 행동을 제거하지 못한다. 일시적인 성취는 집단의 전체적인 효율성과 행복을 감소시키는 것과 같은 엄청난 비용의 소모를 동반한다(p. 190).

스키너 자신이 아버지에게 처벌을 받은 적이 없다는 것은 흥미로운 사실이다. 그는 어머니에게 딱 한 번 욕을 했다는 이유로 비누로 입을 씻어 내는 벌을 받은 적이 있었다(Skinner, 1967, p. 390).

처벌에 대한 대안

스키너는 처벌에 대한 대안을 여러 가지 제시하였다. 바람직하지 않은 행동을 야기하는 환경이 바뀌면 행동도 바뀐다. 예를 들어 거실에 둔 아름다운 도자기를 다른 곳으로 옮기면, 아이들이 도자기를 깨는 문제를 없앨 수 있다. 성냥 켜기나 캔디를 먹는 것과 같은 바람직하지 않은 행동을 마음껏 하도록 해서 진력나게 하는 것도 한 방법이다(8장에 나오는 거스리[Guthrie]의 조언과 유사하다). 바람직하지 않은 행동이 아동의 발달 단계상의 문제라면 아동이 클 때까지 기다리기만 하면 된다. 이 접근에 대해 스키너(1953)는 다음과 같이 기술했다. "이렇게 될 때까지 기다리는 것이 쉬운 일은 아니다. 특히 평균적인 가정이라면 더욱 그렇다. 그러나 처벌을 하지 않고 사회적으로 바람직하지 않은 행동을 참고 잘 넘어감으로써 처벌로 인해 생기는 이후의 문제를 피하게 할 수 있다는 사실을 안다면 조금은 위안이 될 것이다."(p. 192)

또 다른 방법은 그저 시간이 지나가도록 두는 것이다. 그러나 이 접근은 너무 많은 시간이 걸린다. 습관은 쉽게 사라지지 않는다. 예를 들어, 앞서 언급한 '펠리컨 안의 비둘기' 프로젝트 때 스키너(1960)는 그가 '즉각적이고 정확하게' 과업을 수행하도록 훈련시킨 동물이 6년 후에도 계속 똑같다는 것을 발견했다. 처벌에 대한 다른 대안은 바람직하지 않은 행동과 양립할 수 없는 행동을 강화시키는 것이다. (예: 성냥이 있는 곳에서 성냥을 켜지 않고 독서를 할 경우 강화한다.) 바람직하지 않은 행동을 줄이는 가장 좋은 방법은 무시하는 것이다(Skinner, 1953).

> (처벌의) 가장 효과적인 대안적인 방법은 소거이다. 이 방법은 시간이 걸리지만, 반응을 잊도록 하는 것보다는 훨씬 더 빠르다. 이 방법은 상대적으로 반대할 만한 부작용이 적다. 예를 들어 그의 아동의 반대할 만한 행동에 대해 부모가 '관심을 두지 않는' 것을 제안한다. 만약 아동의 행동이 부모의 '대응 행동'에 의해 강화되었기 때문에 생긴 것이라면, 관심을 두지 않는다면 이 행동은 더 이상 나타나지 않을 것이다(p. 192).

일반적으로, 행동은 강화받기 때문에 지속된다. 이는 바람직한 행동이든, 바람직하지 않은 행동이든 동일하다. 반대할 만한 행동을 제거하기 위해서는 강화를 받을 만한 요소를 찾고 그것을 제거해야 한다. 강화로 이어지지 않는 행동은 사라질 것이다.

스키너와 손다이크의 비교

비록 스키너와 손다이크가 환경 내의 자극에 의한 행동의 통제, 처벌의 비효율성과 같은 많은 이슈에서 동일한 입장을 취하고 있지만, 둘 간에는 중요한 차이점 또한 존재한다. 예를 들어, 손다이크의 학습 실험에서 종속 변인(학습이 일어난 정도를 측정하는 것)은 문제 해결에 걸리는 시간(time to solution)이었다. 손다이크는 감금된 상태에서 벗어나기 위해서는 특정 과제를 수행하도록 하게 만든 후, 그 과제를 수행하는 데 얼마만큼의 시간이 걸리는지를 측정하였다. 반대로, 스키너는 종속 변인으로 반응률(rate of responding)을 사용하였다. 스키너의 조작적 조건화와 손다이크의 도구적 조건화 사이의 다른 차이점은 두 접근법이 꽤 분명하게 구분되며, 두 용어가 서로 교환 가능하게 사용될 수 없다는 데에 있다. 학습 이론의 역사에서 스키너의 조작적 조건화는 손다이크의 도구적 조건화와는 혁명적이라 할 만큼 차이가 크다.

도구적 조건화는 구체적인 시도를 발생시킨다. 연구에 활용되는 동물들을 미로나 문제 상자에 두고 올바른 반응을 수행할 때에 꺼내 준다. 조작적 조건화에서는 연구에 활용되는 동물을 조작실에 두고 오랜 기간에 걸쳐 지속적으로 수행을 기록한다. 도구적 조건화에서 올바른 반응, 달리기 속도, 또는 문제를 해결하는 데 걸리는 시간은 연속적인 시도의 함수로서 기록되고, '학습 곡선(learning curve)'의 형태를 띤다. 전형적으로 도구적 조건화는 정상적인(normative) 데이터를 쓴다. 집단의 평균 수행이 기록된다. 조작적 조건화는 개별적인(ideographic) 데이터를 쓴다. 개별 동물의 수행이 기록된다. 도구적 조건화에는 통계적 분석이 활용된다. 가설 검증을 활용하고, 통계적 유의성을 검증한다. 이런 통계적 절차는 조작적 조건화에서는 거의 사용되지 않는다. 그리고 많은 경우에 채택되지 않는다. 마지막으로, 도구적 조건화에서는 통제 집단을 종종 활용한다. 한 집단은 강화물 A를 제공받고, 다른 집단은 강화물 B를 제공받는다. 조작적 조건화에서는 통제 집단이 없다. 이는 부분적으로 실험동물이 집단이 아니라 개별적으로 수행을 하기 때문이다. 때로 실험동물은 조작 수준에서의 수행을 강화 기간 동안 또는 강화 계획 동안의 수행과 비교하는 것처럼 자기 자신의 수행에 비춰 비교되기도 한다. 강화 계획은 다음에서 논의된다.

강화 계획

비록 파블로프(1927, pp. 384-386)가 고전적 조건화를 사용하여 부분적 강화에 대한 연구를 수행하긴 했지만, 이 주제를 체계적으로 탐구한 사람은 스키너였다. 험프리(Humphrey, 1939a, 1939b)가 부분적 강화를 받았을 때에 비해 100% 강화를 받았을 때 소거 과정이 더 빠르다는 사실을 발표하여 심리학계를 놀라게 만들었을 때 스키너는 이미 부분 강화의 효과에 대한 데이터를 발표했다. 즉, 올바른 반응을 보일 때마다 매번 강화를 받은 유기체는 획득 과정에서 특정 비율로만 강화를 받은 유기체에 비해 더 빨리 소거를 보인다. 다시 말해, 부분적 강화는 지속적인, 100% 강화에 비해 더 소거가 잘 되지 않는다. 이 사실을 부분 강화 효과(partial reinforcement effect: PRE)라고 부른다.

스키너는 부분 강화 효과를 열심히 연구했고, 마침내 퍼스터(Ferster)와 함께 『강화 계획(Schedules of Reinforcement)』이라는 책을 썼다. 이 책은 부분 강화의 다양한 형태에 대한 수년간의 연구를 요약한 것이었다. 흔히 사용되는 몇몇 강화 계획은 다음과 같다.

1. 연속 강화 계획　획득 과정 동안 모든 올바른 반응이 강화를 받을 때, 우리는 연속 강화 계획(continuous reinforcement schedule: CRF)이란 말을 쓴다. 보통 부분 강화 연구에서 동물들은 처음에는 100% 강화를 받고, 이후 부분 강화 계획으로 변경된다. 처음 훈련 시기에 부분 강화 계획이 사용되면 반응의 획득이 어렵다.

2. 고정 간격 강화 계획　고정 간격 강화 계획(fixed interval reinforcement schedule: FI)이 사용되면, 동물은 일정 시간 간격으로 반응에 대한 강화를 받는다. 예를 들어, 3분 간격으로만 반응을 강화한다. 고정 시간 간격의 처음에는 동물은 느리게 반응하거나 전혀 반응하지 않는다. 시간 간격 접근의 마지막에는 동물은 점차적으로 반응 속도를 높이고, 강화의 순간을 명백히 기대하기 시작한다. 이런 종류의 반응은 고정 간격 스캘럽(fixed-interval scallop)이라 불리는 누가 기록의 패턴을 만든다. 이런 패턴은 [그림 5-7]에 나타나 있다.

이 계획하에서 동물의 행동은 마감 시간이 다 되어 갈 때 사람의 반응과 유사하다. 가능한 일을 미룬 후에 마감일이 닥쳐오면 활동이 이에 따라 증가한다. 보고서를 준비하는 학생들도 종종 이런 방식으로 행동한다.

3. 고정 비율 강화 계획　고정 비율 강화 계획(fixed ratio reinforcement schedule: FR)에서는 동물이 만들어 내는 n번째 반응이 강화를 받는다. 예를 들어, FR5은 매 5번째 반응이 강화를 받는다는 것을 뜻한다. 여기서 반응이 강화될지를 결정하는 것은 반응의 수이다. 이론적으로 고정 간격 강화를 따를 때 동물은 간격의 제일 마지막에 한 번 반응을 하며, 반응을 할 때마다 강화를 받는다. 고정 비율 강화에서는 이것이 적용되지 않는다. 동물은 강화를 받기 위해서는 반드시 정해진 수만큼 반응해야만 한다.

고정 간격 강화 계획과 고정 비율 강화 계획 둘 모두 강화를 받은 후에는 반응이 낮아진다. 이를 강화 후 휴지(postreinforcement pause)라 부른다. 이런 휴지가 왜 존재하는지에 대한 몇 가지 추측이 있다. 아마 동물은 강화를 받은 직후의 행동은 강화를 받지 않는다는 것을 학습했을 수 있다. 그러나 FI 계획의 누가 기록상에 보통 나타나는 스캘럽 모양이 FR 계획에서는 나타나지 않는다. FR 계획은 보통 부채꼴 모양의 누가 기록을 만든다. 이는 동물이 강화를 받은 반응 후에는 일시적으로 반응을 중지하다가, 어느 시점에서 빠른 비율로 반응을 재개한다는 것을 뜻한다. 이런 행동은 '쉬었다 뛰기(break and run)'의 특성을 띤다. FR 계획상에서 동물들의 누가 기록은 [그림 5-7]에 나타나 있다.

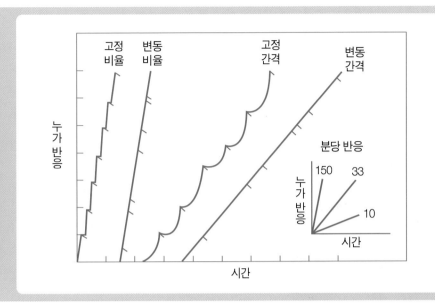

▲그림 5-7
고정 비율, 변동 비율, 고정 간격, 변동 간격 강화 계획하에서 전형적인 누가 기록. 누가 기록상의 빗금은 강화된 반응을 의미한다.

4. 변동 간격 강화 계획　　변동 간격 강화 계획(variable interval reinforcement schedule: VI)에서 동물은 변동적인 시간 간격의 끝에야 강화를 제공받는다. 즉, FI 강화 계획처럼 고정된 간격을 가지는 것이 아니라, 동물들은 평균적으로는 3분마다 강화를 받지만, 이전 강화 후에 바로 강화를 받을 수도 있고 30초 후나 7분 후에 강화를 받을 수도 있다. 이 강화 계획은 FI에서 나타나는 스캘럽 효과를 없애고, 꾸준하고 중간 수준의 높은 반응 비율을 만들어 낸다. VI 계획을 따를 때, 동물이 보이는 전형적인 누가 기록은 [그림 5-7]에 나타나 있다.

5. 변동 비율 강화 계획　　변동 비율 강화 계획(variable ratio reinforcement schedule: VR)에서는 FR상에 나타나는 부채꼴 모양의 누가 기록이 나타나지 않는다. 그리고 5개의 강화 계획 중 가장 높은 반응 비율을 보인다. FR 계획에서 동물은 구체적인 반응의 수, 예를 들어 5번 후에 강화를 받았다. VR5에서는 동물은 평균적으로 5번의 반응을 한 후에야 강화를 받는다. 즉, 연달아 두 번의 강화를 받을 수도 있고, 10번이나 15번을 강화를 받지 못할 수도 있다. VR 계획하에서 동물의 누가 기록은 [그림 5-7]에 나타나 있다.

VR 강화 계획은 라스베거스에서 도박을 하는 행동에 적용된다. 예를 들어, 슬롯머신의 손잡이를 더 빨리 당길수록 더 빈번히 강화를 받을 수 있다.

요약하자면, 연속 강화는 가장 소거가 잘 되며, 훈련 기간 중에 가장 낮은 반응률을 보인다. 모든 부분 강화 계획은 연속 강화 계획보다 소거가 더 잘 되지 않고, 훈련 기간 중에 더 높은 반응률을 보인다. 일반적으로 말해, VR 계획은 가장 높은 반응률을 보이고, FR, VI, FI, CRF 순을 보인다.

리처드
헌스타인

6. 동시적 계획과 배합 법칙   스키너(1950)는 두 개의 조작키를 쪼도록 비둘기를 훈련시키면서, 각각에 두 가지 다른 강화 계획을 적용했다. 이 절차를 동시적 강화 계획(concurrent reinforcement schedule)이라 부른다. 스키너에 따르면 비둘기들은 각 조작키에 해당하는 강화 계획대로 반응을 분산시켰고, 이는 소거 동안에도 그러했다. 퍼스터와 스키너(1957) 또한 동시적 계획 훈련의 효과에 대해 연구했다. 그러나 1961년에 리처드 헌스타인(Richard Herrnstein, 1930~1994)은 동시적 계획하에서 강화와 수행에 관한 관계를 수량화하였고, 이는 향후 30년간 조작적 행동에 대한 연구 방향을 제시한 것이었다. 그는 동시적 계획하에서 행동의 상대적 빈도는 강화의 상대적 빈도와 대응한다고 제시함으로써 스키너의 초기 발견을 정련하였다. 이 관계는 헌스타인의 배합 법칙(matching law)이라 불린다. 대응 방정식은 다음과 같이 쓸 수 있다.

$$\frac{B_1}{B_1 + B_2} = \frac{R_1}{R_1 + R_2}$$

B_1은 1번 키를 쪼는 빈도를, R_1은 1번 키를 쪼는 행동의 강화 빈도를 말한다. 대응은 [그림 5-8]에 나와 있다.

중요한 두 논문에서 헌스타인(1970, 1974)은 배합 법칙의 함의를 확장했다. 첫째, 비둘기가 쪼아야 할 조작키가 두 개 있는 시험 상황에서도 비둘기는 쪼는 행동 이외에 다른 행동 또한 했다. 그는 이 관련 없는 행동(B_e)과 관련 없는 행동의 강화(R_e)를 대응 방정식에 포함하였다.

$$\frac{B_1}{B_1 + B_2 + B_e} = \frac{R_1}{R_1 + R_2 + R_e}$$

게다가 그는 주어진 시험 상황에서 모든 행동 비율의 합은 상수(k)로 고려할 수 있다고 가정하였다. 즉, $B_1+B_2+B_e=k$. 그렇다면 단일 행동에 대한 반응률은 다음과 같이 쓸 수 있다.

$$B_1 = \frac{(k)R_1}{\Sigma R}$$

여기서 ΣR은 환경하에서 발생하는 모든 행동에 대한 강화 빈도의 합이다.

이를 헌스타인의 방정식 또는 헌스타인의 쌍곡선이라 부르며, 이는 k와 R_e에 따라 달라지는 함수이다. [그림 5-9]에서 보듯 헌스타인의 쌍곡선은 손다이크의 효과의 법칙의 수학적인 표현이다. [그림 5-9]는 또한 대응 표현의 논리를 보여 주는데, 하나의 조작적 행동(B_1)과 다른 값을 갖는 두 가지 관련 없는 행동(B_e), 그리고 연합된 관련 없는 강화(R_{es}) 그리고 단일한 값의 k를 갖는 상황에 적용될 수 있다. 왼쪽에 묘사된 상황은 관련 없는 행동과 강화가 매우 적다($R_e=5$). 오른쪽은 관련 없는 강화의 효과가 증가하였다($R_e=20$).

모든 가능한 행동 비율의 합은 상수(k)라는 것을 기억하라. 그러므로 조작적 행동의 점근선 또는 최대 비율은 각각의 경우에 k이다. 각각의 경우에 B_1의 강화율이 증가하면, 모든 행동은

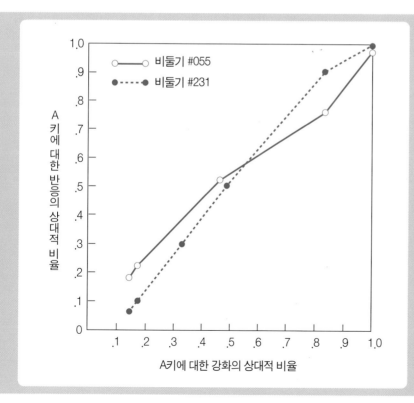

▶그림 5-8
동시적 강화 계획에 따라 조작키를 쪼는 두 마리 비둘기의 결과. A 조작키를 쪼는 것은 B 조작키를 쪼는 것과 관련이 있다. 두 조작키를 쪼는 것에 대한 총 강화는 시간당 40번이었다. 따라서 A 조작키를 쪼는 것이 10%의 강화를 만들어 낸다면(4번), B 조작키를 쪼는 것은 90%의 강화를 만들 것이다(36번). 반응의 상대적 비율이 강화의 상대적 비율과 거의 같다는 사실에 주목하라. (R. J. Hernstein, Relative and Absolute Strength of Response as a Function of Frequency of Reinforcement, *Journal of the Experimental Analysis of Behavior*, 1961, 4, 267-272)

B_1의 형태가 될 것이고, B_e는 거의 0에 가까워질 것이다. 관련 없는 강화의 효과는 B_1의 발생을 줄인다는 점에 주목해야 한다. 관련 없는 강화의 값과 동반된 관련 없는 행동이 높을 때, B_1의 학습 곡선은 더 느리고, 점근선에 가까워지는 것은 더 지연된다. 이와 유사하게, 더 많은 관련 없는 강화가 제공되면 B_1의 강화가 증가함에도 불구하고 관련 없는 행동(B_e)은 더 느리게 감소한다.

관련 없는 행동과 강화의 에로 어려운 곡을 익히려고 노력하는 두 피아노 전공 학생을 떠올려 보라. 한 학생은 교수자와 함께 있다. 교수자의 일반적인 방침에도 불구하고, 다른 학생은 레슨에 몇몇 친구를 초대했다. 첫 번째 학생은 오직 교수자에 의해서만 강화를 받으며, 잘 연주한 경우에만 강화를 받는다. 따라서 관련 없는 행동과 관련 없는 행동에 대한 강화는 최소화된다([그림 5-9]에서 $R_e = 5$). 두 번째 학생은 강화를 받을 만한 자원과 잠재적 유형이 더 다양하며([그림 5-9]에서 $R_e = 20$) 음악적 수행 이외에 다른 행동이 강화될 수도 있다. 그 학생은 자신을 관찰하는 학생들로부터 승인, 주목 그리고 존경을 얻을 수 있는 음악 외적인 활동을 할 것이다. 헌스타인의 방정식에 따르면 첫 번째 학생의 수행이 더 빨리 증대될 것이고, 더 빨리 음악 악절을 마스터할 것이다.

배합 법칙이 계속 발달되어 감에 따라, 현대의 연구들은 헌스타인의 초기 관찰을 더욱 확장하고 있다. 대응 방정식은 강화 및 처벌의 지연, 강도, 질, 지속의 효과를 설명하는 데 사용되고 있다(Davison & McCarthy, 1988 참조). 또한 대응 현상 이면에 존재하는 메커니즘에 대해서도 계속 논의가 진행되고 있다(예: MacDonall, 1999, 2003).

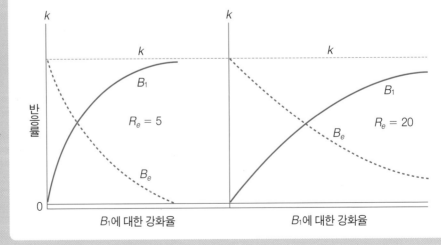

그림 5-9 ▶
관련 없는 강화의 수준이 높으면 (오른쪽 그림) 조작적 행동의 수행이 방해를 받으며 관련 없는 행동을 연장시킨다.

7. 동시적 연쇄 강화 계획　　강화의 동시적 계획이 단순 선택 행동을 탐구하는 데 사용되는 반면, 동시적 연쇄 강화 계획(concurrent chain reinforcement schedule)은 복잡한 선택 행동을 탐구하는 데 사용된다. 동시적 연쇄 계획에서는 실험의 초기 국면 동안 동물의 행동이 이후 두 번째, 마지막 국면의 강화 계획을 결정한다.

　동시적 연쇄 강화 계획을 활용한 흥미로운 발견 중 하나는 자기 통제 영역이다. 보통의 환경하에서 유기체는 크고 지연된 강화인보다 작고 즉각적인 강화인을 분명히 선호한다. 동시적 계획에서 만약 반응 A가 작고 즉각적인 강화인에 의해 강화받고, 반응 B가 크고 지연된 강화물에 의해 강화받는다면, 반응 A가 훨씬 선호된다. 마찬가지로 동시적 연쇄 계획을 사용해서 A안은 작고 즉각적인 강화인을 주는 계획으로, B안은 크고 지연된 강화인을 주는 계획으로 하면, 동물은 A안에 대해 더 큰 선호를 보인다. 그러나 라쉴린과 그린(Rachlin & Green, 1972)은 특정 조건에서는 크고 지연된 강화인이 작고 즉각적인 강화인보다 더 선호된다고 한다. 라쉴린과 그린은 비둘기가 두 개의 백색 판 중 하나를 쪼도록 하는 데 동시적 연쇄 강화 계획을 활용하였다. 왼쪽 백색 판을 15번 쪼면(FR15) 10초 동안의 공백이 있고, 빨간색과 녹색 판 중 하나를 선택할 수 있게 된다. 빨간색 판을 쪼면 즉각 2초간 먹이가 제공된다(상대적으로 적은 강화인). 녹색 판을 쪼면 4초간 지연된 후, 4초간 먹이가 제공된다(상대적으로 큰 강화인). 실험에서는 만약 오른쪽 백색 판을 15번 쪼면(FR15), 10초간 공백이 있고, 그 후 녹색을 쫄 기회가 주어졌다. 녹색 판을 쪼면 4초간의 지연 후, 4초간 먹이가 제공된다. 이 실험 조건하에서 비둘기는 65% 정도의 시간 동안 오른쪽 판을 쪼았다. 즉, 작고 즉각적인 강화인이 선호된다는 사실과 반대된다. 라쉴린과 그린의 실험은 [그림 5-10]에 나타나 있다.

　작고 즉각적인 강화인에 대한 선호를 크고 지연된 강화인에 대한 선호로 바꾼 것은 무엇인가? 답은 시간에 있다. 시간이 거듭할수록 강화인은 강화 가치를 잃어버린다. 따라서 유기체는 즉각적으로 이용 가능할 때에만 작은 강화인을 선호하지, 이것이 미래의 언젠가에만 가질 수 있는 것이라면 선호하지 않을 것이다. 만약 지연을 피할 수 없다면, 유기체는 작은 강화인보다는 큰 강화인을 선택한다.

　맬럿, 리터비와 울프(Malott, Ritterby, & Wolf, 1973)는 이 결과를 인간에게까지 일반화한다. 그들은 우리의 가장 큰 행동 및 건강 문제는 크고 의미 있지만 지연된 강화인보다는 작고 즉각적인 강화인을 선호하는 것 때문이라고 지적한다. 흡연과 관련된 건강상의 위험을 알고 있는 사람을 생각해 보자. 이 사람은 니코틴 섭취에 따른 즉각적인 만족과 멀고 지연된 건강한 삶 사이에서 선택을 해야만 한다. 체중이 많이 나가는 사람의 경우를 생각해 보자. 이 사람은 건강에 좋지 않은 패스트푸드를 먹음으로써 즉각적인 만족을 얻을지, 아니면 마르고 건강한 몸이라

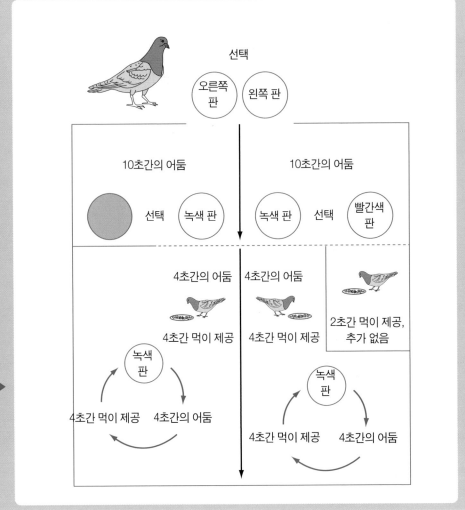

그림 5-10 ▶
이 그림은 라쉴린과
그린이 사용한
동시적 연쇄 강화
계획을 나타낸 것이
다. 이는 대개 작고
즉각적인 강화가
선호된다는 설과
반대된다.

는 먼 강화를 선택할지를 골라야만 한다.

　작고 즉각적인 강화인이 크고 지연된 강화인보다 더 선호된다는, 라쉴린과 그린(1972)이 발견한 현상이 헌스타인의 배합 법칙(설명은 Rachlin, 1991, pp. 585-586 참조)으로 설명된다는 것은 흥미로운 일이지만, 이를 설명하는 것은 이 책의 범위를 넘어선다.

　8. 점진적 비율 계획과 행동경제학　　점진적 비율 강화 계획(progressive ratio reinforcement schedule: PR)에서 실험실 동물은 낮은 비율 계획(보통 FR)에서 시작한다. 그리고 강화받는 행동의 비율은 훈련 기간 동안 체계적으로 증가한다. 비록 동시적 그리고 동시적 연쇄 계획이 상대적으로 복잡한 계획을 다루는 데 사용되는 반면, 점진적 비율 계획은 강화인의 효과성

(reinforcer efficacy)에 대한 복잡한 문제를 연구할 수 있는 수단을 제공한다.

한 강화인이 다른 것보다 더 효과적인지 아닌지를 어떻게 결정할 수 있는가? 처음에는 간단한 문제처럼 보일지 모른다. FR2에 따라 한쪽 지렛대에는 먹이가 제공되고, 다른 한쪽에는 동일한 강화 계획에 따라 물이 제공될 때, 한 조건에서 행동의 빈도가 다른 쪽보다 많다면 이것이 곧 어느 강화인이 더 효과적인지를 말해 주는 것 아닌가? 대답은 '아니다'이다. 물론 반응률은 한 강화인을 소비하는 데 걸리는 시간이나 실험실 동물이 먹이나 물에 얼마나 굶주려 있는가와 같은 다양한 요소에 영향을 받는다. 더 복잡한 문제는 FR2 계획하에서 관찰된 결과는 다른 강화 계획하에서는 그대로 적용되지 않을 수 있다는 것이다. 최근 행동경제학(behavioral economics) 분야(Hursh, 1991; Hursh & Bauman, 1987; Hursh & Silbergerg, 2008)에서는 점진적 비율 강화 계획을 (비록 유일한 해결책은 아니지만) 문제에 대한 해결책으로 적용하고 있다(Bickel, Marsch, & Carroll, 2000).

본질적으로, 점진적 비율 방법은 실험실 동물이 행동적인 용어로 특정 강화인을 얻기 위해 '지불(pay)' 하는 최대치를 사용한다. 실험실 동물이 가진 지불 수단은 행동뿐이다. 유기체가 강화를 얻기 위해 얼마나 열심히 또 얼마나 오래 일을 하려고 하는지를 알아보기 위해 강화인의 반응률을 증가시킨다. 강화의 효과성 문제는 다양한 방식으로 다룰 수 있는 복잡한 문제라는 것을 재차 강조할 필요가 있다. 점진적 비율 방식은 실험실 동물이 강화인을 얻기 위해 필요한 비용 지불을 멈출 때까지 강화를 위한 행동적 요구를 증가시킴으로써 문제에 접근해 간다. 만약 유기체가 다른 강화인보다 특정 유형의 강화인에 더 많이 지불하려고 한다면, 이는 곧 그 유형의 강화인이 다른 것들보다 더 가치 있고 더 효과적이라는 것을 뜻한다.

우선 실험실 동물을 2번의 반응마다 강화인을 얻을 수 있는 고정 비율 강화 계획, 즉 FR2에 따라 훈련시킨다. FR2는 며칠 동안 활용되고, 점차적으로 간격이 증가한다. 예를 들어 FR2 계획에 따라 지렛대를 누르면 먹이를 얻을 수 있는 상황에서 3일간 훈련을 받았다고 하자. 그 후 4일째 되는 날에는 FR4 계획에 따라 훈련을 시킨다. 5일째에는 FR8을 따르고, 다음 날에는 FR16을 따르는 식으로 계속된다고 하자. 결과적으로 반응은 강화마다 동물이 먹이를 얻기 위해 지불하려는 비용을 뜻한다. 강화율(반응률이 아닌) 그래프는 강화 계획마다 요구하는 수요함수(또는 요구 곡선)를 뜻한다. 만약 동물이 '저렴한' FR2 계획에서 분당 5번 강화인을 섭취한다면, FR4 계획에서 반응은 두 배로 증가해야 할 것이다. 점진적 비율 계획이 확장됨에 따라, 동물은 다섯 개의 분당 강화인 섭취율을 유지하기 위해 반응률을 급격히 증가시켜야만 한다. 강화인의 효과성은 먹이 섭취량과 반응률이 떨어지는 분기점을 살펴봄으로써 측정할 수 있다. 이 점은 강화인이 너무 비싸지기 시작하는 시점이다. [그림 5-11]에 이상적인 수요 함수

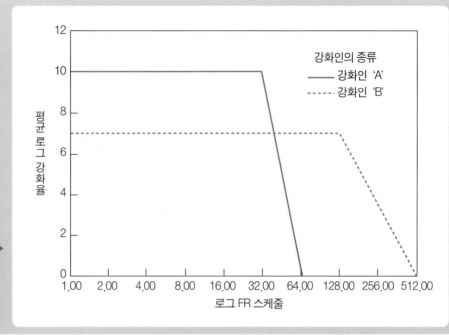

그림 5-11 ▶
두 강화인의 가설적인
수요 함수: 강화인
B에 대한 수요가
강화인 A에 대한
수요보다 비탄력적이다.

(FR 강화 계획의 함수로 표시된)가 나타나 있다. 하나는 가설적인 강화인이고(A 유형), 나머지는 다른 강화인으로(B 유형), 로그-로그 좌표상에 표시한다. FR 계획이 증가함에 따라 각 강화인에 대한 수요 함수를 비교할 수 있다. 비용이 낮을 때(낮은 FR 계획) 수요 함수는 수평이고, 이 예에서는 반응 요구가 낮을 때에는 강화인 A는 강화인 B보다 더 큰 비율로 소비된다. 그러나 강화 계획이 FR32를 넘어서면 강화인 A에 대한 수요곡선은 급격히 떨어지기 시작한다. 강화인 B에 대한 수요곡선은 FR128까지는 수평을 유지하다가, FR128 이후로 급격히 떨어진다. 강화인 A가 비용이 낮을 때는 더 효과적으로 보이지만, 실험실 동물은 A보다는 B에 8배를 더 지불하려고 할 것이다. 즉, 행동적인 용어로 말해 B는 더 가치 있으며, 따라서 A보다 더 효과적이다.

명확히, 몇몇 강화인은 건강과 삶의 질을 유지하는 데 필요하기 때문에 가격이 상당히 늘어난다 해도 동물들은 이 강화인을 얻기 위해 더 많은 반응을 지불하려고 할 것이다. 인간으로 치면, 기름 또는 빵 값이 급격히 증가한다 하더라도 그 소비 수준을 유지하려고 하는 것과 같다. 강화인의 양을 일정하게 유지하기 위해서 비용을 계속 증가시킨다는 점에서 이 강화인들의 수요는 비탄력적이다. 반대로 가격이 오를 경우에는 사지 않다가 가격이 낮을 경우에는 큰 비율로 수요가 느는 경우를 탄력적인 수요라 한다. 이 강화인들은 유기체의 삶에 필수적이지 않은 사치품 같은 것이다. 인간의 경우에는 콘서트나 좋은 식당에서의 식사와 같은 것이 그 예이다. [그림 5-11]에 나타난 패턴은 개코원숭이에게서 헤로인(강화인 A)과 먹이(강화인 B)의 강화 효율성을 비교하는 것과 유사하다(Elsmore et al., 1980). 또는 사람에게서 담배를 피우는 것(강화인 A)과 돈(강화인 B)을 비교하는 것과 유사하다(Bickel & Madden, 1999).

강화 효율성을 이해하는 것은 복잡한 문제 중 하나이다. 명확히, 유기체의 박탈 조건, 강화인의 소비에 있어 제약(음료 튜브를 핥는 것 vs. 먹이 알갱이를 씹어 삼키는 것), 강화인의 비용, 다른 요소의 수를 고려하지 않고서는 특정 강화인이 다른 것보다 상대적으로 더 효율적인지를 결정하기 어렵다. 이런 요소들을 고려할 때, 우리는 강화 효율성에 관한 다양한 사실을 알 수 있다. 예를 들어, 실험실 쥐는 전기 뇌 자극 강화에 엄청난 반응을 보인다(14장에서 논의된다). 연속 강화 계획 시, 쥐는 전기 뇌 자극을 받기 위해 먹이와 물도 거부한 채 2~3일 동안 분당 수백 번 지렛대를 누른다. 얼핏 전기 뇌 자극이 먹이나 물보다 훨씬 더 강한, 지금껏 발견된 가장 강력한 강화로 보인다. 그러나 점진적 비율 강화 방법으로 살펴보면 전기 뇌 자극은 먹이와 같은 일차 강화인보다 훨씬 더 빨리 하강 곡선을 그린다(Hursh & Natelson, 1981). 일상적이지 않은 강화인의 수요는 극도로 탄력적이다.

학습 이론에 대한 스키너의 태도

스키너는 인간 행동을 연구하는 복잡한 이론을 공식화할 필요가 없다고 생각했다. 그리고 행동의 심리적 관련성을 알 필요도 없다고 생각했다. 행동적 사건은 행동에 직접 영향을 끼치는 사건에 의해서만 설명되어야 했다. 그에게 행동을 심리적인 사건으로 설명하는 것은 논리적으로 맞지 않는 것이었다. 이런 이유로, 스키너의 연구 방법은 '빈 유기체 접근(the empty organism approach)'이라 불린다.

또한 스키너는 헐(Hull, 6장)의 것과 같은 복잡한 학습 이론은 시간 낭비라고 생각했다. 언젠가는 심리학에서 이런 이론이 쓸모가 있겠지만, 더 많은 기본적인 데이터가 모이기 전까지는 아니다. 스키너의 관점에 따르면, 지금 우리의 주된 관심은 자극과 반응 간의 기본적인 관계를 발견하는 것이어야 했다. 그러므로 학습 과정을 연구하는 데 있어서 이론의 사용은 정당화될 수 없다(Skinner, 1950).

이론적 측면에서 연구를 설계하는 것은 시간 낭비이다. 연구 자체가 가치가 있지 않고서 이론에서 연구를 도출해 내는 것은 가치가 없다. 이론으로부터 도출한 수많은 무용한 실험은 에너지와 기술을 갉아먹는다. 대부분의 이론은 결국 버려질 것이고, 관련된 연구들 또한 버려질 것이다. 이는 생산적인 연구는 이론을 필요로 한다는 주장이 사실일 때만 정당화될 수 있다(물론 자주 주장된다). 이론에 근거하지 않은 연구는 종종 목적이 없고 덜 조직화되었다고 비판받는다. 이런 견해는 경험과학보다는 논리학에서 단서를 찾는 심리학 교과서가 지지하는 것이다. 그들은 사고는 가설, 연역, 실험 검증 그리고 확증이라는 일련의 절차를 포함한다고 기술한다. 그러나 이는 실제 대부분의 과학자가 일하는 방식과는 다르다. 다른 이유로 의미 있는 실험을 설계할 수 있으며, 이런 식의 접근이 과학자들이 하는 일에 더 가까운 방식이다(pp. 194-195).

스키너의 연구 방식(1953)은 자극 사건과 측정 행동 사이에 기능적 분석(functional analysis)을 하는 것이었다.

> 행동은 외적 변인이며, 이는 인과 또는 기능적 분석이라는 것을 할 수 있게 해 준다. 우리는 개별 유기체의 행동을 예측하고 통제하기 위해 연구를 수행한다. 이것이 우리의 '종속변인'(우리가 찾고자 하는 원인의 효과)이다. '독립 변인'(행동의 원인)은 행동의 외적 변인이다. 둘 간의 관계(행동에서 '원인과 결과 관계')는 과학의 법칙이다. 이 법칙들의 종합을 양적인 형식으로 표현하는 것은 행동 체계로서 유기체를 이해하는 밑그림을 보여 준다(p. 35).

그러므로 스키너는 먹이 또는 물 박탈 조건을 조작하고, 지렛대 반응이 학습되는 비율로 효과를 기록했다. 또는 소거에 대한 저항 혹은 반응률을 바탕으로 강화 계획의 효과를 관찰하기도 했다. 스키너는 자신의 연구를 해석할 때 데이터에 집중했다. 즉, 만약 부분 강화가 100% 강화보다 소거가 덜 일어난다면, 그에게 그것은 사실이었고 그가 말할 수 있는 전부였다. 다시 말해, 스키너는 이것이 왜 일어나는지를 설명하려고 시도하지 않았다.

스키너의 학습 이론은 심리학에 엄청난 영향을 주었다. 분야를 막론하고, 심리학 어디에서든 스키너 연구의 영향을 확인할 수 있다. 2장에서 언급했듯, 좋은 이론의 특성이 연구를 창출해 내는 것이라 할 때, 스키너의 이론은 확실히 그런 이론이다. 이제 스키너의 영향을 받은 주요 연구자들의 연구를 살펴볼 차례이다.

강화의 상대성

데이비드 프리맥

전통적으로 강화는 자극과 같은 것으로 생각되었다. 일차 강화는 대개 유기체의 생존과 관련된 것으로, 이차 강화는 일차 강화와 지속적으로 짝지어진 자극으로 생각되었다. 그러나 프리맥(Premack)은 모든 반응은 잠재적인 강화인으로 고려되어야 한다고 제안한다.

특히 그는 상당히 높은 빈도로 나타나는 반응은 상대적으로 꽤 낮게 나타나는 반응을 강화하는 데 사용될 수 있다고 제안했다. 프리맥의 강화 개념을 사용해서 유기체가 좋아하는 활동에 자유롭게 참여하도록 한 후, 유기체가 선택한 활

데이비드
프리맥

동의 빈도수를 측정할 수 있다. 그 후 참여한 활동을 위계적으로 분류한다. 가장 많이 참여한 활동을 첫 번째에, 그다음 활동을 두 번째에 두는 식으로 계속 목록을 작성한다. 이 목록을 참고하여 실험 진행자는 특정 유기체를 강화하는 데 사용할 수 있는 것과 아닌 것을 정확히 알 수 있다. 예를 들어 쥐가 가장 많이 하는 활동이 먹는 것, 그다음이 마시는 것, 활동바퀴에서 달리는 것, 털 손질, 마지막으로 우리 밖을 바라보는 것이라 하자. 프리맥에 따르면, 먹는 것은 다른 활동들을 강화하는 데 활용될 수 있다. 예를 들어 쥐가 털 손질을 할 때마다 먹이를 먹도록 하면, 털 손질의 빈도는 증가한다. 마찬가지로, 털 손질을 하는 것 자체를 우리 밖을 보는 것을 강화하는 데 활용할 수도 있다. 그러나 우리 밖을 보는 것은 다른 활동을 강화하는 데 활용될 수 없다. 다른 활동들은 우리 밖을 보는 것보다 그 반응 빈도가 높기 때문이다.

요약하자면, 어떤 활동이 다른 활동보다 더 자주 일어난다면 그 활동은 그보다 덜 자주 일어나는 활동을 강화하는 데 사용될 수 있다. 이를 프리맥의 원리(Premack principle)라고 한다. 이는 인간과 다른 유기체에도 적용된다.

그의 이론을 검증하기 위해서, 프리맥(1959)은 31명의 1학년 아이에게 핀볼과 캔디 머신 중

에 원하는 것을 가지고 놀라고 말했다. 몇몇 아이는 핀볼을 하고 놀았고, 다른 아이들은 캔디 머신을 가지고 놀았다. 연구의 첫 부분에서 아이들이 이 두 가지 중 어느 것을 더 선호하는지를 알아보았다.

연구의 두 번째 부분에서는 핀볼을 하고 논 아이들과 캔디 머신을 가지고 논 아이들을 다시 두 집단으로 나누었다. 한 집단은 핀볼-캔디 유관 집단에 배정되었다. 이 집단은 캔디 머신을 가지고 놀기 위해서는 핀볼을 해야만 했다. 다른 집단은 캔디-핀볼 유관 집단으로, 핀볼을 하기 위해서는 캔디 머신을 가지고 놀아야만 했다. 원래 핀볼을 가지고 놀았던 아이들의 경우 핀볼-캔디 집단에 배치해도 행동상의 차이가 적었다. 그들은 전처럼 핀볼을 했다. 그러나 캔디-핀볼 배치에서 원래 핀볼을 가지고 놀았던 아이들의 경우 캔디 먹는 빈도가 올라갔다. 왜냐하면 이제 핀볼을 하기 위해서는 캔디를 먹어야만 했기 때문이다. 마찬가지로, 원래 캔디 머신을 가지고 놀던 아이들의 경우 캔디-핀볼 조건에서는 차이가 없었다. 그들은 전처럼 캔디를 먹었다. 그러나 핀볼-캔디 조건에서는 핀볼을 하고 노는 빈도가 증가했다. 이는 빈도가 낮은 행동이 빈도가 높은 행동에 의해 강화될 수 있다는 프리맥의 원리를 지지하는 결과이다.

만약 선호가 바뀐다면 강화인 또한 바뀐다. 예를 들어, 목이 마르면 동물은 자주 물을 마신다. 그러므로 물을 마시는 것은 다른 활동들을 강화하는 데 사용될 수 있다. 그러나 만약 동물이 더 이상 목이 마르지 않으면 물을 마시는 빈도는 줄어들게 되고, 물을 마시는 것은 강화인으로서 비효과적이다(Premack, 1962).

프리맥의 연구의 함의는 지대한 영향을 끼치고 있다. 한 가지는 강화인으로 기능하는 것은 매우 개인적이고 지속적으로 바뀐다는 점이다. 교사는 자유선택 상황에서 개별 아동의 선호를 확인하고, 이를 통해 어떤 것을 강화인으로 활용할지를 결정하는 데에 활용할 수 있다. 한 아이에게 뛰어노는 것은 강화인이 될 수 있지만, 다른 아이에게는 찰흙을 가지고 노는 것이 강화인이 될 수 있다. 교실에서 성취를 높이기 위해 학생 모두가 잠시 쉬는 것이 좋다는 생각도 재고해 볼 필요가 있다. 프리맥의 원리가 학년기 아동의 행동을 통제하는 데 사용되는 실례는 홈, 드바카, 디바인, 스타인호스트와 리커트의 연구(Homme, DeBaca, Divine, Steinhorst, & Rickert, 1963)를 참고하라.

프리맥 원리의 수정

4장에서 손다이크의 만족인(satisfier) 개념이 순환적이라는 이유로 비판받은 것을 기억할 것이다. 스키너가 강화인을 반응의 발생 가능성을 증가시키는 것으로 정의했을 때, 그는 깔끔

하게 강화인의 물리적, 미적, 화학적 특성의 문제를 피해 갈 수 있었다. 이와 유사하게, 그는 강화의 생물학적 측면을 설명하는 것과 관련된 어려움 또한 피할 수 있었다. 불행히도, 그의 정의 또한 순환적이라는 비판을 받았다. 워커(Walker, 1969)는 스키너의 조작적 정의가 회피적이며 심지어 '마법과 같은' 특성을 가졌다고 주장한다. 스키너의 조작적 정의는 특정 절차가 강화 효과를 발생시킬 때는 적절하지만, 같은 절차가 효과가 없거나 반응의 빈도를 낮추는 결과를 가져오는 경우는 설명을 하지 못한다. 또한 1장에서 학습에 대한 첫 정의를 내릴 때 인용한 인물인 그레고리 킴블(Gregory Kimble)은 먹는 식사 초반에는 강화인이지만, 점차 중성 자극이 되며, 식사를 마칠 때에는 오히려 처벌이 된다고 말한다(Kimble, 1993). 그는 익살스럽게 강화의 개념을 "손 쓸 수 없는 애매모호함으로 인해 고통받는 안락사 후보"라고 비판한다(p. 254).

　손다이크와 스키너의 개념이 순환적이라는 비판에 대한 전통적인 방어는 밀(Meehl, 1950)의 '초상황적' 논증이다. 이 논증에 따르면, 한 상황에서 만족인이나 강화인은 다른 상황에서도 행동을 바꿀 수 있다. 강화인과 만족인의 초상황적 속성은 개념이 순환적이라는 비판을 막아 준다. 프리맥의 연구에서 가장 중요한 발견 중 하나는 초상황적 논증이 완전히 틀리지는 않았지만 적합하지 않다는 것이다. 예를 들어, 만약 어떤 동물이 먹는 데 30%의 시간을, 마시는 데에 20%의 시간을, 회전바퀴에서 노는 데 10%의 시간을 쓴다면, 프리맥의 원리를 통해 마시는 것을 회전바퀴에서 노는 행동의 강화인으로 사용할 수 있다. 프리맥의 원리를 그대로 쓰면, 이 동물에게 마시는 것으로 먹는 것을 강화할 수 없으며, 또 다른 선호를 가진 동물이 있다면 이 동물에게는 마시는 것으로 회전바퀴에서 노는 행동을 강화할 수 없다. 이는 초상황적 논증의 첫 번째 허점이다. 윌리엄 팀버레이크(William Timberlake)와 동료들 또한 초상황적 논증의 문제, 프리맥 원리의 한계, 강화의 특성과 관련된 여러 유익한 연구를 수행하였다(Timberlake, 1980; Timberlake & Allison, 1974; Timberlake & Farmer-Dougan, 1991).

윌리엄 팀버레이크

　팀버레이크(Timberlake, 1980; Timberlake & Farmer-Dougan, 1991)는 프리맥의 입장인 가능성-차별 가설(probability-differential hypothesis)과 앞서 언급한 프리맥의 물 마시기-회전바퀴 연구에서 논리적으로 도출된 불균형 가설(disequilibrium hypothesis)을 구분하였다. 더 선호되는 활동은 덜 선호되는 활동을 강화할 수 있다는 프리맥의 제안과는 반대로, 불균형 가설에 따르면 만약 유관 계획으로 동물이 특정 활동에 접근하는 것을 제한한다면 제한된 활동 또한 강화인으로 쓰일 수 있다. 며칠 동안 쥐의 자유로운 행동을 관찰했다고 하자. 전처럼, 쥐는

30%의 시간을 먹는 데 썼고, 20%의 시간은 물을 마시는 데에, 10%의 시간은 회전바퀴에서 노는 데 사용했다고 하자. 그리고 나머지 40%의 시간 동안은 다른 활동들을 했다. 팀버레이크에 따르면, 이 활동 배분 비율은 균형적(equilibrium)이다. 즉, 동물이 선호하고 유지하고자 하는 상태이다. 만약 쥐의 먹는 시간을 기저선인 30% 이하가 되도록 유관 계획을 짜게 되면 불균형 상태가 되며, 이는 새로운 동기를 만든다. 이 불균형 조건하에서 먹이를 먹는 것은 다른 활동을 강화하는 데 활용될 수 있으며, 이는 먹이를 먹는 시간이 기저선인 30%를 회복할 때까지 계속될 것이다.

한편 불균형 가설은 가장 낮은 빈도를 보인 회전바퀴에서 노는 것 또한 강화인으로 사용될 수 있다고 예측한다. 이를 위해서는 회전바퀴에서 노는 시간을 기저선인 10% 이하로 낮추면 된다. 이때 불균형 상태가 되며, 먹이를 먹는 것과 마찬가지로 회전바퀴에서 노는 시간이 10%가 되어 균형 상태가 될 때까지 회전바퀴에서 노는 것은 강화인으로 사용될 수 있다. 불균형 가설은 특정 행동이 처벌이 되는 조건 또한 설명할 수 있다. 처벌이 되기 위해서는 특정 활동을 기저선 이상으로 증가시키도록 강화 계획을 조정하면 된다. 먹이를 먹는 시간이 30%보다 적을 때는 먹이가 회전바퀴에서 노는 것의 강화인이 될 수 있다. 그러나 만약 회전바퀴에서 노는 것이 먹이를 먹는 시간을 전체 시간 중 30% 초과하게 한다면, 회전바퀴에서 노는 것은 감소할 것이다. 즉, 먹는 것은 이제 처벌이 된다.

팀버레이크의 입장은 강화와 강화 유관에 대한 중요하고 새로운 관점을 제시한다. 프리맥처럼 팀버레이크의 연구는 강화가 초상황적이라는 논증이 틀렸음을 명백히 보여 준다. 더 나아가 유관 계획의 역할이 강화인과 반응의 관계에 관한 정보 제공이나 반응과 강화인 사이의 유관성 제공보다는 불균형을 만드는 것과 관련 있다는 것을 드러내 준다. 마지막으로 팀버레이크의 연구를 통해 먹이 또는 물의 박탈 그 자체가 강화인이 되는 데 핵심적인 것이 아니라는 것을 알 수 있다. 오히려 접근 제한이 먹이 또는 물을 강화인으로 만들어 준다.

비록 프리맥과 팀버레이크의 입장이 '강화인은 강화하는 것이다' 라는 더 오래된 아이디어보다는 진보한 것이지만, 여전히 해결되지 않은 질문들이 많이 남아 있다. 예를 들어, 기저선 선호에 대한 질문은 두 사람 중 누구도 다루고 있지 않다. 왜 쥐는 마시는 것보다 먹는 것에 더 많은 시간을 쓰는가? 더 이상 '그렇게 하는 것이 더 강화적이기 때문이다' 라는 식으로 대답을 해서는 안 된다.

스키너주의자들의 개념이 이론적, 실제적 측면에서 함의가 크다는 사실은 의심할 여지가 없다. 그러나 최근 행동 수정에서 조작적 원리의 한계에 대한 자각이 점점 커지고 있으며, 우리는 이를 15장에서 보다 더 자세히 살펴볼 것이다.

스키너의 교육론

손다이크와 마찬가지로 스키너 또한 그의 학습 이론을 교육과정에 적용하는 데 관심이 많았다. 스키너에게 있어서 만약 ① 배워야 할 정보가 작은 단계로 나눠 제시되고, ② 자신의 학습의 정확성에 대한 빠른 피드백을 받고(다시 말해, 학습 후에 자신이 제대로 배웠는지 여부를 바로 알 수 있고), ③ 자신의 속도에 맞춰 배울 수 있다면 학습은 가장 효율적으로 일어날 수 있다.

스키너는 이 원리가 교실에서 사용되지 않고 있다는 것을 바로 알았다. 그는 딸의 교실 중 하나를 방문했던 경험을 떠올렸다(Skinner, 1967). "11월 11일, 나는 학부모 참관인 자격으로 수학 교실 뒷자리에 앉아 있었다. 갑자기 모든 상황이 터무니없이 느껴졌다. 20명의 매우 귀중한 유기체가 있다. 그녀의 잘못이 아니지만, 교사는 학습 과정에 대해 우리가 아는 거의 모든 것에 위배되게 가르치고 있었다."(p. 406)

스키너는 수업 목표는 수업 시작 전에 완전히 구체화되어야 한다고 주장할 것이다. 나아가 수업 목표는 행동적으로 정의되어야 한다고 주장할 것이다. 만약 어떤 단원에서 창의성을 가르친다면, 그는 "창의성에 대해 배운 학생들은 어떤 행동을 합니까?"라고 물을 것이다. 만약 역사에 대한 이해를 가르친다면, 그는 "역사를 이해한 학생들은 어떤 행동을 합니까?"라고 물을 것이다. 만약 교육 목표가 행동적으로 구체화되지 않는다면, 교수자는 학생들이 완수해야 할 일을 완수했는지를 알 방법이 없다. 마찬가지로, 만약 목표가 행동적 용어로 쉽게 바꿀 수 없을 만큼 구체적이지 않다면, 수업 목표가 어느 정도로 달성되었는지를 아는 것은 거의 불가능에 가깝다.

많은 행동주의자와 마찬가지로, 그는 단순한 것에 시작해서 복잡한 것으로 나아가려고 한다. 복잡한 행동은 더 단순한 행동들로 구성되어 있다고 생각된다. 손다이크와 마찬가지로, 스키너에게 동기란 한 학생에게 강화인으로 작용하는 것이 무엇인지를 결정하는 데에만 중요하다. 교실에 흔히 활용된다는 점에서 이차적 강화 또한 매우 중요하다. 이차적 강화의 예에는 언어적 칭찬, 긍정적인 얼굴 표정, 금별, 성취감, 점수, 성적, 원하는 일을 할 수 있는 기회 등이 포함된다. 손다이크와 마찬가지로, 스키너는 교육에서 외재적 강화인의 사용을 강조했다. 실제로 스키너주의자 교사에게 교육의 주요 기능은 중요한 행동을 장려하기 위해 강화 유관을 배치하는 것이다. 내적인 강화인은 최소한의 중요성을 가지는 것으로 생각된다.

스키너주의자 교사에게 100% 강화 계획에서 부분 강화 계획으로 옮겨 가는 것 또한 중요하다. 초기 훈련 기간에는 올바른 반응을 할 때마다 강화를 받는다. 그러나 후에는 주기적으로만 강화를 받으며, 이는 반응이 소거되는 것을 막아 준다.

모든 S-R 행동주의자는 학습률에 있어 개인차를 존중하는 학습 환경을 조성하도록 한다. 그들은 학생들이 개별적으로 혹은 집단으로 나뉘어서 자신의 속도에 맞게 배우는, 교수 기계(teaching machine)나 특별히 제작된 워크북과 같은 형태를 원한다. 행동주의자들은 강의 기법을 피하려는 경향이 있다. 언제 학습이 일어났는지 알 방법이 없기 때문에, 언제 강화인을 주어야 할지 알 수 없기 때문이다. 개별화된 수업과 강의 기법에 대해서는 이 장의 후반부에 더 많이 논의할 것이다.

스키너주의자 교사는 처벌의 사용을 피한다. 그들은 적절한 행동은 강화하고, 적절하지 못한 행동은 무시한다. 학습 환경은 학생들이 최대한의 성공을 경험하도록 설계되기 때문에, 학생들은 대개 배우려는 노력을 기울인다. 스키너주의자들에 따르면, 학교에서 행동 문제가 발생하는 것은 자기 자신의 속도에 맞추지 못하고, 적절하게 강화인을 활용하지 못하고, 쉽게 이해하지 못할 정도의 큰 학습 내용을 제시하고, 행동을 통제하기 위해서 훈육을 활용하고, 모든 학생이 따라야 한다고 융통성 없는 계획을 세우거나, 학생들에게 불합리한 요구(움직이지 말라거나 시끄럽게 하지 말라는 것과 같은)를 하기 때문이다.

「미국 교육의 부끄러움(The Shame of American Education)」이란 논문에서, 스키너(1984)는 프로그램 수업의 활용이 학생들의 학습을 촉진할 뿐만 아니라 교사에 대한 존경심도 높일 수 있다고 주장한다.

> 프로그램 수업은 성공과 진보를 줄 수 있다. 또한 교수(teaching)를 전문적인 가치가 있는 것으로 만들 수 있다. 학생들이 배울 뿐만 아니라 배우는 중임을 알아야만 하는 것과 마찬가지로, 교사는 가르칠 뿐만 아니라 가르치고 있음을 알아야 한다. 소진(burnout)은 대개 학생들의 잘못으로 여겨지지만, 교실에서의 지난날을 돌이켜 보았을 때, 한 개인이 무엇을 배웠는지를 모르기 때문일 수도 있다. 미국 교육을 위한 한 가지 처방은 교사들에게 더 큰 존경을 보이는 것이지만, 이 처방은 잘못된 길을 헤매고 있다. 같은 시간과 노력으로 두 배를 가르치게 하면, 그들은 존경을 받을 수 있을 것이다(p. 952).

스키너의 유산: PSI, CBI 및 온라인 학습

가장 흔히 쓰이는 교수 방법은 강의이다. 그리고 강의는 앞서 말한 세 가지 원리에 모두 위배된다. 스키너는 대안적인 방법으로 프로그램 학습(programmed learning)을 제안했다. 프로그램 학습에는 세 가지 원리가 통합되어 있다. 프로그램화된 내용을 제시하도록 고안된 장치는 교수 기계(teaching machine)라 불린다. 스키너(1958)에 따르면 교수 기계를 사용하는 것의 장점은 다음과 같다.

물론 기계 그 자체가 가르치는 것은 아니다. 기계는 단순히 학생들을 가르칠 내용을 구성한 사람과 접촉하도록 할 뿐이다. 기계는 무제한적으로 다수의 학생을 한 명의 프로그래머와 접촉하도록 한다는 점에서 노동력 절감적인 장치이다. 일종의 대량생산처럼 보이지만, 놀랍게도 각 학생에게 미치는 효과는 개별 교수와 비슷하다. 몇 가지 측면에서 비교를 생각해 볼 수 있다 (i) 프로그램과 학생 간의 지속적인 상호 교환이 있다. 강의, 교과서, 보통의 시청각 자료와 달리, 기계는 활동을 유도한다. 학생은 항상 정신을 차리고, 바삐 움직여야 한다. (ii) 좋은 교사처럼, 기계는 다음으로 넘어가기 전에 주어진 내용을 철저히 이해했는지 장면별로, 구조별로 확인한다. 하지만 강의, 교과서, 또 이와 유사한 것들은 학생들이 제대로 이해하지 않아도 넘어갈 수 있고, 또 학생들이 뒤처지기 쉽다. (iii) 좋은 교사처럼, 기계는 학생들이 준비가 되어 있는 내용만을 제시한다. 기계는 학생들에게 잘 준비되고, 선택할 수 있는 단계를 선택하도록 해 준다. (iv) 숙련된 교사처럼, 기계는 학생들이 올바른 대답을 할 수 있도록 돕는다. 이는 부분적으로는 정돈된 프로그램 순서를 통해, 또 언어적 행동의 분석으로부터 도출된 힌트를 제시하고 자극하고 제안하는 등의 기법을 통해 가능하다. (v) 마지막으로, 물론 개별 교사와 같이 기계는 올바른 반응을 보일 때마다 매번 학생을 강화한다. 이 즉각적인 피드백을 활용하여 행동을 가장 효과적으로 조성할 수 있을 뿐만 아니라 초보자가 '학생들이 흥미를 가지고 있다'고 묘사한 것과 같은 형태를 유지하도록 할 수 있다(p. 971).

프로그램 학습은 인지주의적 입장을 가진 교사보다는 행동주의적 입장을 가진 교사가 훨씬 더 많이 사용한다. 비록 강화 이론가들이 기법들을 개발한 것은 아니지만, 프로그램 학습은 강화 이론의 많은 원리를 통합하고 있다. 프로그램 학습은 원래 프레시(Sidney L. Pressey, 1926,

1927)가 개발하였으며, 그의 '검사 기계(testing machine)' 는 효과적이었지만 인기가 없었다. 시대정신(Zeitgeist)의 한 예인 셈이다. 비록 프레시의 아이디어는 좋았지만, 당시에는 맞지 않았다. 프로그램 학습을 다시 발견하고 인기 있게 만든 사람은 스키너였다.

프로그램 학습에 대한 스키너의 접근은 그의 학습 이론에서 도출된 다음의 특징을 포함한다.

① 적은 단계: 학습자들은 적은 양의 정보에 노출되고, 한 프레임(frame) 또는 하나의 정보에서 다음으로 나아간다. 이것이 바로 선형적 프로그램(linear program)이 뜻하는 바이다.

② 명시적 반응: 명시적 반응(overt responding)은 학생들의 올바른 반응이 강화받고, 올바르지 않은 반응은 수정되기 위해서 필요하다.

③ 즉각적 피드백: 반응을 한 후에 즉각적으로, 학생들은 그들이 올바른 반응을 했는지 여부에 대해 듣게 된다. 즉각적 피드백(immediare feedback)은 올바른 대답을 했을 경우에는 강화인의 역할을 하고, 올바르지 못한 대답을 했을 때에는 수정을 위한 도구가 된다.

④ 자기 속도에 맞추기: 학생들은 자신의 속도에 맞춰 프로그램을 해 나갈 수 있다.

프로그램 학습은 효과적인가   쉬람(Schramm, 1964)은 프로그램 학습에 대한 165개의 연구를 리뷰했다. 프로그램 학습을 더 전통적인 방식의 교수와 비교한 36개의 연구 중 17개의 연구에서는 프로그램 학습이 더 효과적인 것으로 나타났고, 18개의 연구에서는 둘 간에 차이가 없다고 보고했다. 단 1개의 연구만이 전통적인 방식이 더 효과적이라는 결론을 얻었다. 그러므로 프로그램 학습은 적어도 연구가 적용된 분야에서는 더 효과적인 것으로 보인다.

개별화 수업체제

개별화 수업체제(Personalized Systems of Instruction: PSI)라 불리는 접근은 개발에 공헌한 켈러(Fred Keller, 1899~1996)를 따라 켈러 계획이라 불렸다(Keller, 1968; Keller & Sherman, 1974). 프로그램 학습과 같이, PSI 방법은 학생의 수행에 대해 개별화된 그리고 빠르고 빈번한 피드백을 포함하고 있다. 개별화된 수업을 제공할 때는 네 단계를 따르는데 이를 요약하면 다음과 같다.

① 수업에서 다룰 내용을 결정하기
② 수업 내용을 독립적인 부분(segments)으로 나누기

③ 주어진 부분을 완전히 학습한 정도를 평가할 수 있는 방법을 만들기

④ 학생들이 자신의 속도에 맞춰 특정 부분에서 다음 부분으로 넘어가며 학습하도록 하기

PSI 수업은 각 부분들의 내용을 완전히 학습하는 것을 강조한다. 완전한 학습은 짧고 초점이 분명한 시험에서의 수행으로 드러난다. 교수자는 내용의 한 부분에서 다음 부분으로 넘어가기 전에 해당 내용을 완전히 학습하도록 요청할 수 있다. 또는 교수자는 최소한의 기준을 요구할 수 있다. 예를 들어 수업에서 다음 부분으로 넘어가기 위해 90% 정도는 익혀야 한다고 할 수 있다. 심지어 완벽한 숙달이 요구되지 않더라도 개별화된 수업에서 학생들은 최종 점수에서 A학점이나 B학점을 받을 수 있다. 왜냐하면 개별화된 수업에서 시험 점수의 분산을 만드는 다양한 개인적 요소가 제거되었기 때문이다. 만약 학생들이 아프거나, 정서적으로 힘들어하거나, 다른 일로 부담이 많거나, 또는 다른 어떤 이유라도 시험을 치를 준비가 되지 않았다면, 해당 부분에 대한 시험을 연기하기만 하면 된다. 학기 내 시간 제한만 지킨다면, 학생들은 교수자의 마감 시간에 맞추는 것이 아니라 개인의 시간표에 따라 수업의 부분들을 자유롭게 익힐 수 있다.

PSI는 효과적인가   교육에서 다른 혁신들과는 다르게, PSI 형식의 결과에 대한 연구는 예외적으로 잘 정리되어 있다. 셔먼(Sherman, 1992)은 PSI와 전통적인 수업을 비교한 연구의 수가 대략 2,000개는 넘을 것이라고 추정한다. 그는 "메시지는 항상 같다."(p. 59)라고 썼다. 연구마다 PSI 형식에서 수업을 받은 학생들은 더 낫지는 않더라도 전통적인 교실의 학생들과 유사한 수행을 보이며, 전통적인 수업의 학생들보다 더 수업 내용을 오래 기억했다(Kulik, Kulik, & Cohen, 1979 참조). 게다가 학생들은 PSI가 전통적 수업에 비해 더 즐겁고 더 도전적이라고 평가했다.

자기 속도에 맞추기와 즉각적인 피드백에 있어 남은 것은 다음으로 살펴볼 주제인 컴퓨터 기반 교수이다.

컴퓨터 기반 교수

컴퓨터가 프로그램이나 또는 다른 종류의 교수 내용을 제시하는 데 사용된다면, 이를 컴퓨터 기반 교수(computer-based instruction: CBI)라고 부른다(또는 종종 컴퓨터 보조 교수[computer-assisted instruction]라 불린다). 예를 들어 최근 새 워드프로세스 프로그램을 구입

한 사람이라면 소프트웨어의 특징과 기능에 대해 소개해 주는 튜토리얼(tutorial)을 받아 본 적이 있을 것이다. 튜토리얼을 따라 해 본 사용자는 구체적인 기술과 적용을 가르치기 위해 고안된 작은 단원들을 통해 자신의 속도대로 작업을 할 수 있게 된다. 튜토리얼은 내용에 대한 명시적 반응과 활발한 참여를 요구한다. 버튼을 누를 때 도움 버튼을 활용할 수 있으며, 피드백은 즉각적이다. 스키너의 프로그램 학습과 켈러의 PSI 교실에서 찾아볼 수 있는 학습의 원리가 CBI에도 나타난다.

컴퓨터는 교수 내용을 제시하는 데 사용할 수 있을 뿐만 아니라 내용을 얼마나 잘 배웠는지 평가하는 데에도 사용할 수 있다. 프로그램의 각 부분을 끝마치면, 컴퓨터는 성취검사를 제시하고, 그것을 평가한 후에는 다른 사람의 점수와 비교를 해 준다. 그러므로 컴퓨터는 학습 과정에서 즉각적인 피드백을 제공할 뿐만 아니라 학생과 교사 모두에게 성취검사의 결과를 즉각 전달한다. 학생들이 어떻게 수행하는지에 따라, 교사는 교수 내용이 얼마나 효과적인지를 알 수 있고, 필요한 교정 수단을 무엇이든 선택할 수 있다. 교과서나 강의와 같이 학습 내용을 제시하고, 학생들의 학습을 평가하기 위해 중간·기말 고사를 사용하는 경우에는 할 수 없는 일이다.

즉각적인 피드백의 제공, 개인적 주의, 흥미로운 시각 표현, 게임과 같은 분위기를 제공함으로써, CBI는 전통적인 교수가 하지 못한 방식으로 학생들이 배우도록 동기화할 수 있다. 학생들이 전통적인 교수에 비해 CBI에서 더 짧은 시간에 더 많은 것을 배운다는 상당한 증거가 있다. 예를 들어, 린스키(Linskie, 1977)는 CBI를 통해 수학을 학습한 3학년 학생들이 전통적인 교실에서 수업을 들은 학생들에 비해 훨씬 더 성취가 좋았고, 훨씬 더 많은 열정을 가졌다고 보고한다.

CBI와 관련된 교육 형식 중 하나는 '가상 교실(virtual classroom)'이며, 때때로 온라인 교육(online education)이라 불린다. 컴퓨터와 인터넷 기술 덕분에 이제 학생들은 컴퓨터 단말기 앞에 앉아서 멀리 떨어진 교수자나 정보와 접촉할 수 있다. 이 '원격교육(distance learning)' 접근에서, 학생들은 교수자가 준비한 내용이나 강의를 읽을 기회를 가지며, 채팅 기능을 활용해 교수자나 다른 학생들과 상호작용을 하거나 또는 교수자가 준비한 CBI에 참여한다. 컴퓨터 기술의 발전은 교실을 보고 듣는 것을 가능하게 할 뿐만 아니라 서로 말을 하며 참여하는 것도 가능하게 하고 있다. 온라인 교실의 효과성에 대한 리뷰들은 온라인 교실이 전통적인 교실만큼이나 효과적이며, 수업에 대한 평정 또한 유사하다고 지적한다(예: Hiltz, 1993; Spooner, Jordan, Algozzine, & Spooner, 1999 참조).

스키너 이론에 대한 평가

공헌

스키너의 길고 생산적인 연구는 순수과학, 응용과학 모두에 큰 영향을 끼쳤다. 다른 학습 연구자들과 비교했을 때, 스키너의 체계는 복잡하지 않고, 동물 훈련부터 인간 행동의 수정 기법까지 다양한 문제에 쉽게 적용될 수 있었다. 또 하나 대단한 것은, 그의 연구는 배합 법칙으로 이어졌으며, 행동 의사결정 분야의 현재 연구에 간접적인 영향을 끼쳤다는 것이다.

스키너의 방법론은 주류 행동주의의 출발점이었다. 버플랭크(Verplanck, 1954)는 스키너의 접근이 "이론적 세부 사실의 특이함에서 다른 사람들과 달랐을 뿐만 아니라 과학에 대한 접근 방식을 새로이 했다는 점에서도 달랐다."고 평가한다(p. 306). 다른 연구자들이 연구 대상을 집단으로 나눈 후 상이한 실험 조건 간에 비교를 하려고 한 데 비해, 스키너는 하나의 실험 대상을 오랜 기간 동안 관찰하는 개별적 접근을 취했다. 반응 누가 기록의 독점적인 사용과 함께 이런 접근은 해당 분야의 지배적인 연구 방법에 대한 대안을 제시해 주었다. 이는 전문 저널인 『행동의 실험적 분석지(Journal of Experimental Analysis of Behavior)』의 창간으로 이어졌다. 이 방법은 세분화된 연구와 강화 계획의 분석 그리고 수많은 새로운 행동 법칙을 만들어 내는 데 기여했다. 평생 스키너는 심리학자는 심리적 사상에 대한 이론화를 피하고, 행동에 대한 기술적 설명에 만족해야 한다는 주장을 고수했다.

비판

스키너의 이론에 대한 몇몇 비판은 다른 것보다 더 근거가 있다. 예를 들어, 헌스타인의 이전 학생이었던 스태든(Staddon, 1995)은 사회문제에 대한 스키너의 영향을 확인했다. 체벌은 효과가 없다는 주장과 인간은 자유의지가 없기 때문에 행동에 대한 책임이 없다는 스키너의 주장이 대표적이다. 스태든은 이런 스키너주의자들의 믿음이 잘못된 양육과 법 실천으로 이어지고, 이는 범죄율을 증가시키고 불법, 무지를 증가시킨다고 생각했다. 비록 복잡한 사회경제적 문제에 대한 책임을 스키너주의자들에게 돌리는 것은 지나치게 멀리 간 것이지만, 스키너의 입장은 법의 측면에서 비판받을 여지가 있다.

비록 스키너가 개발한 개별적 방법이 개인의 조작적 행동을 세부적으로 알 수 있도록 해 주지만, 그의 절차를 통해 얻은 결과를 보편적 방법을 활용한 실험실 연구 결과와 비교하는 것은 어렵다. 두 번째는 스키너의 이론 개발 거부와 관련된 것이다. 1장에서 보았듯이 이론의 주된 기능은 데이터와 현상을 설명하는 것이다. 현상을 기술하는 것과 현상을 설명하는 것 사이에 큰 차이가 존재한다는 것을 아는 것은 중요하다. 현상을 기술하는 것은 정확하며, 논쟁이 있을 수 없으며, 언제, 어떻게 행동이 발생하는지를 설명하려고 한다. 다른 한편으로 이론은 언제, 어떻게뿐만 아니라 왜 행동이 나타났는지에 대해서도 설명하려고 노력한다. 기술과 달리 이론은 종종 논쟁적이며, 그런 논쟁이 과학적 진보를 이끈다. 스키너의 체계는 진보를 이끌어 냈다. 하지만 그러한 진보는 학습과 동기에 대한 더 깊은 이해보다는 행동적 현상들의 축적 면에서 더욱 두드러진 것이었다.

**논의
사항**

1. 스키너의 이론에 따라서 아동이 창의적인 사람이 될 가능성을 증진시키는 절차를 대략
   써 보라.

2. 아동과 어른의 행동을 조작하는 데 똑같은 강화인을 사용해야 하는가? 그렇지 않다면
   왜 달라야 하는지 써 보라.

3. 스키너의 이론이 적용되지 않는 성인의 행동 유형이 있는가? 설명하라.

4. 스키너의 학습 이론에 따른 수업 방식의 특징은 무엇인가? 이 방식과 최근 학교에서
   따르고 있는 방식과의 차이점을 써 보라.

5. 처벌의 효과성에 대한 스키너의 결론이 타당하다고 가정하자. 아동 양육, 범죄 행동,
   교육에 있어서 어떤 주된 변화가 있을 것이라 생각하는가?

6. 부분 강화 효과는 무엇인가? 스키너가 연구한 기본 강화 계획에 대해 짧게 기술하라.

7. 부분 강화 효과에 대해 설명하라.

8. 동시적 강화 계획과 동시적 연쇄 강화 계획에 대해 설명하라. 각각의 예도 함께 제시
   하라.

9. 헌스타인의 배합 법칙이란 무엇인가? 법칙이 타당한 것은 강화의 어떤 측면 때문인
   가? 인간 행동 문제를 다루는 데 있어 법칙의 함의는 무엇인가?

10. 스키너의 관점에서 봤을 때, 프로그램 학습과 교수 기계가 전통적인 강의에 비해 가
    지는 장점은 무엇인가?

11. 스키너에 따르면, 지금 이 시대에 더 적합한 행동의 기술을 개발하지 못한 이유는 무
    엇인가? 우리 문제를 해결하는 데 그런 기술을 활용하기 위해서 먼저 해야 하는 일은
    무엇인가?

12. 프리맥의 원리가 초등학교 학생의 행동 수정에 어떻게 사용될 수 있는지 예를 들라.

13. 스키너의 관점에서 연쇄에 대해 논의하라.

14. 정적 강화와 부정 강화 그리고 처벌을 구분하라.

15. 프리맥과 팀버레이크의 강화인에 대한 차이를 설명하라.

16. 스키너를 중심으로 한 행동주의는 현재 교육 실천에 영향을 끼쳤는가? 어떻게 끼쳤는가?

주요 개념

- 고정 간격 강화 계획(fixed interval reinforcement schedule: FI)
- 고정 비율 강화 계획(fixed ratio reinforcement schedule: FR)
- 교수 기계(teaching machine)
- 급진적 행동주의(radical behaviorism)
- 기능적 분석(functional analysis)
- 기능적 자율성(functional autonomy)
- 누가 기록(cumulative recording)
- 동시적 강화 계획(concurrent reinforcement schedule)
- 동시적 연쇄 강화 계획(concurrent chain reinforcement schedule)
- 명시적 반응(overt responding)
- 미신적 행동(superstitious behavior)
- 반응적 조건화(respondent conditioning)
- 반응 행동(respondent behavior)
- 배식훈련(magazine training)
- 배합 법칙(matching law)
- 변동 간격 강화 계획(variable interval reinforcement schedule: VI)
- 변동 비율 강화 계획(variable ratio reinforcement schedule: VR)
- 변별 자극(discriminative stimulus: S^D)
- 변별 조작(discriminative operant)
- 부분 강화 효과(partial reinforcement effect: PRE)
- 불균형 가설(disequilibrium hypothesis)
- 비유관 강화(noncontingent reinforcement)
- 선형적 프로그램(linear program)
- 스키너 상자(Skinner box)
- 연속 강화 계획(continuous reinforcement schedule: CRF)
- 연속적 접근법(successive approximation)
- 연쇄(chaining)
- 온라인 교육(online education)
- 유관 강화(contingent reinforcement)
- 이차적 강화(secondary reinforcement)
- 일반화된 강화인(generalized reinforcers)
- 일차적 부적 강화인(primary negative reinforcer)
- 일차적 정적 강화인(primary positive reinforcer)
- 자동조성(autoshaping)
- 점진적 비율 강화 계획(progressive ratio reinforcement schedule: PR)
- 정신적 사상들(mentalistic events)
- 조성(shaping)
- 조작 수준(operant level)
- 조작적 반응의 소거(extinction of an operant response)
- 조작적 반응의 자발적 회복(spontaneous recovery of an operant response)
- 조작적 조건화(operant conditions)
- 조작적 행동(operant behavior)
- 즉각적 피드백(immediate feedback)
- 직선적 프로그램(linear program)
- 차별적 강화(differential reinforcement)
- 처벌(punishment)
- 컴퓨터 기반 교수(computer-based instruction: CBI)
- 프레임(frame)
- 프로그램 학습(programmed learning)
- 프리맥의 원리(Premack principle)
- 행동경제학(behavioral economics)
- 헌스타인의 방정식(Hermstein's equation)

제6장

클라크 레너드 헐
(Clark Leonard Hull)

클라크 레너드 헐(Clark L. Hull, 1884~1952)은 1918년 위스콘신 대학교에서 박사 학위를 받고 그곳에서 1916년부터 1929년까지 학생들을 가르쳤다. 1929년 예일 대학교로 옮겨 간 그는 사망할 때까지 그곳에 머물렀다.

헐의 경력은 세 부분으로 나뉜다. 그의 첫 번째 관심은 적성검사였다. 그는 위스콘신 대학교에서 적성검사를 가르치면서 이에 대한 자료를 수집하였고, 1928년 『적성검사(Aptitude Testing)』라는 책을 출간하였다. 헐의 두 번째 관심은 최면이었는데, 오랫동안 최면에 대해 연구하여 『최면과 암시(Hypnosis and Suggestibility)』(1933b)라는 책을 출간하였다. 그의 세 번째 관심은 그를 가장 유명하게 만든 작업인데, 그것은 학습 과정에 관한 연구였다. 학습에 관해 헐이 처음 쓴 책은 『행동의 원리(Principles of Behavior)』(1943)로, 학습에 관한 연구에 큰 변화를 일으켰다. 그것은 복잡한 심리적 현상에 대한 연구에 포괄적인 과학적 이론을 적용한 첫 번째 시도였다. 3장에서 살펴본 바와 같이, 학습을 연구하는 데 실험을 이용한 첫 번째 학자는 에빙하우스(Ebbinghaus)였다. 그러나 학습 연구를 설명하고 연구하기 위해 엄격한 이론을 처음으로 적용한 사람은 헐이었다. 1943년 발표된 헐의 이론은 1952년까지 확장되었으며, 『행동 체계(A Behavior System)』라는 책으로 출간되었다. 헐은 세 번째 책을 저술하고자 하였으나, 뜻을 이루지 못하였다.

이 같은 노력으로 그는 1945년 실험심리학회(Society of Experimental Psychology)에서 워렌 메달(Warren medal)을 수상하였다. 메달에는 다음과 같은 문구가 쓰여 있다.

> 클라크 레너드 헐에게: 행동에 대한 체계적인 이론을 발전시킨 공로를 인정하여 이 상을 수여합니다. 당신의 이론은 많은 연구를 자극하였으며, 정밀하고 양적인 형태를 띠고 있어 경험적으로 검증할 수 있는 예측을 가능하게 하였습니다. 그러므로 당신의 이론에는 그 자체로 확실한 것과 논박을 받을 수 있는 모든 것을 포함하고 있습니다. 당신의 업적은 지금까지 심리학 역사에서 특별한 것입니다.

헐은 어린 시절 소아마비에 걸려 생의 대부분을 신체적 장애를 안고 지냈으며, 1948년 동맥경화증이 발병하여 4년 후 생을 마감하였다. 그는 자신의 마지막 저서 『행동 체계』에서 학습에 관해 저술하고자 하는 세 번째 책을 결코 쓰지 못할 것이라는 아쉬움을 토로하고 있다.

헐은 스스로 자신의 이론이 불완전하다고 생각했지만, 그의 이론은 전 세계적으로 학습 이론에 많은 영향을 끼쳤다. 헐의 많은 유명한 제자들 중 한 명인 케네스 스펜스(Kenneth Spence, 1952)는 1941년에서 1950년 사이 『실험심리학회지(Journal of Experimental Psychology)』와 『비교 및 생리심리학회지(Journal of Comparative and Physiological Psychology)』에 수록된 모든 실험의 40% 정도가 헐의 연구에 대해 언급하고 있으며, 학습과 동기 부분의 논문만을 대상으로 한다면 그 비율은 70%까지 된다고 지적하였다. 루자(Ruja, 1956)는 1949년에서 1952년 사이에 출간된 『이상 및 사회심리학회지(Journal of Abnormal and Social Psychology)』에서 헐의 『행동의 원

클라크
레너드 헐

리』가 105번 언급되었으며, 그다음으로 많이 언급된 참고문헌은 겨우 25번에 불과하다고 보고하였다. 사실 오늘날에도 여전히 학습에 대해 공부하는 학생들은 심리학 학술지를 읽는 동안 헐의 이론에 대해 언급한 수많은 논문을 접하게 된다. 클라크 헐은 학습 과정에 대한 연구에 많은 공헌을 한 연구자이다.

대부분의 기능주의적 학습 이론가와 마찬가지로, 헐은 다윈(Darwin)의 영향을 많이 받았다. 헐 이론의 목적은 적응적인 행동을 설명하고 그에 영향을 미치는 다양한 요인을 이해하고자 하는 것이었다. 그는 유기체의 생존 확률을 높이기 위해 신체적 욕구, 환경, 행동이 어떻게 상호작용하는지 설명하는 이론을 발전시키는 데 관심이 있었다고 할 수 있다.

이론화에 대한 헐의 접근

이론 구성에 대한 헐의 접근법을 가설 연역적(hypothetical deductive) 또는 논리 연역적(logical deductive) 접근법이라 부른다. 라쇼트와 에임젤(Rashotte & Amsel, 1999)은 다음과 같이 그의 접근법을 기술하고 있다.

> 행동과학자는 자연과학 모델을 따라 일련의 가정(postulates)을 정교화하고, 행동 현상에 대해 엄격한 논리, 추론 및 정리(theorem)를 통해 연역할 때 그것들을 전제로 사용한다……. 이러한 가정에는 종종 실험적 조작과 이론가가 관심을 갖는 행동과 관련된 측정(독립 변인과 종속 변인) 사이의 관계에 대한 자신의 생각을 조직화하기 위해 이론가가 만들어 낸 가설적 실제(hypothetical entity, 매개 변인)도 포함된다. 이론으로부터 실험적 조작을 연역하고 그것이 실험실에서 어떻게 나타나는지를 살펴봄으로써 이론을 평가할 수 있다(p. 126).

이런 방식의 이론화는 역동적, 개방적 체계를 만들어 낸다. 끊임없이 가설이 생성되며, 그중 어떤 것은 실험 결과물에 따라 지지를 받고 어떤 것을 지지를 받지 못한다. 실험 결과가 예측한 대로 나온다면 가정과 정리를 포함한 전체 이론은 강해진다. 그러나 실험 결과가 예측한 대로 나오지 않으면 그 이론은 약화되며 수정되어야 한다. 헐의 이론과 같은 이론은 경험적 연구 결과에 따라 지속적으로 갱신되어야 한다. 헐(1943)은 다음과 같이 기술한다.

경험적 관찰을 통해 과학의 일차적 원리인 가정이 만들어진다. 관련된 선행 조건들을 다양하게 조합하면 추론과 정리가 생겨나는데, 어떤 것들은 경험적 결과와 일치하고 어떤 것들은 일치하지 않을 것이다. 경험적 결과와 일치하는 논리적 연역을 내는 명제는 보존되지만, 그렇지 못한 명제는 기각되거나 수정된다. 이 같은 시행착오를 통한 거름 작용이 계속되면 점차 제한적인 수의 일차적 원리들이 나타나는데, 이들이 가지는 공통적인 함의는 관련된 관찰과 보다 일치하게 된다는 것이다. 이러한 가정을 통해 만들어진 연역은 결코 절대적으로 확실한 것은 아니라 하더라도 매우 믿을 만하게 된다. 사실 현재 물리학의 일차적 원리는 이와 같은 상태이다(p. 382).

2장에서 언급하였듯이 과학적 이론은 과학자들에게 사실들을 통합하고 새로운 정보를 어디에서 찾아야 하는지 알려 주는 도구일 뿐이다. 이론의 궁극적 가치는 관찰된 사실과 얼마나 일치하는지, 또는 이 경우에 있어 실험 결과와 얼마나 일치하는지에 따라 결정된다. 과학에서의 궁극적 권위는 경험적 세계이다. 이론이 아무리 정교화되고 추상화된다 하더라도, 궁극적으로 이론은 경험적으로 검증 가능한 명제를 만들어야 한다. 헐의 이론은 정확히 그것을 하고 있다.

주요 이론적 개념

헐의 이론은 유클리드(Euclid)의 기하학과 같이 가정(postulates)과 정리(theorems)의 논리적 구조를 가지고 있다. 가정이란 직접 확인할 수 없는 행동에 대한 일반적 진술문이다. 반면에 정리는 가정으로부터 논리적으로 따라오는 것으로, 검증할 수 있는 것이다. 우리는 먼저 헐이 1943년에 제안한 16개 주요 가정을 논의하고, 이후 1952년에 제안한 주요 수정 사항에 대해 살펴본다.

가정 1: 외적 환경의 감각과 자극 흔적　　외적 자극은 구심성(감각) 신경 충동을 활성화하고, 그것은 환경적 자극을 지속시킨다. 헐은 자극이 사라진 후에도 몇 초 동안 지속되는 자극 흔적(stimulus trace: s)의 존재를 가정하였다. 이러한 구심성 신경 충동이 반응과 연합되기 때문에 헐은 전통적인 자극-반응(S-R) 공식을 S-s-R로 바꾸었다. 여기서 s는 자극 흔적을 말한다.

헐은 s와 R 간의 연합에 관심(흥미)이 있었다. 자극 흔적은 원심성(운동) 신경 반응(r)인 외현적 반응을 일으킨다. 결국 우리는 S-s-r-R을 얻게 되는데, 여기서 S는 외현적 자극, s는 자극 흔적, r은 운동 신경점의 점화, R은 외현적 반응을 나타낸다.

가정 2: 감각 충동들 간의 상호작용   감각 충동들 간의 상호작용(interaction of sensory impulses: $\bar{s}$)은 자극의 복잡성과 그로 인해 행동을 예측하기 어렵다는 것을 나타낸다. 하나의 자극만으로 발생하는 행동은 거의 없다. 많은 자극이 모여 어떤 순간 유기체에 영향을 주어 행동이 나타나게 된다. 많은 자극과 그와 관련된 흔적들이 또 다른 자극이나 흔적들과 상호작용하고, 그들이 통합되어 행동을 결정한다. 이제 우리는 S-R 공식을 다음과 같이 세련되게 표현할 수 있다.

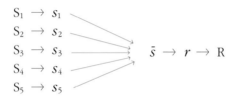

$$
\begin{aligned}
S_1 &\rightarrow s_1 \\
S_2 &\rightarrow s_2 \\
S_3 &\rightarrow s_3 \\
S_4 &\rightarrow s_4 \\
S_5 &\rightarrow s_5
\end{aligned}
\quad \bar{s} \rightarrow r \rightarrow R
$$

여기서 $\bar{s}$는 유기체에 영향을 미치는 다중 자극의 연합된 효과를 나타낸다.

가정 3: 학습하지 않은 행동   헐은 유기체는 욕구가 생길 때 유발되는 학습하지 않은 행동(unlearned behavior), 즉 반응 위계를 가지고 태어난다고 믿었다. 예를 들어, 만약 눈에 이물질이 들어가면 자동적으로 눈을 깜빡이고 눈물을 흘리게 된다. 만약 기온이 신체가 정상적으로 기능하는 최적의 온도에서 달라지면 유기체는 땀을 흘리거나 몸을 떨지도 모른다. 마찬가지로 고통, 배고픔, 갈증 등은 그러한 조건의 영향을 줄여 줄 가능성이 가장 높은 생득적 반응 양식을 촉발시킨다.

'위계적'이란 용어는 이러한 반응들을 지칭할 때 사용하는 말이다. 하나 이상의 반응이 일어날 수 있기 때문이다. 만일 첫 번째 생득적 반응 양식이 욕구를 줄여 주지 못하면 또 다른 형태의 생득적 반응 양식이 나타난다. 만약 두 번째 반응 양식이 욕구를 감소시키지 못하면 또 다른 형태가 나타날 것이며, 이런 식으로 계속될 것이다. 만약 생득적 행동 양식이 욕구를 효과적으로 감소시키지 못한다면 유기체는 새로운 반응 양식을 배워야 한다. 헐에 의하면 생득적 신경 기제와 그와 관련된 반응이 유기체의 욕구를 감소시키는 것에 실패한 경우에만 학습이 요구된다. 일반적으로 생득적인 반응 혹은 이전에 학습한 반응이 욕구를 만족시키는 한 새로운 반응을 학습할 이유는 없다.

가정 4: 학습을 위한 필요조건으로서의 인접과 추동 감소　만약 자극이 반응을 이끌고 반응이 생리적 욕구를 만족시키면 자극과 반응 간의 연합은 강화된다. 자극과 욕구 충족을 유도하는 반응이 더 자주 짝지어질수록 자극과 반응 간의 관계는 더욱 강해진다. 이러한 기본적 관점에서 헐은 손다이크(Thorndike)의 수정된 효과성의 법칙에 동의한다. 그러나 헐은 '만족스러운 사상태(satisfying state of affairs)'를 구성하고 있는 것이 무엇인가에 대해 보다 구체적이다. 헐에 따르면 일차적 강화(reinforcement)는 욕구 충족 또는 헐이 추동 감소(drive reduction)라고 말하는 것을 포함해야 한다.

가정 4에서는 또한 이차적 강화인(reinforcer)을 "욕구 감소와 밀접하게 그리고 지속적으로 연합되어 있는 자극"으로 나타낸다(Hull, 1943). 어떤 반응에 뒤따르는 이차적 강화는 그 반응과 그에 인접해 있는 자극 사이의 연합 강도를 증가시켜 준다. 요약하자면, 만약 자극에 뒤이어 반응이 나타나고 그 반응 이후에 강화(일차적 또는 이차적)가 따라오면 자극과 반응 사이의 연합은 강화된다고 말할 수 있다. 우리는 그 자극에 대해 그 반응이 일어나게 하는 '습관'이 더 강해진다고 말할 수 있다. 후에 헐이 언급한 용어인 습관 강도(habit strength: $_sH_R$)에 대해 설명할 것이다.

헐은 손다이크와 스키너(Skinner)와 같은 강화 이론가였지만, 강화에 대해 더 자세하게 정의 내렸다. 스키너는 강화인을 반응 빈도를 증가시키는 것이라고 정의하였으며, 손다이크는 '만족스러운' 또는 '혐오스러운' 사상태라는 모호한 용어를 사용하였다. 그러나 헐은 강화는 추동 감소이고, 강화인은 추동을 감소시킬 수 있는 자극이라고 하였다.

습관 강도($_sH_R$)는 헐의 중요한 개념 중 하나로, 이미 언급한 것처럼 자극과 반응 간의 연합 강도를 말한다. 자극과 반응 간 짝지음에 대한 강화 횟수가 증가할수록 습관 강도($_sH_R$)는 높아진다. 습관 강도($_sH_R$)와 S와 R 간의 강화받은 짝지음의 수 간의 관계를 나타내는 수학적 공식은 다음과 같다.

$$_sH_R = 1 - 10^{-0.0305N}$$

N은 S와 R 간의 강화된 짝지음의 횟수이다. 대부분의 학생에게는 이 공식을 배우는 것이 중요하지 않다. 중요한 것은 이 공식은 부적으로 가속화되는 학습 곡선을 생성하는데, 그것은

이전에 강화를 받은 짝지음이 이후에 강화를 받은 짝지음보다 학습에 보다 효과적이라는 것을 의미한다. 이후 추가로 강화받은 짝지음을 더 많이 하여도 학습에 아무런 효과를 미치지 않는 지점, 즉 학습 곡선이 최고치를 가지는 지점에 이르게 된다. [그림 6-1]은 이전의 강화가 이후의 강화보다 학습에 더 효과적이라는 것을 보여 준다.

가정 5: 자극 일반화　　헐은 어떤 자극(조건화 과정에서 사용된 자극이 아닌)이 조건 반응을 인출해 내는 능력은 그 자극이 훈련 기간 동안 사용된 자극과의 유사성에 따라 결정된다고 말한다. 따라서 습관 강도($_sH_R$)는 두 자극이 유사한 정도에 따라 한 자극에서 다른 자극으로 일반화한다. 자극 일반화(stimulus generalization)에 대한 이 가정은 이전의 경험이 현재의 학습에 영향을 미치는 것을 나타낸다. 헐은 이를 일반화된 습관 강도(generalized habit strength)라 부르며, $_s\bar{H}_R$로 나타낸다. 이 가정은 본질적으로 학습의 전이에 대한 손다이크의 동일요소 이론과 같다.

가정 6: 추동과 연합된 자극　　유기체가 생리적으로 결핍되면 추동(drive: D) 상태를 초래하는데, 각 추동은 특정 자극과 연합된다. 예를 들어, 배고픔의 고통은 기아 추동을, 그리고 마른 입, 입술, 목은 갈증 추동을 수반한다. 구체적인 추동 자극이 존재하기 때문에 동물들에게 어떤 하나의 추동에서는 어떤 식으로 행동하고, 다른 추동에서는 다른 식으로 행동하도록 가르

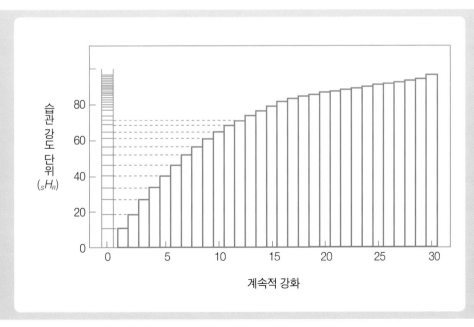

◀그림 6-1
습관 강도($_sH_R$)의 획득과 계속적 강화(successive reinforcements) 간의 관계(C. L. Hull, *Principles of Behavior: an Introduction of Behavior Theory*, 1st ed. Upper Saddle River, NJ: Pearson Education, Inc., 1967)

칠 수 있다. 예를 들어, 어떤 동물은 T-미로 안에서 배가 고프면 오른쪽으로 돌고 목이 마르면 왼쪽으로 도는 것을 배울 수 있다. 이 장의 뒷부분에서 살펴보겠지만, 추동 자극의 개념은 1952년에 수정된 헐의 이론에서는 대단히 중요해졌다.

가정 7: 추동과 습관 강도($_sH_R$)의 함수로서의 반응 잠재력($_sE_R$) 주어진 상황에서 학습된 반응이 발생할 가능성을 반응 잠재력(reaction potential: $_sE_R$)이라고 한다. 반응 잠재력($_sE_R$)은 습관 강도($_sH_R$)와 추동(D) 두 가지 모두의 기능에 따라 결정된다. 학습된 반응이 발생하기 위해서는 추동에 의해 습관 강도($_sH_R$)가 활성화되어야 한다. 추동이 직접적으로 행동을 유발하지는 않는다. 추동은 행동을 자극하고 강화시킨다. 추동이 없으면 자극과 반응 간의 짝지음에 대해 여러 차례 강화가 주어진다고 하더라도 유기체는 학습된 행동을 하지 않을 것이다. 그러므로 만약 동물이 먹이를 얻기 위해 스키너 상자 안의 막대 누르기를 학습하는 것을 아무리 잘 훈련하였더라도 배가 고프지 않다면 막대를 누르지 않을 것이다. 지금까지 살펴본 헐 이론의 기본 구성 요소들은 다음 공식으로 통합될 수 있다.

$$반응\ 잠재력 = {_sE_R} = {_sH_R} \times D$$

그러므로 반응 잠재력($_sE_R$)은 그 상황에서 얼마나 자주 반응이 강화를 받았는지 그리고 추동이 얼마나 존재하는지에 따라 결정된다. 위의 공식을 보면 습관 강도($_sH_R$)나 추동 중 어느 하나라도 0이 되면 반응 잠재력($_sE_R$)은 반드시 0이 됨을 알 수 있다. 가정 13과 15에서도 볼 수 있는 것처럼, 반응 잠재력($_sE_R$)은 반응 강도의 종합 지수이다. 그것은 반응 확률뿐만 아니라 비율, 진폭, 잠재 시간($_st_R$), 그리고 소거에 대한 저항과도 관련되어 있다.

가정 8: 반응은 피로를 일으키며, 피로는 조건 반응의 인출을 방해한다 반응은 활동(work)을 필요로 하며 활동은 피로를 유발한다. 결과적으로 피로는 반응 제지로 작용한다. 반응 제지(reactive inhibition: I_R)는 근육 활동으로 인한 피로에 의해 야기되며, 과제 수행을 위한 작업량과도 관계된다. 이런 형태의 제지는 피로와 관련되어 있기 때문에 유기체가 수행을 중지하면 자동적으로 사라진다. 이 개념은 소거 후에 나타나는 조건화된 반응의 자발적 회복을 설명하기 위해 사용되어 왔다. 즉, 동물은 반응 제지(I_R)가 쌓여 가기 때문에 반응을 멈춘다. 휴식을 취하고 나면 반응 제지(I_R)가 사라지고 동물은 다시 반응한다. 헐은 소거가 비강화의 함수일 뿐만 아니라 반응 제지(I_R)의 축적에 의해 영향을 받는다고 하였다.

반응 제지(I_R)는 또한 실행 중지 이후의 수행이 향상되는 회상 효과(reminiscence effect)를 설명하는 데 사용된다. 예를 들어, 실험 대상자들에게 컴퓨터 스크린에서 커서를 가지고 움직이는 점을 추적하도록 훈련시키면 수행이 점근선 수준(최고의 수준)에 다다를 때까지 점차적으로 향상될 것이다. 점근선 수준에 도달하고 나서 잠시 휴식을 취하도록 한 다음 다시 추적 과제를 하게 하면 그들의 수행은 이전의 점근선 수준을 넘어서게 될 것이다. 이를 회상 효과라고 부르는데, 이는 훈련을 하는 동안 반응 제지(I_R)가 쌓이고 추적 수행에 대항하여 작동하는 것을 추정함으로써 설명될 수 있다. [그림 6-2]에는 회상 효과의 예가 제시되어 있다.

반응 제지(I_R)에 대한 헐의 생각을 지지하는 추가적 증거는 집중훈련(massed practice)과 분산훈련(distributed practice) 간의 차이에 관한 연구에서도 찾아볼 수 있다. 시간 간격을 길게 연습 시행(분산훈련)하는 것이 시간 간격을 짧게 연습 시행(집중훈련)하는 것보다 우수한 수행을 나타낸다는 사실이 일관되게 확인되고 있다. 예를 들어, 추적 과제에서 훈련 시행 사이에 휴식을 취하는 피험자는 한 시행에서 다음 시행을 즉시 실시하는 실험 대상보다 더 높은 점근선 수준의 수행에 이른다. [그림 6-2]는 집중훈련과 분산훈련 조건에서 수행의 차이를 보여 준다.

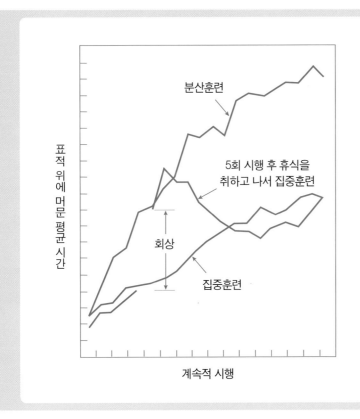

◀그림 6-2

바늘을 가지고 회전하는 원판을 추적하는 능력을 측정한 이 실험에는 세 집단이 있었다. 첫 번째 집단은 분산훈련을, 두 번째 집단은 집중훈련을, 그리고 세 번째 집단은 처음에는 집중훈련을 받다가 휴식 시간을 가진 후 다시 집중훈련을 받았다. 명백하게 분산훈련을 받은 집단이 다른 두 집단보다 수행이 우수하였다. 집중훈련을 받은 집단이 휴식 시간 후에 수행이 크게 향상된 것은 회상 효과 때문이다. (G. A. Kimble & N. Garmezy, *Principles of General Psychology*, 3rd ed. New York: The Ronald Press Co., 1968, p. 290)

현대 연구자들은 헐의 이런 설명에 대해 동의하지 않지만, 그 영향은 여전히 막강하다. 세 페다, 패실러, 벌, 웍스티드와 로러(Cepeda, Pashler, Vul, Wixted, & Rohrer, 2006)가 언어 학습에 관한 317개의 실험들을 메타분석한 결과 분산훈련이 집중훈련보다 효과적인 것으로 나타났다.

가정 9: 반응하지 않은 것의 학습 피로는 부적 추동 상태이고, 그것은 반응하지 않는 것이 강화하는 것이라는 사실로 이어진다. 반응을 하지 않음으로써 반응 제지(I_R)가 사라지고, 이로 인해 피로로 인한 부적 추동이 감소하게 된다. 반응하지 않는 것을 학습하는 것을 조건화된 제 지(conditioned inhibition: $_sI_R$)라고 한다. 반응 제지(I_R)와 조건화된 제지($_sI_R$) 모두 학습 반응의 인 출을 방해하기 때문에 반응 잠재력($_sE_R$)에서 빼야 한다. 반응 잠재력($_sE_R$)에서 반응 제지(I_R)와 조건화된 제지($_sI_R$)를 빼면 유효 반응 잠재력(effective reaction potential: $_s\bar{E}_R$)이 나온다.

$$유효\ 반응\ 잠재력 = {_s\bar{E}_R} = {_sH_R} \times D - (I_R + {_sI_R})$$

가정 10: 학습된 반응을 제지하는 경향이 있는 요인들은 순간순간 변화한다 헐에 의하면 순 간순간 변화하며 학습된 반응의 인출을 방해하는 '제지 잠재력(inhibitory potentiality)'이 있 다. 이러한 '제지 잠재력'을 진동 효과(oscillation effect: $_sO_R$)라고 부른다.

진동 효과($_sO_R$)는 헐 이론의 '와일드카드'로, 행동 예측에 확률적 속성을 고려한 것이다. 그는 학습된 반응의 인출을 방해하는 요인이 있으며, 그것의 효과는 일정한 범위 값 내에서 순 간순간 변화한다고 말했다. 즉, 비록 제지 요인의 범위는 정해져 있지만 그 값은 범위 내에서 매우 다양하다. 제지 요인의 값은 정규 분포하는 것으로 가정되므로 중앙값이 발생할 가능성 이 가장 높다. 만약 우연히 큰 제지 값(inhibitory value)이 발생한다면 학습된 반응이 나타날 기회는 상당히 감소할 것이다. 이러한 진동 효과($_sO_R$)는 왜 학습된 반응이 어떤 시행에서는 인 출되고 다른 시행에서는 인출되지 않는지 설명해 준다. 유효 반응 잠재력($_s\bar{E}_R$)을 토대로 한 행 동의 예측은 항상 진동 효과($_sO_R$)의 변동에 영향을 받기 때문에 확률적 속성을 갖는다. 유효 반 응 잠재력($_s\bar{E}_R$)에서 진동 효과($_sO_R$)를 빼야 하는데, 이를 통해 순간 유효 반응 잠재력(momentary effective potential: $_s\dot{\bar{E}}_R$)이 구해진다. 그래서 우리는 다음과 같은 공식을 얻게 된다.

$$순간\ 유효\ 반응\ 잠재력 = {_s\dot{\bar{E}}_R} = [{_sH_R} \times D - (I_R + {_sI_R})] - {_sO_R}$$

가정 11: 학습된 반응이 발생하기 위해서는 순간 유효 반응 잠재력($s\dot{E}_R$)이 특정 값을 초과해야 한다   순간 유효 반응 잠재력($s\dot{E}_R$)이 조건화된 반응이 일어나기 전에 초과되어야 하는 값을 반응 역치(reaction threshold: sL_R)라고 한다. 따라서 학습된 반응은 순간 유효 반응 잠재력($s\dot{E}_R$)이 반응 역치(sL_R)보다 클 때에만 발생한다.

가정 12: 학습된 반응이 발생할 확률은 순간 유효 반응 잠재력($s\dot{E}_R$), 진동 효과(sO_R) 및 반응 역치(sL_R)가 결합된 함수이다   훈련의 초기 단계에서, 다시 말해 단지 몇 번의 시도만이 강화를 받은 상태에서는 반응 잠재력(sE_R)이 반응 역치(sL_R)에 가까울 것이며, 그러므로 진동 효과(sO_R) 때문에 조건화된 반응이 어떤 시행에서는 나타나고 다른 시행에서는 나타나지 않을 것이다. 그 이유는 어떤 시행에서 반응 잠재력(sE_R)에서 진동 효과(sO_R)를 뺀 값이 충분히 커서 유효 반응 잠재력($s\dot{E}_R$)을 반응 역치(sL_R) 값 이하로 감소시킬 수 있기 때문이다. 훈련이 계속됨에 따라 유효 반응 잠재력($s\dot{E}_R$)의 값이 반응 역치(sL_R) 값보다 훨씬 커지기 때문에 반응 잠재력(sE_R)에서 진동 효과(sO_R)를 빼면 점차 효과가 줄어들 것이다. 그러나 충분한 훈련이 이루어진 후에도 진동 효과(sO_R)가 큰 값을 가질 것이기 때문에 조건화된 반응의 발생을 막게 될 것이다.

가정 13: 순간 유효 반응 잠재력($s\dot{E}_R$)의 값이 클수록 S와 R 간의 잠재 시간(st_R)은 짧아질 것이다   여기서 잠재 시간(latency: st_R)이란 유기체에의 자극 제시와 그에 대한 학습된 반응 사이의 시간을 말한다. 이 가정은 자극의 제시와 학습된 반응의 인출 사이의 잠재 시간(st_R)은 순간 유효 반응 잠재력($s\dot{E}_R$)이 올라감에 따라 내려가게 된다는 것을 의미한다.

가정 14: 순간 유효 반응 잠재력($s\dot{E}_R$)의 값은 소거에 대한 저항을 결정할 것이다   훈련이 종결된 후 순간 유효 반응 잠재력($s\dot{E}_R$)의 값은 소거에 대한 저항을 결정하는데, 다시 말해 소거가 일어나기 위해 비강화 반응이 얼마나 많이 필요한지를 결정한다. 순간 유효 반응 잠재력($s\dot{E}_R$)의 값이 증가할수록 소거가 일어나기 전에 만들어져야 할 비강화 반응의 수는 더 커진다. 헐은 소거가 일어날 때까지 필요한 비강화 시행 횟수를 n으로 기호화하였다.

가정 15: 조건화된 반응의 진폭은 순간 유효 반응 잠재력($s\dot{E}_R$)에 따라 달라진다   학습된 반응 중에는 그 반응의 정도를 수치화할 수 있는 것도 있는데, 타액 분비나 피부 전기 반응(galvanic skin response: GSR) 같은 것이 이에 해당한다. 조건화된 반응이 어떤 정도로 발생할 때, 조건화된 반응의 진폭은 순간 유효 반응 잠재력($s\dot{E}_R$)의 크기의 영향을 직접적으로 받는다. 헐은 반응 진폭을 A로 기호화하였다.

가정 16: 같은 상황에서 두 개 이상의 양립 불가능한 반응이 인출되어야 할 때는 유효 반응 잠재력 ($s\bar{E}_R$)이 가장 큰 것이 일어난다   이 가정은 자명해 보인다.

헐의 이론에서 사용되는 기호 요약

D = 추동

sH_R = 습관 강도

sE_R = 반응 잠재력 = $sH_R \times D$

I_R = 반응 제지

sI_R = 조건화된 제지

$s\bar{E}_R$ = 유효 반응 잠재력 = $sH_R \times D - (I_R + sI_R)$

sO_R = 진동 효과

$s\dot{\bar{E}}_R$ = 순간 유효 반응 잠재력 = $sE_R - sO_R = [sH_R \times D - (I_R + sI_R)] - sO_R$

sL_R = 학습된 반응이 일어나기 위해 순간 유효 반응 잠재력이 초과해야 하는 값

st_R = 잠재 시간

p = 반응 가능성

n = 소거를 위해 필요한 시행 수

A = 반응 진폭

헐의 1943년 이론과 1952년 이론의 주된 차이점

유인 동기(K)

헐은 1943년 이론에서 학습 변인으로서 강화의 양을 다루었다. 강화의 양이 커질 때 추동 감소의 양이 증가하고 습관 강도 또한 증가한다. 하지만 후속 연구들은 이런 결과가 잘못되었음을 보여 준다. 실험 결과, 학습이 완성된 후에 강화의 크기가 바뀌면 수행이 크게 달라졌다. 예컨대, 적은 강화인을 받고 쭉 뻗은 길을 달려가는 훈련을 받은 동물에게 강화인을 많이 주도

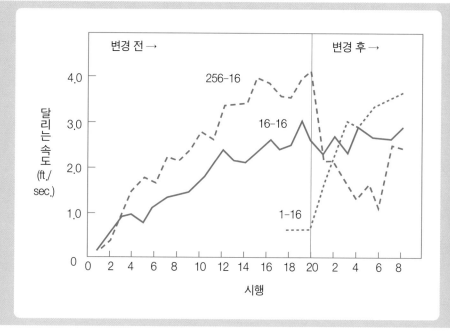

◀그림 6-3
많은 강화인(먹이 알갱이 265개)을 받는 조건에서 훈련받은 동물이 이후에 비교적 적은(먹이 알갱이 16개) 강화인을 받는 조건에 놓이면 수행 결과가 급속히 떨어진다. 반면 적은 강화인(먹이 알갱이 1개)을 받은 동물이 이후 비교적 많은(먹이 알갱이 16개) 강화인을 받는 조건에 놓이면 수행 결과가 급속히 늘어난다. (R. C. Bolles, *Theory of Motivation*, 1st ed. Upper Saddle River, NJ: Pearson Education, Inc., 1930)

록 하면 뛰는 속도가 급작스레 빨라진다. 한편 많은 강화인을 받으며 훈련한 동물에게 적은 강화인을 받도록 하면 뛰는 속도는 느려진다. 크레스피(Crespi, 1942, 1944), 지먼(Zeaman, 1949)은 강화의 폭이 변함에 따라 수행이 변화하는 것을 밝힌 초기 연구자들이다. 크레스피(1942)의 연구 결과가 [그림 6-3]에 나타나 있다.

　강화 폭의 변화에 따라 나타나는 수행의 변화는 습관 강도의 변화로 설명할 수 없다. 수행상의 변화가 너무 급속히 일어나는 까닭이다. 습관 강도는 영구적인 것 같다. 하나 또는 그 이상의 요인이 습관 강도에 반대로 작용하지 않으면, 그 값은 줄어들지 않을 것이다. 헐은 크레스피와 지먼이 산출한 결과를 기반으로 유기체는 작은 유인에 의해서도 큰 유인에 비해 부족하지 않게 빨리 배우지만, 유인의 크기가 변하는 바에 따라 다르게 수행한다는 결론을 내리게 되었다. 강화의 크기가 변하는 바에 따라 수행에서의 변화가 빠르게 나타나는 것을 크레스피 효과(Crespi effect)라고 한다. 크레스피 효과라는 명칭은 이 현상을 처음으로 발견한 크레스피의 이름에서 따왔다.

자극-강도 역동성

　헐이 밝힌 바에 따르면, 자극-강도 역동성(stimulus-intensity dynamism: *V*)은 외적 자극의 강도에 따라 변하는 매개 변인이다. 간략히 말해, 자극-강도 역동성이란 자극의 강도가 세질수록 학습된 반응이 인출될 가능성이 더 높아지는 것이다. 그러므로 우리는 헐의 순간 유효 반응 잠재력($_s\dot{E}_R$)의 공식을 다음과 같이 바꿔야 한다.

$$_s\dot{E}_R = [_sH_R \times D \times V \times K - (I_R + {_sI_R})] - {_sO_R}$$

$_sH_R$, D, V 그리고 K는 곱셈으로 연결되어 있는 까닭에 어느 하나라도 0이 되면 반응 잠재력 또한 0이 된다. 예컨대, S와 $R(_sH_R)$ 사이의 강화받은 짝지음이 아무리 여러 차례 있다 하더라도 만일 추동이 0이거나, 강화가 없거나, 혹은 유기체가 그 자극을 알아차릴 수 없으면 학습된 반응은 일어나지 않는다는 것이다.

추동 감소에서 추동 자극 감소로의 변화

헐은 초기에는 학습에 대한 추동 감소 이론을 주장하였다. 그러나 이후 추동 자극 감소 이론 (drive stimulus reduction theory)으로 입장을 수정하였다. 이처럼 이론을 바꾼 이유 중 하나는 다음과 같다. 만약 갈증을 느끼고 있는 동물에게 강화인으로 물을 준다고 가정해 보자. 이때 물에 의해서 갈증 추동이 만족되는 데는 상당한 시간이 걸릴 것이다. 물은 입, 목구멍, 위를 거쳐서야 비로소 혈관으로 들어간다. 물의 섭취 효과는 궁극적으로 뇌에 전달되고 마침내 갈증 추동은 감소된다. 헐은 추동 감소가 학습이 어떻게 일어나는지를 설명하기에는 추동 감소와 강화인의 제시 간격이 너무 멀다고 결론지었다. 그렇다면 학습을 설명하기 위해 필요한 것은 무엇인가? 그것은 강화인을 제시한 후에 어떤 일이 벌어졌는지를 아는 것이다. 즉, 추동 자극 (drive stimuli: S_D)의 감소이다. 이 장의 앞부분에서 밝힌 바와 같이, 갈증 추동에 대한 추동 자극이 일어나면 입 안과 입술이 바싹 마른다. 물은 거의 즉각적으로 이러한 자극화를 감소시킨다. 비로소 헐은 학습을 설명하기 위해 필요한 기제를 갖추었다.

추동 감소 이론을 추동 자극 감소 이론으로 수정한 두 번째 이유를 살펴보자. 이는 셰필드와 로비(Sheffield & Roby, 1950)가 제시하였다. 그들은 영양분이 없어 기아 추동을 감소시킬 수 없는 사카린으로도 배고픈 쥐를 강화시킬 수 있음을 발견하였다. 이 연구에 대해 헐(1952)은 다음과 같이 말했다.

셰필드와 로비는 결정적인 사례를 제시한 것 같다. 그들은 배고픈 쥐가 영양가가 전혀 없는 사카린(전혀 욕구를 감소시켜 주지 않음)이 용해된 물에 강화를 받을 수 있음을 증명하였다. 사카린 물을 소화하는 것은 가벼운 강화로 작용하였을 것이다. 이는 기아의 긴장 추동 자극(S_D)을 짧은 시간 동안 감소시켰을 것이다. 이것은 마치 배고픈 사람이 벨트를 졸라매는 것과 같다. 이는 배고픔을 이기는 데에 도움이 되고, 배고픈 사람의 벨트를 졸라매는 행동을 강화하게 되는 것과 같다(p. 153).

단편적 예상 목표 반응

중성 자극이 일차적 강화와 일관성 있게 짝지어질 때 그 자체가 강화적 속성을 띠게 된다는 것, 다시 말해 이차적 강화인이 된다는 것을 기억할 것이다. 이차적 강화의 개념은 헐의 가장 중요한 개념 중 하나라 할 수 있는 단편적 예상 목표 반응(fractional antedating goal response: r_G)의 조작을 이해하기 위해 필요하다.

쥐가 중다 요소 미로를 빠져나가는 훈련을 받고 있다고 가정해 보자. 쥐를 상자의 출발점에 두면 쥐는 목표 지점에 도달해 궁극적으로는 일차적 강화인인 먹이를 얻음으로써 강화를 받을 것이다. 먹이, 즉 일차적 강화인을 얻기 이전에 경험하는 목표에 이르는 과정에서의 모든 자극은 고전적 조건화 과정을 거치며, 결과적으로 이차적 강화인이 된다. 쥐는 고전적 조건화의 원리에 따라 조건화된 반응을 발달시킨다. 이것은 무조건 반응과 매우 비슷하다. 앞의 예에서 무조건 반응이 무엇인가? 그것은 배고픈 쥐에게 먹이를 제시함으로써 생겨나는 타액 분비, 씹는 것 그리고 핥는 것 등이다. 조건 반응에도 타액 분비, 씹는 것 그리고 핥는 것이 포함된다. 하지만 조건 반응은 쥐가 먹이에 접근해 갈 때 경험하는 목표 상자의 다양한 자극을 통해서만 인출될 것이다. 단편적 예상 목표 반응(r_G)이란 쥐가 먹이를 섭취하기 이전에 경험하는 자극에 대한 조건 반응을 말한다. 단편적 예상 목표 반응(r_G)의 발달을 [그림 6-4]를 통해 살펴보라.

우리는 파블로프(Pavlov)에 대한 장에서 중성 자극과 이차적 강화인이 짝지어지면 고차적 조건화 과정(연합적 이동과 유사한 과정)을 통하여 그 자체로 강화적 속성을 갖게 됨을 배웠다. 이 과정을 미로 학습에 적용해 보면, 목표 상자 속의 자극들은 고차적 조건화 과정을 통해 강화인이 된다. 고차적 조건화는 점차 후진적으로 작용하여 상자의 출발 지점의 자극이 강화적 속성을 지닐 때까지 계속된다. 이러한 중성 자극이었던 자극이 이차적 강화인이 될 때, 그 자극은 두 가지 매우 중요한 기능을 수행한다. 그것은 ① 유기체를 이차적 강화인과 접촉하도록 하는 외현적 반응을 강화하고, ② 단편적 예상 목표 반응(r_G)들을 인출한다는 것이다.

이제 동물은 상자의 출발 지점을 떠나면서 다양한 자극과 접촉하는데, 몇몇 자극은 강화적

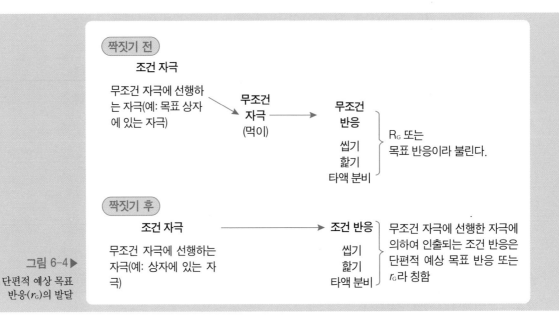

그림 6-4 ▶
단편적 예상 목표
반응(r_G)의 발달

속성을 갖고 있고 또 다른 자극들은 강화적 속성을 갖고 있지 않다. 동물이 강화 자극에 근접
하도록 하는 그러한 반응들은 반복되는 경향이 있고, 그렇지 않은 반응들은 소거될 것이다. 동
물은 이런 방식으로 미로에서 올바르게 길을 찾는 것을 배운다. 그러므로 미로 학습은 고전적
조건화와 도구적 조건화 둘 다가 포함된 것으로 생각된다. 고전적 조건화는 이차적 강화인과
단편적 예상 목표 반응(r_G)을 생성한다. 그리고 도구적 조건화는 동물을 일차적 강화인과 이차
적 강화인에 접근하도록 해 주는 적절한 운동 반응을 생성한다. 미로 학습에 관한 설명은 연쇄
에 대한 스키너의 설명(5장 참조)과 본질적으로 같은 것이다. 다음에 살펴보겠지만, 헐은 연쇄
반응의 학습에 있어 단편적 예상 목표 반응(r_G)에 중요한 역할을 부여했다.

　단편적 예상 목표 반응(r_G)의 두 가지 특성을 주목해야 한다. 첫째, 단편적 예상 목표 반응
(r_G)은 언제나 목표 반응(R_G)의 단편이어야 한다. 만약 목표 반응(R_G)이 먹는 것을 포함한다면,
단편적 예상 목표 반응(r_G)은 아마도 미세한 씹는 동작 혹은 타액 분비 같은 것이 될 것이다.
두 번째이자 가장 중요한 것은 단편적 예상 목표 반응(r_G)은 자극을 생성한다는 것이다. 외현
적 반응은 근육, 힘줄, 관절 안에 있는 운동감각 수용기를 활성화하고 거스리(Guthrie; 8장 참
조)가 동작-생성 자극(movement-produced stimuli)이라고 일컫는 것을 야기한다. 좀 더 기
술적으로 말하자면, 이러한 운동감각 수용기의 흥분은 자기수용기적 자극(proprioceptive stimuli)
을 유발한다. 다른 어떤 반응들과 마찬가지로, 단편적 예상 목표 반응(r_G)은 자극화와 연합된
다. 단편적 예상 목표 반응(r_G)에 의하여 야기된 자기수용기적 자극은 s_G로 표시된다. 단편적

예상 목표 반응(r_G)이 발생할 때마다 자기수용기적 자극(s_G)도 발생하기 때문에 단편적 예상 목표 반응(r_G)과 자기수용기적 자극(s_G)은 분리할 수 없다. 단편적 예상 목표 반응(r_G)의 가장 중요한 면은 아마 그것이 자기수용기적 자극(s_G)을 생성한다는 사실이겠다.

다음은 미로 학습을 상당히 많이 실시한 이후 발생하는 상황이다. 출발 상자를 떠남으로써 동물은 이차적 강화인에 더 근접할 수 있으므로 출발 상자에 있는 자극들은 출발 지점을 떠나는 신호, 즉 변별 자극(S^D)이 될 것이다. 이차적 강화인은 이 상황에서 다음의 세 가지 일을 한다. 첫째, 동물이 방금 한 행동을 강화하고, 둘째, 다음에 나타나는 외현적 반응을 위한 변별 자극(S^D)으로 작용하며, 셋째, 단편적 예상 목표 반응(r_G)을 인출한다. 단편적 예상 목표 반응(r_G)이 인출될 때 자동적으로 자기수용기적 자극(s_G)이 생성된다. 자기수용기적 자극(s_G)의 주요 기능은 다음의 외현적 반응을 인출하는 것이다. 그러므로 외적인 이차적 강화인과 내적인 자기수용기적 자극(s_G) 모두가 외현적 반응을 인출하는 경향이 있다. 다음의 이차적 강화인에 동물을 가장 빨리 노출시키는 반응은 결국 자기수용기적 자극(s_G)과 결합되는 반응일 것이다. 다음의 이차적 강화인을 경험할 때, 이는 이전의 외현적 반응을 강화하고 다음의 단편적 예상 목표 반응(r_G)을 인출한다. 단편적 예상 목표 반응(r_G)이 인출되면 다음의 단편적 예상 목표 반응(r_G)을 촉발하고, 이것은 다음의 외현적 반응을 일으키는 등으로 계속된다. 이 과정은 목표 상자에 이를 때까지 이러한 방식으로 계속된다. 헐이 보는 바처럼, 연쇄 과정이 [그림 6-5]에 도식화되어 있다. 인간 수준에서 연쇄의 예시는 [그림 6-6]에서 볼 수 있다.

헐은 연쇄에 관한 두 가지 설명을 동시에 하고 있다는 점을 명확히 알아야 한다. 하나의 설명은 외적 조건을 강조하는데, 그것은 스키너의 연쇄에 대한 설명과 매우 비슷하다. 다른 하나의 설명은 내적인 사건을 중시하는데, 8장에서 살펴볼 연쇄에 대한 거스리의 설명과 매우 비슷하다. 헐은 스키너와 거스리의 견해를 합쳐 연쇄 행동은 내적 또는 외적 단서의 함수이거나

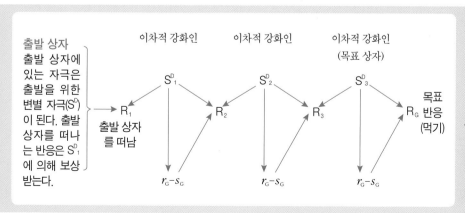

◀그림 6-5
변별 자극(S^D)에 대한 외현적 반응(R)과 r_G-s_G 기제가 결합하여 연쇄 반응을 만드는 방식

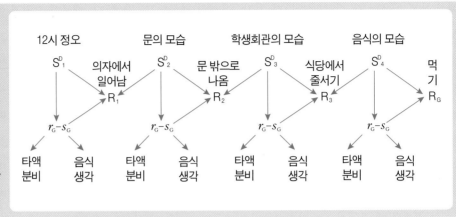

그림 6-6 ▶
인간 수준에서
연쇄의 사례

내적 및 외적 단서 둘 다의 함수라고 말했다.

만약 연쇄에 관한 스키너 이론이 적절하다면 누군가 r_G-s_G 기제를 가정하는 것이 중요한 이유가 무엇인지 물어볼 수 있다. 그 이유는 r_G-s_G 기제가 다른 것들과 연관되어 있기 때문이다. 예컨대, r_G-s_G 기제는 연쇄의 '정신적' 요소로서 생각될 수 있다. 일반적으로 말해, r_G-s_G 개념은 사고 과정을 객관적으로 연구하는 수단을 제공한다. [그림 6-6]의 예에서, 우리는 시간(정오)이 변별 자극(S^D)으로서의 역할을 담당하고 단편적 예상 목표 반응(r_G)을 촉발하며 음식에 대한 생각을 촉발한다고 말할 수 있다. 아니면 음식에 대한 '기대'가 촉발되어 음식이라는 목표를 향해 계속 움직이도록 만든다고 말할 수 있다. 이 점에 있어 명확하게, 행동적 관점과 인지적 관점이 서로 매우 밀접하게 연관되어 있다. 사실상 r_G-s_G 기제의 주요 가치는 인지 영역에 있어서 연구의 길을 열었다는 것이라고 말할 수 있다. 이에 대하여 헐(1952)은 다음과 같이 말했다.

이러한 주요 자동적 장치에 대한 추가적 연구를 하는 것은 유기체의 진화를 통해 얻게 된 사고와 추론에 대하여 더욱 상세한 행동적 이해를 이끌 것이다. 실제로 r_G-s_G 기제는 엄격히 논리적인 방법으로 사람들이 마음의 핵심이라고 공식적으로 여기고 있는 것, 다시 말해 흥미, 계획, 선견지명, 예지, 기대, 목적 등으로 이끈다(p. 350).

그래서 헐은 왓슨(Watson), 파블로프, 거스리의 전통 안에서 사고는 외현적으로 발생하는 일의 미세한 내적 표상으로 구성된다고 결론 내렸다. 먹는 것에 대한 '생각'은 단편적 예상 목표 반응(r_G)에 의하여 인출된 자기수용기적 자극(s_G) 그 이상은 아니다. 우리는 이 장 후반부에서 에이브럼 에임젤의 이론을 공부할 때 r_G-s_G 기제에 대한 많은 이론적 확장 중 하나를 검토할 것이다. 우리는 또한 헐과 함께 r_G-s_G 기제의 발달에 관해 연구하고 이후 이를 유인 동기(K) 개념과 긴밀히 연결한 스펜스에 대하여 살펴본다.

습관군 위계

특정한 자기수용기적 자극을 이끄는 것이 가능한 외현적 반응이 많이 있기 때문에 목표에 도달하는 방법에도 많은 대안이 있다. 그렇지만 가장 가능성 높은 길은 동물이 강화에 가장 빨리 근접하도록 만드는 방법이다. 이 사실은 원래 헐의 초기 저술에서 '목표 기울기 가설(goal-gradient hypothesis)'로서 언급되었지만, 1952년에 그의 가정 중 하나인 계(系, corollary)로서 나타났다. 계는 강화의 지연과 연관된 것인데, 그는 "주어진 행동 연쇄 내에 있는 연결 고리에 대한 강화가 더 지연될수록 그 시점의 자극 흔적에 대한 그 연결 고리의 반응 잠재력은 더 약해질 것이다."라고 하였다(Hull, 1952, p. 126).

헐은 여기서 행동 연쇄 안에 있는 단일 연결 고리에 대하여 말하고 있지만, 그와 같은 생각은 전체 행동 연쇄로 일반화할 수 있다. 우리가 단일 반응에 대하여 말하든 또는 일련의 반응에 대하여 말하든 간에 강화의 지연은 반응 잠재력에 해로운 영향을 준다. 마찬가지로 개별 반응들 또는 반응들의 연쇄에 강화가 빠르게 뒤따르는 경우에는 출현과 강화 사이에 더 오랜 지연 시간을 갖는 것보다 상대적으로 더 높은 반응 잠재력 값을 가지며 그러한 반응들이 더 쉽게 일어날 것이다.

T-미로든지 더 복잡한 미로든지 미로를 통과하는 가장 직접적인 길은 강화의 지연이 가장 짧고 반응 잠재력에서 감해야 하는 반동과 조건화 제지가 적기 때문에 가장 많은 양의 반응 잠재력을 가진다. 그렇지만 미로를 통과하는 가장 짧은 길은 많은 가능한 통로 중에서 오직 하나이다. 습관군 위계(habit family hierarchy)는 학습 상황에 가능한 많은 반응이 있는데, 가장 가능성 있는 반응은 가장 빨리 강화가 주어지고 가장 적은 노력으로 강화를 얻을 수 있는 것임을 가리킨다. 만일 그 특정 길이 막히면 동물은 다음으로 가장 짧은 길을 선호할 것이고, 만약 그것도 막히면 세 번째 길로 가는 방식으로 계속할 것이다.

단편적 예상 목표 반응과 그것에 의해 발생하는 자극인 자기수용기적 자극이 연쇄에 있어 어떻게 작용하는가 하는 것과 습관군 위계 사이에는 긴밀한 연관성이 있다. 앞서 우리는 자기수용기적 자극의 출현에 많은 외현적 반응이 뒤따를 수 있음에 주목했다. 이런 반응들 중 몇몇은 이차적 강화인에 즉시 노출되고 또 다른 몇몇은 그렇지 않을 것이다. 결과적으로 동물은 이차적 강화인과 가장 빠르게 접촉하게 하는 반응들을 행하게 된다. 그 이유는 그러한 반응들이 가장 높은 반응 잠재력 값을 갖기 때문이다. 강화의 지연이 점점 길어질수록 반응 잠재력의 값이 점점 낮아진다는 것을 기억하라. 그러므로 모든 자기수용기적 자극과 연합된 가능한 반응들의 위계가 존재하고, 그렇기 때문에 미로를 통과하는 길도 많이 있다. 만일 반응 잠재력 값이 가장 큰 반응으로 구성된 길이 막힌다면 위계상으로 볼 때 다음 것이 선택되고, 이런 식으로 계속될 것이다. 이러한 상황은 다음과 같이 도식화해 볼 수 있다.

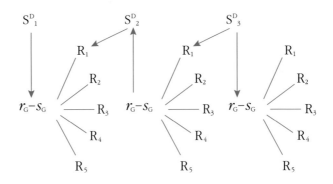

헐의 최종 체계 요약

헐 이론에는 세 가지의 변인이 있다.

① 연구자가 체계적으로 조작하는 자극 사상(stimulus events)인 독립 변인
② 유기체 안에서 발생한다고 생각되나, 직접적으로 관찰 불가능한 과정인 매개 변인. 헐의 체계에 있어 모든 매개 변인은 조작적으로 정의된다(2장 참조).
③ 독립 변인이 효과를 갖는지 여부를 결정하기 위하여 연구자가 측정하는 행동의 어떤 측면인 종속 변인

[그림 6-7]에서는 1952년판 헐의 이론을 요약하였다. 우리는 헐의 1952년판 이론에 16개의 가정과 133개의 정리가 포함되어 있음에 주목해야 한다. 그러므로 이 장에서의 헐에 대한 검토는 철저하고 복잡한 그의 이론을 간략히 소개한 정도로 생각해야 한다.

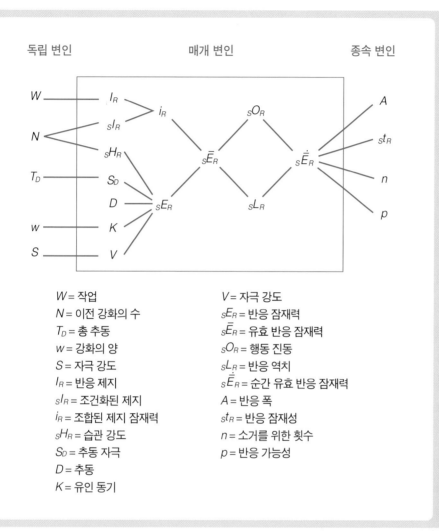

독립 변인　　　　매개 변인　　　　종속 변인

W = 작업
N = 이전 강화의 수
T_D = 총 추동
w = 강화의 양
S = 자극 강도
I_R = 반응 제지
sI_R = 조건화된 제지
i_R = 조합된 제지 잠재력
sH_R = 습관 강도
S_D = 추동 자극
D = 추동
K = 유인 동기

V = 자극 강도
sE_R = 반응 잠재력
$s\bar{E}_R$ = 유효 반응 잠재력
sO_R = 행동 진동
sL_R = 반응 역치
$s\dot{\bar{E}}_R$ = 순간 유효 반응 잠재력
A = 반응 폭
st_R = 반응 잠재성
n = 소거를 위한 횟수
p = 반응 가능성

◀그림 6-7
1952년 이후 헐의
학습 이론 요약

헐의 교육론

　비록 헐이 자기 이론과 그 함의를 주의 깊게 통제된 실험실의 쥐로 한정하고 있다 할지라도 우리는 여기서 교육에 대한 헐 이론의 함의를 탐색해 보자. 헐의 학습 이론은 학습의 추동 감소, 혹은 추동 자극 감소 이론이다. 헐은 수업 목표 구체화하기, 교실에서 질서 유지하기, 단순함에서 복잡함으로 진행하기 등의 논의에 대하여 손다이크에 동의한다. 그러나 헐에게 있어 학습은 감소시킬 수 있는 추동을 포함한다. 교실 학습에 있어 일차적 추동의 감소가 어떠한 역

할을 담당할 수 있을지 상상하는 것은 어렵다. 그렇지만 헐의 추종자들(예: 자넷[Janet], 테일러[Taylor], 스펜스) 중에서 몇몇은 인간 학습에 있어 추동으로서 불안을 강조했다. 이러한 추론의 방향에서 볼 때, 학생들에게 성공에 수반하여 감소하게 될 어떤 불안을 북돋는 것은 교실 학습을 위한 필요조건이다. 불안이 너무 낮으면 학습을 일으키지 못하고(왜냐하면 감소시킬 추동이 없기 때문), 불안이 너무 높으면 지장을 준다. 그러므로 적절히 불안한 학생들이 학습하는 데 가장 적절한 상태에 있고 그렇기 때문에 가장 가르치기 쉽다.

그러나 교사들은 학생들이 불안을 초래할 때 주의를 기울여야 한다. 어떤 3학년 교사가 자신의 학생들이 산수에 있어 진도가 나가지 않아 저자 중 한 명에게 조언을 구한 적이 있다. 그녀는 학생들에게 휴식 시간 20분 전에 산수 연습 문제를 나누어 주고 모든 학생이 연습 문제를 다 풀지 않는다면 휴식 시간을 갖지 못할 것이라고 말했다. 학생들은 정확성과는 관계없이 재빨리 연습 문제를 다 푼 것처럼 보이도록 만드는 것을 배웠다. 그들은 사실 산수 연습을 한 것이 아니라, 교사를 한 수 앞서는 것이었다.

헐의 교실에서의 연습은 제지가 일어나지 않도록 한꺼번이 아니라 조심스럽게 분배되어야 한다. 어떤 연습이 가장 좋은 것일까? 직관적으로는 시간 간격을 두고 내용을 공부하고 이 공부를 반복하는 방식의 연습일 것이라 예상할지 모른다. 그러나 직관은 종종 옳지 않다. 다시 공부하는 것보다 오히려 반복 시험이 내용을 기억하는 데 더 우위에 있다는 결론을 시사하는 방대한 자료가 있다. 종종 '인출 연습(retrieval practice)이라고도 불리는 시험 효과(testing effect)는 시간 간격을 두고 시험을 봤을 때의 증진된 기억과 내용의 적용을 일컫는다(Johnson & Mayer, 2009; Karpicke & Bauernschmidt, 2011; Roediger & Karpicke, 2006a, 2006b). 놀랍게도, 그 효과는 학생들이 더 이상 연습 삼아 치르는 시험에 대한 피드백을 받지 않을 때 나타난다. 그리고 기억력 장애를 유발하는 신경질환으로 고통받는 환자들에게서도 관찰된다(Sumowski, Chiaravalloti, & DeLuca, 2010). 이러한 종류의 분산된 연습은 학생들이 스스로 연습 시험을 활용하지 않으려는 경향이 있기 때문에 교사에 의한 통제가 필요하다(Karpicke, 2009).

헐 이론에 대한 평가

공헌

헐의 학습 이론은 심리학에 막대한 영향을 끼쳤다. 마르크스와 크로넌-힐릭스(Marx & Cronan-Hillix, 1987)는 이를 다음과 같이 적절히 언급했다.

> 심리학에 대한 헐의 가장 중요한 공헌은 철저히 과학적, 체계적인 행동 이론의 최종 목표를 설정하는 것에 대한 가치를 보여 준 데 있다. 그는 목표 달성을 추구하는 과학적인 삶을 살았고, 그렇게 함으로써 자기 연구의 세부 내용에 대해 격렬히 반대하는 사람들에게조차 영향을 주었다. 어떤 심리학자도 그렇게 많은 연구자에게 전문적 동기에 관한 막대한 영향을 미치지 못했다. 그는 이전에 결코 대중화되지 못했던 철저히 객관적이고 행동적인 접근법을 대중화했다(p. 326).

헐의 이론은 인지적인 현상들뿐 아니라 막대한 양의 행동적인 현상들도 강조한다. 그의 광범위한 이론과 변인에 대한 엄밀한 정의는 경험적 정밀조사를 야기했다. 라쇼트와 에임젤(1999)은 다음과 같이 말한다.

> 자극-반응 행동주의를 위한 헐의 계획은 대단히 야심 찼다. 헐은 집단 속에서의 개인 행동뿐 아니라 고립된 상태에서의 개인 행동도 예측하려고 했다. 그는 특정한 인지 과정과 종과 개인 사이의 수행의 차이를 포함한 광의의 적응적 행동의 기초를 개념화하려고 했다. 그는 이론의 가정과 예측이 분명하며 이론이 논리적으로 엄격하고 수학적이기를 열망했고, 경쟁 이론들과의 비교가 가능하기를 열망했다(pp. 124-125).

우리는 2장에서 과학적 이론에 관한 포퍼(Popper, 1963)의 가장 중요한 기준이 구체적이고 검증 가능한 예측이라는 것을 살펴봤다. 헐의 이론은 포퍼의 기준을 충족하는 우리가 접한 최초의 이론이다. 행동에 대한 개념과 관련된 정확한 개념 정의와 까다로운 수학적 진술에 대한 그의 고집은 자신의 이론을 검증하기 위한 명확한 방향을 제시한다. 헐에게 있어서 강화는 생리적 욕구에 의한 추동 또는 추동 자극의 감소에 달려 있다. 추동 감소 가설은 손다이크 이론과 스키너 이론 모두에서 특징화된 만족인/강화인에 대한 부정확한 정의를 깨려는 최초의 시도였다. 헐은 또한 행동에 관한 학습과 추동의 혼합 효과와 피로 효과에 대하여 정확히 예측한 최초의 인물이었다.

비판

헐의 이론은 압도적인 영향력이 있음에도 불구하고 문제점을 가지고 있었다. 그것은 그의 이론이 실험실 밖의 행동을 설명하는 데 부적합하고, 모든 관심 개념을 조작적으로 정의하도록 주장하며, 가장 중요한 것은 일관되지 않게 예측하고 있다고 비판받는다는 것이다. 힐(Hill, 1990)은 헐 이론의 최종판(1952)을 개관하며 다음과 같이 말한다.

> 완전한 소거가 이루어지기 위하여 비강화 시행이 연속하여 몇 번이나 발생해야 하는지 알려고 한다고 가정해 보라. 한 가지 접근법은 가정 16을 이용하는 것으로, 흥분 잠재력을 소거에 대한 시도로 고려하는 것이다. 두 번째 접근법은 반응 제지를 계산하여 흥분 잠재력에서 반응 제지를 빼는 가정 9를 이용하는 것이다. 세 번째 접근법은 보상이 0이고 K의 값도 0일 때, 다른 매개 변인들의 값이 어떤 값을 갖더라도 흥분 잠재력은 0이 됨에 주목할 필요가 있다(가정 7). 이러한 세 가지 접근 방법은 어느 정도 갈등을 일으키는 해답을 제시한다……. 어떠한 이론이 부정확한 예측을 낸다면 헐이 주장한 것처럼 그 이론은 수정되어야 한다. 어떠한 이론이 주어진 논쟁을 전혀 다루지 못한다면 우리는 그 이론의 한계를 받아들일 것이고, 언젠가 그 무시된 주제를 포함하는 확장된 이론이 생길 것이다. 그렇지만 이론이 내적으로 일관되지 않고 그로 인해 주어진 논쟁에 대하여 상반된 예측을 내놓는다면 엄격한 이론으로서의 그 가치는 심각하게 위협받는다(pp. 63-64).

자기 이론을 기꺼이 비판적으로 검증하려는 헐의 노력에도 불구하고, 코흐(Koch, 1954)는 헐이 문제가 있는 자료에 직면하면서도 자신의 이론을 수정하지 않았고 많은 모순적 결과를 무시했다고 주장하였다. 예를 들어, 말론(Malone, 1991)은 헐이 자신의 연구 역량과 재능 있는 학생들 그리고 학술지 편집자로서의 영향력 등을 이용하여 반대자들을 공격한다고 묘사하였으며, 그러므로 헐의 이론은 "자기 교정적 체계보다는 자기 영속적 체계"로 만들었다고 하였다(p. 165).

비록 그러한 방어적 연구들이 존재했을지라도, 이후 연구는 추동이나 추동 자극의 감소가 있든지 없든지 강화가 일어난다는 것을 보여 주었다. 그리고 우리가 이 장 뒷부분에서 논의하고 있는 것처럼 이론의 수학적 형태의 표현도 케네스 스펜스에 의하여 도전받았다. 한 가지 흥미로운 주장은 헐이 후진적으로 이론 구성에 접근했다는 것이다. 셰퍼드(Shepard, 1992)는 다음과 같이 기술했다.

　　경험적으로 검증 가능한 규칙성을 제1의 원리로부터 연역하는 대신, 헐과 스펜스는 독립 변인을 조작하고 종속 변인을 측정하여 좌표상에 나타내고 좌표상에 그려진 점들과 비슷한 형태의 수학적 함수를 찾고, 구해진 수학적 함수를 이론의 '가정'으로 삼았다. 한때 조지 밀러(Geroge Miller)가 언급한 바와 같이 헐과 그의 동료들은 추론에 의해 자신들이 도달하려는 것을 가정하는 것에서 시작했다(p. 419).

이러한 모든 결점에도 불구하고, 헐의 이론은 심리학 역사상 가장 발견적인 이론 가운데 하나였다. 그의 이론은 전례 없는 많은 실험을 자극하였을 뿐만 아니라, 강화, 추동, 소거, 일반화에 관한 그의 설명은 오늘날 그 개념들을 논의할 때 표준적 참조 기제가 되었다.

헐의 사후에 그의 견해를 대변한 사람은 케네스 W. 스펜스(Kenneth W. Spence)였는데, 그는 헐의 이론을 확장시켰을 뿐 아니라 상당히 수정하였다(Spence, 1956, 1960 참조). 헐의 또 다른 중요 추종자로 닐 E. 밀러(Neal E. Miller)가 있는데, 그는 헐의 이론을 성격, 갈등, 사회적 행동, 심리치료 영역까지 확장했다(예: Dollard & Miller, 1950; Miller & Dollard, 1941). 로버트 R. 시어스(Robert R. Sears)는 프로이트(Freud)의 여러 개념을 헐의 용어로 번역하였고, 실험아동심리학 분야에서 광범위하게 연구하였다(예: Sears, 1944; Sears, Whiting, Nowlis, & Sears, 1953). O. 호버트 모러(O. Hobart Mowrer)는 공포나 불안이 개입되었을 때의 성격의 역동성과 학습 특성 등에 관한 연구를 수행하며 헐의 여러 아이디어를 따랐다.

케네스 W. 스펜스

비록 헐이 많은 문하생을 두었다 하더라도, 헐이 죽은 후 그의 이론을 대변한 대표적인 인물은 케네스 W. 스펜스였다. 수년 동안 헐과 스펜스는 상호 영향을 주었다. 헐이 스펜스에게

케네스 W.
스펜스

깊은 영향을 준 것은 분명하지만, 스펜스 또한 몇몇 중요한 방식으로 헐이 이론을 발전시켜 나가는 데 영향을 주었다는 것도 분명하다. 두 사람이 가까이 함께 일했기 때문에 그들 공동의 노력에 의한 연구 결과를 종종 헐-스펜스 학습 이론이라고 언급한다. 그렇지만 결국 스펜스는 전통적 헐 이론에 몇 가지 급진적 변화를 주었으며, 그렇게 함으로써 자신만의 독특한 학습 이론을 창조했다.

1907년 5월 6일 스펜스는 시카고에서 태어나서 1967년 텍사스 주 오스틴에서 생을 마감했다. 네 살 때 캐나다 몬트리올로 이주했고, 1929년 캐나다 맥길 대학교에서 학사 학위를 받은 뒤 1930년에 석사 학위를 받았다. 그 이후 예일 대학교로 옮겨 1933년 박사 학위를 받았다. 그는 박사 학위를 받은 후에 1937년까지 연구 조교 및 강사로 예일 대학교에 머물렀다. 스펜스는 예일 대학교 시절 헐의 영향을 받았다. 1937년부터 1942년까지 그는 버지니아 대학교에서 교수로 일하다 다시 아이오와 대학교로 옮겨 갔다. 1964년까지 26년 동안 아이오와 대학에 있다가 1967년 생을 마감할 때까지 텍사스 대학교 오스틴 캠퍼스에 재직하였다.

학습 이론에 대한 스펜스의 많은 공헌 중 중요한 몇 가지를 정리하자면 다음과 같다.

변별학습 변별학습(discrimination learning)에서는 두 가지 자극을 동물에게 제시하고 그중에서 한 자극의 반응에 대해 강화를 주고 또 다른 자극의 반응에 대해서는 강화를 주지 않는다. 헐의 이론이 인지주의적 입장의 심리학자들에게 공격을 받을 때 스펜스가 대항했던 영역이 변별학습 영역이다. 인지주의적 입장의 심리학자 집단은 변별학습 동안 동물은 헐이 주장한 S-R 연합을 학습하기보다는 원리(주관적 전략)를 학습한다고 말한다. 인지주의 심리학자들의 공격과 그에 대한 스펜스의 반응들에 대해서는 10장에서 더 자세한 내용을 배우도록 한다. 여기서는 유기체가 두 대상들 사이에서 선택을 하게 될 때 일어나는 학습에 대하여 스펜스가 만든 가정들에 대하여 다루도록 한다(Spence, 1936, 1937).

① 강화받은 자극에 대한 습관 강도는 매 강화 시 증가한다.
② 강화받지 못한 자극에 대한 제지(반응 제지와 조건화된 제지)는 비강화 시행이 축적됨에

따라 증가한다.

③ 습관 강도와 제지 둘 다 강화받은 자극들 및 강화받지 못한 자극들과 비슷한 자극으로 일반화한다.

④ 일반화된 습관 강도의 크기는 일반화된 제지의 크기보다 크다.

⑤ 일반화된 습관 강도와 일반화된 제지는 대수학적으로 결합된다.

⑥ 어떠한 자극이 접근하는가는 접근(습관 강도)과 회피(제지) 경향성의 대수학적 합에 따라 결정된다.

⑦ 두 자극이 제시될 때, 최대의 습관 강도를 가진 자극이 접근되고 그에 대해 반응하게 될 것이다.

스펜스는 이러한 가정들을 가지고 인지주의 이론가들이 반증으로서 제시한 현상을 설명하기 위하여 헐의 이론을 사용할 수 있었다. 스펜스의 가정들과 그가 수행한 연구들은 인지주의 이론가들의 주장을 압도했을 뿐만 아니라 수년 동안 변별학습에 관한 연구의 초석이 되었다.

도구적 조건화를 위한 필요조건으로서 강화 기각   헐 학파들은 강화 없이 동물을 학습시킬 수 있음을 보이는 것과 같은 잠재 학습(latent learning)에 대한 실험 결과를 설명하는 것을 어려워하였다. 잠재 학습이라는 용어는 강화의 부재 상황에서 일어나는 학습을 언급한다. 예컨대, 톨먼과 혼지크(Tolman & Honzik, 1930)는 만약 쥐들에게 처음에 목표 상자 안에서 강화받지 않도록 하고 미로를 달리게 하다 나중에 정확히 반응할 때 강화를 준다면 쥐들의 수행이 매 시행에서 강화를 받은 쥐의 수행 수준으로 급격히 올라간다(또는 초과한다)는 것을 발견했다(이 실험에 대한 세부 사항은 12장을 보라). 톨먼과 그의 추종자들은 그러한 결과는 학습이 강화와 독립적으로 일어난다는 것을 보여 준다고 주장했다.

스펜스는 소위 잠재 학습 실험이라고 불리는 이러한 실험들을 여러 번 반복하여 톨먼의 발견을 증명하였다. 예컨대, 스펜스와 리핏(Spence & Lippitt, 1940)은 배고프지 않고 목마르지도 않은 쥐에게 Y-미로를 달리도록 했는데, 항상 Y-미로의 한쪽 끝에는 물이, 다른 한쪽 끝에는 먹이가 있었다. 쥐들은 두 개의 목표 지점 중에서 하나에 도달한 후 장치에서 벗어났다. 쥐들은 몇 번의 시행을 하고 그동안 물과 먹이를 실컷 먹었다. 실험의 두 번째 시행 동안에 원래 집단의 절반은 먹이를 박탈하고 다른 절반은 물을 박탈하였다. 처음의 시행 동안 배고픈 쥐들은 이전에 먹이를 경험한 Y-미로 끝으로 곧장 갔고 목마른 쥐들은 이전에 물을 경험한 Y-미로의 끝으로 곧장 갔다. 쥐들은 실험의 첫 번째 시행 동안 분명 자신의 욕구 상태에 적합한 강화인의 위치를 학습했지만, 그 당시 이미 실컷 먹었기 때문에 그러한 학습은 추동 감소를 포함할 수 없었다. 이러한 발견들에 대한 설명은 목표 반응 후 장치에서 동물들을 꺼내는 것이 동물들을 학습시키는 데에 있어 강화인으로서 충분히 작용하기 때문이라는 것이었다. 독자들은 헐이 강화인의 크기가 크거나 작거나 학습은 같은 비율로 일어난다고 믿었다는 것을 기억할 것이다. 따라서 헐에 따르면 이런 상황에서는 비록 강화인의 크기가 작을지라도 동물들이 미로 안에 물건들이 있던 위치에 대한 학습을 하는 것이 충분했다.

스펜스는 잠재 학습 실험에 관한 헐의 해석에 대하여 고민한 결과 자기만의 설명을 내놓았다. 그는 학습에 있어 아주 작은 강화인과 아주 커다란 강화인 사이에는 차이가 없으나, 아주 작은 강화인은 전혀 강화인이 없는 것과는 매우 중요한 차이점이 있다는 헐의 가정을 쉽게 받아들이지 않았다. 헐에게 있어서 강화란 학습을 위한 필요조건이었지만, 강화가 얼마나 많이 일어나야 하는지는 아무 관련도 없다는 것을 기억하자.

어떤 의미에서 문제에 대한 스펜스의 해결 방안은 거스리의 학습 이론(8장 참조)에 동의하는 것이며, 또 다른 의미에서 톨먼의 이론(12장 참조)에 동의하는 것이다. 스펜스는 도구적 조건화는 강화에 독립하여 일어난다고 결론 내렸다. 동물은 단순히 반응을 함으로써 반응을 학습한다. 그러므로 도구적 조건화와 관련해서 스펜스는 강화 이론가(헐처럼)가 아니다. 오히려 그는 인접 이론가(거스리처럼)이다. 인접의 법칙이란 아리스토텔레스의 연합의 법칙 중 하나인데, 사건들은 단순히 함께 발생하기 때문에 연합된다는 것이다. 스펜스(1960)는 도구적 조건화에 관한 그의 입장을 다음과 같이 요약했다.

> 도구적 반응의 습관 강도(H)는 그 상황에서의 반응의 발생 빈도 함수(N_R)로 추정되고, 강화인의 출현 혹은 비출현과는 꽤 독립적이라는 사실에 주목하는 것은 중요하다. 그러므로 만약 반응이 발생하면 강화인이 주어지든 주어지지 않든 간에 결과적으로 습관 강도는 증가할 것이다. 이 가정을 통해 도구적 조건화는 강화 이론이 아닌 인접 이론이라는 것을 분명히 할 수 있다(p. 96).

스펜스 역시 두 사건들이 더욱 자주 함께 경험되면 둘 사이의 연합이 더 강해진다고 말한 아리스토텔레스의 빈도의 법칙(law of frequency)을 받아들였다는 것을 명확히 해야 한다. 8장에서 우리는 비록 거스리가 아리스토텔레스의 인접의 법칙(law of contiguity)을 받아들였으나 빈도의 법칙은 받아들이지 않았다는 것을 보게 된다.

유인 동기　　　그러면 스펜스 이론에서 강화는 어떠한 기능을 할까? 스펜스에 의하면 강화는 오직 유인 동기(incentive motivation: K)를 통해 영향을 끼친다. 헐은 스펜스의 영향을 받아서 자기 이론에 유인 동기라는 개념을 더하였다. 사람들은 실제로 K가 스펜스의 이름의 첫 글자이기 때문에 부호로 사용되었다고 널리 믿고 있다. 헐이 자기 이론에서 유인 동기에 대해 부과한 것 이상의 역할을 스펜스는 자신의 이론에 부과한다. 실제로 헐은 유인 동기가 어떠한 생리적 과정과 연관되어 있는지 명확하지 않아 어려워하고 있었다. 헐의 대부분의 개념은 생리적 기반을 가졌다고 여겨졌다. 예컨대, 습관 강도는 추동 혹은 추동 감소에 직접적으로 연관되어 있고, 제지는 피로와 직접적으로 관련되어 있다. 그렇지만 유인 동기는 어떠한 생리적인 과정과 연관되어 있는지 불분명했기 때문에 헐은 오랫동안 골치가 아팠다.

스펜스는 r_G-s_G 기제에 유인 동기를 직접적으로 연관시켜 그 문제를 해결했다. 우리가 이 장의 서두에서 보았듯이, r_G-s_G 기제는 미로에서 후진적으로 작용하며 결과적으로 동물의 행동을 출발 지점에서 목표 지점으로 인도한다. 스펜스는 이런 자동적 인도 과정(automatic guiding process)에 유인 개념을 추가했다. 스펜스에 의하면 r_G-s_G의 강도는 유인 동기에 따라 결정되고 r_G-s_G가 강할수록 미로를 횡단하는 유인은 커진다. 간단히 말하자면, r_G-s_G 기제가 동물에게 강화를 기대하도록 만들고 미로를 달리도록 동기화하며, 기대가 커질수록 동물은 더 빨리 달린다. 스펜스는 동물에게 기대를 제공하는 수단으로서 r_G-s_G 기제를 논의하면서 헐의 행동주의적 이론으로부터 톨먼의 인지적 이론으로 더욱 가까이 이동했다. 그렇지만 비록 스펜스가 기대에 관해 논의했을지라도, 그것은 기계주의적 용어였을 뿐 정신적 용어로 사용하지는 않았음에 주목해야 한다. 실제로 스펜스는 r_G-s_G 기제에도 S-R 연합에 적용되는 법칙이 똑같이 적용된다고 생각했다.

스펜스에게 있어 유인 동기는 학습된 행동에 활력을 주는 요인이다. 도구적 반응의 습관 강도는 인접과 빈도의 법칙에 따라서 발달하나, 강화와는 독립적으로 발달한다. 그렇지만 스펜스에 의하면 r_G-s_G 기제가 발달하려면 강화가 필요하고, r_G-s_G기제는 유기체가 학습된 반응을 수행할지와 만약 수행한다면 어느 정도의 열정을 갖고 수행할지를 결정한다.

도구적 조건화에 관한 한, 스펜스는 인접 이론가이었지 강화 이론가는 아니었다. 그는 고전적 조건화에 관한(r_G-s_G 기제의 발달에 따른 과정) 한 강화 이론가였다. 다시 말해, 스펜스는 도구적 행동은 강화가 없이 학습되지만 강화는 학습한 것을 수행하도록 하는 유인을 제공한다고 믿었다.

헐의 기본 등식에서의 변화　　　독자들이 기억하는 것과 같이, 헐은 그의 이론을 구성하는 주요 구성 요소들을 다음과 같이 결합시켰다.

$$_s\bar{E}_R = D \times K \times {}_sH_R - (I_R + {}_sI_R)$$

우리가 이 장의 서두에서 보았듯이 이 등식은 아무리 습관 강도가 높을지라도 만약 D 또는 K가 0이라면 학습된 반응은 방출되지 않음을 의미한다. 다시 말해, 헐은 동물에게 아무리 강화가 많이 주어질지라도 만약 동물이 추동 상태에 놓이지 않는다면 반응을 수행하지 않을 것이라고 생각했다. 이와 유사하게, 동물이 아무리 높은 추동 상태에 놓여 있을지라도 만약 반응을 수행할 때 강화가 주어지지 않는다면 동물은 학습된 반응을 수행하지 않을 것이다. 그렇지만 스펜스는 또다시 헐의 가정을 옹호하기 어렵다고 느끼고 헐의 등식을 다음과 같이 수정했다.

$$_s\bar{E}_R = (D + K) \times {}_sH_R - I_N$$

헐이 D와 K를 곱한 반면 스펜스는 더했다는 것에 주목하여야 한다. 스펜스 수정 공식의 주요 함의는 학습(습관 강도)은 항상 반응을 필요로 하지만, 반응은 추동(D) 또는 유인(K)이 0일 때 일어날 수 있다는 것이다. 광고주는 이를 잘 알고 있다. 밤 10시 반에는 우리 대부분이 저녁 식사를 한 상태이고 더 이상 음식을 먹지 않는다. 그러나 우리가 텔레비전 광고를 보면 추동이 생기고 상대적으로 맛없고 영양가 없는 음식들을 살 수 있다. 스펜스의 등식에 의하면, 유인 동기와 습관 강도가 0 이상의 값을 갖는 한 추동이 존재하지 않더라도 학습된 반응이 방출된다. 그러므로 유기체는 가끔 배고프지 않을 때에도 먹고, 목마르지 않을 때에도 물을 마시고, 아마 성적으로 각성이 되지 않을 때조차 성적 활동을 한다. 이것은 유기체가 특정 환경하에서 이런 반응들을 수행하는 강한 경향성을 발달시켜 왔기 때문이다. 이와 유사하게, 인간을 포함한 동물들은 기본적인 욕구를 충족하는 데 더 이상 필요하지 않은 강화를 얻기 위하여 계속해서 노력한다. 예컨대, 사람들은 기본적인 욕구를 충족하는 데 충분한 돈 이상을 소유하고 있다 해도 돈을 모으기 위해 계속해서 일한다.

스펜스 수정 등식의 다른 함의는 $K = 0$이라 할지라도 D와 습관 강도가 0 이상의 값을 갖는 한 유기체는 학습된 반응을 계속해서 한다는 것이다. 즉, 유기체는 강화가 없다 하더라도 학습된 반응을 계속한다. 그러면 스펜스는 소거를 어떻게 설명하는가?

소거에 대한 좌절-경쟁 이론   꼼꼼한 독자는 헐이 앞의 등식에서 제지를 I_R과 $_sI_R$로 표시한 반면 스펜스는 I_N으로 표시했음을 알아차렸을지 모른다. 부호에 있어 겉보기에 작은 이러한 차이가 제지의 특성에 대한 헐과 스펜스 사이의 이론적 차이를 반영한다. 헐에게 있어 반응하는 것은 피로를 일으키며(I_R), 그것은 학습된 반응의 방출에 대항하여 작동한다. 이와 유사하게, 피로가 누적될 때 동물에게 있어서는 반응을 하지 않는 것이 강화가 된다. 그러므로 반응하지 않으려는 학습된 경향성이 있으며($_sI_R$), 그것은 학습된 반응의 방출에 대항하여 작동한다. 헐은 강화가 $K=0$인 상황에서 제거될 때, 반응 제지와 조건화된 제지가 행동에 지배적 영향을 미치고 동물이 학습된 반응을 방출하는 것을 멈춘다고 말함으로써 소거를 설명한다.

헐의 설명에 스펜스는 동의하지 않았고 소거에 대한 좌절-경쟁 이론(frustration–competition theory of extinction)을 제안했다. 스펜스에 있어 비강화는 좌절을 야기하고 학습된 반응과 양립 불가능한 반응을 인출하며, 그 결과 학습된 반응과 경쟁하는 것이다. 동물이 목표 상자에 강화인이 없다는 것을 발견할 때 겪는 좌절을 일차적 좌절(primary frustration: r_F)이라고 부른다. 비강화 시행이 계속되면서 동물은 습득하는 동안 강화 기대하기를 학습하는 것처럼 좌절 기대하기를 학습하는데, 이를 단편적 예상 좌절 반응(fractional anticipatory frustration reaction: r_F)이라고 부른다. 비강화 시행이 계속되면서 단편적 예상 좌절 반응은 일반화되고(단편적 예상 목표 반응이 일반화되는 것처럼), 이전에 강화를 이끈 행동 연쇄보다 앞서 일반화된다. 단편적 예상 목표 반응들이 자기수용기적 자극들을 일으켜서 목표 상자에 도달하는 데 양립 가능한 행동을 자극하는 것처럼, 단편적 예상 좌절 반응들은 좌절 추동 자극을 일으켜서 목표 상자에 이르는 데 양립 불가능한 행동을 자극한다. 결과적으로 좌절과 좌절에 대한 기대에 의하여 자극된 행동이 지배적인 것이 되면, 우리는 학습된 반응이 소거됐다고 말한다.

그러므로 헐은 소거를 강화가 부재한 상황에서 반응을 하는 과정에서 나타나는 피로와 관련하여 설명한 반면에 스펜스는 소거를 좌절에 의해 야기된 반응이 적극적으로 학습된 행동을 간섭함으로써 생긴 것으로 설명하였다. 이러한 두 가지 입장에 근거한 추론을 실험적으로 검증해 보았는데, 스펜스의 설명이 더 나은 것처럼 보인다. 예컨대, 습득 동안에 더 큰 강화인을 사용한 것이 더 작은 강화인을 사용한 것보다 더 빠르게 소거가 일어난다고 밝혀졌다(Hulse, 1958; Wagner, 1961). 스펜스 이론에 의하면 더 큰 강화인을 제거하는 것은 더 작은 강화인을 제거하는 것보다 더욱 큰 좌절을 일으킨다. 그리하여 더욱 경쟁적인 행동이 자극된다. 더 작은 강화인을 제거하는 것보다 더 큰 강화인을 제거하는 것이 경쟁적인 행동의 양이 더 크기 때문에 이전에 학습된 행동 연쇄를 통해 더욱 빠르게 일반화된다. 그러므로 소거는 더 빠르게 일어난다. 헐에 의하면 습득 동안 강화의 양은 소거가 일어나는 속도에는 거의 영향을 미치지 않거나 전혀 영향을 미치지 않는다.

스펜스의 수정 사항 대부분은 헐 이론이 인지적 이론가들이 관심을 갖고 있는 고등정신 과정을 더 잘 다룰 수 있도록 만들어 주었다. 스펜스는 과학의 엄격함을 손상시키지 않고 기대와 좌절과 같은 개념들을 효과적으로 다루는 것을 가능하게 만들었다. 스펜스의 이론은 행동주의적이라고 생각할 수 있지만, 헐의 이론보다는 스펜스의 이론이 인지 이론과 더 양립 가능한 것이다.

다음으로 우리는 에이브럼 에임젤(Abram Amsel, 1922~2006)의 연구를 살펴보겠는데, 그는 아이오와 대학교에서 스펜스의 학생이었다. 에임젤과 스펜스의 관계는 스펜스와 헐의 관계와 매우 비슷했다. 즉, 에임젤과 스펜스는 상호 영향을 주었다. 비록 스펜스는 1936년에 제지와 좌절을 같다고 했지만, 에임젤은 스펜스의 소거에 대한 좌절 이론의 많은 세부 내용에 관하여 연구하고 부분 강화 효과를 설명하기 위해 스펜스 이론을 이용하였다.

에이브럼 에임젤

에이브럼 에임젤

에임젤은 헐과 파블로프(7장 참조)의 아이디어를 결합하여 소거가 좌절로 인한 경쟁적 반응 때문에 일어난다는 스펜스의 주장을 발전시켰다. 우리는 이 절에서 에임젤의 좌절 이론(Amsel, 1958, 1962; Rashotte & Amsel, 1999)에서 언급된 두 가지 현상인 좌절 효과와 부분 강화 효과에 대하여 살펴보겠다.

에임젤은 좌절 이론을 통해 목표 좌절로 인하여 나타나는 네 가지 속성을 확인했다. 이런 속성들은 과거에는 보상이 주어졌으나 이제 더 이상 보상이 주어지지 않는 반응을 관찰할 때 나타나는 다양한 결과를 설명하기 위하여 사용된다. 일차적 좌절이라는 좌절의 첫 번째 속성은 비보상에 뒤따르는 충동과 비슷한 효과이다. 에임젤(1958, 1962, 1992)은 특정 상황에서 유기체가 수차례 강화를 받으면 이후 동일한 상황에서 강화를 기대하는 것을 학습한다고 가정한다.

비형식적 용어로, 에임젤의 이론은 보상을 기대한 상황에서 보상을 받지 못하거나, 보상 이 감소되거나 혹은 보상이 지연되면 그 동물은 일차적 좌절이라고 불리는 일시적이고 혐 오적인 동기 상태를 경험한다고 가정한다. 일차적 좌절은 좌절 사건에 대한 가설적인 무조 건적 반응이다. 그 이론은 일차적 좌절이 동시에 일어나는 반응에 일시적인 동기부여(활력) 에 효과를 발휘한다는 것을 상세히 보여 준다(Rashotte & Amsel, 1999, pp. 150-151).

일차적 좌절의 활력 효과는 도구적 반응의 속도, 진폭, 빈도에 있어 일시적인 증가로서 행 동상에 표현되며 이를 좌절 효과(frustration effect: FE)라고 부른다. 좌절 효과는 에임젤과 러셀 (Amsel & Roussel, 1952)의 고전적 실험을 통해 볼 수 있는데, 이 실험에서 두 개의 직선 통로 가 함께 연결되었다. 처음의 84회 시행에 있어 동물들은 각 통로의 끝에서 강화를 받았다. 그 렇지만 이러한 예비 훈련이 끝난 이후 동물들은 1번 통로 끝에서는 전체 시행의 50%만 강화 받은 반면에 2번 통로 끝에서는 모든 시행에 대하여 강화를 받았다. 1번 통로에서 강화를 받 을 때보다 1번 통로에서 강화받지 못하게 하고 2번 통로를 달리게 한 경우 2번 통로에서 달리 는 속도가 유의하게 빠름이 발견되었다. 이 발견은 비강화는 좌절을 일으키고 이런 좌절은 동 기부여 혹은 충동 유발을 야기한다는 주장을 지지한다.

이 주장은 바우어(Bower, 1962)의 연구에 의해 더욱 지지받았다. 바우어는 좌절의 양이 강 화 감소의 양과 연관되어 있다고 추론했다. 그는 자신의 가정을 검증하기 위하여 에임젤과 러 셀이 사용한 것과 비슷한 두 개의 통로가 있는 장치를 사용했다. 그렇지만 바우어의 실험에서 는 쥐들에게 각 통로 끝에서 먹이 알갱이 4개를 주었다. 실험의 훈련 기간은 24일 동안 하루 6 회의 시행, 총 144회 시행으로 구성되었다. 훈련 이후, 첫 번째 통로의 끝에서 찾을 수 있는 먹 이 알갱이의 수를 4개, 3개, 2개, 1개, 0개로 변화시켰다. 두 번째 통로의 끝에서 찾을 수 있는 먹이 알갱이는 실험 내내 항상 4개로 유지했다. 바우어는 두 번째 통로에서 달리는 속도는 첫 번째 통로에서 주는 먹이의 양과 역관계(먹이의 양이 적을수록 달리는 속도가 빨라짐)에 있음 을 발견했다. 즉, 쥐들이 첫 번째 통로에서 강화를 받지 않았을 때 두 번째 통로에서 가장 빨리 달렸고, 그다음으로는 먹이 알갱이의 수가 1개, 2개, 3개일 때의 순이었으며, 첫 번째 통로에서 받은 먹이 알갱이가 4개일 때에 달리는 속도가 가장 느렸다. 이 실험은 좌절의 양은 강화 감소 의 양과 연관되어 있다는 바우어 가설을 지지하고, 스펜스와 에임젤의 좌절에 대한 견해와도 일치한다.

두 번째 좌절의 속성은 일차적 좌절에서 유래하는 내적인 자극이다. 에임젤은 비보상에 대 해 학습되지 않은 반응이 활성화되는 것이 자연적으로 발생하는 추동의 효과를 갖는다고 가정했고, 헐의 전통적 입장에 있어서 일차적 좌절은 좌절 추동 자극(frustration drive stimulus: S_F)이라고 불리는 추동 자극을 만들어 낸다고 가정했다. 좌절 추동 자극은 모든 추동 자극과 마찬가지로 유기체들이 감소 혹은 제거하고자 애쓰는 혐오적인 상태이다. 초기에 좌절이 보상받지 못한 반응을 활성화하고 그 반응을 반복하게 한다는 사실은 그 자체로 동물들이 좌절 추동 자극을 제거하고자 노력한다는 증거가 된다. 좌절의 상태가 혐오적이라는 주장은 동물이 좌절을 경험할 때 그곳에 존재하는 자극을 종결시키는 반응들을 학습함을 보여 주는 연구를 통해서도 지지받고 있다(Daly, 1969; Wagner, 1963).

좌절의 세 번째, 네 번째 속성은 일차적 좌절 상태에서 발생하는 환경적인 자극에 대한 조건화된 반응과 그에 의하여 생성된 내적 피드백 자극이다. 이런 속성들이 결합되어 조건화된 예상 좌절(conditioned anticipatory frustration)을 만들어 낸다. 이 장의 서두에서 우리는 동물들이 목표 상자에서 일차적 강화를 경험할 때 그 목표 상자에 있었던 자극은 이차적 강화 속성을 갖는다는 것을 배웠다. 즉, 그들은 단편적 예상 목표 반응들을 인출하고, 이것은 다시 자기수용기적 자극들을 인출한다. 그리고 자극 일반화 혹은 고차적 조건화를 통하여 이 단편적 예상 목표 반응들이 천천히 출발 상자에 도달하기까지 연합을 형성한다는 것 또한 살펴봤다. 그리고 나서 동물이 출발 상자를 떠나면 동물의 행동은 이러한 단편적 예상 목표 반응과 그것이 인출하는 자기수용기적 자극에 의해 목표 상자까지 인도된다. 에임젤에 따르면 일차적 좌절에도 같은 과정이 연합되어 있다. 즉, 일차적 좌절과 연합된 자극은 단편적 예상 좌절 반응을 인출하는 능력을 갖게 되는데, 단편적 예상 목표 반응과 자기수용기적 자극이 연합되듯 일차적 좌절은 예상 좌절 자극(anticipatory frustration stimulus: s_F)과 연합된다. 그렇지만 r_G-s_G와 r_F-s_F 기제는 서로 다른 행동 양식과 연합되어 있다. r_G-s_G 기제는 목표 상자를 향해 움직이도록 하는 반면, r_F-s_F는 목표 상자를 회피하도록 하는 경향이 있다. 단편적 예상 목표 반응은 일반적으로 강화에 대한 기대와 연관되어 있는 반면에 일차적 좌절은 좌절에 대한 기대와 연관되어 있다.

소거 동안 동물은 좌절만을 경험하는데, r_F-s_F 기제를 통하여 점차 후진적으로 상자의 출발 지점까지 일반화된다. 이런 일이 발생할 때 동물들은 출발 지점 또는 출발 지점을 떠난 직후의 일차적 좌절을 인출하는 자극들을 경험한다. 우리는 바로 이때 소거가 일어났다고 말한다.

이제 에임젤 이론에서 가장 중요한 부분 중 하나인 부분 강화 효과(partial reinforcement effect: PRE)에 대하여 살펴보겠다. 부분 강화 효과는 종종 부분 강화 소거 효과(partial reinforcement extinction effect: PREE)라고도 불린다. 부분 강화 효과란 훈련 기간 동안 간헐적 강화를 받은 반응은 계속적 강화를 받은 것에 비하여 더 오랜 소거 시간이 걸리는 것을 의미한다. 즉, 부분 강화 효과는 100% 강화보다 부분 강화가 소거에 대하여 더 크게 저항함을 의미한다. 부분 강화 효과를 설명하기 위한 여러 가지 이론이 있으나, 에임젤의 이론이 가장 널리 받아들여진다.

　에임젤은 다음과 같이 부분 강화 효과를 설명한다. 첫째, 동물은 쭉 뻗은 통로를 달리는 것 같은 반응을 하도록 훈련받는다. 이러한 초기 훈련 실시 동안에 동물은 목표 상자에서 시행마다 강화를 받는 100%의 강화를 일차적 강화로 경험한다. 이러한 상황에서 통로의 모든 자극은 r_G-s_G 기제를 통하여 일차적 강화와 연합한다. 다음으로, 동물은 시행의 50%만 강화가 주어지는 부분 강화 스케줄에 놓인다. 동물은 강화에 대해 강한 기대를 발달시켰기 때문에 강화받지 못하는 시행에서 일차적 좌절을 경험한다. 앞에서 살펴본 것처럼, 일차적 좌절을 경험하기 바로 전에 있던 자극은 단편적 예상 좌절 반응들을 인출하고, 그것은 다시 예상 좌절 자극들을 일으킬 것이다. 몇 차례 비강화 시행 후, 동일한 자극이 갈등적 습관을 인출하는 경향이 있으므로 갈등을 발달시킨다. r_G-s_G가 인출될 때 동물은 목표 상자를 향해 달려가는 경향이 있지만, r_F-s_F가 인출될 때에는 목표 상자를 회피하는 경향을 보인다. 동물은 부분 강화 스케줄로 바뀌기 전 이미 목표를 향하여 달려가는 강한 습관을 발달시켰으므로, 그리고 아마 정적 강화가 좌절보다 영향력이 더 크기 때문에 부적 강화 스케줄에서도 목표 상자로 계속 접근해 간다. 달리 말해, 비록 접근-회피 갈등이 목표 상자와 연합되어 있다 하더라도 접근이 이기는 경향이 있다.

　동물은 어떠한 시행에서 강화를 받지 못하더라도 목표 상자에 계속 접근해 가기 때문에 결국에는 도구 안 모든 자극, 심지어 좌절과 연합된 자극들조차 달리는 반응과 연합된다. 에임젤(1992)의 용어인 '도구적 역조건화(instrumental counterconditioning)'는 혐오적인 r_F-s_F 기제에 도구적(접근적) 반응을 첨부한다(p. 51). 당신은 아마 이미 부분 강화 효과를 설명하기 위한 에임젤의 다음 단계를 예상했을지 모른다. 계속적, 즉 100% 강화 스케줄에서 훈련받은 대상을 소거로 바꾸면 처음에는 그들도 좌절을 경험한다. 그들에게 있어 좌절의 효과는 출발 상자에 후진적으로 연합되어 정상적인 소거를 야기한다. 그렇지만 부분 강화 스케줄에서 훈련을 받은 대상은 이미 훈련 동안 좌절을 경험하였고, 좌절과 연합된 자극이 있는 곳에서도 달리는 것을 학습했다. 그러므로 부분 강화의 경우 소거에 더 많은 시간이 걸린다.

　부분 강화 효과에 대한 에임젤의 설명을 통하여 우리는 부분 강화 훈련의 경쟁 단계에서 행동에 있어 커다란 변이가 수반될 것으로 추론해 볼 수 있다. 다시 말해, 장치 안의 동일한 자극이 접근 경향성과 회피 경향성 둘 다를 인출할 때, 달리는 속도는 시행마다 다양할 것이다. 동시에 훈련 후에 자극이 달리는 반응과 연합될 때, 달리는 반응은 안정된다. 에임젤(1958)은 이러한 추론을 지지하는 증거를 발견했다. 우리는 또한 에임젤 이론으로부터 부분 강화 효과는 오직 예비 훈련 시행이 여러 번 있을 때에만 일어난다고 추론할 수 있다. 그 이유는 그의 설명이 좌절에 의존하며 만약 동물이 강화를 기대하는 것을 학습하지 않았더라면 좌절을 경험하지도 않을 것이기 때문이다. 에임젤(1958)은 이 주장을 지지하는 증거 또한 발견하였다. 즉, 만약 동물들에게 84회의 예비 훈련 시행을 시킨 후 부분 강화 스케줄로 바꾼다면 부분 강화 효과가 일어났지만, 만약 예비 훈련 시행을 24회만 시킨다면 부분 강화 효과가 일어나지 않았다.

에임젤의 좌절적 비강화 이론(theory of frustrative nonreinforcement)은 헐-스펜스의 r_G-s_G 기제의 여러 창의적 확장판 중 하나일 뿐이다. 심리학 또는 교육학 학생은 상급 과정에서 다른 많은 이론도 접할 것이다. 실제로 많은 심리적 현상을 설명하기 위하여 r_G-s_G 기제를 다양하게 사용하는 것을 개관하는 것은 독립적인 훌륭한 연구 과제가 될 것이다.

우리는 마지막으로 헐과 함께 연구하고 헐 이론에 강력하게 영향을 끼친 닐 밀러의 공헌에 대하여 살펴보겠다. 밀러의 연구는 현대 심리학에 계속해서 중요한 공헌을 하고 있는데, 그의 연구는 절충적 입장으로 학습 이론에만 국한되지 않는다.

닐 E. 밀러, 내장 조건화와 바이오피드백

닐 E. 밀러

예일 대학교의 헐의 박사 과정생 중에는 닐 E. 밀러(1909~2002)가 있었는데, 그는 헐의 영향력을 다양한 이론 영역과 응용 영역까지 확장한 연구가였다. 그는 1909년 위스콘신 주 밀워키에서 태어났다. 학부 과정은 워싱턴 대학교에서 에드윈 거스리와 함께 공부하였는데, 거스리의 이론은 8장에서 소개하겠다. 밀러는 1932년 스탠퍼드 대학교에서 석사 학위를, 1935년 예일 대학교에서 박사 학위를 받았다. 밀러는 그 이후 비엔나 정신분석 연구소(Vienna Psychoanalytic Institute)에서 프로이트의 정신분석학을 연구하며 몇 개월을 보냈다. 그는 미국으로 다시 돌아와 1966년까지 예일 대학교에서 학생들을 가르쳤다. 그리고 나서 뉴욕의 록펠러 대학교로 옮겨 가 명예교수 지위를 얻었다. 2002년 사망할 때까지 그는 록펠러와 예일과의 관계를 유지했다.

예일 대학교 시절 밀러는 헐과 프로이트에 대하여 연구했고, 존 달러드(John Dollard)와 함께 유익한 공동 연구를 시작했다. 1941년 밀러와 달러드는 『사회적 학습과 모방(Social Learning and Imitation)』을 저술하였는데, 관찰학습과 모방에 관한 행동주의적 강화 이론에 대한 저술로서 13장에서 간략하게 논의하겠다. 달러드와 밀러는 1950년 헐의 행동주의와 프로이트의 정신역동 심리학을 종합한 『성격과 심리학(Personality and Psychology)』을 공동으로 저술했다. 밀러의 많은 공헌 중 하나는 자율적인 내적 반응들도 조작적 훈련 과정을 이용하여 조건화될 수 있다는 것을 보여 준 것이다.

1960년대까지는 조작적 조건화가 오직 골격근 혹은 횡문근에 대한 반응에서만 가능하다고 믿었다. 평활근이나 분비선(gland)은 자율신경계에 의하여 통제되는데, 자율신경계가 매개하는 반응은 일반적으로는 조작적 조건화가 불가능하다고 믿었다.

근래에는 인간이나 동물 모두 그들 스스로의 내적 환경을 통제할 수 있다는 것을 보여 주는 여러 연구가 있는데, 그중 대부분의 연구를 밀러가 수행하였다. 예컨대, 사람들은 자신의 심장 박동, 혈압, 피부 온도 등을 통제할 수 있다는 것이 밝혀졌다.

자율 반응의 조작적 조건화에 대한 초기 입증에 있어서, 밀러와 카모나(Miller & Carmona, 1967)는 목이 마른 한 집단의 개들에게 타액을 분비할 때마다 물을 주었고 목이 마른 다른 집단의 개들에게는 오랜 시간 동안 타액 분비를 하지 않고 참았을 때 물을 주었다. 전자에서는 타액 분비의 비율이 올라가고 후자에서는 내려갔다. 다른 실험들은 자율 반응의 조건화가 이차적 강화인을 이용하여 형성될 수 있음을 보여 준다. 예컨대, 샤피로, 턱시, 거슨과 스턴(Shapiro, Turksy, Gerson, & Stern, 1969)은 실험자가 원하는 방향으로 혈압이 바뀔 때마다 20명의 남자 대학생에게 『플레이보이(Playboy)』지에 있는 여자 누드 사진을 보여 주면서 혈압을 올리거나 낮추도록 조작했다. 실험을 종료했을 때, 두 사람을 제외한 나머지 피험자는 자신의 혈압이 체계적으로 변했다는 사실을 인식하지 못했다.

자율적 조건화의 응용은 잘 알려져 있다. 바이오피드백(biofeedback) 훈련(종종 내장 조건화[visceral conditioning]로 불리는)에서는 환자에게 심장 박동, 혈압, 또는 뇌의 전기적 활동과 같은 어떤 내적 기능에 관한 시각 혹은 청각 정보를 제공하는 장치가 주어진다. 이 과정에서 일반적으로 음식과 물과 같은 강화인은 사용되지 않는다. 피드백 장치에 의해 제공되는 정보가 학습이 일어나는 데 필요한 모든 것이다. 어떤 의미에서 보면, 정보 자체가 강화인으로 작용한다. 연구자들은 심장병 환자들이 자신의 심장 이상을 조절하는 법을 학습할 수 있고, 주의력결핍 과잉행동장애(ADHD)를 가진 아이들이 뇌에서 전기적 활동을 조절하는 법을 학습함으로써 주의력과 집중력을 증가시킬 수 있고, 장년 여성과 남성들이 요실금을 조절할 수 있으며, 심지어 환자들이 양쪽 내이(內耳) 장애의 균형과 안정을 회복할 수도 있다고 보고하고 있다 (Pothier et al., 2011). 이 연구에 대한 보다 자세한 검토는 키멜(Kimmel, 1974), 맥키(McKee, 2008), 밀러(1983, 1984)를 참조하면 된다.

비록 연구가 실험실 내에서 수많은 자율 기능을 통제하는 것을 학습할 수 있다는 것을 보여 주고 있다 하더라도, 자율 기능이 실험실 밖에서도 통제될 수 있는지 그리고 이 기법을 통해 어떤 종류의 질환을 치료할 수 있는지에 대해서는 여전히 의구심이 남아 있다.

예를 들어, 한 의학 연구 팀은 1,264명의 고혈압 환자의 자료를 분석하였다. 연구자들은 잘 통제된 26번의 실험을 통해 바이오피드백 기법은 엉터리 바이오피드백 조건을 포함한 두 가지 위약 효과 기법보다 더 효과적이지는 않다는 사실을 입증하였다. 그들은 바이오피드백을 포함한 어떠한 유형의 이완 기법도 장애 조건을 치료하지 않고 내버려 두는 것보다는 우수하다고 결론 내렸지만, 바이오피드백으로 약물치료를 대신하도록 추천하지는 않았다(Eisenberg et al., 1993). 그러나 이후 메타분석(유사한 피험자들을 테스트하고 비슷한 과정이나 통제를 사용한 실험을 비교하는 수학적 분석)은 바이오피드백이 특별히 인지치료와 이완 훈련의 연합에 사용될 때에는 고혈압 치료에 효과적임을 보여 주었다(Yucha et al., 2001).

바이오피드백은 만성 편두통을 치료하기 위하여 자주 사용되나, 바이오피드백을 통한 치료 효과는 환자와 치료사의 긍정적 기대 때문에 나타나는 것 같다(Roberts, 1994). 다른 연구들은 두통 치료에 있어 바이오피드백 효과는 환자가 겪는 두통 유형에 따라서 다른 것처럼 보고 있다. 편두통을 앓는 아동에게 바이오피드백을 통하여 피부 온도를 증가시키도록 가르친 이후, 두통 클리닉에서 대기하며 실제 치료를 받고 있지 않은 아동과 비교했더니 6개월이 경과하자 바이오피드백을 이용한 아동의 증상이 많이 경감된 것으로 나타났다(Labbe, 1995). 이와 유사하게, 편두통 치료에 바이오피드백을 이용한 연구들을 메타분석한 결과는 점진적으로 바이오피드백 기법과 이완 기법을 함께 사용하면 편두통을 치료하는 데 있어 약물치료나 약품 위약 효과보다 오히려 더 효과적라는 것을 시사한다(Hermann, Kim, & Blanchard, 1995). 게다가 바이오피드백을 사용해 근육 긴장 또는 피부 온도를 통제하는 기술을 더 많이 보이는 환자들은 그렇지 못한 환자들보다 자신의 편두통을 더 감소시키는 경향이 있다(Shellick & Fitzsimmons, 1989). 반면 자신의 두통에 대한 원인을 일반적 긴장에 돌리는 사람들은 긍정적인 기대와 같은 위약 효과, 혹은 비구체적인 효과에 더 민감하였다(Blanchard, Kim, Hermann, & Steffek, 1994; Eisenberg, Kessler, Foster, & Norlock, 1993).

바이오피드백 기법은 오늘날 광범위하게 사용되지만, 우리가 논의한 연구들이 시사하고 있듯이 어떠한 장애가 바이오피드백 치료에 더 적합한지 분명히 해야 한다. 특히 바이오피드백을 알코올중독부터 신경장애까지의 심각한 상태의 치료에 적용할 때에는 더욱 그렇다. 덧붙여 어떤 치유법이 비구체적인 위약 효과에 가장 크게 공헌하는지, 어떤 치유법이 자율신경 기능을 통제하는 것을 학습한 결과인지 파악하기 위해서는 후속 연구가 필요할 것이다.

논의
사항

1. 학습 상황에서 발생하는 부정적 요인(반응 제지와 조건화된 제지)을 어떻게 하면 극복하거나 최소화할 수 있을까?

2. 헐의 이론에 의하면, 강화인의 크기를 증가시키는 것은 학습에 어떠한 효과를 주는가? 이에 대하여 설명해 보라.

3. 학습과 수행 간 차이를 변별할 수 있는 상황에 대하여 기술해 보라.

4. 헐의 학습 원리에 따라서 고안된 학습 절차들은 어떤 특징을 갖는가? 몇몇 구체적 예를 들어 보자.

5. 헐의 이론에서 볼 때, 불안 수준이 높은 학생들과 낮은 학생들 중 누가 더 빠르게 학습한다고 생각하는가? 이에 대하여 설명해 보라.

6. 스키너가 헐과 기본적인 견해 차이를 보이는 것은 무엇에 관한 것인가? 두 사람이 가장 동의하는 부분은 어디에 있는가?

7. 헐이 '심리적 현상(psychic phenomena)'은 언젠가 r_G-s_G 기제에 관하여 설명될 수 있을 것이라고 말한 것은 무엇을 의미한다고 생각하는가?

8. 헐의 관점으로 연쇄를 설명해 보라.

9. 습관군 위계란 무엇인가?

10. 이론 구성에 대한 헐의 접근법에 대하여 기술하라. 헐의 이론이 개방적이라는 것은 무엇을 의미하는가?

11. 이 장에 제시된 헐의 이론의 최종판을 도식화해 보라.

12. 어떤 실험이 강화는 추동 혹은 추동 자극의 감소에 의하여 결정된다는 헐의 논쟁을 직접적으로 검증할 수 있게 해 줄까?

13. 당신이 길모퉁이로 차를 운전하다가 방문하고자 하는 친한 친구 집이 보이자 웃기 시작한다. 헐은 이러한 웃는 행동을 어떻게 설명하겠는가?

14. 도구적 조건화에 관해 스펜스가 강화 이론가에서 인접 이론가로 변화하도록 야기한 증거들을 요약해 보라.

15. 스펜스는 어떤 측면에서 강화 이론가로 남아 있는가?

16. $D{\times}K{\times}_SH_R$ 대 $(D{+}K){\times}_SH_R$이 갖는 함의에 대하여 기술해 보라.

17. 스펜스–에임젤의 소거에 대한 좌절–경쟁 이론에 대하여 요약해 보라.

18. 부분 강화 효과에 대한 에임젤의 설명을 요약해 보라.

19. 어떤 연구 결과들이 우리로 하여금 바이오피드백 기법을 성공적으로 사용한 자료를 읽을 때 주의를 기울이도록 하는가?

주요 개념

- 가설 연역적 이론(hypothetical deductive theory, 또는 논리 연역적 이론[logical deductive theory])
- 감각 충동들 간의 상호작용(interaction of sensory impulses: $\bar{s}$)
- 강화(reinforcement)
- 강화인(reinforcer)
- 내장 조건화(visceral conditioning)
- 단편적 예상 목표 반응(fractional antedating goal response: r_G)
- 단편적 예상 좌절 반응(fractional anticipatory frustration reaction: r_F)
- 바이오피드백(biofeedback)
- 반응 역치(reaction threshold: $_sL_R$)
- 반응 잠재력(reaction potential: $_sE_R$)
- 반응 제지(reactive inhibition: I_R)
- 부분 강화 효과(partial reinforcement effect: PRE)
- 분산훈련(distributed practice)
- 빈도의 법칙(law of frequency)
- 소거에 대한 좌절-경쟁 이론(frustration-competition theory of extinction)
- 순간 유효 반응 잠재력(momentary effective reaction potential: $_s\bar{\dot{E}}_R$)
- 습관 강도(habit strength: $_sH_R$)
- 습관군 위계(habit family hierarchy)
- 시험 효과(testing effect)
- 예상 좌절 자극(anticipatory frustration stimulus: S_F)
- 유인 동기(incentive motivation: K)
- 유효 반응 잠재력(effective reaction potential: $_s\bar{E}_R$)
- 인접의 법칙(law of contiguity)
- 일반화된 습관 강도(generalized habit strength: $_s\bar{H}_R$)
- 일차적 좌절(primary frustration: R_F)
- 자극 일반화(stimulus generalization)
- 자극 흔적(stimulus trace: s)
- 자극-강도 역동성(stimulus-intensity dynamism: V)
- 자기수용적 자극(proprioceptive stimuli)
- 잠재 시간(latency: $_st_R$)
- 잠재 학습(latent learning)
- 조건화된 예상 좌절(conditioned anticipatory frustration)
- 조건화된 제지(conditioned inhibition: $_sI_R$)
- 좌절 효과(frustration effect: FE)
- 좌절추동 자극(frustration drive stimulus: S_F)
- 진동 효과(oscillation effect: $_sO_R$)
- 집중훈련(massed practice)
- 추동 감소(drive reduction)
- 추동 자극 감소(drive stimulus reduction)
- 추동 자극(drive stimuli: S_D)
- 추동(drive: D)
- 학습하지 않은 행동(unlearned behavior)
- 회상 효과(reminiscence effect)
- 회피 조건화(avoidance conditioning)
- 크레스피 효과(Crespi effect)

제3부

중요한 연합주의적 이론들

제7장
이반 페드로비치 파블로프
(Ivan Petrovich Pavlov)

파블로프(Pavlov)는 1849년 러시아에서 태어났고 1936년 러시아에서 생을 마감하였
다. 그는 목사였던 아버지를 따라 원래 목사가 되고자 하였으나, 이후 마음을 바꾸어 평생 심
리학을 연구하게 된다. 1904년 그는 소화생리에 대한 연구로 노벨상을 수상하였다. 50세가 되
어서야 그는 조건적 반사에 대한 연구를 진행하기 시작하였다.

이반
페드로비치
파블로프

손다이크(Thorndike)를 보며 우리는 과학자들이 결과에 따라 그들의 견해를 바꿀 의무가 있으며 이는 과학의 중요한 부분임을 확인하였다. 파블로프를 보면 과학에서의 우연한 발견이 얼마나 중요한지 확인할 수 있다.

이 책의 이전 판을 포함한 많은 심리학 관련 서적에서는 파블로프의 개가 먹이를 보았을 때 침을 분비하는 것을 보며 조건 반사를 발견했다고 말한다. 그러나 실제로 조건 반사의 발견은 이보다는 조금 더 복잡하다. 초기에는 먹이 조각이 직접적으로 위관을 자극했을 때 위액이 분비되는 것이라 생각했다. 파블로프는 위액의 분비가 항상 이러한 상황에서 분비되는 것은 아니라 주장했다. 파블로프는 수술관을 개의 식도에 삽입하고 또 다른 관은 위에 삽입하여 소화에 대해 연구했다. 이를 통해 개는 맛을 본다거나 먹이를 씹고 넘기는 것은 할 수 있었지만, 삼킨 먹이가 삽입된 관으로 떨어져 위에 도달하지는 않았다. 위에 삽입된 관은 위액이 몸의 밖으로 흐르도록 하였으며, 한곳에 모일 수 있도록 하였다. 이러한 실험 장치는 [그림 7-1]에 제시되어 있다.

파블로프의 중요한 통찰은 바로 먹이가 위에 직접적으로 도달하지도 않았는데 위액이 분비된다는 것을 발견한 것이다. 따라서 몸의 한 영역에서의 자극은 다른 부분에서의 반응을 유발

그림 7-1 ▶
식도와 위에 관이 삽입된 개. 이러한 실험 장치는 개에게 먹이를 줄 수 있지만, 먹이가 위에 도달하지는 못하게 할 수 있다. 또한 위로 흐르는 위액의 측정도 가능하다. (G. A. Kimble, N. Garmezy, & E. Ziger, *Principles of General Psychology*. New York: John Wiley & Sons, Inc., 1974, p. 208)

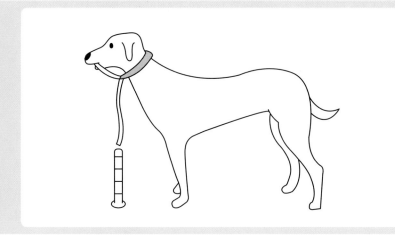

◀그림 7-2
타액은 파블로프
개의 입에서 튜브로
흐르게 되고 실린더에
떨어지기 때문에
정확하게 타액 분비
반응을 측정할 수 있다.

할 수 있다. 추가로 그는 먹이를 보는 것 또한 위액의 분비를 유발할 수 있음을 발견했다. 원래 파블로프는 이러한 반사를 '심리적(psychic)' 반사라 불렀다. 그는 객관적인 과학자이며 생리학자였기 때문에 처음에는 심리적 반사에 대해 연구할 마음이 없었다. 동료들의 반대와 개인적인 고민 끝에 그는 심리적 반사에 대해 연구하기로 결심했다. 파블로프는 주관적인 요소가 그의 연구에 영향을 주는 것을 막기 위해 심리적 반사를 순수한 생리학적 문제로 연구했다. 파블로프의 동료들은 그들이 주관적이거나 비생리학적인 단어를 사용할 경우 벌금을 물기도 하였다(Watson, 1978, p. 441). 심리적 반사를 연구하기 위해 파블로프가 사용했던 장치 중 하나는 [그림 7-2]에 제시되어 있다.

50세의 나이에 심리적 반사에 대한 연구를 하며 제2의 인생을 살았던 것처럼, 파블로프는 80세의 나이에 자신의 조건화 연구를 정신적 질환에 연관시키며 제3의 인생을 살게 된다. 관련 업적으로 그의 저서 『조건화된 반사와 정신의학(Conditioned Reflexes and Psychiatry)』(1941)이 있는데, 이는 정신과학에 있어 많은 공헌을 하였다.

손다이크가 그의 주요 연구를 수행할 때, 파블로프는 학습의 과정을 연구하고 있었다. 그는 주관적인 심리학을 연구할 수 없었고, 그리하여 결국에는 심리적이라는 이유로 조건적 반사를 연구하지 않으려 결심하였다. 파블로프(1928)는 심리학자들을 높이 평가하지는 않았지만 손다이크만은 존경하였으며 그가 동물을 이용하여 학습 과정을 체계적으로 연구한 최초의 학자라 여겼다.

새로운 방법으로 나의 연구를 시작한 지 몇 년이 지나, 나는 생리학자가 아닌 심리학자가 미국에서 유사한 연구를 진행하고 있음을 알았다. 나는 미국에서 나온 간행물들을 살펴보았으며, 이러한 방법으로 연구를 한 첫 번째 인물이 손다이크라고 인정하지 않을 수 없다. 그의 연구는 우리의 연구보다 2~3년 정도 앞섰으며 그의 책은 넓은 문제에 대한 그의 대담한 개관과 결과의 정확성 때문에 고전으로 여겨져야 한다(pp. 38-40).

손다이크와 파블로프는 많은 측면에서 서로 다른 길을 가고 있었지만 과학에 대한 열정과 과학으로 인간의 많은 문제를 풀 수 있다는 믿음을 공유하였다. "오직 과학, 인간의 본성 그 자체에 대한 과학과 명확한 과학적 방법의 도움을 얻는 진정한 접근만이 인간관계에 대한 현재의 수치스러움을 벗어나게 해 줄 것이다."(Pavlov, 1928, p. 28) 파블로프는 이러한 과학적 믿음을 결코 저버린 적 없으며 1936년 그가 87세가 되던 때, 조국의 젊은 과학자에게 다음과 같은 편지를 썼다(Babkin, 1949).

내 조국에 있는 젊은이들에게 전할 말이 있다. 무엇보다도 체계적인 사람이 되라. 다시 한번 체계적인 사람이 될 것을 강조한다. 지식을 얻는 데 있어 철저하게 스스로를 체계적인 사람이 되도록 단련시키라. 과학의 정점에 도달하기 전에 먼저 과학의 기초에 대해 공부하라. 한 단계를 철저하게 숙달하기 전에는 절대로 다음 단계로 넘어가지 말라. 어떤 대담한 가설이나 추측으로 자신의 지식의 결점을 감추려 하지 말라. 자신을 절제하고 인내하도록 단련하라. 고된 과학적 연구를 하는 것을 배우라. 새의 날개가 완벽하더라도 공기에 기대지 않고 날 수는 없다. 사실이야말로 과학자들이 기댈 수 있는 공기이다. 사실이 없이는 결코 높이 날 수 없다. 사실이 없다면 이론들은 단지 작은 노력에 불과하다. 그러나 공부를 하거나 연구를 하거나 혹은 관찰을 할 때면 현상의 표면에만 머물지 말라. 단순한 사실을 수집하는 사람이 되지 말고 그것들의 기원에 대한 신비를 꿰뚫을 수 있도록 노력하라. 사실을 통제하는 법칙들을 꾸준히 탐구하라.

두 번째로 중요한 요소는 겸손이다. 단 한순간도 당신이 모든 것을 안다고 생각하지 말라. 당신이 아무리 타인으로부터 높이 칭송받더라도, 본인 스스로가 자신에게 '나는 무식하다'는 말을 할 수 있는 용기를 가지라. 결코 자신감에 휩싸이지 말라.

세 번째로 필요한 것은 열정이다. 과학이라는 것은 사람의 일생을 요구한다는 것을 기억하라. 만약 당신이 두 번의 삶을 살 수 있다고 하더라도 이는 결코 충분하지 않다. 과학은 많은 노력과 열정을 요구한다. 진리를 찾아가는 당신의 연구에 열정을 가지라.

경험적 관찰

조건 반사의 발달: 강화와 파블로프

심리적 반사 혹은 조건 반사가 정확히 무엇을 의미하는지는 파블로프(1955)가 말한 다음의 진술에 나타나 있다.

> 나는 누구나 성공할 수 있는 간단한 두 가지 연구에 대해 말하고자 한다. 개의 입에 적당 량의 산성액을 떨어뜨리면 개는 입을 거세게 흔들어 산성액을 뱉어 내려 하거나 동시에 많은 양의 침을 분비하는 방어적인 반응을 보인다. 이런 방식을 통해 입안의 산성액을 희석하여 깨끗하게 만든다. 이제 두 번째 실험을 살펴보자. 조금 전 말한 것과 동일한 산성용액을 입에 떨어뜨릴 때, 먼저 반복적으로 소리와 같은 자극을 제시한다. 무슨 일이 일어날까? 이렇게 되면 단지 소리만으로도 산성용액을 떨어뜨렸을 때와 똑같은 반응, 즉 입을 격렬하게 흔들고 많은 타액을 분비하는 행동이 나타난다(p. 247).

파블로프의 조건화와 고전적 조건화는 동의어이다. 파블로프의 연구 혹은 고전적 조건화의 요소에는 ① 유기체로부터 자연적이고 자동적인 반응을 유발하는 무조건 자극(unconditioned stimulus: US), ② 무조건 자극에 의해 자연적이고 자동적으로 나오는 무조건 반응(unconditioned response: UR), ③ 유기체로부터 자연적이고 자동적인 반응을 일으키지 않는 중성 자극(neutral stimulus)이 있다. 이러한 요소들이 특정한 방식으로 혼합될 때 조건 반응(conditioned response: CS)이 발생한다. 조건 반응을 일으키기 위해서는 조건 자극과 무조건 자극이 몇 번에 걸쳐 연합되어야 한다. 처음에 조건 자극이 제시되고 이후 무조건 자극이 제시되는 것이 중요하다. 조건 자극이 제시될 때마나 무조건 반응이 제시되다가 나중에는 조건 자극만 제시되어도 무조건 반응과 비슷한 반응이 나오게 된다. 이렇게 되면 조건 반응이 나타나는 것이다. 이를 도식으로 표현하면 다음과 같다.

훈련 절차: 조건 자극 → 무조건 자극 → 무조건 반응
조건화 모습: 조건 자극 → 조건 반응

파블로프의 실험에서 무조건 자극은 산성용액이고 무조건 반응은 산성용액에 의해 나오는 타액의 분비이며 조건 자극은 소리이다. 개는 보통 소리에 타액을 분비하지는 않지만 산성용액과 연합되면 타액의 분비를 유발하게 된다. 그리고 소리에 의해 분비되는 타액은 조건 반응이 된다.

파블로프는 무조건 반응과 조건 반응은 항상 동일하다고 믿었다. 만약 무조건 반응이 타액의 분비라면 조건 반응도 타액의 분비여야 한다. 그러나 조건 반응의 반응 정도는 항상 무조건 반응보다는 작다. 예를 들어 파블로프는 타액의 양을 세어 반응의 양을 측정하여, 무조건 자극이 조건 자극보다 많은 양의 타액 분비를 유도한다는 것을 확인하였다. 우리는 이 장의 뒷부분에서 고전적 조건화에 대한 최근의 연구를 볼 것이며, 이를 통해 무조건 반응보다 조건 반응이 더 작게 일어난다는 파블로프의 주장이 최소한 몇몇의 경우에는 맞지 않을 수 있음을 보게 될 것이다.

실험적 소거

조건 반응이 형성된 이후, 조건 자극이 무조건 자극 없이 계속해서 제시된다면 조건 자극을 뒤따르던 조건 반응은 점점 사라질 것이다. 그리고 결국에는 조건 자극이 조건 반응을 유발하지 못하는 실험적 소거가 발생할 것이다. 소거는 조건 자극이 유기체에게 강화 없이 제시되었을 때의 결과로 나타난다. 고전적 조건화 연구에서 강화는 무조건 자극이다.

자발적 회복

소거가 일어나고 얼마 후 다시 조건 자극이 유기체에게 제시된다면, 조건 반응은 일시적으로 다시 나타난다. 조건 반응은 무조건 자극이 조건 자극과 연결되지 않는 상황이라고 하더라도 '자발적으로 회복' 된다. 다시 말해 소거 후 지연이 있고 조건 자극이 유기체에게 제시된다면, 이는 조건 반응을 유발한다. 소거와 자발적 회복은 [그림 7-3]에 제시되어 있다.

고차적 조건화

조건 자극이 무조건 자극과 함께 여러 번 연합되면, 이는 무조건 자극과 같이 사용될 수 있다. 즉, 무조건 자극과의 연합을 통해 조건 자극은 그 자체로 강화의 성격을 가지게 된다. 그리

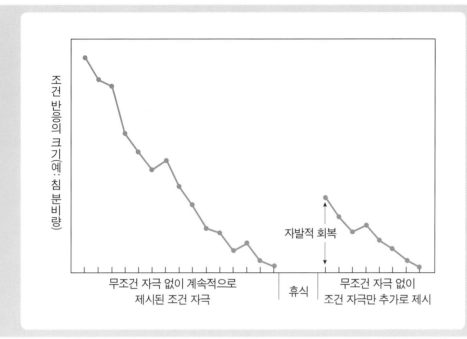

조건 반응의 소거와 자발적 회복을 보여 주는 전형적인 곡선

고 이는 조건 반응을 유발하는 두 번째 조건 자극과 다시 연합될 수 있다. 예를 들어 불빛(조건 자극)을 먹이(무조건 자극)와 함께 제시한다. 먹이는 동물이 침을 분비하도록 할 것이다. 이후 조건 자극과 무조건 자극의 연합을 통해 불빛을 보여 주면 동물은 침을 분비할 것이다. 빛에 침을 분비하는 것은 조건화 반응이다.

이제 불빛은 침 분비를 유발한다. 이는 다시 두 번째 부저 소리와 같은 조건 자극과 연합될 수 있다. 연합의 방향은 본래의 조건화와 동일하다. 처음에 새로운 조건 자극(부저 소리)이 제시되고, 이후에 예전의 것(불빛)이 제시된다. 여기에는 더 이상 먹이가 없다는 것을 알아야 한다. 이러한 연합이 몇 번 일어난 이후, 동물은 부저 소리만 제시되었을 때 침을 분비하게 된다. 이러한 예에서 첫 번째 조건 자극은 조건화 반응을 일으키는 무조건 자극과 동일하게 사용된다. 이를 이차적 강화 특성(secondary reinforcing properties)이라고 한다. 그러므로 조건 자극은 이차적 강화인(primary reinforcer)이라 불린다. 이차적 강화인은 무조건 자극 없이는 형성될 수 없으므로, 이러한 무조건 자극을 일차적 강화인(secondary reinforcer)이라 부른다.

이러한 과정은 한 단계 더 진행될 수 있다. 두 번째 조건 자극(부저 소리)은 2,000cps 음(tone)과 같은 또 다른 조건 자극과 연합될 수 있다. 연합의 방향은 이전과 동일하다. 처음에는 2,000cps 음이 제시되며 다음으로 부저 소리가 제시된다. 결국 음만 제시되더라도 동물은 침을 분비하게 된다. 따라서 불빛과 연합된 부저 소리 또한 이차 강화인이 되었고, 따라서 새로운 자극의 조건화에 사용될 수 있다. 이것이 삼차적 조건화(third-order conditioning)이다. 이러한 이차적, 삼차적 조건화는 고차적 조건화(higher order conditioning)에 속한다.

이와 같은 고차적 조건화는 소거가 일어나는 동안 형성되기 때문에 삼차적 조건화 이상으로 조건화하는 것은 불가능하지는 않지만 매우 어렵다. 실제로 고차적 조건화에 대한 연구는 매우 드물다. 일차적 조건화에서 삼차적 조건화로 변화함에 따라 조건 반응은 적어지고 조건 반응은 몇 번의 시행에서만 지속된다. 위의 예에서 음은 약간의 타액 분비를 유도할 뿐이고 이도 처음의 시행에서만 나타난다.

일반화

일반화(generalization)를 설명하기 위해 우리는 기본적인 조건화 절차를 다시 살펴보아야 한다. 2,000cps의 음을 조건 자극으로, 먹이를 무조건 자극으로 사용하여 연합시키고 나면, 음만으로도 동물이 침을 흘리게 된다. 이때 우리는 조건 반응을 형성한 것이다. 이러한 과정을 진행하고 나면, 이때 연합된 음과 다른 음을 동물에게 들려줌으로써 소거로 들어간다. 들려주는 새로운 소리 자극 중 어떤 것은 2,000cps보다 높은 진동수를 보이고 어떤 것은 진동수가 이보다 낮다. 분비되는 침의 양으로 조건 반응의 정도를 측정하면, 다른 음에 의해서도 조건 반응이 나타나기는 하지만 2,000cps의 음이 제시될 때 그 정도가 가장 크다. 조건 반응의 정도는 주어진 음과 연합이 이루어진 음이 얼마나 비슷한가에 따라 결정된다. 이 예에서는 2,000cps의 음과 유사할수록 조건 반응의 정도가 더 커진다. 일반화의 예는 [그림 7-4]와 같다.

파블로프의 일반화와 손다이크의 훈련 전이 개념은 관련이 있다. 일반화에서는 훈련 상황과 확인 상황 간의 공통점이 많을수록 같은 반응이 일어날 확률이 커진다. 이는 손다이크의 전이 동일요소 이론으로 설명된다. 이와 비슷하게, 일반화와 전이는 처음 접하는 상황에서 어떻게 학습한 반응을 할 수 있는지를 설명한다. 다시 말해, 우리는 이전에 겪어 본 비슷한 상황에 반응하듯이 새로운 상황에 반응하게 된다.

손다이크의 효과 파급과 파블로프의 일반화를 구분하는 것은 매우 중요하다. 효과의 파급이란 강화를 받은 반응과 비슷한지의 여부를 떠나 강화받은 반응에 얼마나 가까이 인접해 있는지의 여부가 대단히 중요하다. 반면 일반화는 강화 전에 제시된 자극은 아니지만 이와 유사한, 관련 있는 자극에 의해 조건 반응을 생성하는 능력을 증가시키는 것이다. 일반화에서 유사성은 중요한 요소이지만 인접은 중요하지 않다.

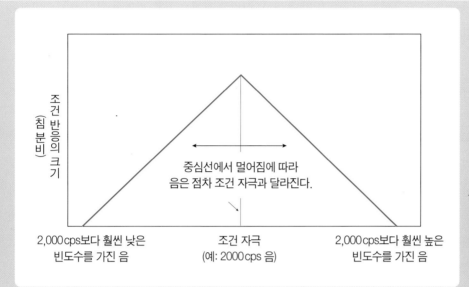

조건 반응의 크기
(침 분비)

중심선에서 멀어짐에 따라
음은 점차 조건 자극과 달라진다.

2,000 cps보다 훨씬 낮은
빈도수를 가진 음

조건 자극
(예: 2000 cps 음)

2,000 cps보다 훨씬 높은
빈도수를 가진 음

◀그림 7-4
훈련 동안 사용되었던
조건 자극이 점점
비슷하지 않게 되면
조건 반응의 크기가
작아지는 자극 일반화의
이상적인 곡선

변별

일반화와 반대되는 개념으로 변별(discrimination)이 있다. 앞에서 살펴본 바와 같이 일반화란 연합에서 사용되었던 자극과 비슷한 다른 여러 종류의 자극에 반응하는 경향성을 말한다. 이에 반해 변별은 어떤 제한된 범위 내에서의 자극 혹은 연합 시에 사용되었던 자극에만 반응하는 경향성을 말한다.

변별은 두 과정을 통해 일어날 수 있다. 하나는 오랜 기간의 훈련을 통해 가능하고, 다른 하나는 차별적인 강화를 제공함으로써 가능하다. 만약 조건 자극이 무조건 자극과 여러 차례 짝지어진다면 조건 자극과는 관련이 있지만 똑같지 않은 자극에 대해 반응하는 경향은 감소한다. 즉, 조건 자극을 형성하는 데에 필요한 조건 자극과 무조건 자극의 연합 횟수를 최소로 사용하면, 소거 동안 조건 자극과 관련 있는 자극에 반응하는 경향은 강해진다. 즉, 일반화가 나타난다. 그러나 훈련을 더욱 오래하면 소거 때 조건 자극 이외의 자극에 대한 반응 경향성이 줄어들게 된다. 이런 식으로 훈련 수준을 조절함으로써 일반화를 조절할 수 있다. 즉, 훈련의 정도가 많으면 많을수록 일반화는 감소한다.

변별을 일으키는 두 번째 과정은 차별적인 강화를 이용하는 것이다. 앞서 제시된 예에서 2,000cps의 음과 다른 음들도 함께 제시된다. 그러나 2,000cps의 음이 제시될 때에만 강화가 제시된다. 이러한 훈련을 받은 뒤 소거 동안 2,000cps의 음 이외의 다른 음을 동물에게 제시하

면 동물은 다른 음에는 반응하지 않게 된다. 이러한 과정을 통해 변별이 일어난다. 일반화와
변별에 대한 파블로프의 생리적 설명은 뒤에서 살펴볼 것이다.

조건 자극과 무조건 자극의 관계

고전적 조건화에 대해서는 다음의 두 가지를 확인할 필요가 있다. 첫 번째는 조건화가 가장
빨리 일어나는 데 필요한 조건 자극과 무조건 자극 간의 제시 간격에 관한 것이다. 많은 연구
에서는 조건 자극은 무조건 자극이 제시되기 0.5초 전에 제시되는 것이 가장 효과적이라는 사
실을 밝혔다. 조건화 연구에서 가장 흔하게 사용되는 방법은 무조건 자극이 제시될 때까지 계
속해서 조건 자극을 제시하는 것이다. 이들 두 자극 간의 시간 간격이 0.5초보다 길거나 짧으
면 조건화는 비교적 발생하기 어렵게 된다. 그러나 이러한 설명은 상황을 지나치게 단순화한
것이다. 그 이유는 조건화가 형성되기 위한 조건 자극과 무조건 자극의 시간 간격은 다른 여러
요인에 의해 영향을 받기 때문이다. 예를 들어, 앞으로 제시될 미각혐오에 대한 연구에서는 조
건 자극과 무조건 자극이 몇 시간이라는 시간 간격을 두고 발생했음에도 고전적 조건화가 발
생한다는 사실을 확인하게 될 것이다. 또한 조건 자극이 최상의 조건으로 무조건 자극에 선행
하여 제시되었다고 하더라도 조건화가 발생하지 않을 수 있는 현상도 확인하게 될 것이다.

두 번째는 첫 번째와 관련이 있다. 전통적인 고전적 조건화 과정에서는 조건 자극이 무조건
자극 이후에 제시되면 조건화가 매우 어렵다고 여겨진다. 이를 후진적 조건화(backward
conditioning)라고 한다. 후진적 조건화가 어려운 이유는 조건 자극이 조건화가 일어나기 전에
동물에게 정보를 제공해야 한다는 점 때문이다. 즉, 이미 무조건 자극이 제시된 다음에 제시되
는 조건 자극은 동물이 무조건 자극의 출현을 예측하는 데 활용될 수 없다. 이러한 현상은 후
진적 조건화에서뿐만 아니라 여러 개의 조건 자극이 제시되거나 조건 자극을 신뢰하기 어려
울 때에도 마찬가지로 일어난다. 이러한 설명에 대한 증거는 에거와 밀러(Egger & Miller,
1962, 1963)의 연구에서 찾아볼 수 있는데, 이들 연구자에 따르면 ① 두 개의 조건 자극이 모
두 하나의 무조건 자극을 안정적으로 예측하도록 한다면 첫 번째 제시된 조건 자극은 조건화
되지만 두 번째로 제시된 조건 자극은 조건화를 형성하지 못한다. ② 두 개의 신호가 존재할
때, 하나의 신호는 무조건 자극이 항상 뒤따라 제시되지만 다른 하나의 신호는 무조건 자극의
제시가 항상 뒤따르지 않을 경우 앞서 언급한 믿을 만한 신호가 믿음직스럽지 않은 신호에 비
해 더욱 잘 조건화된다. 무조건 자극 다음에 제시되는 자극 또는 무조건 자극과 믿을 만하게
연결되지 않은 자극, 중복되어 제시되는 자극은 유기체가 일차적 강화인의 출현을 예측하는

데 활용되지 못한다. 다시 말해, 이러한 자극은 정보가(information value)를 가지지 못하는 것이다. 에거와 밀러는 고전적 조건화가 일어나면 일반적으로 동물은 조건 자극을 사용하여 강화가 일어날지를 예측할 수 있다는 결론을 내렸다. 이러한 일반적 결론은 아직도 폭넓게 받아들여지고 있지만, 고전적 조건화에 대한 최근의 연구는 후진적 조건화에 대한 신념과 조건 자극이 정보가를 갖게 하는 환경에 대한 신념 모두에 대한 수정을 요구하고 있다. 이 장의 후반부에서 우리는 에거와 밀러의 일반적 규칙에 대해 논의할 것이다.

주요 이론적 개념

흥분과 제지

파블로프에 따르면 모든 중추신경계의 활동을 관장하는 두 가지 기본 과정은 바로 흥분(excitation)과 제지(inhibition)이다. 뱁킨(Babkin, 1949)은 다음과 같이 말하였다.

> 신경계와 대뇌 피질의 기능과 관련된 파블로프의 이론적 개념들은 중요한 두 가지 과정에 기초하고 있다. 이는 흥분과 제지이다. 파블로프는 신경계를 서로 마주 보고 있는 두 개의 얼굴을 가진 고대 신 야누스에 비유한다. 흥분과 제지는 동일한 과정으로 서로 다른 측면을 보여 준다. 흥분과 제지는 항상 동시에 존재하지만 순간순간 다른 모습을 보인다. 어떤 순간에는 흥분이 우세하고 다른 순간에는 제지가 우세하다. 파블로프에 따르면 기능적인 측면에서 대뇌는 흥분과 제지가 계속해서 변화하는 점들로 구성된 모자이크라 할 수 있다(p. 313).

파블로프는 환경적 사건들은 각각 대응하는 뇌 피질 부분이 존재하고 이런 사건들을 경험할 때 뇌의 피질 활동이 흥분되거나 제지되는 경향이 있다고 추측하였다. 따라서 뇌의 피질은 유기체가 어떠한 경험을 하는가에 따라 흥분될 수도 있고 제지될 수도 있다. 특정 순간에 뇌의 특성을 결정하는 흥분과 제지의 패턴을 가리켜 파블로프는 피질부 모자이크(cortical mosaic)라고 칭했다. 피질부 모자이크는 유기체가 환경에 어떻게 반응하는가를 결정한다. 외부 환경 그리고 내부 환경이 변화함에 따라 피질부 모자이크는 변하고 이에 따라 행동도 변한다.
파블로프에 따르면 피질부 모자이크는 안정된 형태를 가진다. 그 이유는 뇌의 중심부가 반복적으로 함께 활성화되면서 일시적으로 연결되기 때문이다. 뇌의 특정 부위가 활성화되면 다른 부위도 활성화된다. 따라서 지속적으로 개에게 먹이를 주기 전에 음을 들려주면, 이 음으로 인하여 뇌의 특정 부분이 활성화되고 먹이에 반응하는 뇌의 부분과 일시적으로 연결되는 것이다. 이런 연결이 나타나면 음만을 제시하더라도 동물은 마치 먹이를 제시한 것과 같이 행동하게 된다. 이러한 상황에 대해 우리는 조건 반사가 발달되었다고 말한다.

역동적 스테레오타입

환경 속에서 사건들이 일관성을 가지고 발생하게 되면 이러한 사건들은 신경에서 표상을 가지게 된다. 그리고 이러한 사건에 대한 반응이 더욱 명확해지고 효율적으로 변한다. 따라서 친숙한 환경에 반응하는 것은 효과적이고 빠르다. 역동적 스테레오타입(dynemic stereotype)이란 유기체가 오랜 기간 동안 매우 일반적인 환경에 있었을 때 가지게 되는 피질부 모자이크를 말한다. 이 같은 피질부 지도가 정확하게 형성되어 있어야 환경에 대한 반응이 적절하고 순조롭게 진행된다. 그러나 급속하게 변화하는 환경에서 유기체는 이 같은 역동적 스테레오타입을 형성하기 어려워진다. 파블로프(1955)는 이러한 이유에 대해 다음과 같이 이야기한다.

> 외적인 자극과 내적인 자극이 활성화되는 특정 시기에 발생하는 대뇌 피질의 흥분이나 제지의 형성과 분화는 반복적인 환경에 있을 때 고정적으로 나타나며 점차 자동적으로 변화한다. 그렇기 때문에 역동적 스테레오타입이 나타난다. 그러나 새로운 환경에 처하게 되면 원래 존재하던 스테레오타입은 덜 활성화되고 덜 민감하며 새로운 조건화 환경에 맞지 않게 된다. 스테레오타입을 정교화하는 것은 반응 체계의 복잡성으로 인해 난해하며 어떤 경우에는 엄청나게 복잡한 과제가 된다(p. 259).

요약하자면 어떤 사건은 다른 사건 뒤에 나타나는 경향이 있는데, 이렇게 될 경우 신경 수준에서는 둘 간의 연합이 계속 강해지게 된다(훈련이 신경에 미치는 효과에 대한 손다이크의 초기 이론과 유사). 만약 환경 혹은 사건이 갑자기 변하게 되면 새로운 신경 지도가 형성되어야 하는데 이는 쉬운 일이 아니다.

발산과 집중

파블로프는 감각수용기에서 뇌의 특정 부분까지의 연결을 명명하기 위해 분석자(analyser)라는 용어를 사용하였다. 분석자는 감각수용기와 감각수용기에서부터 뇌까지의 연결 부분, 그리고 감각이 되는 뇌 부위로 구성된다. 감각 정보는 뇌의 특정 부위로 전해지고, 이 부위를 활성화한다. 이때 흥분의 발산(irradiation of excitation)이 일어난다. 즉, 흥분이 다른 근접한 뇌 영역으로 퍼지는 것이다. 파블로프는 일반화를 설명할 때 이 같은 흥분의 발산을 이용하였다. 앞서 언급된 일반화의 예에서는 어떤 동물이 2,000cps의 음에 반응하는 것이 조건화되었을 때 그 음뿐만 아니라 이와 비슷한 다른 음들에도 반응하는 것을 볼 수 있었다.

신경계의 활성, 앞선 예에서는 귀에 있는 신경의 활성은 2,000cps의 음에 반응했던 뇌의 특정 피질 부위로 전이된다는 것이 파블로프의 설명이다. 2,000cps의 음에 의해 유발된 활성은 이후 다른 부위로까지 옮겨 간다. 따라서 2,000cps에 가장 가까운 음은 2,000cps가 본래 표상되었던 뇌 영역과 가장 가까운 영역을 활성화하며, 반대로 2,000cps의 음과 멀리 떨어진 음일수록 해당 뇌 부위에서 떨어진 부분에 표상되는 것이다. 즉, 조건 자극과 유사할수록 흥분은 더욱 강해지고 멀수록 흥분은 더욱 약해진다. 그러므로 연합은 조건 자극과 무조건 자극 사이에서 이루어질 뿐만 아니라 주변의 뇌 부위에 표상을 가지고 있는 조건 자극과 관련된 자극에 의해서도 이루어진다. 파블로프는 흥분이 발산되는 것과 함께 제지도 발산된다고 주장하였다.

파블로프는 발산의 반대 과정을 집중(concentration)이라 하였으며 집중은 흥분과 제지를 모두 조절한다는 사실을 확인하였다. 그는 특정 상황에서 흥분과 제지 모두가 뇌의 특정 부위에서 집중된다고 하였다. 일반화의 설명을 위해 발산을 이용했듯이 그는 변별의 설명을 위해 집중을 활용하였다.

처음에 유기체는 조건화 과정 동안 조건 자극에 대해 반응하는 일반화된 경향성을 가지게 된다. 예를 들어 특정 신호가 제시되고 뒤이어 강화인이 제시되면 그 신호나 관련이 있는 다른 신호에 특정한 방식으로 반응하는 것을 학습하게 된다. 마찬가지로 신호가 제시되었는데도 강화인이 제시되지 않을 경우, 유기체는 제시된 신호나 그와 유사한 신호에 반응하지 않는 것을 학습하게 된다. 이때 흥분과 제지가 발산되는 것이다. 그러나 훈련이 계속되면 흥분이나 제지가 집중된다.

흥분과 제지 조건화

앞선 논의에서 파블로프는 두 종류의 조건화 유형을 구분하였다. 첫째, 흥분 조건화 (excitatory conditioning)로 조건 자극과 무조건 자극의 연결이 특정 반응을 자극하게 되는 경우를 말한다. 벨소리와 같은 조건 자극이 먹이와 같은 무조건 자극과 계속해서 연결될 경우, 조건 자극만으로도 침 분비를 유발할 수 있다. 만약 벨소리가 눈에 바람을 훅하고 부는 무조건 자극과 연결될 경우에는 조건 자극을 제시하는 것만으로 눈을 깜빡이게 만들 수 있다.

조건화된 제지(conditioned inhibition)는 반복된 훈련을 통해 조건 자극이 특정 반응을 제지하는 것을 말한다. 예를 들어, 파블로프는 앞서 강화를 받았던 조건 자극이 강화인이 제시되지 않고 반복적으로 조건 자극만 제시될 경우에는 반응의 제지가 만들어지고, 이 같은 제지에 의해 소거가 발생한다고 생각하였다(최근의 연구들은 소거에 대한 이러한 설명이 옳지 않음을 보여 준다). 조건화된 제지를 만드는 과정은 믿을 만한 무조건 자극과 연결된 단일한 조건 자극(음)과 무조건 자극이 연결되지 않은 혼합된 조건 자극(불빛과 음)을 제시하는 것이다. 음은 항상 무조건 자극과 함께 제시되었기에 A⁺로 표시하고 음과 빛이 함께 제시되는 것은 음-빛의 조합이 무조건 자극과 짝지어지지 않기 때문에 AX⁻로 표시하기로 한다. 조건화된 제지(CI 훈련)를 하는 절차는 종종 A⁺/AX⁻ 훈련(Rescorla, 2002 참조)이라고 명명한다. 훈련의 첫 번째 과정은 A⁺와 AX⁻ 모두 조건 반응을 유발하는 것이다. 훈련이 이루어짐에 따라 변별이 형성된다. 반응은 A⁺에서만 일어나게 되며 AX⁻에서는 이러한 반응이 보이지 않는다. 혼합된 AX⁻와 X 자체는 조건화된 제지가 된다. 이 장의 뒷부분에서 우리는 조건화된 제지가 어떻게 고전적 조건화에 대한 연구에 새로운 방향을 제시해 줄 수 있는가에 대해 확인할 것이다. 파블로프에 의해 증명된 또 다른 형태의 제지는 조건화가 기계적인 것이 아니라 자극을 반응에 함께 하도록 하는 것임을 보여 준다. 만약 개가 먹이에 대한 침 분비 반응을 가진 뒤에 새로운 자극을 조건 자극에 짝짓게 되면 더 이상 침 흘리는 반응은 나타나지 않는다. 외부 제지(external inhibition)는 이미 형성된 조건 자극과 함께 새로운 자극이 제시될 때 발생하는 분열 효과를 기술하기 위해 파블로프가 사용한 용어이다. 만약 조건 자극이 조건화된 제지인이라면, 조건 자극이 예상하지 못한 다른 자극과 함께 제시될 경우에는 조건화된 제지를 제지하는 탈제지 (disinhibition)를 만들어 낸다. 달리 말해, 우리가 새로운 자극과 조건화된 제지인을 짝지으면 제지인은 이제 제지를 못하게 된다.

뇌 기능에 대한 파블로프 이론의 요약

파블로프는 뇌를 흥분과 제지의 점들로 이루어진 모자이크라고 보았다. 뇌의 각 부분은 환경적 사건들과 상응한다. 주어진 순간에 무엇을 경험하는가에 따라 흥분과 제지의 서로 다른 형태가 뇌에 나타나며, 이 같은 형태가 행동을 결정짓게 된다. 뇌에서의 연결들 중 어떤 것은 무조건 자극과 연관된 반응과 연결된 것이고, 또 다른 것은 조건 자극과 연관된 반응과 연결된 것이다. 전자는 영속적이고 후자는 일시적이며 환경에 따라 변화한다.

뇌에서 일시적인 연합이 처음 형성될 때 조건 자극은 뇌에 일반적인 효과를 미치는 경향이 있다. 다시 말해, 조건 자극에 의해 만들어진 흥분은 피질의 비교적 넓은 부위로 퍼져 나간다. 유기체가 자극에 대해 반응하지 않거나 도망가는 것을 배우는 경우에도 마찬가지이다. 이러한 자극의 제지 효과 또한 학습의 초기 단계에는 뇌의 상당히 넓은 부분으로 발산된다. 그러나 학습이 진행됨에 따라 자극에 의해 활성을 보이는 뇌 영역과 부정적인 자극에 의해 발생된 제지는 뇌 피질의 특정 부위로 집중된다. 유기체가 환경적 사건과 자신의 생존을 이끄는 뇌의 활동 과정 간의 연결을 발전시켜 나가면서 환경에 대한 일종의 신경 지도(neural mapping), 즉 역동적 스테레오타입이 발달하게 된다. 역동적 스테레오타입은 예측 가능한 환경에 대해 반응하는 것을 보다 쉽도록 한다. 하지만 새로운 환경에 적응하는 것을 어렵게 만든다.

파블로프는 이러한 전 과정이 어떻게 상호작용하며 유기체의 복잡하고 잘 조정된 행동을 나타내는지에 대해서는 설명하지 않았다. 그러나 그는 수많은 것이 영향을 미쳐 체계적인 행동을 보인다는 것에 놀라움을 표현한다. 파블로프(1955)는 다음과 같이 말하였다.

> 강도나 특성이 다른 많은 자극이 외부에서 유기체의 내부로, 그리고 대뇌 피질로 전달된다. 자극 중 어떤 것은 단순히 반응을 유발하지만 어떤 것은 다양한 조건 반응이나 다양한 무조건 반응을 생성한다. 모든 자극은 상호작용하며 체계화되고, 평형 상태를 이루고 역동적 스테레오타입을 만든다. 이 얼마나 대단한 일인가(p. 454).

파블로프가 말하는 정위 반사(orienting reflex)는 유기체가 환경에서 발생한 새로운 자극에 주의를 집중하고 이를 확인하는 경향성을 말한다. 정위 반사는 최근의 여러 연구의 주요 주제가 되고 있다.

일차와 이차 신호체계

파블로프 이전의 생리학자와 심리학자들 대부분은 유기체의 현재와 과거 행동에 대해서만 관심을 가졌다. 다시 말해, 그들은 제시되는 자극에 의해 유발되는 반사적인 행동과 과거 반사에 대한 기억이 행동에 어떠한 영향을 주는가에 관심을 가졌다. 조건화에 대한 파블로프의 연구는 유기체가 미래에 일어날 일을 어떻게 예측할 수 있는가에 대한 틀을 제공한다. 조건 자극은 생리적으로 일어나는 사건들(무조건 반응)에 앞서 일어난다. 그렇기 때문에 조건 자극은 앞으로 일어날 사건에 대한 준비를 할 수 있게 하고 이에 적합한 행동을 할 수 있도록 하는 신호로 작용한다. 아노클린(Anoklin, 1968)은 조건 반사의 특성에 대해 다음과 같이 기술한다.

> 파블로프는 조건 반응이 신호로 작용할 수 있는 능력, 다시 말해 여러 차례 표현한 바대로 경고적 특성을 가지는 반응으로 작용하는 능력을 높게 평가한다. 조건 반사가 역사적으로 큰 의미를 가지는 것은 이러한 경고적 특성을 지니기 때문이다. 이는 동물이 특정 순간에는 일어나지 않지만 미래에는 일어나는 사건에 적응하도록 한다(p. 140).

파블로프는 생리적으로 의미가 있는 사건들(조건 자극)이 발생할지의 여부를 알려 주는 자극을 일차 신호체계(first signal system) 또는 '현실에 대한 일차적 신호'라고 불렀다. 그러나 인간은 이뿐만 아니라 언어를 사용한다. 그렇기 때문에 인간은 실제로 위험한 장면에 반응하듯이 위험(danger)이라는 단어에 반응한다. 파블로프는 현실을 부호화한 단어들을 '신호의 신호', 즉 이차 신호체계(second signal system)라고 불렀다. 일단 형성되고 나면, 이러한 부호들은 복합적인 체계로 조직화되며 대부분의 인간 행동을 이끌어 낸다.

언어가 고전적 조건화를 얼마나 복잡하게 만드는지를 보여 주는 단적인 예가 의미적 일반화(semantic generalization, 종종 매개된 일반화라고도 불림)이다. 의미적 일반화 연구를 통해 밝혀진 바에 의하면 반응은 구체적인 자극 자체에 대해서가 아니라, 자극의 의미에 대해서 조건화된다. 예를 들어 4라는 숫자에 대해 조건화되면 우리는 $\sqrt{16}$이나 8/2, 2×2, 40/10 등과 같은 자극에 대해서도 조건화된 반응을 나타낸다. 다시 말해, 숫자 4는 조건화된 반응을 이끌며 정신적 조작이 이루어진 후 결국 답으로 4를 끌어내는 다양한 자극도 동일한 반응을 이끌어 낸다(의미적 조건화의 다른 예는 Razran, 1961 참조).

또한 의미적 일반화는 연령에 따라 달라지는 것처럼 보인다. 서로 다른 나이의 아이를 대상

으로 한 연구에서 레이스(Reiss, 1946)는 'right'와 같은 단어를 조건 자극으로 시각적으로 제
시하며 훈련하였다. 이때 아동들은 자신의 언어 발달 수준에 따라 일반화되었다. 그는 동일한
조건 자극을 8세 아동은 동음이의어(예: rite)로 일반화하였고, 11세 아동은 반의어(예:
wrong)로 일반화하였으며, 14세 아동은 동의어(예: correct)로 일반화하는 것을 확인하였다.

이차 신호체계는 일차 신호체계보다 더욱 복잡하다. 그러나 파블로프는 동일한 조건화의
법칙이 두 경우 모두에서 적용되기에 둘 다 객관적으로 연구할 수 있다고 생각하였다. 다시 말
해, 우리가 환경적 사건에 대해 반응을 일으키는 과정은 단어나 사고에 대해 반응을 일으키는
과정과 동일하다.

고전적 조건화와 도구적 조건화의 비교

손다이크가 연구했던 종류의 조건화는 지금은 도구적 조건화라고 불린다. 이는 반응이라는
관찰 대상이 동물이 원하는 어떤 강화인을 얻기 위한 도구적인 것이기 때문이다. 문제 상자 속
의 고양이는 상자로부터 탈출하여 물고기를 얻기 위해 특정한 반응을 학습해야 한다. 만약 적
절한 반응이 나타나지 않으면 고양이는 강화를 받지 못한다. 다시 말해 도구적 조건화에서는
강화가 따르는 특정한 반응을 반복하게 되고, 이때 제시되는 강화인은 동물들이 좋아하는 어
떤 것이다.

고전적 조건화는 동물로부터 특정한 반응을 유발하기는 하지만, 도구적 조건화에서는 동물
의 반응에 기초한다. 전자는 불수의적이고 자동적이며, 후자는 수의적이고 동물의 통제하에
있다고 할 수 있다.

강화의 기능은 고전적 조건화와 도구적 조건화에서 서로 다르다. 도구적 조건화에서는 관
심 대상인 반응이 나타난 후에 강화가 주어지게 된다. 반면에 고전적 조건화에서는 특정 반
응을 일으키기 위해 무조건 자극인 강화인을 제시한다. 두 상황은 다음과 같이 도식화할 수
있다.

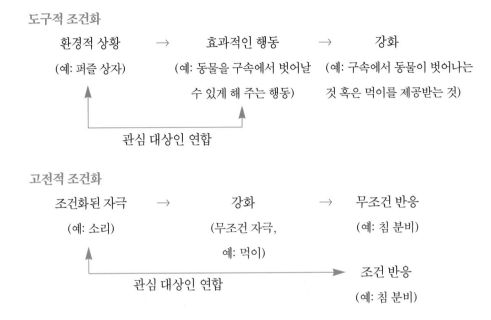

파블로프는 철학자들과 심리학자들이 오랜 세월 동안 논의해 온 '연합에 대한 생리학적 기초'를 자신이 발견했다고 믿었다. 그에게 조건 반사는 정신이 어떻게 작용하는가를 설명해 주는 것이었다. 파블로프(1955)는 다음과 같이 주장함으로써 연합주의자들 사이에서 자신의 입지를 공고히 했다.

생리학자들이 일시적 연합이라 부르는 것과 심리학자들이 연합이라 부르는 것 사이의 차이를 구분할 수 있는 어떤 근거가 있는가? 이 두 가지는 전적으로 동일하며 서로 통합될 수 있다. 심리학자들은 이에 대해 인식하고 있는 것으로 보이는데, 그들은 (혹은 그들 중 일부는) 조건 반사 실험이 연합심리학, 즉 연합을 정신적 활동의 기초로 간주하는 심리학 이론에 있어 공고한 기반을 제공하고 있다고 주장하기 때문이다.

두 가지 종류의 조건화는 모두 생명체의 생존에 도움이 된다. 고전적 조건화는 중요한 사건의 예측을 가능하게 하는 신호와 상징의 체계를 만들어 내고, 도구적 조건화는 중요한 사건에 대한 반응으로서 적절한 행동 패턴을 형성한다. 그리고 두 가지 모두 강화에 의존적이다. 고전적 조건화에 있어 무조건 자극은 강화인이며 실험 상황에서 무조건 자극이 제거되면 소거가 일어난다. 도구적 조건화에서 강화인은 적절한 반응을 가능하게 하는 '만족스러운 사상태(satisfying state of affairs)'이다. 만약 특정 반응 이후 더 이상 강화가 뒤따르지 않으면, 반응이 일어날 가능성은 강화가 주어지기 전으로 돌아간다. 고전적 조건화와 도구적 조건화의 공통점은 강화(및 강화 제거 후의 소거)의 필요성에서뿐만 아니라 자발적 회복, 일반화, 변별, 이차적 강화 등의 현상이 일어난다는 점에서도 찾을 수 있다.

고전적 조건화와 도구적 조건화를 완전히 구분할 수는 없다는 점을 지적할 필요가 있다. 예를 들어, 일차적 강화인(먹이나 물 등)을 활용하는 모든 도구적 조건화 연구는 필연적으로 고전적 조건화를 일으킨다. 다시 말해, 지속적으로 일차적 강화인에 선행하여 나타나는 모든 자극은 (고전적 조건화의 과정을 통해) 이차적 강화인이 된다.

고전적 조건화에 대한 최근의 연구

조건화에서 파블로프는 인접하는 것을 강조하였다. 만약 조건 자극이 무조건 자극에 선행한다면 결국 조건 자극은 조건 반응을 이끌 수 있게 된다. 에거와 밀러(1962, 1963)는 믿을 수 없거나 중복되는 조건 자극은 무조건 자극에 조건화되지 않는다는 것을 보여 주면서, 파블로프의 주장에 의문을 제기하였다. 최근의 학자들은 고전적 조건화에는 인접 외에 또 다른 요인들이 포함되어 있음을 보여 준다. 우리는 이 같은 연구자들을 살펴보고자 한다. 먼저 파블로프의 이론에서 보이는 두 가지 문제점에 대해 살펴보자. 하나는 조건 반응을 무조건 반응의 또 다른 작은 버전으로 간주하는 것이며, 다른 하나는 소거가 제지를 포함한다고 주장하는 것이다.

조건 반응이 항상 또 다른 작은 형태의 무조건 반응인 것은 아니다   파블로프는 조건화 과정 동안 조건 자극이 무조건 자극을 대체한다고 믿었다. 이러한 이유로 고전적 조건화는 종종 자극 대체 학습(stimulus substitute learning)이라고 불린다. 그리고 조건 자극이 무조건 자극을 대체하기 때문에 조건 반응은 무조건 반응의 작은 형태라 일컬어지는 경우가 있다. 사실, 조건 반응과 무조건 반응은 많은 공통점을 가지는 경우가 많다. 먹이에 의해 분비되는 침이 소리에 의해서도 분비되는 것처럼, 조건 반응과 무조건 반응은 같은 형태로 나타나기도 한다. 그러나 조건 반응의 성격을 자세히 들여다보면 무조건 반응과는 다르다.

오브리스트, 서터러와 하워드(Obrist, Sutterer, & Howard, 1972)는 전기 충격이 무조건 자극으로 사용되었을 때 나타나는 전형적인 무조건 반응은 심장 박동이 증가하는 것이라고 하였다. 그리고 파블로프가 예측했던 것처럼, 조건 자극과 무조건 자극의 최저 수준의 연합으로 나타나는 조건 반응 역시 심장 박동의 증가였다. 계속되는 훈련을 통해 조건 반응은 심장 박동을 감소시킨다.

조건 반응과 무조건 반응의 또 다른 예는 특정 약물이 소화되었을 때 보이는 항독성 작용이다. 시걸(Siegel, 2005)은 약물의 항독성 작용에서 무조건 자극은 약물 자체가 아니라 신경계와 관련된 효과라고 제안하였다. 따라서 약물이 소화되면 복잡한 생물학적 자극을 만들어 내고 이는 다시 다양한 생물학적 반응을 만들어 낸다.

약물이 건강한 생물 내로 들어올 경우, 반응적 상응을 포함한 무조건 반응이 나타난다. 다시 말해, 약물에 반응하는 몇몇의 무조건 반응은 보상적인 반응이다. 몸은 약물이 몸에서 어떠한 반응을 일으키는 것에 저항하고자 한다. 예를 들어 모르핀이나 헤로인이 몸속에 들어왔을 때, 무조건 자극은 호흡을 감소시킨다. 이러한 영향에 대한 몸의 반응은 숨을 계속해서 쉬게 해서 호흡을 증가시키는 무조건 반응이다. 알코올이 소화되면 무조건 자극은 저체온증과 연합되고 몸의 온도를 낮추게 된다. 무조건 반응은 저체온증을 보이는 몸의 온도를 높이는 것이다. 약물이 특정한 조건 자극이 존재하는 조건에서 반복적으로 투여된다면, 이 같은 자극은 시걸이 조건적 보상 반응(conditioned compensatory response)이라고 부르는 것을 인출하게 된다. 이때의 조건 반응은 약물에 의해 반응하는 항반응적 행동이다. 그는 조건적 보상 반응의 개념을 약물의 영향에 저항하는 현상을 설명하기 위해 사용하였다.

많은 약물은 그 효과가 갈수록 저하되는 모습을 보이며, 처음과 같은 약물 효과를 내기 위해서는 복용하는 정도를 더 올려야 한다. 시걸(2005, 2008, 2011)은 조건적 보상 반응이 약물 저항에 있어 중요한 역할을 한다고 설명하였다. 약물 사용과 관련된 외적·내적 자극은 약물이 투입되기 전 해당 약물에 저항하는 조건 반응을 유발하고, 그 효과는 줄어든다. 그러나 내성은 상황에 따라 차별적으로 나타난다. 이 같은 모습은 약물의 사용 빈도에 따라 달라진다. 저항성은 약물이 새로운 환경에서 소화되었을 때 감소하거나 일반적인 형태, 예를 들면 카페인이 약물 혹은 커피 속에 녹아 있을 때 더욱 감소된다(Siegel, Baptista, Kim, McDonald, & Weise-Kell, 2000; Siegel, Kim, & Sokolowska, 2003).

비록 약물 복용을 중단하게 되면 나타나는 기제는 복잡하지만, 시걸은 조건적 보상 반응을 들어 그러한 현상 중 몇몇을 설명하고자 하였다. 만약 약물을 사용하던 사람이 약물은 없는 상황에서 약물과 연관된 조건 자극에 노출되면 보상 반응이 나타나게 된다. 시걸과 라모스(Siegel & Ramos, 2002)는 이러한 증상은 몸이 약물에 준비하는 결과라고 말한다.

매번 같은 종류의 자극이 존재할 때, 헤로인 섭취나 알코올의 소화가 이루어졌다고 생각해 보자. 아마도 이러한 현상은 같은 집단의 사람들이나 동일한 물리적 환경에서 나타났을 것이다. 앞서 언급한 것처럼, 이 같은 자극들은 내성에 관여하는 조건적인 보상 반응을 이끈다. 만약 인간이 이러한 것이 익숙해지면 어떤 일이 일어날까? 만약 이 같은 약물이 일반적으로 보이는 반응을 이끌지 못하면 어떻게 될까? 조건적 보상 반응을 이끄는 자극 없이 이들은 방어적인 기능을 하며 그 결과는 약물의 과다 사용, 무의식적 상태 그리고 죽음이다.

동일한 무조건 자극이 계속해서 사용될 경우 조건 반응은 서로 다른 무조건 자극과 연합된 조건 자극들의 형태로 나타난다는 연구 결과들이 있다(예: Holland, 1977). 명백하게, 조건 반응과 무조건 반응의 관계는 파블로프가 가정했던 것보다 더욱 복잡하다. 가끔은 조건 반응이 무조건 반응을 따라가고, 가끔은 조건 반응이 유기체를 무조건 자극에 준비시키고, 가끔은 조건 반응이 무조건 반응의 항물질로 작용하는 것도 밝혀졌다. 이러한 조건 반응-무조건 반응 관계와 조건의 차이 논의를 위해서는 힐가드와 마르퀴스(Hilgard & Marquis, 1940), 홀리스(Hollis, 1982)의 연구를 참고하라.

간섭을 포함하는 소거   앞서 논의한 바와 같이 파블로프는 소거 동안 강화 없이 무조건 자극을 반복해서 제시하면 무조건 반응의 제지가 나타나고 이는 이전에 학습한 무조건 자극과 조건 자극 사이의 흥분적 연합을 억압하거나 혹은 대체하게 된다고 생각하였다. 그러므로 조건 반응에서 실험적 소거의 근원이 되는 이론적 기제는 조건 자극과 무조건 자극 간의 연결의 '제거'가 아닌 '제지'이다. 부톤(Bouton, 1993, 1994)이 제안한 다른 접근은 소거 동안에는 무조건 자극 없이 조건 자극만을 제시하기 때문에 새로운 학

마크 E. 부톤

습이 발생한다는 것이다. 이때 새로운 학습은 조건 반응의 제지를 포함하고, 이로 인해 무조건 자극-조건 자극의 연합을 간섭하게 된다고 보았다. 원래 조건 자극과 무조건 자극의 연결은 그대로 남아 있어 새롭게 학습한 무조건 자극의 소거와 다른 연합이 공존한다. 이후 이어진 검사에서 보이는 반응은 조건 자극 자체보다는 실험적이거나 맥락적인 단서에 의해 결정된다.

이 같은 주장은 세 가지 믿을 만한 학습 현상에 바탕을 두고 있다. 첫째, 이미 언급한 적 있는 자발적 회복이다. 둘째, 실험 상황에서 조건화되었던 반응이 사라지는 갱신 효과(renewal effect)이다. 실험 대상을 원래 있던 환경으로 이동시킨 뒤, 조건 자극을 제시하면 조건 반응이 쉽게 나타난다(Bouton, 1984, 1991; Bouton & Bolles, 1979a; Bouton & King, 1983, 1986; Nelson, Sanjuan, Vadillo-Ruiz, Péres & Léon, 2011). 세 번째는 복원(reinstatement)이다. 수차례 무조건 자극과 연합하지 않고 조건 자극을 제시한 뒤에 다시 원래의 조건 자극을 제시할 경우에는 예전 수준에는 미치지 못하지만 다시 조건 반응을 이끌어 낸다(Bouton, 1988, 1991; Boutons & Bolles, 1979b, Rescorla & Heth, 1975).

부톤(1993, 1994)은 조건화 동안 제시되는 시간적 자극과 물리적 자극들로 이루어진 주변 환경 요인이 무조건 자극-조건 자극 연합과 관련한 기억 인출에 있어 단서로 작용한다고 주장하였다. 소거가 이루어지는 동안에는 이와 같은 주변 환경이 조건 자극과 소거 간의 기억을 떠올리게 한다. 소거가 일어나고 나면 조건 자극은 '모호해지며', 조건 자극과 무조건 자극 연합이 일어나는 동안 학습한 반응과 소거 동안 학습한 반응 모두가 유발된다. 주변 환경이 어떤 반응이 일어날 것인지를 결정하며 이에 따라 인출되는 연합이 달라진다. 만약 주변의 환경이 조건화 동안 존재했던 단서와 비슷하다면 조건 자극은 조건화된 반응을 일으키기보다는 소거를 일으킨다. 모호한 수준을 감소시킨 실험적 조작은 이러한 결과를 확인시켜 준다.

예를 들어, 소거 이후의 무조건 자극이 본래의 조건화 과정과는 다른 맥락에서 제시된다면 복원은 나타나지 않는다(Bouton, 1984; Bouton & Bolles, 1979b; Bouton & Peck, 1989). 게다가 복원 실험 중 소거 시행이 다시 이루어지는 동안 특정한 단서(조건 자극이 아닌)가 제시될 경우에는 자발적 회복이 유의하게 감소하게 된다(Brooks & Bouton, 1993). 이 같은 연구들은 지금까지 계속되고 있지만, 부톤의 환경에 기초한 해석은 자발적 회복이나 복원을 설명하는 가장 그럴듯한 방법인 것으로 생각할 수 있다.

과잉 그늘지움과 차단　파블로프(1927)는 복잡한 자극이 조건 자극으로 작용할 때 그 자극들 중에서 두드러지게 나타나는 요소가 있을 경우에 그 요소만이 조건 자극으로 작용하게 되는 것을 확인하였다. 그는 이것을 과잉 그늘지움(overshadowing)이라고 하였다. 예를 들어 복잡한 자극으로 빛과 소리가 함께 구성된 자극을 제시하였다면, 큰 소리가 빛보다 강할 경우에는 모든 조건화가 빛이 아닌 소리에 의해서만 발생하게 된다. 복잡한 자극을 조건 자극으로 사용할 경우에 과잉 그늘지움은 보다 강하게 보이는 부분에서는 조건화가 발생하지만, 약한 부분에서는 조건화가 발생하지 않음을 보여 준다. 현재 나타나는 고전적 조건화의 연구들은 거의 과잉 그늘지움 현상과 이를 차단하는 현상을 설명하기 위해 진행된다. 이는 인간이 원하는 위치를 확인하는 등과 같은 복잡한 학습에서 확인될 수 있다(Prados, 2011).

차단(blocking)현상은 1969년 레온 카민(Leon Kamin)이 차단 효과(blocking effect)라고 부르는 현상에 대한 보고로 나타났다. 차단에 관한 논의를 하기에 앞서 우리는 그가 언급한 조건화된 정서 반응(conditioned emotional response: CER)을 알아야 한다. CER은 조건 자극과 무조건 자극 연합의 정도를 측정하기 위한 방법으로 에스테스와 스키너(Estes & Skinner, 1941)가 언급한 바 있다. 절차는 먼저 쥐를 스키너 상자에 넣고 먹이를 얻기 위해 레버를 누르도록 조건화한다. 다음으로 쥐가 레버를 누르는 반응의 비율이 안정적이도록 변동 간격으로 강화 스케줄을 제공한다. 이후 쥐는 1시간 동안 피할 수 없는 전기 충격을 받는다. 쥐에게 특정 음을 한 번에 3분간씩 들려주고, 음이 끝나면 잠시 동안 피할 수 없는 전기 충격을 받도록 했다. 이러한 음-전기 충격 시행을 통해 간격이 일정하지 않은 강화 스케줄이 효과를 나타내도록 하는 것이다. 몇 번의 시행이 끝나면 쥐가 음이 울릴 때마다 레버를 누르는 반응은 크게 감소한다. 조건 자극으로서 음이 제시되는 동안 반응하는 비율이 줄어드는 것을 조건화된 억압(conditioned suppression)이라고 한다. 억압은 음과 전기 충격이 끝날 때까지 계속되는 것을 확인할 수 있다. 전기 충격이 끝나고 난 다음 반응의 비율은 정상적인 상황일 때와 같이 증가하고, 다시 음이 들릴 때까지 이 비율은 유지된다. 음이 제시되는 시간 동안 에스테스와 스키너는 표정 등과 같은 정서적 반응에 집중하였다. 반응이 나타나는 비율을 억압시키는 것은 이 같이 조건화된 정서 반응이다. 이 절차를 사용하면 고전적 조건화(음-전기 충격의 관계)는 조작적 반응에 대한 비율로 전환하여 지수화할 수 있다.

카민(1969)은 차단 과정을 설명하기 위해 CER 과정의 변형을 사용하였다. 첫째, 먹이 강화를 위해 쥐가 레버를 누르도록 쥐를 훈련시킨다. 둘째, 음이 제시된 뒤 쥐에게 전기 충격을 주는 시행을 16번 반복한다. 훈련을 하면, 음이 제시될 때 억압 반응이 나타난다. 다른 상황에서는 이전 상황의 음을 불빛과 연합하여 복합적인 자극을 만든다. 쥐에게 음-불빛이 혼합된 자극을 8번 제시하면서 각 시행마다 전기 충격을 준다. 연구의 마지막에서는 쥐에게 불빛만을 제시하면서 이것이 억압 반응을 유발하는지를 확인하였다. 억압 반응은 나타나지 않았다.

통제 집단에서는 불빛과 음이 독립적으로 충격과 연합되면 둘 다 억압 반응이 나타나는 것을 보여 준다. 그러나 음을 전기 충격과 연합시킨 뒤 불빛과 함께 제시하면 불빛에 대해서는 조건화가 거의 또는 전혀 일어나지 않는다. 이러한 조건에서는 음에 대한 조건화가 불빛에 대한 조건화를 막는 것이다(불빛을 먼저 사용하고 음과 짝지어도 차단의 효과가 나타나는데, 이 경우 음에 대한 조건화는 보이지 않는다). 카민의 실험을 요약하면 [그림 7-5]와 같다.

그림 7-5 ▶

카민의 차단 실험. 첫 단계에서는 음이 전기 충격과 함께 몇 차례 연합된다. 이후 음만 제시되면 음은 반응의 억압을 유발시킨다. 두 번째 단계에서는 음이 불빛과 함께 짝지어지며 둘 다 전기 충격에 앞서 제시된다. 단계 3에서는 음이 계속해서 반응의 억압을 일으키지만 불빛은 그렇지 않다. 단계 2에서 불빛이 일관성 있게 전기 충격과 연합되었음에도 불구하고 이 같은 연합은 조건화를 일으키지 않는다.

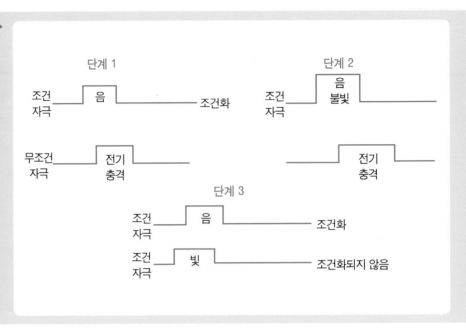

고전적 조건화에 관한 레스콜라와 와그너의 이론

로버트 레스콜라(Robert Rescorla)와 앨런 와그너(Allan Wagner)는 에거와 밀러(1962, 1963)의 연구를 토대로 그들의 이론을 정립하였다. 레스콜라와 와그너의 이론(예: Rescorla & Wagner, 1972; Wagner & Rescorla, 1972 참조)은 고전적 조건화 현상에 대한 설명을 제시한다. 그들은 고전적 조건화에서는 예측할 수 없었던 몇 가지에 대해 예측한다. 예를 들어 앞서 간단히 보았던 차단에 대해서도 설명한다. 레스콜라와 와그너의 이론이 나온 이후 이들은 몇몇 연합 학습과 관련한 연구에 영향을 주었다. 피어스와 부톤(Pearce & Bouton, 2001)은 "레스콜라와 와그너의 이론이 나온 지 25년 이상의 시간이 지나도 많은 영향을 미치고 있다."(p. 112)고 하였다. 게다가 그들의 이론은 고전적 조건화에 있어 최근의 연구들에도 영향을 주었다(Soto & Wasserman, 2010).

레스콜라와 와그너의 이론은 학습의 역동성을 보기 위해 간단히 수학 논리학과 기호학을 사용하였다. 첫째, 6장에서 본 바와 같이 학습의 곡선은 점근선의 최대 수준에까지 접근한다. 레스콜라와 와그너는 무조건 자극의 특성이 달성 가능한 최대의 수준, 즉 점근선을 결정하다고 보았다. 이 최대의 수준은 λ(람다)로 표시된다.

다음으로 어떤 구체적인 시행 n 이전에 연합한 학습은 V_{n-1}로, 그리고 시행 n에서의 조건화에 의한 학습의 변화는 ΔV_n으로 부호화한다. 부호 Δ(델타)는 V에서의 변화를 나타낸다.

마지막으로, 레스콜라와 와그너의 이론은 특정 조건 자극과 무조건 자극 연합의 '조건화 가능성' 과 관련된 두 가지 구성 요소를 포함한다. α(알파) 계수는 주어진 조건 자극의 잠재적인 연합의 강도를 의미한다. 예를 들어, 커다란 소리는 작은 소리보다 큰 α값을 가진다. β(베타)는 특정 무조건 자극에서의 잠재적인 연결 강도를 보여 준다. 강한 전기 충격은 약한 전기 충격보다 더 극적인 수축 반사를 유도한다. 따라서 β값이 더 클 것이다.

특정 조건 자극(CS_A)과 무조건 자극(US_A)에 대해 모든 요소를 함께 고려해 식으로 나타내면 다음과 같다.

$$\Delta V_n = \alpha_A\,\beta_A(\lambda - V_{n-1})$$

이 식은 어떤 시행에서 연합한 학습의 변화 강도는 최대로 가능한 학습과 앞서의 시행을 통해 이미 학습한 정도와의 차이 함수임을 보여 준다.

각 시행마다 V_{n-1}이 증가하여 λ로 접근하므로 $\lambda - V_{n-1}$은 0으로 접근하게 되고, 시행이 반복됨에 따라 ΔV_n은 더욱 작아진다. 따라서 함수는 λ값과 비동시적이다. 그러나 이 같은 수학 표현으로는 학습의 형태를 파악하는 것이 충분하지 않다. 학습 곡선의 형태를 파악하는 몇 가지 다른 수학적 표현이 존재한다(6장 또는 9장 참조). 레스콜라와 와그너의 이론은 고전적 조건화에서 보이는 예외적인 발견을 설명할 수 있다는 강점을 갖는다. 다음으로는 이 이론이 설명하는 차단에 대해 알아보자.

차단은 어떤 반응이 먼저 하나의 조건 자극인 CS_A(불빛)에 조건화된 이후 처음에 제시된 조건 자극인 CS_A(불빛)와 추가된 조건 자극인 CS_X(음)로 이루어진 복합적인 조건 자극인 CS_{AX}로 강화를 받을 때에 생겨난다는 사실을 생각해 보자. 복합적인 자극에 두 번째 요소(음)가 제시되면 이는 조건화 반응을 거의 유발하지 않는다. 이 이론에서는 특정 무조건 자극(예: 전기 충격)에 대한 대부분의 조건화된 반응은 첫 번째 조건 자극에 의해 '소진되어 버렸다' 고 할 수 있다.

상징적으로 표현하자면 최초로 일어나는 조건화 동안 V_A는 λ에 접근하며, ΔV_A는 0에 가까워진다. 복합 자극으로 훈련을 할 때에는 다음과 같은 조건이 된다.

$$\Delta V_A = \alpha_A\,\beta(\lambda - V_{AX})$$

그리고

$$\varDelta V_X = \alpha_X \beta (\lambda - V_{AX})$$

이론에 따르면 $V_{AX} = V_A + V_X$이다. 그러나 조건 자극$_A$에서 최초로 보였던 시행은 다음과 같다.

$$V_{AX} \cong V_A \cong \lambda$$

V_X는 기능적으로 보았을 때 0이다. 만약 V_A가 λ에 가까워지면 조건 자극$_X$에 대한 조건화는 불가능해진다. 왜냐하면 두 번째 조건 자극을 위해 남겨진 조건화가 없기 때문이다. 결국 이런 상황에서 모든 가능한 조건화는 첫 번째 조건 자극에 '속한다'.

인접이 아닌 유관성

로버트 A. 레스콜라

레스콜라(1988)는 자신의 논문 「파블로프의 조건화: 우리가 생각하는 것과는 다르다(Pavloian Conditioning: It's Not What You Think)」에서 파블로프의 조건화에 관한 세 가지 관찰을 하고 이것이 심리학에서 차지하는 중요성에 대해 기술하였다.

첫째, 에거와 밀러(1962, 1963)와 같이 레스콜라는 조건 자극과 무조건 자극 간에는 단지 동시에 발생하는 것 또는 인접 이상의 관계가 있다고 말하였다. 예를 들어 동물이 오랜 기간 동안 무작위로 무조건 자극과 조건 자극을 경험하는 것

을 상상해 보자. 무조건 자극과 조건 자극은 각각 인접하여 발생하는 경우만큼, 서로 떨어져 일어나는 경우도 많을 것이다. 이 같은 상황을 무조건 자극과 조건 자극이 함께 일어나도록 프로그래밍해 둔 상황과 비교해 보자. 이 두 상황은 [그림 7-6]에 제시되어 있다. 그리고 이는 조건 자극과 무조건 자극이 같은 횟수로 함께 일어나는 것이 중요함을 알려 준다.

어떤 조건 자극과 무조건 자극의 관계가 최상의 조건화를 만들까? 매우 직관적으로 보일 수

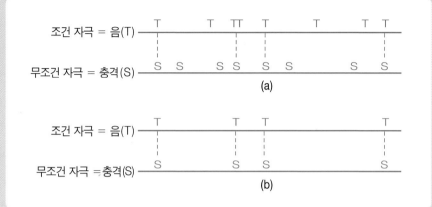

◀ 그림 7-6
그림의 (a)와 (b)에서
모두 조건 자극과
무조건 자극은 같은
숫자만큼 일어난다.
(a)는 고전적 조건화가
거의 일어나지
않으며 (b)는 강한
조건화가 일어난다.

있지만, 일부 심리학자에게 [그림 7-6]의 (b) 상황은 강한 조건화를 유발하는 반면 (a) 상황은
그렇지 못한 것이 놀라운 사실이었다. 분명, 조건 자극과 무조건 자극이 인접하기만 한 것은
충분하지 않다. 레스콜라는 조건 자극이 무조건 자극에 대한 명확하고 정보적인 이정표를 제
공하는 것을 표현하기 위해 유관성(contingency)이라는 표현을 사용하였다.

레스콜라(1988)는 조건 반응이 무조건 반응의 축소판이나 요약이라는 것이 과잉 단순화된
것 혹은 전적으로 잘못된 것이라고 말하였다. 예를 들어, 전기 충격인 무조건 자극에 대한 전
형적인 반응은 놀라는 반응을 하는 것이다. 그러나 이미 논의된 것과 같이, 전기 충격의 발생
을 예고하는 조건 자극을 완전히 다른 반응이 나오는 동안에 제시할 경우에는 그 활동이 감소
한다. 조건 자극이 일어나는 상황에 따라 조건 반응은 서로 다른 반응을 보일 수 있다.

이러한 두 가지 특성은 개가 30초 간격으로 일정하게 제공되는 전기 충격을 피하기 위해 장
애물을 뛰어넘도록 훈련시킨 레스콜라(1966)의 연구를 통해 확실히 확인할 수 있다. 만약 개가
전기 충격이 제시되기 전에 장애물을 뛰어넘을 경우에는 전기 충격을 피할 수 있게 된다. 개가
장애물을 뛰어넘는 순간 시간 측정은 원점부터 다시 시작되었다. 이때 언제 전기 충격이 발생
하는지를 알려 주는 외부 신호는 존재하지 않았고, 개는 자신의 감각에만 의존하는 수밖에 없
었다. 실험 대상이었던 모든 개는 적절한 순간에 전기 충격을 받지 않기 위해 뛰는 것을 학습하
였다. 이때 뛰는 비율은 실험에 투입된 다른 변수들의 효과를 확인하기 위해 사용되었다.

예비 훈련 뒤, 개를 장애물 장치에서 데리고 나와 음이 울리고 난 뒤 전기 충격이 제공되는
환경에 노출시켰다. 개는 세 집단으로 나뉘었는데 집단 1은 조건 자극(5초간의 음)에 이어서
항상 무조건 자극(전기 충격)이 제시되는 표준적인 전진적 조건화(forward conditioning)가 이루
어지도록 했다. 레스콜라의 연구에서는 이러한 과정을 정적 유관(positive contingency)이라

고 칭하였다. 집단 2에서는 먼저 무조건 자극이 제시된 뒤에 조건 자극이 제시되었다. 이 집단에게는 조건 자극이 제시된 지 30초 이내에는 무조건 자극을 보내지 않도록 하였다. 보통 무조건 자극이 제시되고 난 이후에 조건 자극이 제시되는 것을 후진적 조건화라고 하지만, 레스콜라는 이를 부적 유관(negative contingency)이라고 칭했다. 일반적으로 조건 자극이 무조건 자극 다음에 나오게 되면 조건화는 일어나지 않는다는 것은 널리 알려진 사실이다. 이때 집단 2는 흥미로운 실험 집단이라 할 수 있다. 집단 3은 조건 자극이 동일한 횟수만큼 무조건 자극에 앞서 나타나기도 하고 무조건 자극 뒤에 따라오기도 한다. 조건 자극과 무조건 자극 중 어떤 것이 먼저 일어나는지를 무작위로 배열함으로써 제시 순서가 영향을 주지 않도록 하였다. 즉, 무조건 자극이 선행되고 조건 자극이 제시되거나, 혹은 조건 자극이 먼저 제시되고 무조건 자극이 제시되는 것의 확률이 동일하도록 하였다. 따라서 집단 3에서는 조건 자극이 예측가(predictive value)를 가지지 못한다.

실험의 마지막 단계에서는 개를 다시 장애물이 있는 상자에 넣고 회피 반응이 안정적으로 나타날 때까지 회피 훈련을 시켰다. 이때 고전적 조건화 과정에서 나타났던 조건 자극(음)을 5초 동안 여러 번 제시하였다. 조건 자극을 집단 1(전진적 조건화, 정적 유관)에 제시할 경우, 실험의 초기 단계와 비슷한 정도로 반응하는 것을 확인할 수 있었다. 이 집단의 개들은 음이 제시될 때 반응의 비율이 거의 두 배 정도 증가하였다. 조건 자극을 집단 2에 있는 개에게 주었을 때에는 반응이 1/3 정도로 감소하였다. 집단 3의 경우에는 실험의 시작에서와 비슷한 정도의 반응을 보였다.

이 같은 실험 과정에서 주목할 사항은 모든 동물이 고전적 조건화 단계 동안 같은 수의 전기 충격을 받는다는 것이다. 차이점은 조건 자극과 무조건 자극 간의 관계이다. 앞서 언급한 것과 같이 레스콜라(1966, 1967)는 어떤 조건화가 일어날 것인지를 정하는 것은 유관이라고 주장하였다. 집단 1에서는 조건 자극과 무조건 자극에 정적인 유관성이 있으며 따라서 조건 자극을 제시했을 때 무조건 자극이 항상 제시되었다. 레스콜라에 의하면, 이 때문에 이 집단에 속한 동물이 더욱 빨리 장애물을 넘게 된다. 집단 2에서는 조건 자극과 무조건 자극이 부적 유관을 가진다. 이 집단의 동물은 조건 자극이 제시되고 30초 안에는 어떤 무조건 자극도 받지 못하였다. 그렇기에 이 집단의 동물들은 조건 자극이 안전하다는 것과 연합되었다. 후진적 조건화에서는 고전적 조건화가 형성되지 않는다는 일반적인 믿음과는 달리, 레스콜라는 동물들이 다른 유관을 학습함을 확인하였다. 동물들은 조건 자극이 전기 충격이 없음을 예측해 준다는 것을 학습한 것이다. 따라서 그들에게 조건 자극을 제시하면 장애물을 뛰어넘는 반응은 제지된다. 레스콜라는 집단 2에 사용된 절차가 고전적 조건화에서 가장 빈번하게 적용되는 통제

조건이라는 것을 아는 것이 중요하다고 하였다. 이 같은 사건에서 촉진적 조건화는 발생하지 않는다. 따라서 어떠한 조건화도 일어나지 않는다고 생각하기 쉬우나, 그것이 아니라 제지 조건화가 발생하는 것이다. 그러므로 이 집단은 통제 집단으로 사용할 수 없다. 고전적 조건화 연구에서 진정한 무선 통제 집단(truly random control group)은 집단 3에서 사용한 절차가 적용된 경우이다. 이 집단에서의 조건 자극과 무조건 자극은 서로 독립적이다. 그러므로 이 집단의 동물들이 조건 자극 후에 무조건 자극이 올 것인지를 예측하는 것은 불가능하다. 즉, 조건 자극을 단서로 사용할 수 없다. 조건 자극과 무조건 자극 사이에 관계가 없는 것은 이 집단뿐이며 이 때문에 고전적 조건화가 일어나지 않는 것이라고 레스콜라는 주장하였다.

이 결과에 대한 레스콜라의 설명은 에거와 밀러(1962, 1963)의 설명과 유사한 측면을 보인다. 이들은 모두 조건화가 일어나기 위해서는 조건 자극이 정보적이어야 한다고 하였다. 즉, 조건 자극은 유기체에게 무조건 자극에 대한 의미 있는 정보를 제공해야 한다. 레스콜라는 부적 유관이 정적 유관 못지않게 정보적이라는 것을 보여 줌으로써 에거와 밀러의 연구를 확장시켰다. 레스콜라에 의하면 조건 자극과 무조건 자극 간에 서로 아무런 정보를 가지지 않는 실험 환경은 무작위로 자극을 제공하는 것이라고 하였으며, 이러한 상황에는 조건화가 발생하지 않는다.

마지막으로, 레스콜라(1988)는 파블로프의 고전적 조건화가 단순한 반사가 아니며, 현대 심리학에서 매우 중요한 위치에 있다고 말하였다. 그와 동료들은 단순한 인접보다는 유관성을 강조하는데, 이러한 유관에 의해 연합학습의 특성에 대해 새롭고 중요한 정보를 얻을 수 있다고 하였다. 고전적 조건화는 현대 심리학자들이 관심을 가지는 데 있어 두 가지 주요한 틀을 제공한다. 하나는 신경과학적 연구이며 다른 하나는 신경 네트워크(neural networks)에 대한 시뮬레이션이다. 이는 14장에서 논의될 것이다.

학습된 무력감

앞서 언급된 것과 같이 레스콜라는 무작위로 조건 자극과 무조건 자극이 배열된 집단의 경우에는 이들의 관계에 있어 예측할 수 있는 것이 없는 상황이며, 따라서 조건화가 발생할 수 없다고 하였다. 레스콜라와 다른 연구자들은 이 같은 무작위적인 통제 상황에서는 조건화가 발생하지 않는다는 것을 보여 주었다. 하지만 그들이 틀렸을지도 모른다.

마틴 셀리그먼

마틴 셀리그먼(Martin Seligman, 1969, 1975)은 레스콜라가 무작위 통제 상황이라고 언급한 조건에서도 동물은 아주 중요한 것을 학습한다고 주장하였다. 자료 분석 후 셀리그먼은 고전적 조건화 연구로부터 유기체는 무력감을 느끼고 자신이 무력하다는 것을 학습하게 된다고 지적한다. 고전적 조건화 동안 동물이 무력해진다는 것을 증명하기 위해 셀리그먼과 동료들은 카민과 레스콜라, 와그너의 연구를 거꾸로 재현하였다. 동물에게 도구적 반응을 학습시킨 후 고전적 조건화에 노출하는 대신에 고전적 조건화를 시킨 다음 도구적 반응을 가르쳤다. 절차를 거꾸로 하였을 때 동물의 행동이 크게 달라짐을 확인할 수 있었다. 마이어, 셀리그먼과 솔로몬(Maier, Seligman, & Solomon, 1969)은 동물에게 도구적 반응을 가르치기에 앞서 고전적 조건화를 만들어 내는 여러 가지 연구를 진행하였다. 그들의 연구에서 보이는 일관된 결과는 동물을 짧고 강력하지만 회피는 할 수 없는 자극에 노출시킬 경우, 동물들이 전기 충격을 피하기 위한 도구적 반응을 더 이상 하지 않는다는 것이다. 게다가 조건 자극이 무조건 자극과 어떻게 연결되는가도 문제되지 않는다. 레스콜라는 동물이 정적 유관, 부적 유관 혹은 무작위적 상황에서 어떤 것을 경험하든 두 번째 단계에서는 단순한 도구적 반응을 학습할 수 없음을 발견하였다. 마이어, 셀리그먼과 솔로몬은 고전적 조건화를 경험한 개의 능력을 고전적 조건화를 경험하지 않은 개의 능력과 비교하였다.

고전적 조건화 경험이 없는 개와는 달리 자신이 피할 수 없는 전기 충격의 상황에 있었던 개의 경우에는 전기 충격이 저절로 멈추어질 때까지 이를 피하려는 반응이나 짖는 반응을 보이지 않고 가만히 있었다. 개는 장애물을 넘어가지 않았다. 오히려 도망가려는 것을 포기하고 전기 충격을 가만히 받아들이는 것을 확인할 수 있었다. 시행이 반복될수록 개는 점점 더 도망가려는 행동보다는 이를 받아들이는 행동을 한다.

…… 가끔씩 이런 개는 장애물을 뛰어넘어 회피를 하기도 하지만, 이내 다시 자리로 돌아가 전기 충격을 받는다. 결국 이 동물들은 장애물을 뛰어넘으면 전기 충격을 피할 수 있다는 연관을 형성하여 이득을 얻는 것에 실패한다. 고전적 조건화의 경험이 없는 개의 경우에는 단기적인 잠재 도피 반응을 성공적으로 예측된다(pp. 311-312).

셀리그먼에 따르면 동물들은 자신이 아무것도 할 수 없는 고전적 조건화 상황에서 스스로가 무력하다는 것을 학습한다. 게다가 학습된 무력감은 전기 충격 경험 그 자체와는 관련이 없으며, 오히려 충격을 통제할 수 없는 동물의 무능함과 관련이 있다. 셀리그먼과 마이어(1967)는 통제를 할 수 있는 것과 통제할 수 없는 것의 중요함을 기술하기 위해 개를 실험 대상으로 하여 두 조건에서 실험을 수행하였다. 실험 1단계에서는 집단 1의 개들을 가두어 둔 채 전기 충격을 주었다. 이 집단의 개는 입으로 발판을 누르면 전기 충격에서 벗어날 수 있었다. 두 번째 집단의 개들은 집단 1과 마찬가지로 전기 충격을 받지만 집단 1과는 다르게 전기 충격을 벗어날 수 있는 방법이 전혀 없었다. 세 번째 집단의 경우에는 개를 가두기는 했지만 전기 충격을 주지 않았다. 셀리그먼과 마이어(1967)는 실험 단계 1에서 집단 1의 개들은 자신의 행동이 전기 충격에 영향을 줄 수 있다는 것을 학습하는 반면, 집단 2의 개는 자신의 행동이 전기 충격에 아무런 영향을 주지 못한다는 것을 학습한다고 하였다. 집단 2의 개에게는 전기 충격이 피할 수 없는 것이었다.

가설 검증을 위해 셀리그먼과 마이어(1967)는 실험의 두 번째 단계에서 상자를 이용하여 도피 훈련을 했다. 개는 음이 들리는 순간 장애물을 뛰어넘을 경우 전기 충격을 피할 수 있었고 음도 종료되었다. 첫 번째 집단(도망갈 수 있는 전기 충격)과 세 번째 집단은 장애물을 넘는 것을 빠르게 학습하였다. 그러나 이들 집단과는 반대로 두 번째 집단(도망갈 수 없는 전기 충격)의 경우에는 전기 충격을 피하기 위해 도망가는 어떤 것도 학습하지 못하였다. 전기 충격이 주어지면 개들은 전기 충격을 받아들이며 신음 소리를 내었다. 이 집단에 속한 개는 심지어 우연히 장애물을 뛰어넘어 전기 충격을 피할 수 있는 경험을 하더라도 다음 훈련에서 전기 충격을 주었을 때 가만히 그 전기 충격을 받는 모습을 보였다. 셀리그먼과 마이어에 의하면 이 동물들은 연구 초기에 자신들은 전기 충격을 피하기 위해 할 수 있는 것이 아무것도 없다는 것을 학습했기에 다음에 이어지는 연구에서 아무런 회피 행동을 하지 않았던 것이다. 자신이 어떤 좋지 않은 상황을 끝내기 위해 할 수 있는 것이 아무것도 없다는 생각은 다른 상황에까지 일반화될 수 있으며, 이를 학습된 무기력(learned helplessness)이라고 부른다. 학습된 무기력은 외부 경험 때문에 생기는 것이 아니라, 자신은 아무것도 할 수 없다는 지각, 즉 지각된 무능력에 의해 생긴다. 상황을 통제할 수 없다는 생각은 대부분의 동물을 수동적으로 행동하도록 한다.

학습된 무기력은 인간을 포함한 많은 다양한 종에서도 확인할 수 있다. 이 현상은 선호하는 것이나 혐오하는 것을 무조건 자극으로 사용하였을 때 나타난다. 학습된 무기력의 증상에는 강화받거나 처벌을 회피하기 위한 어떠한 행동이라도 시작하지 않는 것, 수동성, 위축, 공포,

우울, 일어난 일 무엇이든 수용하는 것이 포함된다. 셀리그먼(1975)은 인간의 경우에 학습된 무기력은 우울증을 유발하고 삶의 다양한 시도가 좌절되어 무기력하게 되고 위축되고 마지막에는 포기해 버리는 특성이 있다고 하였다.

심지어 레스콜라가 무작위적 통제라고 부르는 조건에서도 유기체는 혐오하는 상황을 회피하기에는 자신이 무력하다는 것을 학습한다. 그래서 아무런 노력을 하지 않는다. 이 같은 무력감은 상황을 넘어 일반화되고 수동적인 특성을 나타낸다.

고전적 조건화에 대한 기타 이론적 설명

집중의 중요성   어떠한 요소가 조건 자극의 효과를 결정할까? 그리피스, 존슨과 미첼(Griffiths, Johnson, & Mitchell, 2011)은 이 질문에 대한 두 가지의 전통적인 답이 있다고 하였다. 첫 번째는 무조건 자극을 가져오는 조건 자극에 집중을 하게 되는 예측 원리(predictiveness principle)이다. 두 번째는 이와는 반대로 새로운 자극이 보다 집중을 유발하고 효과적인 조건 자극이 된다는 불확실성 원리(uncertainty principle)이다.

맥킨토시(Mackintosh, 1975)는 유기체가 생득적으로 무조건 자극을 예측해 주는 정보들을 찾는다는 이론을 제시하였다. 이 같은 정보를 제공해 주는 단서를 찾게 되면, 유기체의 집중은 높아지고 이와는 관련이 없는 다른 단서들에 대한 주의는 줄어든다. 여러 개의 단서가 있을 때에는 거듭되는 훈련을 통한 학습이 진행될수록 예측 단서를 보다 뚜렷하게 알 수 있고, 반대로 예측을 하지 못하는 단서들은 점점 무시된다. 맥킨토시는 적극적인 정보처리를 강조한다. 레스콜라와 와그너의 주장과 맥킨토시의 주장에서 가장 큰 차이는 다음과 같다. 레스콜라와 와그너는 유기체가 정보를 수동적으로 받아들이고 기록한다고 간주하지만, 맥킨토시는 유기체가 정보를 적극적으로 받아들인다고 주장한다. 레스콜라와 와그너는 학습에 대한 예전의 견해, 즉 학습을 기계적, 자동적 그리고 연합적인 것으로 보았던 견해를 그대로 보여 주고 있다.

손다이크 이론과 같이, 레스콜라와 와그너의 이론은 생각, 문제 해결, 직관에 대해 논하지 않는다. 우리는 이러한 이론을 기계적(machanistic)이라고 칭한다. 왜냐하면 식별 가능한 조건 자극이 분명한 무조건 자극과 함께 제시된다면 학습은 증가하게 되기 때문이다. 이는 피할 수 없다. 유기체는 정보를 찾으려고도 하지 않고, 무조건 자극과 조건 자극을 연결하지 않으려고 한다. 그들은 단지 조건 자극과 무조건 자극의 단순한 연합을 통해 학습한다.

차단에 대해 맥킨토시는 보다 예측력이 강한 단서가 주의를 기울이도록 하는 데에 우세하다는 사실에서 설명을 시작하였다. 어떤 조건 자극(빛)이 생물학적으로 의미 있는 사건(전기 충격)을 예측해 준다면, 이 조건 자극에는 보다 강한 주의를 기울인다. 빛이 두 번째 조건 자극인 음과 짝지어지면 훈련에 의해 유기체는 빛이 우세한 예측성을 가진 것으로 인식하지만, 음에 의해 그 우세성은 감소된다. 맥킨토시의 이론은 첫 번째 조건 자극과 두 번째 조건 자극이 함께 제시되었을 때 차단이 보다 효과적이고 효율적으로 발생하는 이유를 보여 준다. 레스콜라와 와그너의 이론에서는 새로 삽입된 조건 자극에 대해 조건화가 일어나지 않는 이유가 첫 번째 조건 자극이 무조건 자극에 의해 유발될 수 있는 모든 조건화를 '사용해 버렸기' 때문이라고 본다. 레스콜라와 와그너의 이론과 맥킨토시의 이론은 모두 차단에 대하여 설명하지만, 학습 과정의 특성에 대해서는 서로 다른 전제를 하고 있다.

놀람 차단을 설명하기 위해 카민(1969)은 불확실성 원리를 주장하였다. 그는 무조건 자극을 처음 접한 동물은 이로 인해 놀란다고 제안하였다. 만약 조건 자극이 믿을 만한 무조건 자극보다 선행한다면, 동물은 점차적으로 조건 자극이 제시되고 난 뒤의 무조건 자극을 기대할 것이다. 결국 동물은 무조건 자극에 의해 놀라지 않고 더 이상의 조건화가 일어나지 않는다. 조건 자극이 무조건 자극에 대한 기억을 끄집어내면, 무조건 자극의 제시는 더 이상 놀랍지 않게 된다. 그리고 이런 상황에서 다른 것을 학습할 이유는 없어지는 것이다. 차단은 놀람의 개념으로 쉽게 설명될 수 있다. 왜냐하면 자극 A가 신뢰성 있게 무조건 자극을 예측한다면, 자극 B가 제시될 때 무조건 자극이 나타나는 것은 더 이상 놀랍지 않게 되기 때문이다. 그리고 자극 B에 의한 조건화는 형성되지 않는다.

와그너(1969, 1971, 1978)는 조건 자극이 무조건 자극에 대한 기억을 인출하는 정도만큼 놀람은 줄어들거나 제거된다는 주장을 정교화하였다.

레스콜라와 와그너의 이론은 기계적이다. 그리고 놀람의 개념은 카민과 와그너(Karmin-Wagner) 이론을 덜 기계적이게 하였다. 이를 요약하면 다음과 같다.

1. 우리의 주의를 얻을 때에만 요소들은 학습된다.
2. 놀랄 때, 즉 우리가 어떤 것을 예상하지 못했을 때, 우리는 그것들에 빠져든다.
3. 조건 자극과 무조건 자극의 반복적인 연합은 그것들을 덜 놀랍게 만든다. 우리는 주의를 덜 집중하고 덜 활성화되고 학습도 감소된다.

놀람 혹은 불확실 원칙에 대한 또 다른 주장은 부적 전이 효과(negative transfer effect)이다 (Griffiths, Johnson, & Mitchell, 2011; Hall & Pearce, 1979, 1982). 이 효과의 확인을 위해 한 집단의 동물을 약한 전기 충격 같은 것이 뒤따르는 무조건 자극에 노출시킨다. 초반 훈련 후, 소리가 제시되고 강한 무조건 자극, 즉 강한 전기 충격이나 아주 큰 먹이가 제시된다. 다른 집단의 동물에게는 같은 조건 자극이 제시되지만, 이때에는 가끔씩 약한 무조건 자극이 이어지거나 어떤 경우에는 이어지지 않도록 한다. 처음 집단과 같이 이후 훈련에서는 강한 무조건 자극이 이어지는 소리에 노출한다. 세 번째 집단의 경우, 처음에는 첫 집단과는 다른 조건 자극에 노출된다. 예를 들어, 이 집단은 약한 전기 충격 전에 약한 불빛에 노출된다. 처음의 훈련 후에 불빛은 소리로 바뀌고, 이 소리에는 강한 무조건 자극이 뒤따른다. 실험 결과, 두 번째 집단이 조건 반응을 빨리 보였다. 처음 집단에 있어 반복되는 노출은 놀라움이나 불확실성을 줄였고 이는 효과성을 낮추는 결과를 가져왔다.

학습된 부적절성, 잠재적 제지와 상위 조건화

레스콜라와 와그너의 이론에는 적어도 세 가지의 문제점이 있다. 맥킨토시 또는 카민과 와그너의 이론은 이 같은 문제점을 쉽게 해결해 준다. 조건 자극과 무조건 자극 사이에 긍정적인(흥분적인) 유관성을 도입하기 전에 조건 자극에 미리 노출시킴으로써 이러한 문제를 해결할 수 있다.

레스콜라(1966)의 무작위적 통제에서는 조건 자극과 무조건 자극이 모두 일어나지만 이들 사이에는 유관성이 없었다는 것을 생각해 보자. 무작위적 통제 집단에서는 먼저 나타난 조건 자극이 이후의 무조건 자극과 관련지어지면서 조건화는 사라진다. 무작위적 통제 집단에서 사용된 조건 자극의 효과가 감소하는 것을 학습된 부적절성(learned irrelevance)이라고 한다 (Mackintosh, 1973).

학습된 부적절성은 레스콜라와 와그너의 이론에서는 설명할 수 없다. 이 이론에 따르면 조건 자극에 미리 노출되는 것은 조건화에 미치는 효과가 없어야 하기 때문이다. 레스콜라와 와그너의 이론에 의하면 조건 자극의 강도는 이후 무조건 자극과의 연합에 영향을 미칠 것이고 이런 특성은 무조건 자극과 아무런 관련이 없는 관계에 미리 노출되었다고 변하지 않는다. 맥킨토시의 이론에서 보면 유기체는 무작위적 통제 집단에서 조건 자극이 무조건 자극을 예측하는 데에 아무런 영향을 주지 못한다는 것을 학습한다. 실제로 무작위적 통제 집단에서의 조건 자극은 무시되고 새로운 학습 맥락에서는 비효과적으로 나타난다. 카민과 와그너의 입장도 이와 유사하다. 조건 자극과 무조건 자극이 무선적으로 제시되면 유기체는 이를 적극적으로 처리하지 않고 무시한다.

조건 자극에 미리 노출시키면(어떤 무조건 자극이 제시되든) 뒤이어 조건 자극과 어떤 무조건 자극이 연합될 때 조건화가 조금 느려지는 것을 잠재적 제지 효과(latent inhibition effect)라고 한다(예: Baker & Mackintosh, 1977; Best & Gemberling, 1977; Fenwick, Mikulka, & Klein, 1975; Lubow & Moore, 1959). 여기서도 레스콜라와 와그너의 이론은 문제가 된다. 이 이론에 의하면 조건 자극에 미리 노출되는 것은 조건화에 어떠한 영향을 미쳐서도 안 되기 때문이다. 맥킨토시와 카민은 조건 자극만이 제시되는 경우에 동물은 조건 자극이 의미 있는 어떤 사건과도 관련이 없다는 것을 학습한다고 보았다. 조건 자극이 적절하지 않다는 것을 학습하고 나면, 조건 자극은 무시되고 이로 인해 이후에 조건 자극이 무조건 자극과 연합될 때 예측의 관계가 형성되기 힘들어진다. 맥킨토시가 제시한 주의집중을 위한 경쟁의 개념을 확장하여, 무어와 스틱니(Moore & Stickney, 1980)는 조건 자극을 미리 노출시키는 동안 강화가 나타나지 않더라도 자극들은 여전히 유기체의 집중을 받기 위해 서로 경쟁한다고 주장했다. 대체로 먼저 제시되는 조건 자극은 안정적이고 보다 예측력이 좋은 자극이 되어 주의를 선점한다. 하지만 이어지는 효과가 감소한다면 상대적으로 의미가 약한 조건 자극은 그 우세함을 잃게 된다. 맥킨토시는 차단과 같이 잠재적 제지도 유기체가 예측 가능한 자극에 주의 집중하고 부적절하거나 중복되는 정보를 무시하는 것을 학습하기 때문에 생기는 것으로 설명한다.

마지막으로 조건 자극을 조건화된 제지자로 만들기 위해 A⁺/AX⁻ 훈련을 사용한다고 생각해 보자. 조건 자극을 조건화된 제지자로 만들기 위해서, 조건 자극은 이후 어떤 무조건 자극과 연합되어 조건화를 손상하게 될 것으로 생각할 수도 있다. 그러나 놀랍게도 이럴 때 조건화는 촉진된다(Pearce & Redhead, 1995; Rescorla, 1971, 2002; Wagner, 1971; Williams & McDevitt, 2002). 조건화된 제지자(조건 자극)가 이후 어떤 무조건 자극과 연합될 때 조건화가 촉진되는 것을 상위 조건화(superconditioning)라고 한다. 예를 들어, 레스콜라(2002)는 쥐와 비둘기를 A⁺⁺ 훈련에서 강한 무조건 자극과 연합되는 조건 자극에 반응하도록 훈련했다. 복합적 자극인 AX가 AX⁻ 훈련에서 조건화된 제지자로 사용되었다. 이후 복합 자극 AX를 레스콜라가 AX⁺ 훈련에서 약한 무조건 자극과 연합시켰다. 이후 복합 자극의 두 요소가 어떠한 흥분의 효과를 가지는지를 확인하였다. 이전에 한 번도 강화를 받은 적 없는 요소인 X는 이전에 강화를 받은 요소인 A보다 반응을 이끌어 내는 능력을 더욱 증가시켰다. 레스콜라(2002)는 이 같은 결과는 "복잡한 조건에 관련된 오늘날의 모든 이론에 큰 도전을 주는 것"이라 인식하였다(p. 173). 윌리엄스와 맥데빗(Williams & McDevitt, 2002)은 상위 조건화가 차단의 반대 개념이라고 주장하면서 카민과 와그너 이론과 비슷한 설명을 한다. 즉, 어떤 조건 자극이 조건화된 제지자가 되면, 이후 무조건 자극과 함께 제시되었을 때 대상을 놀라도록 하여 조건화를 촉진한다.

기대 형성으로서의 조건화　　　로버트 볼스(Robert Bolles, 1972, 1979)는 유기체가 조건화 동안에는 어떤 새로운 것도 학습하지 않는다고 주장했다. 유기체는 어떤 상황에 적합한 종 특유적인 특정 반응을 학습하는 것이다. 볼스에 따르면 유기체가 학습하는 것은 학습하지 않은 어떤 행동을 이끄는 기대이다. 자극 기대(stimulus expectancy)는 조건 자극이 중요한 결과와 관련이 있을 때 형성된다. 즉, 전형적 고전적 조건화 실험은 자극에 대한 기대를 만들어 낸다. 자극 기대는 하나의 자극(조건 자극)이 존재한다는 사실을 통해 또 하나의 자극이 존재한다는 것을 예측하는 것을 의미한다. 유기체는 또한 반응과 결과 간의 예측적 관계인 반응 기대(response expectancy)도 학습한다. 볼스에 따르면 강화는 행동을 강화시킨다기보다는 강화인이 올 것이라는 기대를 강화시킨다.

볼스(1979)는 최근의 발견들이 고전적 조건화에 대한 전통적인 기계주의적이고 연합주의적인 설명에 대한 의문을 제기한다는 점에서 자신의 인지적 설명을 받아들일 것을 제안한다.

조건 반응에서의 예측 불가능성은 조건화된 동물이 어떤 행동을 할 것인지 정말 알아내기 어려운 것을 말한다. 이는 바로 파블로프의 실험에서 동물이 학습하는 것은 반응이 아니라는 것이다. 학습한 것은 아마도 또 다른 어떤 조건 자극과 무조건 자극의 관계와 같은 것이다. 조건 자극이 나타날 때 동물은 일정하게 이에 반응하는 것이 아니라 무조건 자극을 기대하는 것을 학습한다. 우리가 이러한 결론을 수용하든 하지 않든 간에 조건화 과정과 관련한 가장 오래되고 기본적인 가정 중 하나가 의문시되는 것은 확실하다. 조건화가 조건 자극과 특정 반응의 자동적 연결이라는 생각을 이제는 당연하게 받아들일 수는 없게 되었다(p. 155).

볼스의 조건화에 대한 설명을 보면 그는 에드워드 톨먼(Edward Tolman)의 이론(12장)을 따르고 있음을 알 수 있다. 우리는 15장에서 볼스의 이론에 대해 보다 자세히 알아볼 것이다.

앞서 고전적 조건화를 지배하는 원리에 대해서는 아직 논쟁 중에 있음을 확인하였다. 고전적 조건화 동안 무엇을 배우는지, 그리고 어떤 조건에서 학습이 발생하는지와 같은 기본적인 질문들이 많은 연구나 이론에서 논의의 초점이 되었고 앞으로도 이 같은 경향이 계속될 것처럼 보인다. 어떤 것이 고전적 조건화를 정확하게 설명하는지를 결정하려고 하기보다는 모든 설명이 고전적 조건화가 가지고 있는 특정 측면을 정확하게 설명하고 있다고 결론을 내리는 것이 정확할 것이다. 즉, 요약해 보자면 고전적 조건화는 단서의 예측 가능성, 기억 과정, 기대의 형성, 주의집중, 그리고 조건 자극과 무조건 자극 사이에 유관 인식이 있을 때 자동적으로 연합이 형성된다는 관점을 통해 올바르게 이해된다는 결론을 내리는 것이 가장 바람직할 것이다.

조건화된 미각 혐오: 가르시아 효과

쥐나 고양이와 같은 동물들은 독약 같은 물질이 그들의 생명을 앗아 갈 수도 있기 때문에 이를 피하는 것을 아주 빨리 학습한다. 이와 비슷하게 메스꺼움 때문에 어떤 음식이나 음료를 회피하는 사람을 볼 수 있다. 가르시아와 콜링(Garcia & Koelling, 1966)은 고전적 조건화에서의 독특한 현상을 통해서 이 같은 사건에 대하여 설명한다. 여기서는 이 현상에 대해 일부만 알아보고 15장에서 보다 자세하게 알아볼 것이다.

가르시아와 콜링은 한 집단의 쥐에게 단맛을 내는 사카린 용액을 마시는 동안 X선을 노출하였다. X선을 받게 되면 쥐들은 30분 정도 후에 메스꺼움을 느끼게 된다. 다른 집단의 쥐는 사카린 용액을 먹는 동안 전기 충격에 노출되었다. 이후 이어지는 검사에서 사카린을 제시했을 때 첫 번째 집단의 쥐는 사카린을 거부했지만, 두 번째 집단의 쥐는 거부하지 않았다. 가르시아와 콜링은 X선 처치로 인한 증상을 경험한 쥐는 이와 연합된 냄새나 미각에 대한 혐오를 학습한 것이라는 결론을 내렸다. 이 반응은 매우 자연스러우며 생존에 도움을 준다.

가르시아와 콜링의 실험은 고전적 조건화 절차를 따른 것 같지만, 그 결과를 고전적 조건화 현상으로 이해할 때에는 몇 가지 문제가 있다. 첫째, 조건 자극(사카린)과 무조건 자극(메스꺼움) 사이의 시간 간격이 존재하며 이는 고전적 조건화가 형성되기 위해 요구되는 시간 간격 이상이다. 가르시아 효과에서 시간 간격은 몇 시간이 될 수도 있다. 둘째, 어떤 물질과 메스꺼움은 단지 몇 번(때로는 단지 한 번)만 짝지어진 경우에도 강한 미각 혐오가 발생하는 것을 볼 수 있다. 일반적으로 조건 자극이 형성되기 위해서는 조건 자극과 무조건 자극이 여러 번 짝지어져야 한다고 알려져 있지만 가르시아 효과에서는 한 번의 경험으로도 강한 조건화가 나타났다. 셋째, 미각 혐오는 오랜 시간이 지난 뒤에도 혹은 1회의 시행 뒤에도 형성되지만 이는 쉽게 소거되지 않는다. 대부분 조건 자극과 무조건 자극 간의 연합의 정도가 올라가면 소거에 대한 저항도 높아지지만 가르시아 효과는 이를 따르지 않는 것 같다. 가르시아와 콜링의 결과들은 그 당시 고전적 조건화에 대해 알려진 바와 비교했을 때 너무 다른 특성들을 가지고 있었기에 그들의 논문은 대부분의 학술지에서 받아들이지 않았다. 가르시아가 방사선 생물학 연구에서 X선 기술에 대한 연구를 20편이나 발표하였지만, 어떤 학술지의 심사위원은 가르시아가 X선의 작동 방법에 대해 알지 못한다는 평가를 내리기도 하였다. 가르시아와 그의 동료들은 연구를 계속하였고 이전과 일관된 발견을 하였다. 첫째, X선의 처치보다는 리듐 염화물이라는 메스꺼움을 일으키는 화학물질을 사용했으며(Garcia, Ervin, & Koelling, 1966), 이후 쥐는 맛의 단서에 대해서는 미각 혐오를 보이지만 먹이의 크기 등에 대해서는 혐오를 보이지 않음을 보여 주었다(Garcia, McGowan, Ervin, & Koelling, 1968).

미각 혐오는 아주 빠르게 형성되고 오랫동안 유지된다. 이 같은 사실은 유기체의 생존과 직접적으로 연관이 있는 것같이 보인다. 미각 혐오의 형성은 여러 독특한 면을 가지고 있기에 이 현상에 대해 특별한 명칭이 부과되었다(Bolles, 1979). "쥐가(그리고 많은 동물이) 특정한 물질의 맛과 이로 인한 질병 간의 관계를 학습하는 놀라울 만한 학습 능력을 가지고 있으며 이를 가르시아 효과(garcia effect)라고 한다." (p. 167)

화학요법 치료를 받는 환자들은 치료 이전에 먹었던 음식에 대해 혐오감을 가지게 되고 이를 오랫동안 유지한다는 것이 확인되었다(Anderson, Birch, & Johnson, 1990; Bernstein, 1978). 가르시아 효과에 대한 이해를 통해 볼 때, 처치 이전에 먹은 음식의 냄새 단서가 혐오적인 것이 되었다고 생각할 수 있다. 특히 이후의 화학요법 처치가 심각한 메스꺼움을 가져오는 것일수록 더 심해질 것이다. 오랜 기간 동안의 연구들(Jacobsen et al., 1993)은 화학요법을 받는 환자의 50% 정도가 학습된 음식 혐오를 경험하지만 모든 음식이 혐오적인 것이 되는 것은 아니라고 본다. 치료 전에 먹은 음식이 새롭거나 독특할 경우 친근한 음식보다 더 큰 음식 혐오를 일으키는 경향이 있다. 그리고 처치가 있은 후에 먹은 음식을 소위 후진적 조건화라고 부르지는 않는다. 초기 몇 번의 화학요법 치료 동안 형성된 미각 혐오는 불완전하지만, 치료의 후기에 학습된 것보다는 오래가는 경향이 있다. 화학요법에 의한 메스꺼움의 정도가 음식 혐오의 좋은 예측인이 아니라는 사실은 매우 흥미롭다. 즉, 메스꺼움의 정도는 가르시아 효과를 예측하는 좋은 예측인이 아니다.

가르시아 효과에 실질적인 함의가 있을까? 답은 그렇다 쪽이다. 가르시아 효과는 동물을 통제하는 데 사용된다. 북미 서부 지방에서는 코요테가 양과 가축을 마구 잡아먹었는데, 이로 인하여 코요테를 죽이려는 농부들과 그래서는 안 된다는 환경주의자 사이에 논쟁이 일어났다. 이를 해결하기 위해 구스타프손, 가르시아, 한킨스와 루시니악(Gustavson, Garcia, Hankins, & Rusiniak, 1974)은 코요테의 먹이 사냥 습성을 통제하기 위해 가르시아 효과를 사용할 수 있음을 보여 주었다. 그들은 세 마리의 코요테에게 메스꺼움을 일으키는 리튬 염화물로 처리한 양고기를 주었고 다른 코요테들에게는 같은 물질을 처리한 토끼를 주었다. 이 같은 고기를 한두 번 먹은 코요테는 자신을 아프게 한 고기는 피하였지만 그렇지 않은 고기는 피하지 않았다. 즉, 처리된 양고기를 먹은 코요테는 양고기 대신 토끼를 먹었고, 이 반대도 마찬가지였다. 이 같은 포식자의 먹이 습성을 통제하는 것이 목장 주인과 농부, 환경 지지자 모두를 만족시킬 것으로 기대한다.

어린 앨버트를 대상으로 한 왓슨의 실험

고전적 조건화의 임상적 적용에 대해 말하기에 앞서 왓슨(John B. Watson)이 앨버트를 대상으로 한 유명한 연구에 대해 알아보고자 한다. 행동주의(behaviorism) 학파의 창시자인 왓슨이 심리학에서 정신 개념과 본능에 기초한 인간 행동에 대한 설명은 모두 배제해야 한다고 주장한 사실은 3장에서 소개되었다.

왓슨은 극단적 환경론자였다. 그는 인간이 몇 가지 반사적인 반응과 기본적인 정서만 가지고 태어나며 고전적 조건화를 통해 이 같은 반사적인 반응들이 여러 자극과 짝지어진다고 주장했다. 그는 인간의 정서는 유전과 경험의 산물로 보았다. 왓슨에 의하면 우리는 공포와 분노 그리고 사랑이라는 세 가지 정서를 유전적으로 물려받는다. 이 세 가지 기본 정서는 조건화 과정을 통해 사람에 따라 서로 다른 대상에 연계된다. 왓슨에게 성격은 조건 반사의 집합이다. 그는 정신적 능력 또는 기질을 가지고 태어난다는 것에 반대한다. 이러한 극단적인 왓슨의 주장은 다음과 같은 진술문에서도 확인할 수 있다. "나에게 건강한 12명의 어린아이를 달라. 나는 어느 누구라도 뽑아 그들의 재능, 기호, 성격, 직업, 부모의 인종에 관계없이 의사, 법률가, 예술가, 상인, 장관, 심지어는 거지나 도둑 등 당신이 선택하는 어떤 유형의 전문가가 될 수 있게 훈련할 수 있다."(p. 10)

타고난 정서적 반응이 어떻게 중성 자극에 조건화되는지를 설명하기 위해 왓슨과 레이너(Watson & Rayner, 1920)는 앨버트(Albert)라는 11개월짜리 아기를 대상으로 실험하였다. 이 실험에는 흰쥐, 철사, 막대기 그리고 망치가 사용되었다. 연구의 초반에 앨버트는 쥐에 대한 공포를 보이지 않았다. 사실 그는 쥐에게 다가가 만지기도 하였다. 그런데 실험에서 연구자는 앨버트가 쥐에 가까이 가려했을 때 앨버트 뒤에서 망치로 강철을 때려 큰 소리가 나게 하였다. 큰 소리가 나면 앨버트는 풀쩍 뛰며 앞으로 넘어졌다. 다시 앨버트가 쥐에게 접근하려고 했을 때 큰 소리를 냈고 앨버트는 울기 시작하였다. 앨버트의 정서를 고려하여 일주일 동안 연구를 중단하였으므로 그렇게 큰 정서적 부적응은 없었다.

일주일이 지난 뒤 앨버트에게 다시 쥐를 제시하였고, 그는 매우 조심스럽게 쥐를 바라보았다. 한 번은 쥐가 앨버트의 손에 닿게 되자 즉각적으로 손을 떼었다. 쥐와 큰 소리를 몇 번 더 짝지으니 쥐에 대한 강한 공포 반응을 보이기 시작하였다. 다시 쥐를 제시하자 울기 시작하였으며 "급하게 왼쪽으로 돌아서다가 넘어지더니 빠르게 기어 도망가기 시작하였다"(1920, p. 5).

앨버트는 처음 실험이 실시되던 상황에서 공포를 일으키지 않았던 토끼나 개, 모피, 외투, 목화, 그리고 산타클로스의 마스크에까지 공포 반응을 보였다. 즉, 공포 반응이 확산된 것이다. 그리하여 왓슨은 정서 반응이 고전적 조건화를 통해 재배열될 수 있음을 확인하였다. 이 연구에서 큰 소리는 무조건 자극, 공포 반응은 무조건 반응, 쥐는 조건 자극, 그리고 쥐에 대한 공포 반응은 조건 반응이다. 앨버트가 희고 부드러운 털이 있는 모든 대상에 공포를 일으킨다는 것은 일반화가 일어났음을 보여 주는 예이다.

　　브레그먼에 의한 왓슨 실험의 반복　　1934년, 브레그먼(Bregman)은 왓슨의 연구를 반복하였고, 아동의 공포는 조건 자극에 의해 조건화될 수 있지만 특정 상황에서만 일어남을 확인하였다. 브레그먼은 조건화는 조건 자극이 살아 있는 동물일 때는 일어나지만 블록, 병, 나무 동물인형 등과 같은 무생물일 경우에는 일어나지 않음을 발견하였다. 브레그먼의 발견은 조건 자극의 특성이 조건화 과정과 무관하다는 파블로프와 왓슨의 주장과는 다른 것이었다. 반면 그녀의 발견은 동물의 생물학적 준비성이 다르므로 어떤 연합은 다른 연합보다 더 쉽게 형성된다는 셀리그먼의 주장과 일치한다. 셀리그먼(1972)은 동물이 해를 끼칠 잠재력을 가지고 있기 때문에 이를 의심하게 되고 생물학적 준비를 하므로 동물에 대해 비교적 쉽게 공포와 회피를 배우게 된다고 말한다.

　　조건화된 공포의 제거　　왓슨은 공포와 같은 생득적인 정서가 원래는 정서를 유발하지 않는 자극으로 전이될 수 있으며, 이 같은 전이를 위한 기제가 바로 고전적 조건화라는 것을 보여 주었다. 고전적 조건화가 보다 쉽게 일어나는 자극이 있음을 이후 연구를 통해 확인하였지만, 그래도 정서의 전이는 중요한 발견이다. 만약 공포가 학습된 것이라면 탈학습(unlearn), 즉 소거하는 것도 가능하다. 불행히도 왓슨과 레이너는 앨버트의 공포를 제거하지 못했는데 이는 앨버트의 어머니가 공포가 조건화되고 난 이후 실험을 실시한 병원에서 앨버트를 데려 갔기 때문이다(Harris, 1979, p. 152). 왓슨은 자신의 연구는 학습된 공포가 어떻게 발전하게 되는가를 보여 주기에 더 이상의 연구는 필요하지 않다고 생각하였다. 그는 대신에 공포를 제거해 보고자 하였다. 왓슨은 메리 커버 존스(Mary Cover Jones, 1986~1987)와 함께 연구하며 쥐, 토끼, 모피코트, 개구리, 물고기를 아주 두려워하는 피터(Peter)라는 아동을 알게 되었다. 헤르젠한(Hergenhahn, 2009)은 피터의 공포를 제거하기 위한 왓슨과 존스의 노력을 다음과 같이 소개하였다.

> 왓슨과 존스는 먼저 피터에게 그가 무서워하는 대상을 공포를 느끼지 않으며 가지고 놀고 있는 아이의 모습을 보여 준다. 그 결과 약간 무서움이 사라지는 듯이 보였다(이를 모델링이라 부르며 오늘날 Bandura와 그의 동료들이 사용하고 있다; 13장 참조). 이때 피터는 성홍열을 앓아 병원에 가야 했고 회복되어 집으로 오는 길에 개에게 공격을 받아 공포는 더욱 심해졌다. 왓슨과 존스는 피터를 이 같은 조건화에서 벗어나게 하기로 하였다. 피터는 폭이 40피트가 되는 방에서 점심을 먹었다. 어느 날 피터가 점심을 먹고 있을 때 우리 안에 있는 토끼를 피터에게서 충분히 떨어진 곳에 두었다. 연구자들은 피터와 토끼와의 거리를 기록해 두었다. 연구자들은 토끼를 매일 조금씩 피터 근처에 가도록 하였다. 마침내 피터가 점심을 먹고 있는 바로 옆까지 토끼를 옮길 수 있었다. 그리고 마지막으로는 피터는 한 손으로 토끼를 만질 수도 있었다. 이 같은 탈공포화 반응이 일반화되어 피터가 가지고 있던 다른 공포들도 대부분 제거되거나 감소되었다. 이것이 바로 오늘날 행동치료(behavior therapy)라고 부르는 기법의 최초 사례 중 하나이다. 1924년에 존스는 피터에게 수행한 연구의 결과를 게재했고, 1974년에는 이 연구와 관련된 보다 상세한 내용을 출판했다(p. 408).

왓슨과 존스가 피터의 공포를 없애기 위해 사용했던 방법은 체계적 둔감화라 부르는 것과 유사하다. 뒤에서 이에 대해 알아볼 것이다.

왓슨의 학습에 대한 이론   왓슨은 파블로프의 심리학을 미국에 소개하기 위해 많은 노력을 기울였지만 파블로프의 원리를 모두 받아들이지는 않았다. 예를 들면, 왓슨은 조건화가 강화에 따라 달라진다고 믿지 않았다. 그는 학습이 일어나는 것은 단지 두 사건이 시간적으로 가까이 있기 때문이라고 생각했다. 고전적 조건화가 일어나는 것은 무조건 자극이 조건 자극을 강화하기 때문이 아니라, 조건 자극에 이어 무조건 자극이 제시되기 때문이라는 것이다. 사건들이 여러 번 함께 일어날수록 이들의 연합은 강해진다. 왓슨은 인접과 빈도의 법칙을 수용하였다. 그에게 다른 학습의 원리들은 손다이크의 효과의 법칙처럼 정신주의적이거나 파블로프의 강화처럼 필요 없는 것이었다. 다음 장에서는 거스리의 학습 이론을 살펴보자. 그의 이론은 왓슨의 이론과 매우 비슷하다.

고전적 조건화의 임상심리학에의 적용

소거   고전적 조건화를 기반으로 한 임상 상황에서는 행동장애가 학습된 것이므로 이를 탈학습하거나 긍정적인 행동으로 대체할 수 있다고 생각한다. 과도한 흡연이나 알코올 섭취와 같은 행동장애, 또는 나쁜 습관이라 말할 수 있는 것을 생각해 보자. 이때 알코올이나 담배의 맛은 조건 자극이 되고 이들이 제공하는 생리적 효과는 무조건 반응이라 할 수 있다. 조건 자극과 무조건 자극을 연합하고 나면 조건 자극만 경험하여도 즉각적인 쾌감(조건 반응)을 생성시킨다. 이러한 습관을 제거하는 한 가지 방법은 무조건 반응 없이 조건 자극만 제시하여 소거가 일어나게 하는 것이다.

사실 소거는 장기적으로는 효과가 낮다고 보아야 한다. 우리는 임상적 상황에서 사람들이 담배를 많이 피우거나 술을 많이 마실 때, 특정한 소리나 빛 등이 자극의 보완물로 제공되는 조건을 만들어 낼 수 없다. 즉, 가능한 조건 자극을 모두 제시할 수 없다. 우리가 이전에 보았듯이 소거는 학습된 반응을 제거하는 것이라기보다는 학습된 반응이 일어나는 것을 방해하는 것이다. 우리는 시간이 경과하면서 자발적 회복이 타나날 것이라고 예상할 수 있다. 실제 일상 속에서 선술집에 갔다가 술이나 담배에 노출되면 원래의 무조건 자극이 유발되므로 이전의 반응이 되살아난다.

역조건화   단순한 소거보다 더 강한 과정은 역조건화(counterconditioning)이다. 역조건화에서 조건 자극은 원래의 것이 아닌 다른 무조건 자극과 짝지어진다. 예를 들어 술을 마시거나 담배를 피우는 사람에게 이를 허용한 뒤 메스꺼움을 주는 약물을 제공한다. 이를 반복해서 연합시키면 나중에 담배 냄새나 알코올 냄새는 메스꺼움을 떠올리게 되며 이로 인해 흡연이나 음주에 대한 회피를 보인다. 예를 들어, 마운트, 페이튼, 엘리스와 반스(Mount, Payton, Ellis, & Barnes, 1976)는 알코올중독자들이 자신이 좋아하는 알코올을 섭취한 뒤, 호흡기관을 마비시켜 공포 경험을 유발하는 아넥틴이라는 약물을 주입하였다. 이 처치를 제공한 경우에 9명 중 1명만이 다시 술을 마셨다. 이러나 이 같은 역조건화의 영향은 일시적이다.

역조건화에서는 혐오스러운 경험이 알코올 섭취에 뒤이어 제시되어야 한다. 소거처럼 역소건화는 장기적으로는 효과가 없다. 예를 들면, 알코올중독자가 술 생각이 날 때마다 병원에 다시 찾아와 메스꺼움을 느끼게 해 달라고 할 것이라는 확신을 할 수 없다. 혹은 이 환자에게 메스꺼움을 유발하는 약물을 처방하여 귀가시켰다고 해서 이 약물을 계속 복용할 것이라고 장담할 수도 없다.

홍수법   공포를 치료할 때 가장 중요한 문제는 사람들이 무서운 경험으로부터 벗어나고 싶어 한다는 것이다. 소거는 적극적인 과정(조건 자극은 제시되지만 무조건 자극은 뒤따르지 않음)이기에 공포를 유발하는 자극을 회피하는 경향이 소거의 발생을 방해한다. 예를 들면, 개 공포증을 가진 사람은 개가 안전하다는 생각을 하게 될 때까지 개와 함께 있으려고 하지 않는다. 어떤 공포든 동물은 이를 발생시키는 자극으로부터 도망치므로, 유기체는 조건 자극이 혐오적인 무조건 자극과 연합되지 않는다는 사실을 경험조차 하지 않는다. 그렇다면 그러한 공포증을 어떻게 없앨 수 있을까? 자연적인 상황에서는 절대 불가능할 것이다. 공포를 없애는 방법은 조건 자극이 있다고 하더라도 무조건 자극이 없음을 충분히 인식시키는 것이다. 즉, 충분한 시간 동안 조건 자극에 노출시키는 것이다. 공포를 없애기 위한 이러한 강제적 방법을 홍수법(flooding)이라고 한다. 림과 매스터스(Rimm & Masters, 1979)는 홍수법이 공포를 제거하기 위한 빠른 방법이지만 그 결과는 유동적이라고 보았다. 홍수법을 사용하면 어떤 사람은 공포가 감소되지만 어떤 사람은 상태가 더 악화된다. 오랫동안 회피하고 무서워했던 대상을 강제적으로 경험한다는 것은 결코 좋은 경험이 아니며, 그렇기에 이러한 증상이 더욱 악화되는 것은 당연하다. 홍수법을 사용했을 때에 둔감화 기법을 사용했을 때보다 이를 중도 포기하는 탈락률이 더 높은 것 또한 놀랄 만한 일이 아니다.

체계적 둔감화 기법   조셉 울프(Joseph Wolpe, 1958)는 고전적 조건화의 원리를 심리치료에 적용하고자 중요한 시도를 하였다. 그는 체계적 둔감화(systematic desensitization)라 불리는 치료 기법을 개발하였다. 울프의 기법은 주로 공포증 환자를 치료하는 데 사용되었는데 이는 세 가지 국면으로 구성된다. 첫째는 불안 위계(anxiety hierarchy)를 만드는 것이다. 이 단계에서는 불안을 일으키는 사건들을 찾아낸 후, 불안을 가장 많이 일으키는 것부터 가장 적게 일으키는 것까지 나열한다. 어떤 사람이 비행기를 타는 것에 대한 심각한 공포를 가지고 있다면 불안 위계는 다음과 같을 것이다.

① 비행기를 타는 것
② 시동이 걸린, 지상에 있는 비행기에 앉아 있는 것
③ 시동이 걸리지 않은, 지상에 있는 비행기에 앉아 있는 것
④ 비행기에 가까이 가는 것
⑤ 비행기에서 떨어져 비행기를 바라보는 것
⑥ 공항에 있는 것
⑦ 비행기의 엔진 소리를 듣는 것
⑧ 비행기를 타는 것과 관련한 이야기를 하는 것
⑨ 비행기 탑승이 포함되지 않은 여행 계획을 세우는 것
⑩ 비행기 탑승이 포함되지 않은 여행 계획을 세우는 다른 사람의 이야기를 듣는 것

두 번째 단계에서 울프는 환자들이 이완할 수 있도록 한다. 근육의 긴장을 어떻게 감소시키는지와 사람이 불안을 경험하지 않을 때 어떻게 이를 알 수 있는지를 가르친다. 세 번째 단계에서 환자는 깊은 이완을 경험하고 불안의 단계 중 가장 약한 불안을 느끼게 하는 것을 경험하도록 한다. 이를 상상을 통해 경험하는 동안, 환자는 다시 이완을 경험하게 한다. 이완이 가능해질 경우에는 환자에게 불안의 단계 중 한 단계 더 높은 항목을 하고 있다고 생각하게 한다. 이 같은 과정을 통해 전체 불안 단계를 경험하게 하면, 이후 최종 항목과 관련된 불안은 거의 사라진다고 생각하였다. 이를 통해 환자는 처음에는 전혀 생각할 수도 없었던 대상에 대해 점점 접근할 수 있다고 한다. 이 같은 불안을 조성하는 경험은 매우 조심스럽게 사용되어야 한다. 만약 그렇지 않을 경우 환자는 특정 상황에 대해 이완을 할 수 없을 것이고 공포는 치료되지 않을 것이다. 비행기 공포를 가진 사람이 가진 문제는 비행기와 관련된 모든 경험을 회피한다는 것이며 성적 공포를 가진 사람의 문제는 성과 관련된 모든 경험을 회피한다는 것이다. 공포증을 소거하기 위해서는 불안을 느끼지 않으면서 공포를 유발하는 사건들을 경험할 수 있어야 한다.

위와 같은 인지적인 소거가 발생하면 애초에 불안을 가지고 있던 사람들은 일반적인 상황에서의 공포를 이길 수 있게 된다. 체계적 둔감화를 경험하고 나면 환자는 자신의 공포를 보다

이성적으로 다룰 수 있게 된다. 비행공포증 환자의 경우에는 불안을 경험하지 않고도 비행기를 탈 수 있게 된다.

울프는 환자가 두려워하는 대상에 심리적으로 다가가도록 하게 한 반면, 왓슨과 존스는 두려워하는 대상을 물리적으로 아동에게 더 가까워지도록 하였다. 이런 차이를 제외하면 공포를 제거하고자 하는 두 접근 방법은 유사점이 많다.

13장에서 울프의 체계적 둔감화 치료법과 다른 치료법을 비교할 것이다.

고전적 조건화의 의학에의 적용

많은 연구가 파블로프의 영향하에 수행되었다. 이러한 연구 중 하나가 고전적 조건화의 특별한 면에 대한 메탈린코프의 연구(Metalinkov, 1934; Metalinkov & Chorine, 1926)이다. 메탈린코프는 기니피그를 대상으로 열이나 접촉과 같은 자극과 저항 반응을 일으키는 단백질 주사(무조건 자극)를 함께 연합하였다. 그는 조건 자극과 무조건 자극을 반복 제시하여 연합하면 열이나 접촉 자극만 제공하여도 다양한 저항 반응으로서의 면역 반응을 일으킨다는 것을 보고하였다. 이 같은 초기 연구들은 미국 학습 이론가들로부터 무시를 당했다. 이는 연구 절차에서 엄격한 통제나 면역 반응에 대한 정확한 측정이 이루어지지 않았기 때문일 것이다. 1970년대에 로버트 에이더(Robert Ader)와 그의 동료들은 이에 대한 관심을 보였으며, 면역체계도 조건화될 수 있음을 확인했다. 그들은 이 반응을 심리신경면역학(psychoneuroimmunology)이라는 새롭고 흥미로운 학제 간 분야로 개선하였는데, 이는 심리적 요인(학습, 지각, 정서)과 신경체계 및 면역체계 간의 상호작용에 대한 연구였다.

에이더(1974)는 처음에 사카린(조건 자극)과 약물 주사(무조건 자극)를 연합하여 미각 혐오를 연구했고, 시클로포스파마이드(cyclophosphamide)라는 약물을 주사하여 면역체계를 억제하였다. 처음에 이 같은 실험을 한 뒤, 그는 무조건 자극 없이 사카린을 계속해서 먹은 쥐들이 많이 죽는다는 것에 집중했다. 그는 이 쥐들이 조건화된 면역체계의 억제로 인해 바이러스나 박테리아에 감염되어 죽었다고 주장했다. 이어지는 연구에서 에이더와 코헨(Ader & Cohen, 1975)은 먼저 사카린 냄새가 나는 물(조건 자극)을 시클로포스파마이드 주사와 연합하였다. 3일이 지난 뒤, 다른 단백질을 쥐에게 투여하였더니 건강한 쥐의 항체는 많아졌지만, 조건화된 쥐의 경우에는 사카린에 다시 노출되었을 때에 세포 항체 수준이 조건 자극이나 무조건 자극에 다시 노출되지 않았던 통제 집단의 수준보다 낮았다. 에이더와 코헨은 사카린이 매우 특별한 방법으로 면역체계를 억제한다는 결론을 내렸다.

　에이더의 연구가 발표된 이후 면역체계에서 고전적 조건화를 다루는 많은 연구가 진행되었다. 인간을 대상으로 한 연구는 그리 많지 않지만 동물을 대상으로 한 수많은 연구는 조건화를 통해 면역 기능을 억제할 수도, 증진시킬 수도, 혹은 이러한 효과를 없앨 수도 있음을 보여 준다(연구의 개관은 Ader & Cohen, 2001 참조).

　연구자들은 감각 및 신경 체계와 면역체계 간의 상호작용을 잘 이해하고 이 같은 종류의 고전적 조건화를 알기 위해 면역 반응에 대한 연구를 계속해 가고 있다. 예를 들면, 질병에 걸린 환자의 모습을 본 사람의 면역 반응이 높아지는가에 대한 연구가 이에 해당한다(Schaller, Miller, Gervais, Yager, & Chen, 2010). 그러나 그것이 조건화에 의한 향상인지 혹은 진화적 반사 반응의 결과인지에 대해서는 확실하지 않다. 이러한 유형의 조건화를 확인하는 다른 방식은 위약 효과에 대한 연구이다(Oken, 2008; Stewart-Williams & Podd, 2004). 신경심리학자들은 미래에 고전적 조건화를 이용하여 관절염과 같은 자가면역 질환을 가진 환자를 돕고, 이식 수술을 받은 환자가 보이는 거부 반응을 제지하거나 HIV나 AIDS의 면역체계를 회복하는 것을 도울 수 있을 것이라 기대한다.

파블로프의 교육론

　파블로프의 원리는 교육 상황에서 적용하기에는 어려운 면이 있다. 일반적으로 중립적인 사건이 유의미한 사건과 함께 연합될 때에는 항상 고전적 조건화가 일어난다고 얘기할 수 있다. 분명 이 같은 연합은 존재한다. 만약 좋아했던 선생님이 쓰던 향수의 냄새를 나중에 맡게 되면 이 시기의 생각을 떠올리게 될 것이다. 엄격하고 권위적인 분위기에서 수학을 배우면 수학에 대한 부정적인 정서가 조건화될 것이다. 어떤 것을 강압적으로 계속해서 쓰게 하면 쓰기에 대한 부정 정서가 조건화될 것이다. 아침에 어려운 과목을 가르치면 아침을 싫어할 것이다. 학교에서 경험하는 실패와 연결된 불안의 감정은 학교 밖의 문제 상황에서도 혐오 반응을 이끌어 낼 수 있다. 특정 상황에 부적 경험이 연합되면 그때의 경험에 의해 혐오가 발달한다. 어떤 음식을 먹고 혐오가 발달함을 보여 주는 가르시아 효과를 생각해 보자. 만약 학창 시절에 좋지 않은 경험을 했다면 이는 평생의 혐오로 남을 수 있다. 교육에 부정적 입장을 가지는 학생은 자신의 좌절을 표출하기 위해 교사나 학교에 공격적인 행동을 할 수도 있다.

교실에서 고전적 조건화의 영향은 크게 나타나지만 이는 우연히 발생한다. 앨버트의 경우와 같은 고전적 조건화의 원리는 교육 프로그램에 교육적 목적으로 활용될 수 있다. 행동을 수정하기 위해 파블로프의 기법을 사용하는 것은 교육의 형태라기보다는 일종의 세뇌에 가까운 것 같다. 태도의 수정을 위해서 파블로프의 원리를 이용한 사례로는 광고를 들 수 있다. 광고주는 중립적 자극이라 할 수 있는 제품을 사람들이 좋아하는 부나 건강, 젊음, 성, 명예 등과 짝짓는다. 점점 시청자들은 원래의 대상에서 좋은 것들을 경험하게 된다. 시청자들은 X라는 제품의 담배를 피움으로써 성공이라는 감정을 느끼고 특정 머리모양을 하면서 보다 젊어졌다는 느낌을 가질 것이다.

다시 말해 '우연적' 측면, 즉 우연히 발생하는 것처럼 느껴지는 고전적 조건화는 아동이 학교에 있는 동안 항상 일어난다. 실제로 효과적인 교육을 위해서는 아동의 정서나 태도를 고려해야 한다.

파블로프 이론에 대한 평가

공헌

파블로프가 조건 자극과 무조건 자극의 관계, 반응 확득의 과정, 일반화와 변별, 소거와 자발적 회복 등과 관련하여 문제의식을 가지고 부분적으로 답을 얻은 연구들은 지속적으로 여러 연구를 이끌어 낸다. 1965년까지 파블로프의 연구 절차를 따른 5천 개 이상의 연구가 기초연구 분야 및 임상 분야에서 이루어졌다(Razran, 1965). 따라서 이 분야의 실험적인, 절차적인 측면에 있어 파블로프의 공헌은 스키너 및 헐과 비슷하다. 이 장에서는 레스콜라와 부튼과 같은 연구자들이 고전적 조건화에 대해 계속해서 연구하고 있음을 보았다.

학습 이론 분야에서 파블로프는 기대학습에 관련한 최초의 이론을 만들었다. 그는 조건 자극을 신호로 생각하였는데, 이는 자극-반응 연결에 있어서의 원인으로 혹은 반응이 따라오는 강화적 사건으로 여기는 다른 이론들과는 다르다. 만약 우리가 습관화와 민감화를 비연합 학습의 최소 단위로 생각한다면 우리는 고전적 조건화를 연합 학습의 기본 단위로 생각해야 한다.

비판

손다이크와 왓슨 또는 다른 S-R 이론가들의 주장이 기계적이고 단순하다고 비판한다면, 이는 또한 파블로프의 이론에도 적용될 수 있다. 파블로프는 복잡한 정신 과정을 통해 학습을 설명하지 않았으며 학습이 일어나기 위해 학습자가 조건 자극과 무조건 자극의 관계를 알 필요도 없다고 생각했다.

만약 파블로프가 학습에 집중하여 연구하고자 했다면, 그의 공헌은 더욱 커졌을 것이다. 윈드홀츠(Windholz, 1992)는 고전적 조건화에 관한 기본적 발견이 1897년에 일어났지만 파블로프는 자신의 연구가 신경체계의 기능에 대한 발견이라고 생각했을 뿐 그것이 학습 이론의 발달과 관련이 있을 것이라는 생각을 1930년대 초까지는 미처 하지 못하였다고 지적하였다. 그때 파블로프는 이미 80대의 나이에 접어들었다. 그는 생애 마지막 몇 해 동안 반사 학습(reflex learning)이나 시행착오 학습에 대해 연구하였고, 이 장의 앞에서 기술한 것과 같이 이 영역의 발전과 관련하여 손다이크의 연구를 신뢰하였다.

논의
사항

1. 조건 반응의 획득과 소거, 자발적 회복, 일반화, 변별, 고차적 조건화에 대해 쓰라.

2. 조건화, 일반화, 변별에 대한 파블로프의 생리학적 설명에 대해 쓰라.

3. 에거와 밀러의 연구 중 고전적 조건화에 대한 파블로프의 주장에 반대되는 것은 무엇인가?

4. 파블로프의 주장에 따르면 특정 상황에서 어떻게 반응할지를 결정하는 것은 무엇인가?

5. 도구적 조건화와 고전적 조건화의 차이점과 유사점을 쓰라.

6. 조건 반응은 무조건 반응의 축소판이 아니라는 증거를 쓰라.

7. 과잉 그늘지움과 차단에 대한 정의를 내리고, 이 현상이 인접의 원리와는 어떻게 다른지를 논하라.

8. 조건 자극과 무조건 자극의 연합 강도를 나타내는 지수로 조건화된 정서 반응을 어떻게 사용할 수 있는지 쓰라.

9. 고전적 조건화와 관련된 레스콜라와 와그너의 이론을 요약하라.

10. 레스콜라와 와그너의 이론에서는 차단을 어떻게 설명하는지 쓰라.

11. 고전적 조건화가 발생하기 위한 필요 조건으로 레스콜라가 유관과 인접을 어떻게 구분하는지 쓰라.

12. 레스콜라가 무작위적 통제라고 부르는 것은 어떤 배열을 말하는가? 고전적 조건화 연구에서 무작위적 통제 조건이 필요한 이유는 무엇인가?

13. 정적 유관과 부적 유관에 따라 어떤 종류의 조건화된 행동이 발생하는지 쓰라.

14. 셀리그먼이 주장하는 학습된 무기력이란 무엇인지 쓰라. 학습된 무기력이 생기는 상황을 쓰라.

15. 셀리그먼의 학습된 무기력을 피하는 방법은 무엇인가?

16. 주의에 기초를 두는 맥킨토시의 고전적 조건화 이론에 대해 차단을 포함하여 논하라.

17. 놀람에 기초를 두는 카민과 와그너의 고전적 조건화 이론에 대해 논하라. 왜 자신의 이론이 연합주의적 전통의 고전적 조건화와는 다르다고 하였는지 쓰라.

18. 기대 형성에 기초를 둔 볼스의 고전적 조건화 이론에 대해 쓰라. 왜 자신의 이론이

연합주의적 전통의 고전적 조건화와 반대된다고 생각하였는지 쓰라.

19. 가르시아 효과란 무엇인가?

20. 고전적 조건화로 미각 혐오를 설명할 때 발생할 수 있는 문제점에 대해 쓰라.

21. 포식자의 포식 습성을 변화시키는 데 가르시아 효과를 어떻게 적용할 수 있을까?

22. 가르시아 효과가 인간에게도 나타난다면 처음 담배를 피우거나 술을 마시고 난 이후 엄청난 고통을 경험하는 사람들이 계속해서 술을 마시거나 담배를 피우는 이유는 무엇일까?

23. 왓슨의 입장에서 정서 발달을 설명하라.

24. 토끼에게 가지는 피터의 공포를 없애기 위해 왓슨과 존스가 사용한 절차를 쓰라.

25. 소거와 역조건화가 어떻게 치료로 사용될 수 있을지에 대해 쓰고 왜 그 기법이 유용한지에 대해 쓰라.

26. 치료로서의 홍수법에 대해 쓰고 문제점에 대해서도 쓰라.

27. 울프의 체계적 둔감화 기법을 요약하라.

주요 개념

- 가르시아 효과(Garcia effect)
- 갱신 효과(renewal effect)
- 고차적 조건화(higher order conditioning)
- 과잉 그늘지움(overshadowing)
- 무조건 반응(unconditioned response)
- 무조건 자극(unconditioned stimulus: US)
- 변별(discrimination)
- 복원(reinstatement)
- 부적 전이 효과(negative transfer effect)
- 불안 위계(anxiety hierarchy)
- 불확실성 원리(uncertainty principle)
- 상위 조건화(superconditioning)
- 상위 차원 조건화(higher-order conditioning)
- 소거(extinction)
- 역동적 스테레오타입(dynamic stereotype)
- 역조건화(counterconditioning)
- 예측 원리(predictive principle)
- 외부 제지(external inhibition)
- 의미적 일반화(semantic generalization)
- 이차적 강화인(secondary reinforcer)
- 이차 신호체계(second signal system)
- 일반화(generalization)
- 일차적 강화인(primary reinforcer)
- 일차 신호체계(first signal system)
- 자극의 정보가(informative value of stimulus)
- 자발적 회복(spontaneous recovery)
- 잠재적 제지 효과(latent inhibition effect)
- 전진적 조건화(forward conditioning)
- 정위 반사(orienting reflex)
- 제지(inhibition)
- 조건 반응(conditioned response: CR, 또는 조건 반사[conditioned reflex])
- 조건 자극(conditioned stimulus: US)
- 조건화된 보상 반응(conditioned compensatory response)
- 조건화된 정서 반응(conditioned emotional response: CER)
- 조건화된 제지(conditioned inhibition)
- 조건화된 억압(conditioned suppression)
- 존 B. 왓슨(John B. Watson)
- 진정한 무선 통제 집단(truly random control group)
- 집중(concentration)
- 차단(blocking, 또는 차단 효과[blocking] blocking effect)
- 체계적 둔감화(systematic desensitization)
- 탈제지(disinhibition)
- 피질부 모자이크(cortical mosaic)
- 학습된 무기력(learned helplessness)
- 학습된 부적절성(learned irrelevance)
- 행동치료(behavior therapy)
- 행동주의(behaviorism)
- 홍수법(flooding)
- 후진적 조건화(backward conditioning)
- 흥분(excitation)
- 흥분 조건화(excitatory conditioning)
- 흥분의 발산(irradiation of excitation)

제8장

에드윈 레이 거스리
(Edwin Ray Guthrie)

거스리(Guthrie)는 1886년 미국 네브라스카에서 태어났고, 네브라스카 대학교에서 학부와 석사 과정을 마쳤으며, 1912년 펜실베이니아 대학교에서 심리학으로 박사 학위를 받았다. 1914년 이후, 제1차 세계대전에 참전하기 전까지 4년간 워싱턴 대학교의 심리학과에서 강의를 하였다(Clark, 2005). 1956년에 퇴직하기 전까지 거스리는 워싱턴 대학교에서 심리학과 교수로 재직하였다. 1945년 미국심리학회(American Psychological Association) 회장에 선출된 바 있으며, 1958년에는 학회로부터 금상(Gold Medal Award)을 수상하였다. 1959년 사망하였으며 대표적인 업적으로는 1935년 출간하고 1952년 개정한 저서 『학습심리학(The Psychology of Learning)』이 있다. 그는 대학 신입생들이 기술적 용어나 수식 없이 이론을 이해할 수 있다고 믿었고, 이해가 쉽고 유머를 담고 있으며 일상적인 일화들로 자신의 아이디어를 설명'하는 저술을

에드윈
레이 거스리

하였다. 그는 아이디어가 실용적으로 적용되는 것을 강조했으며, 손다이크(Thorndike)와 스키너(Skinner)를 매우 좋아했다. 거스리가 실험적 관점과 지향을 가지고 있었던 것은 분명하지만, 사실 실험가는 아니었다. 그는 호톤(Horton)처럼 자신의 학습 이론과 관련된 실험을 한 가지만 수행했는데, 이 실험에 대해서는 나중에 논의하겠다. 그러나 그는 확고한 행동주의자였다. 사실 그는 손다이크, 스키너, 헐(Hull), 파블로프(Pavlov), 왓슨(Watson)과 같은 이론가들이 지나치게 주관적이라고 느끼며, 조심스럽게 절약의 법칙을 적용하면서 모든 학습 현상을 오직 하나의 원리만으로 설명할 수 있다고 보았다. 그의 심리학에 대한 전 생애의 관심을 정리한다면, 아리스토텔레스의 연합의 법칙이라 할 수 있다. 우리가 거스리의 행동주의 이론을 연합주의 패러다임으로 간주하는 것은 이러한 이유에서다.

주요 이론적 개념

단일 학습 이론

대부분의 학습 이론가는 자극과 반응이 연합하는 규칙을 결정하고자 시도하는 사람들이라고 볼 수 있다. 거스리(1952)는 손다이크, 파블로프와 같은 이론가들이 제시한 규칙들이 불필요하게 복잡하다고 느끼면서, 단일 학습 이론으로서 인접의 법칙(law of contiguity)을 제안하였다. 그는 "행동과 동반되는 자극들의 연합이 반복되면서 그 행동이 이어지는 경향이 있다."(p. 23)라고 하였다. 예를 들면, 당신이 어떤 상황에서 특정 행동을 했다면, 다음번에 같은 상황에 놓였을 때 같은 행동을 할 것이라는 것이다.

거스리(1952)는 인접의 법칙이 사실임에도 불구하고 행동을 예측하는 것이 왜 그럴 만한 것인가에 대해 다음과 같이 설명한다.

제시된 원리는 간명하지만, 상당한 정교화 과정 없이는 명확하지 않을 것이다. 행동은 방대한 조건들마다 주관적이기 때문에 '경향'이라는 단어가 사용된다. 상충하거나 공존할 수 없는 '경향성'은 항상 존재한다. 다른 자극의 패턴들이 존재하기 때문에 하나의 자극이나 자극의 패턴이 유발하는 결과를 확실하다고 예측할 수 없다. 최종 행동은 전체 상황에 의해 유발된다고 볼 수 있다. 그러나 이렇게 말하는 것은 예측을 실패한 것에 대해 변명을 하는 것에 지나지 않는 것 같다. 어느 누구도 자극 상황 전체를 기록하지 않았고 기록하지도 않을 것이며 전체 상황을 관찰하지도 않을 것이다. 따라서 이를 '원인'이나 일부 행동의 이유라고 말하는 것은 잘못된 것이다(p. 23).

거스리의 생각과 손다이크의 '요소의 우월성(prepotency of elements)' 개념에는 유사성이 있으며, 이는 유기체가 선택적으로 환경의 각기 다른 측면들에 반응하는 것이라고도 이야기할 수 있다.

일회시행 학습

아리스토텔레스의 또 다른 연합의 법칙은 빈도의 법칙(law of frequency)으로, 연합의 강도는 발생하는 빈도에 따른다는 것이다. 거스리(1942)의 일회시행 학습(one-trial learning)은 학습원리로서 빈도의 법칙을 완전히 반대한다. "자극 패턴은 반응과 첫 번째 짝이 이루어지는 것만으로 충분한 연합이 이루어진다."(p. 30) 따라서 거스리에게 학습은 자극의 패턴과 반응이 서로 인접한 결과이며, 자극과 반응은 단 한 번 짝을 이루는 것으로 완전하다(연합의 강도가 충분하다).

최신 원리

인접의 원리와 일회시행 학습은 최신 원리(recency principle)를 수반하는데, 특정 자극들에 대한 가장 최근의 반응은 다음에 자극의 연합이 발생할 때 나타내게 될 것이라는 의미이다. 다시 말해, 주어진 환경에서 마지막으로 한 행동이 같은 환경에 놓이게 되면 다시 하게 될 행동이다.

동작-생성 자극

거스리는 비록 자신의 연구를 통해 인접의 법칙에 대한 신념을 반복적으로 주장했지만, 학습된 연합이 환경적 자극과 외현적인 행동 사이에만 존재하는 것으로 생각하는 것은 잘못된 것이라 여겼다. 예를 들면, 환경적 사건과 이로 인해 유발된 반응은 때때로 상당한 시간차를 두고 구분되므로, 둘이 인접한 것으로 생각하는 것은 어려울 것이다. 거스리는 인체의 행동으로 유발되는 동작-생성 자극(movement-produced stimuli)을 가정하여 이 문제를 해결하였다. 예를 들어, 당신이 어떤 소리를 듣고 그 방향으로 향한다면, 근육, 힘줄, 관절은 우리를 움직이도록 하며 외부 자극과는 분명하게 구별되는 자극을 산출한다. 동작-생성 자극에서 중요한 사실은 반응들이 다시 반응들에 조건화될 수 있다는 것이다. 즉, 외부 자극에 의해 반응이 유발되면, 신체는 다음 반응을 위한 자극을 산출하고, 또다시 다음의 반응을 위한 자극을 제공한다. 따라서 외부 자극의 발생과 이로 인한 마지막 반응 간의 간격은 동작-생성 자극으로 가득 채워지게 된다. 조건화는 여전히 인접한 사건들 사이에 존재하지만, 어떤 경우에는 외부 자극과 행동 사이보다는 동작-생성 자극과 행동이 인접한다. 거스리(1935)는 다음 사례를 통해 동작-생성 자극의 기능을 설명하였다.

> 듣기나 보기와 같은 동작은 섬광이나 폭발처럼 끝나는 것이 아니라 시간이 소요된다. 일단 동작이 시작되면 그 자체가 제공하는 자극에 의해 유지된다. 전화벨이 울리면 우리는 일어나서 그 기계에 다가간다. 우리가 전화기에 도달하기 전에 자극으로서 울리던 소리는 멈춘다. 이때 우리는 전화기로 향하던 우리의 동작이 유발한 자극에 의해 행동을 계속한다. 하나의 동작이 다음 동작을 유발하고, 그다음의 세 번째, 네 번째 동작을 유발하는 식이다. 우리의 동작은 습관 형태로 매우 빈번하게 정형화되는 시리즈를 형성한다. 이런 동작과 그 동작-생성 자극들은 연합이나 조건화를 폭넓게 확장하도록 한다(p. 54).

상황에 대한 거스리의 설명은 다음과 같이 도식화할 수 있다.

외부 자극   →   외현적 반응   →   동작-생성 자극   →
(전화 벨소리)   (예: 전화기로 몸을 향함)

외현적 자극 → 동작-생성 자극 → 외현적 반응 →
(예: 의자에서 일어남) (예: 전화기로 걸어감)

동작-산출 자극 → 외현적 자극
(예: 전화기를 듦)

반응이 다음 반응을 위한 자극을 제공한다는 거스리의 논쟁은 학습 이론가들 사이에서 매우 대중화되었고, 여전히 연쇄(chaining)에 대한 설명과 관련된다. 5장에서 살펴본 바와 같이, 연쇄에 대한 스키너의 설명은 외부 자극과 이차 강화의 속성을 강조하였다. 이 장에서 우리는 거스리의 연쇄에 대한 설명이 내부 자극을 강조한다는 점을 확인할 것이다. 6장에서 헐과 스펜스(Spence)의 연쇄에 대한 설명은 스키너, 거스리의 관점을 조합하여 내적, 외적 자극이 모두 연쇄와 관련된다고 본다.

왜 연습은 수행을 향상시키는가

이 질문에 답하기 위해서, 거스리는 행위(act)와 동작(movements)을 구분하였다. 동작은 단순한 근육의 수축이지만, 행위는 수많은 동작으로 구성된다. 행위는 대체로 성취한 것, 즉 환경에서 만들어 낸 변화로 정의된다. 거스리는 행위의 예로 편지 쓰기, 음식 먹기, 공 던지기, 책 읽기, 자동차 판매하기 등을 들었다.

거스리와 호톤(1946)은 동작과 행위에 각기 다른 학습 원리가 적용된다고 하였다. 동작은 단순한 근육 수축이며, 연합의 법칙과 거스리의 단일 학습 이론이 적용된 것이다. 즉, 동작은 단 한 번의 시행으로 완전하게 학습되거나 아니면 전혀 학습되지 않으며, 인접의 법칙을 따라서 동작과 동반하는 자극에 '부착(attach)' 된다.

반면 행위는 다양한 동작으로 구성되며 각기 다른 환경적 조건에서 유효하다. 즉, 행위는 연습이 필요하며 단 한 번의 시도로는 학습되지 않는다. 문자 메시지를 전송하는 행위를 생각해 보자. 처음 이러한 행위를 할 때, 손가락의 동작은 다소 느리고 신중하게 이루어진다. 실수가 있고 교정이 필요하며 불만족스러운 부분들이 있다. 이러한 행위가 정교화되면, 손가락의 근육을 구부리고 수축하는 정도는 같지만 행위의 전반적인 특성은 변화한다. 속도와 능숙도가 증가하고 실수는 줄어들며 처음의 불만족스러운 부분들은 대부분 사라진다. 우리는 다른 조건이나 맥락에서, 걸으면서 한 손으로 문자 메시지를 보내는 것을 학습한다. 그리고 비록 유혹을 받긴 하지만 운전 중에는 하지 않는다.

행위가 많은 동작으로 구성된 것과 같이, 기술(skill)은 많은 행위로 이루어져 있다. 골프를 치거나 운전을 하는 것과 같은 기술을 학습하는 것은 구체적인 자극과 동작 간의 수많은 연합을 학습하는 것이다. 예를 들면, 골프공을 쳐서 특정 조건(특정 속도로 특정한 방향에서 바람이 불고, 특정 온도인 경우 등)에서 특정한 각도로 3m 떨어진 컵에 넣는 것을 학습하는 것은 골프 경기를 구성하는 수많은 반응 중 하나일 뿐이다. 연습을 통해 구체적인 연합은 더욱 이루어진다. 운전이나 악기 연주, 혹은 다른 기술들을 학습하는 것도 이와 같다. 거스리(1942)는 "학습은 보통 한 번의 연합적 에피소드에서 발생한다. 긴 연습과 수많은 반복이 특정 기술을 습득하는 데 필요한 이유는 이것이 많은 동작을 다양한 자극 조건(stimulus situation)에 부착되도록 하기 때문이다. 기술은 단순한 습관이 아니라, 다양한 환경에서 특정한 결과를 얻도록 하는 많은 습관을 모아 놓은 것이다."(p. 59)라고 하였다.

요약하면 기술은 많은 행위로 구성되어 있고, 행위는 많은 동작으로 구성되어 있다. 한 세트의 자극과 하나의 동작 사이의 관계는 단 한 번의 시행으로 완전하게 학습되지만, 이러한 학습은 기술의 능숙함을 보장하지는 않는다. 예를 들어, 운전하기, 컴퓨터 조작하기, 야구하기 등은 모두 수많은 자극-반응(S-R)의 연합으로 이루어진 복잡한 기술이며, 이들 간의 결합이나 연합은 단 한 번의 시행으로 완전하게 학습된다. 그러나 필요한 모든 연합이 이루어지기 위해서는 시간과 연습이 필요하다. 당신의 컴퓨터 옆에 놓인 종이에서 A라는 글자를 보면서 A라는 글자를 타이핑하는 것을 학습하는 것은 구체적인 자극-반응의 연합으로 간주될 수 있다. C라는 글자를 보고 C를 타이핑하는 것이나 B라는 글자를 보고 B를 타이핑하는 것은 또 다른 특정한 연합이다.

이러한 구체적인 연합은 전체 알파벳, 숫자, 대문자 그리고 최종적으로 키보드에 있는 다양한 기호와 이루어진다. 또한 우리는 조명, 온도, 자료를 보는 각도, 다른 종이 등과 같이 방대하게 다양한 조건에서 이러한 반응을 이끌어 내는 것을 학습한다. 우리는 어떤 사람이 이러한 반응들을 모두 학습하면 숙련되었다고 말한다. 즉, 타이핑과 같은 기술은 특정 자극-반응의 엄청난 연합과 관련되는 것이며, 각각은 단 한 번의 시행으로 학습되는 것이다.

거스리의 주장에 따르면, 손다이크가 성공적인 시행에 의해 체계적인 향상이 나타난다는 것을 알게 된 것은 그가 개별적인 동작의 학습이 아닌 기술의 학습을 연구했기 때문이다.

거스리와 호튼(1946)은 시행을 거듭하는 동안 퍼즐 상자 문제가 동일하지 않았기 때문에 손다이크가 관찰한 점진적 학습(incremental learning)이 일어났다고 주장하였다. 문제를 받은 시각, 방 안의 온도, 주변의 소리, 고양이의 상태 등은 '무한정하게' 다양하므로(p. 41), 각 시행에서 각기 다른 문제를 받게 되는 것이다. 그러므로 고양이는 간단한 하나의 습관보다 많은 수의 행동 습관으로 구성된 복잡한 기술을 학습해야 한다. 결국 고양이는 변화무쌍한 퍼즐 상자 문제를 풀기 위해 다양한 해결 방안을 습득하게 된다.

거스리의 믿음과 같이 학습이 한 번의 경험으로 이루어지는지 혹은 손다이크의 믿음과 같이 점진적으로 이루어지는지는 여전히 논란이 되고 있으며 이 부분은 다음 장에서 보다 자세히 논의하게 될 것이다.

강화에 대한 거스리의 견해

거스리의 이론에서 강화는 어떤 의미인가? 이 문제에 대해 거스리는 손다이크와 논쟁하였는데, 기억하는 바와 같이 손다이크는 효과의 법칙(law of effect)을 수정하여 이론적 기반을 마련하였다. 손다이크에 따르면, 만족스러운 상태가 이어질 때 반응이 다시 발생할 가능성은 증가한다. 거스리는 효과의 법칙이 전혀 필요 없다고 여겼다. 거스리에게 강화(reinforcement)는 단순한 기계적 배열이었고, 그의 학습 이론으로 설명할 수 있다고 보았다. 즉, 거스리에게 강화는 자극 조건을 변화시키고 탈학습(unlearning)을 방지하는 것이었다. 예를 들면, 동물이 퍼즐 상자에서 강화를 받기 전에 마지막으로 한 행동은 막대를 움직이거나 루프를 잡아당기는 것이었고, 이것이 동물을 상자로부터 탈출하도록 하였다. 따라서 동물이 탈출하도록 한 반응(여기에서는 막대를 움직인 것)은 동물이 경험한 자극의 전체 패턴을 변화시켰다. 최신 원리에 따르면, 동물은 퍼즐 상자에 들어가면 다시 막대를 움직이거나 루프를 당길 것이다. 다시 이야기하면 막대기를 움직이는 반응 후에 퍼즐 상자로부터 벗어난 것이 퍼즐 상자 안에 있는 것과 막대기를 움직이는 반응 간의 연합을 유지시키는 것이다. 사실 그 반응이 무엇이든 상관없이 퍼즐 상자에서 나타난 마지막 반응은 동물이 상자에 다시 놓였을 때 보여 주게 될 반응일 것이다.

거스리와 호톤(1946)은 탈출 반응의 '보호(protective)' 기능을 강조하였다. 단일 학습 이론에서는 환경 속의 자극들과 이러한 자극들로 인해 발생하는 반응들을 연결시킨다. 만일 고양이가 어떤 반응을 하여 퍼즐 상자에서 탈출했다면, 고양이는 이제 탈출하려는 시도를 멈추고 또 다른 행동을 시작한다. 근본적으로 탈출 반응은 퍼즐 상자 자극과 연결된 상태로 유지된다. 고양이가 다시 상자에 들어갔을 때, 고양이가 이 환경에서 했던 마지막 것이라면 실제로 탈출과 관련이 있든지 간에 자극은 어떤 반응이든 유발되도록 한다.

다른 저서에서 거스리(1940)는 다음과 같이 말했다.

이 글에서 밝히는 입장은 동물은 첫 번째 탈출 경험으로 탈출하는 것을 학습한다는 것이다. 탈출을 학습한 것은 망각되지 않고 보호되는데, 동물이 탈출하면서 그 상황에서 벗어나면서 새로운 연합을 학습할 수 있는 기회도 잃기 때문이다. 먹이와 직면하는 것은 이전 행동의 항목들을 강화하는 것이 아니라, 탈학습으로부터 항목들을 보호하는 것이다. 전체 상황과 동물의 행동이 먹이에 의해 바뀌면서 먹이가 주어지기 이전 상황은 새로운 연합으로부터 보호된다. 새로운 연합은 상자 내부가 텅 비어 있거나, 걸쇠를 여는 것에 선행하는 행동이 없으면 이루어질 수 없다(pp. 144-145).

거스리-호톤 실험

거스리와 호톤(1946)은 고양이가 퍼즐 상자를 탈출하는 것을 800여 회 주의 깊게 관찰하였고, 『퍼즐 상자 속 고양이(Cat in a Puzzle Box)』라는 소책자에 이를 소개하였다. 그들이 사용한 퍼즐 상자는 손다이크가 선택(selecting)과 연결(connecting) 실험에서 사용한 장치와 매우 유사했다. 거스리와 호톤은 연구 대상으로 다수의 고양이를 활용했지만, 각 고양이가 특유의 방식으로 퍼즐 상자를 탈출하는 것을 학습하였다고 하였다. 특정 동물이 학습한 특정 반응은 동물이 상자를 탈출하기 직전에 했던 행동이다. 바로 이 반응을 동물이 다음번 퍼즐 상자에 들어갔을 때 반복하는 경향이 있으므로, 정형화된 행동(stereotyped behavior)이라고 지칭하였다. 예를 들어, 고양이 A는 막대기를 등으로 밀 것이고, 고양이 B는 머리로 누를 것이며, 고양이 C는 앞발로 움직일 것이다. 거스리는 이 상황에 상자의 문이 휙 열려 버리는 것은 자극 조건의 갑작스러운 변화라고 했다. 예를 들면, 자극 조건이 변화하면서 막대기를 등으로 미는 반응은 탈학습으로부터 보호된다. 이 고양이가 문이 열리기 전에 했던 마지막 행동이 막대를 등으로 미는 것이었고, 막대를 등으로 밀었기 때문에 자극 조건은 변했다. 따라서 최신 원리를 적용하여 다음번에 고양이를 퍼즐 상자에 넣으면 고양이는 막대를 등으로 미는 반응을 보일 것이고, 이것이 바로 거스리와 호톤이 관찰한 것이다. 고양이의 전형적인 수행 기록은 [그림 8-1]에 제시되어 있다.

거스리와 호톤(1946)은 퍼즐 상자를 탈출한 동물들이 매우 자주 먹이를 주어도 무시하는 것을 관찰하였다. 동물들이 소위 강화라는 것을 무시하였지만, 다음번 상자에 들어가게 되면 능숙하게 상자를 빠져나왔다. 거스리는 이 관찰을 통해 강화는 탈학습을 방지하는 단순한 기계적인 배열이라는 그의 주장을 더욱 지지하게 되었다. 그리고 동물들로부터 기대하는 반응 후에 일어나는 어떤 사건은 자극 조건을 변화시킬 수 있고, 이로 인해 선행 자극 조건에 대한

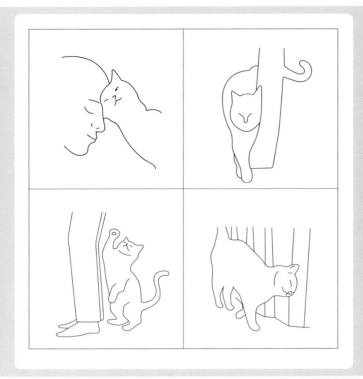

◀그림 8-1
거스리와 호톤(1946)은 손다이크가 사용한 장치와 유사한 퍼즐 상자를 설치하고 여기에서 탈출하는 고양이를 800여 회 관찰하였다. 그들의 저서인 『퍼즐 상자 속 고양이(Cat in a Puzzle Box)』에 탈출 반응을 보여 주는 고양이 스케치가 소개되었다. 고양이를 좋아하는 사람들이 알고 있듯이 고양이가 주인을 반기거나 주인의 관심을 끌고, 자신의 영역을 표시하는 전형적인 방식이 있다. 그림과 같이 이러한 행동은 거스리와 호톤이 관찰한 고양이의 탈출 모습과 같았다. 거스리와 호톤의 실험에 대해 고양이는 탈출 반응을 학습한 것이 아니라 전형적인 반가움의 표시 행동을 보여 준 것이라는 비판이 있다.

반응이 유지된다고 결론지었다. 그러나 뒤에서 논의하겠지만, 거스리의 관찰에 대한 해석과 다른 견해들이 있다.

망각

학습뿐만 아니라 망각(forgetting)도 한 번의 시행으로 일어난다. 거스리는 모든 망각은 대안적 반응이 자극 패턴이 존재하는 상황에서 발생하기 때문에 일어난다고 보았다. 이러한 자극 패턴은 그 이후에 새로운 반응을 유발하는 경향이 있다. 즉, 거스리의 관점에서 모든 망각은 새로운 학습과 관련되어야 한다. 이것은 역행적 제지(retroactive inhibition)의 극단적인 형태로, 이전 학습은 새로운 학습으로 인해 방해를 받는다는 것이다. 역행적 제지를 이해하기 위해 어떤 사람이 과제 A를 학습하고 과제 B를 학습한 후에 과제 A를 얼마나 기억하는지 테스트를 받는다고 가정해 보자. 다른 사람은 과제 A를 학습하고 과제 B를 학습하지 않은 상태에서 과제 A에 대한 테스트를 받았다. 일반적으로 첫 번째 사람이 두 번째 사람보다 과제 A에 대해 덜 기억한다. 이는 새로운 학습(과제 B)이 이전에 학습한 것(과제 A)을 기억하는 데에 방해가 된다는 것이다.

거스리(1942)는 역행적 제지의 극단적 형태를 받아들였고, 새로운 것을 학습할 때마다 이전의 것들은 완전히 나가떨어져야 한다(knock out)는 입장을 가졌다. 다시 말해, 모든 망각은 방해 때문이다. 방해가 없으면 망각도 없다.

> 7학년 말에 학교를 떠난 학생은 그의 남은 일생에서 마지막 한 해에 대한 많은 기억을 구체적으로 가질 것이다. 학교생활을 지속한 학생은 다른 것들이 더해진 교실과 학교생활의 연합들을 갖게 될 것이고, 대학에서의 경험들로 인해 7학년에 경험한 이름과 사건들은 매우 모호해질 수 있다.
>
> 우리는 우리가 기존의 단서들로부터 어느 정도 보호되면, 특정 반응과의 연결이 무한정 유지된다는 것을 잘 안다. 한 대학교수의 부인이 최근 부모의 고향인 노르웨이를 방문했다. 그녀는 5세 때 할머니가 돌아가신 이후 노르웨이어를 사용하지 않았고 이 언어를 망각했다고 생각했다. 그러나 노르웨이에 머무는 동안, 대화에 참여하는 자신을 보고 놀랐다. 어린 시절의 말과 분위기가 미국 집에서는 기억할 수 없었던 단어와 구절들을 상기시킨 것이다. 그러나 그녀의 대화는 쉬운 '유아어(baby talk)'였기 때문에 친척들을 놀라게 했다. 미국의 가족들이 노르웨이어를 계속 사용했다면 이러한 유아어는 망각되었을 것이고, 다른 구절들로 인해 언어의 연합은 사라졌을 것이다.
>
> 망각은 시간이 지나면서 자극-반응 연합이 지속적으로 희미해지는 것이 아니라, 능동적인 탈학습을 요구하는 것이며 특정 환경에서 다른 것을 학습하는 것이다(pp. 29-30).

거스리 이론 요약

자극 조건과 동작 간의 연합은 지속적으로 형성된다. 자극과 반응의 연합은 이 둘이 함께 발생하므로 간단하게 이루어진다. 연합은 외부 자극과 외현 반응 간, 혹은 동작-생성 자극과 외현 반응 간에 일어난다. 이러한 연합은 다른 자극이 주어진 상황에서 동일한 반응이 나타나거나, 동일한 자극이 일어나고 다른 반응이 일어날 때까지 지속된다. 퍼즐 상자와 같은 구조화된 학습 상황에서, 환경이 정렬되면 특정 반응 이후 갑작스러운 자극 변화가 일어난다. 예를 들어, 고양이가 막대기를 치고 문이 열리면 탈출할 수 있다. 거스리는 고양이가 막대기를 친 후 자극 상황이 급작스럽게 바뀌면 이 시간 이전에 존재한 연합은 무엇이든 유지된다고 보았다. 급작스러운 변화가 일어나기 직전의 연합은 퍼즐 상자 안에서의 자극과 상자를 빠져나오도록 한 반응 사이의 연합이다. 최신 원리에 따르면, 동물이 퍼즐 상자에 다시 놓이게 되면 동일한 반응(막대기를 다시 치려는 것)을 반복하는 경향이 있다. 우리는 이에 대해 고양이가 상자를 탈출하는 법을 학습했다고 본다.

손다이크, 스키너, 헐, 파블로프와 달리, 거스리는 강화 이론가는 아니었다. 물론 손다이크는 연합적 이동(associative shifting)에 대해 논의했고, 이것이 강화와 독립적으로 발생한다고 생각했다. 그러나 손다이크의 주요 관심이 효과의 법칙에 의거한 학습에 있었으므로, 일반적으로 강화 이론가라고 간주된다.

거스리의 이론은 이제까지 다룬 이론가들 중 왓슨의 이론과 가장 유사하다. 두 사람은 모두 강화 이론가는 아니었다. 왓슨은 모든 학습은 인접의 법칙과 빈도의 법칙으로 설명될 수 있다고 생각했다. 왓슨이 거스리와 달리 빈도의 법칙을 수용했다는 점에서 두 사람의 이론에 주요 차이점이 있다.

습관을 없애는 방법

습관은 수많은 자극과 연합된 반응이다. 많은 자극을 통해 강한 습관이 형성된다. 예를 들어, 흡연은 흡연 반응을 매우 많이 가진 단서들이 존재하는 장소에서 일어나기 때문에 강한 습관이 될 수 있다. 어떤 사람이 흡연을 할 때 존재하는 각각의 단서는 다음에 이러한 단서를 만났을 때 담배를 피도록 하는 경향이 있다. 거스리(1952)는 그의 이론에서 동기에 대해 강조하지는 않았으나, 습관의 복잡성을 설명하면서 헐의 추동(drive) 자극 감소 이론을 연상시키는 동기의 역할을 소개하고 있다.

나쁜 습관에서 벗어나기 위해 경험하는 주된 어려움은 책임이 막중한 단서를 발견하는 것이 어렵고 나쁜 습관 시스템에 아주 많은 단서가 존재한다는 것이다. 달갑지 않은 행동을 유발하는 한 개 혹은 그 이상의 단서가 시연(rehearsal)으로 추가될 수 있다. 몇 년간 연습된 음주와 흡연은 이를 상기시키는 수천 가지의 단서에 의해 시작될 수 있는 행동 체계이다. 술과 담배, 즉 습관의 대상이 없는 상황에서는 행동이 방해를 받아 동요하고 긴장된 상태에 놓이게 되므로 음주와 흡연은 반드시 해야 하는 것이 된다. 욕구(desire)는 음주와 흡연에 사용되는 근육의 긴장감을 포함하는데, 다른 행동이 일어나는 것을 방해한다. '담배를 피우고 싶다'고 느끼는 작가는 글쓰기를 방해받고, 행동 경향성이 각성되어 지속될 때까지 이렇게 방해받는 상태가 유지된다. 처음의 욕구는 이전의 흡연 경험에 수반되는 어떤 기회에 의해 유발될 수 있는데, 담배 냄새, 다른 사람이 담배를 피우는 모습, 시가담배, 사무실 의자에 등을 기대고 앉기, 책상 앞에 앉기, 식사를 마치기, 극장을 떠나기 등 수천 가지 자극 패턴이 이에 해당한다. 흡연과 연합되지 않은 활동에 분주하게 몰입하고 있는 동안, 대부분의 흡연자는 오랜 시간을 흡연에 대한 갈망 없이 보낼 수 있다. 다른 이들은 식후에 흡연을 해 왔다면, 흡연에 대한 갈망은 이 순간과 강하게 연합되어 있다는 것을 알고 있다. 나는 한 방문자에게 방금 먹어치운 사과가 흡연을 피하는 훌륭한 도구라고 설명한 적이 있다. 그는 그 순간 내가 담배를 피우고 있었다고 알려 주었다. 담배에 불을 붙이는 습관은 식사를 마치는 것과 매우 밀착되어 있어서 흡연이 자동적으로 시작되었던 것이다(p. 116).

역치법　　습관을 없애기 위한 방법은 늘 동일하다. 나쁜 습관을 시작하도록 하는 단서를 찾고, 이 단서가 있는 상황에서 또 다른 반응을 연습하는 것이다. 거스리는 유기체가 특정한 자극이 주어졌을 때, 기대하지 않은 행동보다 특정 반응을 하도록 하는 세 가지 방법을 제시하였다. 첫 번째 기법은 역치법(threshold method)이며, 거스리는 그 방법에 대해 다음과 같이 소개하였다.

　　반응을 유발하지 않을 정도로 약한 강도의 자극을 주고 점차 자극의 강도를 높이며 반응의 '역치(threshold)' 이하에 주의를 기울이는 것이다. 유감스럽게도 인간이 동원하는 방법으로는 선박을 움직일 수는 없으나, 기상이 점차 변하면서 선박은 상당한 규모의 폭풍에 저항하는 힘을 가질 수 있다. 대부분의 아동은 녹색 올리브의 맛에 대해 입에서 뱉어 내면서 반응한다. 그러나 거부감을 일으키지 않을 정도로 소량의 올리브 조각을 먹는 것부터 시작하면, 마침내 올리브 하나를 모두 먹을 수 있게 될 것이다

　　……가족 구성원들은 동거인들을 대하면서 이러한 연합적 제지(inhibition)를 사용하는 것을 학습한다. 딸을 비싼 학교에 보내라는 제의는 은근히 아버지를 절망하게 한다. 처음에는 현재 학교에 대한 비판과 같은 쟁점을 제외하고 학교의 장점만이 무심한 듯 언급된다. 이는 너무 부드러워 아버지의 방어가 일어나지 않을 것이다. 마침내 아버지가 문제에 직면하게 되었을 때, 아버지는 준비가 되어 있어 비싼 비용에 대해 야단법석을 떨지 않는다. 이 시점까지 아버지는 이 생각에 익숙해지고 거친 반응을 하지 않을 것이다(pp. 60-61).

또한 말을 길들일 때 일상적으로 하는 것들을 예로 들어 역치법을 설명할 수 있다. 만일 안장을 등에 얹어 본 적이 없는 말에게 다가가 등에 안장을 얹으려고 한다면, 말은 발로 차고 도망가기 시작할 것이 분명하다. 그 말은 당신이 안장을 등에 얹는 것을 막기 위한 일이면 무엇이든 할 것이다. 안장을 대신하여 만일 아주 가벼운 담요를 얹는다면, 말의 반응은 거칠지 않을 것이다. 말이 동요하지 않는다면 당신은 조금씩 무거운 담요를 올리면서 등에 얹은 담요의 무게를 증가시킬 수 있다. 이제 담요가 아닌 가벼운 안장으로 바꾸고, 결국에는 일반적인 안장을 얹을 수 있다. 심리치료에도 이와 유사한 과정이 있다. 환자가 공포증을 극복하도록 돕기 위해 치료사는 이 근사법(method of approximation)을 사용할 수 있다. 예를 들어, 환자가 어머니와 같은 친척에 대한 심각한 공포를 가지고 있다면 치료사는 처음에는 일반적인 사람들에게 대해 이야기하고 그다음에 여성들, 이어서 환자와 관련된 여성들에 대해 이야기하는 방식으로 점차 두려움 없이 어머니에 대해 이야기할 수 있도록 하는 것이다. 공포증을 다루는 이러한 방법은 마지막 장에서 다룰 울프(Wolpe)의 체계적 둔감법(technique of systematic desensitization)과 매우 유사하다.

피로법   거스리가 제안한 두 번째 방법은 피로법(fatigue method)이다. 말 훈련의 예로 다시 설명하자면, 피로법은 야생마 길들이기와 같다. 안장이 말 등에 올려지고 기수가 올라타서 말이 포기할 때까지 말을 타는 것이다. 즉, 말이 피로하여 안장과 기수를 등에서 내려오도록 날뛰는 것 이외의 다른 행동을 할 때까지 말을 타는 것이다. 거스리에 따르면, 이로써 안장과 기수라는 자극을 받아 껑충껑충 뛰어오르는 말의 반응이 얌전하게 달리는 반응으로 대체된다. 일단 말이 안장과 기수에 대해 얌전하게 반응하도록 했다면, 이제부터 말은 항상 같은 조건에서 얌전하게 행동할 것이다.

개가 닭을 쫓는 습관을 없애려면 개의 목에 닭을 묶어 두어 닭이 그 주변을 돌아다니게 하여 이 습관을 없애도록 만들어야 한다. 개는 지치게 되어서 결국 닭이 있을 때 쫓는 것 이외의 행동을 하게 될 것이다. 그렇게 되면 닭은 쫓는 것이 아니라 다른 행동의 단서가 된다.

피로법에 대하여 거스리는 성냥불로 부모를 언짢게 만드는 소녀의 예도 제시한다. 거스리는 소녀가 성냥불이 더 이상 재미있지 않을 때까지 성냥불을 켜도록 놓아두라고(혹은 성냥불을 켜도록 시키라고) 충고하였다. 이러한 조건에서, 성냥은 불을 켜는 것이 아니라 회피하는 것과 관련된 단서가 된다.

양립 불가능 반응법   습관을 없애는 세 번째 방법은 양립 불가능 반응법(incompatible

response method)이다. 바람직하지 않은 반응을 유발하는 자극을 이러한 반응과 동시에 발생할 수 없는 반응을 유발하는 다른 자극과 함께 제시하는 것이다. 예를 들어, 어린아이가 선물로 판다곰을 받았는데, 이 아이의 첫 반응은 공포와 회피이다. 반대로 아이의 엄마는 아이가 따뜻하고 여유로운 느낌을 갖도록 한다. 양립 불가능 반응법을 사용한다면 당신은 아이의 엄마와 판다곰을 짝지을 것이고, 엄마가 우세한 자극이길 기대한다. 엄마가 우세한 자극이라면 엄마-판다곰 조합에 대한 아이의 반응은 느긋한 모습일 것이다. 일단 곰에 대하여 이러한 반응이 유발되었다면 곰만 있더라도 아이는 여유로움을 느낄 것이다. 양립 불가능 반응법에서는 학습자에게 바람직하지 않은 반응을 유발하는 자극과 이와 동시에 존재할 수 없는 더 강한 자극을 함께 제시한다. 그러면 학습자는 이전에 바람직하지 않은 반응을 유발했던 자극이 주어졌을 때, 이 바람직하지 않은 반응 이외의 반응을 하려는 경향을 보인다. 이러한 짝짓기로 바람직하지 않은 반응을 유발했던 자극은 이제 좀 더 강한 자극과 연합된 반응을 유발할 것이다.

어떤 습관을 없애는 세 가지 방법은 모두 같은 이유로 효과적이다. 거스리(1938)는 "이 세 가지 방법 모두는 물론 하나의 방법일 뿐이다. 즉, 바람직하지 않은 행동을 유발하는 단서를 주고 그 행동이 일어나지 않는 것을 확인하는 것이다. 우리가 깨어 있는 동안에 일어나는 행동들이 있으므로, 우리가 제시하는 단서들은 다른 행동들의 자극이 되며 불쾌한 반응들로부터 멀어진다."(p. 62)라고 말했다.

습관을 없애는 세 가지 예를 정리하면 다음과 같다.

역치법
① 일반 안장 → 발길질을 함
② 가벼운 담요 → 얌전함
③ 보다 무거운 담요 → 얌전함
④ 조금 더 무거운 담요 → 얌전함
⑤ 가벼운 안장 → 얌전함
⑥ 일반 안장 → 얌전함

피로법
① 안장 → 발길질을 함
② 시간 경과

③ 안장 → 얌전함

양립 불가능 반응법
① 판다곰 → 공포
② 엄마 → 이완
③ 판다곰과 엄마 → 이완
④ 판다곰 → 이완

연합적 이동이 두 번째 학습이 되고, 인접하는 것에 근거하지만 효과의 법칙에는 영향을 받지 않는다고 여긴 손다이크의 이론(4장 참조)에 대해서는 앞서 다루었다. 거스리는 학습은 인접함에만 의존한다고 믿었기 때문에, 우리는 손다이크의 연합적 이동이라는 개념과 거스리의 학습에 대한 관점 사이의 유사점을 찾을 수 있을 것이라 기대한다. 실제로 거스리의 전체 이론은 하나의 자극과 연합되는 반응이 이동을 하고, 다시 다른 자극과 연합하는 모습을 설명하려는 노력으로 보일 수 있다.

습관을 없애는 양립 불가능 반응법은 연합적 이동의 한 유형인 듯하다. 엄마라는 자극 1은 이완을 유발한다. 판다곰이라는 자극 2는 공포를 유발한다. 자극 1이 자극 2와 함께 제시되면 이전에 자극 1과 연합되었던 반응은 자극 2에 의해 유발되는데, 이는 단순히 두 자극이 인접하고 있기 때문이다. 이제 이 판다곰은 이전에 엄마와 연합되었던 반응을 유발하는 것이다.

습관을 없애는 역치법 역시 연합적 이동의 한 유형이다. 판다곰에 대한 아이의 공포를 제거하는 역치법은 엄마와 곰을 점진적으로 연합하는 것이다. 처음에는 아이의 인형과 같이 곰과 간접적으로 관련된 것과 엄마가 짝지어질 것이다. 이후 엄마와 짝지어진 대상은 잇따른 짝짓기를 통해 판다곰과 점점 유사해지고, 결국 판다곰 자체가 엄마와 함께 제시될 것이다. 다시 말해, 결국 엄마와 일단 연합된 반응은 판다곰으로 이동하는 것이다.

습관에서 벗어나기

습관을 없애는 것과 습관에서 벗어나는 것은 다르다. 습관에서 벗어나는 것은 바람직하지 않은 행동을 유발하는 단서를 회피함으로써 이루어질 수 있다. 만일 당신에게 효과적이지 않거나 다른 이유들로 염려되고 불안한 수많은 행동 패턴이 누적되었다면, 이 상황에서 완전히 떠나 버리는 것이 최선일 것이다. 거스리는 당신에게 새로운 출발점을 제공할 수 있는 환경으로 이동하라고 조언하는데, 새로운 환경에는 행동 연합이 많지 않기 때문이다. 새로운 환경으로 이동하는 것은 새로운 행동 패턴을 만들도록 한다. 그러나 이는 단지 부분적인 탈출일 뿐이다. 바람직하지 않은 행동을 유발하는 많은 자극은 내적인 것이고, 따라서 새로운 환경으로 그 것들을 가지고 갈 것이기 때문이다. 또한 새로운 자극이 이전 환경과 동일하거나 유사하다면, 이전에 연결되었던 반응을 유발하는 경향이 있을 것이다.

처벌

손다이크와 스키너와 달리, 거스리는 처벌의 효과성을 주장하면서 처벌(punishment)의 효과성은 처벌을 받은 유기체가 무엇을 하게 되는지에 따라 결정된다고 하였다. 처벌은 개인이 경험하는 고통 때문이 아니라, 특정 자극에 대한 반응 방법이 변경되기 때문에 작용한다. 처벌은 동일한 자극에 대하여 새로운 반응을 나타낼 때에만 효과적이다. 처벌은 처벌받은 행동과 양립할 수 없는 행동을 유발하므로 바람직하지 않은 습관을 바꾸는 데 성공적이다. 하지만 처벌로 유발된 행동이 처벌받은 행동과 함께 유지된다면 처벌은 실패한 것이다.

자동차를 쫓는 개를 키우는 당신은 개가 이 행동을 중단하길 바란다고 해 보자. 거스리(1952)는 자동차에 타서 개가 차를 쫓도록 하라고 한다. 개가 차 주변을 달리면 손을 뻗어서 개의 코를 찰싹 때린다. 효과가 있을 것이다. 반면 코를 때리든 엉덩이를 때리든 개가 아픈 것은 마찬가지이지만, 차를 쫓아 달리는 개의 엉덩이를 때리는 것은 효과적이지 않을 수 있다. 차가 있는 상황에서 코를 때리면 개가 달리던 것을 멈추고 뒤로 뛰어오르게 만드는 경향이 있는 반면, 엉덩이를 때리면 개가 앞으로 계속 뛰거나 좀 더 기운 넘치게 달리게 하는 경향이 있기 때문이다. 즉, 양립 불가능한 행동을 유발하는 처벌은 효과적이지만 다른 처벌은 그렇지 않아 비효과적이다.

학습한다는 것은 무엇을 한다는 것이다. 강렬한 느낌을 가지고 한 것은 지속적으로 하고 있는 것과는 대개 다른 것이다. 압정에 앉는 것 자체는 학습을 방해하지 않는다. 학습하는 사람이 앉는 것 이외의 행동을 하도록 조장하는 것이다. 이것은 처벌로 유발되는 느낌이 아니라, 무엇을 학습해야 하는지를 결정하는 특정 행동이다. 후프를 점프하여 통과하는 훈련에서 개에게 처벌의 효과성은 앞과 뒤 중 처벌이 적용되는 위치가 어디냐에 따라 결정된다. 처벌은 무엇을 느끼게 하느냐가 아니라, 사람이나 개가 무엇을 하도록 하느냐의 문제이다. 학습을 결정하는 감정이 있다는 잘못된 생각은 처벌의 결과로 원치 않는 습관이 없어지거나 제지되기만 한다면 신경 쓰지 않는 것에서 비롯된다.

……논의의 결과로 처벌과 보상이 세간의 평판을 얻은 위치에서 간단히 내쫓기는 것은 아니다. 처벌의 일반적 효과가 있다는 점은 의심의 여지가 없다. 여전히 아이들의 엉덩이를 때리거나 머리를 쓰다듬을 것이다. 그러나 우리는 연합에 대한 관점에서 그 효과를 분석하고, 처벌이 연합을 통해서만 효과가 있다는 점을 알게 된다면 처벌이나 보상의 사용에 보다 나은 통찰을 갖게 될 것이다. 처벌의 효과는 결합의 생리적 강도를 없애는 것이 아니라…… 동물이나 아동이 다른 것을 하도록 하여 원치 않는 습관을 제지하는 조건을 만듦으로써 얻는다. 처벌은 나쁜 습관에 대한 단서가 존재하는 경우에만 효과적이다.

게다가 처벌의 효과가 오직 감정적 흥분이라면, 처벌은 바람직하지 않은 습관의 고정관념만 강화한다. 처벌과 보상은 기본적으로 도덕적 용어이지 심리학적 용어가 아니다. 이것들을 받는 사람들이 보여 주는 효과의 측면에서 정의되는 것이 아니라, 집행하는 사람의 목적의 관점에서 정의되어야 한다. 용어로 진술되는 이론은 모호하다(pp. 132).

거스리(1935, p. 21)는 집에 오면 모자와 코트를 바닥에 던져 버리는 10세 소녀에 대해 소개하였다. 아이가 이런 모습을 보일 때마다 엄마는 아이를 꾸짖고 모자와 코트를 걸도록 했다. 이런 상황은 어머니가 자신의 잔소리가 아이가 코트를 걸도록 하는 단서가 되었다고 추측할 때까지 계속되었다. 이를 깨닫고 다음에 엄마는 아이가 모자와 코트를 바닥에 던졌을 때, 아이가 그것들을 주워 밖으로 나가도록 했다. 아이가 문 안으로 들어오자, 엄마는 즉시 코트와 모자를 걸라고 했다. 이 절차가 몇 번 반복되었고, 곧 아이는 집에 들어오면 모자와 코트를 거는 것을 학습하였다. 이제 코트를 거는 반응은 엄마의 잔소리보다는 집에 들어설 때 존재하는 자극과 연결되었다. 이 사례에서 아이의 모자와 코트가 이미 바닥에 있는 상태에서 처벌하는 것은 효과가 없으며, 오히려 강화할 것이다.

거스리와 파워스(Guthrie & Powers, 1950)는 복종되지 않을 것이라면 결코 명령을 하지 말아야 한다고 조언한다. "숙련된 동물 훈련가는 복종할 것이라 기대되지 않는 명령은 내리지 않는다. 이는 육군 장교나 경험 많은 교사와 같다. 만일 교사가 교실에서 조용하라고 요구하고 이것이 무시된다면, 이 요청은 실제로는 소란의 신호가 된다."(p. 129)

처벌에 대한 거스리의 관점 요약

거스리가 처벌에 대해 말한 모든 것은 학습에 대한 그의 한 가지 법칙인 인접의 법칙과 직접적으로 부합한다. 자극과 반응이 짝지어지면 이것들은 연합되고, 다른 반응이 존재하는 상황에서 이 자극이 유발되지 않는 한 연합은 유지된다. 이때 이것들은 새로운 반응과 연합될 것이다. 습관을 없애는 방법을 논의하면서, 우리는 자극과 반응 간의 연합을 재배열하기 위해 사용할 수 있는 세 가지의 기계적인 정리 방식(mechanical arrangements)을 살펴보았다. 처벌은 또 다른 정리 방식이다. 처벌을 효과적으로 사용한다면, 받아들일 수 있는 반응을 유발하기 위해서 바람직하지 않은 이전의 반응을 유발했던 자극을 일으키도록 한다. 처벌에 대한 거스리의 관점을 요약하면 다음과 같다.

① 처벌의 핵심은 처벌이 야기하는 고통이 아니라 처벌이 유기체에게 무엇을 하도록 하느냐의 문제이다.
② 처벌이 효과적이려면, 처벌이 처벌받는 행동과는 양립할 수 없는 행동의 원인이어야 한다.
③ 처벌은 처벌받는 행동을 유발하는 자극이 존재할 때 적용되어야 효과적이다.
④ 만일 ②, ③의 조건들이 충족되지 않는다면, 처벌은 비효과적이거나 심지어 바람직하지 않은 반응을 강화할 수도 있다.

이와 같이 처벌이 효과적일 때, 처벌은 처벌받는 행동을 유발하는 자극이 지속되는 동안 처벌받았던 것과는 다른 무엇인가를 유기체가 하도록 한다. 물론 이 반응은 새로운 연합을 야기하고, 다음에 이들 자극이 나타나면 부적절한 반응 대신 적절한 반응을 유발하는 경향이 있을 것이다.

거스리가 처벌에 대한 자신의 관점을 지지하면서도 입증되지 않은 증거 외에 다른 것이 있냐고 묻는다면, 대답은 '그렇다'이다. 파울러와 밀러(Fowler & Miller, 1963)는 쥐가 먹이 강화를 성공적으로 완수하도록 통로를 가로질러 달리도록 했다. 통제 집단의 쥐들은 단지 통로를 달리기만 하면 먹이를 얻을 수 있었다. 첫 번째 실험 집단의 쥐들은 먹이가 든 컵에 닿으면 앞발에 약한 전기 충격을 받았고, 두 번째 실험 집단의 쥐들은 뒷발에 약한 전기 충격을 받았다. 통제 집단의 쥐들과 비교할 때, 앞발에 전기 충격을 받은 쥐들의 달리는 속도는 느렸고, 반면 뒷발에 전기 충격을 받은 쥐들은 빨랐다. 거스리가 예측한 바와 같이, 뒷발에 전기 충격을 받는 쥐들은 달리기가 제지되기보다는 촉진되었다. 두 실험 집단은 동일한 강도의 전기 충격을 받았기 때문에, 전기 충격 자체가 달리는 속도를 제지하거나 촉진하는 요인은 아니었다. 오히려 충격은 동물이 행동을 하게 했다. 앞발에 가한 충격은 달리기와 양립할 수 없는 행동을 야기한 반면, 뒷발의 충격은 보다 빨리 달리는 행동의 원인이 된 것이다.

처벌에 대한 모든 연구가 거스리의 이론을 지지하지는 않으며, 거스리의 설명이 완전하지 못하다는 것이 알려졌다. 처벌에 대한 복잡한 주제들을 검토하기 위해서는 월터스와 그루섹 (Walters & Grusec, 1977), 거쇼프(Gershoff, 2002)의 연구를 살펴보자.

추동

생리학적 추동(drives)은 거스리가 유지 자극(marinating stimuli)이라고 일컬은 것을 제공하며, 이는 유기체가 목표에 도달할 때까지 행동하도록 한다. 예를 들어, 배고픔은 먹이를 먹을 때까지 지속되는 내적 자극을 생성한다. 먹이를 획득하면 유지 자극은 종료되고, 따라서 자극 조건은 변화하며 먹이로 안내하는 반응이 보존된다. 그러나 생리학적 추동은 유지 자극의 유일한 원천이다. 자극의 지속적인 원천은 내적이든 외적이든 유지 자극을 제공한다. 거스리(1938)는 다음과 같이 말했다.

> 이를 설명하기 위해서 우선 문제가 무엇인지 이해해야 한다. 무엇 때문에 퍼즐 상자나 완고한 부모가 문제가 되는가? 문제는 유지 자극을 제거하고 흥분 상태가 진정되도록 하는 행위가 유발될 때까지, 동물이나 사람을 혼란스럽게 만들고 흥분시키는 이러한 자극 조건이 지속된다는 것이다.
>
> 이러한 지속적이고 혼란스러운 자극은 종종 추동이라고 불린다. 배고픈 동물에게 반복적인 위경련은 이 동물을 혼란스럽고 흥분되게 한다.
>
> 이와 동일한 행동은 인위적이고 외부의 자극에 의해 발생할 수 있다. 고무줄로 고양이 발에 묶여 있는 종이가방은 유사하게 고양이를 활동하게 한다. 고양이는 혼란스럽고 흥분하게 될 것이며, 이 상황은 고양이의 동작 중 하나가 결국 이 가방을 제거하게 될 때까지 계속될 것이다(p. 96).

이어서 그는 다음과 같이 이야기했다.

> 그리고 간과하기 쉬운 점이 있다. 다음번에 방해하는 요인이 있다면, 마지막 연합으로 인하여 이것들을 제거한 행위를 불러내는 경향이 있다. 이들과 연합된 다른 행위들은 다음 행위로 인하여 탈연합되거나 탈조건화되었다. 그러나 방해하는 요인이 성공적으로 제거된 이

후, 새로운 행위와 연합될 것은 더 이상 없다. 추동은 그것이 마지막 연합이었기 때문에, 이 것을 제거하는 행위에 충실하게 남는다. 추동은 사라졌으므로 이후 새로운 연합은 형성될 수 없다(p. 98).

거스리는 알코올과 다른 약물의 습관적 사용을 비슷한 방식으로 설명하였다. 예를 들어, 어떤 사람이 신경이 날카롭거나 불안함을 느낀다고 해 보자. 이 경우, 긴장이나 불안은 유지 자극을 제공한다. 만일 이러한 조건에서 술을 조금 마신다면 긴장감은 줄어들 수 있다. 거스리에 따르면, 이러한 결과는 긴장과 음주의 관계를 확실히 하는 것이다. 그러므로 다음에 긴장감을 느끼면 술을 마시려는 경향을 보일 것이다. 긴장감은 점차 더 넓은 범위의 조건에서 음주(혹은 약물 복용)를 유발하고, 그 결과 이 사람은 습관적인 술꾼이나 약물 중독자가 된다.

의도

유지 자극에 조건화된 반응을 의도(intentions)라고 한다. 추동에서 비롯된 유지 자극은 일정 시간 유지(추동이 감소할 때까지)되기 때문이다. 그래서 추동-감소(drive-reducing) 반응에 선행하는 행동 절차(sequence of behavior)는 다음번에 추동이 관련된 자극과 함께 발생할 때 반복된다. 유지 자극과 연합된 행동 절차는 상호 관련되고 논리적이며, 그래서 의도적이라고 여겨진다. 만일 동물이 배가 고프고 먹는 것이 허용된다면, 동물은 그렇게 할 것이다. 그러나 만일 배고픔이라는 추동에 대해 직접적인 만족을 느끼는 것이 불가능하다면, 이 동물은 배가 고팠던 마지막 순간에 먹이를 얻게 했던 행동이면 무엇이든 그것을 할 것이다. 즉, 미로의 특정 방향으로 돌거나, 지렛대를 누르거나, 혹은 막대기를 움직일 것이다. 어떤 사람이 배가 고프고 사무실에 샌드위치가 있다면 먹을 것이다. 그러나 만일 점심 식사를 놓쳤다면, 자리에서 일어나 코트를 입고, 차에 올라타서 식당을 찾고, 식당에 들어가 주문 등을 할 것이다. 다른 반응 패턴이 환경적 조건에서 주어지는 자극(즉, 점심을 먹거나 안 먹은 것) 그리고 배고픔으로 인한 유지 자극과 더해져서 연합된다. 유지 자극으로 촉발된 행동은 목적적이고 의도적으로 보일 수 있으나, 거스리는 이 역시 인접의 법칙으로 설명될 수 있다고 보았다.

훈련의 전이

거스리는 훈련의 전이에 대해 거의 기대하지 않는 것이 분명하다. 그는 아동이 칠판에서 2 더

하기 2를 학습한다면, 자기 자리에서 2 더하기 2를 할 수 있을지를 장담할 수 없다고 했다. 이 연합이 이루어진 자극 조건들은 교실 자리에 존재하는 우세한 자극 조건들과는 많이 다르다.

거스리는 대학생들에게 공부에서 최고의 결과를 얻고 싶다면, 정확하게 동일한 자리와 같이 시험을 보게 될 조건과 정확히 동일한 조건에서 연습을 해야 한다고 이야기할 것이다. 거스리에 따르면 공부하기에 최고의 장소는 시험을 볼 교실인데, 이 교실의 모든 자극은 공부하고 있는 정보들과 연합될 수 있기 때문이다. 기숙사 방에서 공부한다면, 이 지식들이 교실로 전이된다는 보장이 없다. 이것이 학생들이 시험을 본 후, "이게 무슨 일인지 모르겠어. 이 교재를 수백 번 봤고 잘 알고 있었는데 시험 보는 동안 떠오르지 않았어."라고 말하는 것에 대한 거스리의 설명이다. 간단히 말해, 공부한 조건과 시험을 본 조건 간에 충분한 유사성이 없었던 것이다.

거스리는 요구하는 행동을 항상 정확하게 연습해야 하는 것은 물론, 시험을 보거나 평가받는 것과 동일한 조건에서 연습을 해야 한다고 조언한다. 만일 시험 상황을 벗어나서 학습한 내용들을 사용하고자 한다면, 교실을 벗어나 책, 교실, 강의를 통해 우리가 했던 행동을 다른 자극들과 연합해야 한다. 논술을 준비하는 학생을 위한 거스리의 조언도 마찬가지이다. 논술 시험을 준비한다면, 논술 질문을 적어 본다. 어떤 문제가 나올지 예측하고 그에 답한다. 시험을 치르게 될 조건과 동일한 시각에 이 질문에 답을 해 보는 것이다. 거스리는 자동차 기술자나 전기 기술자에게도 동일한 조언을 한다. 엔진 고치는 법을 배우고 작동시키고 싶다면, 실제 상황과 유사한 조건에서 일을 하라. 이러한 연습이 전이를 극대화할 것이다.

이 밖에도 거스리(1942)는 "학생이 배워야 할 것을 하도록 이끄는 것이 핵심이다. 학생은 강의나 책에 있는 것을 배우지 않는다. 단지 강의나 책이 그들에게 하도록 하는 것을 학습한다."(p. 55)라고 이야기한다. 거스리에 따르면, 우리는 특정 자극이 있는 상황에서 우리가 하는 것을 학습하는 것이다. 이 원리는 교실에서의 학습이 실생활의 행동으로 전이되는 것뿐만 아니라 모든 학습으로 전이되는 것에 적용된다. 이 원리는 출생 순서 효과(birth order effects)에 대한 조사에도 적용된다. 어떤 연구자들은 출생 순서가 가족과 가족을 넘어 한 개인의 행동에서 관찰되는 지속적인 성격을 만든다고 믿는다. 설로웨이(Sulloway, 1996)는, 예를 들어 첫째 아이는 보다 보수적이고 권위를 지지하는 반면 늦게 태어난 아이들은 보다 혁신적이며 '반항아'일 가능성이 있다고 주장한다. 설로웨이는 이러한 출생 순서 효과가 삶 전체에서 개인의 특성을 결정짓는다고 보았다. 반면 해리스(Harris, 2000)는 거스리가 강하게 동의했을 주장을 한다. 보수주의, 권위에 대한 복종, 반항과 같은 학습된 행동들은 가족의 맥락 안에서만 한정되는 것이고, 전이가 되지는 않을 것이라는 것이다. 게다가 그녀는 "아이들은 각각의 사회적 맥락에서 어떻게 행동해야 하는지를 별도로 학습한다."(p. 176)고 하면서 "집에서 요구하는 행동 패턴은 집 밖에서는 부적절하거나 관련이 없기 때문에 학습이 거의 혹은 전혀 일어나지 않는다."(p. 177)고 덧붙였다.

거스리에게 통찰, 이해, 사고에 대한 개념은 거의 혹은 전혀 의미가 없다. 학습에 대한 단 하나의 법칙은 인접의 법칙이며, 두 사건이 함께 일어나면 이것이 학습된다는 것이다. 인간이든 인간이 아니든, 간단하든 추상적이든 모든 학습은 인접의 법칙과 관련된 원리들에 포함된다. 거스리의 이론에서는 의식적 사건에 대한 언급도 없고, 학습된 행동의 생존 가치에 대한 특별한 관심도 없다. 거스리에 따르면 부정확한 반응은 정확한 반응만큼 쉽게 학습되고, 이 두 가지를 습득하는 것은 동일한 학습의 법칙으로 설명된다.

거스리 이론에 대한 벡스의 공식화

앞서 언급한 바와 같이, 거스리는 자신의 이론을 타당화하기 위한 연구를 거의 하지 않았다. 거스리의 실험이 부족한 것은 세 가지로 설명된다. 첫째, 볼스(Bolles, 1979)는 거스리의 이론이 동기와 강화의 역할을 최소화하였다고 했는데, 1930년대와 1940년대 대부분의 다른 학습 이론을 구성하는 이 두 가지 요소는 대부분의 연구가 관련되도록 자극하였다. 둘째, 칼슨(Carlson, 1980)은 거스리가 워싱턴 대학교에 있던 시기에 심리학은 단지 학부 수준에서 제공되었고, 다른 이론을 실험적으로 검증하는 대학원생의 주제와 논문은 그가 이용할 수 없었다고 하였다. 셋째, 거스리 스스로 밝힌 것과 같이, 학습에 대한 그의 원리는 너무 일반적이어서 검증이 쉽지 않았다.

거스리가 워싱턴 대학교에서 영향력이 있던 시기의 학생이었던 버지니아 W. 벡스(Virginia W. Voeks, 1921~1989)는 거스리의 이론을 경험적으로 증명하기에 충분할 만큼 정확하게 다시 진술하려고 노력하였다. 그녀는 1943년에 워싱턴 대학교에서 석사 학위를 받았고, 여기서 거스리의 영향을 받았다. 예일 대학교에서 1947년 박사 학위를 받았는데, 여기에서는 헐의 영향을 받았다. 사실 벡스의 연구 결과는 헐 학파의 연구 구조에 가까웠지만, 연구 내용은 거스리 학파에 가까운 것이었다. 박사 학위를 받은 후, 벡스는 워싱턴 대학교로 돌아가서 1949년까지 연구를 했다. 1949년 샌디에고 주립대학교로 옮긴 이후, 1971년 은퇴할 때까지 이곳에 있었다.

거스리의 이론에 대하여 벡스는 네 가지 기본 가정(postulate), 여덟 가지 정의(definition),

여덟 가지 정리(theorem)를 설명하였다. 가정은 다양한 학습에 대한 거스리의 일반적인 원리들을 요약한 것이고, 정의는 거스리와 관련된 개념들(자극, 단서, 반응, 학습 등)을 명료화한 것이며, 정리는 실험적으로 검증이 가능한 가정과 정의로부터 이루어지는 추론이다. 벡스는 다수의 추론을 검증하였고, 거스리 이론의 상당한 근거들을 발견하였다.

거스리의 이론에 대한 벡스의 대부분의 공식화와 이것들이 자극한 연구들은 너무 복잡해서 여기에서 제시할 수 없다. 벡스의 네 가지 가정만 거스리 이론에 대한 공식화의 예시로서 다음과 같이 요약된다.

가정 1: 연합의 원리   거스리의 단일 학습 이론에 대한 것이다. 반응이 일어날 때, 이에 선행하는 자극은 이 반응의 단서가 된다. 이것은 새로운 자극이 행동의 단서가 되는 유일한 방식이다. 고전적 조건화에 대한 논의를 회상해 보자. 자극과 반응의 이상적인 간격은 0.5초 혹은 그 이내이다.

가정 2: 후말단(postremity)의 원리   거스리의 최신 원리에 대한 것이다. 자극은 오직 이 자극이 주어졌을 때 마지막으로 형성된 반응만을 일으킨다. 망각이 일어나도록 하는 유일한 방법은 어떤 새로운 자극에 대하여 마지막으로 어떤 반응이 일어났을 때, 이전 자극보다 이 새로운 자극이 그 반응을 불러일으키는 것이다. 즉, 망각은 새로운 학습을 수반하는 것이다.

가정 3: 반응 확률의 원리   학습의 전이에 대한 손다이크의 동일요소 이론(identical elements theory)과 관련된 것이다. 어떤 반응이 특정 자극들로 발생했다면, 두 번째 환경에서 이러한 자극이 발생하는 수에 직접적으로 비례하여 두 번째 환경에서 반응이 일어날 것이다.

가정 4: 역동적 상황의 원리   거스리와 호톤이 이전에 제안한 것과 같이, 우리는 절대로 동일한 상황에 직면할 수 없다. 학습 환경은 고정된 것이 아니다. 외부 환경과 유기체의 내적 상태는 모두 변화한다. 따라서 학습은 역동적이고 확률론적이다.

거스리의 학습 이론을 역사적 흥밋거리라고 결론지어서는 안 된다. 다음 장에서 윌리엄 K. 에스테스(William K. Estes)에 대해 논의하는 것과 같이, 현대 학습 이론의 트렌드 중 하나는 수학적 모델을 사용하여 학습의 절차를 설명하는 것이다. 학습에 대한 초기의 수학적 모델에 대한 기초를 만들고 지속적으로 모델 대부분의 중심을 이루도록 하는 것이 바로 거스리의 학습 이론이다.

거스리의 교육론

손다이크처럼, 거스리도 어떤 자극에 대해 어떤 반응이 일어나는가라는 목적(objectives)을 언급하면서 교육과정을 시작할 것이다. 그는 바람직한 반응들과 붙어 있는 자극이 있을 때 그 바람직한 반응들이 유발되도록 학습 환경을 배열할 것이다.

학습과 관련하여, 거스리는 손다이크에 비해 동기를 덜 중요시하였다. 특정 자극이 있을 때 학생이 적절하게 반응하느냐의 문제가 거스리에게 필요한 전부였다.

연습은 좀 더 많은 자극이 바람직한 행동을 유발하도록 한다는 점에서 중요하다. 각각의 경험은 독특하므로, 사람들은 무엇인가를 반복적으로 재학습(relearn)해야 한다. 거스리는 칠판에서 2 더하기 2를 학습한 것이 자신의 자리에서 2 더하기 2를 할 수 있음을 보장할 수는 없다고 말할 것이다. 학생들은 붉은 블록 2개에 붉은 블록 2개를 더하면 붉은 블록 4개가 된다는 것을 학습할 뿐 아니라, 2 더하기 2는 4가 된다는 새로운 연합을 사과, 개, 책 등을 가지고도 학습해야 한다. 또한 교실에서 자극을 반응에 붙이고, 교실 밖에서 유사한 자극에 또 다른 반응 세트를 붙이는 것도 학습할 수 있다.

기본적으로, 거스리는 훈련의 전이를 고려한 손다이크의 동일요소 이론을 수용하였다. 각기 다른 두 조건에 동일한 반응을 할 확률은 두 조건 사이의 유사성에 따라 결정된다. 손다이크처럼 거스리는 전이에 대한 형식도야설을 거부하였고, 이러한 입장을 수용하는 것이 실제 교육 장면을 불행하게 한다고 보았다. 거스리와 파워스(1950)는 다음과 같이 이야기했다.

> 전이에 대한 형식도야설, 동일 요소(identical elements)나 일반화에 대한 설명을 교사가 수용하거나 거부하는 것은 다양하고 일상적인 교수의 실제에 반영될 것이다. 말하지 않아도 교과 교사는 형식도야설을 실제로 수용하였다고 틀림없이 증언할 것이다. 특정한 교육 과정의 내용에 노출되는 것 자체가 교육의 목적이 된다. 이에 교수법, 내용과 연결하려는 노력, 학습자의 요구들은 상대적으로 이차적인 중요성을 갖는다. 학습자는 교과의 요구 사항에 순응하고, 고분고분하며 순종적인 역할을 발달시켜야 한다.
>
> 형식도야설의 타당성에 대하여 교사가 담당하는 태도에 도전하고 질문을 던지는 것은 교육적 실험을 위한 길을 마련하는 것이다. 교사는 주어진 교육과정 범위에서 학생 참여로 부여되는 가치가 무엇인지 직접적이고 간접적으로 물을 것이다. 교사는 교육 내용과 방법을

전이가 확인되도록 수정하고자 할 것이다. 아동은 경험을 더 효과적이거나 비효과적인 행동 패턴으로 끊임없이 조직하고 재조직하는, 성장하고 발전하는 유기체로 간주될 것이다. 참여 동기를 이끌기 위해 아동의 관심을 발견하고 인센티브를 효과적으로 사용하는 것은 교수 활동의 최우선 과제가 된다(p. 256).

손다이크와 같이, 거스리는 정규 학교교육은 실제 삶의 조건과 가능한 한 유사해야 한다고 믿었다. 다시 말하면, 거스리 학파의 교사는 학생들이 학교를 떠났을 때 해야 할 것들을 학교에서 하도록 해야 할 것이다. 따라서 손다이크처럼 거스리는 인턴십이나 멘토링 프로그램을 지지하고, 학습에 있어 전문 직업학교(professional trade school)를 지향하는 교육 접근을 열정적으로 찬성할 것이다.

거스리 학파에 속한 교사들은 종종 문제 행동에 대한 처벌을 사용할 것이지만, 처벌이 효과적이려면 문제 행동이 발생할 때 사용되어야 한다는 것을 알아야 한다. 게다가 처벌은 문제 행동과 양립이 불가능한 행동의 원인이 되어야 한다. 처벌은 단순히 바람직하지 못한 행동을 끝내기보다는 바람직한 행동을 유발하도록 하는 것이 최선이다.

거스리 이론에 대한 평가

공헌

학습이 자극과 반응이 서로 인접하고 이렇게 인접하는 것만으로 학습이 일어난다는 거스리의 주장은 독특하다. 심지어 학습 이론에 대한 초기 비평가들(Mueller & Schoenfeld, 1954)은 거스리의 인접에 대한 단순한 관점이 스키너나 헐의 분석으로 설명되었던 기본적인 현상 모두를 설명할 수 있다고 지적하였다. 다른 이론들이 보다 복잡한 방법으로 접근한 반면, 거스리는 학습, 소거, 일반화를 단순한 분석으로 설명할 수 있다는 점에서 과학자들이 큰 매력을 갖게 되었다. 더욱이 이 이론이 실용적으로 적용되도록 확장한 것은 단일의 간단한 학습 원리를 일반화했기 때문이며, 거스리는 냉혹한 치료적 처방이 아니라 즐겁고 일화적인 방식으로 이를 드러냈다.

비록 거스리의 이론은 헐이나 스키너가 자극했던 것만큼 연구와 논쟁을 불러일으키지는 못했지만, 학습에 대한 중요한 대안을 제시하였다. 게다가 이론이 외견상 복잡한 행동을 설명하기 위해 특별하게 복잡할 필요가 없다는 점을 상기시켜 주었다. 다음 장에서 보겠지만, 에스테스는 거스리의 기본적인 구성 요소를 활용하여 1990년대까지 확장된 이론과 연구의 다양한 골격을 발전시킬 수 있었다.

비판

거스리의 이론은 도피 학습(escape learning), 보상 학습(reward learning), 소거, 망각을 동일한 원리로 설명할 수 있다는 점에서 상당한 매력을 갖는다. 그러나 보편적인 설명이 용이하다는 점은 많은 심리학자가 거스리의 입장에 대해 우려하도록 만들었다. 모든 것을 설명할 수 있어 보이는 이론에 대한 포퍼(Popper)의 우려를 상기해 보면, 거스리의 입장은 모호하고 너무 많은 현상에 지나치게 쉽게 적용된다는 점을 알 수 있다(Mueller & Schoenfeld, 1954).

뮐러와 쉔펠드(Mueller & Schoenfeld, 1954)는 거스리가 비록 다른 이론들의 미흡한 실험 방법론과 모호한 언어에 대하여 엄격한 비평을 했지만, 자신의 이론에는 동일한 기준을 유지하지 못했다고 지적하였다. 거스리 이론을 입증한 중요한 사례인 거스리와 호톤(1946)의 실험은 뮐러와 쉔펠드의 비평에 대한 전형적인 예이다. 무어와 스튜터드(Moore & Stuttard, 1979)는 거스리와 호톤의 실험에서 고양이가 일반 애완 고양이를 포함한 대부분의 고양이처럼 다른 고양이나 익숙한 사람들을 '맞이할 때' 전형적으로 보여 주는 행동인 얼굴과 몸을 비비는 행동을 본능적으로 보여 준 것이라고 제안한다. 이 연구자들은 세워진 막대기에 몸을 비비는 것이 자극 조건에서 어떠한 강화나 변화를 만들어 내지 못하더라도, 고양이가 거스리와 호톤(1946)의 연구에서 보고된 지속적이고 전형적인 행동을 하는 것을 관찰하였다.

논의 사항

1. 거스리는 자신의 이론에 어떤 연합의 법칙을 만들었는가? 이 법칙을 기술하고, 어떻게 최신 원리가 여기에서 추론되었는지 설명하라.

2. 일회시행 학습에 대한 거스리의 신념을 고려하면, 연습의 결과로 향상되는 수행은 어떻게 설명할 수 있는가? 동작, 행위, 기술을 각각 구분하여 답에 포함하라.

3. 거스리의 이론은 강화 이론인가 그렇지 않은가? 답변의 타당함을 밝히라.

4. 거스리는 망각을 어떻게 설명하는가?

5. 거스리에게 추동과 의도는 어떤 관계가 있는가?

6. 거스리에 따르면, 학습한 곳에서 적용할 곳으로 기술 전이가 일어나기 위해서는 어떻게 촉진해야 하는지 설명하라.

7. 거스리가 제안하는 나쁜 습관을 없애는 방법은 무엇인가? 제안한 것 중 하나를 골라 흡연 습관을 없애기 위해 어떻게 사용할 수 있을지 설명하라.

8. 거스리는 퇴행(regression) 현상, 예를 들어 어릴 때 자랐던 집이나 방에 갔을 때 특정 조건에서 어린아이처럼 행동하는 것을 어떻게 설명하는가?

9. 어떤 사람이 다양한 조건에서 '다른 사람'처럼 행동하는 경향성을 거스리는 어떻게 설명하는가?

10. 거스리 이론과 일치하도록 하기 위해, 당신의 공부 습관을 어떻게 수정할 수 있는가?

11. 거스리는 약물 중독이 발달하는 것을 어떻게 설명하는가?

12. 거스리가 강화라는 용어를 어떤 의미로 사용했는지에 대해 설명하라.

13. 거스리에 따르면, 행동을 수정하기 위해 어떤 조건에서 처벌이 효과적인가? 처벌이 대체로 거스리가 준수해야 한다고 말한 방식으로 이루어진다고 생각하는가? 설명하라.

14. 동작-생성 자극의 개념을 소개한 거스리의 목적은 무엇인가?

15. 자극 패턴을 방해하는 어떤 것이 있다면, 이 자극 패턴으로 만들어진 마지막 반응을 보존할 것이라는 거스리의 주장을 검증하기 위한 실험을 설계하라.

16. 거스리 이론에 대한 벡스의 정리의 핵심을 논하라.

주요 개념

- 강화(reinforcement)
- 동작(movement)
- 동작–생성 자극(movement–produced stimuli)
- 망각(forgetting)
- 반응 확률의 원리(principle of response probability)
- 습관을 없애는 양립 불가능 반응법 (incompatible response method of breaking a habit)
- 습관을 없애는 역치법(threshold method of breaking a habit)
- 습관을 없애는 피로법(fatigue mothod of breaking a habit)
- 역동적 상황의 원리(principle of dynamic situations)
- 역행적 제지(retroactive inhibition)
- 연쇄(chaining)
- 연합의 원리(principle of association)
- 유지 자극(maintaining stimuli)
- 의도(intentions)
- 인접의 법칙(law of contiguity)
- 일회시행 학습(one-trial learning)
- 정형화된 행동(stereotyped behavior)
- 처벌(punishment)
- 최신 원리(recency principle)
- 추동(drives)
- 행위(acts)
- 후말단의 원리(principle of postremity)

· · · ·

제9장

윌리엄 케이 에스테스
(William Kaye Estes)

학습 이론의 최근 경향은 과거의 넓고 포괄적인 이론에서 축소된 체계로 변모하고 있다. 연구자들은 관심이 있는 분야를 찾아 그것을 철저하게 탐구한다. 광범위한 연구는 깊이 있는 연구를 위해 희생된다. 이러한 경향의 예로 소위 통계적 학습 이론가라고 불리는 이들을 들 수 있다. 그들은 제한된 범주의 학습 현상을 조사할 수 있는 엄격한 소형 체계를 만들고자 한다. 이 중 가장 영향력 있는 초기의 산물은 윌리엄 케이 에스테스(William Kaye Estes, 1919~2011)가 1950년에 개발한 것이다. 에스테스는 1919년 태어났으며 1940년대에는 스키너(B. F. Skinner)의 제자로 미네소타 대학에서 대학원 생활을 하였다. 에스테스와 스키너(1941)는 7장에서 설명한 '조건화된 억압(conditioned suppression)'을 개발했다. 이는 여전히 조건화된 공포(conditioned fear)에 대한 연구에서 사용되는 것이다. 그는 박사 학위를 마칠 때까지 필

윌리엄 케이
에스테스

리핀의 전쟁포로 수용소에서 사령관으로 군복무를 마쳤다. 전쟁이 끝났을 때 그는 스키너를 따라 인디애나 대학교로 가서 교수 활동을 시작하였다. 에스테스는 처음에는 스탠퍼드 대학교로 옮겨 갔고, 이후 록펠러 대학교로 갔다. 하버드 대학교에서 교수직을 마쳤고 그곳에서 명예교수가 되었다. 하버드 대학교에서 은퇴한 후 그는 두 번째 명예교수직을 받은 인디애나 대학교로 돌아갔다. 1997년, 에스테스는 국가과학재단 (National Science Foundation)에서 주는 최고 명예인 '과학자상(Medal of Science)' 을 받았다.

이 상은 그가 '기본적인 인지와 학습에 관한 이론을 통해 실험심리학 분야를 변화시키고, 양적 인지과학의 발달을 이끌었다. 양적 모델링에 관한 선구적인 방법과 엄격성과 정확성에 대한 그의 주장은 현대 심리과학의 기준을 세웠다' 며, 그의 공로를 인정한 것이었다. 그의 부인이 69세가 넘은 2011년 5월에 사망하자, 그의 건강 또한 쇠하였다. 에스테스는 길고 영향력 있는 연구 경력을 뒤로하고, 2011년 8월 17일에 92세의 나이로 작고하였다.

우리는 5장에서 그가 미네소타 대학교에서 스키너의 제자로 있었던 때에 수행하였던 처벌에 관한 연구들을 몇 가지 살펴보았다. 그러나 사실 에스테스를 유명하게 만든 것은 그가 발전시킨 통계적 학습 이론이었다. 통계적 학습 이론은 다음의 몇 가지 중요한 점에서 다른 이론들과 차별화된다. 먼저 이것은 단순히 응용된 이론이 아니다. 우리는 스키너나 헐(Hull)을 지지하는 이론들이 교실 상황이나 애완동물을 훈련시키는 동안 어떻게 적용될 수 있는지 볼 수 있다. 우리는 파블로프(Pavlov)나 거스리(Guthrie)의 이론 일부를 통해 금연하거나 살을 빼려 하는 사람을 도울 수 있다. 그러나 에스테스의 이론은 이런 용도에는 전혀 도움이 되지 않는다. 그의 이론은 아주 기본적으로 어떻게 학습이 일어나는가를 알아내려는 시도 이상이라고 할 수 있다. 이론물리학에서 '끈 이론(string theory)' 은 물질의 기본 요소를 설명하려고 노력한다. 어쩌면 끈 이론의 관점을 검증할 수 있는 현존하는 실험은 없다. 최근까지 이것에 대한 실제적인 응용도 없다. 어떤 의미에서 에스테스의 이론은 이와 비슷하다. 에스테스의 이론은 학습의 '구성 요소' 를 서술하려는 시도이며, 교실 상황이나 행동치료에 대한 그 어떠한 도구도 제공하지 않는다.

에스테스의 이론은 거스리의 학습에 관한 이론을 양화하려는 시도로 여겨질 수 있다. 거스리의 이론은 놀랄 만큼 간단하다. 반응들은 일회의 시행으로 자극에 부착된다. 그러나 누군가 학습의 본질에 대해 더 자세히 묻는다면, 곧 이론이 처음 보는 것보다 훨씬 더 복잡하다는 것을 깨닫게 될 것이다. 에스테스는 이런 복잡성을 조사하였고, 이를 효과적으로 다룰 수 있는 모델을 제공하였다. 그의 모델은 대수학과 확률을 사용하였다. 많은 학생에게 그가 개발한 대수학의 공식을 외우는 것은 중요하지 않을 것이다. 그러나 그 요소와 구성을 개념적으로나마 이해하는 것은 중요하다. 우리는 6장에서 본 바와 같이 헐은 처음에는 컸으나 이후의 학습의 단계에서는 작아지고 이후 최대치에 접근하게 되는 학습의 증가에 각 강화된 시도가 어떻게 기여하는지를 묘사하기 위해 수학적인 표현을 사용하였다. 에스테스는 학습에 관한 비슷한 설명을 일반화하기 위하여 확률 이론을 사용하였다. 그러나 그는 반응을 자극에 붙이기 위한 인접성에만 집중하였고, 강화에는 관심을 두지 않았다.

주요 이론적 개념

에스테스의 자극표집 이론(stimulus sampling theory: SST)이 어떻게 작용하는지에 관한 예를 제시하기 전에 에스테스가 세운 가정을 살펴보겠다.

가정 I 학습 상황은 크지만 한정된 수의 자극 요소를 포함한다. 이들은 학습자가 학습 시행을 시작할 때 경험할 만한 것들이다. 이러한 자극들은 실험적 사건들을 포함한다. 실험적 사건이란 불빛, 부저 소리, 컴퓨터 스크린에 제시된 언어적 자료, 스키너 상자의 막대, T-미로에 있는 통로 같은 것들을 일컫는다. 또한 여기에는 실험자의 행동, 온도, 방의 안팎에서 나는 관계없는 소음, 실험 참가자들의 피로, 두통 등의 상태와 같이 바꿀 수 있거나 일시적인 자극이 포함된다. 이렇게 집합적으로 취해진 자극 요소들 모두는 S라고 상징화된다. 다시 말해, S는 어떤 학습 상황에서 한 시행에 동반된 자극의 전체 수이다.

가정 II 실험 상황에서 만들어진 모든 반응은 두 가지 범주 중 어느 한쪽에 속하게 된다. 만약 반응이 실험자가 기대하는 것(침, 막대 누르기, T-미로에서 오른쪽으로 돌기, 무의미한 철자들을 정확하게 암송하기)이라면, 이를 A_1 반응이라고 한다. 만약 반응이 실험자가 원한 것이 아니라면 이는 부정확한 것이며, A_2 반응이라고 한다. 즉, 에스테스는 학습 실험에서 일어날 수 있는 모든 반응을 두 가지로 분류하였다. 그것은 실험자가 관심을 가지고 있는 '옳은' 반응인 A_1과 다른 모든 반응인 A_2이다. 둘 사이에 단계적 등급은 없다. 동물이 조건 반응을 하거나 하지 않으며, 학생들 또한 의미 없는 철자를 정확하게 암송하거나 하지 않는 식이다.

가정 III S에 있는 요소들은 A_1 또는 A_2에 부착된다. 다시 말해, 이것은 양자택일(all-or-nothing)의 상황이다. S에 있는 어떤 자극 요소는 바람직하거나 옳은 반응(A_1) 또는 관련 없거나 정확하지 않은 반응(A_2)에 조건화된다. A_1에 조건화된 요소들은 A_1 반응을 이끌어 내고, A_2에 조건화된 요소들은 A_2 반응을 이끌어 낸다. 실험의 시작에서 거의 대부분의 자극은 A_1에 조건화될 것이고, A_2를 이끌어 낼 것이다. 예를 들어, 실험의 초기 단계에서 쥐는 막대를 누르는 것이 아닌 다른 행동들을 하고, 실험 참여자는 조건 자극이 제시될 때 반응하지 않으며, 학생은 의미 없는 철자를 정확하게 암송하지 않는다. '옳은' 반응은 실험 맥락에서 자극에 반응이 부착된 다음에서야 확실하게 일어나는 것이다.

가정 IV   학습자는 경험 S를 함에 있어 그의 능력에 의해 제한을 받는다. 학습자는 학습 시행에서 사용할 수 있는 자극의 지극히 작은 일부만을 경험하거나 표집한다. 표집의 크기는 실험 내내 일정하게 지속될 것이라고 가정된다. 각 학습 시행을 시작할 때 경험된 S의 변함없이 지속되는 비율은 θ(theta)로 표시된다. 각각의 시행 후, θ에 있는 요소들은 S로 돌아간다. 즉, 에스테스의 이론은 복원 추출법(sampling with replacement)을 가정한다. 주어진 시행에서 표집된 이러한 요소들은 연이은 시행들에서 다시 표집될 수 있다.

가정 V   학습 시행은 반응이 일어날 때 끝난다. 만약 A_1 반응이 시행을 끝내면, θ의 자극 요소들이 A_1 반응에 조건화된다. 에스테스는 거스리에 이어 학습에 대한 인접 설명을 받아들인다. A_1 반응이 일어날 때 반응과 이에 앞선 자극 사이에서 연합이 만들어진다. 달리 말해, S에 있는 자극 요소의 비율은 시행이 시작될 때 표집되었기 때문에, 이러한 요소들은 A_1 반응이 시행을 끝낼 때마다 인접성의 이론에 따라 A_1에 조건화된다. A_1에 조건화된 S의 요소의 수가 증가함에 따라 θ가 그러한 요소들을 포함할 가능성도 증가한다. 그러므로 학습 시행이 시작될 때 A_1 반응이 일어날 경향성은 시간이 지남에 따라 증가하고, 처음에 A_2에 붙은 자극 요소들은 점차 A_1에 붙게 된다. 이것이 바로 에스테스가 학습이라고 부른 것이다. 어느 주어진 순간에 체계의 상태(state of the system)는 A_1 반응과 A_2 반응에 붙은 요소들의 비율이다.

가정 VI θ의 요소들이 학습 시행이 끝날 때 S로 돌아가며, 학습 시행이 시작될 때 θ가 기본적으로 무선 표집되기 때문에, S에서 A_1에 조건화된 요소의 비율은 모든 새로운 시행이 시작될 때 θ에 있는 요소에 반영될 것이다. 만약 S에 있는 어떤 요소도 A_1에 조건화되지 않는 다면, θ는 정확한 반응에 조건화된 어떤 요소도 포함하지 않을 것이다. 만약 S에 있는 요소의 50%가 A_1에 조건화된다면, S에서 무선 표집한 θ요소의 50%는 A_1에 조건화될 것으로 기대할 수 있다.

학습 시행에서 A_1 반응이 일어날지 혹은 A_2 반응이 일어날지를 결정하는 것은 무엇인가? 에스테스의 이론에서는 양자택일 학습에 대한 주장과 수행이 확률적이라는 사실(A_1 반응이 때때로 여러 번의 성공적인 학습 시행 후에도 일어나지 않을 것이라는 사실) 사이를 어떻게 조정하는가? 이러한 질문들에 대한 답은 왜 에스테스의 이론이 통계적 학습 이론이라고 불리 는지를 보여 준다. 이 이론은 A_1 반응의 확률이 학습 수행이 시작할 때 A_1에 조건화된 θ 안에 있는 자극 요소의 비율과 같다는 것을 보여 준다. 또 각 θ가 S로부터 무선 표집된 것임을 보여 준다. 만약 θ에 있는 모든 요소가 A_1에 조건화된다면, 반응은 100%의 확률로 일어난다. 그러 나 만약 θ 안에 있는 요소들의 75%만이 A_1에 조건화된다면, 우리는 A_1 반응을 75% 기대하며 A_2 반응은 25% 기대한다. 달리 말해, A_1 반응을 관찰할 가능성은 체계의 상태에 달려 있다.

이러한 가정을 사용하면, 에스테스가 관찰한 학습 과정을 수식으로 요약할 수 있다.

① 어떤 시행 $n(P_n)$에서 A_1 반응의 확률은 그 시행(P_n)에서 A_1에 조건화된 요소들의 가능 성과 같다.

$$P_n = p_n$$

② 가정 II에 근거해서 보면, 모든 요소는 A_1 요소들(확률 p)이거나 A_2 요소들(확률 q)이다. 그리고 이들은 그 상황에서 요소들의 100%를 구성한다.

$$p + q = 1.00$$

그러므로

$$p = 1.00 - q$$

③ 가정 V를 기반으로 하면, 어떤 시행 n에서 A_1에 조건화되지 않은 요소들(q에 반영된)은 첫 번째 시행 전에 A_1에 사전 조건화되지 않았어야 하며, 이전의 그 어떤 시행들에서도 A_1에 조건화되지 않았던 요소들이어야 한다. 어떤 시행 n에서 요소가 시행 1에 사전 조건화되지 않았을 확률은 $(1-P_1)$이다. 비슷하게, 어떤 시행 n에서 요소가 이전의 시행에서 A_1에 조건화되지 않았을 확률은 $(1-\theta)^{n-1}$이다. 함께 일어나는 두 가지 요소의 동시 확률(요소가 사전 조건화되지 않았음과 동시에[and] 여태 조건화된 적도 없는 확률)은 개별 확률들의 수학적 곱하기이다. 그러므로 다음의 식이 나온다.

$$q = (1-P_1)(1-\theta)^{n-1}$$

④ ③으로부터 대입하면, 우리는 다음의 식을 얻게 된다.

$$P_n = 1-(1-P_1)(1-\theta)^{n-1}$$

에스테스의 이론은 수행과 훈련에 어떻게 연결되는가? 다음의 예를 보면 도움이 될 것이다. 두 명의 학습자가 있다고 가정해 보자. 한 명은 $P_1 = 1$과 $\theta = .05$에서 시작한다. 두 번째 학습자 또한 $P_1 = 0$에서 시작하지만 학습 환경에서 많은 수의 자극을 표집할 수 있다. 두 번째 학습자의 경우, $\theta = .20$이다.

첫 번째 학습자의 경우를 보자.

시행 1에서 $P_1 = 1-(1)(1-.05)^0 = 0$
시행 2에서 $P_2 = 1-(1)(1-.05)^1 = .05$
시행 3에서 $P_3 = 1-(1)(1-.05)^2 = .10$

그리고 이런 시행들 각각이 A_1 반응으로 끝난다고 가정하면, 수행은 105번 정도의 시행에서 100%($P_n = 1.00$)에 접근한다.

두 번째 학습자의 경우,

시행 1에서 $P_1 = 1-(1)(1-.20)^0 = 0$
시행 2에서 $P_2 = 1-(1)(1-.20)^1 = .20$
시행 3에서 $P_3 = 1-(1)(1-.20)^2 = .36$

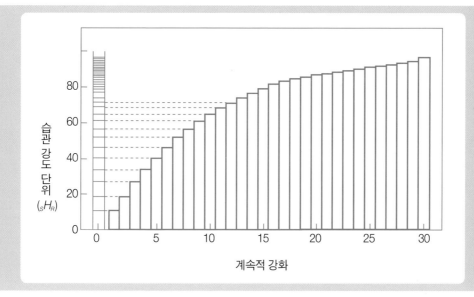

◀그림 6-1
습관 강도($_sH_R$)의 획득과 계속적 강화 간의 관계 (C. L. Hull, *Principles of Behavior and Introduction of Behavior Theory*, 1st ed. Upper Saddle River, NJ: Pearson Education, Inc., 1967)

다시 시행들 각각이 A_1 반응으로 끝난다고 가정하면, 수행은 대략 23~25번의 시행에서 100%($P_n = 1.00$)에 접근한다.

공식은 θ의 크기와 P_1의 값에 따라서 그때그때 달라지는 점근선 1을 가진 부적 가속 학습 곡선을 만든다. 이는 우리가 예에서 본 바와 같다. 에스테스의 공식을 통해 만들어진 학습 곡선은, 앞서 6장에서 설명한 헐의 공식([그림 6-1] 참조)을 통해 만들어진 학습 곡선과 본질적으로 같다. 에스테스와 헐 둘 다 학습 실험의 후기 단계보다는 초기 단계에서 더 많은 학습이 일어난다고 가정하였다.

에스테스에 따르면 학습 실험에서 시행들이 거의 대부분 A_1 반응으로 끝나기 때문에, 결과적으로 부적 가속 학습 곡선(negatively accelerated learning curve)은 요소들이 증가되는 수가 A_1로 조건화되는 방식으로 나타난다. 그러나 돌아오는 것은 점점 줄어든다. 실험이 시작될 때 A_1 반응이 거의 일어나지 않는 상황(예: 눈 깜빡임 조건화)을 예로 들자면, S에 있는 거의 모든 요소가 A_2(빛이 있을 때 깜짝이지 않는 것)에 조건화됨을 볼 수 있다. 하지만 깜빡임이 시행 1의 끝에 일어난다고 가정해 보자. 이러한 경우, 시행(θ)에서 표집된 모든 요소는 A_2에서 A_1로 바뀐다. 그것은 모든 요소가 시작할 때 A_2에 조건화되었기 때문이다. 다음 시행에서 소수의 요소는 A_1에 조건화되겠지만, 대부분은 여전히 A_2에 조건화될 것이다. 그러므로 시행 2에서의 변환율(A_2에서 A_1로 바뀌는)은 시행 1에서의 변환율만큼 크지 않을 것이다. 왜냐하면 오직 A_2에 조건화된 요소들만이 A_1로 전이될 수 있기 때문이다. 앞서 보았던 바와 같이, A_2에

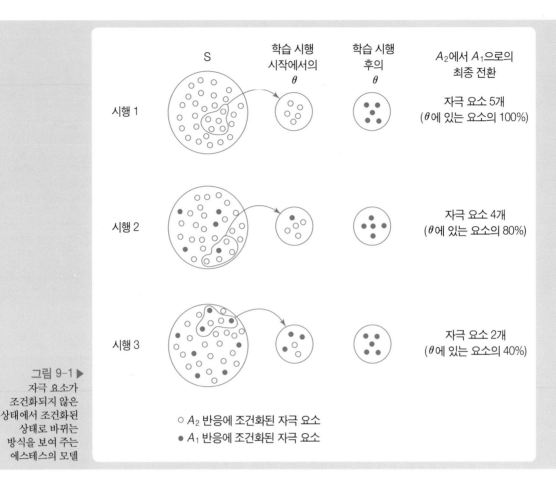

S　학습 시행 시작에서의 θ　학습 시행 후의 θ　A_2에서 A_1으로의 최종 전환

시행 1　자극 요소 5개 (θ에 있는 요소의 100%)

시행 2　자극 요소 4개 (θ에 있는 요소의 80%)

시행 3　자극 요소 2개 (θ에 있는 요소의 40%)

○ A_2 반응에 조건화된 자극 요소
● A_1 반응에 조건화된 자극 요소

그림 9-1 ▶
자극 요소가 조건화되지 않은 상태에서 조건화된 상태로 바뀌는 방식을 보여 주는 에스테스의 모델

서 A_1로 바뀌는 변환이 학습을 구성한다. 이후 시행에서는 점점 더 많은 요소가 이미 A_1에 조건화되어 있다. 그러므로 어떤 시행에서는 θ에 포함된 A_2 반응에 조건화된 요소의 수가 적다. 학습 시행들이 진행되면 학습률이 감소하는 것을 볼 수 있다. S에 있는 모든 요소가 A_1에 조건화될 때, 더 이상의 학습이 일어날 수 없다. A_1 반응이 일어날 확률은 1이 된다. 그러므로 우리는 부적 가속 학습 곡선을 얻는다. 이것은 학습이 이후의 단계보다 초기의 단계에서 더욱 급격하게 진행되었음을 나타낸다. 자극 요소들의 변환이 부적으로 가속화된 비율은 [그림 9-1]에 도식화되어 있다.

일반화

본래의 학습 상황에서 다른 상황으로의 일반화는 자극표집 이론(stimulus sampling theory)

으로 쉽게 설명된다. 에스테스는 전이에 대해서는 손다이크, 거스리와 같은 입장이다. 즉, 전이는 두 가지 상황이 공통으로 자극 요소를 갖고 있는 정도에 따라 일어난다. 만약 이미 A_1 반응에 조건화된 요소가 많은 학습 상황이 새롭게 제시된다면, A_1 반응이 새 상황에서 일어날 확률은 높다. 만약 새로운 학습 상황이 시작될 때 A_1에 조건화된 요소가 없다면, A_1 반응의 확률은 0이다. 본래의 학습에서와 같이, 새로운 상황에서 A_1 반응의 확률은 A_1에 조건화된 S의 자극 요소의 비율과 같다.

소거

에스테스는 본질적으로 거스리가 한 것과 마찬가지의 방법을 사용하여 소거의 문제를 다루었다. 소거에서는 시행이 보통 피험자가 A_1과 다른 무언가를 하는 것으로 끝나기 때문에, A_1에 이미 조건화된 자극 요소들은 점진적으로 A_2로 돌아간다. 습득의 법칙과 소거의 법칙은 같다. 사실 에스테스의 시스템에서 소거를 말하는 것은 의미가 없다. 조건들이 배열될 때마다 소거가 일어나고, 그 결과 자극 요소들이 A_1 반응에서 A_2 반응으로 돌아가게 된다.

자발적 회복

7장을 기억해 보면, 자발적 회복은 조건화된 반응이 소거된 후 그 반응이 다시 나타나는 것을 말한다. 에스테스는 자발적 회복을 설명하기 위해 자신이 제시한 S의 개념을 조금 더 확장하였다. 이전의 설명에서 S는 학습 실험에서 시행이 시작될 때 제시된 자극 요소의 총수로 정의되었다. 또 이러한 자극 요소들은 외부에서 발생된 무관한 소음(예: 차 경적, 천둥, 큰 목소리)과 같은 일시적인 자극들과 실험 대상자들의 일시적인 몸 상태(예: 소화불량, 두통, 불안)를 포함한다. 이런 것들과 다른 많은 사건은 일시적이기 때문에, 어떤 경우에는 S의 일부이지만 다른 경우에는 아니다. 비슷하게, 그것들이 S의 일부일 때는 피험자에 의해 표집될 수 있지만, S의 일부가 아닐 때는 표집될 수 없다. 달리 말해, S에 있는 요소들만이 θ의 일부로서 표집될 수 있다.

이러한 조건 아래에서 훈련하는 동안 A_1 반응이 다수의 일시적 요소에 조건화되는 것은 가능하다. 만약 소거 동안 이러한 요소들을 쓸 수 없다면, 그들에 조건화된 A_1 반응은 A_2 반응으로 바꿀 수 없다. 변환은 오직 실제로 표집된 자극 요소들에 대해서만 발생할 수 있다. 그러므로 만약 훈련하는 동안 어떠한 요소들이 A_1 반응에 조건화된 적이 있고 소거 동안 연이어 사용될 수 없다면, 그들의 상태는 A_1에 부착된 채로 남아 있다.

이제는 자발적 회복에 있어 이러한 일시적 요소들의 중요성이 명백해졌다. 습득이 이루어지는 동안 A_1에 조건화되었던 많은 요소가 소거가 이루어지는 동안에는 사용될 수 없었지만, 소거가 일어난 후 때때로 다시 나타날 수 있음이 확실하다. 그러므로 피험자가 소거 후에 때때로 실험 상황으로 돌아가게 된다면 이런 요소들의 일부(portion)가 나타날 것이다. 이는 곧 A_1 반응을 이끌어 낼 경향이 있음을 말한다. 자발적 회복은 소거 과정(A_1에서 A_2로 요소들을 바꾸는 것)이 결코 한 번에 완성되지 않음을 가정하여 설명된다.

확률 배합

행동주의자들은 확률 배합(probability matching) 현상에 대해 수년간 혼란스러워하였다. 전통적인 확률 배합 실험은 신호 불빛 이후에 다른 두 개의 불빛 중 하나가 제시되는 상황과 관련된다. 피험자는 신호 불빛이 켜지면 다른 두 개의 불빛 중 어떤 것이 이어서 켜질지를 추측해야 한다. 실험자는 자신이 원하는 패턴대로 불이 들어오도록 상황을 배열한다. 예를 들어, 75%의 시간 동안 왼쪽 불빛이 켜지면 25%는 오른쪽 불빛이 켜지는 식이다. 전체 시간의 100%가 왼쪽 불빛이면 오른쪽 불빛은 0%가 된다. 그런 배열의 결과로 보통 피험자는 실험자가 배열한 불빛이 나타나는 빈도를 정확하게 예측한다. 예를 들어 오른쪽 불빛이 전체 시간의 80% 동안 나타날 때, 피험자는 불빛이 시행의 약 80%로 나타날 것이라 예측할 것이다. 이것이 확률 배합이라는 것이다.

이러한 결과들을 다루려면 에스테스의 이론에 새로운 자극 사건의 부호를 두 가지 더할 필요가 있다.

$$E_1 = 왼쪽\ 불\ 켜짐$$
$$E_2 = 오른쪽\ 불\ 켜짐$$

이러한 경우, A_1 반응은 E_1을 예측하고 A_2 반응은 E_2를 예측한다. 확률 배합에 대한 에스테스의 분석에서 피험자의 실제 추측은 무관하다. E_1이 일어나면 이는 피험자에게 내현적 A_1 반응을 일으키고, E_2가 일어나면 이는 피험자에게 내현적 A_2 반응을 일으킨다. 그래서 에스테스는 사건 자체가 '강화인(reinforcer)'으로서 작용한다고 보았다(자세한 설명은 Estes & Straughan, 1954를 보라). 실험 상황은 다음과 같이 도식화될 수 있다.

신호 불빛 → | 추측 A_1 A_2 | → | 사건 E_1 E_2 | → 내현적 행동의 시행 종료

에스테스의 확률 배합 분석을 위해서 두 가지 추가적인 부호들이 필요하다.

$$\pi = E_1\text{이 일어날 확률}$$
$$1-\pi = E_2\text{가 일어날 확률}$$

E_1이 일어나는 시행에서 S에 표집된 모든 요소는 A_1에 조건화되고, E_2가 일어나는 시행에서 요소들의 표집은 A_2에 조건화될 것이다.

앞서 본 것처럼 어떤 시행에서 A_1 반응이 일어날 확률(P_n)은 S에서 A_1에 조건화된 요소들의 비율과 같고, A_2 반응이 일어날 확률은 A_1에 조건화되지 않은 요소들의 비율, 즉 $(1-P_n)$과 같다. 이전과 같이 θ는 각 시행에서 표집된 요소들의 비율과 같고, 이 값은 실험을 하는 동안 계속해서 동일하게 유지된다.

n번의 시행 후 A_1 반응이 일어날 확률은 다음의 식과 같다.

$$P_n = \pi - (\pi - P_1)(1-\theta)^{n-1}$$

$(1-\theta)$는 1보다 작기 때문에, n이 커질수록 이 공식은 점근선이 θ인 부적 가속 곡선을 만든다. 그러므로 이 공식은 π의 값이 무엇이든 간에, 피험자가 만드는 A_1 반응률이 결국 실험자가 만드는 E_1 발생률과 맞게 될 것을 예측한다. 달리 말하자면, 에스테스는 피험자에 의한 확률 배합을 예측한 것이고, 이것이 일어난 것이다. 에스테스 이론이 확률 배합에 적용된 바에 대하여 자세히 알고자 하면 에스테스와 스트로건(Estes & Straughan, 1954), 에스테스(1964b)를 보라.

에스테스의 마르코브 학습 모델

모든 통계적 학습 이론은 확률적이다. 즉, 통계적 학습 이론이 연구하는 종속 변인은 반응 확률이다. 하지만 이런 변화하는 반응 확률이 학습 특성에 대해 어떤 것을 말하고 있는지에 관해서는 의견의 차이가 있다. 전통적인 논쟁은 학습이 점진적인가 아니면 일회의 시행으로 완성되는가에 대한 것이었다. 손다이크는 학습은 점진적인 것이며 시행을 할 때마다 조금씩 증가된다고 결론지었다. 헐과 스키너도 손다이크와 같은 입장이었다. 하지만 거스리는 학습이 양자택일 방식으로 일어난다고 주장하였다. 다만 학습하는 과제가 갖는 복잡성으로 인해 학습이 점진적으로 일어나는 것처럼 보인다는 것이다. 형태주의 이론가들 또한 통찰 연구를 통해 학습자는 학습되지 않은 상태에서 학습된 상태로 급격히 옮겨 가며, 조금씩 옮겨 가지 않는다고 하였다. 이는 10장에서 다룰 것이다.

에스테스의 초기 자극표집 이론은 학습 과정에 대한 점증적(점진적) 관점과 양자택일 관점을 모두 받아들였다. 실험이 이루어지는 동안 존재하는 전체 자극 요소 중 오직 작은 비율만이 주어진 시행에서 표집된다는 것을 기억할 것이다. 시행을 종료시킨 반응이 무엇이었든 표집된 요소들은 양자택일 방식으로 조건화되었다. 그러나 주어진 시행에서 요소들 중 오직 작은 비율만이 조건화된 까닭에 학습이 조금씩 진행된다. 이것이 부적 가속 학습 곡선이 발생하는 특징적인 방식이다. 반복하자면, 에스테스의 초기 입장은 어떤 시행에서 표집된 자극 요소들이 양자택일 방식으로 조건화된다는 것이었다. 하지만 시행에서 적은 수의 요소들만이 표집되었기 때문에 학습이 점증적 또는 점진적인 방식으로 진행된 것이다. A_1 반응이 일어날 확률은 시행마다 점진적으로 변한다. 그리고 만약 실험에 존재하는 자극 요소의 전체 수가 충분히 크다면, 학습에서의 양자택일 경향은 발견되지 못할 것이다. 다시 말해, 실험에 존재하는 자극 요소들이 많으면 한 학습 시행과 다음의 학습 시행에서 일어나는 반응 확률은 극히 조금만 변할 것이다. 이러한 확률들을 구획으로 그리면 마치 학습이 본래 점진적인 것처럼 보일 것이다.

이후 에스테스는 학습 과정을 더욱 자세히 관찰할 수 있는 많은 연구를 고안해 냈다(예: Estes, 1960, 1964a; Estes, Hopkins, & Crothers, 1960). 이러한 연구들은 표집된 요소들의 수가 매우 작을 때, 학습이 명확히 양자택일 방식으로 일어남을 보여 준다. 사실 학습은 한 시행에서 완전하게 일어나거나 또는 전혀 일어나지 않는다고 말할 수 있다. 그 사이에는 어떤 것도 없는 것처럼 보인다. 학습되지 않은 상태에서 학습된 상태로의 급격한 변화는 마르코브 과정 (Markov process)과 같다. 마르코브 과정의 특징은 시행이 거듭될수록 변화가 상대적으로 느리고 점진적이라기보다는 반응 확률에서의 급격하고 단계적인 변화라는 데에 있다.

에스테스(1964a)는 연구에서 학습의 단계적 본질을 보여 주기 위해 쌍연합(paired associates)을 사용하였다. 쌍연합 학습(paired associate learning)에서 사람들은 항목 쌍들(paires of items)을 학습한다. 이는 짝지은 항목들 중 하나를 제시할 때, 나머지 다른 항목으로 반응할 수 있도록 하기 위해서이다. 에스테스는 쌍연합 학습의 변형을 사용하였다. 사람들은 쌍으로 연합된 항목 중 하나를 보고, 네 개의 반응 중 올바른 반응 하나를 하도록 했다. 그러므로 사람들이 쌍으로 연합된 항목 중 하나를 본 후 우연히 옳은 반응을 선택할 확률은 .25(4 중 1)이다. 에스테스는 사람들이 한 시행에서 옳게 추측하면, 그다음 시행에서 옳게 추측할 확률은 1이 되고, 이것이 유지된다는 것을 확인하였다. 달리 말하자면, 옳게 추측한 후 이어지는 시행은 100% 옳은 것이다. 틀린 추측을 했던 사람들은 옳은 추측을 할 때까지 계속해서 우연의 수준으로 추측하였고, 옳은 추측을 하면 이후 옳은 추측을 할 확률은 1로 도약하였다. 즉, 사람들은 학습을 할 때 완전하게 학습하였다. 그러나 [그림 9-2]에서 볼 수 있듯, 학습은 사람마다 각기 다른 시행에서 이루어졌다.

학습되지 않은 상태에서 학습된 상태로 전환하는 개별적인 사례들이 간과되고, 모든 학습자로부터 취한 자료들이 통합되면 어떤 일이 일어날 것인가? 이러한 환경에서는 학습되지 않은 상태에 있는 사람들이 옳은 반응을 할 확률이 학습된 상태에 있는 사람들의 것과 병합

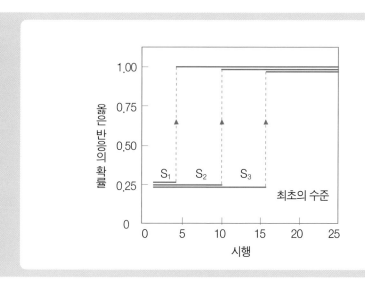

◀그림 9-2
어떤 시행을 할 때, 사람들의 수행은 우연 수준에서 완벽한 수준으로 변화한다. 그러나 이 과정은 피험자에 따라 다른 시점에 일어난다.
(W. K. Estes, All-or-None Processes in Learning and Retention, *American Psychologist, 19,* 1964, pp. 16-25).

(combined)되고 평균 확률은 구획으로 나타날 것이다. 예를 들어 실험에 5명이 참가한다고 해 보자. 3명은 학습되지 않은 상태이고(옳은 반응을 할 확률=.25), 2명은 학습된 상태이다 (옳은 반응을 할 확률=1). 이때 이 집단에서 옳은 반응을 할 평균 확률은 .55가 될 것이다. 더 많은 시행이 일어나면서 더 많은 사람이 학습된 상태로 들어설 것이고, 그 집단의 평균 확률은 높아질 것이다. 이 과정은 [그림 9-3]에 제시되었다. $P(C_{n+1}|N_n)$은 '시행 n에서 옳지 않았다고 가정할 때, 학습자가 시행 $n+1$에서 옳게 수행할 확률'로 읽힌다. $P(C_n)$은 학습자가 시행 n에서 옳게 수행할 확률이다.

자료들이 병합되기 때문에 학습이 점진적이며 시행을 거침에 따라 조금씩 향상된다는 인상을 갖는다. 하지만 개개인의 수행을 보면 점진적 학습에 대한 착각은 사라진다.

에스테스(1960)는 초기 연구에서 무의미한 철자와 숫자를 포함한 또 다른 쌍연합을 사용하였다. 에스테스는 48명의 사람들에게 8개 항목의 쌍연합 목록을 주었다. 무의미한 철자와 숫자의 쌍 8개가 사람마다 한 번씩 제시되었고, 그다음 무의미한 철자만 보고 그것과 연합된 숫자를 추측하는 검사를 하였다. 앞서 언급한 다른 쌍연합 연구는 중다 선택(multiple choice)을 썼으나 이번에는 그렇지 않았다.

에스테스는 학습이 점진적이라는 관점과 양자택일 방식이라는 관점을 구분하기 위해, 실험을 시작할 때 옳은 반응을 할 확률이 0인 4명의 학습자를 가정한다. 이 4명의 가설적 학습자는 짝지어진 철자 하나와 숫자 하나를 한 번 본다. 검사할 때 4명 중 1명은 의미 없는 철자를 본 후 숫자를 올바르게 예측한다. 에스테스는 이어지는 검사에서 옳은 반응을 할 확률이 0에서 .25로 증가할 것이라 가정한다. 그러나 이렇게 옳은 반응을 할 확률이 증가하는 것은 두 가지

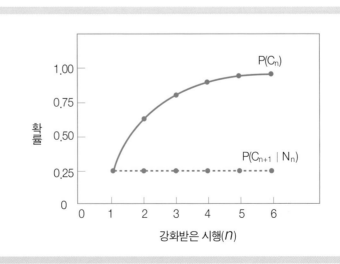

그림 9-3 ▶
개인이 하나의 시행에서 완벽하게 학습함에도 불구하고 많은 개인들의 자료가 합쳐지면, 부적 가속 학습 곡선이 생긴다. 이 곡선은 학습이 연속적이며 양자택일 방식으로 일어나는 것이 아니라는 그릇된 인상을 준다.
(W. K. Estes, All-or-None Processes in Learning and Retention, *American Psychologist, 19,* 1964, pp. 16–25).

방식으로 일어날 수 있다. ① 학습이 점진적으로 증가하는 특성을 가졌다고 믿는 사람들은 '연합 강도(associative strength)'가 4명 모두에게서 증가했으며, 그러므로 그 집단의 모든 구성원이 이어지는 검사에서 .25의 옳을 확률과 .75의 틀릴 확률을 갖는다고 말할 것이다. ② 학습이 양자택일 방식이라고 믿는 사람들은 그 집단에서 1명의 구성원은 옳은 연합을 형성했지만, 다른 3명은 틀린 연합을 형성했다고 말할 것이다. 양자택일의 학습 원리에 따르면 한 사람은 다음 검사에서 항상 옳을 것이나 다른 3명은 항상 틀릴 것이다. [그림 9-4]에 연합 강도 관점과 양자택일 관점의 차이가 도식화되어 있다.

48명의 사람에 대한 실제 실험으로 돌아가 보자. 에스테스는 연합 강도 관점에 따라 그들이 두 번째 검사에서 어떻게 수행하는가는 첫 번째 검사의 수행 결과와 관련이 없음을 보여 준다. 달리 말해, 만약 첫 번째 검사에서 틀렸던 사람들의 수행과 첫 번째 검사에서 옳았던 사람의 수행을 비교한다면, 두 번째 검사에서 그들의 수행이 거의 같을 것이다. 그러나 양자택일 관점은 첫 번째 검사에서 옳았던 모든 혹은 거의 모든 사람이 두 번째 검사에서도 옳을 것이고, 첫 번째 검사에서 틀렸던 사람들은 두 번째 검사에서도 틀릴 것이라고 본다. 에스테스는 이를 검

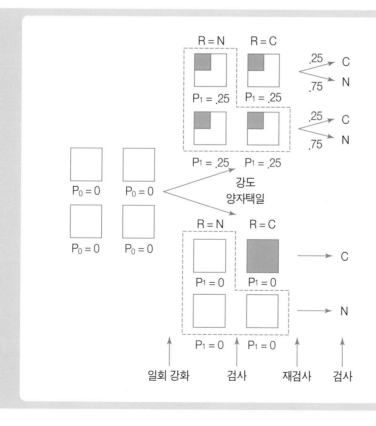

◀그림 9-4
이 도식은 '연합 강도(도식 윗부분)'와 양자택일(도식 아랫부분) 관점에 따른 단일 강화의 효과를 보여 준다. N=틀린 반응, C=옳은 반응, R=일회 강화 다음의 검사 시행에 대한 반응. 예를 들어, R=N이면 학습자가 검사 시행에서 틀린 반응을 한다는 뜻이다.
(W. K. Estes, Learning Theory and the 'New Mental Chemistry', *Psychological Review, 67,* 1960, pp. 207-223).

증했다. [그림 9-5]에 그 결과가 요약되어 있다.

[그림 9-5]을 살펴보면 384번의 옳을 확률(48명×8쌍 연합) 중 검사 1에서 반응의 49%는 옳고 51%는 틀렸음을 알 수 있다. 검사 1에서 틀리게 반응한 경우의 9%만이 검사 2에서 옳게 반응한 반면, 검사 1에서 옳게 반응한 경우의 71%는 검사 2에서도 옳게 반응하였다. 이 결과는 어떤 것이 학습될 때면 완전하게 학습된다는 생각을 지지한다. 만약 완벽하게 학습되지 않는다면 그것은 전혀 학습되지 않은 것과 같다. 에스테스는 통제 집단을 대상으로 수차례의 시행을 한다. 그 결과 틀렸던 51%의 항목은 49%의 맞은 항목만큼 어렵다는 것을 알 수 있었다. 또 51%를 틀린 사람들도 다른 참가자들과 같이 평균의 학습 능력을 가졌음을 알게 되었다.

오늘날 학습 이론에 제시된 대부분의 개념이 그러하듯, 에스테스의 연구도 비판에서 자유롭지 못했다. 예를 들어, 언더우드와 케펠(Underwood & Keppel, 1962)은 지금까지 이 장에서 다룬 실험의 여러 측면에서 결함을 발견했다. 그들은 양자택일 관점이 옳다면 왜 첫 번째 검사에서 모두 맞았던 항목들이 두 번째 검사에서는 겨우 71%만 맞았는가에 대해 의아해했다. 언더우드와 케펠은 에스테스의 양자택일 관점의 이론보다는 헐의 점증적 학습 이론이 실험 결과를 보다 잘 설명할 수 있다고 보았다.

만약 어떤 항목을 첫 번째 검사 시행에서 틀렸다면, 이것은 수행 역치 아래 있다고 할 수 있다. 중간에 공부를 하지 않으면 두 번째 검사에서 맞을 이유는 없다. 비슷하게, 첫 번째 검사 시행에서 역치 위에 있는 어떤 항목은 두 번째 시행에서 옳을 확률이 높다. 첫

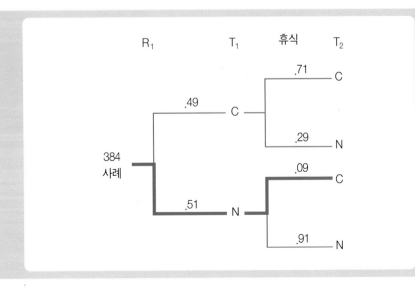

◀그림 9-5
쌍연합 학습 실험의 결과.
설명은 본문을 참조하라.
(W. K. Estes, Learning
Theory and the 'New Mental
Chemistry', *Psychological
Review*, 67, 1960, pp. 207-
223).

번째 검사 시행에서는 맞았는데 두 번째 시행에서는 틀렸던 항목들, 첫 번째 시행에서는 틀렸으나 두 번째에는 맞았던 항목들은 진동(oscillation) 개념을 통해 점증적 이론들에 근거하여 다루어져야 할 것이다(pp. 3-4).

진동 효과(oscillation effect, sO_R)는 헐의 학습 이론 중 일부였다(6장 참조). 헐은 진동 효과가 학습된 반응과 역으로 작용한다고 하였다. 시행마다 그 양이 다양하고 무선적(random)이다. sO_R 값이 높으면 특정 시행에서 학습된 반응이 나올 확률은 낮았다. sO_R 값이 낮으면 학습된 반응을 유발하는 데에 거의 효과를 발휘하지 못하였다. 헐은 진동 효과를 사용하여 학습된 반응이 한 시행에서는 일어나고 뒤따르는 시행에서는 일어나지 않는 이유를 설명하였다.

에스테스와 인지심리학

에스테스가 인접 이론가로 남아 있음에도 불구하고, 그는 최근에 학습 분석에서 인지적 기제들을 강조하였다(예: Estes, 1969a, 1969b, 1971, 1972, 1973, 1978 참조). 살펴본 바와 같이 그의 초기 분석은 거스리를 따르고 있다. 학습 시행이 끝날 때 있었던 자극은 그것이 무엇이든 시행을 종료했던 반응들과 연합된다고 가정한 것이다. 거스리와 에스테스는 학습을 연속된 사건들의 기계적이고 자동적인 연합이라고 보았다. 그 둘은 모두 인간을 포함한 유기체들이 감지하고 기록하고 반응하는 기계라고 생각하였다. 에스테스의 학습에 대한 이후 분석은 여전히 기계적이기는 하지만 훨씬 복잡해졌다. 인지적 사상들(cognitive events)의 영향을 고려한 까닭이다.

기억의 중요성   연구 초기에 에스테스는 자극과 반응이 인접에 의해 연합되고, 일단 연합되고 나면 그 자극이 다시 나타날 때 그들과 연합된 반응을 이끌 것이라고 주장하였다. 이후에 에스테스는 그의 분석에 세 번째 요소를 덧붙였다. 그것은 기억(memory)이다(예: Estes, 1969a, 1972, 1973, 1978 참조). 에스테스의 보다 최근의 분석에서 자극은 반응을 직접적으로 이끌기보다 오히려 이전 경험들에 대한 기억을 유발한다. 이전 경험들에 대한 기억들과 현재 자극의 상호작용이 행동을 만들어 낸다.

에스테스(1976)는 서로 다른 반응들이 서로 다른 결과들과 연합된 의사결정 상황에서 일어난다고 하였다. 예를 들어, A_1 반응은 5점을 얻고 A_2 반응은 3점을 얻는다고 해 보자. 에스테스에 따르면 사람이 각 반응의 가치를 학습하면 그 정보가 기억에 저장된다. 이어서 반응할 기회가 주어졌을 때, 그 사람은 상황을 훑어볼 것이다. 이는 어떤 반응이 가능한지를 결정하고, 그 결과가 무엇인지를 떠올리기 위함이다. 이 정보가 주어지고 나면, 그 사람은 가장 가치 있는 결과를 만드는 반응을 선택할 것이다. 에스테스(1976)는 이를 의사결정의 스캐닝 모델(scanning model of decision making)이라고 하였다. 이 모델에 따르면, 일반적으로 유기체는 의사결정 상황이 생겼을 때 반응-결과의 관계와 관련하여 기억에 저장했던 정보라면 그것이 무엇이든 사용할 것이며, 가장 이로운 결과를 생산하는 방식으로 반응할 것이다.

또한 기억은 고차적인 인지 조작에 대한 에스테스의 분석에서 언어 조작처럼 주요한 역할을 한다. 에스테스는 영국의 경험주의 전통에 따라 간단한 기억들이 결합되어 복잡한 기억을 만든다고 가정한다. 언어 학습을 예로 들어 보자. 알파벳의 개별 글자를 시작으로, 단어, 문장, 다른 조직 원리들 순으로 학습되고 보유된다. 그 후의 언어 사용은 간단한 요소들(예: 글자들)에 대한 기억에서부터 복잡한 문법 규칙과 원리에 대한 기억에 이르기까지 다양한 범주를 포함하는 위계적으로 배열된 기억을 요구한다. 에스테스(1971)는 언어를 포함한 복잡한 인간 행동은 "특정 자극에 대한 반응들의 연속이라는 관점보다 규칙, 원리, 전략과 같은 것들의 조작이라는 관점에서 더욱 잘 이해될 수 있다."(p. 23)고 하였다. 에스테스에 따르면 이런 복잡한 인지 과정과 감각적 자극 간의 상호작용은 상황에 대한 반응을 결정한다.

인지적 배열 모델: 분류와 범주화

에스테스는 자극표집 이론(stimulus sampling theory: SST)을 손다이크의 전이(transfer)에 대한 동일요소 이론(identical elements theory)의 수학적 확장으로 보았다. 즉, 둘 다 공통적인 자극 요소들을 기반으로 두고, 한 상황에서 다른 상황으로의 학습 전이에 대한 예측을 정확히 하기 위해 개발되었다. 최근의 작업에서 에스테스(1978)는 메딘과 섀퍼(Medin & Shaffer, 1978)가 처음 탐색한 문제로 확장하였고, 손다이크의 동일요소 접근을 계속해서 발전시켰다. 하지만 이번에는 모델을 분류(classification)와 범주화(categorization) 행동들에 구체적으로 적용하였다. 이런 행동의 예를 들자면, 한 생명체를 조사한 후에 털이 있고, 날아다니며, 알을 낳는다고 말하고 나서야 그것을 '새'로 부르는 것이 있다. 자료를 모은 후에 폐렴이 아닌 일반적인 감기라고 진단하는 의사, 위험한 모험이라기보다는 좋은 투자라고 회사에 선언하는 시장분석가는 분류와 범주화를 하고 있는 것이다. 에스테스의 분류에 대한 접근이 엄격하게는 인지적일지라도, SST와 그의 분류 모델에 의해 예측된 종류의 행동들 사이에는 비슷한 점들이 있음을 보게 될 것이다. 더 나아가 에스테스의 인지적 접근 학습에서 상정하고 있는 학습에 대한 중요한 가정들은 앞서 SST의 발달 과정에서 그가 만든 가정들과 유사하다.

SST에서 학습은 양자택일의 일회시행 방식으로 일어나며, 이는 자극과 특정 반응 간의 인접성만을 요구한다는 것을 기억하라. 사람들은 이어지는 학습 시행에서 자극 세트로부터 한정된 수의 자극 요소들을 표집하고, 반응 결과는 표집에서 그 반응에 부착된 자극의 비율에 따른다. 만약 표집이 조건화된 요소들을 포함하지 않는다면, 표집의 무선적인 성질이나 혹은 환경의 변화로 인해 반응이 일어나지 않는다.

에스테스의 인지적 분류 모델에서는 사람들이 복잡한 자극을 조사하고 자극의 중요하거나 독특한 특징에 주목할 것이라고 가정된다. SST에서 그러하듯, 그런 자극 특징들은 이들의 범주나 유목 구성자격(class membership)에 대한 정보와 함께 일회 시행에서 양자택일 방식으로 학습된다. 이 점에서 배열 모델(array model)이라 불리는 에스테스의 인지적 접근이 SST와 구별된다. 배열 모델의 경우, 자극 특성들과 범주명(category desination)이 중요한 특성 혹은 개별 속성을 보존하는 세트(배열)로서 기억에 저장되어 다른 자극들의 속성과 비교된다. 새로운 자극을 만날 때, 새 자극의 고유한 특성들은 이전에 학습되고 저장된 특징들의 세트와 비교된다. 그 후 기억 배열에 저장된 자극 속성과 새로운 자극 속성 간의 유사성을 토대로 새로운 자극이 분류된다. SST와 배열 모델의 짚고 넘어갈 만한 차이점이 더 있다. SST의 초점은 과거에 형성된 자극-반응 연합과 그 연합이 축적되는 방법에 있다. 한편 배열 모델의 초점은 현재 만나거나 미래에 만날 사건들을 분류하는 데에 있다. 에스테스(1994)는 우리가 이전에 만났던 상황에 대하여 완전히 자세하고 정확한 기억 기록을 획득하지 못하는 것에 주목하며 다음과 같이 말했다.

> 상황은 결코 정확하게 되풀이되지 않는다. 그러므로 기록만으로는 현재 문제들을 다루거나 미래를 예측하는 데에 그 어떤 도움도 되지 않는다. 기억은 기본적으로 적응적인 행동이다. 왜냐하면 기억은 과거 경험으로부터 얻은 정보를 현재 상황에 적용할 수 있게 만드는 방식으로 조직되어 있기 때문이다. 기억의 본질은 분류이다……. 분류는 우리의 모든 지적 활동의 기본이라고 충분히 말할 수 있다(p. 4).

SST는 부가적인 자극 관계들을 가정한다   SST와 배열 모델은 둘 다 손다이크의 동일요소 이론을 반영함에도 불구하고 그 방식은 서로 다르다. 간단한 예가 이러한 차이점을 설명하는 데 도움을 줄 것이다. 먼저 사람들이 'A'와 'B'라는 두 자극을 구별하도록 학습하는 문제와 표집 이론이 'A' 반응의 일반화 문제를 다루는 방식을 보자. 우리의 예에서 자극은 세 가지의 구별되는 특징 혹은 표집 요소를 가질 것이다. 이는 크기, 색, 모양이다. 자극 'A'는 크고 빨간 사각형이다. 사람들은 구별되는 두 번째 자극, 즉 작고 파란 원을 'B'라고 부를 것이라 배운다. 이 최초의 자극들로 변별 훈련(discrimination training)을 한 후 사람들은 2개의 새로운 자극으로 검사를 받는다. 그것은 크고 빨간 원과 작고 파란 사각형이다. 문제는 〈표 9-1〉와 같다.

〈표 9-1〉

훈련 자극		1A	1B	검사 자극	2A	2B
표집 요소	1	큰	작은		큰	작은
	2	빨간	파란		빨간	파란
	3	사각형	원		원	사각형
반응		'A'	'B'		?	?
				예측:	(66% 'A')	(33% 'A')

표의 아랫부분 오른쪽에도 나와 있듯, 우리는 훈련 자극(training stimulus)으로 변별 훈련을 한 후, 사람들이 검사 자극 2A와 2B에 어떻게 반응할지를 알고 싶다. 크고 빨간 원은 'A'와 'B'의 요소들을 공유함에 주목해 보라. 크고 빨간 원은 'A'라고 부르도록 학습된 훈련 자극 중 2개 요소를 공유하는 동시에 'B'라고 부르도록 훈련된 자극 중에서는 1개 요소를 공유하고 있다. 작고 파란 사각형의 경우도 비슷하다. 이는 훈련 자극 'B'와는 2개 요소를 공유하지만 'A'와는 단지 1개 요소만을 공유한다. SST에 바탕을 두고 기초적인 예측을 해 보자면, 자극 요소들의 간단한 부가적(additive) 결합을 근거로 사람들은 약 66%의 시간 동안 크고 빨간 원을 'A'라고 부를 것이다. 이 자극이 'A' 반응에 부착된 훈련 자극의 속성 중 2/3를 공유하기 때문이다. 또한 사람들은 작고 파란 사각형을 33% 정도의 시간 'A'라고 부를 것이다. 이는 'A'의 요소들 중 1/3이 초기의 변별 훈련 동안에 'A'에 부착된 까닭이다. 이것은 손다이크의 동일 요소에 대한 생각이 일반화를 예측하기 위해 SST에서 어떻게 사용되었는가에 대하여 상당히 직접적으로 보여 준다. 이 같은 학습에 대한 매우 간단한 예측은 사실 꽤나 정확하다 (Atkinson & Estes, 1963, p. 163에서 인용).

SST는 상당한 문제들이 있다. 두 가지 자극이 매우 비슷할 때, 이 둘은 완벽하게 변별되지 못할 것이다(Soto & Wasserman, 2010). 더 큰 문제는 위에 설명한 예보다 더 복잡한 상황에서 나타난다. 인간이나 인간이 아닌 학습자가 훈련하는 동안 존재했던 것들과는 아주 다른 맥락과 자극으로 검사를 받게 되면 매우 실망스러운 결과를 얻게 되는데, 이를 설명할 수 없는 것이다. 에스테스(1994)는 『분류와 인지(Classification and Cognition)』에서 부가적 자극 효과에 대한 가정이 결정적인 결함이라고 지적한다. 이것은 앞에서 예시를 통해 보여 준 바와 같이, 자극 요소들이 학습된 반응을 끌어내기 위해 요소들을 더하는 식으로 연합하는 개념적이고 수학적인 생각이라는 것이다. 대안으로서 배열 모델은 반응을 이끌어 내기 위해 요소들이 곱셈의(multiplicatively) 방식으로 연합한다고 가정한다.

배열 모델은 곱셈의 자극 관계를 가정한다   배열 모델은 우리가 자극 속성이나 요소들을 비교하여, 훈련 상황에 있는 자극들과 새로운 맥락에서의 자극 간의 유사성(similarity)을 판단한다고 본다. 각 비교의 경우에서 s라고 불리는 요인, 다시 말해 유사성 계수(similarity coefficient)는 자극 속성들의 쌍들 사이에 있는 유사성의 정도이다. 에스테스는 "우리는 두 가지 상황을 비교한다……. 특성에 따라, 각 특성이 일치하면 단일 자극(unity)의 유사성 계수를 적용하고, 특성이 다르면 보다 작은 값의 s를 적용한다. 유사성의 측정치는 이러한 계수들을 곱한 결과(product)이다"(p. 19)라고 기술했다. 그러므로 훈련 상황에서 검사 상황으로의 반응 전이 확률(probability of response transfer)은 유사성 계수의 곱의 함수이다. 만약에 모든 자극 요소를 비교하였는데 그들이 완벽하게 일치한다면, 모든 유사성 계수는 1.00이고, 유사성의 측정은 $(1 \times 1 \times 1 \times \cdots\cdots)$ 혹은 1이다. 그러면 반응 전이 확률은 1.00이거나 정확히 1이 되는 것이다. 반응 확률은 비교되는 자극 간에 불일치가 있을 때마다 확실성이 줄어든다. 이전의 예에서 크기와 색깔의 비교에 대한 유사성 계수는 둘 다 1.00이다. 두 자극은 모두 크고 빨갛기 때문이다. 모양의 비교에서 유사성 계수는 s로, 1.00보다 작다. 모양이 완벽하게 일치하지 않기 때문이다. 그러므로 자극 1A와 2A 사이의 유사성 측정은 $(1 \times 1 \times s)$, 즉 s이다. 1A와 2A 사이의 유사성 측정이 1.00보다 작기 때문에 우리는 두 자극 간의 완벽한 반응 전이를 기대할 수 없다. s의 적절한 값을 사용하면, 배열 모델은 〈표 9-1〉에 있는 일반화 문제에 적용될 수 있고, SST에 의해 만들어진 것과 유사한 예측을 하게 된다.

배열 모델은 어떤 자극이 특정 범주에 포함되는가를 판단하는 방식을 기술하고 예측하고자 한다. 조건 반응이 새로운 상황으로 일반화되거나 전이되는 방식을 기술하고 예측하려 하지는 않는다. 우리는 일반화 문제에 있던 자극을 이용하여 배열 모델의 기본 내용을 설명할 수 있다. 우리의 예에서 세 가지 자극 속성이나 요소는 그들이 두 가지 값 중 오직 하나만을 가지도록 제한한다. 크기와 관련된 자극은 클 수도 있고('+'로 표시) 작을 수도 있다('-'로 표시). 그것은 빨갛거나(+) 파랗다(-). 또 사각형(+)이거나 원(-)이다. 기본적이고 일반적으로 묘사하자면 s는 모든 속성 비교에 대해 단일 값으로 배정된다. 이 실험에서 자의적으로 결정한 범주화 규칙은 '모든 크고 빨간 것은 범주 A에 속한다'는 것이다. 모든 작고 파란 것은 범주 B에 속한다. 자극은 한 번에 하나씩 제시될 것이다. 참가자는 그 자극이 'A'에 범주화되는지 혹은 'B'에 범주화되는지에 따라 반응할 것이며, 실험자는 범주 반응이 옳은지를 나타낼 것이다.

같은 범주 안에 있는 항목들은 서로 유사하다 　이 문제에 대한 배열 모델을 개발하는 첫 번째 단계는 범주들 안에 있는 항목들의 유사성을 결정하는 것이다. 제시한 자극들 중 두 개가 실제로 범주 A에 속한다. 〈표 9-2〉에서 우리는 유사성 계수와 그 항목들 간의 유사성 측정치로서의 계수들의 곱을 볼 수 있다. 한 요소의 값이 일치하면(둘 다 + 혹은 둘 다 –) 유사성 계수는 1이고, 값들이 서로 다르면 값은 1보다 작은 s임을 명심하라.

또한 범주 B에는 2개의 구성 요인이 있다. 〈표 9-3〉에 유사성 계수와 그 자극들에 대한 곱이 나와 있다.

어떤 자극 자체의 유사성 측정치는 모든 특징이 일치하기 때문에 당연히 1.00이다. 범주 A와 B에서 두 가지 자극의 유사성 측정치는 유사성 계수의 곱인 s이며 1.00보다 작다. 각각의 경우에 있어 두 가지 특징은 완벽하게 일치하지만 모양은 일치하지 않기 때문이다. 하지만 다른 범주의 자극들 사이의 유사성 측정치는 s보다 작다. 만약 두 자극의 일치하는 요소가 1개

〈표 9-2〉 범주 A의 요소

	크기	색	모양
자극 1A	+	+	+
자극 2A	+	+	–
계수	1	1	s
곱셈 결과: $(1 \times 1 \times s) = s$			

〈표 9-3〉 범주 B의 요소

	크기	색	모양
자극 1B	–	–	–
자극 2B	–	–	+
계수	1	1	s
곱셈 결과: $(1 \times 1 \times s) = s$			

이고, 불일치하는 요소가 2개라면 곱셈 결과는 $(1 \times s \times s)$, 혹은 s^2이다. 만약 두 가지 자극이 3개 특징 모두에서 불일치하면, 곱셈 결과는 $(s \times s \times s)$, 혹은 s^3이다. 만약 이 예에서 $s = .7$이라면(이 세팅은 임의적인 것이며, 오직 설명을 위해 사용된 것이다), 결과는 다음과 같다.

$$2개\ 일치;\ 1개\ 불일치 = (1 \times 1 \times .7) = .7$$
$$1개\ 일치;\ 2개\ 불일치 = (1 \times .7 \times .7) = (.7)^2 = .49$$
$$일치\ 없음;\ 3개\ 불일치 = (.7 \times .7 \times .7) = (.7)^3 = .34$$

자극 항목들은 전체 범주를 나타낸다　　배열 모델을 적용하는 다음 단계는 특정한 자극이 전체로서 범주에서 나타내는 정도를 결정하는 것이다. 이를 위해 단일 자극을 그 자체와 비교하는 것을 포함해, 한 범주 안에 있는 요소들을 그 범주 안에 있는 다른 요소들과 비교하는 유사성 계수 행렬(similarity coefficient matrix)을 만든다. 범주 A 안에 있는 자극 행렬은 〈표 9-4〉에 제시되었다. 오른쪽 끝 열에서 범주 A에 있는 모든 자극에 대한 자극 1A의 유사성은 $(1+s)$인데, 이것은 이 항목의 그 자신에 대한 유사성과 그 범주 안에 있는 다른 항목들에 대한 유사성을 더한 값이다. A에 있는 모든 항목에 대한 2A의 유사성 또한 $(1+s)$이다.

다음으로, 우리는 A에 있는 항목들과 B에 있는 항목들 간의 유사성을 나타내는 행렬을 만들 수 있다. 이를 통해 전체로서의 범주 B에 대한 A의 각 항목에 대한 유사성이 나타난다. B 항목들에 대한 A 항목들의 합산된 유사성(summed similarity)은 〈표 9-5〉의 오른쪽 끝 열에 있다.

〈표 9-4〉 범주 A의 자극

	자극 1A	자극 2A	(A에 대한 유사성)
자극 1A	1	s	$(1+s)$
자극 2A	s	1	$(1+s)$

〈표 9-5〉 범주 B의 자극

	자극 1B	자극 2B	(B에 대한 유사성)
자극 1A	s^3	s^2	$(s^3 + s^2)$
자극 2A	s^2	s^3	$(s^2 + s^3)$

마지막으로, 우리는 한 자극이 바르게 범주화될 확률을 예측할 수 있다. 이 예측은 모든 가능한 범주에 대한 유사성들의 합과 비례하여 어떤 자극의 (옳은) 범주에 대한 유사성을 근거로 하여 이루어진다. 그러므로 자극 2A가 올바르게 범주화될 확률은 범주 A에 대한 자극 2A의 유사성을 범주 A와 B에 대한 자극 2A의 유사성으로 나눈 값이다. 즉, A의 구성원으로서 자극 2A를 올바르게 인식할 확률은 다음과 같다.

$$\frac{(1+s)}{(1+s)+(s^2+s^3)}$$

모델이 구체적인 사례에 어떻게 적용되는지 보기 위해, 사람들을 항목 1A와 1B에 대해 훈련시키고, 아까처럼 $s = .7$이라고 가정해 보자. 배열 모델에 따르면 자극 2A가 나타날 때 'A'로 범주화될 확률은 다음과 같다.

$$\frac{(1+.7)}{(1+.7)+(.49+.34)}$$

$$= \frac{1.7}{2.35}$$

$$= .67$$

같은 조건 아래에서 모델을 이용해 2B가 올바르게 범주화될 확률을 예측하는 것은 독자에게 유익한 연습이 된다. 하지만 이러한 수학적 조작은 실험자가 범주 학습 과제에서 수행을 예측하기 위해 하는 연습이 아님을 명심해야 한다. 이 이론은 사람들이 이론의 수학에서 포착할 수 있는 인지 과정에 참여한다고 가정한다. 에스테스(1994)는 다음과 같이 썼다.

첫 번째 시행을 마친 후 각 시행을 시작할 때, 피험자는 현재 기억 배열의 각 구성 요소와 비교해서 제시된 보기의 유사성을 계산(compute)한다. 또 피험자는 각 범주와 연합된 모든 구성원에 대한 유사성을 합(sum)하며, 각 범주의 확률을 계산하고, 그 확률에 기초하여 반응을 이끌어 낸다(generate). 물론 한 개인이 이런 계산들을 컴퓨터처럼 한다고 가정하는 것은 아니다. 다만 처리 체계가 어떠한 방법을 통해, 모델을 시뮬레이션 하도록 프로그래밍된 컴퓨터가 생산해 낸 것과 같은 반응 확률을 이끄는 일련의 계산을 수행한다는 것이다(p. 46).

에스테스는 그의 보다 최근의 분석을 통해 인지심리학을 확실하게 받아들였다.

강화에 대한 에스테스의 관점

강화에 대한 에스테스의 최종 관점 또한 본질적으로 인지적이다. 에스테스는 한 번도 강화 이론가인 적이 없었다. 그의 초기 입장은 효과의 법칙을 거부하였다. 효과의 법칙은 강화가 자극과 반응 간의 결속이나 연결을 강력하게 한다고 주장한다. 에스테스는 거스리를 이어 강화가 자극과 반응 간의 연합을 보존함으로써 연합의 탈학습을 막는다고 믿었다. 에스테스는 강화의 역할에 대한 보다 최근의 관점을 통해 유기체에게 제공하는 정보를 강조한다(Estes, 1969b, 1971, 1978 참조).

에스테스에 따르면 유기체는 S-R(자극-반응)의 관계뿐 아니라 R-O(response-outcome)의 관계도 학습한다. 즉, 유기체는 반응이 어떤 결과를 이끄는가를 학습하고 기억하는 것이다. 주어진 상황에서 어떤 반응은 강화를 이끌지만, 어떤 반응은 처벌을 이끌고, 또 어떤 반응은 아무것도 이끌지 않는다. 강화와 처벌은 행동을 강화시키거나 약화시키지 않는다. 강화 혹은 처벌이 없는 R-O 관계도 강화나 처벌이 있을 때만큼 빠르게 학습되는 까닭이다. 유기체는 단순히 무엇이 무엇을 이끄는지를 학습하며, 이 정보는 다른 가능한 반응보다 선호되는 반응이 무엇인지를 결정한다.

에스테스는 강화에 대한 분석을 통해 학습과 수행 간의 중요한 차이점을 만들어 냈다. 그에게 있어 강화와 처벌은 학습 변인이 아니다. 왜냐하면 강화와 처벌이 없더라도 학습은 일어나기 때문이다. 오히려 강화와 처벌은 수행 변인이다. 그것은 이미 학습된 재료들이 어떻게 행동으로 나타날 것인지를 결정하기 때문이다.

에스테스가 인지적 기제(예: 기억)를 강조하고, 강화와 처벌은 유기체에게 정보를 제공하는 수단으로 여기고 있음에도 불구하고, 그는 여전히 인간을 기계와 같은 것으로 본다. 이러한 점에서 그의 초기 입장과 최근 입장 사이의 중요한 차이는 그 기계가 훨씬 복잡해졌다는 것이다. 강화와 처벌이 어떻게 자동적으로 행동을 인도하는가에 대한 에스테스의 관점을 헐스, 이게스와 디스(Hulse, Egeth, & Deese, 1980)가 잘 요약하였다.

> 에스테스의 이론에서 강화의 기능은 새로운 연합의 형성을 직접적으로 강화하는 것은 아니다. 이를 위해서는 인접만으로도 충분하다. 이 점에 관해서라면 에스테스는 거스리와 맥을 같이한다. 대신, 강화하는 사건은 수행에 영향을 미친다. 그것은 거스리의 언어를

빌리자면, 정해진 일련의 학습된 반응이 어떤 최종 결과로 진행되는 경향성을 의미한다. 강화의 기능은 피드백을 제공하는 것이며, 학습 상황에서 현재의 자극들(또는 기억에서 회상된 자극들)을 합산하여 임박한 보상이나 처벌을 예측하는 것에 근거한다. 그래서 다른 통로보다 어떤 통로를 따르는 행동을 선호하도록 이끈다. 달리 말해, 에스테스의 이론은 수행에 영향을 미치는 강화에 대한 인공두뇌학적(cybernetic)인 모델을 강조한다. 행동은 강화받는 사건으로부터 긍정적이거나 부정적인 피드백을 통해 목표로 인도되거나 혐오적인 상황으로부터 멀어진다(pp. 73–74).

이 인용문에서 인공두뇌학적(cybernetic)이라는 용어는 환경으로부터의 피드백에 의해 자동적으로 인도되는 체계를 일컫는다. 인공두뇌학적 체계의 예로 항공기의 자동조종 장치와 집의 온도조절 장치를 들 수 있다.

에스테스는 강화에 대하여 정보적으로 해석하고 학습과 수행 사이를 구분했을 뿐 아니라, 에드워드 톨먼(Edward Tolman; 12장 참조)과 앨버트 반두라(Albert Bandura; 13장 참조)의 이론에 동조하였다. 에스테스, 톨먼, 반두라는 모두 우리가 관찰한 것을 학습하는 것과 이런 정보를 행동으로 바꾸는 방식이 유기체의 목표에 달려 있다고 본다. 또 에스테스의 현재 입장과 심리학에 대한 정보처리적 접근 사이에는 밀접한 관계가 있다. 정보처리 심리학은 환경으로부터의 입력(자극)이 출력(행동)되기 전에 하나 이상의 정신적 과정과 상호작용한다고 주장한다. 에스테스와 같은 많은 정보처리 심리학자는 인간의 행동을 설명하면서 인공두뇌학적 모델을 받아들인다.

수학적 학습 모델의 현 상태

우리가 이 장에서 제시한 에스테스 이론에서 수학을 최소화했음에도 불구하고, 그의 접근은 학습의 수학적 모델로서 자주 언급된다. 그가 학습 과정이 다양한 수학적 공식의 관점에서 어떻게 서술될 수 있는가를 보여 주려고 노력했기 때문이다. 학습의 수학적 모델은 심리학 분야에서는 상대적으로 새로운 것이었으며, 그 새로움은 분명하다. 심리학자들은 언제나 과학적이기를 원했으며, 과학의 언어는 수학이다. 그러므로 심리학에서 새로운 방법으로서 수학을 사용할 기회가 오면 이것은 상당한 낙관론과 열광의 대상이 된다. 학습에 대한 수학적 연구의 중요한 공헌 중 하나는 수년간 그다지 정확하지 않은 용어로 연구되어 오던 현상을 정확하게 서술하는 것이 가능하게 됐다는 점이다. 그러나 이러한 정리 작업을 빼면 수학적 모델은 학습 과정의 본질과 관련한 그 어떤 새로운 정보도 주지 못한다. 최근 많은 수학 공식은 상통하는 주제를 통합하지 못한 채 다른 학습 현상에 대해서만 기술하고 있다. 통합이 부족하다고 말하는 것이 학습에 대한 수학적 모델을 비판하는 것은 아니다. 이것은 이 분야에 대한 새로운 접근의 특징인 것이다. 우리는 14장에서 신경 네트워크 개념을 통해 학습을 다루는 또 다른 종류의 수학적 모델들을 살펴보도록 하겠다.

에스테스 이론에 대한 평가

공헌

세퍼드(Shepard, 1992)는 에스테스가 학습 이론의 방향을 바꾸는 데에 주요한 영향을 끼쳤다고 본다. 에스테스가 학습 이론을 "철저한 관찰을 기반으로 한 형식의 간결함과 개념의 정확성"(p. 210)을 통해 새롭고 보다 인지적인 분야로 이끌어 갔다는 것이다. 에스테스가 과학자상과 관련해 인용하였던 말 중 이 장의 서두에 적어 두었던 어귀는 이 주제를 반영한다.

만약 우리가 SST의 수학을 헐의 확장된 공식과 비교한다면, 우리는 에스테스의 접근이 상당히 간단하다는 것을 알게 된다. 에스테스는 확률 이론의 논리적 원리를 통해 연합되는 두 가지 요인만을 쓰기 때문이다. 에스테스는 다음의 몇 가지 지점에서 거스리와 닮아 있다. 먼저 그의 학습 이론은 오직 인접만을 요구한다. 또 그는 간섭(interference)을 소거와 망각의 매개수단(vehicle)으로서 위치시킨다.

그러나 SST에서 이론의 예측을 펼치는 것은 유사한 형태의 학습 곡선이나 소거 곡선을 포함한 확률과 표집의 논리이다. 비슷하게, 근래의 배열 모델에서 범주적 판단에 대한 설명을 이끄는 것도 확률 이론의 논리이다. 그러므로 우리는 에스테스의 접근을 '하향적(top-down)'이라고 볼 수 있다. 즉, 몇 가지 기초적인 원리에서 시작하여 행동에 대한 다양하고 정확한 예측으로 확장해 가는 것이다.

세퍼드(1992)는 에스테스 덕분에 1950년대 주류 행동주의자들에게서 벗어나 중요한 출발을 할 수 있었다며 그의 공헌을 인정하였다. 에스테스의 이론은 쉽게 인간의 학습으로 확장되었고, 분류나 개념 학습과 같은 더욱더 복잡한 종류의 학습으로 확대되었다(Estes, 1950, 1960). 그리고 그의 이론은 현대 인지학습과학의 기반이 되었다. 더욱이 바우어(Bower, 1994)는 에스테스의 공헌에 대해 다음과 같이 썼다.

> 그러므로 넓은 역사적 관점에서 보건대, SST의 특정한 가정들과 실험적 패러다임들이 수년간 폐지되고 수정되었음에도 불구하고, 학습과 인지에 대한 병렬분산 연결주의 모델에 대한 근래의 열광(14장)은 SST 틀의 부분적인 성장이요 유산이라 할 수 있다. 현재 상황에서 적응적 망(adaptive network) 모델에 대한 보다 창의적이고 강력한 연구자들 중 한 명이 이 독특하고도 지칠 줄 모르는 이론가 윌리엄 케이 에스테스임은 놀라운 것이 아니다(p. 298).

비판

에스테스 이론에 대하여 많은 비판이 제기되어 왔다. 학습 이론을 공부하는 학생들에게 첫째로 그리고 가장 자주 언급되는 것은 이론의 제한된 범위에 대한 것이다. 초기의 이론들은 에스테스의 이론보다 훨씬 더 야심 찬 것들이었다. 모든 종류의 학습 현상을 설명할 수 있는 큰 구조를 만들고자 했던 것이다. 손다이크의 이론은 학습을 기반으로 하는 기제로부터 시작하여 교육적 실제로 확대되었다. 심지어 파블로프 이론은 단순 반사 반응의 학습을 넘어 언어와 같이 복잡한 현상들로 뻗어 나간다. 에스테스의 이론은 많은 수학적-심리학적 이론의 특징인 예측의 범위와 정확성 사이의 절충을 보여 준다. 하지만 이들의 제한된 문제 영역에서도 이렇게 정확하게 공식화된 이론들이 극단적이고 때때로 부정확한 예측을 하는 때가 있다(Estes, 1994).

셰퍼드(1992)는 에스테스의 접근에 대한 추가적인 비판을 두 가지 더 제기하였다. 첫째로, 에스테스의 이론은 거스리의 이론과 마찬가지로 정확한 반응이 방출되었을 때 자극 조건이 변화되었다고 가정하였음에도 불구하고, 학습 연결을 강화하기 위해서 자극-반응 인접 외에 다른 기제는 없다고 가정하였다. 그러나 에스테스는 레스콜라(Rescorla)가 정의한 인접(contiguity)과 유관성(contingency)의 중요한 구분을 하지 않았다.

두 번째로 셰퍼드(1992)는 에스테스와 그의 동료들이 실험 조건들을 엄격하게 제한하기 위하여 이론에서 수학적 추상화를 허용한 것을 주시한다. 만약 실험이 인위적일 징도로 제한적이라면, 실제 세계의 학습 환경을 반영하는 데 실패할 것이다. 결국 실험 결과의 타당성이 떨어지고, 이론 자체가 과소평가된다.

논의
사항

1. 학습에 대하여 점증적 설명 혹은 양자택일 방식의 설명을 받아들이는 것에 따라 이론 가로서 손다이크, 파블로프, 왓슨, 거스리, 스키너, 헐을 각각 범주화하라. 또 각 이론가를 그렇게 범주화한 이유를 간단히 설명하라.

2. 학습이 점증적인지 아니면 양자택일 방식인지를 명확히 결정하도록 하는 실험을 설계하라.

3. 에스테스의 학습 이론 개정판에 실린 기억의 중요성에 대하여 논하라.

4. 에스테스의 의사결정의 스캐닝 모델에 대하여 설명하여라.

5. 왜 에스테스의 행동에 관한 설명을 인공두뇌학적 모델이라고 부르는가?

6. 통계적 학습 이론의 장단점을 열거하라.

7. 당신의 일상 경험에 비추어 볼 때, 당신은 학습이 점증적이거나 양자택일 방식이라고 느끼는가? 이러한 종류의 개인적 감정은 과학에서 어디에 위치하는가? 설명하라.

8. 당신은 '학습에 대한 학습'과 유사한 과정이 학생의 일상에서 일어나고 있다고 보는가? 시험을 잘 보는 요령을 알게 되는 것을 '학습에 대한 학습'의 관점에서 설명하라.

9. 학습 과정에 대하여 점증적(연속성) 입장, 양자택일의(비연속성) 입장, 다른 시기 또는 다른 이유에서 연속성과 비연속성 모두를 강조하는 절충적 입장을 간략히 설명하라.

10. θ의 크기는 에스테스가 본 것처럼 학습 과정에 어떻게 영향을 미치는가? θ의 크기에 영향을 줄 것이라고 여겨지는 요소들을 열거하라.

11. 우리가 어떻게 나뭇잎으로 '떡갈나무'와 '단풍나무'를 분류하는지 설명하기 위해서 배열 모델에서 어떤 자극 특징들이 사용될 수 있겠는가?

주요 개념

- 마르코브 과정(Markov process)
- 배열 모델(array model)
- 부적 가속 학습 곡선(negatively accelerated learning curve)
- 세타(theta, θ)
- 쌍연합 학습(paired associate learning)
- 의사결정의 스캐닝 모델(scanning model of decision making)
- 자극표집 이론(stimulus sampling theory: SST)
- 체계의 상태(state of the system)
- 확률 배합(probability matching)

중요한 인지주의적 이론들

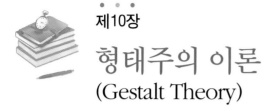

왓슨(J. B. Watson) 이후 행동주의는 미국 심리학자들 사이에서 맹위를 떨쳤다. 그 이래로 거스리(Guthrie), 스키너(Skinner), 헐(Hull)과 같은 유명한 학습 이론가들은 행동주의자였다. 행동주의자들은 분트(Wundt)와 티치너(Titchener)의 내성법(introspective method)을 비판했고, 그리하여 내성법은 거의 버려지다시피 했다. 행동주의자들이 미국에서 내성법을 공격하고 있던 시기에, 독일에서도 일련의 심리학자들이 내성법의 사용을 비판하고 있었다. 이 작은 독일 심리학자 집단은 자신들을 형태주의(Gestalt) 심리학자라 불렀다. 행동주의 운동이 1913년 왓슨의 「행동주의자의 시각에서 본 심리학(Psychology as the Behaviorist Views It)」으로 시작된 것으로 여겨지듯, 형태주의 운동은 1912년 막스 베르트하이머(Max Wertheimer)의 가현 운동(apparent motion)에 대한 논문에서 시작된 것으로 여겨진다.

막스
베르트하이머

비록 베르트하이머(1880~1943)가 형태주의 심리학의 창시자로 여겨지지만, 시작부터 그는 볼프강 쾰러(Wolfgang Köhler, 1887~1967), 쿠르트 코프카(Kurt Koffka, 1886~1941)와 함께 작업했으며 이들은 이 운동의 공동 창시자로 여겨진다. 이 셋 모두 형태주의 심리학에 중요하고 독특한 공헌을 했지만, 그들의 생각은 항상 일치하는 점이 많았다.

형태주의 운동은 베르트하이머가 라인란트행 기차를 타고 가던 중 떠오른 통찰의 결과로 시작되었다. 그는 만약 인접해 있는 두 개의 움직이지 않는 불빛이 특정 비율로 켜졌다 꺼졌다를 반복한다면, 관찰자는 그들 사이에서 움직임이 있는 것 같다는 착각을 하게 될 거라는 생각이 문득 들었다. 그는 기차에서 내려 다양하고 간단한 실험을 해 보려고 장난감 스트로보(다양한 비율로 시각적 자극을 표시하는 데 사용하는 장치)를 샀다. 베르트하이머는 이 움직임 환상을 파이 현상(phi phenomenon)이라 불렀고, 이 발견은 심리학사에 큰 영향을 미쳤다.

파이 현상에서 파이 현상을 일으킨 부분과 파이 현상 자체는 다르다는 사실이 중요하다. 꺼졌다 켜졌다 하는 각 불빛을 분석해서는 움직임의 느낌을 설명할 수 없다. 움직임의 경험은 요소들 간의 결합에서 나타난다. 이 이유로 형태주의 학파의 구성원들은 비록 심리적 경험이 감각적 요소로부터 오지만, 감각적 요소 그 자체와는 다른 것이라 생각했다. 다시 말해, 현상학적 경험(예: 분명한 움직임)은 감각 경험(예: 빛의 반짝임)으로부터 오지만, 현상학적 경험은 그 개별 구성 요소로 나누어 분석한다고 이해되는 것이 아니다. 즉, 현상학적 경험은 이를 구성하는 부분들과는 다르다.

그러므로 칸트(Kant)의 전통을 따라 형태주의자들은 유기체가 감각 정보를 날것 그대로 받아들이지 않고 조직하여 받아들인다고 생각했다. Gestalt는 독일어로 배치(configuration) 또는 패턴이라는 뜻이다. 이 학파의 구성원들은 사람들이 세계를 의미 있는 전체로 지각한다고 생각했다. 사람들은 따로 떨어진 자극을 보는 것이 아니라, 의미 있는 배치들 또는 형태들(Gestalten, Gestalt의 복수형)을 본다. 사람들은 다른 사람들, 의자들, 차들, 나무들 그리고 꽃들을 보는 것이지, 선이나, 윤곽, 색의 일부를 보는 것이 아니다. 사람의 지각장(perceptual field)은 조직화된 전체 또는 형태들의 구성물이다. 이는 심리학의 기본적인 문제가 되어야만 한다.

형태주의자들의 슬로건은 '전체는 부분의 합과 다르다' 또는 '나누는 것은 왜곡하는 것이다'가 되었다. 처음에는 한쪽 팔, 다음에는 다른 쪽 팔, 눈, 입을 본 후 이 경험들을 종합하려고 시도해서는 모나리자의 전체 인상을 결코 볼 수 없다. 개별 음악가의 연주를 낱낱으로 분석해서는 교향곡을 듣는 경험을 이해할 수 없다. 오케스트라에서 흘러나오는 음악은 개별 음악가 연주의 단순 합이 아니다. 멜로디는 부분의 합과는 구분되는 창발적(emergent)인 것이다.

의지주의, 구조주의, 행동주의에 대한 반대

구조주의자들(structuralists)은 내성법을 활용하여 사고의 요소들을 발견하려 했다. 물리화학의 성공에 영향을 받아, 그들은 서로 결합하여 복잡한 정신적 경험을 만들어 내는 기본 요소를 구분하려고 시도하였다. 예를 들어, 구조주의자들은 감각에 대한 심적 유추를 탐구하는 데 흥미를 가졌다. 그들은 실험 참여자에게 자신의 경험에 지나치게 의미를 부여하지 않도록 사물에 이름을 붙이는 것을 피하라고 요청했다. 대신 그들에게 날것 그대로의 감각을 묘사해 달라고 했다. 구조주의자들은 연합의 법칙에 따라 더 단순한 사고의 연합이 곧 복잡한 사고라고 믿었다는 점에서 연합주의자(associationists)였다. 그들의 주된 관심은 더 복잡한 사고를 구성하는 데 쓰이는 더 단순한 사고를 찾는 것이었다.

다원주의적 사고에 영향을 받은 기능주의자 운동(functionalist movement)은 미국에서 점점 탄력을 얻고 있었고, 곧 구조주의에 도전하기 시작했다. 기능주의자들은 인간의 행동과 사고 과정이 어떻게 생존과 관련되는지에 주로 관심을 가졌고, 구조주의자들이 이런 접근을 결여하고 있다고 공격했다. 따라서 구조주의는 행동주의가 등장하기 전부터 비판을 받고 있었다.

행동주의자들은 심리학을 완전한 과학으로 만들려고 시도했는데, 과학이 되기 위해서는 측정이 있어야만 했다. 행동주의자들은 신뢰할 수 있고 공개적으로 측정할 수 있는 심리학적인 주제는 명시적 행동이라는 결론을 내렸다. 의지주의와 구조주의처럼 의식의 요소를 기술하는 것은 보고하는 사람의 언어 능력을 비롯한 다른 요소에 영향을 받기 때문에 신뢰하기 어렵다. 간접적으로만 연구할 수 있기 때문에 행동주의자들은 의식은 과학에 있어 의심스러운 주제라 생각했다.

형태주의 심리학자들은 의지주의, 구조주의, 행동주의 모두 요소 중심적 접근이라는 점에서 똑같은 오류를 가지고 있다고 생각했다. 셋 모두 문제를 이해하기 위해서 문제를 개별 요소로 나누려고 했다. 의지주의자들과 구조주의자들은 복잡한 사고를 형성하는 기본 요소를 찾으려고 하였고, 행동주의자들은 복잡한 행동을 습관, 조건화된 반응, 자극-반응 조합을 통해 이해하려고 하였다.

　　형태주의자들은 일반적으로 내성법 자체에 문제는 없다고 생각했으며, 다만 의지주의자와 구조주의자가 잘못 사용하고 있다고 생각했다. 내성법은 경험을 나누기 위해서 사용하기보다는 전체적이고 의미 있는 경험을 탐구하기 위해서 사용해야만 한다. 내성법은 사람들이 세상을 어떻게 지각하는지를 탐구하는 데 사용되어야만 한다. 내성법이 이런 식으로 사용될 때, 사람들의 지각장이 조직적이고 의미 있는 사상들(events)로 이루어져 있다는 것을 알게 된다. 형태주의자들은 조직적이고 의미 있는 사상이 심리학의 주제가 되어야 한다고 생각했다. 이 형태들은 어떤 식으로든 나누어지게 되면 그 의미를 잃는다. 따라서 지각 현상은 추가적인 분석 없이 직접적으로 연구되어야만 한다. 지각 현상을 직접적으로 연구한다는 이런 전통 때문에 (현상[phenomenon]의 뜻은 '주어진 것'이란 뜻이다), 형태주의는 때론 현상학(phenomenology)이라 불린다. 현상학자들은 의미 있는, 직접적인 정신적 사상(event)을 탐구했다. 그들은 추가적인 분석을 위해 사상들을 나누지 않았다. 다음은 형태주의와 행동주의 접근에서 사용하는 단어의 목록이다.

형태주의	행동주의
전체적인	원자적, 요소적
몰 단위	분자
주관적인	객관적인
생득적인	경험적인
인지적인, 현상학적인	행동적인

　　이 목록의 단어 중 가장 의미가 불분명한 것은 몰 단위(molar)와 분자(molecular)일 것이다. 일반적으로 몰 단위는 크다는 것을 뜻하고, 분자는 작다는 것을 뜻한다. 그러나 행동을 기술할 때 몰 단위 행동(molar behavior)은 목표 지향적이며 목적이 있는 큰 행동의 부분을 뜻하고, 분자 행동(molecular behavior)은 조건 반사와 같이 행동의 작은 부분을 뜻하며 이는 분석을 위해 따로 떼어 낸 것이다. 명백히 형태주의자들은 후자보다는 전자에 더 관심이 많았다. 몰 단위에 대해서는 12장에서 톨먼(Tolman)에 대해 다룰 때 더 자세히 언급할 것이다.

주요 이론적 개념

장 이론

형태주의 심리학은 물리학의 장 이론(field theory)을 심리학 문제에 적용하려는 시도로 이해할 수 있다. 개략적으로 장(field)은 역동적이고 상호 관련된 체계로, 부분들이 다른 부분들에 영향을 주고받는 것으로 정의할 수 있다. 장에 있어 중요한 점은 장 내에 따로 떨어져 존재하는 것은 없다는 점이다. 형태주의 심리학자들은 장의 개념을 다양한 층위로 활용하였다. 예를 들어 형태들(Gestalten) 자체는 작은 장으로 여겨졌으며, 지각된 환경은 하나의 장으로, 사람은 역동적이고 상호 관련된 체계로 생각되었다. 형태주의 심리학자들은 사람에게 일어나는 것은 무엇이든 그 사람 밖의 모든 것에 영향을 끼친다고 생각했다. 예를 들어 발가락이 아프거나 배탈이 나면 세상이 이전처럼 보이지 않는다. 형태주의 심리학자들은 언제나 개별적 부분이 아닌 전체를 강조했다.

또 다른 초기 형태주의 심리학자인 쿠르트 레빈(Kurt Lewin, 1890~1947)은 장 이론을 바탕으로 인간의 동기에 대한 이론을 발전시켰다. 그는 언제든 인간의 행동은 그 시점에 경험된 심리학적 사실들의 전체성에 의해 결정된다고 생각했다. 레빈에 따르면 심리학적 사실이란 배고픔, 지난 사건의 기억, 특정 물리적 장소에 있는 것, 특정한 다른 사람의 존재, 가지고 있는 돈의 액수를 포함하여 인간이 의식하고 있는 모든 것이다. 사람의 삶의 공간(life space)은 이 모든 심리학적 사실들의 총합이다. 이런 사실 중 몇몇은 인간 행동에 긍정적인 영향을 끼치고, 나머지는 부정적인 영향을 끼친다. 사건들의 전체성은 주어진 시점의 행동을 결정한다. 레빈에 따르면 의식적으로 경험된 것만이 행동에 영향을 끼친다. 따라서 과거에 경험된 것은 현재 행동에 영향을 끼칠 수 있으며, 사람은 이를 의식하고 있

쿠르트 레빈

음이 틀림없다. 어떤 심리학적 사실의 변화는 전체 삶의 공간을 재배열한다. 따라서 행동의 원인은 계속 바뀌게 된다. 행동의 원인은 역동적이다. 사람은 영향력의 장이 지속적으로 바뀌는 가운데 존재한다. 그리고 하나의 변화는 다른 것에도 영향을 끼친다. 이것이 심리학적 장 이론이 의미하는 바이다.

본성 대 양육

행동주의자들은 뇌를 수동적으로 감각을 받아들이고 반응을 만들어 내는 것으로 보는 경향이 있다. 이런 관점에서 뇌는 복잡한 교환대(switchboard)로 이해된다. 행동주의자들은 인간의 본성은 우리가 경험하는 것에 의해 결정된다고 주장했다. '마음'의 내용물은 경험의 종합이며, 그 밖의 것은 거의 없다. 형태주의 이론가들은 뇌에 더 적극적인 역할을 부여했다. 형태주의 이론가들에게는 뇌가 수동적인 수신기도, 외부 환경의 정보를 저장하는 곳도 아니었다. 뇌는 들어온 감각 정보를 더 의미 있고 조직화된 방식으로 만들어 낸다. 이것은 학습된 기능이 아니다. 감각 정보에 구조를 부여하고 의미를 만드는 것은 뇌의 '본성'이다.

뇌는 물리적 시스템이기 때문에 입자에 영향을 끼치는 자기장처럼, 뇌에 들어온 정보에 영향을 끼치는 장이 있다. 이 장은 의식적 경험을 조직한다. 우리가 의식적으로 경험하는 것은 뇌에서 힘의 장이 활동을 하고 난 후의 감각 정보이다. 경험을 조직하는 뇌의 능력이 경험에서 온 것이 아니라고 생각하기 때문에, 형태주의자들을 생득주의자라 부르기 쉽다. 그러나 형태주의자들은 뇌의 구조화하는 능력을 타고난 것으로 보지 않는다. 오히려 이 능력이 물리적 체계에 특성을 부여하며, 뇌가 조직하는 방식이 그 예이다. 어떤 경우든 행동주의자들은 반응하고 감각 정보를 저장하는 수동적인 뇌를 상정하는 반면, 형태주의자들은 감각 정보를 변형하는 능동적인 뇌를 상정한다. 이 차이는 행동주의자들이 영국 경험주의 전통을 따르고, 형태주의자들은 칸트의 전통을 따르는 데서 온다.

함축성의 법칙

형태주의 심리학자들의 주된 관심은 항상 지각 현상에 있었다. 몇 년에 걸쳐 100개가 넘는 지각 원리가 형태주의 이론가들에 의해 연구되었다. 그러나 하나의 우선하는 원리가 모든 정신적 사상에 적용되었다. 여기에는 지각의 원리인 함축성의 법칙(Law of Prägnanz, Prägnanz는 독일어로 '본질[essence]'이란 뜻이다)도 포함된다. 코프카(1963 [1935])는 함축성의 법칙을 다음과 같이 정의하였다. "심리학적 조직화는 주어진 환경에서 가능한 항상 좋은 것이다."(p. 110) 코프카에 따르면 '좋은 것'이란 그 성질이 간단하고, 완전하고, 간결하며, 대칭적이고, 조화로운 것을 뜻한다. 다시 말해, 모든 심리적 사상은 의미 있고, 완전하고, 간단하다. 좋은 형태, 지각, 기억은 어떠한 지각적 전환을 통해서도 더 간단하거나 적절하게 만들 수 없다. 의식적 경험을 더 조직화할 수 있는 방법은 없다. 함축성의 법칙은 형태주의 심리학자들에 의해 지각, 학습, 기억을 연구하는 중요한 원리로 활용되었다. 후에는 성격과 심리치료에도 적용되었다.

형태주의 이론가들에 의해 연구된 지각의 많은 원리 중에 우리는 학습과 기억이라는 주제에 직접 관련된 폐쇄의 원리(principle of closure)만 살펴볼 것이다. 폐쇄의 원리는 우리는 미완성의 경험을 완성하려는 경향이 있다는 것을 뜻한다. 예를 들어 거의 원에 가깝지만 작은 구멍이 있는 굽은 선을 보면, 사람들은 그 구멍을 지각적으로 메우고 그 형태를 완전한 원으로 지각하는 경향이 있다([그림 10-3] 참조). 다른 모든 것과 마찬가지로 이 원리 또한 우리는 현재의 조건하에서 세상을 최대로 의미 있는 방식으로 보려고 한다는 함축성의 법칙을 따른다.

뇌와 의식적 경험

모든 주요 심리학 이론은 심신 문제(mind-body problem)를 어떤 방식으로든 다뤄야만 한다. 이 문제를 몇 가지 방식으로 제시할 수 있다. 예를 들어, '어떻게 순수하게 물리적인 것이 정신적인 것을 만들 수 있는가?' 또는 '몸(뇌)과 의식의 관계는 무엇인가?'라는 질문을 던질 수 있다. 그 대답이 얼마나 요소에 집중하든 간에(심지어 개별 뇌 세포가 다양한 형태의 자극에 어떻게 반응하는지를 탐구한다 할지라도) 외부 세계 또는 신경 활동 패턴이 어떻게 의식적 경험으로 변환되는지에 대한 의문은 여전히 남는다.

행동주의자들은 심신 문제를 무시함으로써 문제를 해결했다. 사실 행동주의자들은 심신 문제를 피하기 위해서 행동에 대한 탐구에 집중했다. 의지주의자들은 마음이 의도적으로 사고의 요소들을 다양한 수의 형태로 배열할 수 있으며, 그 결과로 생긴 형태를 바탕으로 행동을 탐구할 수 있다고 생각했다. 그러므로 의지주의자들의 관점에서 활동하는 마음은 행동에 큰 영향을 끼친다. 영국 경험주의의 전통에 따라, 구조주의자들은 몸의 감각이 정신적 상(mental image)을 떠올리게 한다고 생각했다. 이 정신적 상은 감각 경험에 따라 다양하게 변하며, 행동과는 아무런 인과관계가 없다. 마음의 내용이 감각 경험에 따라 수동적으로 변한다는 생각을 부수현상설(epiphenomenalism)이라 부른다. 그러므로 구조주의자들에게는 몸(감각)과 마음(감각에 의해 생겨난 생각) 간에 직접적인 관련이 있다.

형태주의자들은 심신 문제에 대해 다른 접근을 취했다. 그들은 심리적 경험과 뇌의 처리 과정 간에 등질동상(isomorphism)을 가정했다. 외부 자극은 뇌의 반응을 일으키며, 우리는 이 반응을 뇌에서 일어난 것으로 경험한다. 이 생각과 구조주의자들의 생각의 주된 차이는 형태주의자들은 뇌가 감각 자극을 능동적으로 변환한다고 생각했다는 점이다. 그러므로 뇌는 입력된 감각 정보를 조직하고, 단순화하고, 의미를 더한다. 함축성의 법칙에 따라 우리는 뇌에 의해 변환된 후에만 정보를 경험할 수 있다. 쾰러(1947)는 "위치에 있어 경험적 순서는 항상 뇌 처리 과정 이면에 있는 분포상의 기능적 순서와 구조적으로 동일하다."(p. 61)고 말했다. 코프카(1963 [1935])는 "그러므로 등질동상이란 형태의 동등성을 함축하는 단어이며 다음과 같은 가정을 하게 한다. '뇌 내 원자와 분자의 운동은' '사고 및 감정과 기본적으로 다른 것' 이 아니다. 몰 단위적인 측면에서, 확장의 과정이라는 점을 고려한다면 동일하다."(p. 62)고 기술했다. 형태주의 심리학자들은 현상학적 세계(의식)는 환경의 정확한 표현이라는 신념을 반복해서 제시한다. 즉, 장의 힘이 뇌에도 존재한다고 생각한다.

심리적 등질동상의 개념을 가지고 형태주의 심리학자들은 기계론적 이론들이 해결하지 못한 주된 문제, 즉 '어떻게 마음이 감각 정보를 조직하고 의미 있게 만드는가?' 를 해결했다고 느꼈다. 형태주의 심리학자들은 이 질문에 대해 사고(의식)의 내용은 이미 조직된 것이라고 답했다. 뇌는 우리가 경험하기 전에 사고의 내용을 조직한다. 따라서 형태주의자들에게 뇌의 활동은 사고의 내용에 따라 극적으로 반응한다. 이 관점에서 뇌는 복잡한 교환대 이상이라는 것을 분명히 할 필요가 있다. 형태주의자들에 따르면 뇌는 입력되는 감각 정보를 함축성의 법칙에 따라 변환한다. 우리가 '의식' 하는 것은 이 변환된 정보이다. 외적 자극, 뇌, 그리고 의식적 경험은 다음과 같은 다이어그램으로 나타낼 수 있다.

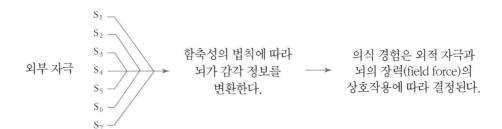

'활동하는 마음'에 대한 강한 신념 때문에, 형태주의자들은 확실히 합리주의자(rationalist)이며, '마음의 힘'이 유전적으로 결정된다고 믿는다는 점에서 명확히 생득주의자이다. 이 신념에 비춰 볼 때 형태주의자들은 플라톤, 데카르트, 칸트의 전통 위에 서 있다.

곧 살펴보겠지만, 형태주의 심리학에 대한 비판 중 하나는 미국 행동주의자들의 경험주의적 전통과 같은 것을 이루지 못했다는 점이다. 많은 형태주의 원리(예: 좋은 형태의 원리)는 입증되지 않는 방식으로 설명되었고, 실험실 실험 방법을 활용하여 접근하기 어려웠다. 그러나 가끔 뇌의 활동성과 구성에 대한 형태주의자들의 주장을 지지하는 자료들이 있었다.

첫째, 인간의 시각 장에는 '맹점(blind spots)'이 있다. 각 망막에는 광수용체(간상체, 추상체)가 없는 부분이 있다. 이 부분에도 시각 신경이 존재하지만 볼 수는 없다. [그림 10-1]의 지시를 따르면 평범한 시각 처리 과정 동안 우리는 맹점을 알아차리지 못한다는 것을 알 수 있다. 대신에 뇌의 능동적인 처리에 의해 채워진 것처럼 우리 시각 장은 완벽해 보인다.

뇌가 능동적으로 맹점을 채우는 것일 수도 있고, 우리가 일상에서 늘 맹점을 가지고 있었기 때문에 단지 그것을 무시하는 것일 수도 있다. 각 경우에 함축성의 법칙이 작동한다. 형태주의의 입장은 어른이 되어 시각 시스템에 손상을 입어 큰 암점(scotomas)이 생긴 환자를 조사하는 과정에서 기대하지 않은 추가적인 근거를 찾았다. 라마찬드란과 블레이크슬리(Ramachandran & Blakeslee, 1998)는 우측 후두엽에 손상을 입은 환자에게서 왼쪽 시각 장에 큰 암점이 생긴 것을 발견했다. 이 환자는 세심한 주의를 기울여 미처 못 본 세부적인 부분을 보려고 하지 않으면 자신의 시각이 정상적이라고 말했다. 끊어진 수직선을 보여 주고, 끊어진 부분을 암점에 위치시키면 그는 처음에는 두 개의 끊어진 선 조각을 봤다고 말했다. 그러나 바로 두 조각이 "서로를 향해 자란다"고 말했다(p. 99). 끊어진 소문자 'x'의 열을 보여 주었을 때도 동일한 현상이 나타났다. 암점 위로 1, 2, 3이 보이고 암점 아래로 7, 8, 9가 보이는 끊어진 숫자열을 제시했을 때, 환자는 연속된 숫자열을 보았다고 보고했다. 흥미롭게도, 전체 열을 읽어 달라고 요청하자 그는 제일 위 세 개와 제일 아래 세 개만 읽을 수 있었다. 그는 "쓰여 있는" 것이 숫자라는 것을 알았지만 "이상하게 보인다"고 말했다(p. 101).

◀그림 10-1
맹점 시범: 오른쪽 눈을 감고, '*' 표시를 직시하라. 이 페이지를 움직여서 막대의 빈 부분에 맹점을 맞추라.

　더 기이한 것은 찰스보넷 증후군(Charles Bonnet syndrome: CBS)이다. 이 이름은 할아버지의 증상을 관찰하고 묘사한 18세기 스위스 철학자의 이름을 따서 지어졌다. CBS는 망각, 시신경(또는 시삭), 또는 시각 체계의 더 깊은 부분에 해를 입은 후에 생겨난다. CBS를 앓는 환자들은 암점에서 환각을 경험한다. 이 외에 지적 능력의 저하나 신경학적인 문제를 겪지는 않는다. 라마찬드란과 블레이크슬리(1998)는 암점에서 웃는 아이들, 풀을 뜯는 소, 그리고 한 사례로 라마찬드란의 무릎에 앉아 있는 환상을 경험한 환자들에 대해 보고한다. 로브너(Rovner, 2002)는 CBS를 앓는 환자들이 "사람들이 오고 가고, 축구선수나 군인의 의상을 입고 있고…… 운동복을 입고 있었고, 차를 몰고, 우리 집 밖에서 매우 바쁘게 움직였다."라고 말한 것을 보고했다(p. 45).

　이런 지각 현상은 복잡하고, 이에 대해 설명하려는 시도는 계속 진행 중이다. 그러나 형태주의 심리학자들은 간단히 설명했다. 복잡한 폐쇄(closure)의 형식으로 뇌가 빈 공간을 채운다는 것이다. '자연은 진공을 싫어한다' 는 것이 사실이라면, 형태주의 심리학자의 관점에서는 뇌 또한 진공을 싫어하며 이를 적극적으로 메운다.

　최근 연구들은 '능동적인 뇌(active brain)' 에 관한 추가적인 질문을 다루고 있다. 뇌 안에서 부분들을 합쳐 전체 형태를 만드는 곳은 어디인가? 또 이 구성 과정은 어떻게 일어나는가? 예를 들어 시각 체계의 기초적인 수준에서 선, 윤곽, 모서리 등의 부분들을 처리한다. 다른 상위 수준에서는 이 정보를 바탕으로 전체 패턴을 구성한다(Kobilius, Wagemans, & Op de Beeck, 2011). 질감, 색, 모양과 같은 부분들을 담당하는 '경로' 가 분명히 있을 것이며, 이는 얼굴과 같이 전체 모양을 재인하는 데 특화된 부분과는 분리되어 있을 것이다(Cavina-Pratesi, Kentridge, Heywood, & Milner, 2010). 또 뇌졸중이나 다른 장애로 인해 뇌의 특정 부위에 손상이 생기면 상위 수준의 종합이 어려워진다. 보통 뇌 손상에 의해 유발되는 실인증(agnosia)은 더 이상 친숙한 사물을 알아보지 못하는 것을 말한다. 통합 실인증(integrative agnosia)은 종종 "모양을 이루는 요소나 부분을 알아차리지만 전체 모양은 지각하지 못하는" 환자들을 지칭할 때 쓰인다(Behrmann, Peterson, Moscivutch, & Suzuki, 2006, p. 1170). 더 뚜렷한 예는 상모실인증(prosopagnosia)으로 코, 입술, 눈 색깔 등을 묘사할 수 있지만, 가장 친숙한 얼굴도 알아보지 못한다. 상모실인증은 뇌 손상에 의해 생기지만, 몇몇 경우에는 학습장애나 다른 알려진 발달 장애 외의 발달상 장애로 보이는 경우들이 있다.

주관적 현실과 객관적 현실

우리는 뇌에 의해서 변환된 후에만 물리적 세계로부터 자극을 경험할 수 있다. 무엇이 행동을 결정하는가? 어떤 의미에서 우리는 물리적 환경을 직접 경험할 수 없기 때문에 물리적 환경은 행동을 결정할 수 없다. 형태주의 이론가들에게 행동을 결정하는 것은 의식 또는 주관적 현실이며, 여기에는 중요한 함의가 있다. 형태주의 이론가들에 따르면 함축성의 법칙이 물리적으로 우리가 경험한 것을 변환하고 거기에 의미를 부여하는 유일한 것이 아니다. 신념, 가치, 욕구, 태도 또한 우리가 의식적으로 경험한 것을 윤색한다. 물론 이는 완전히 동일한 환경에 있는 사람이라도 환경에 대한 해석은 다를 수 있고, 그에 따라 반응 방식도 달라질 수 있음을 의미한다. 이 점을 분명히 하기 위해 코프카는 지리적 환경(geographical environment, 객관적이고 물리적인 현실)과 행동적 환경(behavioral environment, 주관적이고 심리적인 현실)을 구분한다. 코프카는 사람들이 왜 그렇게 행동하는지를 이해하려면 그들의 지리적 환경보다 행동적 환경을 아는 것이 더 중요하다고 생각했다. 코프카(1963 [1935])는 행동을 결정하는 데 있어 주관적 현실의 중요성을 보여 주려고 오래된 독일 전설을 활용했다.

이 전설 중 하나에서, 말을 탄 사람이 콘스탄스 호수를 찾고 있었다. 이 호수는 독일, 스위스, 오스트리아 국경 인근 라인강에 있다. 말을 탄 사람은 눈을 뜰 수 없을 정도의 눈보라로 인해 길을 잃고 말았다. 눈보라는 모든 표지판을 가렸고, 그는 눈으로 쌓인 평평한 지역에서 몇 시간 동안 말을 타고 있다고 생각했다. 마침내 말을 탄 사람은 피난처라 할 수 있는 여관을 찾았다. 콘스탄스 호수의 위치를 물었을 때, 여관 주인은 그가 호수를 막 건너왔다고 알려 주었다. 방금 건너온 것이 눈으로 덮인 평지가 아닌 두꺼운 얼음이었다는 것을 깨닫자 그는 놀라서 죽어 버렸다.

코프카는 흥미로운 질문을 제시한다. 이 말 탄 사람은 콘스탄스 호수를 건넌 것일까 아니면 눈으로 덮인 평지를 건넌 것일까? 명백히, 객관적인 진실은 그가 언 호수를 건넜다는 것이다. 그러나 말 탄 사람의 주관적인 경험은 달랐다. 그가 이해하는 한 그가 건넌 길은 딱딱하고 눈이 많은 평지였다. 그는 결코 얼음 위를 달리는 식으로 그의 목숨을 위태롭게 하지 않았을 것이다. 코프카는 우리는 우리가 옳다고 믿는 바에 따라서 행동하는 것이지, 객관적으로 옳은 것에 따라 행동하는 것은 아니라는 결론을 내렸다. 즉, 지리적 환경 내에 물리적 사실과 관계없이 우리는 행동적 환경 내에서 살고 행동한다(pp. 27-28).

사람은 누구나 지리적 환경과 행동적 환경의 차이를 경험한 적이 있다. 플로리다 주 올랜도에 있는 디즈니 공원(Disney resort)에 머물렀던 어느 골퍼의 이야기가 있다. 그는 골프 코스 주변의 악어가 디즈니 공원의 '인형' 로봇이라고 생각하고 골프공을 찾으러 갔다. 물론 악어는 진짜였고, 이를 알았더라면 그 골퍼는 골프공 찾기를 포기했을 것이다. 이 책의 저자 중 한 명은 시카고에서 운전하다 출구를 놓쳐서 차를 세우고 길을 물은 적이 있다. 후에 친구들에게 그 사고에 대해 말하면서 많은 사람에게서 도움을 받았다고 말하자, 친구들은 그가 차를 세운 곳이—여행길에 전혀 도움이 되지 않는—마약과 범죄로 악명 높은 지역이라고 알려 주었다. 분명 행동적 환경은 지리적 환경이 줄 수 없는 편안함을 제공한다. 때로는 그 차이를 모르는 것이 나을 때도 있다.

그러므로 코프카에 따르면 신념은 행동의 강력한 결정 요소이다. 이런 점에서 그는 12장, 13장에서 소개된 톨먼, 반두라(Bandura)와 유사한 견해를 가지고 있다.

형태주의 학습 원리

볼프강 쾰러

형태주의 학파의 학습에 관한 중요한 연구는 1913년~1917년 사이에 쾰러에 의해 이루어졌다. 쾰러는 카나리아 제도의 섬 중 하나인 테네리페에 있는 베를린 유인원 연구소(Berlin Anthropoid Station)에서 근무했다. 쾰러(1925)는 그의 발견을 『유인원의 사고방식(The Mentality of Apes)』에 정리했다. 테네리페에 있는 동안 그는 닭의 문제해결 능력 또한 연구했지만, 이 연구는 잘 언급되지 않는다.

형태주의 심리학자들이 주로 지각 현상에 관심이 있었기 때문에, 그들이 학습을 지각에 있어서 특수한 문제로 바라본 것은 놀랄 만한 일은 아니다. 형태주의 심리학자들은 유기체가 문제에 직면할 때 인지적 불균형 상태가 초래되고, 이는 문제가 해결될 때까지 지속된다고 가정했다. 따라서 형태주의 심리학자들에게는 인지적 불균형이 정신적 체계에 균형을 되찾으려는 시도를 불러일으키는 동기적 특성을 가진 것이었다. 함축성의 법칙에 따르면 인지적 균형은 불균형보다 더 만족스럽다. 형태주의자들의 이런 생각은 거스리와 헐의 견해와 유사하다. 문제는 지속적인 자극(또는 헐의 용어로는 추동)을 제공하며 이는 문제가 해결될 때까지 지속된다. 문제가 해결될 때 지속적인 자극은 종료된다(동기가 감소한다). 끝마치지 못한 과제가 끝마친 과제보다 더 오래 그리고 더 세부적으로 기억된다는 사실을 발견한 자이가르닉(Bluma Zaigarnik)은 이 관점을 지지했다. 그녀는 이 현상을 문제가 해결될 때까지 지속되는 동기적 특성으로 설명했다. 끝마치지 못한 과제를 더 잘 기억하려는 경향은 자이가르닉 효과(Zeigarnik effect)라 불린다.

　형태주의자들에게 학습은 인지적 현상이다. 유기체는 문제에 대해 곰곰이 생각한 후에 해결책을 '볼 수 있게' 된다. 학습자는 문제 해결에 필요한 모든 구성 요소에 대해서 생각한 후, (인지적으로) 구성 요소를 모두 고려하여 첫 번째 방법을 써 본다. 그리고 문제가 풀릴 때까지 다른 방법을 써 본다. 문제 해결은 갑자기 이루어진다. 즉, 유기체는 문제의 해결책에 대한 통찰을 얻는다. 문제는 풀리거나 혹은 풀리지 않는 두 상태로만 존재한다. 둘 사이에 부분적 해결 상태란 없다. 우리가 4장에서 보았듯, 손다이크는 학습을 강화된 시도의 횟수를 조금씩 체계적으로 증가시키는 연속적인 것이라 보았다. 형태주의자들은 해결책을 찾거나 그렇지 않거나 둘 중 하나라고 생각했다. 형태주의자에게 학습은 비연속적인 것이었다.

　학습에 관한 자신의 개념을 검증하기 위해 퀼러는 다양한 창의적인 실험 배치를 활용했다. 그중 한 실험 배치는 우회 문제를 포함하는 것으로, 실험에서 동물은 목표물을 명확히 볼 수 있었지만 그것에 직접 도달할 수는 없었다. 목표물에 도달하기 위해서는 목표물을 보지 말고, 우회하는 길을 택해야만 했다. 전형적인 우회 문제가 [그림 10-2]에 나와 있다. 우회 문제에서 퀼

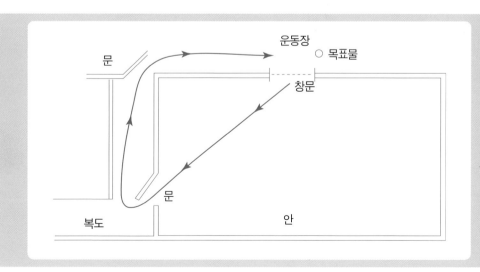

◀그림 10-2
전형적인 우회 문제
(W. Köhler, *The Mental of Apes*. London: Routledge and Kagan Paul Ltd., 1925, p. 21)

러는 닭들이 어려움을 겪는다는 것을 발견했다. 유인원들은 상대적으로 문제를 쉽게 해결했다.

또 다른 실험 배치에서 쾰러는 목표물에 도달하는 데 몇몇 도구 활용이 필요하도록 했다. 예를 들어 유인원의 손에 닿지 않는 위치에 바나나를 두었다. 바나나를 얻기 위해서 유인원은 막대기를 활용하거나 또는 바나나에 닿을 수 있도록 두 개의 막대기를 함께 사용해야만 했다. 각각의 경우에 유인원은 문제 해결에 필요한 요소를 모두 가지고 있었다. 다만 그 요소를 적절한 방식으로 함께 사용할 수 있는가가 문제였다.

해결 전 기간

대개 통찰적인 해결책이 나올 때까지는 일정 시간이 걸린다. 이 시간 동안 일어나는 일을 기술하면서, 형태주의 심리학자들은 시행착오 학습(trial-and-error learning) 개념에 가까워져 갔다. 그러나 형태주의 심리학자들은 시행착오 학습을 행동적이라기보다 인지적인 것이라 생각했다. 유기체는 효과적인 문제 해결 방안에 대한 여러 '가설'을 살펴본다. 동물들은 좋은 해결책이 떠오를 때까지 다른 가능한 해결책에 대해 생각해 본다. 그리고는 그 해결책을 행동

그림 10-3 ▶
어떻게 불완전한
그림을 완전한
그림처럼 지각하는지를
보여 주는 예.
폐쇄의 원리의
예라고 할 수도 있다.

으로 옮긴다. 올바른 전략이 발견되면 통찰이 일어났다고 본다. 물론 통찰 학습이 일어나기 위해서는 유기체가 문제와 관련된 모든 요소에 노출되어야 한다. 만약 그렇지 않으면 그 행동은 눈을 감고 더듬거리는 것과 같다. 형태주의자들의 말을 빌리면, 이것은 손다이크의 연구가 가진 문제이다. 손다이크는 문제의 중요한 측면을 동물에게 숨겼기 때문에 동물은 통찰 학습을 할 수 없었다. 이것이 손다이크가 발견한 것이 점진적 학습으로 보이는 이유이다. 독자들은 [그림 10-3]에서 숨겨진 개(슈나우저)의 모습을 찾으려 하다 보면 통찰 학습에 동반되는 '아하' 경험을 할 수 있을 것이다.

흔히 숨겨진 형태를 찾기 전에 그림의 좋은 부분을 샅샅이 훑는다. 문제가 해결되기 전까지 긴장을 지속시키는 인지적 불균형 상태가 된다. 이 경우에 개를 발견하면 인지적 균형이 회복되고, 긴장이 해결되며, "아하"라고 말하고 싶은 기분을 느낄 것이다.

통찰 학습 요약

통찰 학습(insightful learning)에는 네 가지 특징이 있다. ① 미해결에서 해결 상태로의 이행이 갑작스럽고 완전하다. ② 통찰로 얻은 해결책에 기초한 수행은 보통 부드럽고 오류가 없다. ③ 통찰에 의해 얻은 해결책은 상당한 시간 동안 유지된다. ④ 통찰에 의해 얻은 원리는 다른 문제에 쉽게 적용될 수 있다. 현대 연구자들은 이런 통찰의 특성에 동의하는 편이다. 또한 현대 연구자들은 통찰에 만족감과 같은 긍정적인 정서와 해결책에 대한 확신, 자신감이 동반된다고 제안한다. 해결책에 대한 확신, 자신감은 해결책이 검증되고 평가되기 전에 발생한다(Gick & Lockhart, 1995; Gruber, 1995; Topolinski & Reber, 2010).

인지신경학자들은 통찰을 일어나게 하는 뇌 메커니즘의 위치를 찾으려고 시도하는 중이다. 문제 부화(problem incubation) 동안 사람들을 계속 쫓아다니면서 '아하' 순간을 기다리는 것은 분명 어려운 작업일 것이다. 그러나 연구자들은 단기간에 통찰을 연구하는 방법을 구안해 왔다(Kounios & Beeman, 2009; Kounios et al., 2006; Subramaniam, Kounios, Parrish, & Jung-Beeman, 2009). 연구 참여자들에게 합성어 원격 연상(compound remote associate) 문제를 제시하고, 그동안 EEG와 fMRI를 활용하여 뇌의 활동을 측정한다. 합성어 원격 연상 과제에서 연구 참여자들은 컴퓨터 화면 위에 세 단어를 보고, 세 단어를 의미 있게 조합한 새로운 단어를 생각해 내야만 한다. 예를 들어 쿵(bump), 알(egg) 그리고 걸음(step)이 제시될 수 있다. 연구 참여자들은 소름(goose bump), 거위알(goose egg), 거위 걸음(goose step)에 공통적으로 들어 있는 거위(goose)라는 단어를 발견하는 순간 컴퓨터 키를 눌러야 한다. 그 후 연구 참여자들에게 해결책이 갑자기 생각났는지(통찰), 아니면 그것이 체계적이고 분석적인 탐색의 결과인지를 말하도록 한다. EEG와 fMRI 결과에 따르면 통찰로 문제를 해결할 때와 분석적인 방법으로 문제를 해결할 때 문제의 제시 전 뇌 활동이 다른 패턴을 보인다. 구체적으로, 측두엽과 전두엽 내측 영역의 활동이 통찰적인 문제 해결을 가능하게 한다. "통찰이 아닌 방식을 준비할 때에 비해 통찰을 준비할 때 훨씬 더 많은 신경 활동이 양 측두엽에서 나타났다 (두 실험 모두에서 좌측보다는 우측이 더 활발한 활동을 보였다)."(Kounios et al., 2006, p. 887) 따라서 뇌는 문제가 실제 제시되기 전에 분석적 해결책과는 다른 통찰적 해결을 만들어 낼 수 있도록 한다. 이 자료는 뇌 활동의 패턴이 통찰의 순간에 다소 달라진다는 것 또한 보여준다. 연구 참여자들이 컴퓨터 키를 누르고 통찰적 해결을 찾았다고 보고하기 대략 1/3초 전에, EEG 활동(감마 활동이라 불리는)에 높은 빈도의 활동이 있었다(Jung-Beeman et al., 2004). 흥미로운 것은 긍정적인 정서가 통찰적 해결책을 가능하게 한다는 것이다. 불안은 반대 효과를 가지고 있었다(Subramaniam et al., 2009). 따라서 위에 언급했듯이 통찰적 해결책은 긍정적인 정서를 만들어 내고, 이는 통찰을 더 가능하게 한다. 이를 모두 고려할 때, 이 흥미로운 연구 결과는 통찰 학습이 분석적 학습과는 주관적으로도, 해부학적으로도 다르다는 강력한 증거를 제시해 준다.

전위

한 문제 해결 상황에서 학습한 원리는 다른 문제 해결 상황에도 적용될 수 있으며, 이 과정을 전위(transposition)라 부른다. 전위에 대한 쾰러의 초기 연구는 닭과 유인원을 대상으로 이루어졌다. 대표적인 실험에는 동물을 두 개의 회색 음영 종이에 다가가도록 훈련시키는 것이 있다. 예를 들어, 닭들은 어두운 회색 종이에서는 먹이를 먹을 수 있지만, 밝은 쪽에서는 먹이를 먹을 수 없다. 훈련 후에 동물에게 밝기가 다른 회색 종이들을 제시하면 동물은 더 어두운 쪽으로 다가간다. 만약 실험이 여기서 끝났다면 행동주의자들은 자신들의 관점을 지지하는 것이라 생각하며 기뻐했을 것이다. 그러나 형태주의자들이 진짜로 밝힌 것은 실험의 두 번째 부분이었다.

첫 번째 훈련 후에, 동물들에게 훈련을 받았던 것과 동일한 어두운 종이를 주고, 훈련을 받지 않았던 훨씬 더 어두운 종이를 함께 제시했다. 이 상황은 [그림 10-4]에 나와 있다. 동물들은 새로운 상황에 어떻게 반응했을까?

이 대답은 학습의 과정을 어떻게 보느냐에 달려 있다. 행동주의자들은 새로운 상황에서도 동물들이 두 개 중 더 밝은 것을 선택하리라 예측할 것이다. 왜냐하면 더 밝은 쪽이 첫 번째 훈련 과

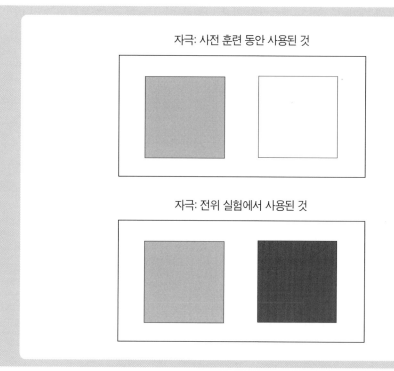

자극: 사전 훈련 동안 사용된 것

자극: 전위 실험에서 사용된 것

◀그림 10-4
우선 동물에게 진한 회색 자극으로 다가가도록 가르친 후, 진한 회색 자극과 훨씬 더 진한 회색 자극 중 하나를 선택하도록 한다. 만약 동물이 둘 중 더 어두운 것을 고른다면, 전위가 일어난 것이다. (W. Köhler, *The Mentality of Apes*, London: Routledge and Kegan Paul Ltd., 1925, p. 72a).

정에서 강화를 받은 것과 똑같은 것이기 때문이다. 그러나 형태주의자들은 학습을 구체적인 습관이나 자극-반응 연결의 발달로 보지 않았다. 형태주의자들에게 이 상황에서 학습한 것은 관계적 원리였다. 즉, 그들은 동물들이 실험의 첫 번째 상황에서 두 물체 중 더 어두운 것에 다가가는 원리를 학습했고, 두 번째 실험에서도 같은 원리를 적용할 것이라 생각했다. 그러므로 형태주의자들은 동물이 비록 실험 1에서 다른 물체에 강화를 받았더라도, 실험 2에서는 더 어두운 것에 다가갈 것이라 예측했다. 일반적으로 말해, 이 상황에서 형태주의 심리학자들의 예측은 옳았다.

전위에 대한 행동주의자의 설명

학습 상황을 기술할 때, 행동주의자들은 구체적인 자극-반응 연결의 학습을 말하는 경향이 있다. 그 결과, 그들의 학습론은 절대 이론(absolute theory)이라 불려 왔다. 반대로, 형태주의 학습론은 두 개 자극 간의 비교를 강조하기 때문에 상대 이론(relational theory)이라 불려 왔다. 쾰러의 연구는 절대 이론의 문제점을 지적하였는데, 이는 스펜스(Spence)가 자극-반응 개념을 기반으로 한 전위에 대한 설명을 제시하기 전까지 이어졌다(Spence, 1937).

스펜스는 동물이 160cm² 크기의 뚜껑이 있는 상자에 다가가도록 강화받았고, 100cm² 크기의 뚜껑이 있는 상자에 다가가는 것은 강화받지 않은 상황을 제시한다. 곧 그 동물은 오직 더 큰 상자에만 다가가게 될 것이다. 실험 2에서, 그 동물은 160cm² 상자와 256cm² 상자 중에 하나를 선택한다. 비록 실험 1에서 160cm² 상자를 고르도록 강화받았지만, 동물은 대개 큰 상자 (256cm²)를 고른다. 이 발견은 상대적 학습론을 지지하는 것으로 보인다.

전위에 대한 스펜스의 설명은 일반화에 기초하고 있다. 6장에서 언급했듯, 스펜스는 긍정적 자극(160cm²)에 다가가려는 경향은 다른 관련 자극으로 일반화된다고 생각했다. 둘째로, 그는 긍정적 자극으로 다가가려는 경향(그리고 이 경향의 일반화)은 부정적 자극을 피하려는 경향(그리고 이 경향의 일반화)보다 더 강력하다고 가정했다. 어떤 행동이 일어나느냐는 긍정적 경향과 부정적 경향의 수학적 합산에 의해 결정된다. 스펜스의 설명은[그림 10-5]에 제시되어 있다.

두 자극 사이에 선택이 필요하다면 언제나 가장 큰 순수한 접근 경향을 만들어 내는 것이 선택된다. 스펜스의 실험 1에서, 동물은 100cm² 상자보다는 160cm² 상자를 골랐다. 왜냐하면 순수한 긍정적 경향성이 전자의 경우 29.7, 후자의 경우 51.7이기 때문이다. 실험 2에서 동물이 256cm² 상자를 고른 이유는 순수한 긍정적 경향성이 256cm² 상자는 72.1, 160cm² 상자는 51.7이기 때문이다.

스펜스의 설명은 전위 현상에 대하여 기대하지 못한 측면을 다룬다는 이점이 있다. 예를 들어, 그의 이론은 전위는 어떤 지점에서는 작동하지 않는다고 예측한다. 앞의 예에서 동물은 짝 지어진 실험 자극 중 더 작은 대상을 고를 때가 있다. 이 선택은 동물에게 256cm² 상자와 409cm²보다 큰 상자를 줄 때 나타난다. 256cm² 상자를 포함한 모든 선택지와 409cm² 이상인 상자를 두면, 동물은 둘 중 더 작은 것을 고른다. 이는 동물이 학습한 것으로 추측되는 원리에

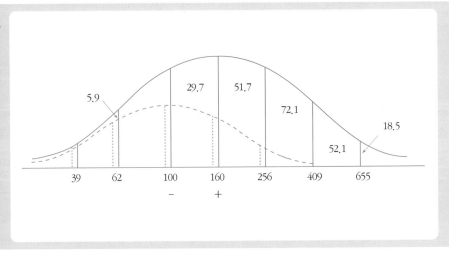

그림 10-5 ▶

전위에 대한 스펜스의 설명에 따르면, 자극에 접근하려는 경향성(실선)에서 자극을 피하려는 경향성(점선)을 반드시 빼 주어야 한다. 두 자극 중 어디로 향할 것인지는 이 두 값을 수학적으로 합산한 값에 의해 결정된다. (W. Köhler, *The Mentality of Apes.* London: Routledge and Kegan Paul Ltd., 1925, p. 138a).

반대되는 것이다. 마찬가지로, 동물에게 160cm² 상자와 409cm²보다 약간 더 큰 상자를 주고 선택하게 하면 선택은 거의 균등하게 나뉜다. 각 상자에 대한 순수한 긍정적 경향이 거의 같기 때문이다.

스펜스의 이론은 전위 현상의 성공과 실패 모두를 예측해 주며, 그의 견해는 형태주의자의 견해보다 더 폭넓게 수용되고 있다. 그러나 다양한 측면의 전위에 대한 연구들은 자극-반응 이론과 형태주의 이론 모두 특정 조건에서는 예측에 실패한다는 것을 보여 주었으며, 이 문제는 아직 해결되지 않고 있다.

형태주의 심리학의 교육론: 생산적 사고

인생의 후반부 동안, 베르트하이머는 형태주의 이론을 교육에 적용하는 데 특별히 관심을 가졌다. 그의 책 『생산적 사고(Productive Thinking)』는 교육 문제를 다루고 있으며, 그가 죽고 2년 후에 출판되었다. 책은 1959년에 아들 마이클의 편집하에 증보되어 재출판되었다. 이 책에서 베르트하이머는 생산적 사고(productive thinking)의 본질, 즉 생산적 사고를 위한 문제 해결과 기술에 대해서 탐구한다. 책의 결론은 개인적 경험, 실험, 그리고 앨버트 아인슈타인(Albert Einstein)과 같은 사람과의 인터뷰를 바탕으로 한 것이었다. 예를 들어, 책의 10장의 제목은 '아인슈타인: 상대성 이론으로 이끈 생각'이었다.

베르트하이머는 형태주의 원리에 따라 암기와 문제 해결을 비교한다. 암기의 경우 학습자는 이해하지 않고서도 사실이나 규칙을 배울 수 있다. 이런 학습은 융통성 없고, 잊기 쉬우며, 제한된 상황에만 적용 가능하다. 그러나 형태주의 원리에 일치하는 학습은 문제의 본질에 대한 이해에 기초하고 있다. 이런 학습은 개인 안에서 발생하며, 다른 누군가에 의해서 이루어질 수 없다. 쉽게 일반화 가능하며 오랫동안 기억된다.

이해 없이 사실이나 규칙을 암기하기만 하면, 야간 근무 때 수면제를 주기 위해서 잠든 환자를 깨우는 간호사와 같이 어리석은 실수를 저지르기 쉽다(Michael Wertheimer, 1980). 기본적 원리가 이해되지 않았을 때 생기는 문제로, 베르트하이머(1959 [1945], pp. 269-270)는 참관을 마치고 떠나기 전에 학생에게 "말의 털은 몇 개일까?"라고 질문한 장학사를 예로 든다. 9세 소년이 손을 들고 "357만 1,962개요."라고 답했을 때 장학사, 교사 모두 놀라고 말았다. "어떻게 답을 알았니?"라고 장학사가 물었다. "만약 믿지 못하겠으면 직접 세어 보세요."

라고 소년이 답했다. 장학사는 웃음을 터트렸고, 빈으로 돌아가 동료들에게 그 이야기를 들려 주겠다고 약속했다. 그 장학사가 다음 해에 다시 왔을 때, 교사는 장학사에게 동료들이 어떻게 반응했는지 물어보았다. 장학사는 실망하면서, "나는 그 이야기를 진짜 해 주고 싶었지만 그 러지를 못했습니다. 나는 그 소년이 말의 털이 몇 개라고 말했는지 기억할 수 없었거든요."라 고 말했다. 비록 이 이야기는 가상적인 것이지만, 베르트하이머는 이를 원리를 이해하는 것과 사실을 기억하는 것을 대조하는 데 활용했다.

베르트하이머는 두 가지 전통적 교수 접근이 실제로는 이해의 발달을 방해한다고 주장했 다. 첫 번째는 논리학의 중요성을 강조하는 교수 방법이다. 연역적, 귀납적 논리 둘 모두 결론 에 도달하기 위해서 반드시 따라야 할 규칙을 규정한다. 비록 이런 규칙들이 좁은 범위의 문제 에는 타당하지만, 베르트하이머(1959 [1945])에 따르면 문제 해결 능력을 촉진시키지는 않는 다. "전통적 논리학은 정확성, 타당성, 일반적 개념의 일치성, 가정, 추론, 삼단 논법을 보장하 는 조건에 관심이 있다. 고전적 논리학은 주로 이 주제를 다룬다. 확실히, 때때로 고전적 논리 학이 교통량을 조절하는 효과적인 경찰 매뉴얼 중 하나를 우리에게 상기시키긴 한다." (p. 6)

베르트하이머에 따르면, 이해에 다다르는 것은 정서, 태도, 지각, 지능과 같은 학습자의 많 은 측면을 포함한다. 문제 해결에 대한 통찰을 얻는 데 있어서 학생들은 논리적일 필요가 없다 (사실 논리적이어서는 안 된다). 오히려 학생들은 이해에 기초한 해결책을 찾을 때까지 문제 의 세부 요소들을 인지적으로 배치하고 재배치해야만 한다. 이 과정이 정확히 어떻게 되는지 는 학생들마다 다르다.

베르트하이머가 이해를 방해한다고 생각한 두 번째 교수 전략은 연합주의의 신조에 근거한 것이다. 이 접근에 따른 교수는 단순 반복, 암기, 그리고 외적 강화를 통한 자극-반응의 연결 을 강조한다. 베르트하이머는 이런 조건에서도 학습이 일어나지만 통찰 학습에 비해서는 사 소한 것이라 생각했다. 베르트하이머(1959 [1945])는 연합주의에 기초한 교수에 대해 다음과 같이 언급했다. "내 친구의 전화번호를 이름과 연결 짓고, 의미 없는 음절을 여러 번 배움으로 써 의미 없는 음절을 말할 수 있게 되고, 개가 특정 음악 소리를 듣고 타액을 분비하는 것과 같 은 방식이다." (p. 8)

베르트하이머는 논리학 또는 연합주의에 기초한 교수는 이해를 증진시키는 데는 약간의 도 움을 줄 수는 있지만, 훨씬 많이 이해에 방해가 된다고 생각했다.

사실 또는 규칙을 기계적으로 암기하는 것과 통찰을 기반으로 한 이해 사이의 차이점을 보 여 주는 예로, 베르트하이머는 평행사변형의 넓이에 대해 배우는 학생을 예로 든다. 아동들에 게 평행사변형의 넓이를 가르치는 전통적인 방식은 다음과 같다.

① 먼저 학생들에게 밑변에다 높이를 곱하는 식으로 직사각형의 넓이를 구하는 법을 가르친다.

② 다음으로 평생사변형에 대해 설명하고, 다음과 같이 세 개의 선을 그리면 직사각형으로 변환된다는 것을 알려 준다.

③ 일단 직사각형으로 변환시키면 밑변에다 높이를 곱함으로써 넓이를 계산할 수 있다.

베르트하이머는 이 훈련 후에 학생들이 전통적인 방식으로 제시된 평행사변형의 넓이는 구할 수 있지만, 전통적이지 않은 방식으로 제시되거나 평행사변형이 아닌 기하학적인 모양의 넓이를 구하라고 요청받았을 때는 많은 혼란을 겪는다는 것을 발견했다. 몇몇 학생에게 혼란을 일으킨 형태의 예는 [그림 10-6]에 나와 있다.

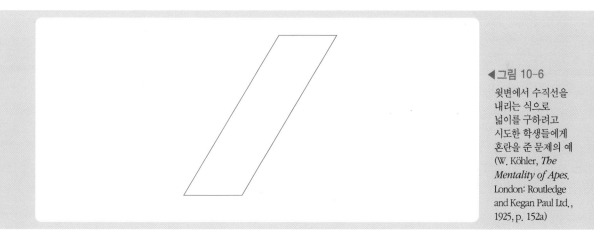

◀그림 10-6
윗변에서 수직선을 내리는 식으로 넓이를 구하려고 시도한 학생들에게 혼란을 준 문제의 예 (W. Köhler, *The Mentality of Apes.* London: Routledge and Kegan Paul Ltd., 1925, p. 152a)

그러나 다른 학생들은 이 공식 이면에 있는 원리를 이해한 것처럼 보였다. 그들은 직사각형이 작은 정사각형의 행과 열로 나눠질 수 있는 도형이라는 것을 알았고, 행과 열을 곱하면 전체 직사각형 안의 정사각형 수 또는 넓이를 구할 수 있다는 것을 알았다. 예를 들면 다음과 같다.

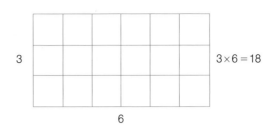

밑변 곱하기 높이라는 공식 뒤에 존재하는 것은 이 개념이다. 이 통찰을 한 학생들은 평행
사변형은 단순히 모양을 재배치한 것이기 때문에 정사각형의 수를 쉽게 구할 수 있다는 것을
알았다. '정사각형 해결책'을 이해한 학생들은 다른 학생들이 해결하지 못한 다양한 문제를
해결할 수 있었다. 문제의 본질에 대한 통찰을 얻은 학생들은 어떠한 형태가 제시되더라도 직
사각형처럼 그것을 재배치함으로써 넓이를 계산할 수 있다는 것을 알았다.

학생들에게 도형이 제시되었을 때 배운 원리를 단순히 적용하려고 한 학생에 비해 원리를
이해한 학생들이 그 넓이를 어떻게 구했는지는 [그림 10-7]에 나타나 있다. 학생들이 외운 공
식을 적용하려고 노력할 때, 결과가 틀렸다는 것에 주목하라.

기하학적 도형을 직사각형으로 재배치하면 된다는 통찰에 도달하면, 학생들이 이 원리를
가지고 어떤 종류의 문제를 해결할 수 있는지 여부를 알 수 있다. 통찰을 얻는 학생들은 [그

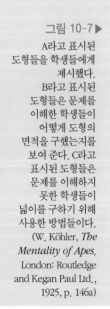

그림 10-7▶
A라고 표시된
도형들을 학생들에게
제시했다.
B라고 표시된
도형들은 문제를
이해한 학생들이
어떻게 도형의
면적을 구했는지를
보여 준다. C라고
표시된 도형들은
문제를 이해하지
못한 학생들이
넓이를 구하기 위해
사용한 방법들이다.
(W. Köhler, *The
Mentality of Apes*,
London: Routledge
and Kegan Paul Ltd.,
1925, p. 146a)

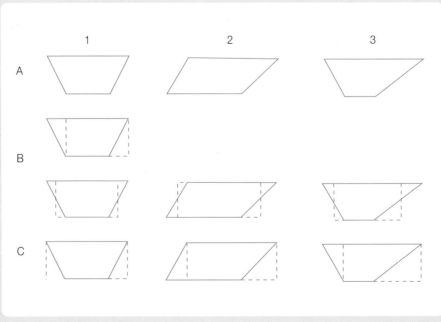

림 10-8]에서 왼쪽 그림들과 같이 '초과 부분'이 모자란 부분과 같을 경우 이 원리를 활용하여 해결 가능하다는 것을 안다. 오른쪽 그림들은 불가능하다.

이해를 바탕으로 문제를 해결한 학생들은 다양한 모양을 '여기는 너무 많다' '저기는 충분

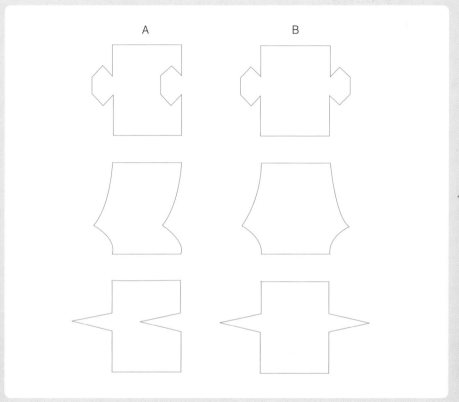

◀ 그림 10-8

A열에 있는 도형들은 튀어나온 부분과 움푹 들어간 부분을 맞추는 전략을 써서 해결할 수 있는 형태이고, B열에 있는 도형들은 이 전략을 써서 해결할 수 없는 형태이다. (W. Köhler, *The Mentality of Apes*. London: Routledge and Kegan Paul Ltd., 1925, p. 128a)

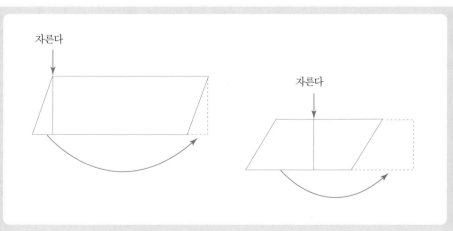

◀ 그림 10-9

평행사변형을 직사각형으로 바꾸기 위해 학생들이 사용한 두 가지 방법 (M. Wertheimer, *Productive Thinking*. New York: Harper & Row, 1959, p. 48).

하지 않다'는 생각을 가지고 보는 것 같다. 그러므로 그들의 목표는 '너무 많은' 부분을 '충분하지 않은' 곳에 위치시킴으로써 도형을 균형 잡힌 모양으로 만드는 것이다. 이런 방식으로 '이상한' 도형을 다룰 수 있는 친숙한 형태로 바꿀 수 있다. 이 재배치는 인지적일 수도 있고 물리적일 수도 있다. 예를 들어, 베르트하이머의 연구에 참여한 학생 중 하나는 가위를 빌려서, 평행사변형의 한쪽 끝을 자른 후에 다른 쪽 끝에 붙여서 직사각형을 만들었다. 다른 학생은 가위를 빌려서, 평행사변형의 중간을 잘라서 두 조각을 이어붙이는 방식으로 직사각형을 만들었다. 이 방식은 [그림 10-9]에 나와 있다.

베르트하이머는 같은 점을 거듭 강조했다. 즉, 단순 암기를 통한 학습보다 이해에 기초한 학습이 더욱 깊이 있게 이루어지고 일반화될 가능성도 높다는 것이다. 진정으로 배우기 위해서 학생들은 문제의 본질 또는 구조를 이해해야만 하며, 반드시 스스로 해야만 한다. 교사들이 통찰로 안내할 수는 있지만, 궁극적으로 통찰은 학생 스스로 해야만 한다.

이 절을 마치면서, 단순 암기와 이해의 차이를 보여 주는 예를 하나 더 제시하고자 한다. 베르트하이머(1980)는 1940년에 카토나(Katona)가 수행한 실험을 설명한다. 이 실험에서는 다음 15개 숫자를 피험자 집단에게 주고 숫자를 15초 동안 공부하라고 했다.

$$149162536496481$$

피험자들이 숫자 목록을 본 후에, 이 숫자들을 순서대로 다시 말해 보라고 했다. 대부분의 피험자는 숫자 중 몇 개만 기억을 했다. 일주일 후에, 대부분의 피험자는 숫자를 전혀 기억하지 못했다. 다른 집단의 피험자들에게는 숫자 목록을 보여 주기 전에 숫자들 사이의 패턴을 찾아보라고 요청했다. 숫자 목록을 보자 피험자들 중 몇몇은 "1~9까지 숫자들의 제곱이군요." 라고 말했다. 숫자 패턴을 알아낸 피험자들은 실험 동안뿐만 아니라 수주, 수개월 후에도 그 목록을 정확히 기억했다. 그러므로 문제 해결 상황에서 필요한 원리에 대한 이해를 바탕으로 한 학습은 매우 강력하며, 오랫동안 완벽히 유지된다.

강화에 대한 형태주의 심리학의 관점

앞에서 기술한 실험에서 외적 강화가 포함되지 않았다는 것에 주목하라. 유일한 강화는 내재적이며, 학습자가 문제 해결에 대한 통찰을 얻었을 때에 온다. 형태주의 심리학자들의 초기 연구 이래로 대부분의 인지 이론은 외적 강화보다 내적 강화를 더 강조했다.

우리가 살펴보았듯, 형태주의자들은 풀리지 않은 문제가 학생들의 마음에 애매모호함 또는 조직된 불균형과 같이 바람직하지 않은 조건을 만든다고 생각했다. 사실 애매모호함은 문제가 해결될 때까지 지속되는 부정적인 상태이다. 문제에 직면한 학생들은 문제 해결에 대한 통찰을 얻을 때까지 새로운 정보를 찾거나 가지고 있는 정보를 재배치할 것이다. 배고픈 사람에게 주어진 햄버거처럼 해결책은 문제를 풀려고 하는 사람에게 만족감을 준다. 어떤 점에서 형태주의자들에게 애매모호함의 감소는 행동주의자들의 강화 개념과 유사하다. 그러나 애매모호함의 감소는 내적인 강화인인 반면, 행동주의자들이 강조하는 것은 대개 외적이고 외재적인 강화인이다.

제롬 브루너(Jerome Bruner, 1966)는 인간의 내적 동기로서 호기심에 대해 토론하면서, 호기심을 형태주의자들이 언급한 애매모호함을 감소시키려는 욕구와 유사한 것으로 설명한다. 브루너는 다음과 같이 밝혔다.

> 호기심은 거의 내적 동기의 원형이다. 우리는 불명료하고, 끝마치지 못하고, 불확실한 것에 주의를 집중한다. 우리는 손에 잡힌 문제가 명료해지고, 완료되며, 확실해질 때까지 계속 주의를 집중한다. 명료함을 달성하는 것 또는 단순히 명료함을 찾는 것이 우리를 만족시킨다. 호기심의 충족을 위해 칭찬이나 이윤으로 보상한다는 생각은 말도 안 된다 생각할 것이다(p. 114).

존 홀트(John Holt, 1967)는 그의 책 『아동은 어떻게 학습하는가(How Children Learn)』에서 비슷한 지적을 한다.

> 우리가 알고자 하는 것은 바로 이유이다. 이유란 대상에 대한 우리의 이해와 세상에 대한 유심론적 모델에 구멍, 틈, 빈 공간이 있는 것이다. 치아에 구멍 같은 틈이 있다면 우리는 그 틈을 채우고 싶어 한다. 이는 어떻게, 언제, 왜라고 묻도록 한다. 틈이 있다면, 우리는 긴장을 느끼고 초조해진다. "말도 안 돼."라고 말할 때 목소리에서 느껴지는 불안을 생각해 보라. 이해의 틈이 메워지면, 우리는 즐거움, 만족감, 안도감을 느낀다. 다시 이해가 되면, 어떤 정도든지 그 전보다 더 이해가 잘 된다. 이런 방식으로 배울 때, 우리는 더 빠르고 영구적으로 배운다. 뭔가를 진짜 알고자 하는 사람은 기계적으로 반복해서 듣고, 시험을 볼 필요가 없다. 한 번이면 충분하다. 잃어버린 퍼즐 조각처럼, 새로운 지식 조각은 틈과 꼭 일치한다. 제자리에 있고, 한번 가지게 되면 떨어지지 않는다(pp. 187-188).

브루너와 홀트는 학습은 개인적인 만족이며, 외적 강화로 재촉할 필요가 없다고 보았으며, 이 점에서 형태주의자와 생각이 비슷하다. 형태주의적인 교실의 특징은 학생들과 교사 간의 의견 교환이다. 교사는 학생들이 관계를 보고 경험을 의미 있는 패턴으로 조직하도록 돕는다. 형태주의 학습에서는 학습자에게 익숙한 것으로부터 시작하여, 교육의 각 단계마다 학습자가 이미 가지고 있는 것에 기초할 수 있도록 경험을 계획한다. 수업의 모든 측면은 의미 있는 단위로 나뉘고, 각 단위는 전체 개념 또는 경험과 관련이 있어야만 한다. 형태주의적인 교사는 교수 전략을 활용하지만, 이는 교사-학생 상호작용을 위해서만 활용한다. 무엇보다도 사실 또는 규칙의 기계적 암기를 피한다. 진정한 이해는 학습 경험의 원리를 파악할 때만 가능하다. 학습이 기억하는 것이 아니라 이해하는 것이 될 때 새로운 상황에 쉽게 적용이 가능하며, 오랫동안 유지될 수 있다.

포퍼는 형태주의 이론가인가

2장에서 칼 포퍼(Karl Popper)의 과학에 대한 영향력 있는 관점을 접했다. 『실수로부터 배우기: 칼 포퍼의 학습심리학(Learning from Error: Karl Popper's Psychology of Learning)』에서 벅슨과 웨터스텐(Berkson & Wettersten, 1984)은 포퍼의 과학철학에 대한 글에서 학습 과정에 대한 포퍼의 관점을 추출했다. 여기에 포퍼의 학습에 대한 관점을 포함한 까닭은 포퍼의 관점이 교육에 대한 적용 면에서 형태주의 이론과 유사하기 때문이다.

포퍼는 학습을 문제 해결로 보았다. 포퍼에게 있어 문제는 기대와 관찰이 불일치할 때 생긴다. 기대와 관찰의 불일치는 신비한 관찰과 양립 가능하도록 기대를 수정하게 한다. 새롭게 공식화된 기대는 양립 불가능한 관찰과 마주할 때까지 지속된다. 이때 기대는 다시 개정된다. 관찰과 일치하도록 기대를 조정하고 재조정하는 과정은 끝없는 과정이다. 그러나 기대와 실재를 지속적으로 양립 가능하도록 만드는 과정이기도 하다. 포퍼에 따르면, 이 실제 경험과 일치하도록 한 사람의 기대를 조정하는 과정은 선천적인 인지적 허기(cognitive hunger)에 의해 동기화된다. 이는 "우리는 세계에 대한 현실적인 일련의 기대를 발전시켜야 하는 사명을 가지고 태어났다."는 것을 뜻한다(Bekson & Wettersten, 1984, p. 16).

포퍼에 따르면, 과학적 지식과 개인적 지식은 같은 방식, 같은 이유로 발달한다. 우선, 우리가 살펴보듯, 문제(관찰된 것과 기대된 것 사이의 불일치)가 존재한다. 다음으로, 문제에 대한 가능한 해결책이 추측되며, 가능하다면 제안된 해결책이 논박된다. 진지한 논박 끝에 살아남은 해결책은 모순된 관찰에 직면하기 전까지 유지되며, 모순된 관찰에 직면할 때 다시 앞서 말한 과정이 시작된다. 문제 해결 과정에서, 포퍼는 추측은 반드시 대담하고, 창의적이며, 가혹한 논박을 받아야 한다고 말한다. 벅슨과 웨터스텐(1984)은 과학적, 개인적 지식의 발달과 진보에 관한 포퍼의 생각을 다음과 같이 요약한다. "문제를 해결하는 과정에서 추측과 논박을 통해 배우기 때문에, 지식의 발달을 진보시키는 가장 좋은 방법은 문제에 집중하고 분명히 하는 것, 대담하고, 상상적인 해결책을 구안하는 것, 제안된 해결책을 비판적으로 평가하는 것이다."(p. 27)

학습에 대한 포퍼의 이론이 교육에서 가지는 함의는 분명하다. 교실에 문제가 제시되고, 학생들은 문제에 대한 해결책을 제안한다. 제안된 각 해결책은 비판적으로 분석되고, 효과가 없다고 판단된 것은 거부된다. 이 과정은 최선의 가능한 해결책이 찾아질 때까지 계속된다. 문제는 과학적, 사회학적, 윤리적, 철학적 또는 개인적인 것이 될 수도 있다. 교실의 분위기는 반드시 담대한 추측이 가능하도록 형식에 메이지 않고 여유가 있어야 한다. 그러나 동시에 참여자들은 필요할 때 객관적인 비판을 해야만 한다. "이 제안된 해결책의 문제점은 무엇입니까?"가 계속 반복되는 질문이다. 나이 수준에 따라 적절히 조정되면, 이 절차가 초등학생부터 대학원생까지 적용되지 않을 이유가 없다. 이런 경험을 한 학생들은 문제를 분명히 하고, 창의적인 해결책을 찾고, 효과적인 해결책과 그렇지 못한 해결책을 구분하는 데 있어 더 잘 할 것이다.

기억 흔적

앞에서 형태주의 심리학자들이 뇌가 장력을 만들어 내는 물리적 체계라는 사실을 강조했다는 점을 언급했다. 점차 이 힘들은 뇌에 들어온 감각 정보를 변환시키고, 의식적 경험을 만든다. 이 분석은 형태주의자들이 과거 경험의 영향력을 무시하거나 최소화했다는 인상을 준다. 그러나 이 인상은 틀렸다. 코프카(1963 [1935])는 기억 흔적(memory trace)이란 개념을 통해 과거와 현재의 사고를 연결시키려고 했다. 그의 기억 흔적에 대한 탐구는 오래되고 복잡하기 때문에, 여기에는 기본적인 스케치만 다룰 것이다.

코프카는 현재 경험이 그가 기억 과정(memory process)이라 부른 것을 떠올리게 한다고 가정했다. 이 과정은 환경적 경험에 의해 뇌가 활동을 하는 과정이다. 이 과정은 단순할 수도 있고 복잡할 수 있으며, 이 과정을 일으킨 경험에 의존한다. 과정이 종료될 때, 그 효과의 흔적은 뇌 속에 유지된다. 다시 이 흔적은 미래에 일어나는 유사한 과정 모두에 영향을 끼친다. 이

쿠르트
코프카

관점에 따르면, 경험에 의해 야기된 과정은 단 한 번만 '순수한' 형태로 발생한다. 이후에는 모든 과정이 기억 흔적과 상호작용하게 된다. 과정에 있어 흔적의 영향력의 본질은 무엇인가? 코프카(1963 [1935])는 이 질문에 대해 흔적은 "원래 흔적이 만들어졌던 과정과 유사하게 만드는 방향으로 영향력을 행사한다."(p. 553)고 말한다. 기억 흔적이 더 강력할수록 과정에 미치는 영향력은 강력하다. 따라서 한 사람의 의식적 경험은 과정보다는 흔적과 더 일치하는 경향이 있다.

이 관점에 따르면, 바로 전에 문제를 해결했다면 그 해결책은 마음에 '새겨진다'. 다음번에 유사한 문제 해결 상황에 놓이면, 과거 문제 해결 상황으로부터 온 흔적과 '의사소통하는' 과정이 있을 것이다. 흔적은 방금 언급한 것과 같은 방식으로 현재의 과정에 영향을 끼치고, 문제 해결을 더 쉽게 만들어 준다. 반복을 통해 흔적이 과정에 미치는 영향은 더욱 커진다. 다시 말해, 동물은 유사한 문제를 더 많이 풀수록 문제를 더 잘 풀 수 있게 된다. 코프카는 기술이 향상된 것은 흔적이 과정에 미치는 영향력이 증대된 결과라고 설명했다.

형태주의 이론의 이런 점은 거스리와 유사하다. 예를 들어, 코프카는 유기체는 동일한 상황이 발생하면 지난번에 한 것과 동일하게 다시 한다는 최신 원리를 받아들였다. 마찬가지로, 뒤에서 논의하겠지만 형태주의자들은 어떻게 반복이 기술의 증진을 가져오는지에 대한 거스리의 설명에 근본적으로 동의한다.

개별 흔적 대 흔적 체계

개별 문제를 해결하는 것은 단지 특정한 문제 해결 행동의 발현이다. 그리고 컴퓨터 키보드의 A, B, C 키를 누르는 법을 배우는 것은 우리가 타자(typing)라고 부르는 더욱 일반적인 행동의 특수한 발현이다. 모든 복잡한 기술은 많은 과정과 이에 상응하는 흔적들로 구성된 것으로 볼 수 있다. 그리고 개별 기억 흔적(individual memory trace)은 동일한 기술과 관련되어 있다. 여러 개별 흔적이 상호 관련된 것을 흔적 체계(trace system)라 부른다. 코프카(1963 [1935])는 반복을 통해 기억 체계가 개별 흔적보다 더 중요해진다고 생각했다. '전체' 기술의 질은 개별 혼적을 지배하기 시작하고, 개별 혼적은 그 개별성을 잃는다. 처음에 이 현상은 역설적으로 보일 수 있다. 즉, 반복은 개별 경험의 혼적을 파괴하지만, 학습에는 도움이 되는 것이다.

거스리는 행동의 기본 요소인 운동(movement)과 더 전반적이고 전체적인 현상인 행위(act)를 구분했다. 코프카(1963 [1935])는 단일한, 개별적인 기억 체계와 더 전반적인 기억 체계 사이의 차이점을 강조했다. 그는 일단 기억 체계가 만들어지면, 개별 기억을 떠올리는 것은 "불가능하다"고 생각했다(p. 545). 예를 들어, 공 던지기를 학습하는 과정에서 우리는 여러 개별 기억에 집중해야만 하고, 그렇기에 전체 행동은 어색해진다. 우리는 적절하게 공을 잡는 법, 다리의 위치, 체중의 분배, 그리고 공을 놓는 타이밍에 대해 생각해야만 한다. 던지는 것이 기억 체계가 된다면, 개별 기억은 이어지고 부드럽게 전체적으로 통합될 것이다. 그중 어느 하나라도 따로 생각하는 것은 행동을 방해한다.

개별 기억이 더 확고해질수록 미래 과정에 더 큰 영향력을 발휘하는 것처럼, 기억 체계도 확고해질수록 관련된 과정에 더 큰 영향력을 행사한다. 이 주장이 함의하는 것은 매우 흥미롭다. 예를 들어, 여러 해에 걸쳐 우리는 유사한 경험에 상응하는 기억 체계를 발달시킨다. 그러므로 우리는 의자, 개, 나무, 남자, 여자, 휴대폰에 상응하는 기억 체계를 발달시킨다. 이 기억 체계는 특정 교실에 있는 물체에 대한 우리 경험의 신경학적 종합이다. 이 기억 체계가 확고히 만들어졌기 때문에, 우리가 마주하는 개별적인 경험에도 상당한 영향을 끼친다. 예를 들어, 코끼리 한 마리를 볼 때 그 코끼리에 의해 불러일으켜진 과정은 코끼리와 관련된 다른 모든 경험의 결과로 만들어진 기억 체계의 영향을 받을 것이다. 이 경험은 두 영향력의 조합이며, 기억 체계가 가장 중요하다. 이 사건에 대한 우리의 기억은 특정 코끼리와는 큰 관련이 없고, '코끼리라는 것(elephantenss)'으로 부를 수 있는 더욱 일반적인 것이 된다. 이 이론은 또한 폐쇄성(closure)을 설명하는 데에도 기여한다. 불완전한 원에 대한 개인의 경험은 '원이라는 것(circleness)'이라는 기억 체계의 영향을 받으며, 그 결과 완벽한 원으로 경험된다.

지각 및 학습처럼 기억도 함축성의 법칙을 따른다. 기억은 완성되고, 의미를 부여하는 방향으로 나아가는 경향이 있다. 심지어 원래 경험이 그렇지 않을 때도 그렇다. 불규칙적인 경험은 규칙적인 것으로 기억되는 경향이 있고, 독특한 사건은 익숙한 것으로 기억되는 경향이 있다(예를 들어, 고양이 같은 물건은 고양이로 기억될 것이다). 그리고 도형에 있는 사소한 흠이나 불일치는 잊히기 쉽다. 행동을 이끄는 것은 특이한 사건들보다는 과거 경험의 지속적인 특성이다. 다시 경험의 패턴, 형태(Gestalt), 전체성, 경험의 기억이 강조된다. 이 이론은 행동주의자들이 받아들인 기억에 대한 연합 이론과 대조된다. 연합주의자들은 '꾸러미 가설(bundle hypothesis)'을 받아들인다. 이 가설은 복잡한 사고는 유관성, 유사성, 또는 대조로 묶인 작은 사고들로 구성된다고 말한다. 꾸러미 중에 한 요소가 다른 요소를 회상하도록 할 때, 기억이 발생한다. 형태주의자들은 지각, 학습 그리고 기억을 포함한 인간 행동의 모든 측면을 설명하는 데 있어 함축성의 법칙을 선호하기 때문에 연합 이론을 거부한다.

행동주의는 지각에 대해서 아무런 말도 하지 않았다. 그리고 초기 형태주의 이론은 학습에 대해서 거의 또는 전혀 언급하지 않았다. 그러나 형태주의자들이 나치 독일을 피해 미국으로 건너갔을 때, 미국에서 학습이 가장 인기 있는 분야였기 때문에 그들은 학습 문제를 다루기 시작했다. 형태주의 이론은 지각의 문제를 확실히 더 잘 다루었다. 그 이유는 주로 행동주의가 연구의 주 관심에서 정신적 사상을 빼 버렸고, 지각과 관련된 주제를 배척했기 때문이다. 이에 따라 한편에는 지각 이론을 학습에 적용하려고 시도하는 형태주의 이론가들이 있고, 다른 한편에는 지각 학습을 다루지 않는 행동주의자들이 있게 되었다. 늘 그렇듯 패러다임을 이데올로기로 받아들인 결과 형태주의자, 행동주의자 모두 학습 과정의 중요한 측면을 보지 못했다. 운 좋게도, 후대 사람들은 각 패러다임의 가장 좋은 점만 활용하려고 노력하고 있다. 두 패러다임을 종합하려는 시도의 좋은 예는 12장에서 다룰 톨먼의 학습 이론에서 찾아볼 수 있다.

형태주의 이론에 대한 평가

공헌

형태주의 심리학의 중요한 공헌은 자극-반응 행동주의의 분자 혹은 원자적 접근에 대한 비판이었다. 이 비판의 중요성은 지각과 학습을 심리적 경험을 조직하는 인지적 과정으로 특징 짓는 것으로 드러난다. 칸트와 같이, 형태주의자들은 뇌가 감각 경험 자체에는 없는 특성을 부여함으로써 경험을 자동적으로 변환하고 조직하는 것으로 보았다. 베르트하이머와 동료들에 의해 확인된 조직화 과정은 학습, 지각, 심리치료에 엄청난 영향을 미쳤고, 오늘날 인지과학에도 계속 영향을 미치고 있다.

형태주의 심리학은 행동주의적 연구만큼이나 생산적인 도전을 제공해 주었다. 예를 들어, 전위에 대한 스펜스(1942)의 눈부신 연구는 쾰러의 전위에 대한 인지적 설명 때문에 필요했다. 또한 형태주의 심리학의 관심인 통찰 학습은 강화를 개념화하는 대안적인 방식을 제공했다. 발견 또는 문제 해결에서 오는 만족감에 대해 주의를 기울임으로써, 형태주의 심리학은 우리의 관심을 외적인 강화에서 내적인 강화로 옮겨 가도록 했다. 현대 인지심리학이 형태주의 심리학에 진 빚은 자주 언급되고 있다(예: Murray, 1995).

비판

형태주의 심리학은 행동주의에 대한 큰 도전이었지만, 학습 이론의 주류가 되지는 못했다. 행동주의 심리학은 가능한 한 학습 문제를 가장 단순한 모델로 만들려고 했고, 학습에 있어 가장 작은 문제를 다루는 방대한 데이터를 축적했다. 그리고 검증된 개별 원리로부터 전체적인 이론을 세웠다. 형태주의 심리학자들이 탐구에 참여했을 때, 그들은 학습을 '이해' '의미' 그리고 '조직화'라는 개념으로 기술했다. 이 개념은 행동주의적 연구 맥락에서는 아무 의미가 없는 것이었다. 에스테스(Estes, 1954)는 형태주의 학습 이론에 대한 행동주의 학파의 주된 태도를 다음과 같이 회상한다.

> 많은 경우 [형태주의] 이론가들은 다른 분야들에서 그들의 이론적 체계를 발전시켰다. 마치 추가적인 투자 없이 배당금만 받으려는 것처럼 그들은 학습심리학을 포섭하려고 했다……. 쾰러, 코프카, 하르트만(Hartmann), 레빈의 글을 보면, 학습에 관한 내용이 다른 영역들보다 더 우위에 있는 것처럼 보인다. 그러나 실험적 문헌을 본 사람들은, 형태주의 이론의 관점이 옳다면 학습에 관한 가장 뛰어난 이론이 실제 연구에 미치는 영향은 가장 적다는 결론에 도달하고 말 것이다(p. 341).

논의
사항

1. 구조주의 심리학과 행동주의 심리학의 접근 가운데 형태주의 이론가들이 동의하지 않았던 것은 무엇인가?

2. "함축성의 법칙은 형태주의 심리학자들에게 지각, 학습, 기억, 성격, 심리치료에 대한 설명의 공통된 원리로 사용되었다."는 언급이 뜻하는 바는 무엇인가?

3. 형태주의 이론에서 등질동상이란 단어가 어떻게 사용되는지 설명하라.

4. 지리적 환경과 행동적 환경을 구분하라. 둘 중 형태주의 이론가들이 행동을 결정하는 데 있어 더 중요하다고 생각한 것은 무엇인가? 이 문제에 대해 당신은 형태주의 이론에 동의하는가? 이유도 제시하라.

5. 형태주의 심리학자들의 관점에서 기억에 대해 설명하라. 기억 과정, 개별 기억 흔적, 흔적 체계에 대한 당신의 생각도 제시하라.

6. 전위에 대해 형태주의와 행동주의자는 어떻게 바라보고 있는지 설명하라.

7. 통찰 학습의 특성을 요약하라.

8. "형태주의 심리학자들에게 학습은 기본적으로 지각적 현상이다."라는 언급이 뜻하는 바는 무엇인가?

9. 형태주의 원리에 따라 개발된 교실 운영 전략과 자극-반응 원리에 따라 개발된 교실 운영 전략의 차이점을 나열하라. 일반적으로 한국 공교육은 형태주의 모델에 가까운지 아니면 행동주의 모델에 가까운지에 관해 설명하라.

10. 베르트하이머가 말한 생산적 사고에 대해 요약하라. 단순 암기에 기초한 문제 해결과 문제에 내재된 원리에 대한 이해에 기초한 문제 해결의 차이점에 대한 생각 또한 포함하라.

주요 개념

- 개별 기억 흔적(individual memory trace)
- 기억 과정(memory process)
- 기억 흔적(memory trace)
- 등질동상(isomorphism)
- 몰 단위 행동(molar behavior)
- 부수현상설(epiphenomenalism)
- 분자 행동(molecular behavior)
- 삶의 공간(life space)
- 상대 이론(relational theory)
- 상모실인증(prosopagnosia)
- 생산적 사고(productive thinking)
- 실인증(agnosia)
- 인지적 허기(cognitive hunger)
- 자이가르닉 효과(Zeigarnik effect)

- 장 이론(field theory)
- 전위(transposition)
- 절대 이론(absolute theory)
- 지리적 환경(geographical environment)
- 통찰 학습(insightful learning)
- 통합 실인증(integrative agnosia)
- 파이 현상(phi phenomenon)
- 폐쇄의 원리(principle of closure)
- 함축성의 법칙(law of Prägnanz)
- 행동적 환경(behavioral environment)
- 현상학(phenomenology)
- 형태(Gestalt)
- 흔적 체계(trace system)

제11장

장 피아제
(Jean Piaget)

장 피아제(Jean Piaget)는 1896년 8월 9일 스위스의 뇌샤텔 지역에서 태어났다. 그의 아버지는 중세문학 전문 역사학자였다. 초기, 생물학에 관심을 보였던 피아제는 11세가 되던 해 공원에서 봤던 알비노 참새에 대한 한 장짜리 논문을 발표했다. 15세에서 18세 무렵에 그는 연체동물(mollusk)에 대한 많은 논문을 발표하기도 했다. 많은 발표 논문으로 인해, 피아제는 아직 중학생이었을 때 제노바 박물관(Genova Museum) 내에 있는 연체동물관의 큐레이터를 제의받기도 하였다.

청소년기에 피아제는 스위스 학자인 그의 조부와 함께 방학을 보냈다. 조부와 함께한 방학 동안, 피아제는 일반철학, 특히 인식론(epistemology)에 대한 흥미를 발달시키게 되었다. (인식론은 지식의 근본과 관련된 철학의 한 분야이다.) 생물학과 인식론에 대한 흥미는 그의 전 생

장 피아제

애에 걸쳐 지속되었고, 이러한 흥미는 그의 거의 모든 이론적 저작물에서 분명하게 나타났다.

피아제는 21세에 생물학으로 박사 학위를 취득하였고, 30세가 될 무렵까지 연체동물과 다른 주제들에 대한 논문을 20편 이상 출판하였다. 예를 들어, 23세 때 그는 정신분석과 아동심리학 간의 관계에 대한 논문을 발표했다. 박사 학위를 취득한 이후에 피아제는 다양한 직업을 가지게 되었는데, 그중 하나가 파리에 있는 비네 검사 연구소(Binet Testing Laboratory in Paris)에서 지능검사의 표준화 작업을 돕는 것이었다. 비네 연구소에서의 검사에 대한 접근은 검사 문항들을 개발하고 그것을 다른 여러 연령의 아동들에게 실시하는 것이었다. 연령이 높은 아동들일수록 낮은 연령의 아동들에 비해 정확한 응답을 더 많이 할 수 있고, 어떤 아동들은 동일한 연령의 다른 아동들에 비해 정확한 응답을 더 많이 할 수 있다는 것이 발견되었다. 전자의 아동들(즉, 동일 연령의 아동들에 비해 더 정확하게 응답하는 아동들)은 후자의 아이들에 비해 더 지적인 것으로 간주되었다. 그러므로 아동들의 지능 점수(intelligence quotient)는 특정 연령의 아동이 정확하게 답할 수 있는 문항의 개수로부터 도출되었다. 비네 연구소에서 지내는 동안, 피아제는 아동의 지적 능력에 대한 흥미를 발달시키게 되었다. 이러한 흥미는 생물학과 인식론에 대한 흥미와 더불어 그의 연구 전반에 스며들었다.

지능검사의 표준화 작업을 하면서, 피아제는 이후 인지발달 이론에 중요한 영향을 주는 것들에 주목했다. 그는 질문에 대한 아동의 오답이 정답보다 더 정보적이라는 점을 발견했다. 그는 거의 동일한 연령의 아동들이 보이는 실수들과 특정 연령에서 일어나는 일반적인 실수의 종류들이 다른 연령대의 아동들이 보이는 실수와 질적으로 다르다는 점을 알게 되었다. 더욱이 피아제는 이러한 실수들의 특성이 아동들에게 옳거나 틀린 답을 요구하게 되는, 매우 구조화된 검사 상황에서는 적절하게 발견되지 못할 수 있음을 발견하였다. 대신에, 피아제는 자유 응답형의 임상적 방법(clinical method)을 적용하였다. 임상적 방법에서, 피아제의 질문들은 아동들의 대답에 의해서 결정되었다. 만약 아동들이 어떤 관심 있는 것에 대해서 말하였다면, 피아제는 이를 보다 심도 있게 탐색할 수 있도록 고안된 몇 개의 문항을 만들어 냈다.

비네 연구소에서 근무하는 동안, 피아제는 '지능(intelligence)'이 아동들이 정확하게 응답하는 문항의 개수로 산출될 수 없다는 것을 깨닫기 시작하였다. 피아제에게, 더 근본적인 질문은 왜 어떤 아동들은 정확하게 응답할 수 있는 데 반해 다른 아동들은 그렇지 못한가 혹은 왜 아동들은 어떤 문항들에는 정확하게 응답하지만 어떤 문항들에는 그렇지 못하는가였다. 피아제는 아동들의 검사 수행에 영향을 주는 변인들에 대한 연구를 시작하였다. 그의 연구는 인간 동기에 대한 프로이트(Freud)의 관점만큼 혁명적인 지능에 대한 관점으로 귀결되었다.

피아제는 비네 연구소를 떠나, 스위스 제네바에 있는 장자크 루소 연구소(Jean-Jacques Rousseau Institute)의 책임자가 되었고, 여기에서 그는 자신만의 방법을 가지고 그의 관심 분야에 대한 연구를 수행할 수 있었다. 연구소에 소속된 이후, 곧 발달심리학 분야에서의 그의 첫 번째 주요한 연구가 이루어졌다. 심리학에 전무했던 피아제는 곧 아동심리학의 권위자로 국제적으로 알려졌다. 그는 자신의 세 아이를 대상으로 연구를 지속했다. 그와 그의 아내(장자크 루소 연구소에서 그의 학생이었던)는 장기간에 걸쳐 자녀들에 대한 세심한 관찰 연구를 수행하였고, 연구의 결과들을 몇 권의 책으로 출판하였다. 피아제는 그의 발달 이론에 대한 정보원으로 자녀들을 사용했다는 점에서 비판받아 왔다. 이후 더 많은 아동을 대상으로 수행한 보다 더 정교한 관찰 결과들이 이전의 피아제의 관찰들을 지지하고 있음에도 불구하고 여전히 이러한 비판은 지속되고 있다.

피아제는 약 30권의 책과 200여 편 이상의 논문을 출판했으며, 1980년 죽기 전까지 제네바 대학교에서 생산적인 연구들을 지속했다. 아동기 지적 발달에 대한 그의 이론은 방대하고 복잡해서, 이 장에서는 단지 그의 이론의 주요 특징만을 요약하였다. 학습 과정에 대한 피아제의 설명은 이 책의 다른 설명들과는 분명히 다를 것이다.

이 장은 여러 참고문헌을 편집하여 구성하였으며 해당 참고문헌들은 다음과 같다.

이차적 출처: Beard(1969), Flavfell(1963), Furth(1969), Ginsburg & Opper(1979), Phillips(1975, 1981)

주요 출처: Inhelder & Piaget(1958), Piaget(1966, 1970a, 1970b), Piaget & Inhelder(1956, 1969)

주요 이론적 개념

지능

앞서 우리는 피아제가 지능검사에서 정확하게 응답한 문항 수를 지능(intelligence)으로 정의하는 것에 반대했다는 것을 확인하였다. 피아제에게 지적인 행동이란 유기체의 생존을 위한 최적 조건에 최대한 근접하도록 하는 행위이다. 다시 말해, 지능은 유기체가 환경을 효과적으로 다루도록 하는 것이다. 환경과 유기체는 모두 끊임없이 변화하기 때문에, 둘 간의 '지적인(intelligent)' 상호작용은 끊임없이 변화해야만 한다. 지적인 활동은 항상 기존 환경하에서 유기체의 생존을 위한 최적의 조건을 창조하는 경향이 있다. 그러므로 피아제에게 지능은 역동적인 특질이다. 왜냐하면 지적인 행동으로 유용한 것은 유기체가 생물학적으로 성숙하고 경험을 얻게 되는 것에 따라서 변할 것이기 때문이다. 피아제에 따르면, 지능은 살아 있는 유기체의 통합적인 부분이다. 왜냐하면 모든 살아 있는 유기체는 그들의 생존에 유익한 조건들을 추구하는데, 지능이 스스로를 어떤 시기에 어떻게 드러낼 것인가는 조건들이 변화함에 따라서 필연적으로 변화할 것이기 때문이다. 피아제의 이론은 지적인 수용력의 발달 궤적을 추적하려고 시도하기 때문에 종종 발생적 인식론(genetic epistemology)으로 간주되어 왔다. 여기서 발생적이라는 것은 생물학적으로 타고나는 것이라기보다는 발달적 성장을 의미한다. 지적인 잠재력이 어떻게 발달하는가에 대한 피아제의 관점은 이 장의 다른 부분에서 제시될 것이다.

도식

아동은 '빨기(sucking), 보기(looking), 뻗기(reaching), 쥐기(grasping)'와 같은 소수의 잘 조직화된 반사 반응을 가지고 태어난다. 피아제는 이러한 반사 반응 중 어느 하나의 개별적 획득에 대한 논의보다, 빨기, 보기, 뻗기, 쥐기와 같은 일반적 잠재력에 대해서 언급하고자 했다. 그리고 특정 방식으로 행동하는 잠재력을 도식(schema: 복수형 shemata)이라 명명하였다. 예를 들어, 쥐기 도식이란 사물을 쥐는 일반적인 능력을 의미한다. 도식은 쥐기 반사에 대한 단일 징후 이상을 의미한다. 쥐기 도식은 모든 쥐기 활동을 가능하게 하는 인지 구조(cognitive structure)로서 고려될 수 있다.

어떤 특정 쥐기의 예를 관찰하거나 설명할 때는 특정 자극에 대한 특정 반응으로 이야기되어야한다. 한 도식의 특별한 표현 양상을 내용(content)이라 한다. 다시 말해, 도식은 일련의 행동을 수행하기 위한 일반적인 잠재력을 의미하고, 내용은 일반적인 잠재력이 특별하게 표현되는 동안의 우세한 조건들을 의미한다.

도식은 피아제의 이론에서 매우 중요한 용어이다. 도식은 유기체의 인지 구조를 구성하는 요소로 고려될 수 있다. 도식은 유기체가 물리적인(신체적인) 환경에 어떻게 반응할지를 결정하게 한다. 쥐기 반사의 경우에서와 같이, 도식은 외현적 행동 그 자체로 나타날 수도 있고, 내현적으로 나타날 수도 있다. 도식의 내현적 징후들은 대략 사고 체계 내에서 사고(thinking)와 같은 것일 수 있다. 도식의 내현적 징후들에 대해서는 이 장의 뒷부분에서 더 알아보도록 하겠다. 외현적 행동과 사고 모두에서 내용은 도식이 특별하게 표현될 때의 특성을 언급한다.

분명히, 아동이 나이가 들어 감에 따라서 환경을 다루는 방법은 변화된다. 새로운 유기체-환경 상호작용이 일어나려면 아동이 사용할 수 있는 도식들이 변해야만 한다.

동화와 조절

특정 시기에 한 유기체가 사용할 수 있는 도식의 수는 유기체의 인지 구조(cognitive structure)를 형성한다. 한 유기체가 환경과 어떻게 상호작용하는가는 사용 가능한 인지 구조의 종류에 달려 있다. 사실상 얼마나 많은 환경을 이해할 수 있고 반응할 수 있는가는 유기체의 다양한 도식에 따라 결정된다. 다시 말해, 인지 구조는 물리적 환경의 어떤 측면들이 유기체를 위해 '존재' 할 수 있는지도 결정한다.

개인의 인지 구조에 부합되게 환경에 반응하는 과정을 동화(assimilation)라고 하는데, 이는 인지 구조와 물리적 환경 간의 일종의 연결을 의미한다. 어떤 순간에 존재하는 인지 구조는 유기체가 동화할 수 있는 것을 제한한다. 예를 들어, 빨기, 보기, 뻗기, 쥐기 도식만이 가능한 아동이 있다고 할 때 아동이 경험하는 모든 것은 이러한 도식들 내에서 동화될 것이다. 인지 구조가 변화됨에 따라 아동은 물리적 환경의 다른 측면들을 동화할 수 있게 된다.

분명히, 만약 동화가 유일한 인지적 과정이었다면, 유기체는 단순히 경험을 기존의 인지 구조로 계속해서 동화했을 것이기 때문에 지적인 성장은 없었을 것이다. 그러나 두 번째 동일하게 중요한 과정이 지적인 성장을 위한 기제를 제공한다. 조절(accomodations)이 그것이며, 이는 인지 구조가 수정되는 과정이다.

모든 인간의 경험은 동화와 조절 모두를 수반한다. 유기체가 상응하는 도식을 가지고 있는 사건들은 쉽게 동화되지만, 기존의 도식을 가지고 있지 않은 사건들은 조절을 필요로 한다. 그러므로 모든 경험은 동일하게 중요한 두 가지 과정을 모두 수반한다. 재인(recognition) 혹은 아는 것(knowing)은 동화 과정에 따른 결과이고, 조절은 인지 구조의 수정을 가져온다. 이러한 수정은 대략 학습과 동일시된다. 다시 말해, 우리는 우리의 이전 경험에 따라 세상에 반응하고(동화), 각각의 경험은 우리가 이전에 경험했던 것과는 동일하지 않은 측면을 포함한다. 이러한 경험들의 독특한 측면들은 우리의 인지 구조에 변화를 가져온다(조절). 조절은 지적 발달을 위한 주요 수단을 제공한다. 긴스버그와 오퍼(Ginsburg & Opper, 1979)는 동화와 조절이 어떻게 관련되는지에 관한 예를 제시했다.

> 4개월 된 영아에게 딸랑이를 준다고 가정해 보자. 아이는 이전에 딸랑이나 그 유사한 장난감을 가지고 놀아 볼 기회가 전혀 없었다. 딸랑이는 아이가 적응해야 하는 환경의 특징이 되었다. 아이의 연속적 행동은 동화와 조절의 경향들을 보여 준다. 아이는 딸랑이를 움켜쥐려고 시도한다. 이를 성공적으로 수행하기 위해서 아이는 즉각적으로 나타나는 것 이상의 방식으로 조절을 해야만 한다. 우선, 아이는 딸랑이를 정확하게 지각하기 위해, 시각적 활동들을 조절해야 하는데, 가령 공간 내에서 딸랑이를 찾는다. 그런 다음 아이는 물체와 자신 간의 거리에 맞추기 위해서 팔을 뻗어야만 한다. 딸랑이를 움켜잡기 위해서, 아이는 손가락을 딸랑이에 맞춰 구부려야만 하고 딸랑이를 들어 올리기 위해 딸랑이의 무게에 맞춰 근육을 조절해야만 한다. 요약하자면, 딸랑이를 움켜잡는 것은 일련의 조절 행동이거나 환경의 요구에 맞추기 위한 영아의 행동 구조의 수정을 수반하는 것이다. 동시에 딸랑이를 움켜쥐는 것은 동화를 포함한다. 과거에 영아는 이미 물체를 움켜쥐어 봤기 때문에 아이에게 쥐는 것은 잘 형성된 행동의 구조이다. 딸랑이를 처음 봤을 때, 아이는 이 신기한 물체를 습관적 행동 패턴에 통합하여 다루려고 시도한다. 다시 말해, 낯선 대상을 자신에게 친숙한 어떤 것으로 변형하려고 시도한다. 즉, 영아는 대상을 잡으려고 한다. 따라서 우리는 영아가 대상들을 자신의 틀로 동화하고 이를 통해 그 대상에 '의미'를 부여하려 한다고 말할 수 있다(p. 19).

동화와 조절은 지적 발달의 모든 수준에서 발생하기 때문에 기능적 불변인(functional invariants)으로 언급된다. 그러나 초기 경험들은 이후 경험들에 비해서 더 많은 조절을 수반하는 경향이 있다. 왜냐하면 점점 더 많은 경험이 기존의 인지 구조에 상응할 것이고, 개인들이 성숙함에 따라서 실질적인 조절은 덜 필요하게 될 것이기 때문이다.

평형화: 피아제의 강화

사람들이 지적 성장의 원동력이 무엇인지 묻는다면, 피아제는 그 답을 자신이 고안한 평형화(equilibration)라는 개념 속에서 찾을 것이다. 피아제는 평형화를 강화와 같은 개념으로 간주했다. 피아제는 모든 유기체가 그들 자신과 환경 간의 조화로운 관련성을 생성하려는 타고난 경향성을 가지고 있다고 가정했다. 다시 말해, 유기체의 모든 측면들은 최적 적응에 맞춰 설계되어 있다. 평형화는 최고의 적응을 보장하기 위해 개인의 경험을 조직화하는 타고난 경향이다. 대체로 평형화는 평형이나 균형을 향하는 지속적인 추동으로 정의된다.

피아제에게 평형화는 프로이트(Freud)의 쾌락주의(hedonism)나 매슬로(Maslow)와 융(Jung)의 자아실현(self-actualization)과 같은 개념이다. 평형화는 주요 동기적 개념으로, 동화와 조절과 함께 아동에게서 관찰되는 꾸준한 지적 성장을 설명하는 데 사용된다. 이제 이러한 세 가지 과정이 어떻게 상호작용하는지를 설명하고자 한다.

앞서 살펴본 것과 같이, 동화는 유기체가 기존의 지식에 부합되도록 현재의 상황에 반응하게 한다. 상황의 독특한 측면이 기존 지식의 기초에 반응할 수 없으므로, 이러한 낯설거나 독특한 경험의 측면들은 다소의 인지적 불균형을 야기한다. 타고나는 조화(평형)의 요구로 인해서, 유기체의 심적 구조는 이러한 경험의 독특한 측면을 통합하기 위해 변화되고, 그리하여 인지적 균형을 이루게 된다. 형태주의 심리학자들(Gestalt psychologists)의 견해처럼, 유기체의 인지적 균형에 대한 결핍은 유기체가 균형을 획득할 때까지 움직이게 한다는 동기적 특징을 가진다. 그러나 균형을 회복하는 것에 더해 이러한 적응은 환경과의 새롭고 다른 상호작용을 촉진한다. 조절은 심적 구조에서 변화를 유발하고, 그래서 만약 이전의 독특한 환경적 측면들을 다시 만나게 된다고 해도 불균형을 유발하지 않을 것이다. 즉, 새롭게 만나는 환경적 측면들도 유기체의 기존 인지 구조에 동화되었을 것이다. 더욱이, 이런 새로운 인지적 배열은 새로운 조절을 위한 기초가 된다. 왜냐하면 조절은 항상 불균형으로부터 나올 것이고, 불균형을 유발하는 것은 항상 유기체의 현재 인지 구조와 관련되어야 하기 때문이다. 점진적으로, 이러한 적응적 과정을 통해 동화될 수 없었던 정보가 결국에는 동화될 수 있다. 이러한 동화와 조절의 이중적 기제는 평형화의 추진력에 의해 느리지만 꾸준한 지적 성장을 제공한다. 이러한 과정은 다음과 같이 도식화될 수 있다.

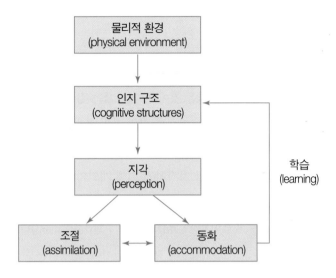

내면화

아동들의 환경과의 초기 상호작용은 엄격히는 감각운동적(sensorimotor)이다. 즉, 그들은 반사적 운동 반응으로 환경적 자극에 직접적으로 반응한다. 그 뒤, 아동들의 초기 경험은 쥐기, 빨기, 보기, 뻗기와 같은 타고난 도식들의 사용 및 정교화를 포함한다. 이러한 초기 경험의 결과들은 인지 구조들에 등록되고 점진적으로 그것들을 변화시킨다. 경험이 증가함에 따라 아동들은 그들의 인지 구조를 확장하게 되고, 이에 따라 그들은 점점 증가하는 상황들에 보다 쉽게 적응할 수 있게 된다.

보다 정교한 인지 구조가 발달함에 따라 아동들은 더 복잡한 상황에 반응할 수 있게 된다. 또한 그들은 '지금 여기에' 덜 의존하게 된다. 예를 들어, 그들은 눈앞에 없는 대상들에 대해서 '사고' 할 수 있게 된다. 이제 아동들의 경험은 물리적 환경과 인지 구조 모두의 함수이며, 누적된 이전 경험들을 반영한다. 이러한 물리적 환경에 대한 의존성이 점차 감소하고 인지 구조의 활용이 증가하는 것을 내면화(interiorization)라고 한다.

인지 구조들은 발달하면서 적응 과정에서 점점 중요해진다. 예를 들어, 정교한 인지 구조는 보다 복잡한 문제를 풀 수 있게 해 준다. 더 많은 경험이 내면화됨에 따라, 사고는 환경에 적응하는 도구가 된다. 발달 초기, 아동의 적응적 반응들은 직접적이고 단순하며 사고의 과정이 없다. 아동의 초기 적응적 반응들은 주로 외현적이다. 그러나 아동들의 내면화 과정이 진행됨에 따라서 아동의 적응적 반응들은 보다 내현적으로 변하게 되고, 그것들은 외현적 행동보다는 내현적 행동들을 수반한다. 피아제는 이러한 내적인 내현적 행동들을 조작(operations)이라고 했고, 이 조작이라는 용어는 대략 '사고'와 같다. 이제 아동은 환경을 직접적으로 조작하기보다 조작의 사용을 통해서 심적으로 조작할 수 있다.

조작의 가장 중요한 특징은 가역적이라는 것이다. 가역성(reversibility)은 일단 생각된 것은 '생각되기 전(unthought)'으로 돌릴 수 있다는 것이다. 즉, 일단 형성된 조작은 심적으로 조작되기 전(undone)으로 되돌릴 수 있다는 것이다. 예를 들어, 처음에 심적으로 3 더하기 5를 하여 8을 만들 수 있고, 그다음 심적으로 8에서 3을 빼어 5를 만들 수 있다는 것이다.

이전에 살펴본 바와 같이, 피아제는 환경에 대한 아동의 첫 적응은 직접적이고 사고(조작)를 수반하지 않는다고 믿었다. 다음으로, 아동이 보다 복잡한 인지 구조를 발달시켜 감에 따라서 사고는 보다 중요해진다. 초기 조작은 아동이 직접적으로 경험할 수 있는 사건들에 의존하는데, 즉 아동은 아동 스스로 볼 수 있는 것에 대해 생각할 수 있게 된다. 피아제는 그들이 구체적인 환경적 사건에 적용하기 때문에 이를 구체적 조작(concrete operations)이라고 불렀다. 그러나 이후의 조작은 물리적인 경험과 완전히 독립적인 것이 되고, 따라서 아동은 순수하게 가설적인 질문을 해결하게 된다. 피아제는 후자를 형식적 조작(formal operations)이라고 불렀다. 구체적 조작과 달리, 형식적 조작은 환경에 근거하지 않는다.

그러므로 내면화는 적응적 활동들이 점진적으로 외현적이기보다는 내현적으로 되어 가는 과정이다. 실제로 조작은 내면화된 활동으로 고려될 수 있다. 처음에는 감각운동적 도식과 외현적 행동들만을 포함했던 적응적 행동은 적응 과정에서 형식적 조작들을 할 수 있는 지점까지 진전된다. 형식적 조작들의 사용은 가장 높은 수준의 지적 발달 형태의 특징이 된다.

비록 지적 성장이 연속적이라고 해도, 피아제는 특정 심적 능력들은 특정 발달 단계에서 나타나는 경향이 있음을 발견했다. 경향(tend)이라는 단어에 주목하라. 피아제와 그의 동료들은 비록 심적 능력이 특정 연령 수준에서 나타난다고 할지라도, 어떤 아동들은 다른 아동들에 비해 더 일찍 혹은 더 늦게 능력들을 보일 수 있다는 것을 확인했다. 비록 어떤 능력이 나타나는 실제 나이가 아동에 따라서 그리고 문화에 따라서 다르더라도, 심적 능력이 나타나는 순서는 다르지 않다. 왜냐하면 심적 발달은 항상 이미 선행한 것의 확장이기 때문이다. 그래서 비록 동일 연령의 아동이 다른 심적 능력을 가졌을지라도 능력이 나타나는 순서는 변하지 않는다. 우리는 피아제가 제안한 다양한 지적 발달 단계들을 요약할 것이다.

발달 단계

1. 감각운동기(sensorimotor stage): 탄생~2세   감각운동기는 언어의 부재가 특징인 시기로, 조작기가 아니기 때문에 피아제의 관점에서는 사고를 기준으로 특성을 논의하지 않는다. 예를 들어, 영아와 걸음마를 배우는 아기들은 사물에 대한 단어를 가지고 있지 않기 때문에, 그것들을 직접적으로 다루지 않을 때 대상들은 존재하지 않는다. 환경과의 상호작용은 엄격하게 감각운동적이며 단지 '여기, 지금'만을 다룬다. 이 단계의 아동들은 자기 중심적이다. 그들은 자기 자신을 참조 틀로 삼아 모든 것을 보고, 이 세상에 존재하는 유일한 것은 자신의 심리적 세계뿐이다. 이 단계가 끝날 무렵, 아동들은 대상영속성(object permanence)의 개념을 발달시킨다. 즉, 그들은 물체가 그들이 경험하고 있지 않을 때조차 계속 존재하고 있음을 깨닫게 된다.

2. 전조작적 사고(preoperational thinking): 약 2~7세   전조작적 사고 단계는 2개의 하위 단계를 갖는다.

A. 전개념적 사고(preconceptual thinking, 약 2~4세): 전개념적 사고기 동안, 아동들은 기본적인 개념을 형성하기 시작한다. 아동들은 유사성에 근거하여 특정 유목들로 대상들을 분류하기 시작하지만, 그들이 가진 개념 때문에 많은 실수를 범한다. 모든 남자가 '아빠'이고 모든 여자가 '엄마'이며 모든 장난감은 '내 것'이다. 그들의 사고는 귀납적이거나 연역적이기보다는 변환적(transductive)이다. 변환적 추론의 예는 다음과 같다. "소는 4개의 다리를 가진 큰 동물이다. 그 동물은 크고 4개의 다리를 가지고 있다. 그러므로 그것은 소이다."

B. 직관적 사고(intuitive thought, 약 4~7세): 직관적 사고기 동안, 아동들은 어떤 논리적 규칙을 따르기보다는 직관적으로 문제를 해결한다. 이 시기의 아동이 가진 사고의 가장 놀라운 특징은 보존(conservation) 개념을 획득하지 못하는 것이다. 보존은 아동에게 어떤 대상을 다른 많은 방법으로 제시한다고 하더라도 수, 길이, 물질, 면적에 변화가 없음을 깨닫는 능력으로 정의된다. 예를 들어 한 아동에게 동일한 액체를 동일한 수준으로 채운 두 개의 용기를 보여 준다.

그다음, 이 중 한 용기의 내용물을 더 길고 좁은 용기에 쏟아부었다.

이 발달 단계에서 처음에 동일한 양의 액체가 담긴 것을 본 아동은 더 긴 용기에 담긴 액체가 더 많을 것이라고 대답할 것이다. 왜냐하면 긴 용기에 담긴 액체의 높이가 '더 높기' 때문이다. 이 단계의 아동은 심적인 인지적 조작을 가역적으로 할 수 없다. 이는 아동이 심적으로 더 길쭉한 용기에서 더 짧은 용기로 액체를 쏟아부어서 두 용기의 액체 양이 동일하다는 것을 알 수 없다는 것을 의미한다.

피아제의 견해에 의하면, 보존 개념은 아동이 주변 환경을 통해 경험을 축적함으로써 획득하게 되는 능력이다. 그러므로 그러한 경험을 쌓기 전까지는 아동을 가르친다고 해도 보존 개념을 획득하게 할 수는 없다. 모든 단계 이론에서처럼, 교수 가능성(teachability)은 중요 이슈이다. 다양한 능력이 특정 경험 때문에 발생하는가(예: 학습)? 혹은 어떤 유전적으로 결정된 경로를 따라 성숙의 기제로서 발생하는가? 피아제에게 있어서는 둘 모두였다. 성숙은 필요한 감각적 장치와 뇌 구조의 성장을 이끌지만, 그 능력을 발달시키기 위해서는 경험이 필요하다. '그 시기가 오기(its time to come)' 전에 보존 개념을 가르칠 수 있는 것인지에 대한 질문의 대답은 여전히 열려 있다. 어떤 사람들은 그럴 수 있다고 할 것이고(예: LeFrancois, 1968), 피아제의 의견에 동의하는 어떤 사람들은 아니라고 할 것이다(예: Smedslund, 1961).

3. 구체적 조작(concrete operations): 약 7~11, 12세　구체적 조작기의 아동들은 보존 능력이 발달하고, 이러한 능력의 발달에 따라 유목, 서열(예: 가장 작은 것에서 큰 것으로 혹은 그 반대로 물건들을 배열할 수 있다), 수 개념을 적절히 다루는 능력을 갖게 된다. 그러나 이

단계에서 사고의 과정은 아동이 관찰하는 실제의 사건들에 의해 유도된다. 아동은 문제가 구체적이고 모호하지 않은 한, 다소 복잡한 조작들도 수행할 수 있다.

　아래 그림은 약 11세 아동들에게 그들의 사고 과정을 연구할 때 제시하는 전형적인 문제이다. 과제는 제시된 원의 빈칸에 어떤 문자가 들어가야 하는지를 결정하는 것이다. 직접 문제를 풀어 보자.

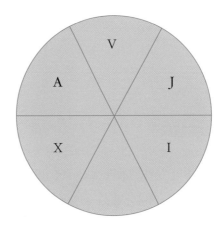

　문제를 풀기 위해, 로마숫자 I(1) 반대편의 알파벳은 A, 즉 알파벳의 첫 글자인 것을 깨달아야만 한다. 또한 로마숫자 X(10)의 반대편은 J이고, 이는 알파벳의 10번째 글자이다. 그러므로 로마숫자 V(5)의 반대편에는 알파벳의 5번째 글자인 E가 있어야만 한다. 이 문제를 풀기 위해서는 적어도 두 가지의 개념, 즉 '일대일 대응(one to one correspondence)'과 '반대편(opposite to)'을 알고 있어야만 한다. 즉, 로마숫자와 알파벳 글자가 서로 대응되도록 배치될 수 있고, 대응되는 숫자와 문자는 반대편에 위치한다는 것을 알아야만 한다. 만약 아동들이 이러한 개념을 이용할 수 없다면 문제를 풀 수 없다. 마찬가지로 만약 문제를 풀 수 있다면 아동들은 개념을 사용할 수 있는 것이 분명하다.

　4. 형식적 조작(formal operations): 약 11, 12세~14, 15세　　형식적 조작기의 아동들은 가설적인 상황들을 다룰 수 있다. 사고 과정은 즉각적이며 실제적인 것과만 결합되어 있지 않다. 이 시기의 사고는 그 어느 때보다 논리적이다. 그러므로 심적 장치(mental apparatus)는 그 어느 때보다 정교하지만, 이러한 장치는 전 생애에 걸쳐 끝없이 직면하는 문제들의 해결을 지향한다.

학습을 위한 최적 조건

유기체의 인지 구조에 적어도 부분적으로도 동화될 수 없는 것은 생물학적인 자극으로 작용할 수 없다. 이런 맥락에서 인지 구조는 물리적 환경을 생성한다. 인지 구조가 보다 정교해질수록 물리적 환경도 보다 분명해진다. 마찬가지로, 만약 어떤 것이 조절할 수 없을 만큼 유기체의 인지 구조와 상이하다면, 어떤 학습도 발생하지 않을 것이다. 최적의 학습이 발생하기 위해서는 정보가 현재의 인지 구조에 동화될 수 있지만, 동시에 그 구조의 변화가 필요할 정도로 충분히 달라야만 한다. 만약 정보가 동화될 수 없는 것이라면, 그것은 단순히 이해될 수 없다. 그러나 만약 그것이 완전히 이해된다면 학습은 필요하지 않다. 실상 피아제의 이론에서 동화와 이해는 같은 것을 의미한다. 이것은 달러드(Dollard)와 밀러(Miller)가 학습 딜레마(learning dilemma)라는 용어로 설명했던 것으로, 모든 학습은 실패에 의존한다는 것을 의미한다. 피아제에 따르면 이전 지식이 경험을 동화하지 못하면 조절이나 새로운 학습이 발생한다. 인지적 성장을 자극하기 위해서 경험은 적당히 도전적이어야 한다. 다시 말해, 어떤 성장도 만약 동화만이 발생한다면 일어나지 않을 것이다.

개인 학습자는 어떤 종류의 인지 구조를 사용할 수 있을지를 결정하고, 한 번에 작은 한 단계씩 이러한 구조를 천천히 변화시켜야만 한다. 이러한 이유로 피아제는 교사와 학생 간 일대일 관계를 선호하였다. 그러나 일대일 관계를 선호한 스키너(Skinner)와 같은 이론가들과는 다른 이유로 이러한 관계를 선호한 것이 분명하다.

종종 피아제는 지적 발달이 생물학적 성숙의 결과로서 나타난다고 믿는 생득론자(nativist)로 간주되지만 이것은 전혀 사실이 아니다. 피아제는 성숙은 단지 지적 발달을 위한 틀을 제공할 뿐이며, 신체적이고 사회적인 경험들이 심적 발달에 필수적이라고 믿었다. 인헬더와 피아제(Inhelder & Piaget, 1958)는 다음과 같은 문제를 제기했다. "신경계의 성숙은 주어진 단계에서 발달의 가능성과 불가능성의 전체적 범주를 결정하는 것 이상일 수 없다. 이러한 가능성의 실현을 위해 특정한 사회적 환경은 필수적이다. 가능성들의 실현은 문화적이고 교육적인 조건들의 함수로서 촉진되거나 지체될 수 있다." (p. 337) 이 밖에 피아제(1966)는 다음과 같이 말했다.

인간은 태어나면서부터 물리적 환경만큼 영향을 주는 사회적 환경에 즉시 놓이게 된다.

어떤 의미에서 사회는 물리적 환경보다 더 개인의 구조를 변화시키는데, 사회가 개인에게 사실을 재인하도록 강요할 뿐 아니라 인간의 사고를 수정하는 이미 만들어진 신호 체계를 제공하기 때문이다. 그것은 그에게 새로운 가치를 제시하고 무한한 의무들을 부여한다(p. 156).

긴스버그와 오퍼(1979)는 피아제가 유전이 인지 발달에 영향을 준다고 느꼈던 방식을 요약한다. "(a) 유전된 물리적 구조(예: 신경계)는 지적 기능의 광범위한 한계를 설정한다. (b) 유전된 행동 반응들(예: 반사)은 인간 삶의 초기 며칠 동안 영향을 주지만 이후 영아가 환경과 상호작용을 함에 따라서 광범위하게 수정된다. 그리고 (c) 물리적 구조의 성숙은 심리적 상관물을 가질 것이다(예: 뇌가 어느 수준까지는 성숙해야 언어 발달이 가능하다)." (p. 17) 그리고 앞서 살펴본 것과 같이, 평형화, 혹은 개인과 물리적 환경 간의 조화를 찾으려고 하는 경향성 또한 항상 유전된다.

피아제의 이론적 진영

분명히, 피아제는 자극-반응(S-R) 이론가는 아니다. 이전에 보았듯이, 자극-반응 이론가들은 환경적 사건들(S)과 사건들에 대한 반응들(R) 간의 관계를 결정하고자 시도한다. 대부분의 자극-반응 이론가는 누적된 습관들에 의해서 반응이 형성되는 수동적 유기체들을 가정한다. 이러한 견지에서 복잡한 습관들은 단지 보다 단순한 습관들의 조합에 불과하다. 특정 자극-반응 관계들은 강화나 인접에 의해 '새겨진다(stamped in)'. 이러한 관점에 따르면, 지식은 물리적 세상에 존재하는 조건들의 '복사물(copy)'이다. 다시 말해, 학습을 통해 물리적 세계에 존재하는 관계는 유기체의 뇌에 표상된다. 피아제는 이러한 인식론적 입장을 지식의 복사 이론(copy theory)이라고 하였다.

피아제의 이론은 자극-반응 지식 개념과는 정반대이다. 이전에 본 바와 같이, 피아제는 지식과 특정 방법으로 환경을 다루는 잠재력을 제공하는 인지 구조를 동일시했다. 인지 구조는 경험의 틀을 제공한다. 즉, 그들은 무엇에 반응하고 어떻게 반응해야 할지를 결정한다. 이러한 의미에서 인지 구조들은 물리적 환경으로 투사되고, 따라서 물리적 환경들을 생성한다. 이렇게 해서 환경은 인지 구조에 의해서 구성된다. 그러나 인지 구조를 생성하는 데 있어서 환경이 큰 역할을 한다고 말하는 것 또한 맞다. 이미 보았듯이, 피아제 이론에서 동화와 조절을 통한 환경과 인지 구조 간 상호작용은 매우 중요하다. 피아제(1970b)는 지능과 지식에 대한 자신의 견해를 경험주의자들(empiricists)의 그것과 차별화하고자 했다.

피아제의 관점에서, 자극-반응 행동주의자들을 포함한 경험주의자들은 외부 환경이 항상 학습 유기체로부터 떨어진 채 있다는 점을 가정했다. 경험주의자들에게 실제 세계에 대한 지식은 정확한 지각 표상들과, 자극-반응 동적 연합들, 언어적 상징들, 모든 이러한 부분들을 통합하는 학습된 연계들을 포함한다. 이런 관점에서 지능의 유일한 기능은 이러한 표상들과 자극-반응 연계들, 그리고 기록되고 밀접한 관계가 있는 상징들을 정확하게 안내하는 것이다. 따라서 지능이 더 높은 아동들이 더 낮은 아동들에 비해 외부 세계에 대한 표상을 더 정확하고 유용하게 생성할 것이다. 그러나 어느 경우에도 지능은 외부 세계를 정확하게 표상하는 것과 관련되어 있다.

피아제는 지능과 지식에 대한 이러한 관점이 잘못된 것이며 그가 아동들을, 특히 감각운동기와 전조작기의 아동들을 관찰한 결과와 배치된다고 생각했다. 피아제는 외부 세계에 관한 지식은 이를 근거로 행동하고 그 결과 외부 세계를 변화시키는 것을 필연적으로 수반한다는 견해를 고수했다. 일단 외적 대상이 조작되고 나면, 그것은 더 이상 개별적이고 객관적인 현실이 아니라 하나의 도식의 일부가 된다. 지능은 외적 사상들(events)을 단순히 순서대로 기록하는 것이 아니다. 지능은 외적 대상을 개별적이고 객관적인 독립체가 아니라, 학습을 하는 유기체의 일부가 되도록 변형하는 것이다.

심지어 구체적 혹은 형식적 조작에서 관찰되는 높은 수준의 지적 행동들도 변형된다. 세상에 대한 지식은 우리와 관계를 맺고 있는 조작들로부터 분리되어 있지 않다.

피아제 이론과 형태주의 이론 간에는 일치점과 불일치점이 모두 있다. 둘 다 경험이 조직된다는 데 동의한다. 그리고 둘 다 심리적인 균형에 대한 타고난 욕구가 있으며 불균형은 동기적 속성들을 가진다고 믿는다. 둘 다 이전 경험이 현재의 경험에 영향을 준다고 믿는다. 이전 장에서 언급했듯이, 형태주의 이론가들은 기억 흔적이 보다 충분히 형성된다면 의식적 경험들에 더 많은 영향을 미칠 것이라고 주장했다. 따라서 '원형성(circleness)'에 대한 기억 흔적이 확고하게 형성되었을 때 불완전한 원이 완전한 원으로 경험된다. 그러므로 기억 흔적은 물리적 현실과 부합하지 않는 경험을 '구성한다'. 이런 방식으로, 우리는 경험이 기존의 인지 구조에 동화되듯이 기존 기억 흔적들로 동화된다고 말할 수 있다. 인지 구조가 서서히 누적된 경험들에 의해서 변화하는 것처럼, 기억 흔적들도 그러하다.

형태주의 이론가들과 피아제 사이의 주요한 불일치 요소는 조직화 능력의 발달적 본질에 대한 것이다. 형태주의 이론가들은 인간이 함축성의 법칙(the law of Prägnanz; 앞 장 참조)에 따라 경험을 조직화하는 뇌를 가지고 태어난다고 믿었다. 그들은 감각 정보들은 모든 발달 단계에서 조직적인 방식으로 경험된다고 믿었다. 반면에 피아제는 뇌의 조직화 능력이 인지 구조와 함께 발달한다고 믿었다. 그에게 있어 경험은 항상 인지 구조와 관련되어 조직되지만, 인지 구조는 항상 생물학적 성숙과 감각적 경험 모두의 함수로 변화된다. 그러므로 피아제는 균형이나 조직화는 기존 환경하에서 최적의 상태를 추구하고, 이런 환경들은 끊임없이 변한다는 사실을 설명하기 위해서 진행적 평형(progressive equilibrium)이라는 용어를 사용했다.

타고난 조직화 능력에 관한 피아제와 형태주의 이론가들 간의 차이는 교육적 실천들에서의 차이로 나타날 것이다. 교육 실천에 있어서 형태주의 원리들을 사용하고자 하는 교사들은 모든 교육 수준에서 '형태(Gestalt)'를 강조하는 경향이 있을 것이다. 전체 그림을 보는 것이 가장 중요하다. 이러한 교사들은 집단 토론이나 심지어 강의 체계까지 받아들일 것이다. 반면에 피아제 학파 교사들은 개개인의 학생에 관심이 있을 것이다. 이러한 교사들은 어떤 정보를 제공할 것인가를 결정하기 전에 우선 특정 학생의 발달 단계를 확인하려 할 것이다. 학생의 인지 구조에 대해서 아는 것은 학생들이 동화할 준비가 되었다는 정보를 제공할 수 있다는 것이다. 따라서 뇌가 끊임없이 경험을 조직한다고 가정하는 것과 조직화 능력이 발달 단계에 따라 다르다고 가정하는 것 간에는 상당한 차이가 있다.

피아제의 이론은 전통적 범주로 분류되기 어렵다. 지식은 경험에 근거한다는 측면에서는 경험론적이지만 자극-반응 이론에서와 같은 방식을 기준으로 하면 경험론적이지 않다. 지식에 대한 피아제의 이론을 칸트(Kant)의 이론(3장 참조)과 비교하려는 시도가 있지만, 마음에 대한 칸트의 범주는 타고나는 것인 데 반해 피아제는 성숙과 경험의 누적 결과이다. 그러나 피아제의 이론은 완전히 경험적이지는 않다. 평형화의 개념은 그의 이론에 생득적 요소를 제공한다. 그것은 모든 지적 성장의 근간을 제공하는, 내적이고 외적인 환경 간의 조화를 향하는 내적 추동(drive)이다. 우리는 피아제의 이론에서 많은 관점들의 창의적 조합을 보게 된다. 이러한 이유로 인해 그의 이론은 다음 장에서 다룰 톨먼(Tolman)의 것과 유사하다.

피아제의 교육론

피아제에 따르면 교육적 경험들은 학습자의 인지 구조를 고려하여 형성되어야만 한다. 동일 문화의 같은 연령대의 아동들은 유사한 인지 구조를 갖게 되는 경향이 있지만, 그들이 다른 인지 구조를 가지고 있고 다른 종류의 학습 자료를 요구하는 것도 전적으로 가능하다. 아동의 인지 구조에 동화될 수 없는 교육 자료들은 아동에게 아무런 의미도 가질 수 없다. 반면에 만약 자료가 완벽하게 동화될 수 있다면 어떤 학습도 일어나지 않을 것이다. 학습이 발생하기 위해서는, 교재는 부분적으로는 알고 있고 부분적으로는 알지 못하는 것이어야 할 필요가 있다. 알겠는 부분은 동화될 것이고, 모르겠는 부분은 아동의 인지 구조를 다소 수정하는 것을 필요로 할 것이다. 그러한 수정을 조절이라고 할 수 있고, 이것이 대략 학습과 동일하다.

따라서 피아제에게 최적 교육은 동화와 조절의 이중 과정이 지적인 성장을 제공하도록 학습자에게 약간 도전적인 경험들을 포함하는 것이다. 이러한 종류의 경험을 만들기 위해서 교사는 개별 학생이 지닌 인지 구조의 기능 수준을 알고 있어야만 한다. 그러나 중요한 점은 피아제가 강력한 교수(instruction) 옹호론자가 아니었다는 것이다. 도리어 그는 학생들에 의해서 발견되는 기회를 제공하는 교육적인 환경을 제안했다. 그는 사실상 '교수'가 아동의 '창조적(inventing)' 학습을 방해하여 완전한 이해를 막을 수 있다고 주장했다. 더욱이 그는 외적 강화물의 사용 또한 학습과 이해에 유해하다고 주장했다(Piaget, 1970b, pp. 714-715).

우리는 피아제(인지적 패러다임을 대표하는)와 대부분의 행동주의자가 교육에 대한 동일한 결론, 즉 교육은 개별화(individualized)되어야 한다는 것에 도달하는 것을 발견했다. 피아제는 동화하는 능력이 아동에 따라 다르고 교육 자료가 개별 학생의 인지 구조에 맞춰져야만 한다는 것을 인식함으로써 이와 같은 결론에 도달했다. 행동주의자들은 강화가 적절한 행동에 수반되어야 하고, 적절한 강화 분배는 학생과 교사 간 혹은 학생과 프로그램화된 교육적 자료들 간의 일대일 관계를 필요로 한다는 것을 인식함으로써 이러한 결론에 도달했다.

피아제 이론의 요약

피아제에 따르면, 아동들은 몇 가지 감각운동 도식들을 가지고 태어나는데, 이러한 도식들은 환경과 그들의 초기 상호작용을 위한 틀을 제공한다. 아동의 초기 경험들은 이러한 감각운동적 도식들에 의해서 결정된다. 다시 말해, 아동들은 이러한 도식들로 동화할 수 있는 사건들에만 반응할 수 있고, 따라서 그들의 경험에 제약을 만든다. 그러나 경험을 통해 이러한 초기 도식들은 수정된다. 각 경험은 아동의 인지 구조를 조절해야만 하는 독특한 요소들을 포함한다. 이러한 환경과의 상호작용을 통해 아동의 인지 구조는 변화하고, 이로 인해 점점 더 많은 경험을 할 수 있다. 그러나 새로운 도식들이 항상 이전에 존재했던 도식들로부터 점진적으로 진전되기 때문에 이러한 과정은 느린 과정이다. 이런 방식으로, 환경에 대한 아동의 반사 반응으로 시작된 지적 성장은 아동이 잠재적 사건들에 대해 숙고할 수 있고 심적으로 가능한 결과물들을 탐색할 수 있는 수준으로 발달한다.

내면화는 결과적으로 아동들이 상징적 표상을 다룰 수 있게 함으로써 환경을 직접적으로 다루어야 할 필요가 없어지는 조작의 발달을 가져왔다. 조작의 발달(내면화된 활동들)은 아동에게 환경을 다룰 수 있는 매우 복잡한 수단을 제공하고, 그러므로 아동은 보다 복잡한 지적 활동을 할 수 있게 된다. 물리적 환경이 그러하듯, 인지 구조들이 보다 연결되기 때문에 사실상 그들의 인지 구조들은 물리적 환경을 구축한다고 언급될 수 있다. 피아제가 모든 적응적 행동을 설명하기 위해 '지적인(intellectual)'이라는 용어를 썼다는 것을 기억해야만 한다. 그러므로 딸랑이를 움켜쥐는 아동의 행동은 복잡한 문제를 푸는 더 큰 아동들만큼이나 지적이다. 그 차이는 각 아동이 사용할 수 있는 인지 구조에 있다. 피아제에 따르면, 지적인 활동은 항상 기존 환경하에서 유기체와 환경 간의 균형을 만들어 낸다. 이런 균형 잡힌 상태를 향해 항상 존재하는 추동을 평형화라고 부른다.

지적인 발달이 아동기에 연속적임에도 불구하고, 피아제는 지적 발달의 단계를 제안했다. 그는 네 가지 단계를 설명했다. ① 아동이 타고난 반응을 이용해서 환경을 직접적으로 다루는 감각운동기, ② 아동이 기초적 개념 형성을 시작하는 전조작기, ③ 아동이 그들의 즉각적 경험 내에서 문제를 해결하기 위한 내면화된 활동과 사고를 사용하는 구체적 조작기, ④ 아동들이 가설적인 상황들을 완전하게 숙고할 수 있는 형식적 조작기이다.

피아제의 이론은 교육적 실천에 중요한 영향을 미쳤다. 많은 교육자가 그의 이론에 근거한 특별한 정책들을 수립하고자 했다(예: Athey & Rubadeau, 1970; Furth, 1970; Ginsburg & Opper, 1979). 또한 어떤 학자들은 그의 이론에 부합한 지능검사를 개발하고자 했다(예: Goldschmid & Bentler, 1968). 분명히, 피아제의 이론은 연합주의 관점을 수용한 사람들이 알아채지 못하거나 무시해 왔던 새로운 연구 분야를 열었다. 이미 2장에서 확인했듯이, 좋은 과학 이론의 한 가지 특징은 발견적(heuristic)이라는 것이고, 피아제의 이론은 분명이 그러하다. 1980년에 피아제가 사망했을 때, 제롬 케이건(Jerome Kagan)은 다음과 같은 헌정사를 썼다.

피아제는 모든 사람의 코앞에 있었지만 그것을 알아볼 만큼 충분한 재능을 가진 이가 없었던 매우 매력적이고 다루기 쉬운 현상을 발견했다. 그러한 발견들의 신뢰성(갑자기 숨겨진 장난감을 찾을 수 있는 8개월 된 아이와 컵에 담긴 물에 대해 비보존적 답에서 벗어나

보존적 답을 할 수 있게 변한 7세 아동)은 문화적 차이에도 불구하고 매우 일관되게 나타나기 때문에 그것은 화학 수업에서의 증명과 닮아 있었다. 피아제의 저서들이 현대 심리학에서 인지과학이 중요한 위치를 갖도록 근간을 제공했다는 것에 의문을 제기할 사람은 거의 없을 것이다. 프로이트와 함께 피아제는 인간발달 과학에서 매우 영향력이 큰 인물이었다(pp. 245-246).

피아제 이론에 대한 평가

공헌

우리가 학습했던 많은 학습 이론가들과는 달리, 피아제는 강화 이론가(reinforcement theorist)나 유관 이론가(contingency theorist) 혹은 인접 이론가(contiguity theorist)로 쉽게 범주화되지 않는다. 대략 '인지 학파(cognitive school)'로 명명된 많은 연구자와 같이, 그는 학습이 어느 정도 연속적으로 일어나고 정보의 습득과 정보의 인지적 표상 모두를 포함한다고 가정한다. 이러한 일반적인 관점에서 피아제의 독특한 공헌은 학습의 질적 측면을 확인한 것이다. 특히 동화와 조절의 개념은 두 가지 다른 유형의 학습 경험이다. 둘 다 학습이며, 둘 다 정보의 획득과 저장을 수반한다. 그러나 동화는 현재의 인지 구조에 의해서 제한되는 정적인 종류의 학습이고, 조절은 모든 후속 학습의 특징을 변화시키는 인지 구조의 진행적 성장이다.

비판

많은 현대 심리학자들은 피아제의 연구 방법론에 내재하는 문제들을 지적한다. 그의 임상적 방법은 엄격하게 통제된 실험실에서 쉽게 기록되지 않는 정보를 제공할 수 있다. 그것은 보다 신중하게 정의된 조건하에서 수행하는 추후 연구들을 위해 방향을 모색하도록 하는 이상적인 방법일 수 있다. 그러나 엄격한 실험적 통제가 결여되었기 때문에 임상적 방법을 통한 관찰로부터 추론을 도출할 때는 주의해야만 한다. 이와 관련된 비판은 다른 문화권의 아동들이나 성인들이 배제된 채로 이루어진 피아제의 관찰이 어느 범위까지 일반화될 수 있느냐에 관한 것이다. 예컨대, 이건(Egan, 1983)은 다음과 같이 썼다.

예를 들어, 대부분의 호주 원주민 성인들이 피아제의 연속적인 양에 대한 보존 개념 검사
에 실패한다면 그들이 더 많은 물을 저장하기 위해 길고 가는 깡통을 사용할 것이라고 예상
할 수 있을까? 그들은 양동이에 담긴 물을 통에 쏟아부으면 물이 줄어들 것이라고 믿을까?
호주 원주민 문화 속에서 이와 같은 의문을 해결할 수 없다는 것은 고전적인 피아제식 검사
가 (어떤 경우에는) 일반적인 지적 능력과는 거의 상관이 없는 모호한 자료를 산출하고 있
음을 보여 준다(pp. 65-66).

비록 점차 복잡한 단계들을 거친다는 피아제의 발달 개념이 일반적으로 옳은 것처럼 보일
지라도, 매우 어린 아동들의 능력이 애초에 판단한 것만큼 한정적이지 않음을 보여 주는 징후
들도 있다. 예컨대, 영아들과 걸음마 배우는 아기들은 대상영속성에 대한 기초적인 이해를 가
지고 있다(Baillargeon, 1987, 1992; Bowers, 1989; Shinskey & Munakata, 2005). 6개월 된 영
아들은 대상 물체를 장벽 뒤에 놓아둔 후, 실험자가 몰래 물건을 제거하고 장벽을 제거했을 때
물체가 '사라진' 것을 보고 놀라는 모습을 보여 주었다(Kibbe & Leslie, 2011). 영아들과 걸음
마 기 아동들은 물리적 장벽을 관통해서 단단한 물체를 전달하는 것이 불가능하다는 것과 같
은 물리적인 법칙들을 이해하는 것처럼 보인다(Baillargeon, Graber, DeVos, & Black, 1990;
Keen, 2003; Mash, Novak, Berthier, & Keen, 2006). 4개월 된 아동들은 3차원 구조물들의 2차
원 그림 정보에 반응적이고, 가능한(veridical) 도형과 '불가능한' 도형을 구분한다(Shuwairi,
Albert, & Johnson, 2007). 2세 이전의 아동들은 그들과 상호작용하는 어른들이 상황을 오도
하거나 오해하는 것을 이해하는 것으로 나타났다(Song & Baillargeon, 2008). 게다가, 피아제
에 의해 제안된 위계적 축적보다는 이해의 불연속적 발달이 있을 수 있다(Berthier, DeBlois,
Poirier, Novak, & Clifon, 2000).

보다 걱정스러운 것은, 성인들마저도 피아제가 인지 구조를 이끈다고 믿었던 종류의 경험
들을 직면했을 때 형식적 조작을 획득하지 못할지도 모른다는 것이다. 피아제와 인헬더
(Piaget & Inhelder, 1956)는 지금은 많이 연구된 물높이 과제를 고안했다. 이 과제에서 참가
자들은 기울어진 용기 속 액체의 방향을 지목해야 한다. 아동들은 용액이 지면과 함께 수평을
유지할 것임을 깨닫지 못하는 경향이 있다. 피아제의 기대와는 반대로, 성인의 약 40%가 이것
을 이해하는 데 실패했다(Kalichman, 1988). 기울어진 용기 속 용액들에 대한 상당한 경험이
있을 것으로 기대되었던 20명의 전문 웨이트리스(뮌헨 10월 축제 중 맥주공장에서 일하는)와
20명의 전문 바텐더(10월 축제에서 바에 고용된) 모두 학생 집단이나 다른 전문직들에 비해
물높이 과제에서 실망스러운 수행을 보였다(Hecht & Proffitt, 1995). 그러나 바스타, 로젠버

그, 노트와 게이즈(Vasta, Rosenberg, Knott, & Gaze, 1997)의 연구에서 수행된 보다 주의 깊게 통제된 실험은 웨이트리스나 바텐더의 수행이 우수함을 확인했다. 피아제와는 다른 문화의 아동들이 그의 예상대로 수행하지 못한다는 것을 명심하라. 예컨대, 리, 너톨과 자오(Li, Nuttall, & Zhao, 1999)의 연구에서는 중국 학생들이 서구의 성인들 기준에 비해 물높이 과제에서 더 나은 수행을 보였다는 것과 같이 유의한 수준의 문화적 차이가 나타났다.

심지어 교육에서의 피아제 발견에 대한 주장들도 도전받아 왔다. 초등 과학교육에서는 발견이 아닌 직접적인 교수(instruction)가 보다 많은 학생이 개념 숙달(concept mastery)과 개념 일반화(concept generalization)를 획득하는 데 도움이 되는 더 나은 방법인 것으로 나타났다(Klahr, Chen, & Toth, 2001; Klahr & Nigam, 2004).

논의
사항

1. 피아제의 지능에 대한 연구 방법은 비네의 연구 방법과 어떻게 다른가?

2. 피아제의 지능에 대한 관점을 왜 발생적 인식론이라고 하는지 설명하라.

3. 동화와 조절 모두를 포함하는 경험의 예를 제시하라.

4. 피아제가 설명하는 내면화는 무엇인가?

5. 피아제의 관점에서 유전과 경험이 지적인 발전에 어떻게 영향을 미치는지를 설명하라.

6. 피아제가 인지 구조는 물리적 환경을 '구성한다'고 말한 것이 의미하는 바를 설명하라.

7. 경험주의적인 관점과 피아제의 관점 모두에서 지식의 특성에 대해서 논의하라.

8. 피아제의 진행적 평형 개념에 대해 논의하라.

9. 피아제 이론의 교육적 함의에 대해서 설명하라.

10. 이 책이 제시한 범위에서 연합주의와 피아제의 학습 이론을 비교하고 대조하라.

11. 훈련의 전이에 대한 피아제의 관점은 무엇이라고 생각하는가? 다시 말해, 피아제에 따르면 한 상황에서 학습한 것을 다른 상황에서 활용할 수 있도록 하는 것은 무엇인가?

12. 피아제의 지적 발달의 주요 단계들을 요약하라.

주요 개념

- 가역성(reversibility)
- 감각운동기(sensorimotor stage)
- 구체적 조작(concrete operations)
- 기능적 불변인(functional invariants)
- 내면화(interiorization)
- 내용(content)
- 도식(schema)
- 동화(assimilation)
- 보존(conservation)
- 발생적 인식론(genetic epistemology)
- 인식론(epistemology)
- 인지적 구조(cognitive structure)
- 임상적 방법(clinical method)
- 전조작적 사고(preoperational thinking)
- 조작(operation)
- 조절(accommodation)
- 지능(intelligence)
- 진행적 평형(progressive equilibrium)
- 평형화(equilibration)
- 학습 딜레마(learning dilemma)
- 형식적 조작(formal operations)

제12장

에드워드 체이스 톨먼
(Edward Chace Tolman)

몰 단위 행동

목적적 행동주의
    쥐의 사용

주요 이론적 개념
    무엇이 학습되는가
    확인: 톨먼의 강화
    대리적 시행착오
    학습 대 수행
    잠재 학습
    장소 학습 대 반응 학습
    강화 기대

톨먼 이론의 형식적 측면
    환경 변인들
    개인차 변인들

매개 변인들

여섯 종류의 학습
    카텍시스
    등가 신념
    장 기대
    장-인지 모드
    추동 변별
    운동 패턴
    자신의 이론에 대한 톨먼의 견해

톨먼의 교육론

톨먼 이론에 대한 평가
    공헌
    비판

톨먼(Tolman, 1886~1959)은 미국 매사추세츠 주 뉴턴에서 태어났으며 1911년 MIT 대학에서 전자화학으로 학사 학위를 받았다. 석사 학위(1912)와 박사 학위(1915)는 하버드 대학교에서 심리학 전공으로 받았다. 1915년부터 1918년까지 노스웨스턴 대학교에서 가르쳤다. 그는 '잘 가르치지 못해서' 면직되었지만 실제로는 전쟁 시기에 보인 그의 평화주의 때문일 가능성이 크다. 그는 노스웨스턴 대학교에서 캘리포니아 주립대학교로 옮기고, 거기서 은퇴할 때까지 남아 있었다. 그러나 그는 (반체제 활동을 하지 않겠다는 내용의) '충성 서약'을 거

에드워드
체이스 톨먼

부했다는 이유로 해고되면서 캘리포니아 주립대학교를 일시적으로 떠나야 했다. 그는 이러한 '충성 서약'을 강요하는 것이 학문적 자유에 대한 침해라고 보고 집단적 저항을 이끌었으며, 소송에서 승리한 동료 교수들과 함께 복직하였다.

톨먼은 퀘이커(Quaker)[1] 가정에서 성장하였다. 평화주의는 그의 전체 경력에서 변치 않는 주제였다. 1942년 출간된 『전쟁을 향한 추동(Drives toward War)』이라는 저서에서 그는 세계 평화의 가능성을 높일 정치적, 교육적, 그리고 경제 시스템에서의 여러 변화를 제안했다. 그는 서문에서 저술 이유를 다음과 같이 밝혔다. "미국인, 대학교수, 그리고 평화주의 전통에서 성장한 한 사람으로서 나는 전쟁에 대한 강한 편견을 가지고 있다. 나에게 있어 전쟁은 어리석고, 방해되고, 불필요하고, 상상할 수 없을 정도로 끔찍한 것이다. 나는 이러한 참조 틀 속에서 글을 쓴다. 간단히 말하면, 나는 강력히 그것을 없애고 싶기 때문에 전쟁의 심리와 전쟁의 방지에 대해 논의하고자 했다."(p. xi)

톨먼은 그의 삶의 대부분을 반항자로 보냈다. 그는 전쟁이 대중적 명분이었을 때 전쟁에 반대했고, 앞서 논의했듯이 행동주의가 심리학의 주류였을 때 왓슨(Watson)의 행동주의에 반대했다.

10장의 결론에서 언급한 바와 같이 톨먼의 학습 이론은 형태주의 이론과 행동주의의 혼합인 것처럼 보일 수 있다. 하버드 대학원생이던 시절, 톨먼은 독일을 여행했고 잠시 동안 코프카(Koffka)와 함께 일했다. 형태주의 이론은 그의 이론화에 유의미하고 지속적인 영향을 주었다. 그러나 그의 형태주의(Gestalt) 이론에 대한 선호는 행동주의에 대한 선호를 방해하지 않았다. 톨먼은 행동주의자들이 그러하듯 내성적 접근이 가치 없다고 보았으며, 심리학은 반드시 객관적이어야 한다고 생각하였다. 그의 이론과 행동주의자의 이론은 연구 행동의 단위가 서로 달랐다. 톨먼에 따르면, 파블로프(Pavlov), 거스리(Guthrie), 헐(Hull), 왓슨(Watson), 스키너(Skinner)와 같은 행동주의자들은 '근육경련(twitchism)' 심리학을 대표한다. 왜냐하면 그들은 향후 분석을 위해 행동의 큰 부분을 반사 반응과 같이 더 작은 부분으로 나눌 수 있다

---

1) 역자 주: 17세기에 조지 폭스(George Fox)가 창시한 기독교계 신흥 종교로서 영국국교회 성직자의 부패, 형식적 예배 등을 반대하며 시작되었다.

고 생각했기 때문이다. 톨먼은 행동주의자들이 요소주의를 받아들임으로써 아기를 목욕물과 함께 던져 버린 꼴이 되었다고 느꼈다. 그는 몰 단위 행동(molar behavior, 크고 완전하고 의미 있는 행동 패턴)을 연구하면서 객관성을 유지하는 것이 가능하다고 믿었다. 다른 행동주의자들과는 달리, 톨먼은 몰 단위 행동을 체계적으로 연구했다. 톨먼은 방법론적으로는 행동주의자였지만 형이상학적으로는 인지 이론가(cognitive theorist)였다고 말할 수 있다. 다시 말해, 그는 인지적 과정들을 밝히기 위해 행동을 연구했다.

몰 단위 행동

몰 단위 행동(molar behavior)의 가장 주요한 특징은 그것이 목적적이라는 것이다. 즉, 그것은 항상 어떤 목표를 향하고 있다. 톨먼의 주요 저서도 『인간과 동물의 목적적 행동(Purposive Behavior in Animals and Men)』(1932)이었다. 톨먼은 연구의 목적을 위해서 행동을 더 작은 단위로 나눌 수 없다고 결코 주장하지 않았다. 오히려 그는 만약 요소적인 관점으로 연구하면 잃게 되는 전체 패턴에 의미가 있다고 생각했다. 따라서 톨먼에게 몰 단위 행동은 그것을 구성하는 개별적인 '경련(twitches)'들과 다른 형태(Gestalt)로 구성된 것이었다. 다시 말해, 목적적 행동 패턴은 행동적 형태들(Gestalten)로 볼 수 있다.

심신의 문제, 즉 어떻게 심신이 함께 존재하고 상호작용하는가에 대한 해결책들 중 하나를 부수현상설(epiphenomenalism)이라 부른다. 이 관점에서 마음은 뇌에서 뉴런들과 신경화학물들 간에 발생하는 생물화학적 상호작용의 부산물로서 출현 속성(emergent property)이다. 이 관점에서 뉴런과 화학물질들이 마음을 생성할 것이라고 기대할 선험적 이유는 없다. 이는 철학적으로 두 개의 수소 분자와 한 개의 산소 분자의 합이 어떤 것을 산출할 것이라고 기대할 선험적 이유가 없는 것과 같다.

톨먼(1932)은 몰 단위 행동과 분자 행동 간에 구분되는 차이를 강조하기 위해 출현 속성에 대한 논의를 언급했다. 행동의 객관적인 분석은 (미로에서 길을 찾기 위해 골몰하는 쥐나 연구논문을 위해 좋은 주제를 찾으려 하는 학생의) 뇌에서 일어나는 일련의 시냅틱 사건들, 근육의 수축 이완, 심지어 더 큰 연속 행동 사건들의 조합들과 같은 행동들을 감소시킨다. 그럼에도 불구하고 이러한 요소들이 목적적 몰 단위 행동을 생산하기 위해 결합될 것이라고 기대할 어떤 선험적 근거도 없다. 목표-수단, 행동의 동기화된 특징은 그것들의 부분들을 분석하는 것만을 통해서 기대될 수 없다.

톨먼의 분석(1935)은 수많은 행동에서 몰 단위 행동을 인정했다. 이러한 행동들의 중요한 특징은 만약 방해를 받는다 해도 그것들이 완벽해질 때까지 지속될 것이라는 점이다. 만약 나의 집필이 문자 메시지나 전화에 의해서 방해되었다면, 나는 방해물들을 처리하고 집필 작업으로 돌아올 것이다. 만약 학생이 시험을 치르고 있는데 화재경보가 울린다면, 학생은 소방훈련을 마치고 시험을 치르기 위해 돌아올 것이다. 만약 다른 학생이 노트에 낙서하느라 바쁘다면, 수업 시간 동안 중요한 정보에 의해서 방해받는다고 해도 낙서는 완성될 것이다. 비록 노트 낙서의 경우와 같이 잘못 정의된 것이라고 해도 몰 단위 행동은 목적을 가지며, 그것은 완성을 필요로 한다.

목적적 행동주의

톨먼의 이론은 목적적 행동주의(purposive behaviorism)로 언급되는데, 왜냐하면 그것이 목적지향적인 행동이나 목적적 행동(purposive behavior)에 대한 설명을 시도하기 때문이다. 톨먼이 목적이라는 단어를 순수하게 설명적으로 사용했다는 점을 강조할 필요가 있다. 예컨대, 그는 쥐가 미로 안에서 무언가를 찾는 행동은 먹이가 발견될 때까지 지속될 것이고, 그러므로 그러한 행동은 '마치' 어떤 목적을 가진 것처럼 보인다고 지적했다. 톨먼은 느린, 빠른, 정확한, 부정확한, 혹은 우회전이라는 단어가 행동을 설명하기 위해서 사용되듯 '목적적(purposive)' 이라는 단어를 행동을 설명하기 위해 사용하였다. 거스리와 톨먼은 이러한 점에서 유사성을 갖는다. 거스리에게 행동은 유지 자극이 어떤 욕구 상태에 의해 제공되는 한 지속된다. 톨먼에게 행동은 '마치' 유기체가 환경에서 무엇인가를 찾는 한 목적 지향적인 것 '처럼' 보인다. 두 가지 사례 모두에서 행동은 목적적으로 보일 것이다.

이니스(Innis, 1999)는 톨먼의 주장을 다음과 같이 강조했다.

> 직접적으로 관찰될 수 있는 행동의 '~때까지 지속하는(persistence until)' 특성은 목적적이라고 정의한다. 목표에 도달하는(혹은 멀어지는) 특정 통로나 수단의 선택도 직접적으로 관찰될 수 있으며, 만약 상황이 변하게 되면 이러한 행동은 붕괴될 수도 있다. 이러한 관찰들에서 우리는 동물의 인지에 대한 객관적 측정치들을 가지게 된다(p. 101).

비록 톨먼이 대부분의 행동주의자에 비해 그의 이론에서 용어들을 좀 더 자유롭게 사용했지만, 그는 행동주의자였고 객관적인 사람이었다. 앞으로 살펴보겠지만, 톨먼은 인지학습 이론을 발달시켰으나 최종 분석에서는 다른 모든 행동주의자들이 다룬 관찰 가능한 자극과 외현적 반응들을 다루었다. 톨먼(1932)은 "우리가 살펴본 것처럼 목적적 행동주의에 있어 행동은 목적적이고, 인지적이며, 그리고 몰 단위이다. 즉, '형태화되었다'. 목적적 행동주의는 몰 단위적이지, 분자 단위적인 행동주의가 아니다. 그러나 그것이 덜 행동주의적인 것은 아니다. 자극과 반응들, 그리고 반응의 행동 결정인들이 목적적 행동주의가 연구하려고 한 전부이다." 라고 말했다(p. 418).

쥐의 사용

어떤 사람들은 인지 이론가가 쥐를 실험 대상으로 연구한다는 것을 이상하게 생각할지도 모르지만, 톨먼은 쥐에 대한 특별한 애정을 가지고 있었다. 그는 캘리포니아 대학교의 심리학 실험실에서 쥐를 사용하도록 자극했고, 1932년의 저서를 흰쥐에게 헌정하기도 했다. 톨먼은 저서를 통해 쥐를 실험 대상으로 사용하는 것에 대한 자신의 생각을 밝혔다. 다음 인용문에서 그의 유머와 위트를 발견할 수 있다.

우리(cage) 속에 사는 쥐들에 대해 언급해 보고자 한다. 그들은 실험이 계획되기 전에 밤늦게까지 폭음하지 않는다. 그들은 전쟁을 벌여 서로 죽이지 않는다. 그들은 파괴적인 무기들을 발명하지 않고, 설령 그렇다고 해도 병기들을 제어하는 데 그렇게 서투르지 않다. 그들은 계급 갈등이나 민족 갈등에 관심이 없다. 그들은 정치적, 경제적 그리고 심리학적인 논문을 피한다. 그들은 신비롭고, 순수하며, 유쾌하다(1945, p. 166).

또한 톨먼(1938)은 다음과 같이 이야기한다.

나는 심리학에서 중요한 모든 것(초자아의 형성과 같은 문제, 즉 사회와 언어가 포함된 것을 제외한 모든 것)이 미로의 선택 지점에서 쥐의 행동을 결정하는 요인들에 대한 지속적인 실험적, 이론적 분석을 통해 본질적으로 연구될 수 있다고 믿는다. 나는 헐과 손다이크에 동의한다(p. 34).

주요 이론적 개념

    톨먼은 심리학 연구에 매개 변인들의 사용을 도입했고, 헐은 톨먼으로부터 그 아이디어를 가져왔다. 헐과 톨먼 모두 그들의 연구에서 유사한 방법으로 변인들을 사용했다. 그러나 헐은 톨먼보다 훨씬 더 포괄적이고 정교한 학습 이론을 개발했다. 우리는 이 장 후반부에서 톨먼 이론의 형식적 측면들을 다루겠지만, 우선 학습 과정에 대한 그의 일반적인 몇 가지 가정을 확인할 것이다.

무엇이 학습되는가

    파블로프, 왓슨, 거스리, 헐과 같은 행동주의자들은 자극-반응 연합들이 학습되고, 복잡한 학습은 복잡한 자극-반응을 포함한다고 했다. 그러나 형태주의 이론에 근거하여 연구를 한 톨먼은 학습은 필수적으로 환경 안에서 무엇이 무엇을 이끌 것인가를 발견하는 과정이라고 한다. 탐색을 통해서, 유기체는 어떤 사건은 다른 사건들로 이어지고, 어떤 신호는 다른 신호들로 이어진다는 것을 발견했다. 예컨대, 오후 5시(S_1)가 되면, 저녁 식사(S_2)가 곧 뒤따를 것임을 학습한다. 그런 이유 때문에 톨먼은 자극-반응 이론가보다는 자극-자극 이론가로 불렸다. 톨먼에게 학습은 어떤 동기도 필요로 하지 않는 지속되는 과정이었다. 이런 지점에서 톨먼은 거스리와 동일하고 손다이크, 스키너, 헐과 반대 입장이다.

    그러나 동기는 유기체가 환경의 어떤 측면에 주의를 기울이게 될 것인지를 결정하기 때문에, 톨먼의 이론에 있어서 동기는 매우 중요하다. 예컨대, 배고픈 유기체는 환경에서 먹이 관련 사건들에 주의를 기울이고, 성적으로 박탈을 경험한 유기체들은 성 관련 사건들에 주의를 기울인다. 일반적으로 유기체의 추동 상태는 지각적 장에서 환경의 어떤 측면이 강조될 것인지를 결정한다. 그러므로 톨먼에게 동기는 지각적 강조자(emphasizer)로 작용한다.

    톨먼에 따르면, 학습되는 것은 '땅의 지형(lay of the land)'이다. 유기체는 무엇이 거기 있는지를 학습한다. 만약 왼쪽으로 돌면 어떤 것을 발견하고, 오른쪽으로 돌면 다른 것을 발견할 것이라는 것을 배운다. 유기체는 그 환경 내에서 돌아다니기 위해 사용할 수 있는 환경의 그림을 점진적으로 발달시킨다. 톨먼은 이런 그림을 인지 지도(cognitive map)라고 불렀다. 이 관점에서 톨먼은 다른 행동주의자들과 완전히 반대이다. 그에 따르면, 개별 반응이나 심지어 목표를 향한 개별 통로를 보는 것은 쓸모없다. 일단 유기체가 인지 지도를 개발하고 나면, 그것은 여러 방향에서도 특정 목표에 도달할 수 있다. 만약 주로 사용하는 통로가 막혔다면, 동물은 간단히 다른 대안 통로를 선택할 것이다. 마치 사람이 퇴근할 때 주로 이용하는 길을 사용할 수 없으면 우회로를 선택하는 것과 같다. 그러나 유기체는 지름길을 선택하거나 최소 노력을 필요로 하는 길을 선택할 것이다. 이것을 최소 노력의 법칙(principle of least effort)라고 부른다.

톨먼의 최소 노력의 법칙과 헐의 습관군 위계(habit family hierarchy) 간에는 매우 큰 유사성이 있다. 두 이론가들 모두 훈련 뒤에 유기체가 대안 통로를 통해 목표에 도달할 수 있다는 결론을 내렸다. 톨먼은 유기체의 처음 선택은 최소 노력을 필요로 하는 통로라고 했다. 헐은 유기체가 지름길을 선호한다고 했다. 왜냐하면 그것이 강화의 지체(J)가 제일 짧고 반응 잠재력($_sE_R$)이 가장 크기 때문이다. 게다가 가장 큰 반응 잠재력을 가지는 반응은 어떤 주어진 환경에서도 발생할 경향이 있다. 이 장의 후반에서 우리는 동물들이 단순한 자극-반응 과정보다는 인지 지도에 따라 반응한다는 것을 보여 주기 위해 고안된 톨먼의 독특한 실험을 보게 될 것이다.

확인: 톨먼의 강화

거스리처럼, 강화의 개념은 학습 변인으로서 톨먼에게 중요하지 않다. 그러나 톨먼이 확인(confirmation)이라고 부르는 것과 다른 행동주의 학자들이 강화(reinforcement)라고 부르는 것 간에는 어떤 유사성이 있다. 인지 지도가 발달하는 중에 유기체는 기대를 이용한다. 기대는 무엇이 무엇을 이끄는 것에 대한 예감(hunch)이다. 초기의 잠정적인 기대들을 가설(hypotheses)이라고 부르는데, 가설들은 경험에 의해 확인되거나 혹은 확인되지 않는다. 확인된 가설들은 유지되고 그렇지 않은 것들은 폐기된다. 이러한 과정을 통해 인지 지도가 발달된다.

지속적으로 확인되는 기대(expectancy)는 톨먼이 수단-목적 준비도(means-end readiness)로 불렀던 것이나, 혹은 일반적으로 신념이라고 불리는 것으로 발전한다. 기대가 지속적으로 확인될 때, 유기체는 만약 어떤 방식으로 행동하면 어떤 결과가 뒤따를 것이라는 것임을, 혹은 만약 어떤 신호(자극)를 본다면 다른 신호가 따를 것이라는 것을 결국 '믿는 것'이다. 그러므로 인지 지도의 발달에서 기대의 확인(confirmation of an expectancy)은 다른 행동주의자들이 사용했던 강화의 개념과 유사하다. 그러나 가설의 생성, 수용 혹은 기각은 외현적 행동을 포함할 필요가 없는 인지적 과정임을 주목하라. 인지 지도의 발달에 중요한 가설 검증 과정은 유기체의 어떤 생리적 욕구에도 의존하지 않는다. 이전에 언급했던 것과 같이 학습은 지속적으로 발생하고 유기체의 어떤 동기적인 상태에도 의존하지 않는다.

대리적 시행착오

톨먼은 학습의 인지적 해석을 지지하는 증거로서 미로에서 쥐가 나타내는 특징에 대해서 언급했다. 쥐는 종종 선택 지점에서 마치 가능한 다른 대안들에 대해서 생각해 보는 것처럼 머뭇거리며 주위를 두리번거린다. 톨먼은 선택 지점에서 이렇게 머뭇거리며 주위를 둘러보는 것을 대리적 시행착오(vicarious trial and error)라고 불렀다. 첫 번째 반응을 시도하고 문제를 해결할 때까지 또 다른 반응을 시도하는 행동적 시행착오와 달리, 대리적 시행착오에서는 다른 접근법들을 (행동적으로 검증하는 것이 아니라) 인지적으로 검증한다.

학습 대 수행

우리는 6장에서 헐이 학습과 수행을 구분하는 것을 보았다. 헐의 최종 이론에서는 강화된 시행의 수가 유일한 학습 변인이었고, 그의 체계에서 다른 변인들은 수행 변인들이었다. 수행은 학습이 행동으로 변화하는 것이라고 생각할 수 있다. 학습과 수행 간의 구분은 헐에게도 중요했지만, 톨먼에게는 더 중요했다.

톨먼에 따르면, 우리는 환경에 대해서 많은 것을 알고 있지만 우리가 필요로 하는 것을 할 때에만 이러한 정보에 근거하여 행동한다. 이전에도 언급했듯, 현실 검증을 통해 얻은 이러한 지식은 욕구가 올라올 때까지 잠복해 있다. 어떤 욕구의 상태에서, 유기체는 욕구를 완화시킬 것들에 근접하고자 현실 검증을 통해 학습한 것들을 사용한다. 예를 들어 건물에 2개의 식수대가 있다고 가정해 보자. 당신은 그곳을 여러 번 지나다니면서도 물을 마시려고 멈춰 본 적이 없다. 그러나 만약 목이 마르다면, 당신은 곧 그중 하나로 다가가 물을 마실 것이다. 당신은 어떻게 식수대를 찾을지 이미 알지만, 당신이 목마르기 전까지는 그 지식을 행동으로 변환할 필요가 없었다. 우리는 잠재 학습을 살펴볼 때 학습-수행 구분에 대해 보다 상세히 논의할 것이다.

지금까지 다룬 주요한 사항들을 요약하면 다음과 같다.

① 유기체는 문제 해결을 시도하려고 할 때 문제 해결 상황에 대한 다양한 가설을 가져온다. 이후 논의하겠지만, 이러한 가설들은 대개 이전 경험들에 근거하지만, 톨먼의 경우 특정한 문제 해결 전략들은 타고나는 것이라고 믿었다.
② 살아남은 가설들은 현실에 가장 잘 부합하는 것, 즉 목표의 성취로 귀결되는 것이다.

③ 얼마 후 분명하게 형성된 인지 지도가 발달하면, 그것은 수정된 조건들하에서 사용될 수 있다. 예를 들어 유기체가 선호하는 통로가 막혔다면, 유기체는 최소 노력의 법칙에 따라 인지 지도를 통해 다른 통로를 간단히 선택할 것이다.

④ 충족해야 하는 어떤 종류의 요구나 동기가 있을 때, 유기체는 자신의 인지 지도 내에서 정보를 사용한다. 정보가 존재할 수는 있지만 그것이 특정한 조건하에서만 사용된다는 사실은 학습과 수행을 구분하는 매우 중요한 기준이 된다.

잠재 학습

잠재 학습(latent learning)은 수행으로 전환되지 않은 학습이다. 다시 말해, 학습이 행동으로 표현되기 전에 상당히 오랜 시간 동안 휴면 상태로 남아 있는 것은 가능하다. 잠재 학습의 개념은 톨먼에게 매우 중요하다. 그는 잠재 학습의 존재를 설명하는 데 성공했다고 느꼈다. 톨먼과 혼지크(Tolman & Honzik, 1930)가 수행한 유명한 실험에서 미로 해결을 학습하는 세 집단의 쥐들이 이용되었다. 첫 번째 집단은 옳은 미로 횡단에 대해 한 번도 강화받지 못한 집단이고, 두 번째 집단은 항상 강화받았던 집단, 그리고 세 번째 집단은 실험 11일이 될 때까지는 강화를 받지 못했던 집단이었다. 톨먼은 마지막 집단을 가장 흥미롭게 보았다. 잠재 학습에 대한 그의 이론은 이 집단이 규칙적으로 강화받았던 집단만큼 미로를 잘 학습했으며, 11일째에 강화가 제공되면 이 집단은 지속적으로 강화받았던 집단만큼 잘 수행할 것이라고 예측했다. 실험의 결과는 [그림 12-1]과 같다.

[그림 12-1]을 살펴보면 세 가지 사항이 분명해진다. ① 한 번도 강화를 받지 않은 집단조차 수행에서 다소의 향상을 보였다. ② 강화된 집단은 11일의 실험 기간을 통해서 꾸준한 향상을 보였다. ③ 이전에 강화되지 못했다가 11일째에 강화를 제공받은 집단은 수행이 급격히 향상되었다. 사실상 마지막 집단이 실험을 통해 내내 강화를 받은 집단보다 수행을 더 잘 해냈다. 톨먼은 강화가 수행 변인이지 학습 변인이 아니라는 그의 주장을 지지하는 결과를 얻은 것이다.

자극-반응 이론가들은 사실상 강화가 상황으로부터 제거되지 않았다고 주장했다. 그들은 결코 먹이를 받아 보지 못한 집단이 왜 다소의 향상을 보였는지에 대한 의문을 제기했다. 그들은 단순히 목표 상자에 도달한 이후에 기구로부터 벗어나는 것이 목표에 도달하기 위한 강화인으로서 작용했을 수 있다는 점을 지적했다. 잠재 학습에 대한 또 다른 자극-반응 해석은 유인 동기의 개념에 기초한다는 것으로 잠재 소거에 대한 논의 이후에 제시된다.

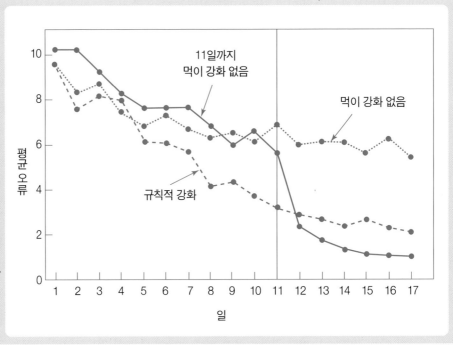

그림 12-1 ▶
톨먼과 혼지크의
실험 결과. 동물들이
비강화 기간 후
강화를 받았을 때,
실험 시작부터
강화를 받은 동물들과
같거나 더 뛰어난
수행을 보여 준다.
(E. C. Tolman & C. H.
Honzik, Introduction
and Removal of
Reward, and Maze
Performance in Rats,
Univeristy of
California
Publications in
Psychology, 4, 1930,
pp. 257–275).

잠재 소거　　파블로프, 헐, 스키너와 같은 강화 이론가들이 소거를 능동적인 과정으로 보았다는 것을 기억할 것이다. 그들에게 있어서 소거가 발생하기 위해서는 이전에 강화된 반응들이 일어나지만 강화되지는 말아야만 한다. 이러한 상황에서 사전에 강화된 반응의 비율이나 양은 강화가 도입되기 전에 그것의 이전 수준으로 돌아갈 것이다. 그러나 톨먼은 무엇이라 했던가? 톨먼에 따르면 학습은 관찰을 통해서 일어나며 강화에 독립적이다. 동물이 학습한 것은 학습 실험의 습득 국면에서 확인되는 기대이기 때문에 어떤 반응을 할 때 강화를 기대한다. 톨먼의 이론은 만약 동물이 자극-자극 기대(예: 어떤 반응이 먹이를 가져올 것이다)를 학습했는데 그 반응이 더 이상 먹이를 가져오지 않는다는 것을 관찰할 기회가 주어진다면 이러한 관찰 자체가 소거를 생성할 것이라고 예측했다. 예컨대, 만약 이전에 먹이를 획득하기 위해 미로나 통로를 횡단하는 것을 학습했던 쥐가 지금은 빈 목표 상자에 직접 놓이게 된다면, 쥐는 그 다음의 시도들에서 미로나 통로를 횡단하는 것을 그만둘 것이다. 이러한 상황에서 발생하는 소거를 잠재 소거(latent extinction)라 부른다. 왜냐하면 이전에 강화된 반응에 대한 비강화된 수행이 포함되지 않았기 때문이다. 많은 학자가 잠재 소거에 대한 증거를 밝혔다(예: Deese, 1951; Moltz, 1957; Seward & Levy, 1949). 바우어와 힐가드(Bower & Hilgard, 1981)는 이러한 발견들을 다음과 같이 요약했다.

이러한…… 결과들은…… 도구적 반응 국면의 강도가 그 반응이 일어나거나 조건이 변경된 강화를 받지 않고도 변경될 수 있음을 시사한다. 그러한 결과들은 자극–반응 강화 이론과 대치된다. 자극–반응 강화 이론은 반응이 일어난 후 명백하게 처벌받거나 혹은 보상받지 못했을 때에만 반응의 습관 강도를 변경할 수 있다고 보기 때문이다. 결과들은 두 가지 가정을 필요로 하는 듯하다. 행동 국면의 시작에서, 유기체들은 그들이 반응 국면의 마지막에서 성취하고자 기대하는 목표가 무엇인가에 대한 유용한 표상들을 가진다. 목표기대는 그것으로 이끈 이전 반응 국면에 대한 실행 없이 목표 상황을 직접 경험하는 것으로 변경할 수 있다. 물론 이것들은 정확히 톨먼의 이론에서 만들었던 가정이다(pp. 340–341).

스펜스(Spence)와 같은 자극–반응 이론가들은 동기적 요인 측면에서 잠재 소거를 설명했다. 우리는 6장에서 스펜스가 반응 학습이 인접 때문에 발생한다고 믿는 것을 보았다. 즉, 목표 반응은 그것이 단순히 반응을 했기 때문에 학습된다. 스펜스에 따르면 강화의 역할은 강화와 독립적으로 학습되어 온 반응의 수행을 위한 유인가를 제공하는 것이다. 게다가 일차적 강화 이전에 발생한 자극은 이차적으로 강화하는 속성을 가지는데, 이러한 이차적 강화인들은 동물들이 미로나 통로를 횡단하도록 유인가를 제공한다. 스펜스에 따르면 잠재 소거 상황에서 발생하는 것은 동물이 일차적 강화 없이 이러한 자극을 경험하는 것이고, 따라서 이차적으로 강화하는 속성들이 소거된다. 따라서 그 후 동물이 실험 장치에 놓였을 때, 그것은 학습된 반응을 수행하는 데 덜 유인적이다. 이것은 스펜스가 잠재 학습을 위해 제공한 설명과 동일한 설명이다. 즉, 동물은 단순히 반응을 함으로써 미로나 통로에서의 다양한 반응들을 학습한다. 어떤 시점에서 강화가 도입되었을 때, 그것은 동물에게 인접의 법칙을 통해 이전에 학습한 반응을 수행하도록 유인가를 제공한다. 잠재 학습과 잠재 소거가 기대와 관련하여, 혹은 유인 동기와 관련하여 가장 잘 설명될 수 있는가에 대한 의문은 아직 풀리지 않았다.

장소 학습 대 반응 학습

자극–반응 이론가들은 어떤 자극에 대한 특정 반응이 학습된다고 주장한 반면에, 톨먼은 동물들이 어디에 대상이 있는지를 학습한다고 주장했다. 톨먼과 동료들은 톨먼이 제안한 것과 같이 동물이 장소 학습자인지, 자극–반응 이론이 제시한 것과 같이 반응 학습자들인지를 결정하기 위해 일련의 실험을 수행했다. 이 방면에서 전형적인 실험은 톨먼, 리치와 칼리시(Tolman, Ritchie, & Kalish, 1946b)에 의해서 수행되었다. 그들이 사용한 장치는 [그림 12–2]

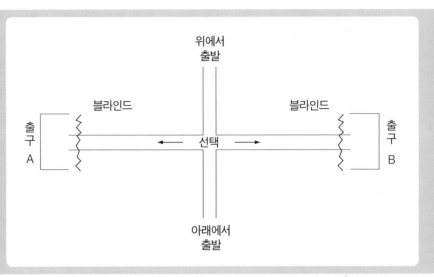

그림 12-2 ▶
톨먼, 리치와 칼리시는 그림과 같은 장치를 사용했다. 쥐들은 미로의 '출발' 지점에서 '선택' 지점으로 뛰었다. 그중 반은 각각의 시행에 같은 방향으로 돌 것을 강화받았고(반응 학습), 그중 반은 각 시행에서 동일 장소로 갈 것을 강화받았다(장소 학습).

와 같이 도식화된다.

실험에는 두 집단의 쥐들이 사용되었다. 반응 학습(response learning) 집단의 쥐들은 때때로 S_1이나 S_2에서 출발했지만, 어디에서 출발했는지와 상관없이 그들은 강화를 얻기 위해 항상 같은 방향으로 돌아야 했다. 예컨대, 만약 오른쪽으로 돌 것을 학습하였다면, S_1에서 출발한 쥐는 F_1에서, 그리고 S_2에서 출발한 쥐는 F_2에서 먹이를 제공받았다. 장소 학습(place learning) 집단은 항상 같은 장소(예: F_2)에서 먹이를 제공받았다. 만약 이 집단의 쥐가 S_1에서 출발했다면, 그것은 왼쪽으로 돌도록 강화되어야만 한다. 만약 S_2에서 출발했다면, 그것은 오른쪽으로 돌아야만 한다.

동물들은 12일 동안 하루에 6번씩, 총 72번을 시행했다. 학습 준거는 연속적으로 실수 없이 10번 시행하는 것이었다. 실험 결과, 장소 학습 집단의 경우 8마리 모두 학습 준거에 도달한 반면, 반응 학습 집단은 단지 8마리 중 3마리만이 준거에 도달했다. 실제로 준거에 도달하기 위한 장소 학습 집단의 평균 수행은 3.5였고, 반응 학습 집단의 경우 준거에 도달한 3마리의 평균 수행은 17.33이었다. 장소 학습자들은 반응 학습자들보다 훨씬 빠르게 그들의 문제를 해결했다. 그러므로 동물들이 장소를 학습하는 것이 특정한 반응들을 학습하는 것보다 더 '자연스러운' 것으로 보였고, 이러한 결과는 톨먼의 이론을 지지했다. 실험의 결과는 [그림 12-3]에서 제시된다.

톨먼, 리치와 칼리시(1946a)의 다른 연구에서, 동물들은 처음에는 [그림 12-4]에서 보이는 장치에서 훈련되었다. 동물들은 실험하는 동안 A, B, C, D, E, F 통로를 따라, 방에서 유일한

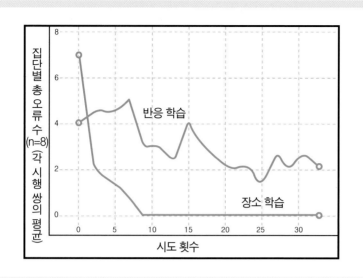

▲그림 12-3

이 그래프는 반응 학습 집단 쥐들과 장소 학습 집단 쥐들이 '선택' 지점에서 보이는 오류의 수를 나타낸다. 오류는 장소 학습 집단에서 급격하게 떨어졌다. 9일째 훈련일에 장소 학습 집단의 오류는 없어졌다. 반응 학습 집단의 수행은 단지 소폭 향상되었다.

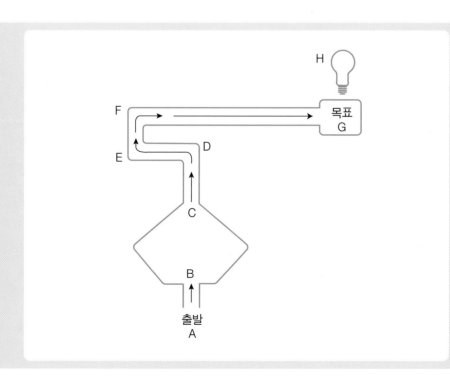

▲그림 12-4

두 번째 실험에서, 톨먼, 리치와 칼리시는 우선 그림과 같은 미로에서 쥐들을 완벽하게 훈련시켰다. 실험 공간 내에서 전구는 오직 '목표' 위에만 직접적으로 보인다.

조명인 5와트 전구가 위치한 장소를 가리키는 G, H에 도달하는 학습을 해야만 했다. 예비 훈련 뒤에 [그림 12-4]에서 보이는 장치는 제거되었고, [그림 12-5]에서 보이는 장치로 대체되었다.

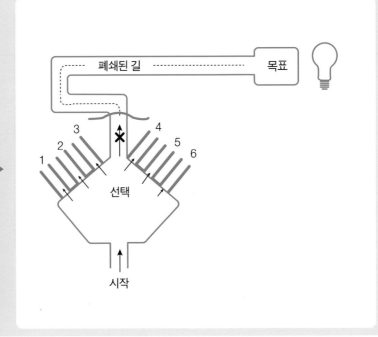

그림 12-5 ▶

쥐들은 [그림 12-4]에서 보이는 것과 같은 미로에서 우선 훈련된 후, 위 그림과 같은 다중 갈래 미로에 놓였다. 그러나 이전 훈련에서 학습되었던 '표준 길(straight ahead)'은 막혔다. 그러므로 전구에 이르는 가장 가까운 길은 6번 갈래를 통해서 목표에 이르는 것이다.

실험의 첫 번째 국면에서 동물들이 택하도록 훈련받았던 통로는 봉쇄되었지만, 동물들은 18개의 대안적 통로들 중에서 선택할 수 있었다. 자극-반응 이론과 일반화의 원칙에 의거하면, 동물들은 원래의 통로가 폐쇄되었을 때 원래 통로와 가장 가까운 봉쇄되지 않은 길을 선택할 것이라고 기대될 것이다. 그러나 이 경우는 아니었다. 가장 빈번하게 선택되었던 길은 6번이었는데, 이것은 실험의 첫 번째 국면에서 목표가 있었던 곳을 직접적으로 가리키는 곳이었다. 실제로 원래의 통로에 가장 가까운 통로는 덜 빈번하게 선택되었다(9번 통로는 2%의 쥐만, 10번 통로는 7.5%만이 선택함). 톨먼, 리치와 칼리시(1946a)의 실험에서 두 번째로 가장 빈번하게 선택된 것은 동물들이 우리에서 먹이를 받았던 곳을 향하는 장소였다. 실험의 결과는 [그림 12-6]에 제시된다.

다시 한 번, 동물들은 특정 반응들보다 어디에 어떤 것이 있는지와 관련해서 반응하는 듯했다. 자극-반응 이론가들은 동물들이 단순히 빛의 방향을 향해서 달리는 반응을 학습했기 때문에 그것이 전적으로 가능했던 것이므로 그러한 실험들이 장소 학습을 지지하지 않았다고 느꼈다. 인지 이론가들은 그것이 진실이라면 동물은 적어도 통로 6만큼 통로 5나 통로 7을 선택했어야 하는데, 이 경우에는 그렇지 않았다고 함으로써 이러한 해석을 반박했다.

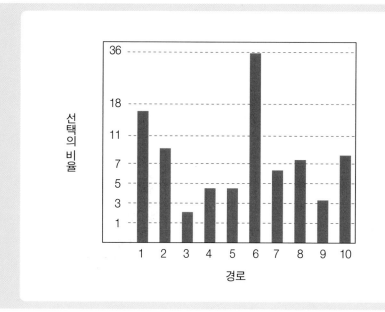

◀그림 12-6
톨먼, 리치와 칼리시가 쥐들이 어떤 길을 많이 선택하는가를 조사했을 때, 그들은 전구를 향해 직접적으로 난 길과 목표가 가장 빈번히 선택되었다는 것을 확인했다. 분명히 쥐들의 선택은 이전 훈련에서 성공적이었던 길과 가장 가까운 길을 선택하는 단순 반응 일반화에 의해서 설명되지 않았다. 다음으로 가장 빈번한 선택은 쥐가 우리(cage)를 향하는 길이었다.

강화 기대

톨먼에 의하면, 우리가 학습하는 것은 '땅의 지형'을 알게 되는 것이다. 문제 해결 상황에서 우리는 목표가 어디에 있는지 학습하고, 또한 가능한 한 가장 짧은 통로를 따라감으로써 그것에 도달한다. 우리는 어떤 사건들이 다른 사건들을 따라 일어난다고 기대하는 것을 학습한다. 동물은 어떤 장소로 가면 어떤 강화인을 발견할 것이라 기대한다. 자극-반응 이론가들은 학습 상황에서 강화인을 변경하더라도 강화의 양이 극적으로 변경되지 않는 한 행동을 방해하지 않을 것이라는 것을 기대한다. 그러나 톨먼은 만약 강화인들이 변경된다면, 행동은 특정 강화인들이 기대의 일부라는 강화 기대(reinforcement expectancy) 때문에 방해받을 것이라고 기대했다.

톨먼(1932, p. 44)은 엘리어트(Elliott)의 실험을 보고하였다. 엘리어트는 두 집단의 쥐들 중 한 집단은 밀기울을 먹기 위해 미로를 달리도록 훈련시키고, 다른 한 집단은 해바라기 씨를 먹기 위해 달리도록 훈련시켰다. 훈련 10일째에는 밀기울을 위해 달리도록 훈련된 집단을 해바라기 씨를 향해 달리도록 하였다. 엘리어트의 실험 결과는 [그림 12-7]과 같다. 우리는 강화의 변경이 상당한 수행 방해를 가져온다는 것을 확인했고, 그러므로 이것은 톨먼의 예측을 지지한다.

그러나 밀기울로 훈련했던 집단은 해바라기 씨로 바꾸기 전에도 해바라기 씨로 훈련되었던

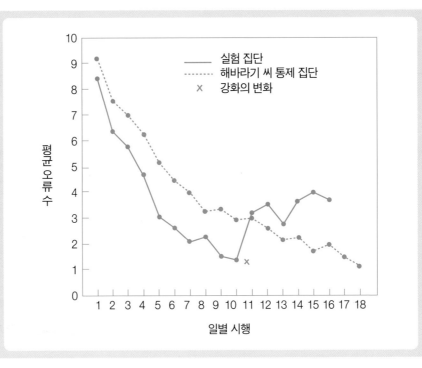

그림 12-7 ▶
기대했던 것과 다른 강화인이 경험되었을 때 발생하는 행동에서의 혼란을 보이는 엘리어트의 실험 결과이다. (W. Brown, E. C. Tolman, H. E. Jones, eds., University of California Publications in Psychology. Berkeley, CA: University of California Press, 1932, vol. IV, pp. 19-30).

집단에 비해서 지속적으로 더 나은 수행을 했다는 점을 주목해야만 한다. 헐 학파의 학자들은 밀기울이 해바라기 씨보다 더 큰 유인가(K)를 가지기 때문에 반응 잠재력이 더 크다고 말했다. 해바라기 씨로 변경한 이후, 그에 따라 K는 낮아졌을 것이다. 해바라기 씨로 바꾼 집단이 지속적으로 해바라기 씨로 훈련된 집단보다 훨씬 더 낮은 수행을 보이기 때문에, 헐 학파의 설명은 단지 부분적으로만 결과를 설명한다. 심지어 유인가에서의 차이가 수정되었을 때도 기대를 통해 시작된 것이라 볼 수 있는 수행에 대하여 상당한 방해가 있는 것 같다.

톨먼 이론의 형식적 측면

톨먼(1938)의 보다 추상적인 이론화의 예로서, 우리는 그의 저서 『선택 지점에서 행동의 결정인(The Determiners of Behavior at a Choice Point)』을 요약하겠다. 이 예에서 선택 지점은 쥐가 T-미로에서 오른쪽이나 왼쪽 중 어느 쪽으로 방향을 틀지를 결정하는 곳이다. 우리가 사용한 상징들의 일부가 [그림 12-8]의 T-미로 도식에서 확인된다.

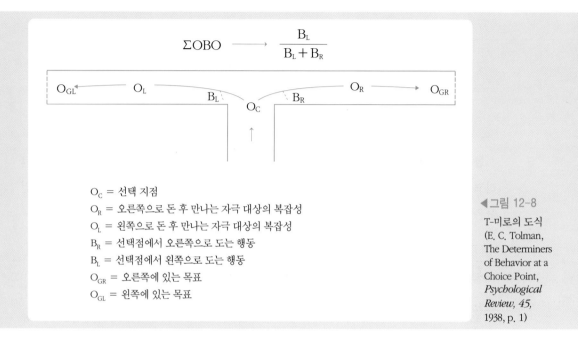

◀그림 12-8

T-미로의 도식
(E. C. Tolman,
The Determiners
of Behavior at a
Choice Point,
*Psychological
Review, 45,*
1938, p. 1)

쥐가 T-미로에서 왼쪽으로 돌도록 훈련하는 실험에서, 톨먼의 종속 변인은 다음과 같이 정의된 행동률(behavior rate)이다.

$$\frac{B_L}{B_L + B_R}$$

이 공식은 학습의 어느 단계에서 왼쪽으로 도는 비율을 제시한다. 예컨대 한 동물이 10번 중 6번을 왼쪽으로 돈다면 다음과 같다.

$$\frac{6}{6+4} = 60\%$$

톨먼은 행동률이 여러 시행 중 선택 지점에서 두 가지 길 모두로 도는 것으로 이루어지는 집합적 경험에 의해서 결정된다고 생각했다. 이러한 경험은 동물들이 무엇이 무엇으로 이끄는지를 학습하게 한다. 이러한 경험들의 누적된 특성은 톨먼에 따르면 다음과 같이 도식화된다.

$$\Sigma\,(O_C \begin{array}{c} \nearrow \;\; B_L \;\; \nearrow \;\; (O_L : O_{GL}) \\[2ex] \searrow \;\; B_R \;\; \searrow \;\; (O_R : O_{GR}) \end{array} \Bigg\} \;\rightarrow\; \dfrac{B_L}{B_L + B_R}$$

톨먼은 이런 복잡한 도식을 반복하기보다 $\Sigma\,OBO$로 축약했는데, 이것은 B_L과 B_R 반응, 그리고 그것들의 결과가 무엇인지 보면서 누적된 지식을 의미한다. T-미로 학습에 포함된 사건들은 [그림 12-8]에서 도식화되었다.

환경 변인들

불행히도 환경은 제안된 것처럼 단순하지 않다. 톨먼은 $\Sigma\,OBO$가 종속 변인들(예: 행동률)에 직접적으로 영향을 주었고, 훈련 시행 횟수를 결정하는 실험자의 통제 아래에 있기 때문에 $\Sigma\,OBO$를 독립 변인으로 생각했다. $\Sigma\,OBO$에 덧붙여, 다른 많은 독립 변인도 수행에 영향을 준다. 톨먼은 다음과 같은 목록을 제시했다.

> M = 유지 스케줄. 이 부호는 동물의 박탈 스케줄이다. 예컨대, 먹은 후 경과 시간
> G = 목표 대상의 적합성. 강화인은 동물의 현재 추동 상태와 관련되어야만 한다. 예컨대, 목마른 동물은 먹이로 강화할 수 없다.
> S = 제공된 자극의 유형과 모드. 이 부호는 학습 상황에서 동물에게 유용한 단서나 신호의 생생함을 의미한다.
> R = 학습 상황에서 획득되는 운동 반응의 유형. 예컨대, 달리기나 급격한 방향 전환 등
> P = 미로 단위에 앞서거나 뒤따르는 패턴, 즉 실험자가 결정하여 미로를 해결하기 위해 요구되는 방향 전환의 패턴
> $\Sigma\,OBO$ = 시행 횟수와 그것들의 누적된 성질

여기에서 톨먼은 더 이상 T-미로 학습만 다루지 않고 더 복잡한 미로 학습에 대하여 언급하였다.

개인차 변인들

이러한 독립 변인들에 더해, 개별 피험자가 그들과 함께 실험에 가져오는 변인들이 있다. 톨먼이 제시하는 개인차 변인들의 목록은 다음과 같다(그것들의 첫 글자는, 톨먼에게는 다소 생소한 단어인 HATE라는 두문자어를 만들어 냈음을 주목하라).

H = 유전(heredity)

A = 나이(age)

T = 이전 훈련(previous training)

E = 특별한 내분비샘, 약물, 혹은 비타민 조건들(special endocrine, drug, or vitamin conditions)

각각의 개인차 변인은 각각의 독립 변인과 상호작용하고, 이 모든 변인의 조합이 함께 작용해서 행동을 생성한다([그림 12-9] 참조).

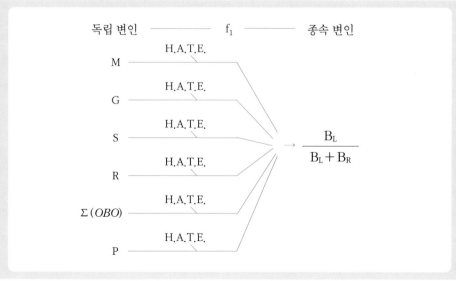

◀그림 12-9
독립 변인, 개인차 변인 및 행동들 간의 관계
(E. C. Tolman, The Determiners of Behavior at a Choice Point, *Psychological Review, 45,* 1938, p. 8)

매개 변인들

지금까지 우리는 관찰된 행동(종속 변인들)에 대한 자극 변인들(독립 변인들)의 효과를 논의해 왔다. 스키너가 제안했듯이 다양한 조합 속에서 변인들 간에 서로 어떻게 관련되어 있는 지를 보여 주는 수많은 실험을 수행하는 것은 가능할 것이다. 그러나 스키너가 제안한 기능적 분석은 단순한 사실 이상의 것을 추구하던 톨먼(1938)에게는 설득력을 발휘하지 못했다.

> 그러나 왜 우리는 실험과 실험으로부터 나오는 '사실'에 만족할 수 없는가? 나는 두 가 지 이유를 발견했다. 우선 M, G, S 등의 모든 순열과 조합이 $(B_L/B_L + B_R)$에 미치는 효 과를 알아내기 위해 완전한 함수 관계 f_1을 전적으로 사실적이고 경험적으로 정립하는 것은 인간에게 끝없는 과제일 것이다. 우리는 단지 상대적으로 제한된 수의 순열과 조합을 검증 할 수 있는 짧고 유한한 시간밖에 없다. 따라서 처음에 우리는 검증할 시간이 없는 이 모든 조합을 삽입할 수 있는 이론들을 제안하라는 압력을 받는다.
>
> 그러나 나는 이론들을 위한 다른 이유가 있을 것이라고 생각한다. 우리 중 일부는 심리 학적으로 이론만을 요구한다. 비록 우리가 백만한 가지 구체적인 사실들을 가졌을지라도, 우리는 여전히 그러한 사실들을 '설명'할 이론들을 원한다. 이론들은 단지 우리 중 몇몇의 내적 긴장을 낮춰 주는 데 필요한 것 같다(pp. 8-9).

톨먼은 일련의 매개 변인의 세트를 정의했다. 매개 변인은 독립 변인과 종속 변인의 관계에 대한 설명을 돕고자 이론가들이 생성한 구성 요소이다. 2장에서 사용한 예는 굶주림이었다. 학습 과제의 수행은 먹이 박탈의 시간에 의해 변한다는 것이 밝혀졌으며, 그것은 경험적 관계 였다. 그러나 만약 누군가 말하듯, 배고픔이 박탈 시간에 의해 변화하고 차례로 학습에 영향을 준다면, 배고픔의 개념은 매개 변인으로 사용될 것이다. 톨먼이 말한 것처럼, 그러한 개념은 연구 프로그램에서 빈곳을 채우기 위해 사용된다.

유사한 이유들로, 톨먼은 그의 독립 변인별 매개 변인을 생성했다. 각 경우에서 매개 변인 은 체계적으로 독립 변인과 종속 변인 모두와 연결되어 있다. 다시 말해, 톨먼의 매개 변인들 은 조작적으로 정의된다. 예컨대 유지 스케줄(maintenance schedule)은 요구(demand)를 생성했 고, 그것은 다시 수행과 관련된다. 목표 대상의 적합성은 식욕과 관련되어 있고, 그것은 다시 수행과 관련된다. 제공된 자극 유형들은 동물의 변별 능력과 관련되어 있다. 매개 변인을 사용 하는 톨먼 체계의 요약은 [그림 12-10]에 제시된다.

매개 변인의 사용에 있어서 톨먼과 헐의 유사성을 볼 수 있다. 언급했듯이, 헐은 심리학에 매개 변인의 사용을 소개한 톨먼으로부터 접근법을 가져왔다. [그림 12-10]에서 제시된 체계 의 일부인 '가설'이라는 매개 변인은 톨먼 이론의 주요 주제와 가깝게 관련되어 있다. 이전 경

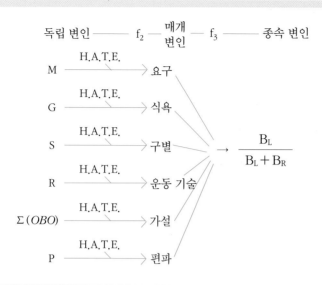

◀그림 12-10
톨먼이 제시한
독립 변인, 개인차
변인, 매개 변인 및
종속 변인 간의 관계
(E. C. Tolman, The
Determiners of
Behavior at a
Choice Point,
*Psychological
Review, 45*, 1938,
p. 16)

험(ΣOBO)의 결과로서, 행동(B_L/B_L+B_R)에 영향을 주는 가설들이 발달한다. 이러한 가설들은 경험에 의해서 확인되면서, 그들은 수단-목적 준비도나 혹은 신념이 된다. 매개 변인의 기능은 이런 지점에서 매우 분명해 보인다. 수행이 학습 시행 횟수의 함수로서 향상된다는 것은 경험적인 사실이지만, 매개 변인은 그 이유를 설명하기 위한 노력들 속에서 생성된다. 매개 변인들을 사용하는 사람들에 따르면, 매개 변인이 없이도 사실은 같을 것이지만 우리의 사실에 대한 이해는 심각하게 제한될 것이다.

여섯 종류의 학습

1949년 발표한 논문 「단일 유형 이상의 학습(There Is More Than One Kind of Learning)」에서 톨먼은 여섯 종류의 학습을 제안했다.

카텍시스

카텍시스(cathexis, 부착)는 어떤 대상을 어떤 추동 상태와 연합시키려는 학습된 경향을 말한다. 예컨대, 어떤 음식은 특정 국가에 살고 있는 개인의 배고픔 추동을 만족시켜 줄지도 모른다. 주로 생선을 먹는 곳에서 사는 사람들은 그들의 배고픔을 만족시키기 위해 물고기를 찾으려는 경향을 보일 것이다. 그들은 소고기나 스파게티는 피하려 할 것이다. 왜냐하면 그들에게 그러한 음식들은 배고픔의 욕구를 만족시키는 것과 연합되어 있지 않기 때문이다. 특정 자극이 특정 욕구의 만족과 연합되어 있기 때문에, 그러한 자극들은 욕구가 발생할 때 추구되는 경향이 있다. "한 유형의 목표가 정적으로 부착되면, 그것은 어떤 추동이 힘이 있을 때 근접한 환경이 제시하는 이러한 목표 유형에 대해 주목하고 접근하며 완성적 반응을 나타내는 경향이 있음을 의미한다." (p. 146) 유기체가 어떤 추동이 있는 동안 어떤 대상을 피하는 것을 학습했을 때, 부정적 카텍시스가 일어난다고 말한다. 이러한 종류의 학습에 대한 톨먼과 자극-반응 이론가들의 의견에는 거의 차이가 없다.

등가 신념

'하위 목표(subgoal)' 가 목표 그 자체로서 동일하게 영향을 줄 때 등가 신념(equivalence belief)을 구성한다고 본다. 이것은 자극-반응 이론가들이 이차적 강화라고 부르는 것과 유사하지만, 톨먼(1949)은 이러한 종류의 학습이 보다 전형적으로 생리학적 추동보다는 '사회적 추동' 을 수반한다고 느꼈다. 그는 다음과 같은 예를 제시했다. "높은 성적을 받으면 자신의 성적을 다른 사람에게 계속해서 말하지 않더라도 학생의 사랑과 인정 욕구가 일시적으로 감소하는 것이 등가 신념의 증거일 것이다. 그러면 A라는 점수는 그에게 원래 사랑이나 인정을 위한 수단이었지만 사랑이나 인정과 등가로 받아들여질 것이다." (p. 148)

여기서 다시, 톨먼이 강화로서 '사랑 감소' 에 대해서 언급하고, 자극-반응 이론가들은 배고픔이나 목마름과 같은 추동의 감소에 대해서 주목하는 것을 제외하면, 톨먼과 자극-반응 이론가들 사이에는 차이가 거의 없다.

장 기대

장 기대(field expectancies)는 인지 지도가 발달하는 것과 같은 방식으로 발달한다. 유기체는 무엇을 이끌어야 할지를 배운다. 예컨대, 특정 신호를 봄으로써 다른 특정 신호가 뒤따를 것임을 기대한다. 환경에 대한 이러한 일반적인 지식은 잠재 학습, 잠재 소거, 위치 학습, 그리고 지름길의 사용을 설명하는 데 사용된다. 이것은 자극-반응 학습이 아니라 오히려 자극-자극

학습 혹은 신호-신호 학습으로, 동물이 한 가지 신호를 보았을 때 뒤따를 다른 것을 기대하는 것을 학습하는 것이다. 이러한 종류의 학습이 일어나게 하기 위해 필요한 유일한 '강화'는 가설의 확인이다.

장-인지 모드

톨먼이 가장 확신하지 못했던 학습의 종류인 장-인지 모드(field-cognition mode)는 책략, 즉 문제 해결 상황에 접근하는 방법이다. 이는 특정 배열로 인식 장을 배열하는 경향성이다. 톨먼은 이러한 경향이 타고나는 것이지만 경험에 의해서 수정될 수 있다는 것을 의심했다. 사실 문제 해결에서 작용하는 방략에 있어서 주목할 점은 그것이 미래에 유사한 상황에서 시도될 것이라는 점이다. 그러므로 효과적인 장-인지 모드들 혹은 문제 해결 방략들은 관련된 문제들로 전이된다. 그런 방식에서 이들은 수단-목표 준비도(신념)와 유사하고, 또한 유사한 상황으로 전이된다. 톨먼(1949)은 이러한 종류의 학습에 대한 자신의 생각을 다음과 같이 요약했다. "한마디로 나는 환경적 장의 구조에 대한 모든 원리를 네 번째 범주(장-인지 모드)에서 요약하고자 했다. 그것들은 모두 환경적 장과 관련되어 있고, (타고났든 배웠든 간에) 개인에 의해 항상 같이 움직이며, 개인에게 제시되는 새로운 장 각각에 적용된다."(p. 153)

추동 변별

추동 변별(drive discrimination)은 유기체가 그들 자신의 추동 상태를 결정할 수 있고 그러므로 적절하게 반응할 수 있다는 사실을 의미한다. 예컨대, 동물들은 T-미로에서 배고플 때 한 방향으로 돌고, 목마를 때 다른 방향으로 돌도록 훈련될 수 있다(Hull, 1933a; Leeper, 1935). 톨먼은 생리학적 추동만큼이나 사회적 추동을 믿었기 때문에, 그에게 추동 변별은 중요한 개념이었다. 유기체가 그 자신의 추동 상태를 분명히 결정할 수 없다면 그 인지 지도를 어떻게 읽을 수 있을지 알지 못할 것이다. 만약 유기체의 욕구가 분명하지 않다면 유기체의 목표도 분명하지 않을 것이며, 따라서 유기체의 행동 또한 부적절할 것이다. 예컨대, 이는 사람들이 사랑이 필요할 때 하는 행동과 물이 필요할 때 하는 행동이 다른 것과 같다.

운동 패턴

톨먼은 그의 이론이 주로 아이디어들의 연합과 관련되어 있고, 그러한 아이디어들이 행동과 연합되는 방식과 외현적으로 관련되지 않았다는 점을 지적했다. 운동 패턴(motor pattern) 학습은 이러한 어려움을 해결하려는 시도이다. 다른 모든 사람처럼 톨먼(1949)은 반응들이 어떻게 자극들과 연합되는지에 대한 거스리의 해석을 수용했다. 그는 다음의 인용문과 같이 거스리를 마지못해 수용하였다. "운동 패턴 학습에 대한 다른 실험적 이론들이 없는 관계로, 나는 기꺼이 거스리의 의견에 동의한다. 그것은 동물이 운동 패턴을 습득하는 조건이 어떤 동작을 시작할 때 있었던 자극으로부터 멀어지게 만드는 조건일 수 있다는 것이다." (p. 153).

톨먼은 참으로 절충적이었다. 여섯 가지 종류의 학습을 설명하면서, 그는 다른 모든 학습의 주요 이론에 동의한다. 헐의 이론, 형태주의 이론, 거스리의 이론을 한 가지 체계로 조합하는 것은 마음을 덜 혼란스럽게 했을 것이다. 한두 종류보다 더 많은 종류의 학습을 가정하는 이유에 대해 톨먼(1949)은 다음과 같이 말했다.

> 나는 왜 일을 복잡하게 하였는가? 왜 나는 모든 학습을 위한 단순한 법칙 세트를 원하지 않는가? 나도 모르겠다. 그러나 나는 몇 가지 우습고 잘못된 등가 신념 때문이라고 생각한다. 즉, 애매하긴 하지만 포괄적이고 광범위한 것이 협소하고 정확한 것보다 더 사랑받을 수 있다는 등가 신념이다. 어떤 훌륭한 임상가들은 틀림없이 이것을 나의 어린 시절 아동기의 끔찍한 외상적 경험 탓으로 돌릴 것이다(p. 155).

자신의 이론에 대한 톨먼의 견해

톨먼이 죽은 해인 1959년, 톨먼은 지그문트 코흐(Sigmund Koch)가 편집한 『심리학: 과학의 연구(Psychology: A Study of a Science)』를 통해 그의 이론에 대한 최종판을 제시했다. 책의 처음과 마지막 단락을 통해 톨먼이 자신의 이론과 일반적인 과학에 대해 느끼는 바에 대하여 자세히 살펴볼 수 있다. 우선 톨먼(1959)의 서문이다.

> 나는 화를 푸는 것으로 시작하고자 한다. 내가 이 책에서 매우 분명하거나 유용한 작업을 하지 못했다면, 여섯 가지 이유를 들어 변론하고자 한다. 우선 내가 시도했던 것처럼, 적어도 현재에는 심리학에서 그렇게 거창하게 모든 것을 망라하는 체계의 시대는 한물갔다고

생각한다. 둘째, 나는 나의 정신을 지나치게 분석적인 방법으로 사용하는 것을 선호하지 않는다. 따라서 나는 내가 구축한 체계를 요구되는 분석 유형에 끼워 맞추는 것은 절망적이고 어려운 일임을 깨닫게 되었다. 셋째, 나는 개인적으로 과학이 어디에서 왔고 어디로 갈 것인지에 대한 강력하고 자의식적인 분석을 통해 진보한다는 생각에 반감을 가지고 있다. 그러한 분석은 분명히 과학철학자들에게는 적절한 기능이고, 많은 개별 과학자에게 가치 있을지 모른다. 그러나 특정한 논리적이고 방법적인 규범(cannons)을 따라야 할지 말아야 할지에 대해 많은 것을 걱정하기 시작했을 때, 나 자신은 겁을 먹고 제한된다. 내게는 아주 종종 주요한 새 과학적 통찰들이 과학자가 승인된 규칙들을 깨뜨릴 때 오는 듯하다. 마치 먹이를 획득하기 위해서는 반드시 손만 써야 한다고 생각했던 유인원이 막대를 사용하는 새로운 규칙을 유추함으로써 '불현듯(out of the blue)' 깨닫게 되는 것과 같다. 넷째, 나는 나의 아이디어를 너무 복잡하고 너무 거창하게 만들어서 점점 경험적인 검증을 하기 어렵게 하는 고질적 경향이 있다. 다섯째, 게으름이 증가하게 되면서, 그래야만 함에도 불구하고 나의 주장에 대한 최근의 이론적이고 경험적인 논의들을 따라가지 못했다. 만약 그랬다면 논의는 달라지고 더 나아졌을 것이고, 또한 나는 칭송을 받을 만한 사람들이 더욱 칭송을 받게 했을 것이다. 마지막으로 사람들이 그러한 분석에서 자기 자신의 생각을 말하고 종종 1인칭 단수를 사용하는데, 적어도 나에게는 자기과시를 즐기는 것과 초자아(super-ego)에 의해 죄책감을 느끼는 것 사이에서 갈등을 야기하는 경향이 있다(pp. 93-94).

그리고 자신의 이론에 대한 톨먼(1959)의 마지막 진술은 다음과 같다.

내가 서문에서 지적했듯이, 나는 상당히 어렵게 시작했다. 나는 나의 체계가 낡았다고 느끼고, 그것의 반복을 시도하는 것은 시간의 낭비이며, 지금 과학철학에 의한 처방 세트에 어떻게든 맞추려고 하는 것은 허세를 부리는 것처럼 느껴졌다. 그러나 비록 내가 여전히 많은 약점들을 깨달았음에도 불구하고, 나는 진행하면서 점점 더 그것에 사로잡히게 되었음을 고백해야만 한다. 나의 체계는 어떤 과학적 절차의 마지막 규범에도 잘 맞지 않았을 수 있다. 그러나 나는 그렇게 염려하지 않는다. 나는 내게 맞는 방식으로 심리학에 대해서 생각하기를 원한다. 모든 과학, 특히 심리학은 여전히 불확실하고 알려지지 않은 상당한 영역에 여전히 잠겨 있기 때문에, 비록 그것이 부정확할지라도 개인 과학자나 심리학자들에게 최선은 그 자신의 번뜩임과 취향을 따르는 것이다. 실제로 나는 우리가 하는 모든 것이 이것을 따른다고 가정한다. 마지막으로 유일하게 확실한 준거는 즐기는 것이다. 그리고 나는 즐기고 있다(p. 152).

톨먼의 교육론

여러 측면에서 톨먼과 형태주의 이론가들은 교육적 실천에 대해 동의한다. 둘 다 사고 (thinking)와 이해(understanding)의 중요성을 강조한다. 톨먼에게는 문제 상황에서 학생이 가설을 검증하게 만드는 것이 중요하다. 그러므로 학습은 올바른 반응이나 방략들을 세우는 것보다 잘못된 반응이나 방략들을 제거해 내는 것이 더 중요한 문제이다. 톨먼과 형태주의 이론가들 모두 학습 내 소규모 집단 토론을 격려했다. 학생들에게 중요한 것은 개별적으로든 집단의 일부로든 그들의 아이디어의 적절성을 검증할 기회를 갖는 것이다. 문제 해결에 있어서 효과적인 가설이나 전략들은 학생들이 가지고 있다. 교사는 학생들이 가설들을 명료하게 한 뒤 가설을 확증하거나 부당성을 증명하는 것을 돕는 컨설턴트로서의 역할을 한다.

형태주의 이론가들과 같이, 톨먼도 학생에게 다양한 관점에서 나타나는 주제를 노출해야 한다고 제안한다. 이러한 과정은 학생들이 특정한 주제와 그것과 관련된 주제들에 대한 문제들에 답하는 데 유용하게 사용할 수 있는 인지 지도를 개발하게 한다.

마지막으로, 톨먼은 형태주의 이론가들과 같이 외현적 강화는 학습이 발생하게 하는 데 불필요하다고 할 것이다. 톨먼에 따르면 학습은 끊임없이 발생한다. 다른 사람들과 마찬가지로, 학생들은 현실을 신뢰성 있게 확인하는 경험이나 신념들을 개발하는 것을 시도할 것이다. 톨먼 학파에 속한 교사들은 학생들이 가설을 검증하도록 돕고 그들의 가설들이 정확할 때 확인하는 경험을 제공한다. 이러한 방식으로 학생들은 그들의 활동들을 안내하는 복잡한 인지 지도를 개발한다.

톨먼 이론에 대한 평가

공헌

학습의 연구에 대한 톨먼의 공헌점을 살펴보면, 먼저 어떤 하나의 중요한 연구를 포착하고 그것의 중요성을 탐색하려 했다는 것이다. 잠재 학습에 대한 톨먼과 혼지크(1930)의 설명은 그러한 예 중 하나이다. 쥐들이 단순 반응들보다 공간적 관계를 배운다는 것을 보여 준 톨먼, 리치와 칼리시(1946b)의 방사형 미로 실험은 최근 비교인지 분야의 선구적인 연구이다 (Olton, 1992). 공간 학습과 인지 지도에 대한 톨먼의 연구들은 인간과 인간 외의 동물 모두의 공간 학습에 대한 연구들을 지속적으로 이끌고 있다(Goodrich-Hunsaker & Hopkins, 2010; Hamilton, Driscoll, & Sutherland, 2002; Martin, Walker, & Skinner, 2003; Rodriguez, 2010). 그러나 톨먼의 가장 큰 공헌은 특정한 연구 발견보다는 헐 학파의 신행동주의자들의 지배에 대항하는 반대자로서의 역할에 있다. 비록 헐과 다른 학자들이 실험적 대상자들과 방법론에 있어서의 차이를 지적하며 피아제(Piaget)에 의한 행태주의 심리학자들의 도전들을 무시했지만, 그들은 톨먼의 실험실에서 수행되었던 잘 계획되고 통제된 실험들을 무시할 수 없었다. 톨먼은 행동주의의 견고한 방법들을 믿었고, 그것을 몰 단위 행동과 심적 사건들로 엄격하게 확장했다. 톨먼이 심적 용어를 다루는 것과 관련해서, 이니스(1999)는 다음과 같이 기술했다.

> 그는 그것들을 제거하기보다는 오히려 그것들을 객관적이고 조작적으로 정의하고자 했다. 그의 경쟁자들이 말하는 삭막한 수학과 텅 빈 유기체 대신에, 톨먼은 잠재적으로 측정 가능한 매개 변인들로서 목적과 인지를 잘 정의한 풍부한 이론적 구조를 제안했다. 그에게 있어 행동은 의미를 내포하고 있는 것이었다. 행동은 목표 지향적인 것으로, 즉 동기화되고 목적적인 것이었다. 그러나 이러한 관점을 적용하는 것이 관찰된 행동을 설명하기 위한 기계적인 규칙을 개발할 수 없다는 것을 의미하지는 않는다(p. 115).

톨먼은 자극-반응 행동주의자들과의 작은 전투들에서 졌지만, 인지 과정 연구에 대한 현대 심리학의 강조와 함께 그의 이론은 결국 승리했다. 기대에 대한 학습을 강조하고 강화의 기능은 행동을 강화시키기보다는 정보를 제공하는 것이라고 주장하는 최근의 많은 이론은 톨먼의 이론에 많은 빛을 지고 있다. 우리가 논의한 대로, 볼스(Bolles)의 이론은 그러한 이론들 중 하나이다. 다음 장에서 살펴볼 앨버트 반두라(Albert Bandura)의 이론도 이 중 하나이다.

비판

톨먼 이론에 대한 과학적인 비판들은 분명히 타당하다. 그의 이론은 경험적으로 면밀한 검토를 쉽게 수행할 수 없다. 그것은 매우 많은 독립 변인과 개인차 변인, 매개 변인을 포함하고 있어서 그 모두를 설명하는 것은 매우 어렵다. 불행히도 톨먼은 과학적인 비판들을 예측했고,

앞에 제시된 그의 진술(1959)에서 반영되었듯이 이에 관여치 않는 것처럼 보였다. 그리고 그는 이를 재미있어 했다.

말론(Malone, 1991)은 톨먼이 매개 변인들을 폭넓게 적용함으로써 사실상 20세기 심리학의 진보에 기여하기보다는 오히려 심리학을 19세기의 유심론적 지향성(mentalistic orientation)으로 후퇴시켰다는 심각한 비판을 제기했다. 이러한 주장의 증거로서, 말론은 톨먼 이론이 실천적으로 응용되지 못했음을 지적했다. 비록 응용성의 부족이 타당한 이슈가 될지는 몰라도, 톨먼의 이론이 퇴보적이라는 주장은 옳지 않다. 다음의 장에서 보게 되겠지만, 현대 인지 이론들과 신경 네트워크 개념은 실용적 문제들에 즉각적으로 적용되지 못할 수도 있고 종종 그것들을 매개하는 구성 개념들에 의해서 방해를 받을 수도 있다. 그러나 그것들을 퇴보적이라고 범주화하는 것은 옳지 않다.

**논의
사항**

1. 톨먼의 이론은 왜 형태주의 심리학과 행동주의의 조합으로 간주되는가?

2. 목적적 행동주의는 무엇인가?

3. 왜 톨먼의 이론을 자극–반응 이론이 아닌 자극–자극 이론이라고 부르는가?

4. 동물이 문제를 풀기 위한 인지 지도를 활용하는지의 여부를 결정하게 하는 상황을 설명하라. 이 장에서 논의된 특정 연구들은 사용하지 말라.

5. 톨먼에게 강화는 학습인가 혹은 수행 변인인가? 설명하라.

6. 톨먼이 제안한 여섯 가지 종류의 학습을 간략히 설명하라.

7. 톨먼과 혼지크가 수행한 잠재 학습에 대한 연구를 요약하라. 그들의 결과에서 어떤 결론을 도출할 수 있는가?

8. 전형적인 소거 실험을 설명하고, 왜 잠재 소거 이론이 톨먼의 이론을 지지하는 것으로 생각되는지를 설명하라.

9. 톨먼에 의거하여 동물이 미로 문제를 해결하기 위한 학습을 하면서 어떤 사건이 발생하는지를 설명하라. 설명할 때 가능한 한 톨먼의 이론적 용어들을 많이 포함하라.

10. 톨먼 이론에 부합하게 고안된 수업 절차의 특징은 무엇인가?

11. 톨먼의 학습 이론을 지지하거나 논박하는 예를 당신 자신의 삶에서 찾아 제시하라.

주요 개념

- 가설(hypotheses)
- 강조자(emphasizer)
- 강화 기대(reinforcement expectancy)
- 기대의 확인(confirmation of an expectancy)
- 기대(expectancy)
- 대리적 시행착오(vicarious trial and error)
- 등가 신념(equivalence beliefs)
- 목적적 행동(purposive behavior)
- 목적적 행동주의(purposive behaviorism)
- 몰 단위 행동(molar behavior)
- 반응 학습(response learning)
- 수단-목적 준비도(means-end readiness)
- 요구(demand)
- 운동 패턴(motor patterns)
- 유지 스케줄(maintenance schedule)
- 인지 지도(cognitive map)
- 잠재 소거(latent extinction)
- 잠재 학습(latent learning)
- 장 기대(field expectancies)
- 장소 학습(place learning)
- 장-인지 모드(field-cognition modes)
- 최소 노력의 법칙(principle of least effort)
- 추동 변별(drive discrimination)
- 카텍시스(cathexis, 부착)

제13장

앨버트 반두라
(Albert Bandura)

앨버트 반두라(Albert Bandura)는 캐나다 알버타에 있는 작은 도시인 먼데어에서 태어났다. 그는 브리티시컬럼비아 대학교에서 학사 학위를 받았고, 아이오와 대학교에서 1951년에는 석사 학위를, 1952년에는 박사 학위를 받았다. 그는 1953년 위치타 상담센터 (Wichita Guidance Center)에서 박사후 과정으로 근무했으며 행동과학 연구소(Center for the Advanced Study in the Behavioral Sciences)에서 근무한 1969년과 1970년을 제외하고 스탠퍼드 대학교에서 교수로 재직했다. 반두라는 현재 스탠퍼드 대학교에서 명예교수(David Starr Jordan

앨버트
반두라

Professor Emeritus)로 재직하고 있다.

그는 1972년 구겐하임 펠로우십(Guggenheim Fellowship)을 수상했는데, 이는 그가 받은 많은 상들 중 하나에 불과하다. 1973년 그는 미국 심리학회에서 우수과학성과상(Distinguished Scientific Achievement Award)을 받았고, 1974년에는 미국 심리학회장을 역임했으며, 1977년에 제임스맥킨카텔펠로우 상(James McKeen Cattell Fellow Award)을, 2003~2004년 미국심리학회로부터 제임스맥킨카텔펠로우 상을, 2006년에는 미국심리재단(American Psychological Foundation)에서 금상(Gold Medal Award)을, 2008년에는 심리학에 대한 공로로 그로마이어 상(Grawemeyer Award)을 수상하였다.

아이오와에 있는 동안 반두라는 뛰어난 학습 이론가인 헐(Hull) 학파의 연구자 스펜스(Kenneth Spence)의 영향을 받았다. 그러나 반두라의 주요 관심은 임상심리에 있었다. 이즈음 반두라는 효과적인 심리치료에 연관된다고 생각되는 개념들을 명확하게 하고자 하였으며, 다음으로 이것들을 경험적으로 확인하고 상세히 하고자 하였다. 또한 반두라는 이 시기에 그에게 영향을 준 밀러와 달러드(Miller & Dollard)의 책 『사회적 학습과 모방(Social Learning and Imitation)』(1941)을 읽게 된다. 이들은 사회적 행동과 모방 행동을 이해하기 위해 헐 학파의 학습 이론을 사용하였다. 앞으로 이 장에서 보게 되듯이 모방 학습에 대한 밀러와 달러드의 설명은 20년 이상 심리학에서 우세하였다. 반두라가 모방 학습 및 이와 관련된 내용에 대해 이전에 제기된 설명에 도전하고, 관찰학습으로 주제를 확장한 여러 논문과 저서를 발표한 것은 1960년대 초 이후이다. 반두라는 현재 가장 인기 있는 주제인 관찰학습 분야의 선도자이며 연구자이고 이론가이다.

관찰학습에 대한 기존의 설명

손다이크와 왓슨의 설명

　인간이 다른 인간의 행동을 보면서 학습을 하게 된다는 믿음은 플라톤이나 아리스토텔레스 같은 초기 그리스의 철학자들로부터 시작되었다. 그들에게 있어 교육이란, 학생들에게 최고의 모델을 보여 줌으로써 모델의 성과를 볼 수 있게 하고, 이를 따라갈 수 있게 하는 것이었다. 수 세기 동안 관찰학습(observational learning)은 당연시되었으며, 인간에게는 타인의 행동을 따라 하는 선천적인 경향이 있다는 전제하에 설명되었다. 이러한 선천론적(nativistic) 설명이 지배했던 시기에는 관찰학습 경향이 생득적인 것인지를 검증하려는 시도, 혹은 관찰학습이 실제로 일어나는지를 확인하려는 연구가 거의 없었다.

　손다이크(Thorndike)는 처음으로 관찰학습을 실험실로 가져온 연구자이다. 1989년 그는 고양이 한 마리를 퍼즐 상자에 넣었다. 그리고 다른 고양이를 근처에 있는 우리에 넣었다. 퍼즐 상자에 있는 고양이는 이미 그 상자에서 어떻게 달아나는지를 학습하였다. 그렇기 때문에 두 번째 고양이는 첫 번째 고양이가 도망가는 반응을 학습하는 것을 관찰해야 했다. 그러나 손다이크가 두 번째 고양이를 퍼즐 상자에 넣었을 때, 그 고양이는 도망가는 반응을 하지 못했다. 두 번째 고양이는 첫 번째 고양이가 했던 것처럼 도망가는 반응을 학습하기까지 시행착오를 거쳤다. 손다이크는 병아리와 개를 이용하여 실험을 하였고, 동일한 결과를 얻었다. 동물들이 얼마나 오래 다른 동물을 관찰하는지와 관계없이, 동물들은 아무것도 배우지 못하는 것 같았다. 1901년에 그는 원숭이를 이용하여 유사한 연구를 하였는데, '원숭이는 보면 따라 한다'는 대중적 믿음과는 반대로 아무런 관찰학습도 일어나지 않았다. 손다이크(1901)는 "여러 동물에서 확인한 경험에 따르면, 다른 동물이 행동하는 것을 보는 것만으로 그것을 학습할 수 있는 능력을 가졌다는 가설은 지지되지 않았다."(p. 42)고 밝혔다.

　1908년 왓슨(Watson)은 원숭이를 이용하여 손다이크의 연구를 반복 확인하였다. 그 또한 관찰학습에 대한 어떠한 증거도 발견하지 못하였다. 손다이크와 왓슨 모두 학습은 오직 직접경험(direct experience)에 의해서만 일어날 뿐, 간접경험 또는 대리경험(vicarious experience)에 의해서는 일어나지 않는다고 결론지었다. 다시 말해, 학습은 개인이 환경과 상호작용한 결과로 발생한 것이며, 타인의 상호작용을 관찰한 결과로는 발생하지 않는다.

몇몇의 경우를 제외하고 손다이크와 왓슨의 연구는 관찰학습에 대한 추가적인 연구를 위축시켰다. 관찰학습에 대한 관심이 다시 살아난 것은 밀러와 달러드가 『사회적 학습과 모방』을 출판한 이후부터이다.

관찰학습에 대한 밀러와 달러드의 설명

손다이크와 왓슨과 같이 밀러와 달러드는 관찰학습이 생득적으로 타고난다는 설명에 반대했다. 그러나 손다이크와 왓슨과는 달리, 그들은 유기체가 다른 유기체를 관찰함으로써 학습할 수 있다는 것에는 반대하지 않았다. 그들은 관찰을 통한 학습이 오히려 범위가 넓으며, 헐학파의 학습 이론가들이 제시한 학습 이론의 틀 안에서 객관적인 설명이 가능하다고 생각하였다. 즉, 모방 행동이 강화된다면 이는 다른 많은 종류의 행동과 같이 강해질 것이라고 보았다. 그러므로 밀러와 달러드에 따르면, 모방 학습은 단순히 도구적 조건화의 특별한 사례라는 것이다. 밀러와 달러드(1941)는 모방 행동을 세 가지 범주로 나누었다.

① 동일 행동(same behavior)은 둘 이상의 사람들이 같은 상황에서 같은 방식으로 반응할 때 일어난다. 예를 들어 많은 사람이 연극이나 연주회가 끝나면 박수를 치고, 다른 사람이 웃으면 웃는다. 이러한 동일 행동을 하는 사람들은 특정 자극이 주어졌을 때 특정한 방식으로 반응하는 것을 독립적으로 배운다. 그리고 그들의 행동은 그 자극이 주어지게 되었을 때 혹은 그와 비슷한 자극이 일어날 때 동시에 유발된다.

② 복사 행동(copying behavior)은 마치 그림을 그리려는 학생에게 안내와 올바른 피드백을 제공하는 것처럼 다른 사람에 의해 어떤 사람의 행동이 안내되는 것이다. 복사 행동은 마지막에 '복사된' 반응이 강화되고 이로써 강해지게 된다.

③ 배합-의존적 행동(matched-dependent behavior)에서 관찰자는 모델의 행동을 맹목적으로 반복하는 것을 강화받는다. 이러한 배합-의존적 행동은 친숙하지 않은 환경에서의 어른들의 행동 특성이다. 예를 들어 어떤 사람이 외국에 갔을 때 논리적인 행동 반응이 무엇인지 명확하게 알지 못하더라도 그곳에 거주하는 시민들이 다양한 상황에서 어떻게 행동하는지를 관찰한다면 문제 상황을 벗어날 수 있다. 아마도 '로마에 가면 로마법을 따르라' 는 오래된 속담과 같은 합리성일 것이다.

밀러와 달러드(1941)는 또한 모방 자체가 습관이 될 수 있다고 주장하였다. 밀러와 달러드는 한 명 이상의 사람들을 모방하는 학습된 경향성을 일반화된 모방(generalized imitation)이라고 하였다.

밀러와 달러드(1941)는 모방 학습에서 이상하거나 독특한 어떤 것도 확인하지 못하였다. 그들에게 있어 모델의 역할은 적절한 반응이 형성될 때까지 관찰자의 반응을 안내해 주거나 혹은 관찰자에게 어떠한 반응이 특정 상황에서 강화될지를 보여 주는 것이었다. 그들에게 모방 학습은 관찰의 결과이며 눈에 띄는 반응 그리고 강화이다. 만약 모방 행동이 강화받지 못한다면 이는 더 이상 발생하지 않을 것이다. 그들도 손다이크와 왓슨처럼 유기체는 관찰만으로는 학습하지 못한다는 동일한 결과를 확인하였다. 모방 학습에 대한 선천적, 생득적 설명과 달리, 밀러와 달러드는 이러한 현상에 대하여 최초로 경험적 설명을 제공하였다. 그들의 설명은 일반적으로 받아들여지던 학습 이론과 일치하였고, 엄격하게 이루어진 실험 연구들로 지지되었다.

우리가 앞선 내용에서 보았듯이, 손다이크와 왓슨의 연구들은 30년 이상 주목받지 못했던 모방 학습에 대한 관심을 다시금 불러일으켰다. 밀러와 달러드의 연구도 이와 비슷하게 20년 이상의 효과를 발휘했다. 이후 1960년대에 들어 이 주제가 다시 연구되기 시작하였다. 반두라가 모방 학습에 대해 제시되던 이전의 틀을 반대하고, 이전 이론들의 행동주의적 접근을 깨면서 자신의 이론을 성립하기 시작한 시기이다. 반두라는 관찰학습을 인지적 과정으로 이해했고, 이는 언어나 도덕성, 사고, 행동에 대한 자기조절과 같이 독특한 인간의 특성들을 포함하였다.

관찰학습에 대한 스키너 학파의 분석

스키너(Skinner) 학파에서 관찰학습에 대해 설명하는 방식은 밀러와 달러드의 접근과 매우 비슷하다. 먼저 모델의 행동을 관찰하고, 다음으로 관찰을 한 사람이 모델의 반응을 따르며, 마지막으로 이러한 반응이 강화된다. 그리고 이러한 방식을 통해 학습이 일어나면, 환경에서 나타나는 어떤 종류의 강화 스케줄에 의해 이 반응이 유지된다. 따라서 관찰학습에 대한 조작적 연구에 따르면, 모델의 행동은 어떤 행동이 강화될 것인지를 나타내는 변별 자극이 되는 것이다. 이렇게 되면 모방이라는 것은 단지 변별 조작에 불과하다.

인간 외의 동물도 관찰을 통해 학습할 수 있다

최근의 연구들은 손다이크, 왓슨, 밀러와 달러드, 스키너의 분석에 부족한 점이 있었음을 보여 준다. 이러한 최근의 연구들은 인간 외의 다른 동물들이 같은 종의 다른 동물을 관찰하는 것을 통해 아주 복잡한 학습을 할 수 있으며, 이는 직접적인 강화가 없이도 일어난다는 것을 보여 준다는 점에서 놀랍다. 니콜과 포프(Nicol & Pope, 1993)가 수행한 연구에서는 처음에 관찰자 닭이 '시범자' 닭과 짝지어지고, 관찰하는 닭은 시범을 보여 주는 닭이 먹이를 받기 위해 두 개의 조작 버튼 중 하나를 선택적으로 쪼는 것을 학습하는 모습을 보았다. 이후 관찰자 닭이 시범자 닭에게 적용되었던 실험 상황에 놓이게 되었을 때, 이 닭들은 시범자들이 먹이를 받았던 조작 버튼을 보다 더 많이 쪼는 것을 확인할 수 있었다. 이와 비슷한 연구에서 애킨스와 젠탈(Akins & Zentall, 1998)은 일본 메추라기가 어떤 시범자 메추라기를 관찰할 경우, 이 시범자 메추라기가 강화를 받은 행동은 모방하지만 강화를 받지 않은 행동은 모방하지 않는다는 것을 확인하였다(지렛대 쪼는 반응 대 밟기 반응). 영국의 연구 팀(Heyes & Dawson, 1990; Heyes, Dawson, & Nokes, 1992)은 쥐를 이용하여 연구를 수행하였다. 그들은 시범을 보이는 쥐에게 먹이를 받기 위해서는 선택적으로 왼쪽 혹은 오른쪽의 지렛대를 누르도록 훈련하였다. 이를 관찰한 관찰자 쥐는 어떤 행동을 하여도 강화를 받을 수 있었음에도 불구하고, 시범자 쥐가 했던 것과 유사하게 지렛대를 누르는 경향이 있었다. 쥐 대신에 일본 메추라기를 이용한 비슷한 연구에서도 동일한 결과를 관찰할 수 있었다(Akins, Klein, & Zentall, 2002).

메추라기는 관찰과 수행 간에 30분의 지연이 있더라도 관찰된 반응을 수행할 수 있다(Dorrance & Zentall, 2001). 이는 메추라기가 시범자가 보였던 행동을 머릿속에 인지적으로 표상할 수 있음을 나타내는 것이다. 게다가 인간이 아닌 동물들도 관찰을 통해 단지 시범자의 행동을 따라 하는 것이 아니라 문제 해결의 원리를 배울 수 있다. 어떤 침팬지가 실린더 속에 있는 땅콩을 꺼내기 위해 실린더 속에 물을 붓는 것을 관찰한 침팬지는 이러한 행동을 배울 수 있다. 그리고 인간이 특정한 행동을 하는 모습을 관찰한 침팬지도 동일한 행동을 할 수 있다(Tennie, Call, & Tomasello, 2010). 젠탈(2003, 2011)은 인간 외의 동물에게서 나타나는 관찰학습은 복잡한 현상이며 이는 단순한 반사적 반응이거나 단순한 모방이 아니라고 결론지었다.

관찰학습에 대한 반두라의 설명

　지금까지의 논의들에서 우리는 모방이나 관찰학습이라는 용어를 동일한 의미로 사용해 왔다. 그러나 반두라는 이 두 가지 개념을 구분하였다. 반두라에 따르면 관찰학습은 모방할 수도 있고 모방하지 않을 수도 있다. 예를 들어 운전하는 동안 앞서 가던 차가 웅덩이에 빠지는 것을 보았을 때, 이를 관찰한 당신은 웅덩이를 피해 운전하여 차가 망가지는 것을 막을 수 있을 것이다. 이러한 상황에서 당신은 관찰을 통해 학습을 하기는 했지만, 관찰했던 것을 그대로 모방하지는 않았다. 반두라에 따르면 학습된 것은 정보이며 이는 인지적으로 처리되고 당신에게 유리한 방식으로 작동된다. 그러므로 관찰학습은 대부분 다른 사람의 행동을 흉내 내는 단순한 모방보다 훨씬 더 복잡하다.

　반두라의 이론과 가장 유사한 이론을 뽑자면 톨먼(Tolman)의 이론이라 할 수 있다. 왓슨은 행동주의자였지만, 행동을 설명하기 위해 심적인 개념들을 사용하였으며(12장 참조), 반두라도 이와 유사한 일을 하였다. 왓슨은 학습을 강화가 필요 없는 정적인 과정으로 보았고, 반두라도 이와 같았다. 왓슨과 반두라의 이론 모두 본질적으로는 인지적 접근을 취하고 있으며, 강화 이론(reinforcement theories)은 아니다. 동기에 대한 개념에 있어서도 왓슨과 반두라 이론은 서로 일치한다. 왓슨은 학습을 정적인 과정으로 보았지만, 여기에서 더 나아가 학습을 통해 얻은 정보는 이를 사용할 욕구가 일어날 때와 같이 그렇게 행동할 이유가 있을 때에만 작용한다고 믿었다. 예를 들면, 식수대가 어디에 있는지를 알고 있는 사람은 이러한 정보를 목이 마를 때에 사용한다. 왓슨에게 있어 학습과 행동에 대한 이러한 구분은 매우 중요했고, 이는 반두라의 이론에서도 중요하다.

경험적 관찰

　학습과 수행 간의 구분은 반두라(1965)가 수행한 연구에서 잘 나타난다. 이 연구에서 아동들은 모델(model)이 커다란 인형을 발로 차는 영상을 보았다. 반두라의 이론에서 모델은 사람이나 영상, TV 프로그램, 시범을 보여 주는 것, 그림, 지시 등과 같은 정보일 수 있다. 반두라의 연구에서 모델은 인형에게 공격적인 행동을 모델링하는 영상이었다. 이때 첫 번째 집단은 모델이 공격적인 행동을 한 것에 대해 강화받는 것을 보았다. 두 번째 집단은 모델이 처벌받는 것을 보았고, 세 번째 집단은 모델이 강화나 처벌 중 어느 것도 받지 않는 중립 집단이었다. 이후 세 집단이 인형에 노출되었을 때 보이는 아동들의 공격성이 측정되었다. 예상했던 바와 같이 공격적 행동에 강화를 받은 모델을 관찰한 아동들이 가장 높은 수준의 공격성을 보였다. 그리고 처벌받는 것을 본 아동들이 가장 낮은 정도의 공격성을 보였고, 중립 집단의 경우 중간 정도의 공격성을 보였다. 이 연구의 흥미로운 점은 아동들의 행동이 간접적 혹은 대리적 경험에 의해 영향을 받았다는 것이다. 아동들이 다른 사람의 경험을 관찰하는 것이 그들의 행동에 영향을 준 것이다. 첫 번째 집단의 아동들은 대리강화(vicarious reinforcement)를 경험하였고, 이는 아동들의 공격성을 촉발시켰다. 그리고 두 번째 집단의 아동들은 대리처벌(vicarious punishment)을 경험했고, 이는 아동들의 공격성을 제지했다. 아동들이 자신이 직접적으로 강화를 받거나 처벌을 받지 않아도 이러한 관찰이 행동을 바꾸어 주었다. 이 같은 결과는 유기체에 있어 외현적 행동에 강화가 따라올 경우에만 관찰학습이 일어난다는 밀러와 달러드의 주장과는 다르다.

반두라의 연구에서 두 번째 단계는 학습과 수행을 분명하게 구분하기 위해 진행되었다. 이 단계에서 아동들은 모두 모델의 행동을 재생산하는 것에 대해 매력적인 보상을 제공받았으며, 모두 모델의 행동을 따라 했다. 다시 말해, 아동들은 모두 모델의 공격적인 행동을 학습했다. 그러나 그들은 수행을 달리하였다. 이러한 수행이 달라진 것은 아동들이 모델이 강화를 받았는지, 처벌을 받았는지, 혹은 중립적 결과를 경험했는지에 따라 달라졌다. 연구의 이 같은 결과는 [그림 13-1]에 제시되어 있다.

반두라(1965)의 연구와 톨먼과 혼지크(Tolman & Honzik, 1930)의 연구 간의 유사점에 주목해 보자. 후자의 연구에서 강화(reinforcement) 없이 미로를 달렸던 쥐가 갑자기 특정한 올바른 행동에 대해 강화를 받을 경우, 쥐의 수행(performance)은 모든 시행에서 강화가 제공되었던 쥐와 급격하게 비슷해지는 것을 확인할 수 있었다. 톨먼의 해석은 쥐들이 강화를 받지 못했더라도 미로에 대한 올바른 반응을 학습하고 있으며, 단순히 상황에 강화를 맞추는 것이 아니라 강화가 쥐들이 그동안 축적했던 많은 정보를 사용할 수 있게 만든다는 것이었다. 따라서 반두라의 연구는 톨먼과 혼지크의 연구와 유사하며, 학습과 수행을 구분한 점에서도 유사하다. 두 연구 모두에서 확인할 수 있는 주된 발견은 강화는 학습과 관련된 변인이기보다는 수행과 관련된 변인이라는 것이다. 물론 이는 강화에 대한 헐의 결론과는 정확하게 반대된다. 그에게는 강화가 학습과 관련된 변인이었을 뿐, 수행 변인은 아니었다.

따라서 관찰학습에 대한 반두라의 설명은 밀러와 달러드의 설명과는 확실히 불일치한다. 반두라는 관찰학습이 언제든지 일어난다고 생각하였다. "관찰에 의한 학습의 능력이 충분히

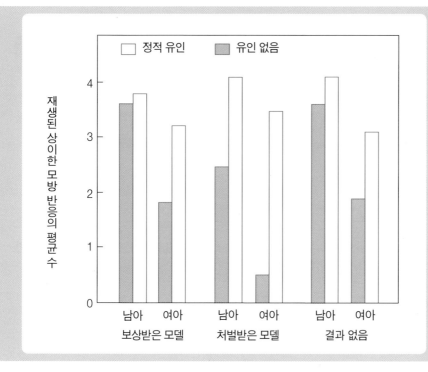

▶그림 13-1
관찰에 의해 학습한 반응을
보이는 것에 대한 긍정적인
보상의 영향
(A. Bandura, Influence of a
Model's Reinforcement
Contingencies on the
Acquisition of Initiative
Responses, *Journal of
Personality and Social
Psychology, 11*, 1965,
p. 592)

발달된 뒤에는 사람들이 관찰을 통해 학습하는 것을 막을 수 없다."(1977, p. 38) 밀러와 달러드와는 달리 반두라는 관찰학습이 외현적인 반응이나 강화를 요구하지 않는다고 생각했다.

반두라는 관찰학습에 대한 스키너, 밀러와 달러드의 설명과는 다른 몇몇 설명을 확인했다. 첫째, 이전에 제기되던 그들의 설명만으로는 모델 혹은 관찰자가 행위에 대해 강화받지 못했을 때에도 학습이 일어나는 이유를 설명하지 못하였다. 둘째, 그들은 관찰자가 훨씬 이전에 관찰한 것을 학습하는 지연 모델링(delayed modeling)을 설명하지 못했다. 나아가 관찰을 한 사람은 이전에 학습한 것을 발현하는 데 강화를 받을 필요가 없다. 셋째, 강화가 자동적이고 기계적으로 행동을 촉진한다고 믿었던 밀러와 달러드, 스키너와는 달리, 관찰자가 강화에 대한 효과를 가지려면 먼저 관찰자가 강화 유관성을 인식해야 한다고 생각했다. "반응에 의한 학습은 많은 경우 인지적 과정이기 때문에 만약 이를 알아차리지 못한다면 결과들은 대부분 복잡한 행동에서 변화를 만들어 내지 못한다."(p. 18)

요약하자면, 반두라가 주장한 관찰학습에는 중요하게 여겨졌던 요소들인 변별 자극이나 외현적 반응, 강화가 빠져 있다.

주요 이론적 개념

관찰학습이 강화와 독립적으로 일어난다는 것이 다른 변인들도 관찰학습에 영향을 주지 않는다는 이야기는 아니다. 반두라(1986)는 관찰학습에 영향을 주는 네 과정을 제안하였다.

주의 과정

모델로부터 무언가를 학습하기 위해서는 모델에 주의를 기울여야 한다. 이미 보았듯이 반두라는 학습이 계속해서 진행 중인 과정이라고 하였다. 그러나 그는 관찰된 것이 학습될 수 있다고 주장한다. 크레이그헤드, 캐즈딘과 마호니(Craighead, Kazdin, & Mahoney, 1976)는 다소 재미있는 방식으로 이 점을 지적하였다.

> 당신의 무릎에는 네 살짜리 아동이 있고 다른 두 명의 네 살짜리 아동은 거실에서 당신과는 조금 떨어져 놀고 있는데 아동 A는 개를 쓰다듬고 있으며 아동 B는 버터를 자르는 칼을 전기 콘센트에 넣고 있다고 가정해 보자. 모든 사람은 이 사건에서 무언가를 학습할 것이다. 이때에는 예상하지 못한 심각한 고통과 자동적인 각성이 직접적으로 연합되기 때문에 아동 B는 더 이상 버터 칼을 전기 콘센트에 넣지 않는 것을 학습할 것이다. 그리고 아마도 전기 콘센트에서 멀리 떨어지는 것을 학습할 것이다. 아동 A는 개를 피하는 것을 배웠거나 혹은 적어도 배우기 시작할 것이다. 아동 B가 갑자기 소리를 지르고 울기 시작하면 아동 A는 놀랄 것이다. 예상하지 못한 강한 자극의 발생은 자동적으로 각성을 일으키기 때문에 해롭지 않은 개는 스트레스가 많은 자극에 대하여 강한 무조건 반응과 연합된다. 그 시간에 아동이 어디에 주의를 주고 있는가에 따라 당신의 무릎 위에 있는 아동은 나중에 콘센트(아동 B를 보고 있었다면)나 개(아동 A를 보고 있었다면) 혹은 당신을 피할 것이다. 학습 원리들은 인간과 동물 모두에게 적용 가능하기 때문에 개가 이후 아동을 피할 가능성도 존재한다(p. 188).

이때 발생하는 한 가지 의문은 '하나의 대상에 주목할지를 결정하는 것은 무엇인가?'이다. 첫째, 감각하는 사람의 능력은 주의 과정(attentional processes)에 영향을 준다. 관찰자의 선택적인 주의집중은 과거의 강화에 의해 영향을 받을 수 있다. 예를 들어, 만약 관찰로 배운 활동들이 강화물에 의해 기능을 가지게 되었다면, 비슷한 행동은 이어지는 모델링 상황에서 나타날 것이다. 다시 말해, 이전에 제공된 강화물은 관찰자의 미래 관찰에 영향을 주는 지각 세트에 영향을 줄 수 있다.

모델의 다양한 특징 또한 주의받는 정도에 영향을 줄 것이다. 연구에 따르면 관찰자와 모델이 유사한 경우(예: 같은 성별, 나이 등), 존경을 받는 사람, 높은 지위, 높은 유능감, 힘이 있다고 생각되는 경우, 매력 있는 경우에 더욱 주의를 받을 것이다. 반두라(1986)는 "(사람들은) 유능하다고 알려져 있는 모델에 주목하고 외모나 평판을 기준으로 보았을 때 유능하지 않다고 가정된 모델은 무시한다······. 사람들은 반복된 처벌을 받는 모델보다 좋은 결과물을 내는 유능한 모델을 선택하고자 한다."(p. 54)고 밝힌다.

파지 과정

관찰을 통해 얻은 정보가 기능을 하기 위해서는 파지되어야 한다. 반두라에 따르면, 정보는 심상으로 그리고 언어적으로 유지되는 파지 과정(retentional processes)으로 저장된다. 심상으로 저장된 정보는 모델이 수행하는 것들을 실제적인 그림으로 저장한 것이며, 관찰학습이 일어난 많은 시간 뒤에도 인출되어 사용될 수 있다. 반두라 이론과 톨먼 이론의 일치점은 반두라는 행동이 적어도 과거의 경험 심상에 의해 결정된다고 말하였으며, 톨먼은 많은 행동이 주어진 상황에서의 이전 경험에 대한 심적 표상인 인지 지도에 의해 결정된다고 말한 것이다. 반두라에게 가장 중요한 상징화는 언어이다.

행동을 조절하는 인지 과정은 심상적이기보다는 개념적이다. 언어적 상징이 가지는 엄청난 유연성은 복잡한 행동을 편하게 이해할 수 있게 한다. 간단한 예를 들어 보면, 모델이 여행하는 경로는 많은 부수적인 관련 없는 길들을 포함하고 있다. 이때 여행가는 심상적 정보에 의존하기보다 연속적인 방향 전환(예: RLRRL)과 같이 표현될 수 있는 언어적 부호로 시각적 부호를 바꾸는 과정을 통해 보다 정확하게 습득하고 보호하며 수행한다(1986, p. 58).

심상적 상징과 언어적 상징을 분리해서 논의할 수는 있지만, 사건들이 기억 속에 표상될 때에는 종종 구분할 수 없다. 반두라(1986)는 다음과 같은 언급을 하였다.

언어적 상징이 모델링으로 습득한 대부분의 지식을 구체화했다고 하더라도, 표상된 것들과 구분되기 어려운 경우가 종종 있다. 표상적인 활동들은 종종 두 체계 모두를 어느 정도 포함한다. 단어들은 대응하는 심상들을 유발하는 경향이 있고, 사건의 심상들은 종종 언어적으로 인지될 수 있다. 시각적, 언어적 자극이 비슷한 의미를 가지고 있을 때, 사람들은 서로 다른 방법을 통해 제시된 정보를 하나의 공통적인 개념 표상으로 합한다(p. 58).

일단 정보가 인지적으로 저장된다면, 이는 관찰학습이 일어난 지 오랜 시간이 지나더라도 확실하게 인출되고 시연되고 강해질 수 있다. 반두라(1977)에 따르면, "인간은 관찰에 의해 그들 행동의 많은 부분을 배울 수 있는 진보된 능력을 가진다"(p. 25). 이런 저장된 상징들은 지연 모델링을 가능하게 만든다. 즉, 관찰된 뒤 오랜 시간이 지나더라도 이러한 정보를 사용할 수 있다.

행동 산출 과정

행동 산출 과정(behavioral production processes)은 학습된 것이 얼마나 수행으로 변환되는가를 결정한다. 원숭이를 관찰함으로써 우리는 꼬리를 통해 어떻게 나무에 매달려 있는가를 알게 되지만, 우리에게 꼬리가 없기 때문에 실제로 나무에 매달리는 행동을 반복할 수 없다. 다시 말해, 인지적으로 많은 것을 학습할 수는 있지만, 여러 가지 이유 때문에 학습한 것을 수행할 수는 없다. 예를 들면, 어떤 반응을 하기 위해 필요한 운동 장치는 성숙 수준, 부상, 질병 때문에 사용할 수 없다.

반두라는 사람이 적절한 반응을 하기 위한 모든 신체적 요소를 갖추었다고 하더라도 관찰자의 행동을 모델의 행동에 맞추기 위해서는 인지적인 시연이 필요하다고 보았다. 반두라에 따르면 모델링의 경험으로부터 얻은 상징들은 어떤 사람의 행동을 비교하는 틀로서의 역할을 한다. 시연의 과정 동안 개개인들은 그들 자신의 행동을 관찰하고 모델의 경험 표상과 비교한다. 자신의 행동과 기억 속에 있는 모델의 행동 간에 불일치를 관찰하게 되면 수정 행동이 유발된다. 이러한 과정은 관찰자의 행동과 모델의 행동이 서로 비슷한 정도가 될 때까지 계속된다. 그러므로 모델 경험에 의한 상징적인 파지는 자신의 행동에 대한 관찰과 자신의 행동을 모델의 행동에 맞추는 데 사용 가능한 '피드백'의 고리를 만든다.

동기 과정

반두라의 이론에서 강화는 두 가지 주요한 기능을 가진다. 첫째, 관찰자들은 어떠한 모델이 특정 행동을 수행하고 강화받는 것을 보았다면 자신도 특정 행동 후에 강화받을 것이라는 기대를 형성한다. 둘째, 강화는 학습을 수행으로 변화시키는 유인가로 작용한다. 이미 보았던 것과 같이, 관찰을 통해 배운 것은 잠복해 있다가 이러한 정보를 사용할 때가 되면 나타나게 된다. 이 같은 두 기능은 모두 정보적이다. 하나의 기능은 특정 방식의 행동이 강화받을 확률이 높다는 기대를 만든다. 다른 기능은 학습된 것을 촉발하는 동기 과정을 제공하는 동기적 과정(motivational processes)이다.

이러한 기능은 주어진 상황에서 강화된 반응들만이 강화된다고 주장하는 전통적인 강화 이론과는 차이를 보인다. 반두라에 따르면 강화나 직접적인 경험은 학습이 일어나기 위해 꼭 필요한 것이 아니다. 관찰자는 단순히 타인의 행동의 결과로 발생하는 것을 관찰함으로써 상징화된 정보를 저장하고, 그것을 사용하는 것이 유리할 때 사용한다. 요약하자면, 관찰학습은 주의집중, 파지, 행동적 능력과 유인으로 구성되어 있다고 말할 수 있다. 그러므로 만약 관찰학습이 일어나지 않는다면, 관찰자가 모델의 행동을 관찰하지 못했거나, 머릿속에 파지하지

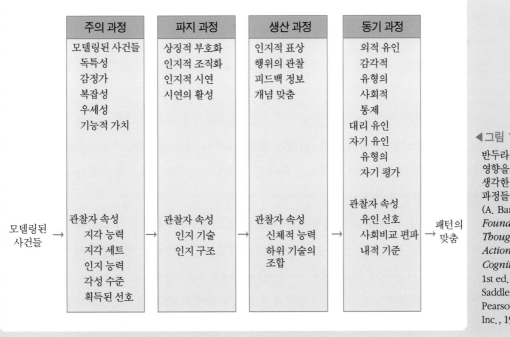

주의 과정	파지 과정	생산 과정	동기 과정
모델링된 사건들 독특성 감정가 복잡성 우세성 기능적 가치	상징적 부호화 인지적 조직화 인지적 시연 시연의 활성	인지적 표상 행위의 관찰 피드백 정보 개념 맞춤	외적 유인 감각적 유형의 사회적 통제 대리 유인 자기 유인 유형의 자기 평가
관찰자 속성 지각 능력 지각 세트 인지 능력 각성 수준 획득된 선호	관찰자 속성 인지 기술 인지 구조	관찰자 속성 신체적 능력 하위 기술의 조합	관찰자 속성 유인 선호 사회비교 편파 내적 기준

모델링된 사건들 → ⋯ → ⋯ → ⋯ → ⋯ → 패턴의 맞춤

◀그림 13-2
반두라가 관찰학습에 영향을 준다고 생각한 여러 과정들에 대한 요약
(A. Bandura, *Social Foundations of Thought and Action: A Social Cognitive Theory*, 1st ed. Upper Saddle River, NJ: Pearson Education, Inc., 1986)

못했거나, 신체적으로 모델의 행동을 수행하지 못했거나, 혹은 그것을 수행하기에 적절한 유인을 가지지 못했기 때문일 수 있다. [그림 13-2]에는 반두라가 관찰학습에 영향을 준다고 생각한 요소들이 요약되어 있다.

상호결정주의

모든 심리학에서 가장 기본적인 질문 중 하나는 '왜 사람들은 그들이 하는 대로 하는가(Why do people act as they do)?' 일 것이다. 이 질문에 대한 답에 따라 환경론자(경험론자), 생득론자, 실존론자 혹은 다른 유형으로 분류될 수 있다. 환경론자(예: 스키너)는 행동이란 환경과 강화 간의 유관함수이며, 강화의 유관이 변형될 경우 행동을 변화시킬 수 있다고 말한다. 생득론자의 경우에는 타고난 성향이나 기질, 사상을 강조한다. 실존론자들은 사람들이 그들이 하려는 것을 선택한다는 자유선택을 강조한다.

위의 질문에 대한 반두라의 답은 '어떤 다른 것'의 범주이다. 그는 사람과 환경, 사람의 행동 그 차제가 모두 상호작용하면서 사람의 행동을 만들어 낸다고 말한다. 즉, 세 요소 중 어떤 것도 독립적으로 이해될 수 없다. 반두라(1986, p. 24)는 이러한 삼원 상호작용을 다음과 같이 요약하였다.

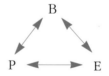

여기에서 P는 사람이고, E는 환경이며, B는 인간의 행동이다. 이러한 입장을 상호결정주의(reciprocal determinism)라고 한다. 이러한 개념으로부터 나온 한 가지 귀납적 추론은, 행동이 사람과 환경에 영향을 준다고 말하는 것이 환경이나 사람이 행동에 영향을 준다고 말하는 것만큼 타당하다는 것이다.

반두라(1977, p. 196)는 환경에 영향을 줄 수 있는 행동의 예로, 쥐가 레버를 누르지 않을 경우 일정 시간 간격으로 전기 충격이 가해지는 실험을 언급하였다. 이 실험에서 쥐가 레버를 누를 경우 전기 충격이 30초 동안 제시되었다. 일정한 시간 간격으로 레버를 누르는 것을 잘 학습한 쥐의 경우에는 전기 충격을 완벽하게 피할 수 있었다. 그런데 이러한 레버를 누르는 반응 학습에 실패한 쥐의 경우에는 주기적으로 전기 충격을 받았다. 반두라(1977)는 다음과 같은 결론을 내렸다. "실제적 환경(actual environment)은 유기체의 행동에 달려 있다. 비록 잠재적 환경(potential environment)이 같다고 하더라도 동물이 환경을 통제하는가 혹은 환경이 동물을 통제하는가? 이 상황에서 유기체와 환경 간의 상호 과정 중 어디에 집중하는지에 따라 유기체가 통제의 대상일 수도 있고, 환경을 통제하는 주체일 수도 있다." (p. 196)

　　반두라는 강화도 처벌과 같이 단지 잠재적인 환경 속에 존재하며 어떤 행동 패턴을 통해 발현될 수 있다는 주장을 하였다. 환경의 어떤 측면이 영향을 주는가는 우리가 환경에서 어떻게 작용하는가에 달려 있다. 반두라(1977)는 행동이 환경을 새로이 창조할 수 있다고 제안한다. "우리 모두는 어떤 사람의 좋지 못한 행동을 통해 문제를 일으키는 누군가를 알고 있다. 또 다른 어떤 사람들은 그들이 상호작용하는 동안 최선의 방향을 이끌어 내는 데 익숙하다." (p. 197)

　　요약하자면, 반두라의 상호결정주의 개념은 행동, 환경 그리고 사람들(그들의 신념) 모두가 삼원 상호작용하고 있음을 말한다. 그리고 이러한 상호작용을 이해하여야 인간의 심리적 기능과 행동을 이해할 수 있다.

행동의 자기조절

　　반두라(1977)에 따르면, "만약 인간의 행동이 단순히 외부에서 주어지는 보상과 처벌에 의해 결정된다면, 사람들은 그 순간 풍향계처럼 끊임없이 다른 방향으로 움직이듯 행동할 것이다. 그들이 좋지 않은 사람과 함께 있을 때는 좋지 않게 행동할 것이고, 올바른 사람들과 있을 때는 올바르게, 그리고 권위주의적인 사람들과 있을 때는 독단적으로 행동할 것이다" (p. 128). 이 인용문에서 설명하는 상황은 실제와 똑같지 않다. 그러나 만약 외부의 강화물과 처벌이 행동을 통제하지 않는다면 무엇이 통제할까? 반두라는 인간의 행동이 대개 자기조절적 행동(self-regulated behavior)이라고 주장한다. 인간은 직접경험 혹은 대리경험을 통해 학습하는데, 이때 수행 기준(performance standards)도 함께 학습하게 된다. 이러한 기준들이 학습되고 나면 이는 자기 평가의 기준으로 작용하게 된다. 특정 상황에서 개인의 수행이 기준을 넘는 경우에는 긍정적으로 평가되고, 만약 넘지 못하게 되면 부정적으로 평가된다.

　　사람이 세우는 기준은 강화받은 직접적인 경험으로 생겨날 수 있다. 즉, 부모와 같이 개인의 인생에 관련 있는 사람들이 칭찬해 주었던 행동들에 대해 높은 가치를 두는 것이다. 또한 개인적인 기준은 자신이 아닌 다른 사람이 강화를 받는 것을 관찰함으로써 대리적으로 생겨날 수 있다. 예를 들면, 반두라와 쿠퍼스(Bandura & Kupers, 1964)는 높은 수행 기준을 세운 모델들을 보았던 아동들은 자신이 높은 수행을 했을 때에만 자신들을 강화했고, 낮은 수행에도 강화되었던 모델에 노출된 아동들은 낮은 수행을 했을 때에도 스스로를 강화하는 것을 확인하였다.

반두라(1977, p. 107)는 자신을 평가한 뒤에 자기 스스로부터 오는 내적 강화가 타인에 의해 제공되는 외적 강화보다 더욱 큰 영향력을 가진다고 생각했다. 그는 어떤 활동에 참여함으로써 주어지는 외적 강화가 개인의 참여에 대한 동기를 줄이는 몇 가지 경우를 예로 들었다. 외적(외적으로 제공된) 강화와 내적(스스로 제공된) 강화의 상대적인 영향력에 대한 연구들을 살펴본 뒤, 반두라는 "자기 스스로에 대한 보상 행동은 이러한 행동에 대한 강화가 외적으로 제공될 때보다 더욱 효과적인 경향이 있다."(p. 144)고 결론지었다.

불행하게도 개인은 스스로 너무 높은 내적 기준을 가지고 있을 경우 개인적 고통을 받을 수 있다. 반두라(1977)는 "극단적인 형태의 자기 평가 기준은 우울감이나 만성적인 좌절감, 무가치감, 목적의 손실을 일으킨다."(p. 141)고 말하였다. 반두라에 따르면, 너무 높거나 너무 어려운 목표로 활동에 참여하는 것은 실망을 이끈다. 그는 "그러므로 적당한 난이도의 부가적 목표는 가장 높은 동기 수준과 만족감을 이끈다."(p. 162)고 말하였다.

내재화된 수행의 기준과 같이, 지각된 자기효능감(perceived self efficacy)은 자기조절적 행동에서 주요 역할을 한다. 지각된 자기효능감은 어떤 특정 행동에 대해 자신이 할 수 있을지에 대한 개인의 신념을 말하는 것으로, 이를 형성하는 데 영향을 주는 요소는 다양하다. 이는 개인적인 성공과 실패, 자신과 비슷한 타인이 성공하거나 실패하는 것을 보는 것, 언어적인 설득 등이다. 언어적 설득이란 일시적으로 어떤 과제를 시도하거나 피해야 한다는 확신을 제공해 줄 수 있다. 그러나 결과적으로 어떤 과제에 성공하거나 실패하는 경험은 개인의 지각된 자기효능감에 가장 큰 영향을 줄 것이다. 예를 들면, 코치는 게임을 수행하기 전에 선수들에게 그들이 얼마나 훌륭한지를 말함으로써 동기를 불러일으킬 수 있지만, 이러한 동기도 상대 팀이 더 뛰어나다는 것을 알게 될 때 사라지게 된다.

지각된 자기효능감이 높은 개인은 낮은 개인들보다 더 많은 시도를 하고 더 많이 성취하고 더 오랫동안 과제를 지속한다. 또한 높은 자기효능감을 가진 개인은 공포나 수치심을 덜 경험하는 경향이 있다(Covert, Tangney, Maddux, & Heleno, 2003). 반두라(1980)는 지각된 자기효능감이 높은 사람들은 자신이 주변 환경에 대해 높은 통제력을 가진다고 지각하는 경향이 있어 낮은 불확실성을 경험한다고 생각했다. 사람들은 자신에게 통제력이 없는 불확실한 사건을 두려워하는 경향이 있다. 그렇기 때문에 지각된 자기효능감이 높은 개인은 두려움을 덜 경험하는 경향이 있다.

개인이 지각하는 자기효능감은 실제 자기효능감(real self-efficacy)과 일치하거나 일치하지 않을 수 있다. 사람들은 실제로는 자신이 잘 할 수 있는 일인 경우에도 자신은 잘 할 수 없다는 낮은 지각된 자기효능감을 가질 수 있다. 이 반대의 상황도 일어날 수 있다. 개인의 포부와 개인의 능력이 일치하는 상황이 최선이라 할 수 있다. 계속해서 자신의 능력보다 높은 일을 해내려고 시도하는 사람들은 좌절감과 절망감을 경험하고, 나중에 가서는 거의 모든 것을 포기할 수도 있다. 반면에 적절한 도전을 하지 않는 사람의 경우에는 개인적 성장이 제지될 수 있다.

지난 20년 동안 여러 연령대를 대상으로 한 실험들과 실제 상황 모두를 검토하고 반두라와 로크(Bandura & Locke, 2003)는 다음과 같이 말했다.

> 효능감 신념은 지각된 자기효능감 수준이 다른 개인들의 행동의 기능을 예측하며, 개인 내에서도 수행했던 과제들이나 시도했으나 실패했던 과제들의 변화도 예측한다(pp. 87-88).

도덕적 행위

수행에 대한 기준과 마찬가지로, 어떤 개인의 도덕적 코드(moral code)는 모델들과의 상호작용을 통해 발달하게 된다. 도덕성에 있어서 부모는 대부분 아동이 내면화하게 될 도덕적 규칙과 조절의 모델이 된다. 도덕적 코드가 개인에게 내면화되고 나면 이는 어떤 행동(생각)이 인정될지 안 될지를 결정한다. 도덕적 코드를 벗어나는 행동이나 생각은 자기경멸(self-contempt)을 일으키게 되며, 이는 유쾌한 경험이 아니다. 따라서 개인은 전형적으로 도덕적 코드에 맞게 행동한다. 반두라(1977)는 "개인의 도덕적 코드와 반대되는 권유에 직면하더라도 개인은 이를 수행하였을 때 느끼게 될 자신에 대한 비난을 알기에 자신의 도덕적 코드에 따르고자 동기화될 것이다. 자기경멸보다 더한 처벌은 없다."(p. 154)고 하였다.

반두라는 단계 이론들(예: 피아제[Piaget], 콜버그[Kohlberg])과 특성 이론들(예: 올포트[Allport])에 강하게 반대 의견을 내놓았다. 주된 이유는 이러한 이론들이 인간 행동에 있어 안정성을 예측하기 때문이었다. 반두라는 인간 행동에 이러한 안정성은 존재하지 않는다고 생각했다. 예를 들면, 단계 이론들에서는 인간의 능력은 성숙에 따라 발전되기에 개인이 한 수준에서 할 수 있는 지적, 도덕적 판단은 연령에 따라 달라짐을 가정하고 있다. 특질 이론들에서도 이와 마찬가지로 사람들은 어떠한 특질을 가지고 있기 때문에 광범위한 상황에 대해 일괄적으로 행동할 것이라고 말한다. 그러나 반두라는 인간 행동이 이처럼 일관되지 않으며 오히려 환경에 의해 달라진다고 믿었다. 다시 말해, 인간의 행동은 개인의 발달 단계와 특질, 그 사람의 유형보다는 그 사람이 속해 있는 상황과 이에 대한 해석에 의해 더 많은 영향을 받는다고 생각한 것이다.

행동의 상황적 본질에 대한 최고의 예는 도덕성이라 할 수 있다. 도덕성에 대한 확고한 원칙을 갖고 있는 사람일지라도 비난받을 만한 행동을 하면서 자책감에서 벗어날 수 있는 여러 가지 방법이 있다. 이러한 방법은 사람들이 자신에 대한 경멸을 느끼지 않고 도덕적 원리로부터 벗어날 수 있게 한다.

1. 도덕적 정당화   도덕적 정당화(moral justification)에서는 비난받을 만한 일을 더 높은 목적을 위한 수단으로 여기게 된다. '나는 내 가족에게 음식을 제공하기 위해 범죄를 저질렀다' 와 같은 예를 들 수 있다. 반두라는 다음과 같이 또 다른 예를 들었다.

> 도덕적 정당화를 통해 개인이 급격하게 파괴적인 행동을 보이는 예는 군대 훈련에서 가장 쉽게 볼 수 있다. 군대에서는 비난받아 마땅한 살인을 저지르더라도 양심의 가책을 느끼지 않으며, 오히려 이에 대한 자부심조차 느끼게 되는 무자비한 전투원으로 변하게 된다. 개인은 자신이 잔인한 독재자에게 대항하는 것이며, 자신의 생명과 세계 평화, 악의 이데올로기로부터 인류를 구한다고 정당화하게 된다. 주변 환경에 대한 이 같은 재구조화는 사려 깊게 행동하던 사람들조차 인류의 목표를 성취하기 위해 폭력을 행사한다는 도덕적 정당화의 함정에 빠지도록 계획된 것이다(p. 376).

2. 완곡한 표현   비난받을 만한 행동을 하더라도 이를 실제로 하는 행동이 아닌, 이와 다른 어떤 것으로 부름으로써 자기경멸 없이 그 행위를 수행할 수 있다. 예를 들면, 평소에 공격적인 행동을 하지 않는 개인들은 공격적인 행동을 하는 것을 놀이라고 불렀을 때 더 공격적인 모습을 보이게 된다. 반두라는 이 같은 완곡한 표현(euphemistic labeling)이 어떻게 비난받아 마땅한 것을 존경받을 만한 것으로 변화시키는 데 사용되는지에 대한 예를 들었다. "위생학적인 단어를 사용하면 살인을 하는 것조차 훨씬 덜 혐오스럽게 느껴지도록 만든다. 군인들은 다른 사람을 '죽인다' 보다 '청소한다' 고 표현하며, 용병들이 '계약을 완료하는' 것으로 말할 때 이 같은 미사여구들에 의해 살인은 존경할 만한 의무의 수행으로 변화한다." (p. 378)

3. 유리한 비교   자기경멸을 일으킬 수 있는 행동을 수행하고도, 이를 더욱 악질적인 행동

과 비교하는 유리한 비교(advantageous comparison)를 통해 자신의 비난받을 만한 행동을 그렇지 않게 보이도록 한다. "분명히 나는 그러한 행동을 했다. 하지만 그가 한 행동을 보라." 반두라는 다음과 같은 예를 든다.

> 베트남 전쟁을 일으킨 사람들과 지지자들은 당시에 일어난 수많은 사람의 학살에 대해 공산주의자의 집단 노예화를 막는 방법이라고 이를 최소화하였다. 이 같은 말도 안 되는 비교를 하면서 그들은 사람들이 엄청나게 죽었다는 사실에도 끄떡하지 않았다. 다른 예로, 국내에서 저항하는 사람들은 교육기관이나 정치기관에 대항하는 자신들의 폭력적인 행동을 외국에 파병된 병력이 보이는 대량학살과 비교함으로써 그 행동을 하찮거나 혹은 건전한 것으로 특징지었다(p. 379).

4. 책임감의 치환 책임감의 치환(displacement of responsibility)을 통해 사람들은 자신의 권위가 자신들이 하는 행동을 승인했고 이에 대한 책임을 질 수 있다고 인식할 경우 그들의 도덕적 원칙으로부터 멀어질 수 있다. "나는 그런 행동을 했다. 왜냐하면 나는 명령을 받았기 때문이다." 반두라는 다음과 같이 말한다. "나치 교도소 지휘관과 그들의 동료들은 전례 없는 자신의 잔혹한 행위에 대해 어떠한 책임감도 느끼지 않았다. 그들은 단지 명령을 따랐을 뿐이었다. 이 같은 끔찍한 명령에 대한 비개인적 복종은 미라이(My Lai) 대량학살[1]과 같은 군대의 잔혹 행위에서도 마찬가지로 증명된다." (p. 379)

5. 책임감의 확산 비난받을 만한 행동에 대해 집단적으로 결정하는 것은 개인이 혼자 결정하는 것보다 더 견디기 쉽다. 모든 사람에게 책임이 있는 이 같은 책임감의 확산(diffusion of responsibility) 상황에서는 어떤 개인도 책임을 느끼지 않는다.

6. 결과의 무시 혹은 왜곡 결과의 무시 혹은 왜곡(disregard or distortion of consequences)을 통해 사람들은 자신의 행동이 가져온 좋지 않은 결과를 무시하거나 왜곡함으로써 자기경멸을 경험할 필요가 없게 된다. 사람들은 도덕적이지 못한 행동이 가져온 좋지 않은 결과로부터 스스로를 멀리 둘수록, 이를 비난하는 압력도 줄어들게 된다. "나는 단지 폭탄이 떨어지게만 했

---

1) 역자 주: 베트남 전쟁 시 1968년 3월 16일 베트남 남부의 미라이 지역에서 미군에 의해 자행된 민간인 대량 학살 사건이다. 당시 수백 명의 희생자가 모두 비무장 민간인이었으며 그중 상당수는 여성과 아동이었던 것으로 알려져 있다.

을 뿐이다. 그것은 구름 속으로 사라졌다."

7. 비인간화　　만일 어떤 사람들이 인간이 아닌 것처럼 보이면, 상대방은 자기경멸을 경험하지 않고 그들을 비인간적으로 대할 수 있게 된다. 어떤 사람이나 집단이 비인간화(dehumanized)되면 그들은 더 이상 감정이나 희망, 걱정을 가지지 않는 것으로 여겨지고, 그들을 학대하는 것은 자기경멸을 가져오지 않게 된다. 폭력적인 게임이 폭력적인 행동을 가져온다는 것에 대한 연구(Anderson et al., 2010)는 아마도 어느 정도는 폭력적인 게임을 하는 것이 타인에 대한 비인간화의 증가를 가져오기 때문이라 할 수 있다(Greitemeyer & McLatchie, 2011).

8. 비난의 귀인　　사람들은 피해자의 말이나 행동이 자신이 한 비난받을 만한 행동을 불러일으켰다고 주장한다. 반두라는 이러한 비난의 귀인(attribution of blame)에 대한 예를 들었다. "강간범과 강간 성향이 있는 남자들은 도덕적인 자기경멸에서 벗어날 수 있는 다양한 기제를 구체적으로 드러내는 강간 신화를 말한다. 그들은 강간피해자에게도 피해에 대한 책임이 있다고 믿는다. 이는 피해자가 성적으로 도발적인 외모를 가지고 있으며, 행동을 하고, 강간에 대해 적극적으로 저항하지 않음으로써 강간을 유도했기 때문이라고 말한다." (pp. 384-385)

반두라(1977)에 따르면 대부분의 비도덕적인 행동은 잘못된 도덕적 코드보다는 이러한 분리 기제들에 기인한다. "내재화된 통제들은 이 같은 분리 기제들에 의해 종속되기 때문에 도덕적 행동의 변화는 개인의 성격 구조, 도덕적 원칙, 자기 평가 체계를 수정하지 않고서도 성취될 수 있다. 대부분의 비인간성을 설명하는 것은 성격적인 결함이라기보다는 자신을 면책하는 과정이다." (p. 158)

관찰학습의 실제적 응용

모델링을 통해 성취할 수 있는 것

모델링은 관찰하는 사람에게 몇 가지 효과를 가져온다. 모델이 어떤 활동들에 대해 강화받는 모습을 관찰함으로써 새로운 반응을 습득할 수 있다. 행동의 습득(acquisition)은 대리강화로부터 유발된 결과이다. 반대의 경우 어떤 상황에서 모델이 특정 행동을 하고 이에 대한 처벌을 받는 것을 보았을 때, 이미 형성된 반응들은 제지된다. 따라서 제지(inhibition) 반응은 대리처벌로부터 유발된 결과이다. 어떤 나쁜 결과를 경험하지 않고 두려운 활동에 참여하는 모델을 관찰하는 것은 관찰자의 제지를 줄여 주는 효과가 있다. 두려움의 감소를 탈제지(disinhibition)라고 한다. 또한 모델은 관찰자가 이미 학습했지만 제지되지는 않은 반응을 유발시킬 수 있다. 이 같은 상황에서는 단순히 관찰자가 모델의 활동을 관찰하는 것만으로 유사한 행동이 나올 확률을 증가시킨다. 이를 촉진(facilitation)이라고 부른다. 모델링은 창의성(creativity)을 자극할 수 있다. 사람은 다양한 모델을 접하고 그 모델의 특성이나 양식을 수용함으로써 창의성을 얻게 된다. 반두라(1977)는 다음과 같이 말한다.

> 특정 기간을 거치며 창의적 업적이 증가하는 것은 이런 과정의 주목할 만한 예가 된다. 초기 작업에서 베토벤(Beethoven)은 하이든(Haydn)과 모차르트(Mozart)의 고전적 양식을 받아들였다. 바그너(Wagner)는 베토벤의 교향악적 스타일을 베버(Weber)의 자연주의적 수행과 마이어베어(Meyerbeer)의 극적인 기교와 융합하여 새로운 오페라 형식을 발달시켰다. 다른 분야의 혁신자들 역시 처음에는 다른 사람의 방식에 의존하지만, 이후에는 자신의 경험으로부터 새로운 것을 만들어 낸다(p. 48).

혁신은 일상적인 상황에서 비관습적인 반응을 직접적으로 모델링함으로써 자극될 수 있다. 이러한 상황에서 관찰자는 이미 문제를 효과적으로 풀 전략을 가지고 있지만, 모델은 보다 대담하고 비관습적인 문제 해결 전략을 가지고 있다.

모델링에 의해 발현되는 창의성은 예외로 하고, 정보 전달에 있어 모델의 사용은 단순히 반응을 따라 하거나 모방하는 것을 자극한다는 점에서 비판받았다. 이것이 아니라는 점은 추상적 모델링(abstract modeling)에 의해 분명하게 확인할 수 있는데, 이러한 관점에서 사람들은 모델이 다양한 상황에서 공통적인 규칙이나 원리를 가지는 반응을 하는 것을 관찰한다. 예를 들면, 모델은 특정 문법 스타일이 포함된 문장에서 어떤 책략을 사용하거나 직접 생성하여 문제를 해결한다. 이 같은 상황에서 관찰자는 다양한 모델링 경험의 예들에서 나오는 규칙이나 원리는 무엇이든 학습한다. 관찰자가 규칙이나 원리를 학습한 뒤, 이는 모델링과는 다른 어떤 상황에서 사용될 수 있다. 예를 들면 많은 모델링 경험을 통해 문제 해결 전략을 획득하고, 이는 이전에 경험했던 것과는 다른 상황에서도 문제를 해결하는 데 사용될 수 있다. 그러므로 추상적인 모델링에는 세 가지 요소가 있다. 이는 ① 원리나 규칙이 공통적으로 적용되는 광범위한 상황에 대한 관찰, ② 다양한 경험에서 규칙이나 원리 추출, ③ 새로운 상황에서 규칙이나 원리의 사용이다.

인간은 계속해서 광범위한 상황에서 모델링을 하기 때문에, 인간 행동을 지배하고 있는 규칙이나 원리는 대부분 추상적 모델링을 통해 유래한다는 결론을 내리는 것이 안전한 것처럼 보인다. 반두라(1977)는 "관찰로 유래된 규칙을 바탕으로 할 때, 사람들은 판단적 지향, 언어 스타일, 개념적 도식, 정보처리 전략, 인지 조작, 행동의 기준을 배운다."(p. 42)고 말한다.

제지, 탈제지, 촉진은 모두 이미 학습한 반응들의 발생 확률을 증가시키거나 감소시킨다. 습득, 창의성, 규칙이나 원리는 모델링을 통해 새로운 학습의 발전을 포함한다.

습득, 제지, 탈제지, 촉진, 규칙이나 원리의 추출, 창의성, 모델링은 관찰자의 도덕적 판단과 정서적 반응들에 영향을 주는 데 사용되어 왔다. 사실 반두라(1977, p. 12)에 따르면 직접경험으로 학습될 수 있는 모든 것은 간접경험 또는 대리경험으로부터 학습될 수 있다. 게다가 대리경험에서는 직접경험에 존재하는 시행착오의 과정이 없기 때문에 더욱 효과적으로 학습할 수 있다. "관찰학습은 발달과 생존 모두를 위해 반드시 필요한 요소이다. 실수에는 대가가 있으며, 치명적인 결과를 유도할 수 있기 때문에 시행착오를 동반하는 직접경험으로 학습할 수 있다면 생존은 불투명해진다. 실수로 인한 희생이 크거나 위험할수록 관찰학습에 대한 의존은 더욱 커진다."(p. 12)

임상적 상황에서의 모델링

반두라는 정신병리가 세상에 대한 옳지 않은 기대에서 유발되는 역기능적인 학습의 결과라고 말했다. 심리치료사의 역할은 기대가 옳지 않다는 것을 보여 주고 이 같은 기대를 보다 정확하고 적응적인 것으로 바꾸어 주는 것이다. 반두라는 '통찰'이나 '무의식적 동기'를 찾고자 하는 심리치료사를 용납하지 않았다. 반두라(1977)는 이러한 심리치료사는 자신의 신념 체계를 확고히 하기 위해 내담자를 이용하고 있다고 생각했다.

> 서로 다른 이론을 옹호하는 사람들은 그들이 선택한 동기가 작용하는 것을 반복적으로 관찰한다. 그러나 반대의 관점을 지지하는 증거를 거의 발견하지 못한다. 사실 이 같은 과정의 분석을 통해 발견한 특정 유형의 통찰과 무의식적 동기들은 내담자의 실제적인 심리적 상태보다는 치료사의 개념적 신념 체계를 아는 데 더 도움이 될 것이다(p. 5).

반두라와 그의 동료들은 많은 연구를 통해 몇 가지 심리적 장애를 치료하는 과정에서 모델의 효과성을 확인하였다. 예를 들어, 반두라, 그루섹과 맨러브(Bandura, Grusec, & Menlove, 1967)는 개에 대해 강한 두려움을 가진 아동에게 그 아동의 친구들이 개와 상호작용하는 것을 보여 주었다. 두려움을 유발하는 모델의 행동은 매 회를 거듭해 갈 때마다 증가했다. 이는 개에 대한 물리적 제약을 완화시킴으로써 그리고 개에 대한 직접적인 모델의 상호작용 정도를 변화시킴으로써 변화시킬 수 있었다. 대조군의 경우 모델링 경험을 하지 않았다. 모든 아동에 있어 실험에 사용한 개와 실험에 사용되지 않아 친숙하지 않은 개에 대한 접근 정도가 측정되었다. 측정은 처치 후 바로 그리고 한 달 후에 이루어졌다. 접근 점수는 개와 상호작용한 정도에 따라 등급화되어 제시되었다. 즉, 아동들은 개에 접근하거나, 우리에서 풀어 주거나, 끈을 풀어 주거나, 마지막으로는 우리 안에서 시간을 보내도록 요구받았다. 모델이 개와 두려움 없이 상호작용하는 것을 보았던 아동들은 대조군에 비해 유의하게 더 많은 접근 반응을 할 수 있었다. 사실 모델을 본 집단의 2/3는 우리 안에 개와 함께 있을 수 있었지만, 통제 집단에 있었던 아동은 어느 누구도 이러한 반응을 하지 않았다. 모델을 본 집단의 경우에는 실험에 사용되지 않았던 개에까지 일반화되었고, 이러한 효과는 한 달 뒤에도 지속되었다.

이 같은 연구에서는 모델의 행동을 관찰함으로써 새로운 반응들을 학습할 수 있을 뿐만 아니라 같은 방식으로 소거를 할 수도 있음을 확인할 수 있다. 따라서 대리소거(vicarious extinction)는 반두라 이론에 있어 대리강화만큼 중요하다. 이 연구에서 대리소거는 개를 피하는 반응을 줄이거나 없애기 위해 사용되었고, 개에 다가가는 반응을 탈제지하였다.

또 연구에서 반두라와 맨러브(1968)는 개에 대한 공포를 가진 아동을 세 조건으로 구분하여 일련의 영상을 보게 하였다. 단일 모델링(single modeling) 조건에서 아동은 한 명의 모델이 한 마리의 개와 친밀하게 상호작용하는 것을 본다. 다중 모델링(multiple modeling) 조건에서 아동은 여러 명의 모델이 많은 개와 두려움 없이 상호작용하는 것을 본다. 그리고 대조 조건에서는 아동들이 개가 나오지 않는 영상을 본다. 1967년에서 수행된 연구에서와 같이, 아동들이 개에게 접근하려는 정도가 측정되었다. 단일 모델링 조건과 다중 모델링 조건 둘 다에서 아동들의 개에 대한 두려움이 대조 조건에 비해 유의하게 감소하였다. 이 중에서도 다중 모델링 조건의 아동들만이 개와 함께 우리에 남아 있을 정도까지 두려움이 감소함을 확인하였다. 처치의 효과는 실험에 사용된 개가 아닌 다른 개들에까지 일반화되었으며, 한 달 후까지도 지속되었다. 이 연구의 결과를 1967년의 연구 결과와 비교해 보자면, 반두라는 직접 모델링(direct modeling, 살아 있는 모델을 보는 것)과 상징적 모델링(symbolic modeling, 영화 속 모델을 보는 것)이 모두 공포를 감소시키지만, 직접 모델링이 공포를 감소시키는 데 있어 보다 효과적이라고 결론지었다. 그러나 상징적 모델링에서 이 같이 줄어든 효과는 한 명이 아닌 다양한 모델을

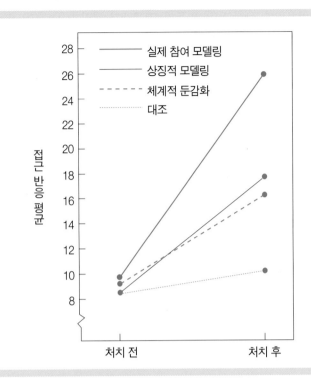

그림 13-3 ▶
다양한 치료적
처치 이전, 이후
뱀에 대한 접근 경향
(A. Bandura, E. B.
Blanchard, & B. J.
Ritter, Relative
Efficacy of Modeling
Therapeutic Change,
*Journal of
Personality and
Social Psychology,
13*, 1969, p. 183)

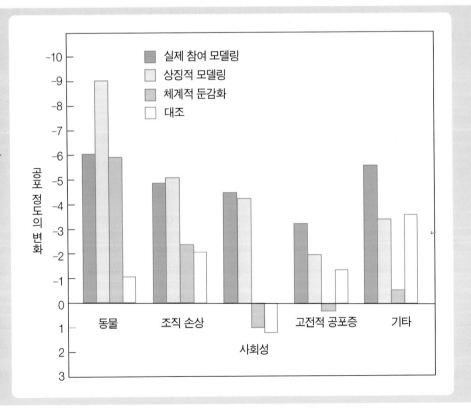

그림 13-4 ▶
다양한 치료적 처치가
특별히 처치받은
두려움이 아닌 다른
공포들에 미치는
일반화된 효과. 음의
수치가 높을수록 처치
전후 차이가 큰 것을
나타낸다.
(A. Bandura, E. B.
Blanchard, & B. J.
Ritter, Relative
Efficacy of Modeling
Therapeutic Change,
*Journal of
Personality and
Social Psychology,
13*, 1969, p. 186)

보여 줌으로써 극복될 수 있었다.

반두라, 블랜처드와 리터(Bandura, Blanchard, & Ritter, 1969)는 공포증을 치료하는 방법으로 상징적 모델링, 참여 모델링, 둔감화 효과를 비교하였다. 이 연구에서 그들은 뱀에 대한 공포를 지닌 아동과 청소년을 네 집단으로 구분하였다. 첫 번째 집단(상징적 모델링)은 아동, 청소년, 성인이 뱀과 함께 상호작용하는 영상을 보여 주었다. 영상에 나오는 장면은 각각 등급으로 구분되어 있었는데, 등급이 높아질수록 상호작용도 증가하였다. 집단 1의 청소년들은 이완 기법을 통해 훈련받았고, 너무 두려운 경우에는 영상을 멈출 수 있었다. 그리고 충분히 안정을 취하고 나면 다시 영상을 시작하였다. 각각의 청소년은 두려움 없이 영상을 볼 수 있을 때까지 이러한 방식을 계속하였다. 두 번째 집단(모델링 참여[modeling-parcitipation])은 모델이 뱀을 다루는 것을 직접 보고, 이 모델의 도움을 받아 직접 뱀을 다루었다. 모델은 처음에 뱀을 만졌고, 다음으로 청소년들이 이를 만지는 것을 도왔다. 이 후 모델은 쓰다듬는 것을 보여 주고, 청소년들이 이를 할 수 있게 도와주었다. 이 같은 과정은 청소년이 도움 없이 뱀을 무릎 위에 둘 수 있을 때까지 계속되었다. 집단 3은 둔감화 치료(desensitization therapy)를 받았다. 청소년들은 뱀과 함께 있음으로 인해 불안감을 느끼게 되는 모습을 상상하였고, 이러한 과정은 작은 불안을 일으키는 장면에 대한 상상부터 큰 두려움을 일으키는 장면에 대한 상상을 하는 것까지 이어졌다. 집단 4는 어떠한 처치도 받지 않았다. 연구 결과, 앞선 세 집단은 모두 집단 4에 비해 뱀에 대한 공포가 감소하였다. 그중에서도 집단 2의 모델링 참여가 가장 효과적인 것으로 나타났다([그림 13-3] 참조).

사실 그들은 무릎 위에 뱀을 두지 못한 청소년들을 뽑아(대조 집단 포함) 모델링 참여 방법을 사용하였다. 이를 통해 그들은 단지 몇 회를 반복하는 것만으로 무릎에 뱀을 둘 수 있었다. 이후의 연구들에서는 처치의 효과가 계속될 뿐만 아니라 이것이 다른 공포증에도 효과를 보이는 일반화를 확인하였다. 반두라와 동료들은 실험 전과 후에 다양한 두려움을 측정하기 위한 설문을 실시하였다. 이 같은 두려움의 정도 변화는 다양한 처치 조건에서 [그림 13-4]와 같이 나타났다.

뉴스와 오락 매체의 영향

앞서 본 것과 같이 반두라는 행동의 결과를 관찰하는 것에서 배울 수 있는 만큼 대리경험을 통해서도 배울 수 있다고 믿었다. 그는 모델을 정보를 전달하는 어떤 것이라 정의하였다. 이러한 정의에 따르면 신문, TV, 영화도 매우 많은 것을 배울 수 있는 모델로서 작용한다. 물론 뉴스와 오락 매체를 통해 배울 수 있는 모든 것이 안 좋은 것은 아니지만, 몇몇의 내용은 부정적일 수 있다. 우리는 이미 TV가 잘못된 인지 과정의 발달을 유발할 수 있고, 이는 범죄 행동으로 이어질 수 있음을 보았다. 반두라(1986)는 TV 프로그램이 반사회적 행동을 자극할 수 있는 다른 예를 제시하였다.

> 종종 가상적인 매체를 통해 공격적인 행동 양식이 확산될 수 있으며, 이러한 가상적 매체는 독특한 예가 된다. 한 TV 프로그램(Doomsday Fight)은 새로운 모델링 책략으로서 중요한 예가 된다. 이 프로그램에는 협박범이 등장한다. 협박범은 비행기가 착륙을 하기 위해 상공 5,000피트 아래로 내려가게 되면, 폭탄이 터질 것이라고 항공사를 위협한다. 이 방송이 방영되고 난 이후, 동일한 종류의 폭탄을 사용한 협박이 급격하게 증가하였다. 뿐만 아니라 이 프로그램이 미국과 다른 국가들에서 방송되고 며칠이 지나자 몇몇 항공사는 비행기에 폭탄이 설치되어 있으며, 그 위치를 알리면 돈을 내라는 협박을 받았다. 비행기들은 고도가 높은 곳에 있는 공항으로 항로를 변경하였고, 어떤 항공사는 돈을 지불한 뒤 폭탄이 없다는 것을 확인하기도 하였다(p. 173).

반두라는 이 같은 일이 단순히 발생한 것이 아니며, TV 프로그램과 관계가 있다고 주장하였다. 그는 협박의 방식이 매우 새롭다는 점과 프로그램이 방영된 직후 협박들이 발생한 것이 우연이 아니라고 주장했다.

일반적으로 반두라(1986)는 TV에서 보이는 폭력에 관해 다음과 같은 결론을 내렸다. "TV 프로그램들을 보면 폭력적 행동들이 대부분 허용되고 있으며 분명하게 표출된다. 이같이 극적으로 제시되는 폭력들을 시청하는 것은 이런 행동들에 대한 대안을 찾기보다 공격을 할 행동을 더욱 증가시킨다. 폭력은 보복뿐만 아니라 영웅도 쉽게 사용한다. 영웅들은 죽어 가는 인간에게 관심을 보이지 않은 채 빠르고 기계적으로 적을 처리한다."(p. 292)

이처럼 TV의 가상 프로그램에 등장하는 폭력은 몇몇의 시청자에게 폭력을 장려하기도 한다. 그렇다면 가상 프로그램이 아닌, 사실을 보여 주는 논픽션 프로그램은 어떨까? 반두라(1986)에 따르면 논픽션 프로그램도 폭력을 유발할 수 있다.

> 폭력에 대한 뉴스가 영향을 발휘할 수 있는 방식은 여러 가지가 있다…… 방송에서 공

격이 어떠한 방식으로 일어났는지를 상세하게 전달할 경우, 이는 공격 방법의 확산에 기여할 수 있다. 뿐만 아니라 폭력적인 일들에 대한 매체의 보도는 결과를 어떻게 표현하는가에 따라 공격성을 제지할 수도 있다. 시청률은 수백만 달러의 광고 수익을 의미하므로 뉴스에서의 시각적 장면은 정보의 전달뿐만 아니라 시청자들의 관심을 끌기 위해 선택된다. 관심을 끌지 못하는 중요한 장면보다 더욱 극적으로 표현되는 장면이 방송될 때, 공격성의 결과나 집단 행동의 결과는 잘못 받아들여질 수 있다. 따라서 테러나 대량 파괴로 인한 다른 사람들의 고통을 보는 것보다도 폭동 중에 문이 열린 상점에서 여러 상품이나 술을 가지고 도망치는 사람을 보는 것이 이와 비슷한 환경에 살고 있는 시청자들에게서 공격성을 촉진할 가능성이 더 높다(p. 292).

외설 영화   TV나 신문을 본 모든 사람이 난폭해지는 것은 아니다. 이와 비슷하게, 외설적인 문학이나 영화를 본 모든 사람이 성적으로 일탈하는 것도 아니다. 실제로 성욕을 자극하는 자료들은 성적인 문제가 있는 사람들을 치료하는 데 유용하게 사용된다. 반두라는 "성적 모델은 성적 불안이나 이와 관련하여 고통을 받고 있는 사람들에게 효과가 있는 것으로 밝혀져 왔다. 쾌락에 대한 모델링은 성적 불안을 낮추고 성에 대한 우호적인 태도를 만들며 성생활을 촉진시킨다." (p. 294)고 말하였다.

그러나 포르노의 경우 여성에 대한 성적 공격성이 자주 모델링된다. 이러한 모델링은 몇몇의 시청자에게 유사한 행동을 하도록 자극할 수 있다. 반두라(1986)는 다음과 같이 설명한다.

외설적 장면들에서 여성에 대한 학대적 행동들이 증가하고 있다……. 연구들은 폭력적인 외설물들이 시청자에게 어떠한 영향을 주는가에 대한 이해를 제공한다. 공격성을 보이지 않는, 성적인 친밀감을 보이는 모델을 보는 것보다 성적인 공격을 하는 모델을 본 남성들은 여성들에게 더 폭력적으로 행동한다……. 폭력적인 외설물은 대부분 처음에 여성이 저항하지만 결국은 강간당하는 것을 좋아한다고 묘사한다. 이는 여성들이 거칠게 다루어지는 것을 즐기는 것처럼 묘사하여 남성의 강간 신화를 강화하고 여성에게 폭력 행위를 하지 않는 것을 제지한다. 강간을 여성에게 즐거운 것으로 묘사하는 장면은 남성이 화가 났는지의 여부에 관계없이 여성들에 대한 폭력적 행위를 강화한다(pp. 294-295).

비록 "인류는 잔인함과 파괴를 촉진하는 사회의 영향을 감소할 필요가 있고" "사회는 좋지 않은 음란한 자료들을 관리할 권한이 있다"고 할지라도(Bandura, 1986, p. 296) 이 같은 자료들에 대한 인식과 통제는 복잡한 문제이다. 첫째, 유해한 것과 유해하지 않은 것에 대한 의견 차이가 매우 넓다. 둘째, 한 범주의 표현(예: 성적 표현)에 대한 제지가 다른 형식의 표현을 위협할 수도 있다. 이 같은 문제는 한 번에 해결될 수 있는 것이 아니다.

사회인지 이론

톨먼과 반두라의 이론은 모두 인지적이다. 하지만 톨먼의 이론은 거의 모두 학습 과정을 설명하는 데 집중한 반면 반두라의 이론은 훨씬 포괄적인 내용을 다룬다. 달러드와 밀러의 이론은 사회적 행동에 초점을 두고 헐의 학습 이론을 통합하였다. 반두라도 사회적 행동에 집중하였지만, 헐 학파와는 차이를 보인다. 따라서 사회학습 이론으로서의 달러드와 밀러의 이론과 반두라의 이론 모두를 말한다면 오해가 생길 수 있다. 반두라는 자신의 이론을 톨먼의 이론과 달러드 및 밀러의 이론과 구분하기 위해 사회인지 이론(social cognitive theory)이라는 용어를 사용하였다. 『사고와 행동의 사회적 기반: 사회인지 이론(Social Foundations of Thought and Action: A Social Cognitive Theory)』(1986)의 서문에서 반두라는 사회인지 이론이라는 명칭을 사용한 이유에 대해 다음과 같이 말하였다.

이 책에서 소개된 이론적 접근은 사회학습 이론으로 명명되었다. 그러나 이러한 명명은 광범위한데, 이는 이론의 다양한 면이 반전되어 가면서 잘 맞지 않는다. 처음부터 이는 동기적이고 자기조절적인 과정들과 같은 심리사회적인 현상을 포함하고 있는데, 이는 학습이라는 범위를 넘어서는 것이다. 뿐만 아니라 많은 독자는 학습 이론을 반응을 습득하는 데 있어 조건화된 모델로 이해한다. 반면 이론적 틀에서 학습은 주로 정보의 인지적인 처리를 통해 지식을 습득하는 것으로 이해된다. 명명의 문제는 복잡하다. 그 이유는 달러드와 밀러의 추동 이론과 같이 서로 다른 가정을 가진 여러 이론이 사회적 학습이라는 명명을 사용하고 있기 때문이다. 이와 구분 가능하고 적당한 명명을 하기 위해 이 책에서의 접근을 사회인지 이론이라고 명명한다. 명명에 있어 사회 부분은 인간의 사고와 행동에 있어서 사회적인 근원이 있음을 인식한 것을 보여 주고, 인지 부분은 인간의 동기나 정서, 행동에 대해 사고 과정의 영향력, 인과적 영향력에 대한 공헌을 보여 준다(p. xii).

반두라의 이론이 주목받는 이유는 부분적으로 인간의 독특성에 대해 인식했기 때문이라고 할 수 있다. 그는 인간을 역동적인, 문제를 해결하고 정보를 처리하는 사회적 유기체로 설명한다. 인간이 직접경험을 통해 학습하든 혹은 대리경험을 통해 학습하든 학습의 대부분은 사회적 환경, 타인을 포함한다. 수행 기준과 도덕적인 판단 기준을 포함하는 인지가 발달하는 것은 관찰, 타인과의 상호작용의 역할이다. 이뿐만 아니라 반두라의 연구는 실생활의 상황과 문제를 보여 준다. 그의 연구주제는 무의미한 철자를 학습하거나 미로를 달리거나 스키너 상자에서 레버를 누르는 쥐가 아니라 다른 사람들과 상호작용하는 인간이다. 반두라(1977)에 따르면 "사건을 머릿속에 떠올릴 수 있고 의식적인 경험을 분석하고 시공간적으로 떨어져 다른 사람들과 소통하고 계획하고 창조하고 상상하고 행동하는" 것이 인간의 상징화 능력이다(p. vii).

사회인지 이론에 대한 최근의 글에서 반두라(1999, 2000, 2001, 2002a, 2002b)는 인간작용(human agency), 즉 미래의 일들에 영향을 주는 의식적인 계획과 의도적인 행동 수행을 강조한다. 그는 "사람들은 주변 환경에 의해 조직화된 많은 내적인 과정을 단지 구경하는 것이 아니다. 그들은 단순히 경험을 받아들이는 존재가 아니라 경험의 주체이다. 감각계, 운동계 그리고 대뇌는 사람들이 자신의 삶에 의미와 만족을 주는 과제와 목표를 성취하기 위해 사용하는 도구들이다."라고 하였다(Bandura, 2001, p. 4). 반두라가 '주체적 조망'이라고 부르는 것은 우리의 책에 등장한 다른 이론가들이 언급하지 않은 학습에 대한 질문을 제기한다. 반두라에게 사회인지 이론에서의 중요한 문제는 미래 지향적인 의식과 인지에 있다. 그는 다음과 같이 말한다.

> 인간의 마음은 발생적이고, 창조적이며 순행적이고, 반성적이다. 그러나 단순히 반응한다는 것이 아니다. 사람들은 어떻게 자신의 행동에 중요한 영향을 주는 사고를 하는 사람으로 작용할까? 예상, 계획적인 행동, 열망, 자기 평가, 자기 반성의 기능적 회로는 무엇인가? 보다 중요하게는 어떻게 이것들이 의도적으로 모아지는 것일까?(Bandura, 2001, p. 4)

거울 뉴런: 관찰학습

앞서 보았듯이 학습 이론들 중 일부는 정도에 차이는 있지만 뇌의 기전을 다루고 있다. 그럼에도 불구하고 많은 학습 이론은 학습을 설명하는 데 있어 뇌의 기전을 필요로 하지 않는다.

뇌의 기전을 다룬 이론의 예로 손다이크의 뉴런 연결, 파블로프의 피질부 모자이크, 형태주의 이론의 등질동상(isomorphism)을 들 수 있다. 신경과학 분야에서는 최근 사회인지 학습의 저변에 깔려 있는 복잡한 신경 기전을 상대적으로 밝혀내고 있다.

이탈리아 파르마 대학의 연구자들은 원숭이가 먹이를 다루거나 집을 때 나타나는 운동 기능을 담당하는 뉴런에 대해 연구하고 있었다. 우연히 그 연구자들은 어떤 원숭이가 직접 먹이를 잡을 때뿐만 아니라 연구자가 먹이를 다루는 장면을 볼 때도 그 뉴런들이 활성화되는 것을 확인하였다. 이어지는 몇몇의 연구(di Pellegrino, Fadiga, Fogassi, Gallese, & Rizzolatti, 1992; Gallese, Fadiga, Fogassi, & Rizzolatti, 1996; Rizzolatti, Fadiga, Gallese, & Fogassi, 1996)에서 원숭이가 직접 행동할 때뿐만 아니라 그러한 행동을 다른 원숭이 또는 연구자가 하는 것을 보았을 때에도 뉴런들이 확실하게 활성화되는 것을 확인하였다.

이러한 뉴런을 거울 뉴런(mirror neuron)이라 하며, 다른 동물의 행동을 뇌에 저장하고 결국은 같은 행동의 수행을 촉진하는 하나의 방법인 것으로 밝혀졌다. 과학자들은 컴퓨터 영상 기술을 이용하여 인간도 이 같은 거울 뉴런을 가지고 있음을 확인하였다. 그러나 이는 원숭이가 먹이를 잡는 것보다 더 복잡하다(Manthey, Schubotz, & von Cramon, 2003; Montgomery, Isenberg, & Haxby, 2007; Rizzolatti et al., 1996; Rizzolatti, Fogassi, & Gallese, 2001). 연구자들은 거울 뉴런의 기능에 대한 논의를 계속해 갔다(예: Gallese, Gernsbacher, Heyes, Hickok, & Iacoboni, 2011). 앞서 보았듯이 관찰학습은 행동의 모방이나 더욱 일반적인 문제 해결의 원칙 학습을 포함하는 것 같다. 거울 뉴런이 목표 지향적인 행동을 만들어 낼까? 혹은 그들은 결과와 목표를 부호화하고 나중에 그 행동을 사용하여 결과와 목표를 얻을까? 거울 뉴런이 언어와 말하기 학습에서 하는 역할은 무엇일까? 거울 뉴런의 기능 장애가 자폐의 원인일까?

거울 뉴런이 관찰학습의 처치를 보완하는 것은 확실하다. 첫째, 거울 시스템은 더 혹은 덜 자동적으로 역할을 수행한다. 이아코보니 등(Iacoboni et al., 1999)에 따르면 관찰된 행동은 감각피질과 행동을 담당하는 운동 피질로 직접적으로 매핑된다. "무의식적으로 파트너의 자세, 행동, 포즈, 다른 행동을 따라 하는" 카멜레온 효과(chameleon effect)의 예를 고려해 보자(Chartrand & Bargh, 1999, p. 893). 카멜레온 효과에서 우리는 억양을 포함한 행동 패턴을 따라 하며 이러한 모방은 사회적으로 영향을 주는 경향이 있다. 이러한 종류의 모방은 인지적 처치나 계획을 필요로 하는 것 같지 않다. 우리는 우리가 모방하는 것을 깨닫지 못하고 이러한 행동을 의식적으로 집중하지 못한다. 아마도 거울 뉴런은 이 같은 비자발적인 현상의 기저가 되는 시스템인 듯하다(Wilson & Knoblich, 2005).

둘째, 카멜레온 효과와 같이 거울 시스템은 즉각적인 모방에 관여하지만, 나중에 이어질 행동에도 관여한다. 확실하게 즉각적으로 일어나는 모방은 좋지 않은 영향을 주기도 한다. 당신이 회사 면접을 본다고 생각해 보라. 미래의 상사가 이상하게 입술을 깨물고 눈썹을 올리고 있다고 해 보자. 당신이 그들을 따라 하는 것은 아마도 옳지 못한 행동일 것이다. 차라리 (고용이 되고 난 뒤) 친구 앞에서 이를 하는 것이 바른 행동일 것이다. 그러므로 거울 뉴런을 이용한 행동의 매핑은 상황에 따라 표현될 수도 있고 제지될 수도 있다.

셋째, 위의 회사 면접 사례에서 거울 뉴런에 의한 행동의 매핑에는 강화가 존재하지 않는다. 이러한 세포의 특성은 어떤 행동을 하거나 관찰할 때 모두 활성화된다는 것이다. 감각 표상과 운동 표상에 있어 강화는 존재하지 않는다. 행동이 관찰되면 운동 패턴이 제시된다. 따라서 반두라가 주장한 것과 같이 관찰학습은 사회적 환경에서 계속해서 일어나지만, 주의와 수행은 관찰된 행동의 결과가 강화되는지 혹은 처벌받는지에 따라 조절된다.

거울 뉴런에 대한 발견은 몇몇 학자를 매우 열광하게 하였다. 라마찬드란(Ramachandran, 2000)을 예로 들면, 그는 "거울 뉴런은 DNA가 생물학에 공헌했던 만큼 심리학에서도 공헌할 것이다. 이 뉴런은 실험으로는 닿지 못했던 신비스러운 현상에 대한 설명을 하는 데 도움을 줄 것이다."(p. 1)라고 말하였다. 나아가 그가 제안한 것은 거울 뉴런 체계는 다른 사람의 의도를 파악하거나 동감하는 신경 기전이 어떻게 일어나는지를 보여 준다는 것이다. 몇몇의 학자는 이에 대한 과도한 해석에 조심스러움을 표현하지만(Wilson & Knoblich, 2005), 거울 시스템의 확산이 관찰학습의 모방에 있어 중요한 시사점을 가진다는 것은 확실하다.

반두라의 교육론

반두라의 이론은 교육에 많은 시사점을 가진다. 반두라는 직접경험으로 배울 수 있는 것은 관찰을 통해서도 배울 수 있다고 믿는다. 반두라는 또한 모델이 존경스럽고, 유능하며, 높은 지위를 가지거나 힘이 있을 때 가장 효과적이라고 믿는다. 대부분의 경우 교사들은 매우 영향력이 높은 모델이다. 어떠한 것을 제시할 것인가에 대한 주의 깊은 계획을 통해 교사는 일상적인 정보를 넘어 많은 것을 가르칠 수 있다. 그들은 기술이나 문제 해결 전략, 도덕적 코드나 수행의 기준, 일반적인 규칙과 원칙 그리고 창의성을 모델링할 수 있다. 학생들에게 있어 또 다른 이익은 효과적인 모델링을 통해 나타났다. 예를 들어, 언어 학습에서 학생은 단순히 단어를 따라 하는 것보다 악센트를 모델링하여 따라 하는 것이 효과적이다. 따라서 효과적인 모델을 더 많이 모방할수록 그 수행을 더 많이 이해할 수 있다(Adank, Hagoort, & Bekkering, 2010).

선생님은 학생들에 의해 내면화되고 자기 평가의 기준이 되는 행동을 모델링할 수 있다. 예를 들어, 내면화된 기준은 자기비판이나 자기칭찬의 기준 역할을 한다. 학생들이 자신의 기준에 따라 행동할 때 그들은 강화되고, 자신의 기준에 미달할 때 그들은 처벌된다. 따라서 형태주의 이론가인 톨먼의 이론에서처럼 반두라의 이론에서도 내적 강화는 외적 강화보다 훨씬 중요하다. 반두라에 따르면 외적 강화는 학생의 학습 동기를 감소시킬 수 있다. 개인적 목표에 도달하는 것도 강화이다. 교사는 학생이 성취하기에 너무 어렵거나 너무 쉬운 목표를 설정하는 것을 도와주어야 한다. 이러한 도움은 학생 개개인에 따라 다르게 주어질 필요가 있다.

요약

관찰학습을 연구하지 않았던 역사는 반두라에 의해 끝나게 되는데, 이는 1960년대 문헌에서 처음으로 등장하기 시작하였다. 반두라는 관찰학습이 도구적 조건화의 특별한 경우라고 말한 밀러와 달러드의 설명에 동의하지 않았다. 학습에 대한 반두라의 설명은 톨먼의 설명과 가깝다. 학습은 연속해서 일어나며 강화에 의존하는 것이 아니라고 가정한다. 톨먼과 비슷하게 반두라도 강화는 수행의 차이를 가져오는 변인이지 학습의 차이를 가져오는 변인이 아니라고 말한다. 직접적인 강화 혹은 대리적 강화는 다양한 상황 속에서 어떠한 특정 행동이 강화를 가져올 수 있는지에 대한 정보를 제공한다. 욕구가 일어날 때, 이러한 정보는 행동으로 변화되는 것이다. 따라서 강화는 관찰자에게 특정 방식이 강화를 제공해 줄 수 있다는 정보를 제공한다. 반두라에 따르면 강화는 어떠한 행동을 직접적으로 생성하는 것을 강화하지 않으며, 인간 행동의 많은 부분은 직접적인 강화 없이도 일어난다. 오히려 학습은 일반적으로 다른 사람의 행동을 관찰함으로써 발생한다. 아마도 이 같은 대리학습은 정보를 상징화하고 저장하며 이후 저장되었던 정보를 사용하는 능력에 의해 일어난다.

관찰학습에는 네 가지 과정이 영향을 주는 것 같다. 주의는 모델링 상황에서 어떤 측면에 주의를 집중할지를 결정한다. 파지는 정보를 심상적 부호화와 언어적 부호화를 포함하여 저장하고, 미래에 사용할 수 있도록 한다. 행동의 산출에서는 학습한 내용을 행동으로 표현하는 데 필요한 반응들을 생성해 낼 수 있게 한다. 동기 과정은 학습이 연속적으로 일어나기에, 이 중 어떤 것들이 행동으로 산출될지를 결정한다. 강화는 관찰자가 모델 행동의 특정 측면에 집중하게 할 뿐만 아니라 이러한 관찰에 의해 얻은 정보에 대한 유인을 제공한다. 강화와 얼마나 연관이 있는지를 관찰함으로써 얻은 정보는 직접적인 경험이나 혹은 모델 행동의 결과를 대신 관찰함으로써 얻어진다.

반두라의 주요 개념 중 하나는 환경, 행동, 사람 간의 끊임없는 상호작용을 나타내는 상호결정주의이다. 반두라는 환경이 행동에 영향을 주는 만큼 행동이 환경에 영향을 준다고 말했다. 뿐만 아니라 사람은 행동과 환경 모두에 영향을 준다.

전통적인 학습 이론과는 달리 반두라는 인간의 많은 행동이 자기조절적이라고 믿었다. 직접학습과 관찰학습을 통해 발달된 수행의 기준들은 자신의 행동을 평가하는 기준으로 작용한다. 만약에 행동이 자신의 기준에 맞는다면 그 행동은 긍정적으로 평가되지만, 자신의 기준에 미달한다면 부정적으로 평가된다. 이와 마찬가지로 지각된 자기효능감은 성공과 실패 상황에서 개인의 직접경험과 대리경험을 통해 발달한다. 지각된 자기효능감은 자기조절에 다양한 영향을 미친다. 지각된 자기효능감은 개인이 무엇을 시도할 것인지, 얼마나 과제를 오래할 것인지, 무엇을 바라게 될 것인지를 결정한다. 내적 강화(자기 강화)는 외적 강화보다 행동에 더 많은 영향을 준다. 개인의 도덕적 코드와는 반대로 행동하게 될 경우 자기경멸을 경험하게 되고 이는 심한 처벌이 된다. 그러나 반두라는 사람들이 자신의 도덕적 코드로부터 벗어나 자기 경멸을 경험하지 않는 몇 가지 책략을 제시하는데, 이에는 도덕적 정당화, 완곡한 표현, 유리한 비교, 책임감의 치환, 책임감의 확산, 결과의 무시와 왜곡, 비인간화, 비난의 귀인이 있다.

완전하지 않은 인지 과정은 부정확한 지각이나 과잉일반화, 불완전한 혹은 잘못된 정보로부터 발생한다. 대부분의 공포증은 하나 이상의 직접적, 대리적 경험의 과잉일반화로부터 유도되었을 것이다. 공포증을 포함하여 불완전한 인지 과정을 수정하는 한 가지 방법은 이러한 인지 과정이 부정확하다는 것을 보여 주는 경험을 제공하는 것이다. 이러한 경험은 결국 개인의 공포를 감소시키거나 제지하거나 없애는 데 기여한다. 이 밖에도 모델링은 개인에게 새로운 기술을 가르치고, 반응을 제지하거나 촉진하고, 창의성을 가르치고, 일반적인 규칙과 원리를 가르칠 때 사용될 수 있다.

임상 상황에서 상징적 모델링이나 직접 모델링, 참여 모델링은 공포증을 치료하는 데 효과적임을 확인하였다. 여러 방법 중 참여 모델링이 가장 효과적이었다. 또한 다른 사람이 두려움을 보이지 않고 무서운 대상과 상호작용하는 것을 관찰하는 것도 두려움을 감소시키는데, 이러한 과정을 대리소거라고 한다. 반두라는 뉴스와 오락 매체는 강한 모델로 작용하고, 때로 폭력적인 범죄 행동을 일으키게 할 수 있다고 생각했다.

반두라의 이론은 사회인지 이론이라고 한다. 이는 우리가 얻는 정보의 대부분이 사회적 상호작용에서 온다는 것을 강조하는 것이다. 언어나 기억은 인지 과정, 정신적 치료의 실제 지침, 아동의 양육과 교육에서의 시사점 그리고 새로운 연구를 자극하는 능력이 있기 때문에 반두라의 이론은 현재 매우 인기 있고 미래에도 인기 있을 것이다.

반두라 이론에 대한 평가

앨버트 반두라의 업적은 학습 이론가와 사회심리학자, 인지학자들에게 많은 영향력을 끼쳤다. 에스테스(Estes)와 같이 그의 업적은 행동주의나 인지 이론을 통합하고, 계속해서 다른 연구를 생성해 갔다. 반두라의 저서 『사고와 행동의 사회적 기반(Social Foundations of Thought and Action)』 이전에도 바우어와 힐가드(Bower & Hilgard, 1981)는 반두라의 관점에 대해 "현대 학습 이론들 중 실질적으로 문제를 해결하는 데 기여할 수 있는 가장 뛰어난 이론…… 이론 속의 언어에 대한 이해, 기억, 심상, 문제 해결의 정보처리 이론들이 존재할 수 있는 틀"이라 말하였다(p. 472).

공헌

반두라의 공헌에 대해 논하면 현대의 독자들은 그의 이론을 과거에 우리 모두가 했던 상식적인 관찰로 취급한다. 그러나 반두라 이론의 기본은 대부분의 학습 이론이 학습에 대해 환경과의 직접적인 경험을 강조했던 시기에 발생했다는 점에 주목해야 한다. 이 장의 앞부분에서 언급했듯이, 손다이크와 왓슨 모두 관찰학습을 고려하지 않았고, 밀러와 달러드는 모방 학습은 실제 모방 행동의 강화와 연결되어야 한다고 생각했다. 피아제(Piaget, 1973)도 어린 아동에서의 관찰학습을 완전히 부인하였다.

학습자가 구체적인 경험(단순한 그림이 아닌)을 가지고 그만의 가설을 세우고 이를 증명하는 것(혹은 증명하지 않는 것)은 필수적이다. 교사의 활동을 포함한 다른 사람들의 행동을 관찰하는 것은 새로운 조직화를 만들지 못한다(p. ix).

따라서 반두라가 강화가 있든 없든, 모방이 일어나든 일어나지 않든 타인을 봄으로써 학습이 일어난다고 주장한 것은 학습 이론에 큰 공헌을 한다. 두 번째 주요한 공헌은 상호결정주의에 표상된 삼원 상호작용이다. 반두라(1983, 1986)는 초기의 행동적인 이론들이 행동을 사람과 환경의 최종 결과물이나 혹은 사람과 환경 간 상호작용의 최종 결과물로 보는 경향이 있다고 지적하였다. 이와는 다르게 상호결정주의는 행동을 사람과 환경의 결과물이자 사람과 환경에 대한 영향 모두로 보았다. 그럼으로써 우리의 시야는 행동 그 자체에서 인간, 환경, 행동의 역동적인 상호작용으로 넓어지게 되었다.

비판

필립스와 오톤(Phillips & Orton, 1983)은 몇몇 내용에 기초하여 상호결정주의 원리를 비판하였다. 그들은 이 같은 상호작용이 새로운 것이 아니며 19세기 과학적 저술뿐만 아니라 철학적 논의로도 그 뿌리를 찾을 수 있다고 하였다. 둘째, 반두라가 결정주의자라고 하였지만, 상호결정주의 원리는 인과적 해석을 허용하지 않는다고 주장한다. 즉, 사람이 행동을 변화시키고, 환경이 행동과 사람을 변화시키고, 행동이 사람을 변화시킨다면, 무엇이 무엇의 원인인지를 확인하는 것은 실제로 어렵게 된다.

반두라의 이론에 대한 또 다른 비판은 '좋은 것이 너무 많다'는 것이다. 지난 30년간의 학습 이론들이 보다 세밀하고 좁은 범위에서 정확하게 학습을 설명하는 것과는 달리, 반두라의 이론은 스키너나 톨먼의 광범위하고 포괄적인 이론과 유사하다. 앞선 내용에서 보았듯이 반두라의 사회인지 이론은 학습에서의 문제들, 기억, 언어, 동기, 성향, 도덕적 수행, 심리적 문제, 매체의 영향과 같은 사회적 이슈 등을 논한다. 이 같은 이론이 전문화되는 이론의 경향 속에서 살아남을 수 있을지는 미지수이다.

논의
사항

1. 손다이크와 왓슨은 관찰학습에서 어떤 결론을 내렸으며 그 이유는 무엇인가?

2. 관찰학습에 대한 밀러와 달러드의 연구는 무엇이며 그들이 발견한 것은 무엇인가?

3. '반두라의 학습 이론은 강화 이론이 아니다'라는 주장을 옹호해 보라.

4. 반두라의 이론에서 강화의 역할은 무엇인가? 이는 전통적인 강화 이론가들과 무엇이
   다른가?

5. 대리강화와 대리처벌을 정의하고, 반두라 이론에서의 중요성을 설명하라.

6. 반두라의 이론과 톨먼의 이론을 비교하라.

7. 주의, 파지, 행동 산출, 동기 과정에 대해 간단히 설명하고 이들 과정이 관찰학습에
   미치는 영향에 대해 설명하라.

8. 반두라의 상호결정주의에 대해 정의하고 예를 들어 설명하라.

9. 반두라에 따르면 행동은 자기조절적인가?

10. 자기경멸을 경험하지 않고 비도덕적 행동을 하는 몇 가지 기제를 열거하라.

11. 불완전한 인지 과정이 발생하는 몇 가지 방식에 대해 적고, 이러한 인지 과정이 산출
    할 수 있는 행동에 대한 예를 제시하라.

12. 어떻게 모델링이 다름의 행동, 습득, 제지, 탈제지, 촉진, 창의성, 규칙을 따르는 행동
    을 산출하는 데 사용될 수 있는지 서술하라. 각각의 정의로부터 답을 시작하라.

13. 다음의 용어를 정의하라. 상징적 모델링, 실제 모델링, 다중 모델링, 참여 모델링, 둔
    감화 치료, 대리소거.

14. 모델링이 공포증을 감소시키는 데 어떻게 사용될 수 있는지 기술하라. 반두라는 어떤
    것이 공포증 치료에 가장 효과적이라고 말하는가?

15. 반두라 이론을 받아들인 사람이 아동이 보는 TV 내용에 매우 관심을 두는 이유에 대
    해 설명하라.

16. 반두라 이론이 교육과 아동의 양육에 어떻게 사용될 수 있는지 예를 들라.

17. 단계, 유형, 특질 이론에 대한 반두라의 반대 입장을 논하라.

18. 반두라의 이론을 바탕으로, 아는 사람의 도움 요청이나 낯선 사람의 도움 요청 중 어

떤 것에 반응할 가능성이 더 높다고 생각하는지 이유를 설명하라.

19. 인간이 관찰로부터 학습하지 않는 경우를 설명하라. 예를 들어 외과의사가 뇌수술을 하는 것을 본다면 관찰자는 그러한 수술을 수행할 수 있을 것인가? 왜 그런가 혹은 왜 그렇지 않은가?

20. 반두라의 관점에서 왜 아동들은 자신이 관찰한 어떤 행동은 모방하고 어떤 행동은 모방하지 않는지를 설명하라.

21. 반두라에 따르면 잘못된 행동을 했기 때문에 부모에게 맞은 아동은 무엇을 학습하게 되는가?

22. 사람들이 대리학습을 하려는 시도를 할 때, '호러 영화의 어떤 면들이 관람객을 무섭게 만드는가'라는 질문의 답은 이 문제에 대한 답을 얻는 데 도움이 될 수 있다. 위 질문에 답을 한 다음 관찰학습으로 그 답을 일반화해 보라.

주요 개념

- 강화(reinforcement)
- 강화 이론(reinforcement theory)
- 거울 뉴런(mirror neurons)
- 결과의 무시 또는 왜곡(disregard or distortion of consequences)
- 관찰학습(observational learning)
- 다중 모델링(multiple modeling)
- 단일 모델링(single modeling)
- 대리강화(vicarious reinforcement)
- 대리경험(vicarious experience)
- 대리소거(vicarious extinction)
- 대리처벌(vicarious punishment)
- 도덕적 코드(moral code)
- 도덕적 정당화(moral justification)
- 동기적 과정(motivational processes)
- 동일 행동(same behavior)
- 둔감화 치료(desensitization therapy)
- 배합-의존적 행동(matched-dependent behavior)
- 모델(model)
- 모델링 참여(modeling-participation)
- 모방 행동(imitative behavior)
- 복사 행동(copying behavior)
- 비난의 귀인(attribution of blam)
- 비인간화(dehumanize)
- 사회인지 이론(social cognitive theory)
- 상징적 모델링(symbolic modeling)
- 상호결정주의(reciprocal determinism)
- 수행(performance)
- 수행 기준(performace standards)
- 습득(acquisition)
- 실제 자기효능감(real self-efficacy)
- 실제적 환경(actual environment)
- 제지(inhibition)
- 완곡한 표현(euphemistic labeling)
- 유리한 비교(advantageous comparison)
- 인간작용(human agency)
- 일반화된 모방(generalized imitation)
- 자기경멸(self-contempt)
- 자기조절 행동(self-regulated behavior)
- 잠재적 환경(potential environment)
- 주의 과정(attentional prosses)
- 지각된 자기효능감(perceived self-efficacy)
- 지연 모델링(delayed modeling)
- 직접경험(direct experience)
- 직접 모델링(direct modeling)
- 창의성(creativity)
- 책임감의 치환(displacement of responsibility)
- 책임감의 확산(diffusion of reponsibility)
- 촉진(facilitation)
- 추상적 모델링(abstract modeling)
- 카멜레온 효과(chameleon effect)
- 탈제지(disinhibition)
- 파지 과정(retentional processes)
- 행동 산출 과정(behavioral production processes)

제5부

중요한 신경생리학적 이론

제14장 **도널드 올딩 헵**

제14장
도널드 올딩 헵
(Donald Olding Hebb)

최근 뇌과학은 일반 대중의 관심은 물론, 전문적인 연구가 극적으로 증가하고 있다. 비정상적 행동, 향정신성 약물, 성격, 의사결정, 아동 발달, 기억 그리고 학습을 연구하는 수많은 심리학자는 각각의 이론을 뇌의 기능과 연결 짓는다. 많은 이가 뇌과학 분야의 중요한 발견을 통해 공헌하고, 수많은 신경과학의 잠재성들이 학습 이론에 제시되고 있다. 우리는 도널드 올딩 헵(Donald O. Hebb)을 이러한 흐름을 대표하는 학자로 선정하였다. 그의 이론적 작업, 학생과 동료들에 대한 공헌, 그리고 연구 초기의 예측들은 통찰력 있고 발견적이다. 이 장은 헵의 영향을 직접 받지는 못했더라도 뇌과학과 학습 사이에 중요한 관련성이 있다는 최근의 발견을 제시하고자 한다.

헵은 1904년 7월 22일 캐나다 노바스코티아의 체스터에서 태어났다. 부모 모두 의사였고,

도널드
올딩 헵

어머니는 1896년 달루지 대학교에서 의학 박사 학위를 받았는데, 당시 노바스코티아 주에서 세 번째 여성 의사였다.

1925년 헵은 달루지 대학교에서 낙제를 간신히 면하며 가장 낮은 평점으로 학사 학위를 받았다. 하지만 헵은 가장 창의적인 심리학 연구자이며 이론가였으므로, 학부 평점은 그의 미래를 예측하는 데에 의미가 없었다. 졸업 후, 자신이 자란 마을에서 교편을 잡았고, 23세에 프로이트(Freud)의 책들을 읽으면서 심리학에 개선할 부분이 많다고 확신하였다. 학부 성적이 낮았지만 몬트리올의 맥길 대학교 심리학과장이 어머니의 친구였기 때문에 심리학과의 시간제 대학원생이 될 수 있었다. 대학원에 다니면서 초등학교에서 계속 교편을 잡았고, 교육 현장을 개혁하려는 의지를 가지고 있었다. 초기에는 교육 개혁가가 되고 싶다는 열정과 함께 인생에 대한 소설을 쓰고 싶어 했다. 그러나 스키너(Skinner)와 달리 이 노력은 이루어지지 않았다.

맥길 대학교 재학 시절에 헵은 파블로프(Pavlov) 학파의 전통 속에서 훈련을 받았고, 1932년 석사 학위를 받았다. 하지만 헵은 파블로프 학파의 이론들에 한계를 발견하면서 그 중요성에 의문을 가졌다. 맥길 대학교에 있으면서 쾰러(Köhler)의 저서 『형태주의 심리학(Gestalt Psychology)』과 (우리가 간단히 살펴본) 래슐리(Lashley)의 뇌생리학에 대한 책들을 읽으면서 흥미를 갖게 되었다. 1934년에 헵은 시카고 대학교에서 계속 공부하기로 결정하고, 여기에서 래슐리와 함께 연구하면서 쾰러에 대한 세미나를 개최하였다. 래슐리의 연구들은 뇌가 복잡한 교환대(switchboard)라는 당시 만연한 믿음에 의문을 제기하고 있었다.

손다이크(Thorndike), 헐(Hull), 왓슨(Watson)과 같은 행동주의자들, 그리고 파블로프, 거스리(Guthrie)와 같은 연합주의자들은 주로 뇌의 교환대(switchboard, 혹은 중계국[relay station]) 개념을 따르고 있었다. 이들은 감각 사상(sensory events)은 뇌의 특정 영역을 자극하고, 학습은 감각 사건이 원래 자극하였던 영역과는 다른 영역을 자극하도록 하여 신경 회로의 변화를 야기한다고 가정하였다. 여기에 래슐리는 쥐를 대상으로 한 연구를 통해 뇌의 개념에 대한 중요한 질문을 제기하였다. 그가 발견한 가장 놀라운 결과는 뇌가 손상된 위치는 손상된 양만큼 중요하지 않다는 점이었다. 일관성 있는 이러한 발견을 기반으로, 학습의 방해와 정체는 대뇌 피질이 손상된 양만큼 진행된다는 래슐리의 양 작용(mass action) 원리가 수립되었다.

래슐리는 피질은 학습하는 동안 전체로서 역할을 하는데, 만일 피질의 특정 부분이 손상된다면 피질의 다른 부분이 이 부분의 역할을 인계받는다고 결론지었다. 이와 같이 피질의 어떤 부분이 다른 부분의 기능을 물려받아 갖게 된 능력을 래슐리는 등가 잠재력(equipotentiality)이라고 명명했다. 따라서 양 작용에서 학습의 양과 기억 손상은 손상된 피질 부분의 양이 얼마나 되는가의 문제이며, 등가 잠재력에서 피질 제거의 위치는 중요하지 않다는 것을 보여 준다.

확실히 이러한 발견은 맥길 대학교에서 헵이 받은 초기 훈련과 일관되지 않은 것이었고, 파블로프에 대한 반대 입장은 초기에는 미약하였으나 이제는 확고해졌다. 그는 "나는 금주 모임에서 변화한 술주정꾼의 열정을 가지고 있다. 확신에 찬 파블로프 추종자였으나, 지금은 확신을 갖는 형태주의자 겸 래슐리 추종자이다."라고 밝힌 바 있다(Hebb, 1959, p. 625). 다시 한번, 훌륭한 과학자는 자신의 마음을 기꺼이 바꾼다는 것을 상기하게 된다.

1935년 래슐리는 하버드 대학교의 교수가 되면서, 헵에게 연구를 함께 하자고 제안하였다. 1936년 헵은 하버드 대학교에서 박사 학위를 받고, 교수와 연구조교로서 한 해 더 머물렀다.

1937년에 헵은 저명한 뇌 외과의사인 펜필드(Penfield)와 연구하기 위해 몬트리올 신경학 연구소(Montreal Neurological Institute)로 옮긴다. 헵의 역할은 뇌 수술을 받은 펜필드의 환자들을 대상으로 심리적 상태를 연구하는 것이었다. 5년간(1937~1942) 환자들을 연구하면서, 헵(1980)은 "보통 아동기의 경험은 지능을 형성하는 개념, 사고방식, 지각 방식을 발달시킨다. 유아의 뇌 손상은 이러한 과정을 방해하지만, 성인의 뇌 손상은 이러한 과정을 뒤바꾸지 못한다."(p. 292)라며 지능에 대한 그의 이후 이론에서 중요한 부분을 차지하는 결론을 내린다.

헵은 자신의 후기 이론을 설명하고자 세 가지 관찰을 하였다.

① 뇌는 행동주의자와 연합주의자가 가정한 것처럼 단순한 교환대로 작동하지 않는다.
② 지능은 경험을 통해 형성되므로, 유전적으로 결정되는 것이 아니다.
③ 아동기 경험은 성인기 경험보다 지능을 결정하는 데 더 중요하다.

1942년 래슐리는 플로리다의 오렌지파크에 위치한 여크스 영장류생물학 연구소(Yerkes Laboratories of Primate Biology)의 소장으로 임명되었고, 다시 헵에게 함께하자고 제안하였다. 연구소에서 헵은 침팬지의 정서와 성격을 연구하였고, 학습과 지각에 대한 자신의 생리심리학적 이론에 영향을 미친 관찰들을 하였다. 5년간의 연구소 생활(1942~1947)을 마치고, 헵은 1974년에 은퇴할 때까지 맥길 대학교의 교수로 지냈다. 이후 자신이 태어난 노바스코티아 근교에 머물렀으며, 1985년 8월 20일 사망했다(Beach, 1987).

칼 래슐리

헵의 업적으로는 8개의 명예박사 학위, 캐나다 심리학회장(presidency of the Canadian Psychological Association, 1952) 및 미국심리학 회장(presidency of the American Psychological Association, 1959) 역임, 워렌 상(Warren Medal, 1958)과 미국심리학회 우수과학공로상 (distinguished scientific contribution award of the American Psychological Association, 1961) 수상 등이 있다.

주요 이론적 개념

제한적 환경

몇몇 실험을 통해 제한적 환경(restricted environment)이 초기 학습과 신경계 발달에서 잠재적으로 장애(disabling)에 영향을 미친다는 점이 입증되었다. 독일인 안과의사 폰 센덴(von Senden, 1932)은 백내장 제거 수술 후 시력 검사를 받게 된 선천적 백내장 환자들(모두 성인이었음)을 연구하였다. 그들은 사물의 존재는 즉시 알아챘지만, 시각적 단서만으로는 그것이 무엇인지 알지 못했다. 예를 들어, 우리는 환자가 둥글고 연속적인 원의 윤곽과 직선과 모서리를 가진 삼각형을 비교하면서 이 둘을 쉽게 구분할 것이라 기대한다. 하지만 폰 센덴의 환자들은 과제 수행이 불가능하지는 않으나 대단히 어려워했다. 게다가 이 환자들은 변별에 도움이 되는 단서를 학습하는 데 큰 어려움을 느꼈다. 이를 통해 어떤 유형의 전경-배경(figure-ground) 지각은 타고난 것이지만, 대상을 분별하기 위해서는 다양한 대상에 대한 시각적 경험이 필수적이라는 점을 확인할 수 있었다. 이전에 앞을 볼 수 없었던 이들은 점진적인 연습을 통해 환경 속에서 대상을 알아채는 것을 배우면서 정상적으로 지각하게 되었다.

오스틴 리젠(Austin Riesen, 1947)은 어린 침팬지를 암흑 속에서 두 살까지 키웠다. 침팬지들을 어둠 속에서 데리고 나오자 완전히 앞을 못 보는 것처럼 행동했다. 그러나 몇 주가 지나면서 앞을 보기 시작하였고 마침내 정상적으로 키워진 침팬지처럼 행동하였다. 헵은 폰 센덴의 환자와 리젠의 침팬지가 '보는 것'을 학습한 것이라고 결론지었다.

풍요로운 환경

만일 엄격하게 제한적인 환경이 발달이나 정상적인 기능을 방해한다면, 다양한 심동적, 감각적 경험을 갖는 풍요로운 환경(enriched environment)이 발달을 향상시킬 수 있을까? 질문에 대한 답은 '그렇다'일 것이다. 헵은 다른 유형의 양육 조건이 지적 발달에 어떤 영향을 미치는지 탐색하기 위한 최초의 연구를 수행하였다(1949, pp. 298-299). 두 집단의 쥐를 사용하였는데, 한 집단은 헵의 실험실 우리에서 키웠고, 다른 한 집단은 헵의 집에서 그의 두 딸이 키웠다. 집에서 기른 쥐들은 상당한 시간을 딸들과 놀면서 우리에서 키운 쥐들보다 많이 돌아다녔다. 몇 주 후 집에서 기른 쥐들을 실험실로 가지고 와서 우리에서 키운 쥐들과 비교하였다. 집에서 기른 쥐들은 우회로와 미로 문제를 푸는 일련의 과정에서 실험실에서 키운 쥐보다 일관되게 우수하였다.

많은 연구는 초기 헵의 연구를 지지한다. 예를 들어, 베넷, 다이아몬드, 크레치와 로젠츠바이크(Bennett, Diamond, Krech, & Rosenzweig, 1964)의 실험은 어미가 같은 형제들이라도 풍요로운 환경에서 자란 쥐들이 고립된 환경에서 자란 쥐들보다 상대적으로 빨리 학습한다는 사실을 확인하였다. 연구에서 풍요로운 환경은 다른 쥐들과 다양한 장난감이 함께 들어 있는 넓은 우리였다([그림 14-1] 참조). 반면 비교 집단은 아무 물건도 들어 있지 않은 우리에서 혼자 사육되었다.

그렇다면 초기 결핍된 환경의 영향은 영구적인가? 로젠츠바이크와 동료들의 연구에 따르면 그렇지는 않다. 감각이 결핍된 환경의 효과는 동물을 단지 하루의 몇 시간 동안 풍요로운 환경에 있게 하는 것으로 역전된다. 따라서 초기의 제한적 환경으로 발생한 손상은 더 좋은 조건으로의 변화가 있으면 되돌릴 수 있다. 이 장의 후반부에서 확인하겠지만, 삶의 초기에 제한된 감각 환경에 놓이게 되어 야기된 손상을 치료하는 것이 불가능한 결정적인 발달 단계가 있는 것 같지는 않다.

이러한 발견들에 대하여 헵의 설명은 직접적이다. 풍요로운 환경을 통해 감각적 다양성이 증가할수록 동물들의 신경 회로나 신경망은 보다 많아지고 복잡해진다는 것이다. 일단 신경 회로가 발달하면 새로운 학습에 사용된다. 결핍된 환경에서 감각 경험이 부족하면 신경 회로가 제한되거나 그 발달이 지연된다. 따라서 자극이 부족한 환경에서 자란 동물들은 열등한 문

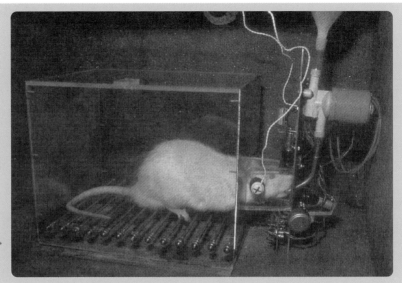

그림 14-1 ▶
풍요로운 환경에서
사육되는 동물

제 해결력을 갖게 된다. 교육과 아동 양육에 대한 이 연구의 시사점은 명확하다. 초기의 복잡한 감각 환경은 보다 우수한 문제 해결력을 키우도록 한다.

세포 집합체

헵에 따르면, 우리가 경험하는 환경 속의 대상들은 세포 집합체(cell assembly)라고 불리는 복잡한 뉴런 패턴을 자극한다. 예를 들어, 우리가 연필을 바라보면 우리의 주의는 연필의 지우개에서 나무 자루로 이동한다. 모든 뉴런이 연필의 각기 다른 측면에 의해 자극되며, 그 결과 우리는 연필을 지각하고 확인한다. 그러나 이 복잡한 뉴런 꾸러미(package)의 각기 다른 측면들은 우리가 처음 연필에 노출되었을 때에는 독립적일 것이다. 예를 들면, 연필 끝을 보면 이 사건에 상응하는 세포 집합체가 점화되고, 지우개나 나무 자루에 상응하는 뉴런 집합체에는 영향을 미치지 않는다. 그러나 연필 끝에 상응하는 뉴런이 점화하는 것과 연필의 다른 부분에 상응하는 뉴런이 점화하는 시간적 간격이 결국 인접하므로, 신경 꾸러미의 다양한 부분이 상호 관련성을 갖게 된다. 처음에 헵(1949)의 '신경생리학적 가정(neurophysilogical postulate)'은 이러한 기제가 독립적인 뉴런이 안정적인 세포 집합체와 연결되고 집합체들이 다른 집합체들과 연결되는 것이라고 보았다. "세포 A의 축색돌기가 세포 B를 자극하기에 충분히 가깝고 반복적이며 지속적으로 이것을 점화하면 B를 점화하는 세포 중 하나로서 A의 효율성이 증가되는 것과 같이, 하나 혹은 두 세포 모두에서 어떤 성장 과정이나 대사의 변화가 발생한다." (p. 62)

헵(1949)은 세포 집합체들이 고정되거나 정적인 것이 아니라 역동적인 뉴런 시스템이라고 보았다. 뉴런이 세포 집합체와 분리되거나 결합할 수 있는 기제라고 보았는데, 집합체는 학습과 발달을 통해 정제된다.

> 가정하였던 것을 통합하면······ 시스템의 빈도 속성을 점차 변화하는 것이 불가피할 것이다. 결과는 시스템을 구성하는 뉴런의 분류, 모집 그리고 어떤 변화일 것이다. 즉, 이 시스템에서 처음에 다른 것들과 동시에 발생할 수 있는 어떤 단위는 떨어져 나가게 되며, 이것이 '세분화'이다. 처음에는 양립 불가능했던 것들이 다시 보충될 것이다. 지각이 발달하면서 집합체는 천천히 성장할 것이고, '성장'은 구성 세포의 수가 증가하는 것이 아니라 변화하는 것이라고 이해할 수 있다(pp 76-77).

세포 집합체는 외적 자극, 내적 자극, 혹은 이 둘의 조합으로 점화될 수 있는 신경학적 꾸러미로 상호 관련되어 있다. 세포 집합체가 점화하면, 우리는 이 집합체가 나타내는 사건을 생각한다. 세포 집합체는 헵에게 아이디어나 사고의 신경학적 기반이다. 이런 방식 때문에 헵은 우리가 집, 소, 사랑하는 사람들이 실제 제시되지 않아도 이것들을 생각할 수 있다고 설명한다.

국면 시퀀스

동일한 대상의 다른 측면들이 신경학적으로 서로 연결되어 세포 집합체를 이루듯이, 세포 집합체들은 국면 시퀀스를 구성한다. 국면 시퀀스(phase sequence)는 "일련의 집합체 활동이 시간적으로 통합된 것이며, 현재의 사고 흐름이다"(Hebb, 1959, p. 629). 국면 시퀀스는 일단 발달하면, 세포 집합체와 같이 내적 자극, 외적 자극 혹은 이 둘의 조합으로 일어난다. 국면 시퀀스에서 하나의 세포 집합체나 집합체들의 조합이 점화되면, 전체 국면 시퀀스가 점화되는 경향이 있다. 국면 시퀀스가 점화되면, 우리는 아이디어가 어떤 논리적 순서로 정렬되는 사고의 흐름을 경험한다. 이러한 과정은 좋아하는 노래의 어떤 선율이 어떻게 즐거웠던 기억을 특정 사람, 감정과 함께 불러일으키는지 설명한다. 헵(1972)은 국면 시퀀스의 발달을 다음과 같이 설명한다.

> 활동이 동시에 이루어지는 세포 집합체들은 서로 연결된다. 어린 시절의 평범한 사건은 집합체를 구성하고, 이후 이러한 사건이 함께 발생하면, (동시에 활성화되기 때문에) 집합체

는 연결된다. 아기가 발소리를 들으면 하나의 집합체가 흥분된다. 집합체가 흥분되어 있는 동안, 아기는 어떤 얼굴을 보고 자신을 들어 올리는 손길을 느끼고, 이것이 다른 집합체를 흥분시킨다. 따라서 '발소리 집합체'는 '얼굴 집합체'나 '들어 올려지기 집합체'와 연결된다. 이 사건 이후, 아기는 발소리만 들어도 이 세 가지 복합체가 흥분된다. 그리고 아기는 엄마가 시야에 들어오기 전에 엄마의 얼굴과 엄마 손의 접촉에 대한 지각 같은 것을 한다. 그러나 감각 자극이 일어난 것이 아니므로, 이러한 생각은 지각이 아닌 관념화나 상상이다 (p. 67).

헵은 두 가지 종류의 학습이 있다고 보았다. 하나는 삶의 초기에 세포 집합체가 천천히 형성되는 것이며, 거스리의 이론과 같이 학습에 대한 자극-반응 이론 중 하나로 설명될 수 있다. 이때의 학습은 직접적인 연합주의이다. 국면 시퀀스의 발달 역시 연합주의의 용어로 설명될 수 있다. 즉, 환경과 연계된 대상과 사건은 신경학적 수준에서 관련된다. 그러나 세포 집합체와 국면 시퀀스가 발달한 이후, 이어지는 학습은 보다 인지적이고 신속하게 일어날 수 있다. 예를 들어, 성인 학습은 종종 통찰과 창의성의 특성을 갖는데, 이는 국면 시퀀스의 재배열과 관련된 것이다. 헵은 아동의 학습과 성인의 학습에 영향을 미치는 변인이 동일하지 않다는 입장을 고수하였다. 아동기 학습은 이후 학습을 위한 틀을 제공한다. 예를 들어, 수백만 개의 세포 집합체와 국면 시퀀스를 구성하는 언어 학습은 아마도 느리고 번잡스러운 과정일 것이다. 그러나 일단 언어를 학습하면, 사람들은 수많은 창의적인 방식으로 시나 소설에서 그것들을 재배열할 수 있다. 다만, 헵이 말한 바와 같이 처음에는 기본 요소들을 형성하고, 이후 통찰과 창의성 같은 성인 학습의 특징들이 나타난다.

각성 이론: 강화에 대한 헵의 관점

우리 모두는 소리나 소음이 너무 심해서 명확하게 사고할 수 없는 상황에 놓여 본 적이 있다. 반면 적절한 수행을 유지하기 위해 종종 스스로를 흔들어 깨워야 한다. 이는 너무 높지도 낮지도 않은 수준의 자극이 적절한 인지적 기능에 도움이 된다는 것을 보여 준다. 각성 이론 (arousal theory)의 맥락에서 헵은 자극 수준과 인지 기능의 관계를 연구하였다.

헵(1955)은 최적 각성 수준(optimal level of arousal)이 있다고 믿었다. 각성 수준이 너무 낮아 유기체가 나른한 상태가 되면, 뇌로 전달된 감각 정보는 사용될 수 없다. 반대로 각성 수준이 너무 높으면 너무 많은 정보가 피질로 전달되어 혼란, 반응 갈등, 반응과 무관한 행동이 나올 수 있다. 따라서 너무 높지도 낮지도 않은 각성 수준은 피질이 최적의 기능을 하고 결과적으로 최적의 수행이 이루어지는 데 필수적이다. 각성 수준과 수행의 관계는 [그림 14-2]와 같다.

헵은 각기 다른 과제에서 최적의 수행이 이루어지려면 각성 수준도 달라야 한다고 추측하였다. 예를 들어, 단순하고 연습이 잘 된 습관은 광범위한 각성 수준에서 최적의 수행을 보일 수 있으나, 숙련된 기술이 필요한 과제는 보다 낮은 수준의 각성에서 최적의 수행이 이루어질 것이다. 반면 행동 기술들은 모두 매우 높은 각성에서 최고의 수행이 이루어질 수 있다. 과제의 다양성에 따라 수행과 각성 수준 간의 최적 관계는 [그림 14-3]과 같다.

헵에 따르면, 유기체는 각성 수준이 너무 높으면 그 환경에서 각성 수준을 낮추려고 할 것이다. 예를 들어, 흥미진진한 텔레비전 프로그램이 방송되고 있는 상황에서 학생이 공부를 하려고 한다면, 텔레비전을 끄는 등 환경을 바꾸거나 덜 각성되어 공부를 할 수 있는 다른 환경을 찾아야 할 것이다. 반면 주위가 너무 조용하고 최적의 각성 수준을 유지하기에 충분한 감각적 투입이 없는 상황이라면, 학생은 라디오를 켜거나, 친구와 이야기를 하거나, 커피를 마시는 등 각성 수준을 높이려 할 것이다. 일반적으로 각성 수준이 너무 높으면 이를 낮추는 것이 강화이고, 각성 수준이 너무 낮으면 이를 높이는 것이 강화라고 할 수 있다. 헵의 이론은 추동 감소(drive reduction)와 강화를 동일시한 헐과 달리, 환경에 따른 추동의 증가나 감소 모두를 강화로 보았다. 헵(1955)은 자극 추구는 인간 행동의 중요한 동기라고 보았다.

생각해 보면, 골칫거리를 가진 사람이 카드 게임이나 골프 코스에서 고생을 더 하려는 것은 분명히 기이한 일이다. 살인 이야기, 스릴러물, 실생활의 모험이나 비극을 다룬 신문기사에 끌리는 것도 그렇다. 우리는 인간의 동기를 연구할 때, 이런 자극이나 흥분에 대한 취향

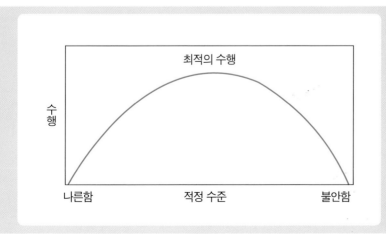

◀그림 14-2

헵은 일반적으로 수행을 위한 최적의 각성 수준이 있다고 제안하였다. 어떤 사람이 졸리거나 나른하다면 수행 결과는 저조할 것이다. 불안하거나 공포를 느끼는 사람은 보다 높은 수준의 각성에서 수행 수준이 저조할 것이다. 중간 수준의 각성은 최적의 수행에 도움이 된다.

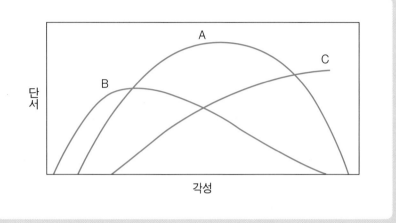

그림 14-3 ▶
헵은 또한 각성 수준이 다양하다면 친숙한 비디오 게임처럼 잘 아는 과제가 무난하게 수행된다고 추측하였다. 이러한 현상은 A 곡선으로 표현될 수 있다. 어려운 수학 시험과 같이 매우 복잡한 과제는 낮은 수준의 각성에서 최고의 수행을 보일 것이며, B 곡선과 같다. 초원을 가로지르며 고속도로를 운전하는 것과 같은 단순한 과제는 높은 수준의 각성이 필요하며, C 곡선과 같다.

을 놓쳐서는 안 된다. 위협과 퍼즐은 어떤 지점까지는 부정적인 가치를 넘어서서 동기에 긍정적인 가치는 갖는 것 같다(p. 250).

장기 기억과 단기 기억

밀러(G. E. Müller)와 필제커(A. Pilzecker)는 1900년에 이미 두 가지의 기억이 있다고 제시하였다. 그러나 헵은 두 종류의 기억을 보다 완벽하게 구분하고 생리학적 기제를 중심으로 설명하려 하였다. 헵(1949)은 기억을 뉴런 간의 물리적-구조적 변화로 일어난다고 여겨지는 영구적인 기억과 세포 집합체와 국면 시퀀스의 활동 지속의 결과라고 여겨지는 일시적 혹은 단기 기억으로 구분하였다. 연구자들은 현재 두 종류의 기억, 즉 단기 기억(short-term memory)과 장기 기억(long-term memory)이 있다는 데에 대체로 동의한다. 여기에서는 단기 기억에 대해 논의하고, 장기 기억에 다양한 유형이 있다는 증거를 살펴볼 것이다.

일반적으로 감각 경험은 그것을 유발하는 자극을 보다 오래 지속하도록 하는 신경 활동을 일으킨다. 헵은 이것을 반향적 신경 활동(reverberating neural activity)이라고 명명하였다. 그는 학습은 모두 순간적으로 형성되고 지속한다고 인식하였으나, 반향적 신경 활동은 우리가 단기 기억이라고 부르는 것의 기초이며 장기 기억의 기반이 되는 물리적 변화를 야기하는 과정이라고 보았다. 단기 기억이 장기 기억으로 전환된다는 주장을 경화 이론(consolidation theory)이라고 하는데, 헵이 이 이론의 주요 지지자였다.

장기 기억은 단기 기억이 경화되어 나타나는 것이라 여겨지므로, 단기 기억을 방해하는 것은 장기 기억도 방해한다. 이런 논의에 기초하여, 던컨(Duncan, 1949)은 쥐들이 장애물을 뛰어 넘어 전기 충격을 피하도록 훈련을 시켰다. 쥐들은 실험 장치에 놓인 후 10초 사이에 실험 공간의 한쪽에서 다른 쪽으로 뛰어넘으면 전기 충격을 피할 수 있었다. 만일 '안전한' 공간으로 넘어가지 않으면, 넘어갈 때까지 전기 충격이 주어졌다. 쥐들은 하루에 한 번 학습을 받았다. 쥐들은 시행마다 귀에 연결된 두 개의 전극 클립을 통해 전기 충격(electroconvulsive shock: ECS)을 받았고, 이로 인해 반향적 신경 활동은 확실하게 방해를 받았다. 학습 시행 이후, 쥐들은 집단에 따라 20초, 40초, 60초, 4분, 15분, 1시간, 4시간, 14시간 전기 충격을 받았다. 통제 집단은 학습 후 전기 충격을 전혀 받지 않았다. 훈련은 18일간 지속되었다. 모든 집단의 전기 충격에 대한 예측 평균, 즉 실험 장치에 쥐를 넣으면 안전한 쪽으로 뛰어넘는 수의 평균은 [그림 14-4]와 같다.

그림을 보면 전기 충격이 학습 시행과 근접하여 일어날수록 학습 경험에 대한 기억을 더욱 방해한다는 것을 알 수 있다. 예를 들면, 학습을 시행한 후 20초가 지난 시점에 전기 충격을 받은 쥐는 전기 충격을 피하는 행동을 전혀 학습하지 못하였다. 학습 시행 후 1시간 이내에 전기 충격을 받은 쥐들은 기억에 방해를 받았다. 한 시간 이후, 전기 충격은 기억에 확실한 영향을 주지 못했다. 학습 시행 이후 한 시간 이상 경과하여 전기 충격을 받은 동물들은 전기 충격을 전혀 받지 않은 통제 집단만큼 수행을 했다. 던컨의 실험은 경화 이론을 지지하며 경화는 약

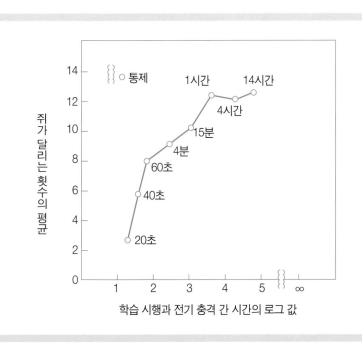

◀그림 14-4
던컨의 연구에서 학습 경험과 전기 충격의 간격이 벌어질수록, 학습 경험의 유지를 위한 전기 충격의 방해 효과는 감소한다는 결과를 보여 준다.
(C. P. Duncan, The Retroactive Effect of Electroshock on Learning, *Journal of Comparative and Physiological Psychology, 42,* 1949, p. 35)

한 시간 동안 유지된다는 것을 보여 준다. 그러나 학습 경험 직후가 1분 이후보다 경화에 더 중요한 것으로 보인다.

역행성 기억상실증(retrograde amnesia)은 자동차 사고나 전투에서의 부상과 같은 정신적 외상 경험 직전의 사건들에 대한 기억 상실을 의미하는데, 이러한 현상으로 경화 이론에 대한 증거들을 더 많이 확인할 수 있다. 외상적 사건 직전에 일어난 사건을 기억하지 못하는 것은 몇 시간, 며칠 혹은 몇 달간 지속될 수 있다. 보통 이런 사건들에 대한 기억은 외상적 사건 바로 직전의 사건을 제외하고는 서서히 되돌아올 것이다. 그러므로 외상적 사건은 던컨의 전기 충격과 같은 효과를 갖는다.

전기 충격과 외상(trauma)은 신경적 반향(세포 집합체와 국면 시퀀스에서)을 방해하거나, 반향과는 관련이 없지만 경화에 필요한 신경적 과정을 방해하기 때문에 장기 기억의 경화를 저지하는 것일까? 이러한 질문은 사소한 것이 아니며, 매우 특별한 경화 문제를 가진 수술 환자 H. M.의 사례를 고려할 때 특히 흥미롭게 다가온다.

경화와 뇌

포괄적으로 변연계(limbic system)라고 불리며 상호 연결된 많은 뇌 구조는 다양한 정서 경험에 중요한 영향을 미친다. 해마(hippocampus)는 학습에서 결정적인 역할을 하는 변연계 구조 중 하나이다. 맥길 대학교에서 헵의 제자 중 하나였던 브렌다 밀너(Brenda Milner)는 간질을 치료하기 위한 수술을 받고 회복 중이었던 헨리 모래슨(Henry Molaison, 1926~2008, 심리학 문헌에서 H. M.이라고 알려진 사례)이라는 사람을 연구하였다(Milner, 1959, 1965; Scoville & Milner, 1957). 그는 수술을 받는 동안, 측두엽에 있는 오른쪽 해마와 왼쪽 해마가 손상되었다. 수술 후, 모래슨은 심각한 순행성 기억상실증(anterograde amnesia) 증상을 보였다. 즉, 그는 수술 전에 일어난 사건들을 기억하는 데에는 거의 어려움이 없었지만, 새로운 장기 기억을 형성하는 것에는 매우 큰 어려움을 느끼는 것으로 보였다. 모래슨과 같은 환자들은 지능 검사를 잘 수행하고, 해마가 손상되기 전에 습득한 운동 기술들도 매우 잘 한다. 밀너는 이러한 환자들에게서 뇌 손상으로 인한 뚜렷한 성격 변화는 없다고 보고하였다. 이런 사람들은 단기 기억이 정상적으로 기능하는 것처럼 행동할 수 있으나, 과제에 대한 주의가 산만해지자 이 과제에 대한 기억을 잃었다. 모래슨과 같은 환자들의 사례는 정보를 단순히 반복하여 일어나는 반향을 포함하는 반향적 행동만으로 장기 기억을 형성할 수 없음을 보여 준다. 이는 해마와 뇌의 다른 구조들이 경화와 관련이 있음을 시사한다.

해마에 손상을 입은 환자는 절차가 복잡한 과제들은 확실히 학습할 수 있으나, 학습이 일어났다는 것을 모르는 것으로 보인다. 예를 들어, 퍼즐 맞추기, 거울에 비친 역전된 그림 그리기와 같은 과제는 연습을 통해 수행이 향상될 수 있고, 이것을 장기 기억이라 할 수 있다. 그러나 해마 손상 환자들은 이러한 과제를 본 적도, 연습한 적도 없다고 주장할 수 있다. 게다가 목록을 습득하거나 새로운 사건과 사실을 기억하는 과제를 매우 어렵게 느낀다(Cohen & Eichenbaum, 1993; Cohen et al., 1999; Cohen & Squire, 1980; Squire, 1992). 연구자들은 모래슨과 같은 환자들의 손상된 장기 기억을 선언적 기억(declarative memory)이라고 한다. 실제로 선언적 기억은 새로운 것을 학습하여 획득하는 고차적 기억과 관련된다.

해마는 또한 다른 유형의 학습도 담당한다. 친구가 어떤 목적지를 향해 운전을 하는 동안, 승객으로 자동차를 탄 경험이 있을 것이다. 주요 지형물을 모두 알고 있고 모든 길을 돌아봤으나, 같은 길로 운전해서 가자고 하면 할 수 없는 경우가 있다. 연구자들은 쥐의 해마에서 '장소 세포(place cells)'를 발견한 바 있다. 이 세포에서는 단순히 관찰하기만 한 장소가 아니라, 실제로 탐색한 장소를 공간으로 그려 내는 것으로 보인다(Rowland, Yanovich, & Kentros, 2011). 사람을 포함하여 다른 포유류에도 유사한 장소 세포가 있을 수 있다. 예를 들면, 해마 손상 환자는 공간을 기억하고 방향을 찾는 능력이 부족하다(Goodrich-Hunsaker & Hopkins, 2010). 해마 부분은 과거의 사건을 회상하는 것보다는 미래의 사건을 상상하는 것과 관련되기 때문이다(Martin, Schacter, Corballis, & Addis, 2011; Poppenk, Moscovitch, McIntosh, Ozcelik, & Craik, 2010).

해마나 측두엽의 다른 구조에 손상이 생기는 것이 선언적 기억의 경화를 방해하지만, 반면 다른 유형의 장기 기억을 손상하지는 않는다. 이전에는 기저핵(basal ganglia)이라고 불리는 신경 구조들이 근육 움직임의 통제와 관련이 된다고 여겨졌다. 근육 통제를 위한 기저핵의 역할은 헌팅턴병이나 파킨슨병을 가진 환자들을 통해 확인할 수 있는데, 이 두 가지 병은 모두 어느 정도의 기저핵 손상과 관련이 있다. 미시킨(Mishkin)과 동료들(Mishkin, Malamut, & Bachevalier, 1984; Petri & Mishkin, 1994)은 이러한 환자들의 선언적 기억에는 전혀 손상이 없으나, 퍼즐 맞추기나 거울에 비춰진 역전된 그림 그리기와 같은 복잡한 신체적 과제를 기억하는 것과 관련된 절차적 기억(procedural memory)의 경화에는 손상이 있다고 보고하였다. 이 연구자들은 절차적 기억은 파킨슨병 환자들에게 손상이 가장 크다고 보고하였으나, 최근 연구들은 일반적으로 발견되는 것이라고 보고 있다(Thomas-Ollivier et al., 1999; Vakil & Herishanu-Naaman, 1998). 해마 손상 환자와 달리, 이런 환자들은 퍼즐 맞추기 과제에서 반복 연습을 해도 거의 혹은 전혀 진전이 없다. 그러나 이러한 과제를 학습하는 데에 실패했다는 것은 잘 기억한다.

건강한 실험 참여자들을 대상으로 한 뇌영상법 기술을 활용하여 적어도 두 가지 유형의 장기 기억이 존재한다는 결론은 확인되었다(Gabrieli, 1998; Gabrieli, Brewer, Desmond, & Glover, 1997; Gabrieli, Brewer, & Poldrack, 1998). 동시에 변연계의 선언적 기억을 위한 경화 활동과 기저핵의 절차적 기억을 위한 경화 활동이 반향 자체보다는 비교적 불안정한 단기 기억을 영구적인 장기 기억으로 전환하는 데 필요하다는 것도 명확하다.

헵의 이론적 공헌에 대한 개관을 마무리하겠다. 헵은 이전에는 무시되거나 존재하지 않았던 심리학 연구의 길을 열었고, 학습과 같은 심리적 현상들이 지니는 신경생리학적 관련성을 탐색한 최초의 연구자 중 한 사람이었다. 헵의 광범위한 노력으로 신경과학은 오늘날 대중화되었고, 헵과 그의 제자들이 연구한 것 이상의 다양한 영역으로 확장되었다. 신경생리학적 패러다임 속에서 진행되는 수많은 유익한 연구를 모두 개관할 수는 없다. 다만 대표적인 연구 사례들을 이어서 살펴보겠다. 첫 주제인 뇌의 강화 중추(reinforcement centers in the brain)는 우연히 헵의 실험실에서 발견한 것이 발전하였기 때문에, 헵의 연구와 간접적으로 연관성을 갖는다. 다음 주제인 세포 수준에서의 학습은 세포 집합체에 대한 헵의 기본적 개념에 근간을 두고 있다.

신경과학 연구에서 헵의 영향

강화와 뇌

앞에서 살펴보았듯, 최적 각성이라는 헵의 개념은 스키너나 헐이 제시한 것 이상으로 강화를 설명한다. 1954년의 우연한 발견으로 강화라는 개념의 퍼즐이 새롭고 당혹스럽게 꼬였다. 파블로프를 다룬 장에서 조건 반응을 발견한 것이 매우 우연적이었다고 소개한 바 있다. 어떤 것을 찾다가 다른 어떤 것을 발견하는 우연적 발견(serendipity)은 중요한 현상을 발견하도록 하고 종종 과학에서의 돌파구가 되었다. 올즈와 밀너(Olds & Milner, 1954)가 뇌의 강화 중추(reinforcement centers in the brain)를 발견한 것은 우연적 발견의 한 사례이다. 올즈(1955)는 맥길 대학교의 헵 실험실에서 연구했는데, 자신의 발견이 어떻게 이루어졌는지 다음과 같이 설명한다.

1953년 가을, 우리는 망상활성화계(reticular activating system)의 정보를 더 찾고 있었다. 건강하게 행동하는 쥐의 뇌에 영구적으로 전극을 부착하였다. 아주 우연히, 전극은 전교련(anterior commissure)에 부착되었다.

결과는 상당히 흥미로웠다. 개방된 공간의 특정 장소에서 자극을 받으면, 종종 쥐는 거기서 벗어났으나 다시 돌아와 그 지역 주위를 돌며 킁킁 냄새를 맡았다. 이 장소에 대한 자극이 커질수록 쥐는 거기서 보내는 시간이 길어졌다.

이후 우리는 올바른 방향으로 반응을 하면 소량의 전기 충격을 줌으로써 이 쥐가 미로 속의 어떤 지점으로도 '끌려가도록' 할 수 있었다. 이것은 아이들이 '뜨겁다, 차갑다 놀이'[1]를 하는 것과 유사하다. 올바른 반응으로 전기적 맥박이 유발되었는데, 이것은 쥐들이 올바른 방향으로 움직이고 있음을 알려 주는 것 같았다(pp. 83-84).

올즈와 밀너가 확인한 부분은 포유류의 변연계(피질 아랫부분의 일부, 해마, 편도체, 중격, 시상과 시상하부의 일부) 전체에 퍼져 있다. 이것들이 전기 충격을 받았을 때 동물들은 자극 이전의 행동을 반복하는 경향이 있기 때문에 강화 중추라고 불린다. 따라서 강화 중추에 전극이 부착된 동물이 막대기를 누를 때마다 약한 전류로 뇌의 이 부분을 자극하면 스키너 상자에서 막대기를 누르는 것을 간단히 훈련시킬 수 있다.

올즈와 밀너(1954)는 뇌에서 쾌락 중추(pleasure center)를 발견하는 데에 일조한 것으로 유명하다. 우리는 의도적으로 강화 중추(reinforcement center)라는 용어를 사용한다. 이는 상당수의 연구가 올즈와 밀너가 발견한 현상들이 쾌락과의 관련성보다는 활성화하고 동기화하는 강화인이 갖는 속성을 보이기 때문이다. 우선, 직접적인 뇌 자극으로 인한 강화는 먹이나 물과 같은 이전의 강화인과는 다르게 작동하며 다음과 같은 속성을 갖는다.

① 훈련 이전의 박탈은 전혀 필요 없다. 강화인으로 먹이나 물을 사용하는 훈련과 달리, 일반적으로 직접적인 뇌 자극이 강화인으로 사용되면 박탈 스케줄이 필요치 않다. 동물을 추동 상태에 놓아둘 필요도 없다. 그러나 예외적으로 유기체의 추동 상태에 따라 강화 중추가 달라지는 것이 발견된다.

② 포만이 일어나지 않는다. 먹이나 물이 강화인으로 사용될 때, 동물은 결국 포만 상태가 될

---

1) 역자 주: 물건을 숨겨 놓고, 술래가 가까이 가면 '뜨겁다', 멀리 가면 '차갑다'라고 힌트를 주어 물건을 찾도록 하는 게임.

것이다. 즉, 먹이나 물에 대한 욕구가 충족되면 반응은 중단될 것이다. 그러나 뇌 자극이 직접적으로 주어지면, 동물은 매우 높은 비율로 신체적으로 탈진할 때까지 반응을 지속할 것이다(예를 들어, 막대를 누르는 행동의 빈도가 시간당 7,000회 만큼 높게 보고된 바 있다).

③ 다른 추동들에 대해 우선권을 갖는다. 동물들은 먹이를 얻을 수 있더라도 직접적인 뇌 자극에 의한 막대 누르기를 계속 했고, 상당한 시간 동안 먹이를 먹지도 않았다. 동물들은 24시간 먹이를 먹지 못했을 때에도 먹이보다는 뇌 자극 강화를 받기 위해 더 강한 전기 자극을 견뎌 낼 것이다.

④ 소거는 급격하게 일어난다. 먹이나 물이 강화인으로 제시되었을 때 점진적인 소거 과정이 관찰되는 반면, 직접적인 뇌 자극 강화가 종료되면 거의 즉각적으로 소거가 일어난다. 동물에게 소거는 급격하게 일어나더라도, 다시 강화를 받으면 반응 비율은 완전하게 되살아난다.

⑤ 대부분의 강화 스케줄은 작용하지 않는다. 뇌 자극이 종료되면, 소거는 매우 급격하게 일어나므로 어떤 부분적인 강화 스케줄은 동물의 반응을 중단시킨다. 일반적으로 빈도가 높게 강화를 제공하는 강화 스케줄만이 직접적인 뇌 자극에 사용될 수 있다.

도파민의 역할   강화 중추를 다루는 최근 연구들은 측핵(nucleus accumbens)이라고 불리는 변연계의 작은 부분에 집중한다. 일반적으로 전극을 자극하여 측핵 세포들이 신경전달물질인 도파민을 방출하도록 하면, 전극을 통한 뇌 자극은 강화인이 되는 것이다. 만일 전극을 자극해도 도파민이 방출되지 않는다면, 전극을 통한 강화 효과는 관찰되지 않는다(Garris et al., 1999). 샐러몬과 코리아(Salamone & Correa, 2002)는 많은 연구자, 책, 유명 매체가 측핵에서의 도파민 방출을 음식, 물, 섹스와 같은 생물학적 강화인의 쾌락적 효과와 동일시하는 잘못을 저지른다고 언급하였다. 이와 유사하게 중독성 약물의 도취 효과(euphoric effect)도 측핵에 의한 도파민 방출이 원인이라고 잘못 이해된다. 예를 들어 니코틴, 알코올, 코카인, 헤로인은 신경계에서의 일차적 화학 작용 측면에서 서로 매우 다르다. 그러나 이것들이나 다른 중독성 물질들은 측핵에서의 도파민 자극이라는 점에서 공통점을 갖는다(Leshner & Koob, 1999; Renaldi, Pocock, Zereik, & Wise, 1999).

여러 연구자(예: Berridge, 2005; Erridge & Robinson, 1995, 1998; Kalivas & Nakamura, 1999; Robinson & Berridge, 2000, 2001, 2003; Salamone & Correa, 2002; Salamone, Correa, Mingote, & Weber, 2003)는 측핵에서의 도파민 활동이 이와 관련된 쾌락보다는 선행

적(anticipatory)이거나 동기적인 측면에서 중재적 역할을 한다고 주장한다. 따라서 강화인과 연합된 쾌락적 효과는 반드시 도파민의 효과라고 할 수 없다. 측핵에서 도파민 활동은 모든 강화인의 공통점을 매개하는 역할을 하는 것이다. 즉, 동물은 강화인을 원하고, 강화인을 획득하기 위해 동기화된다.

중요한 것은 도파민이 매개하는 동기적 효과는 쾌락적/향락적 효과와 분리될 수 있다는 것이다. 샐러몬과 동료들(Aberman & Salamone, 1999; Salamone, Kurth, McCullough, & Sokolowski, 1995)은 우선 쥐가 먹이 강화를 위해 지렛대를 누르도록 훈련시켰다. 이후 이 쥐들에게 측핵 도파민을 경감시키는 약물을 주사하였다. 쥐들은 도파민 수준이 감소한 이후에도 지렛대 누르기를 계속했는데, 이는 도파민의 감소가 먹이의 일차적 강화 특성에 영향을 주지 못하였음을 보여 준다. 다른 연구자들은 도파민을 차단하는 약물 주사가 설탕(Ikemoto & Panksepp, 1996)이나 음식(Nowend, Arizzi, Carlson, & Salamone, 2001)의 보상적 특성에 지장을 주지 않았다고 하였다. 게다가 인간에게 도파민 차단 약물을 주입해도 코카인(Gawin, 1986; Haney, Ward, Foltin, & Fischman, 2001; Nann-Vernotica, Donny, Bigelow, & Walsh, 2001)이나 암페타민(Brauer & DeWit, 1997)에 의한 주관적인 쾌락이 감소하지 않는다. 심지어 도파민이 차단되는 것이 아니라 고갈되어도 코카인을 복용하는 사람은 이에 의존된 즐거움과 쾌락을 보고하지만, 약물에 대한 갈망과 요구를 보이지 않았다(Leyton, Casey, Delaney, Kolivakis, & Benkelfat, 2005).

도파민이 차단되거나 고갈된 실험 동물들은 조작 과제에 대한 요구 사항들에 몹시 예민해진다. 예를 들어, 지속적인 반응을 요구하는 부분적 강화 스케줄을 사용하면 동물들의 반응은 유의하게 감소한다(Aberman & Salamone, 1999; Correa, Carlson, Wisniecki, & Salamone, 2002). 동물에게 T-미로 안에서 작은 장애물을 기어올라 많은 양의 먹이를 얻는 것과 별도의 노력 없이 '공짜'로 소량의 먹이를 얻는 것 중 하나를 선택하도록 하면, 처치를 받지 않은 동물들은 장애물을 올라 많은 양의 먹이를 먹는다. 그러나 도파민을 차단하면 장애물이 없는 T-미로의 갈림길을 선택하고 먹이 강화인을 계속 소비한다(Cousins, Atherton, Turner, & Salmone, 1996; Salamone, Cousins, & Bucher, 1994).

강화, 도파민, 쾌락 간의 관계가 미약해 보인다면 강화, 도파민, 학습 간의 관계를 생각해 보자. 로빈슨, 샌드스트롬, 디넨버그와 팔미터(Robinson, Sandstrom, Denenberg, & Palmiter, 2005)는 유전적으로 도파민이 결핍되도록 조작한 쥐들로 실험을 하였다. 이 쥐들은 대개 활동성이 낮았지만, 도파민 전구체(precursor)처럼 작용하는 약물을 주사하면 일반적인 비활동성이 역전될 수 있다. 실험에서 도파민이 결핍된 쥐들을 세 집단으로 나누고, T-미로에서 왼쪽이나 오른쪽으로 돌도록 강화하였다. 첫 번째 집단에는 아무것도 주입하지 않았고, 두 번째 집단에는 카페인을, 세 번째 집단에는 도파민 전구체를 주입하였다. 실험에서 학습이 이루어지면서, 아무런 처치도 받지 않은 쥐들은 비활동성 때문에 T-미로에서 올바른 방향으로 가도록 하기 위해 도움을 제공해야 했다. 카페인을 처치받은 쥐들은 활동적이었으나, 미로에서 적절한 방향을 선택하는 훈련에 향상을 보이지는 않았다. 반면 도파민 전구체가 처치된 쥐들은 훈련받는 만큼 수행 수준이 향상되었다. 추후 실험 평가에서 모든 쥐에게 도파민 전구체를 처치하였다. 훈련 단계에서 도파민을 처치받지 않았던 쥐들은 훈련 시 도파민을 처치받았던 쥐들만큼 수행을 잘 했다. 그러나 보다 우수한 수행을 보인 것은 훈련 단계에서 카페인을 처치받은 쥐들이었다. 여기서 중요한 것은 도파민을 처치받지 못한 쥐나 카페인을 처치받은 쥐나 모두 학습 단계에서는 도파민이 없었다는 점이다. 그러나 평가 단계에서의 결과를 보면 확실히 학습은 일어났다. 연구자들은 "도파민이 보상을 좋아하도록 하거나 보상과 핵심 단서들 간의 연합을 형성하는 것을 학습하는 데에 필수적인 것은 아니다. 그보다는 그들이 하고 싶다는 동기적인 중요성을 획득하고, 그 결과 목표 지향적 행동을 수행하도록 하는 보상과 관련된 단서에 필요하다."(p. 5)고 결론을 내렸다.

실제 세포와 실제 세포 집합체의 연결

헵이 보충(recruitment), 세분화(fractionation), 세포 집합체(cell assemblies), 국면 시퀀스(phase sequences)에 대해 처음으로 저술한 이후, 심리학자들은 신경계에 대한 그의 추측이 정확한 것에 놀랐다. 헵의 추측은 두 개의 뉴런(nerouns) 간 학습에 대한 이해를 통해 공감을 얻을 수 있다. 뉴런은 하나의 세포체로 구성된다. 여기에는 축색(axons)이라고 불리는 하나 이상의 확장된 프로세스가 있으며, 이것은 세포로부터 나오는 전기화학적 정보의 운반을 전담한다. 가지가 뻗은 여러 개의 수상돌기(dendrites)는 다른 세포의 축색으로부터 전기화학적 정보를 받아들이는 역할을 담당한다. 뇌 세포들이 짝지어진 것을 간단하게 도식화하면 [그림 14-5]와 같다.

포유류의 뇌 세포는 이온화된 단백질 분자들은 물론, 칼륨, 나트륨, 칼슘, 염화물을 포함한 이온들로 가득 찬 용액 내에 존재한다. 우리는 하나의 뇌 세포가 변동이 심한 전기화학적 균형에 취약하고 예민한 매개자라고 생각한다. 포유류 뉴런의 경우, 세포는 우선 나트륨 이온이 세포 외부에, 칼륨 이온이 세포 내부에 있도록 하는 신진대사 기능을 한다. 안정 전위(resting potential)라고 불리는 이러한 특별한 '균형 잡힌 긴장' 상태는 세포막의 내부와 외부 사이에서의

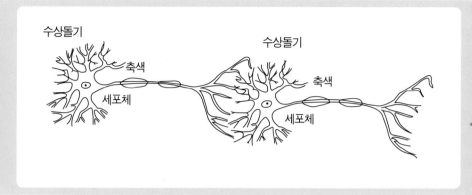

◀그림 14-5
두 뉴런을 도식화한
그림으로 세포체,
수상돌기, 축색이
표시되어 있다.

전하(electrical charge) 차이(전위[electrical potential])를 의미한다. 휴면 상태인 포유류의 뉴런
은 전형적으로 막의 안쪽은 바깥쪽에 비해 부적 전하를 띠며, 평균적으로 약 70밀리볼트의 차
이가 나타난다.

　이러한 양극화 현상이 감소되면 세포막 내부와 외부의 전기적 차이는 0밀리볼트가 되기 시
작하고, 세포벽은 역치(threshold)라고 불리는 밀리볼트 수준에 도달한다. 이 수준에서는 더 이
상 이온의 분리 상태를 유지할 수 없다. 이 지점에서 주로 나트륨과 칼륨이 교환되면서, 이온
분리의 역전이 약간 나타난다. 이것으로 세포막의 전기적 조건은 역전될 뿐만 아니라, 세포막
바깥쪽에 비해 안쪽이 정적 전하를 띠게 된다. 그러면 세포는 안정 전위 상태를 다시 형성하도
록 에너지를 소비한다. 이온 역전의 '재부하(reloading)' 과정은 활동 전위(action potential)라고
불리며, 세포체에서 축색의 길이만큼 아래로 이동하는 것을 의미한다.

　축색의 끝이나 말단은 아세틸콜린이나 도파민과 같은 화학적 신경전달물질(neurotransmitter)
을 세포 밖의 공간이나 세포와 다른 세포사이의 시냅스(synapse)로 방출하면서 활동 전위에 반
응한다. 수상돌기의 수용체(receptors)와 주변 세포의 세포체는 그들의 역치 수준에 근접하거나
멀어지도록 하는 화학적 반응과 함께 방출된 신경전달물질에 반응한다.

　뇌 세포는 수백 혹은 수천 개의 다른 세포들과의 관계 속에 존재한다. 이들의 개별적인 흥
분(excitatory, 역치에 근접함)과 억제(inhibitory, 역치에서 멀어짐) 활동은 지속적으로 주변
세포의 화학적 정보가 합쳐진 결과이다. 우리는 가장 기본적인 수준에서 학습을 두 세포 간 관
계의 변화라고 상상할 수 있으며, 이 수준은 헵이 최초로 주목한 것이다. 특히 학습은 발신
(sending) 세포에서 방출된 신경전달물질에 대하여 수용(receiving) 세포가 보여 주는 반응의
변화들로 구성된다. 우리는 수용 세포가 발신 세포의 활동에 대한 반응으로 신뢰할 수 있고 예
측 가능한 활동 전위를 생성하기 시작하는 것을 학습이라고 추정한다. 비록 헵은 다른 세포와

인접한 하나의 세포 활동이 이들 간의 관계를 변화시킬 수 있다고 제안하였으나, 이것은 단지 과정과 관련하여 추정한 것이었다. 그러나 최근 연구들은 헵이 예상했던 것과 매우 유사한 기제들을 확인하고 있다.

군소의 학습

학습, 보충, 세분화가 가능하도록 하는 기제를 이해하는 데 있어 가장 큰 난점은 포유류의 가장 단순한 행동들에도 수많은 관련된 뉴런이 있다는 것이다. 2000년 3명의 생리학 및 의학 노벨상 수상자 중 한 사람인 에릭 캔들(Eric Kandel)과 동료들(Castellucci & Kandel, 1974; Dale, Schacher, & Kandel, 1988; Kandel & Schwartz, 1982; Kupfermann, Castellucci, Pinsker, & Kandel, 1970)은 껍질 없는 해양 연체동물인 군소(Aplysia)를 활용하여 이 문제를 해결하였는데, 이 동물은 상대적으로 단순한 뉴런 체제를 가지고 있었으나 세포 집합체의 행동을 보여 주었다.

이 해양 동물의 등 부분에는 아가미, 외투막(mantle shelf), 수관(siphon)이라는 3개의 외부 기관이 있으며, 이 세 가지 모두는 외투막이나 수관을 건드리면 반사적으로 수축된다. 이러한 반응-촉발 구조에 약하고 반복적인 자극을 주면, 수축 반응은 습관화된다. 즉, 수축 반응이 점차 사라지는 것이다. 따라서 처음에 외부의 자극으로 활성화되었던 하나의 순환은 보다 큰 신경 활동의 패턴에서 '제외'된다. 이러한 과정은 헵의 세분화 개념과 같은 맥락이다. 그렇다면 이러한 습관화는 어떻게 일어나는가?

캔들(Castellucci & Kandel, 1974)은 습관을 매개하는 결정적인 사건은 감각 뉴런으로부터 신경전달물질의 방출이 감소하는 것이라고 주장하였는데, 이것은 외부 기관의 반사적인 수축을 유발하는 행동 뉴런에 신호를 보내는 것이다. 감각 뉴런이 어떤 이유로, 어떻게 약하고 반복적인 자극을 무시하는 것을 학습하는지는 정확히 알려지지 않았다. 그러나 반응이 쉽게 재활성화된다는 사실은 습관이 피로나 신경전달물질의 단순한 고갈 이상의 어떤 것이라는 점을 확실히 보여 준다(Kupfermann et al., 1970).

민감화(sensitization)라고 불리는 재활성화 과

에릭 R. 캔들

정은 예를 들면 전기 충격이 동물의 꼬리(기관들의 근처에 있는)에 전달될 때 발생한다. 충격이 가해지면 약한 자극이 한 번 더 수축 반응을 일으킨다. 민감화는 습관화보다 복잡한 과정이다. 민감화에는 감각 뉴런이나 운동 뉴런 이외에도 추가적인 뉴런이 관련된다. 이러한 중간 뉴런(interneuron)은 감각 뉴런을 자극하여 기관의 수축을 통제하는 운동 뉴런에 추가적인 신경전달물질을 방출하도록 한다(Cleary, Hammer, & Byrne, 1989; Dale, Schacher, & Kandel, 1988). 따라서 민감화는 감각 뉴런, 중간 뉴런, 운동 뉴런으로 구성된 단순한 3요소의 세포 집합체와 관련된 것으로 보이며, '보충'이라는 개념을 포함한 헵의 모델을 제시한다. 독자들이 예측할 수 있듯, 캔들의 연구는 민감화와 관련된 것과 유사한 중간 뉴런의 매개 과정이 고전적 조건화의 기초가 된다는 것을 제시하는 것이다(Kandel & Schwartz, 1982).

장기 상승작용

캔들의 연구는 세포 간 소통의 패턴 변화가 어떻게 일어나는가에 대한 답을 부분적으로 제공하였고, 장기 상승작용(long-term potentiation: LTP)이라는 현상을 통해 추가적인 기제들이 드러났다(Bliss & Lømo, 1973; Lømo, 1966). 만일 기억의 경화와 관련된 해마의 일부가 약한 진동으로 전기 자극을 한 번 받는다면, 초기의 약한 진동으로 생성된 신경-전기적 활동의 전파 기록을 통해 해마의 다른 부분들과의 연결 강도를 유추해 볼 수 있다. 보다 세부적으로 살펴보면, 관통로(perforant path)라고 불리는 해마의 영역이 자극되었을 때 이 자극의 전파는 치상회(dentate gyrus)라고 불리는 해마의 다른 부위 안이나 근처에 기록된다. 기본적으로 약한 자극의 전파는 경미한 것이다. 만일 약한 진동 직후 보다 강하고 고주파인 전기 자극이 이어진다면, 관통로 세포와 치상회 세포 간의 관계는 극적으로 변한다. 고주파 자극 후, 관통로에 적용된 약한 전류는 치상회 안이나 근처에 보다 강한 활동을 생성한다. 더 강한 고주파 자극은 초기의 약한 자극의 효과를 상승(potentiate)시키며 이 효과는 수개월 지속될 수 있다([그림 14-6] 참조).

장기 상승작용(LTP)은 우리가 설명한 바와 같이 해마의 어떤 부분에서 발생한다. 약한 자극과 강한 고주파 자극이 동시에 일어나지 않는다면, 해마의 다른 부위에서는 LTP가 일어나지 않을 것이다. 캔들(1991)은 두 가지의 다른 LTP 현상이 있으며 전자는 비연합 학습(습관화와 민감화), 후자는 연합 학습에 대한 신경적 기초를 반영한다고 하였다. 연합적 LTP는 헵의 신경생리학적 가정들에서 설명한 사건들을 포함한다. 다시 말해, 수용 세포에 약한 영향을 미치는 발신 세포는 수용 세포가 자극되는 것과 동시에 보다 영향력을 가진 다른 발신 세포에 의해

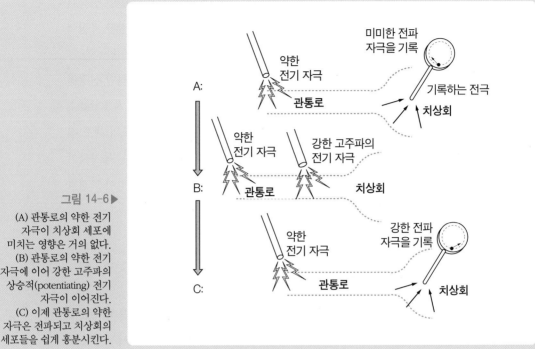

그림 14-6 ▶
(A) 관통로의 약한 전기
자극이 치상회 세포에
미치는 영향은 거의 없다.
(B) 관통로의 약한 전기
자극에 이어 강한 고주파의
상승적(potentiating) 전기
자극이 이어진다.
(C) 이제 관통로의 약한
자극은 전파되고 치상회의
세포들을 쉽게 흥분시킨다.

활성화된다. 보다 약한 발신 세포와 수용 세포가 동시에 활동하는 것은 이 두 세포 간의 전기화학적 민감성 관계를 변화시킨다. 신경과학자들은 이러한 배열에서 뉴런들 사이의 시냅스를 헵 시냅스(Hebbian synapse)라고 부른다.

많은 연구가 헵 시냅스에서 연합적 LTP의 기제를 밝히기 위해 노력해 왔다. 예를 들어, 글루타민산염이라는 신경전달물질은 그 효과를 중재하지만, 적어도 서로 다른 두 가지 유형의 수상돌기 수용체들이 관련된다(Cotman, Monaghan, & Ganong, 1988; Nakanishi, 1992). 이 중 하나인 NMDA 글루타민산염 수용체(적용된 화학적 절차 이후에 다른 글루타민산염과 구분하기 위해 명명)는 동일한 수용 세포에서 인접한 비NMDA 수용체들이 글루타민산염으로 자극되지 않는다면 활성화될 수 없다. 이 두 수용체가 동시에 자극된다면 NMDA 수용체는 활성화되고, 칼슘과 나트륨 모두가 수상돌기로 들어간다. 연구자들은 칼슘 이온이 비NMDA 수용체의 민감성을 어느 정도 증가시키는 효소에 의한 일련의 사건이 일어나도록 한다고 믿는다(Bading, Ginty, & Greenberg, 1993; Baudry & Lynch, 1993; Lynch & Baudry, 1984, 1991; Schuman & Madison, 1991).

처음에는 상승작용을 하는 자극이 초당 약 100펄스의 고주파가 아니라면, LTP는 일어나지 않을 것이라고 가정되었다. 뇌는 실험실에서 사용되는 고주파이고 상승작용을 일으키는 전파 같은 것은 좀처럼 생산하지 않기 때문에, LTP는 실험실에서의 현상일 뿐이라고 가정되었다. 흥미롭게도 쥐가 복잡하고 새로운 환경에 놓이고 탐색 행동(새로운 환경에 대한 학습이라고 가정한다면)을 하고 있을 때, 우리는 관통로 근처에서 시작되어 치상회 근처의 세포들에 영향을 미치는 내적으로 생성된 저주파(세타파라고 명명되는)를 기록할 수 있었다. 동일한 절차의 인위적 연구를 통해 LTP 현상을 유발한 바 있다(Vanderwolf, Kramis, Gillespie, & Bland, 1975). 연구들은 인공적으로 생성된 세타파는 전형적인 LTP 실험에서 사용된 강한 고주파 자극만큼 효과적으로 LTP를 생성함을 보여 준다(Diamond, Dunwiddie, & Rose, 1988; Staubli & Lynch, 1987). 이러한 발견들의 결과, 상승작용을 가진 내적 진동으로 매개되는 LTP는 이제 자연적인 학습이 일어나도록 하는 중요한 수단으로 간주되고 있다(Escobar, Alcocer, & Chao, 1998; Stanton, 1996).

학습에서 LTP의 역할에 대한 추가적인 증거들은 기억에 대한 알코올의 유해 효과에 대한 연구들을 통해서도 이루어지고 있다. 연구에 따르면 알코올이 NMDA 수용체를 방해하므로 유해 효과가 발생하며, 이로 인해 LTP의 문제에 이어서 학습에 지장이 생긴다는 것이다(Hicklin et al., 2011). NMDA 수용체의 문제는 알코올의 추가적인 효과에도 영향을 미칠 수 있다(Kauer & Malenka, 2007).

장기 억압

학습은 인지적이거나 운동적으로 성공적인 행동이 이루어지기에 필요한 새로운 세포 집합체와 국면 시퀀스를 보충하는 것과 관련되지만, 동시에 불필요하거나 부드럽고 효과적인 수행을 방해할 수 있는 국면 시퀀스의 제거와도 관련된다. LTP는 하나의 기제를 제공하는데, 이를 통해 세포 집합체나 국면 시퀀스 부분이 아닌 뉴런이 자극을 받고 보충될 수도 있다. 장기 억압(long-term depression: LTD)이라는 현상은 처음에 세포 집합체의 한 부분인 뉴런이 제거될 수 있는 기제를 제공한다. LTD에서 두 개의 발신 세포가 하나의 수용 세포를 자극하면, 수용 세포는 발신 세포의 활동에 반응을 보이지 않는다(Kerr & Abraham 1995). LTD는 소뇌, 해마의 일부(Akhondzadeh & Stone, 1996; Doyere, Errington, LaRoche, & Bliss, 1996), 대뇌 피질의 일부(Kirkwood, Rozas, Kirkwood, Perez, & Bear, 1999)에서 입증되어 왔다. 최근에는 LTD에서 NMDA 수용체의 역할은 불명확하며, 글루타민산염 이외에 다른 신경전달물질이 포함될 수 있다고 본다(Kirkwood et al., 1999).

신경가소성

수년간, 성체가 된 포유류의 뇌 시냅스 연결은 비교적 고정적이고 안정적이며, 성숙한 뇌에서의 변화는 기본적으로 세포가 죽고 위축되기 때문이라고 가정하였다. 그러나 최근 연구들은 이러한 가정이 적어도 부분적으로 잘못되었다고 지적한다. 신경가소성(neuroplasticity, 혹은 뇌가소성[brain plasticity])은 경험에 의해 뇌의 연결이 재조직되거나 수정되는 능력을 일컫는 용어이다. 우리는 이미 헵 시냅스나 LTP, LTD와 같은 다른 기제들을 학습하면서 신경가소성의 몇 가지 사례를 확인하였다. 몇몇 실험을 통해 다양한 유형의 뇌가소성이 성인기 내내 유지된다는 사실이 밝혀졌다(Azari & Seitz, 2000; Kolb, Gibb, & Robinson, 2003; Kolb & Whishaw, 1998). 가소성을 다루는 오늘날 선구적인 연구자들은 일생을 거쳐 새로운 시냅스의 연결이 발달한다고 자극하고 안내하는 헵 이론의 발견적 기능(2장 참조)을 신뢰한다(Gage, 2002; Kolb & Whishaw, 1998). 우리는 이어서 학습에 특히 주목하여 포유류의 뇌에서 관찰되는 가소성의 유형들을 살펴볼 것이다.

경험과 수상돌기의 발달　　우리는 앞서 풍요로운 환경이 학습을 촉진한다는 것을 살펴보았다. 몇몇 연구 또한 풍요로운 환경에서 학습이 증진되는 것이 뇌의 무게 증가, 신경전달물질의 수준 증가, 기타 뇌의 물리적 변화들과 연합되어 있음을 보여 준다(Diamond, Lindner, & Raymond, 1967; Greenough & Chang, 1989; Kolb, Gibb, & Gorny, 2003; Rosenzweig & Bennett, 1978). 이러한 풍요로운 환경에 의한 변화들은 매우 신속하게 발생할 수 있다. 성인이 의미 없는 음절들과 녹색, 파란색의 색조들을 연합시키는 학습을 하는 동안 시각 피질 부위의 회백질 밀도가 단지 두 시간 만에 증가하기도 한다(Kwok et al., 2011).

특히 흥미로운 부분은 경험을 통해 뉴런의 수상돌기 길이와 수상돌기에 있는 수용체의 개수 모두가 변화하는 것을 확인하였다는 것이다. 뉴런의 시냅스는 95% 이상이 수상돌기에 있으므로(Kolb, Gibb, & Robinson, 2003; Kolb & Whishaw, 1998; Schade & Baxter, 1960), 수상돌기 길이와 수용체 개수의 증가는 새로운 시냅스 연결이 증가한 결과이며, 행동적이고 인지적인 변화에 반영될 가능성이 크다. 예를 들면, 인간의 뇌를 대상으로 한 제이컵스, 쉘과 샤이블(Jacobs, Schall, & Scheibel, 1993)의 사후(死後) 실험에 따르면, 언어와 관련된 대학 졸업자들의 뇌 영역에 있는 수상돌기는 고등학교 졸업자들의 것보다 복잡하였다. 유사하게 고등학교 교육을 받은 사람들의 뇌에서 언어 영역의 수상돌기는 교육 수준이 더 낮은 사람들보다 분화되어 있었다. 여성들은 보통 언어 능력 평가에서 남성에 비해 높은 점수를 받는데, 연구자들은 언어와 관련된 (사망한) 여성의 뇌 영역의 수상돌기 조직이 남성보다 정교한 것도 발견하였다. 다른 연구에서는 고차원적 사고를 통제한다고 여겨지는 뇌 영역의 수상돌기가 손가락과 관련된 뇌 영역보다 분화되었으며, 손가락과 관련된 뇌 영역의 수상돌기는 몸통과 관련된 영역보다 분화되었다고 확인하였다. 따라서 매우 섬세한 인지적 절차를 중재하는 수상돌기들은 복잡성이 중간 정도인 기능(손가락 교치성[finger dexterity])을 통제하는 수상돌기보다 정교하다. 게다가 손가락과 관련된 영역과 몸통과 관련된 영역 간의 수상돌기 조직의 차이는 피아노 연주와 같이 손가락 교치성을 요구하는 특수한 기술을 학습한 사람의 경우 더욱 뚜렷하게 나타난다(Scheibel, Conrad, Perdue, Tomiyasu, & Wechsler, 1990). 인간 외의 동물을 대상으로 한 다수의 연구는 뇌의 특정 부분을 자극하는 경험에 노출된 이후 수상돌기가 정교화될 것이라 예측한다(개관을 위해 Kolb & Whishaw, 1998 참조).

수상돌기의 발달 수준 증가가 항상 바람직한 것으로 여겨져서는 안 된다. 코카인이나 암페타민과 같은 신경 자극제는 측위 신경핵(nucleus accumbens)의 수상돌기를 정교화한다(Kolb, Gorny, Li, Samaha, & Robinson, 2003; Li, Kolb, & Robinson, 2003; Robinson & Berridge, 2003). 그러나 이러한 구조 변화는 중독자들의 갈망과 강박 행동의 원인이며, 아마도 중독자들이 정신 자극제 복용을 중단하였을 때 경험하는 인지적 어려움과도 관련된다(Hamilton & Kolb, 2005). 게다가 니코틴을 포함한 신경 자극제에 노출되는 것은 환경적 풍족함과 같은 보다 긍정적인 경험과 연합되는 수상돌기의 분화를 억제할 수 있다(Hamilton & Kolb, 2005; Kolb et al., 2003).

최후의 가소성을 확인한 게이지(Gage)와 동료들(Gage, 2002; Gage et al., 1995; Palmer, Ray, & Gage, 1995; Palmer, Markakis, Willhoite, Safar, & Gage, 1999)은 신경 발생(neurogenesis)이라는 새로운 뉴런의 발생과 발달이 인간을 포함한 많은 동물의 뇌의 일부에서 성인기에 일어난다고 보았다. 특히 (이미 학습과 기억에 관련된) 해마의 치상회 부분, 후각신경구(olfactory bulb)와 연결된 전뇌 구조의 부분은 줄기 세포의 속성을 가진 세포를 생성하였다. 이러한 세포는 뉴런, 신경교 세포(glia), 모세혈관으로 구분될 수 있다. 이는 적어도 해마와 같이 학습에 결정적인 뇌의 한 부분은 유기체의 일생에 거쳐 새로운 뉴런을 생성하고 세포를 지원할 수 있음을 의미하는 것이다.

신경 생성의 어떤 측면들은 상당히 예측하기가 용이하다. 예를 들어 새로운 학습이나 적어도 어떤 유형의 새로운 학습은 신경 발생을 요구한다. 쇼어스와 동료들(Shors et al., 2001)은 온전한 해마의 기능을 요구하는 고전적 조건화 방식의 학습은 신경 발생이 화학적으로 차단되면 일어나지 않는다고 주장하였다. 로이너와 동료들(Leuner et al., 2004)은 유사한 조건화 과제를 사용한 결과, 가장 수행 수준이 좋은 쥐들은 수행 수준이 저조한 쥐들에 비해 새롭게 발달된 해마의 세포를 더 많이 가지고 있다고 하였다. 학습 과정에서 이미 존재하던 어떤 세포들이 죽어야 한다는 것은 '동전의 양면'과 같다. 따라서 우수한 학습은 새로운 세포의 탄생과 오래된 세포의 제거 모두에 의해 나타난다(Abrous, Koehl, & LeMoal, 2005).

뇌 손상 후의 재학습   뇌졸중에 따른 것과 같은 뇌 손상으로 뉴런은 죽는데, 이런 세포들은 재생되지 않는다. 보통 뇌졸중 이후 손을 움직일 수 없거나 언어 능력을 상실하는 것은 손을 통제하거나 언어와 관련된 각각의 세포가 죽었기 때문이다. 이런 손상에 따른 재앙에도 불구하고, 어떤 환자들은 뇌졸중으로 인한 증상을 부분적으로 혹은 완전히 회복하기도 한다. 연구자들은 이러한 회복이 해당 문제의 기술과 전형적으로 관련되지 않는 뉴런들에서의 보충을 통해 이루어진다고 믿는다. 헵 연구의 관점에서 회복은 새로운 세포 집합체와 국면 시퀀스가 발달하는 것과 관련된다. 아자리와 세이츠(Azari & Seitz, 2000)는 양전자방사층촬영술(positron emission tomography: PET)을 사용하여, 사실 뇌졸중 이후의 회복은 손상되지 않은 뇌에서는 전형적으로 관찰되지 않는 시냅스 패턴의 보충 때문이라고 하였다. 코넬리슨과 동료들(Cornelissen et al., 2003)은 뇌자도(magnetoencephalography: MEG)라는 대안적 기술을 사용하여 실어증(anomia, 흔한 대상의 이름을 말하지 못하는 증상)을 보이는 뇌졸중 환자들을 연구하였다. 이들 연구자에 따르면 특별한 훈련을 제공하여 검사 자극이 주어지는 경우 새로운 시냅스 경로가 발달하지만, 이 특별 훈련이 제거된 통제 자극이 주어지는 경우에는 시냅스 경로의 발달이 확인되지 않았다. 즉, 새로운 뇌 활동은 대상을 명명할 수 있는 일반적인 과정이 회복된 것이라기보다는 특별한 훈련에 의한 것이었다.

쥐를 대상으로 한 실험 연구도 신경 발생이 뇌 손상의 회복에 기여할 수 있다고 제안한다. 다실레이, 헬드만, 린드볼과 코카이아(Darsilai, Heldmann, Lindvall, & Kokaia, 2005)는 중뇌동맥(middle cerebral artery)을 인위적으로 차단하여 쥐의 뇌졸중을 유발하였다. 뇌졸중은 일반적으로 쥐들에게 신경 발생을 유발하는데, 나이 든 쥐에게는 해마에서 신경 발생이 감소하였다. 그러나 어린 쥐들에게는 다른 영역에서 신경 발생이 확인되었다. 즉, 학습뿐만 아니라 심각한 뇌 손상은 복구 기제로서 신경 발생을 유발할 수 있다.

뇌졸중으로 인한 손상은 다소 예측이 어렵지만, 과도한 알코올 섭취로 인한 뇌 손상은 그렇지 않다. 만성적인 알코올 섭취는 인지적 손상은 물론 뇌의 형태학적 변형을 유발하는데, 이들 모두 알코올 섭취가 중단되었을 때 부분적으로 회복된다. 닉슨과 크루스(Nixon & Crews, 2004)는 쥐를 대상으로 실험 연구를 실시하여 만성적 알코올 섭취 기간에는 신경 발생이 억제되었으나, 금지한 후에는 극적으로 증가하였다고 보고하였다. 이는 인지적 기능의 회복과 관련된 잠재적인 기제가 있음을 보여 주는 것이다.

복합적 기제　수많은 요인이 신경가소성에 영향을 미치고, 이러한 기제의 상당수는 동시에 작동할 수 있다. 가소성이 뉴로트로핀(neurotrophins)이라는 성장 자극 단백질에 의해 조절된다는 사실은 상당한 동의를 얻고 있다. 예를 들어, 신경 성장 인자(nerve growth factor: NGF)와 뇌 유리 신경 성장 인자(brain derived neurotrophic factor: BDNF)는 가소성을 증가시킨다(Gottschalk et al., 1999; Kolb, Cote, Ribeiro-Da-Silva, & Cuello, 1996; Kolb, Gorny, Cote, Ribeiro-Da-Silva, & Cuello, 1997; Lu, 2003). 더욱이 성 호르몬은 뉴런의 형태를 결정하는 중요한 역할을 하며, 성 호르몬의 순환 수준은 가소성의 결정적인 매개 요인이다(Fernandez et al., 2003; Juraska, 1990; Juraska, Fitch, & Washburne, 1989; Kolb & Stewart, 1995; Stewart & Kolb, 1994). 임상적 우울증이 가소성을 낮추는 것과 같이(Laifenfeld, Klein, & Ben-Shachar, 2002; Sapolsky, 2000) 스트레스는 가소성 수준을 감소시키지만(Maroun & Richter-Levin, 2003; McEwen, 2001; Vyas, Mitra, Rao, & Chattarji, 2002), 새로운 연습과 경험은 가소성을 증가시킨다(Black, Isaacs, Anderson, Alcantara, & Greenough, 1990).

매우 흥미로운 가소성 기제는 '침묵 시냅스(silent synapse)'이다(예: Atwood & Wojtowicz, 1999). 침묵 시냅스는 여러 이유로 기능하지 않지만, 학습하는 동안에는 기능을 수행하고 활성화되는 시냅스의 연결이다. 축색 말단에서 아무런 신경전달물질도 방출되지 않기 때문에, 이러한 시냅스는 뉴런이 정상적인 활동 전위를 생성하더라도 침묵할 수 있다. 다른 관점으로는 수용체 부분이 다소 비활성화되었기 때문에 침묵하는 것일 수도 있다. 이 두 가지 기제 모두에 대한 증거들이 제시되고 있으며(Bekkers, 2005; Cabezas & Buño, 2006; Voigt, Opitz, & Dolabela de Lima, 2005; Voronin & Cherubini, 2004), 침묵 시냅스가 활성화 상태로 전환되는 기제에 대한 탐색이 계속되고 있다.

신(新)연결주의

인공 세포와 인공 세포 집합체

헵은 컴퓨터 시뮬레이션의 추상적 세계에서 자신의 아이디어가 구현될 것으로 기대하지 않을 것이다. 하지만 신경 시스템의 학습을 이해하는 최근의 접근들은 실제 뉴런들에는 전혀 관련이 없고, 뇌 세포의 컴퓨터 모델을 통해 학습, 기억, 망각 등 뇌 활동을 탐색한다. 이 분야의 영향력 있는 연구자들인 데이비드 럼멜하트(David Rumelhart)와 제임스 맥클리랜드(James McClelland)는 뇌가 동시적이고 병렬적인 정보처리 활동을 수행한다는 가정을 가지고 자신들의 접근을 병렬분산처리(parallel distributed processing: PDP)라고 명명하였다(McClelland & Rumelhart, 1988; Rumelhart, McClelland, & PDP Reserch Group, 1986). 이 분야에서 합의된 명칭은 없었으나 이러한 접근을 신(新)연결주의라 하며, 이에 사용되는 모델은 신경 네트워크(neural networks)[2]라고 불린다(Bechtel & Abrahamsen, 1991).

이러한 컴퓨터 시뮬레이션에서의 기본 과제는 우선 컴퓨터 뉴런 세트, 이들의 잠재적인 연결성, 관계를 정의하는 것이다. 다음으로 우리가 실제 뉴런을 통해 이해한 다수의 단순화된 가정을 인공 뉴런에 반영하는 것이다. 여기에 단순하고 논리적인 학습 규칙은 각각의 컴퓨터 뉴런들과 이들 사이의 상호 연결 속에서 발생하는 변화를 조절한다. 마지막으로 인공 뉴런 신경계는 '훈련을 받고', 이 경험을 통해 어떠한 변화가 일어나는지 관찰한다.

패턴 연합자(pattern associator)라는 신경 네트워크의 간단한 사례(Bechtel & Abrahamsen, 1991; Hinton & Anderson, 1981; Rumelhart, McClelland, & PDP Reserch Group, 1986)는 관련된 아이디어를 보여 줄 수 있으나, 보다 복합적인 현상이 신경 네트워크의 모델이 되었다는 것을 명심해야 한다.

우선, [그림 14-7]의 간단한 요소들을 살펴보자. 이러한 특정 네트워크는 단지 두 개의 입력 뉴런과 두 개의 출력 뉴런이라는 네 가지 요소만을 포함한다. 이는 각각 감각 뉴런과 운동 뉴런이라고 간단하게 생각할 수 있다. 점선은 이들 요소 사이에 가능한 신경 연결을 보여 준다.

---

2) 역자 주: 신경생리학 분야에서는 주로 '신경망'으로 번역하지만, 이것이 컴퓨터 모델에서 사용되는 개념이라는 점을 감안하여 이 책에서는 '신경 네트워크'로 번역함.

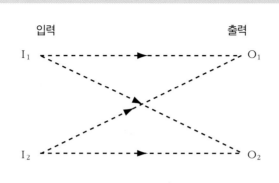

환경으로부터의 입력(혹은 컴퓨터 프로그래머)은 입력 뉴런을 활성화한다. 출력 뉴런은
① 입력 단위들의 연결 강도와 ② 출력 뉴런과 연결된 입력 뉴런의 수에 따라서 활성화될 것이
다. 이러한 출력 활성화 규칙은 실제 뉴런의 총합(summation) 속성을 반영한다. 총합이란 하나
의 뉴런이 주위 세포의 입력을 추가하고, 이러한 입력의 전체 합이 이 세포의 활동 수준을 결
정한다는 것이다. 규칙은 다음과 같다.

$$A_o = \Sigma\,(w_{oi})A_i$$

이 공식은 한 단위의 출력 활동(A_o)은 단순히 연결 강도(w_{oi})에 의해 가중된 입력 활동(A_i)의
총합이라는 의미이다. 따라서 가상의 시스템에서 학습된 것이 없다면 전체는 '0'이며, 감각
적 입력은 운동 출력에 아무런 효과도 없다는 점을 가정할 수 있다.

우리의 네트워크에 소나무와 가문비나무를 변별하도록 학습시키려고 한다고 생각해 보
자. 우리는 이 시스템이 소나무 장면이 입력될 때마다 '소나무'라고 이야기하고, 가문비나무
를 인식할 때마다 '가문비나무'라고 효과적으로 이야기하길 기대하고 있다. 실제 신경계에
서는 표식이나 이름표가 감각 입력이나 운동 출력에 붙지 않는다는 점을 기억하자. 단순하게
말하면, 소나무 광경을 보여 주는 감각 입력과 소나무라는 단어를 말하는 것으로 나타나는
운동 출력은 단지 신경계의 흥분과 억제 패턴에 지나지 않는다. 우리는 우리의 가상적인 신
경 네트워크에 '소나무'와 '가문비나무'를 표상할 수 있는 것이다. 우리는 임의적으로 '소
나무'에 감각 코드(+1, -1)를 부여하고, 첫 감각 요소는 +1의 흥분 활동이고, 두 번째 감각
코드는 -1의 억제 활동이라고 할 수 있다. 반대로, '가문비나무'는 (-1, +1)의 감각 코드를
부여받아, 첫 번째와 두 번째 감각 뉴런 각각에서 -1의 억제 활동과 +1의 흥분 활동을 나타

낼 수 있다.

당신은 이제 (+1, -1)은 '소나무' 이고, (-1, +1)은 '가문비나무' 라는 것을 알았으며, 이미 이런 두 유형의 나무를 범주화할 수 있다. 물론 문제는 컴퓨터의 신경 네트워크가 정확하게 범주화할 수 있도록 가르쳐서 두 가지 종류의 입력을 확실하게 변별하는 것이다. 다시 말해, (+1, -1)이 감각 입력으로 부여되면 첫 번째 운동 뉴런이 +1을 출력하고 두 번째 뉴런은 -1을 출력하면서, '가문비나무' 라는 반대 패턴의 입력과 구분하는 것이다. 이를 성공시키기 위해 우리는 시스템을 훈련시켜야 한다. 특히 바람직한 입력-출력 관계가 형성되도록 감각 요소와 운동 요소 간의 연결을 발달시킬 필요가 있다. 세포는 스스로 (+1)을 흥분시키거나 (-1)을 억제하는 것을 학습하지 않는다. 실제 뉴런과 마찬가지로, 흥분되거나 억제되는 능력은 세포의 타고난 속성들이라고 가정된다. 학습은 세포들 간의 연결 속에서 일어나며, 연결의 종류와 강도 모두가 신경 네트워크에서 훈련되는 것이다.

이 시점에서 우리의 컴퓨터 시스템이 세포들 간 연결을 변화시킬 수 있도록 하는, 논리적이지만 임의적인 학습 규칙을 적용해야 한다. 가장 간단한 규칙은 헵 규칙(Hebb rule, 혹은 Hebbian rule)이라고 불리는 것으로, 동시에 활성화되는 두 세포 사이의 연결은 강화되거나 더욱 효과적일 것이라는 헵의 주장을 드러내는 수학적 진술이다. 헵 규칙은 다음과 같다.

$$\varDelta w_{oi} = 1\text{rate}\,(A_i)(A_o)$$

$\varDelta w_{oi}$는 입력과 출력 사이 연결의 강도나 가중치의 변화이다.

1rate는 학습률을 반영하는 상수이다.

A_i는 입력 단위의 활성화 값의 수준이다.

A_o는 출력 단위의 활성화 값의 수준이다.

간단한 이 사례에서 활성화 값은 -1이나 +1일 것이다.

이 규칙은 두 개의 단위가 같은 방향으로 활성화되면(둘 다 +1이거나 둘 다 -1), 두 활동의 결과물은 양의 값(positive)이고, 따라서 연결 가중치는 더욱 양적일 것임을 나타낸다. 혹은 동시에 다른 방향으로 활성화되면(한 요소는 +1, 다른 요소는 -1), 결과물은 음의 값(negative)이며 연결의 가중치는 보다 음의 값이 된다. '소나무' 와 '가문비나무' 사례에서 연결의 변화가 어떠할지 쉽게 알 수 있다.

모든 가중치나 연결 세트는 '0' 에서 시작할 것이며, 학습률(1rate)은 $1/n$과 같다. 여기서

n은 입력 단위의 수이다. 다시 말하면, 우리 사례에서 학습률은 1/2이다(이것은 일회시행 학습을 가정한 임의적인 조건이고, 단순화된 사례로 이상적인 것이다).

우리는 네트워크에 '소나무'를 훈련시키거나 가르치면서 시작할 수 있다. 컴퓨터 프로그램이 첫 번째와 두 번째 출력 단위에 대해 입력의 활성화 값을 +1과 −1로 설정하고, 출력 세포의 활성화 값은 첫 번째 세포에서는 +1을 기대하는 값으로, 두 번째 세포에는 −1을 기대하는 값으로 설정한다. 다음의 행렬은 훈련을 시작하는 시점의 입력, 출력, 가중치(연결 강도)를 보여준다.

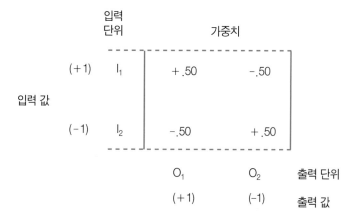

여기서는 초기 값 0에서 연결 강도를 변화시키기 위해 헵 규칙을 사용한다. 예를 들어, 학습 공식에 간단히 대입하여 입력 단위 1과 출력 단위 1 간의 연결을 다음과 같이 변화시킬 수 있다.

Δw는 첫 입력과 첫 출력 뉴런의 활성화로 인한 (0값에서부터의) 변화의 양이다

$$A_i \qquad = \text{입력 1의 활성화} = +1$$
$$A_{\hat{o}} \qquad = \text{출력 1의 활성화} = +1$$
$$1rate \qquad = \tfrac{1}{2}$$
$$\text{따라서 } \Delta w \quad = \tfrac{1}{2}(+1)(+1) = \tfrac{1}{2} \text{ 또는 } .50$$

다른 가중치들도 변화할 것이고, 신경 네트워크를 훈련한 이후에 가중치는 다음과 같은 값을 가질 것이다.

우리는 학습이 효과적인지 살펴보기 위하여, 출력 활성화(총합) 규칙에 따라 입력하고 네트워크가 자신의 출력을 생성하도록 하면서 신경 네트워크를 시험할 수 있다. '소나무'에 대한 입력으로 (+1, −1)이 주어질 때 출력 세포 1은 (.50)(+1)+(−.50)(−1)을 더하여 +1을 산출하고, 출력 2는 (−.50)(+1)+(.50)(−1)을 더하여 −1을 산출한다. 네트워크는 (+1, −1)이라는 적절한 반응을 생성한다. 이러한 결과는 '소나무'라는 입력과 출력 값으로부터 가중치와 연결 강도가 형성되었기 때문에 신뢰할 수 있다. 놀라운 것은 훈련된 시스템에 '가문비나무'(−1, +1)라는 입력이 주어졌을 때 발생하는 출력이다. 이를 시도해 보자.

역전파 체계   신경 네트워크 관련 연구는 이 책의 범위를 넘어서는 복잡한 수준이고, '소나무'와 '가문비나무'라는 간단한 사례는 이미 상당한 가능성을 보여 준 영역을 소개하는 정도에 지나지 않는다. 열 개의 입력과 열 개의 출력에 수많은 중간의 단위가 더해진 네트워크를 상상해 보자. 일반적인 조합 규칙은 동일할지라도, 단순한 설명과 사례들은 단지 이러한 네트워크가 흉내 내는 현상을 언뜻 보는 것에 불과하다. 그러나 단순한 헵의 학습 규칙은 보다 정교화된 네트워크에서 델타 규칙의 형태로 대체되는데(McClelland & Rumelhart, 1988; Rumelhart, McClelland, & PDP Reserch Group, 1986), 이는 종종 역전파 규칙(back propagation rule)이라 불린다. 델타 규칙의 기본은 다음과 같다.

$$\Delta w_{oi} = 1\text{rate}\,(d_o - A_o)(A_i)$$

이 공식은 출력 활성화 용어가 더 복잡하다는 점을 제외하고 헵 규칙과 유사하다. d_o는 하나의 단위에 대하여 기대하는(desired) 출력을, (A_o)는 실제(real) 출력을 의미한다. 이 체계는 연결 강도를 변화하도록 프로그램되어서 기대하는 것과 실제 출력 간의 차이가 최소화되도록 한다. 출력과 목표 상태가 일치되도록 연결 강도를 조절하는 것은 어느 정도 자기 수정적인 학습 규칙이다. 만약 (d_o-A_o)이 '0' 이 된다면, 가중치는 더 이상 변하지 않고 학습은 완료된다.

NETtalk(Sejnowski & Rosenberg, 1987)는 신경 네트워크 연구자들 사이에서 상당한 관심을 받은 역전파 체계이다. 이 시스템은 7개의 창을 가진 컴퓨터 스캐닝 도구로 구성되어 있는데, 각각은 인쇄된 영어 알파벳 글자를 하나씩 스캔할 수 있다. 각 스캔 창은 네트워크에서 29개의 입력 장치(unit)에 연결되어 있다. 출력은 26개 장치들로 구성되어 있으며, 각각은 영어에서 별도의 음소(phoneme)를 표상한다. 이어서 각각의 출력 장치들은 음성 합성기를 통해 세부적인 음소를 생성하도록 프로그램된다. 입력 장치들과 출력 장치들 사이에는 삽입되거나 숨겨진 80개의 장치가 있다. 입력 장치 모두는 숨겨진 장치들 모두와 연결되어 있고, 숨겨진 모든 장치는 각각의 출력 장치와 연결되어 있다. 따라서 NETtalk에는 $7 \times 29 \times 80 \times 26$ 혹은 18,320개의 가중치가 부여된 연결이 존재한다. 처음에 가중치는 무선적으로 배정된다. 그리고 입력으로서 인쇄된 단어가 스캔이 되면, 무선적으로 왜곡된 소리가 출력된다. 역전파 규칙은 시스템의 실제 출력이 각각의 단어를 표상하여 바람직한 출력에 좀 더 근접하도록 가중치를 조정하기 위해 사용된다. 결국 NETtalk는 단어를 소리 내어 읽게 된다. 흥미롭게도 1,000개의 단어를 활용한 초기 훈련 이후, 비록 초보자들에게 흔히 발생하는 실수들이 여전하지만 NETtalk는 훈련에는 포함되지 않은 단어를 정확하게 읽을 수 있다. 예를 들어, '거친(rough)' 이라는 단어가 훈련에 포함된다면, '힘든(tough)' 이라는 새로운 단어를 정확하게 읽을 것이다. 하지만 '반죽(dough)' 이라는 새 단어는 틀리게 읽을 것이다.

클라크(Clark, 1990)는 NETtalk가 소리 내어 읽는 것을 다음과 같이 학습한다고 설명하였다.

네트워크는 (선택된 요소들[parameter] 내에서) 숨겨진 장치의 가중치와 연결을 무선적으로 배정하면서 시작된다. 즉, 여기에는 글에서 음소로 변환하는 어떤 규칙에 대한 아이디어도 없다. 과제는 반복적인 훈련에 노출되면서 특별히 까다로운 인지적 영역을 뛰어넘는 것을 학습하는 것이다. (글과 음소 사이의 전환에 비규칙성, 하위 규정들, 맥락에 대한 민감성 등이 있기 때문에 까다롭다.) 학습은 역전파 학습 규칙을 통해 표준적인 방식으로 진행되었다. 이러한 과업은 시스템에 입력을 부여하고, 결과를 점검하고(전산화된 '감독자'에 의해 자동적으로 수행), 어떤 결과를 산출(즉, 음소 코드)해야 하는지에 대해 이야기하면서 이루어진다. 그러면 학습 규칙은 시스템이 올바른 출력을 하려는 방식으로 1분마다 숨겨진 단위들에 가중치를 조정하도록 한다. 이러한 절차는 수천 번 반복된다. 이상하게도 이 시스템은 느리지만 들을 수 있는 수준으로 영어 텍스트를 발음하는 것을 학습한다. 웅얼거리는 상태에서 절반 정도 인지할 수 있는 단어들로 변화하고, 상당히 신뢰할 만한 최종 수행으로 이어진다(p. 299).

신경 네트워크 연구를 단순히 '컴퓨터의 능력(computership)', 즉 우리가 이미 알고 이해하는 현상을 재창조하는 정교한 컴퓨터 프로그램을 만들어 내는 숙련된 컴퓨터 프로그래머로 결론짓는 것은 옳지 않다. 신(新)연결주의에서 네트워크는 기억이 한두 개의 뉴런에 한정되는 것이 아니라 분산되어 있다는 헵의 학습 규칙이나 래슐리의 주장과 같은 상대적으로 단순한 가정에서 출발한다. 이러한 관점으로부터, 신경 네트워크는 이전에 설명되었던 패턴 인식만큼 단순하고, 언어 학습이나 뇌 손상의 회복만큼 복잡한 과정의 시뮬레이션을 구성해 왔다. 현대의 연구자들은 신경 네트워크를 활용하여 인간의 뇌가 어떻게 각기 다른 음의 높이와 주파수를 감지하고(May et al., 1999), 우리가 어떻게 숫자의 개념과 숫자 세기를 정신적으로 표상하며(Anderson, 1998), 파킨슨병(Mahurin, 1998)이나 알츠하이머병(Tippett & Farah, 1998)과 같은 장애가 뇌에 어떤 영향을 미치는지에 대한 우리의 이해를 돕는다. 앞으로 우리는 신경 네트워크에 대한 더 많은 자료를 접할 수 있을 것이라 기대한다.

헵의 교육론

헵은 학습에 두 가지 종류가 있다고 보았다. 첫 번째 유형은 유아기와 아동기 초기에 세포 집합체와 국면 시퀀스들이 점진적으로 형성되는 것과 관련된다. 이러한 초기 학습으로 환경 속의 대상과 사건들은 신경학적 표상을 갖게 된다. 이러한 신경 발달이 이루어지면, 아동은 대상이나 사건 혹은 일련의 대상과 사건을 물리적 존재 여부와 상관없이 생각할 수 있다. 어떤 의미에서 이제 이런 환경적 대상들의 복사물이 아동의 신경계에 존재하는 것이다. 초기 학습이 일어나는 동안, 다양한 장면, 소리, 재질, 모양, 대상 등을 포함한 풍요로운 학습 환경이 중요하다. 환경이 복잡할수록 신경학적 수준에서 더 많은 표상이 일어난다. 신경 수준에서 표상되는 것이 많을수록 아동이 사고하는 것도 많아진다. 따라서 헵의 연구를 지지하며 어린 아동을 상대하는 교사들은 다양성을 가진 교육적 환경을 창조하려 할 것이다. 헵에 따르면 초기의 학습이 이루어지는 동안 어떤 연합주의적 원리가 작용할 수 있다. 세포 집합체와 국면 시퀀스의 발달에 가장 중요한 영향을 미치는 것으로 보이는 것은 근접과 빈도의 원리이다. 예를 들면, 일련의 환경적 사건이 충분히 자주 발생하면 이것은 신경학상으로 하나의 국면 시퀀스로 표상된다. 강화와는 아무런 상관이 없다.

헵에 의하면 두 번째 유형의 학습은 연합주의 원리보다는 형태주의 원리로 더 잘 설명된다. 일단 세포 집합체와 국면 시퀀스가 생애 초기에 발달되면, 이어지는 학습은 전형적으로 이것들의 재배열과 관련된다. 다시 말해, 일단 구성 요소가 형성되면, 이것들은 거의 무한한 경우의 수로 재배열될 수 있다. 그러면 이후 학습은 지각력을 활용하고, 빠르며 통찰적으로 이루어진다. 연령이 높은 아동을 가르치는 교사들의 역할은 아동들이 이미 알고 있는 것을 새롭고 창의적인 방식으로 볼 수 있도록 돕는 것이다.

헵은 또한 학습 환경의 물리적 조건이 중요하다고 말한다. 어떤 과제, 어떤 아동이 주어지더라도 가장 효과적인 학습이 이루어지도록 하는 최적의 각성 수준이 있다. 각성 수준은 우선 외부 자극에 의해 통제되므로, 학습 환경에서의 자극 수준은 학습이 얼마나 일어나는가를 상당 부분 결정할 것이다. 만일 너무 많은 자극(예: 교실 소음)이 주어지면 학습은 어렵다. 반면 충분한 자극이 없어도(예: 너무 조용한 교실) 학습은 어렵다. 현재의 과제와 학생 모두에게 적절한 수준의 자극이 필요한 것이다.

요약

헵은 시카고 대학교에서 래슐리와 함께 연구하는 동안, 뇌는 행동주의자와 연합주의자가 생각한 것처럼 복잡한 교환대만큼 복잡하게 움직이지 않는다고 확신했다. 이보다는 상호 연결된 전체로 작용한다고 보았다. 헵은 펜필드와 함께 연구하면서 인간 뇌의 많은 부분이 지적 기능의 어떤 소실도 없이 제거될 수 있다는 점을 관찰하였고, 이를 통해 이러한 뇌의 형태주의적 개념이 강화되었다.

헵의 주요 이론적 용어는 세포 집합체와 국면 시퀀스였다. 세포 집합체는 환경적 대상들과 연합된 신경 꾸러미이다. 이러한 신경 꾸러미가 이와 연합된 대상 없이 자극을 받는다면, 그 대상에 대한 아이디어가 경험된다. 국면 시퀀스는 일련의 상호 관련된 세포 집합체들이다. 전형적으로 특정 사건들이 연속적으로 환경 내에서 함께 일어난다면, 이것들은 국면 시퀀스로서 신경 수준에서 표상된다. 국면 시퀀스가 자극받으면 관련된 아이디어들이 흘러나온다. 헵은 두 가지 유형의 학습이 있다고 보았다. 첫째는 생애 초기에 세포 집합체와 국면 시퀀스가 천천히 형성되는 것이다. 둘째는 성인기에 보다 통찰적인 유형의 학습이 일어나는 것이다. 성인 학습은 세포 집합체와 국면 시퀀스의 발달이라기보다는 이것들의 재배열이다.

각성 이론에서는 각성이 너무 높거나 너무 낮아서도 안 된다고 주장한다. 주어진 과제에 대하여 최적의 수행을 보이기에 각성이 너무 낮을 때 각성을 높여 주는 것은 강화이다. 각성 수준이 너무 높아 이를 낮춰 주는 것도 강화이다.

관련 연구들은 상대적으로 단순한 감각 환경에서 양육된 동물에 비하여 풍요로운 감각 환경에서 성장한 동물들이 이후 우수한 학습자가 된다고 본다. 헵은 풍요로운 환경이 보다 복잡한 신경 회로를 발달시키고, 이것이 이후 학습에 적용될 수 있기 때문이라고 설명한다.

헵은 기억에 두 가지 유형의 기억(장기 기억, 단기 기억)이 있다고 믿었다. 단기 기억의 유지 시간은 1분 이하이며, 환경적 사건으로 유발되는 반향적 신경 활동과 연합된다. 하나의 경험이 충분히 자주 반복되면 장기 기억으로 저장된다. 단기 기억이 장기 기억으로 전환되는 과정을 경화라고 한다. 경화 중에 외상적 경험을 하게 되면, 단기 기억이 장기 기억으로 전환되는 것은 방해를 받는다. 연구에 따르면 전체 경화 시간은 약 한 시간이며, 최근 연구에서는 각기 다른 유형의 장기 기억에 각기 다른 경화 기제가 있다고 보고한다.

헵의 이론적 작업은 다양한 신경생리학적 현상들에 대한 연구를 자극해 왔다. 올즈와 밀너가 헵의 실험실에서 각성 체계에 대한 연구를 하면서, 우연히 뇌에서 강화 중추를 발견하였다. 에릭 캔들과 같은 연구자들은 하나의 뉴런과 소집단 뉴런을 확인하면서 실제 세포 집합체와 국면 시퀀스를 형성할 수 있는 기제를 발견했고, 헵의 이론은 신경계에서 성인 가소성에 대한 최근의 발견을 이끌었다. 컴퓨터 과학자들은 신경계에 대한 헵의 아이디어를 사용하여, 인간의 언어 학습, 뇌 손상의 회복, 인간 뇌의 다양한 질병의 진행 과정만큼 다양한 현상을 모방한 컴퓨터 모델을 만들었다.

헵 이론에 대한 평가

공헌

헵의 가장 중요한 공헌은 우리가 하나의 뉴런이나 시냅스를 기본적인 도구로 사용하여 보다 고차원적인 인지 과정을 연구할 수 있도록 개념적으로 설명한 것이다. 이러한 측면에서 헵의 위상은 추상적인 자극-반응 연결에 의존하는 이론들과 차별화된다. 심리학이나 신경과학의 현대 연구들이 시냅스의 활동과 모든 고차원적 뇌 현상의 기본 관계를 당연시하지만, 헵은 이를 연결하고 시냅스의 변화를 통해 구성되는 고차원적 과정을 간단한 모델로 만들어 낸 첫 연구자였다. 헵의 이론은 처음 소개된 후 지금까지 50년 이상의 기간 동안 발전해 왔으며 여전히 신경과학 분야는 물론 신경 네트워크에 대한 컴퓨터 연구의 발견에 영향력을 행사하고 있다.

헵의 기본적인 학습 원리는 반복과 인접이 필요하다고 보며, 이는 뉴런이 실제로 무엇을 할 수 있는가에 대한 합리적 이해에 기초한다. 비록 헵은 강화를 통한 학습을 포함하도록 그의 기본적인 신경생리학적 가정을 수정하고자 하였으나, 분명히 그의 이론에 이러한 과정이 필요하지는 않았다. 그의 가정은 지각적 학습부터 강화를 통한 조건화까지 고차원적인 정서적·인지적 절차 모두를 설명할 수 있다. 이러한 측면에서 그의 이론은 거스리의 이론과 동일한 종류의 우아함(elegance)을 가지고 있으며, 과학적으로 단순하다는 점을 강조한다. 이는 생물학적 혹은 생리학적 기제들에 의지해서만이 아니다.

톨먼(Tolman)과 같이 헵은 동기와 학습을 구분하였고, 행동 관찰을 통해 이 두 가지를 분리하는 것이 어렵다는 것을 확인하였다. 각성 이론과 최적의 각성 수준이라는 개념을 발전시킨 것으로 문제를 해결하지는 못했으나, 개념화의 새로운 방식을 제공했다. 이를 통해 헵은 어떤 때는 추동 감소를 추구하고 다른 때에는 추동 유발을 추구하는 이유를 설명하여 헐의 추동 감소 가설에 대한 의문을 해결하였다. 즉, 각성, 감각 박탈, 강화, 공포의 속성에 대한 연구를 통해 헵은 학습은 물론 동기 연구에 중요한 영향력을 가지게 되었다.

비판

우선, 헵은 분명히 뇌의 수준에서 학습을 연구한 최초의 연구자는 아니다. 어떻게 보면, 인접하여 활동하는 영역 간의 연합 형태를 고려한 것과 파블로프의 아이디어가 크게 다르지도 않으며, 고차적 인지 과정에 대한 뇌의 기능을 다룬 최초의 연구자도 아니었다. 헵은 뇌의 넓은 영역에서 보다 작은 수의 뉴런으로 분석의 수준을 변화시켰으나, 파블로프의 일반적인 원리를 유지한 것이라 볼 수 있다.

두 번째 비판은 헵이 신경과학에서의 중요한 발견들과 관련하여 자신의 이론적 관점을 변화시킬 분명한 의지가 없었다는 점이다. 그러나 헵은 자신의 시스템을 완성된 형식적인 이론보다는 하나의 이론을 위해 사색의 기회를 제공하는 모델로 여겼다. 헵은 다수의 화학적 신경전달물질, 강화의 생리학적 기반, 경화에 영향을 미치는 신경 구조 등에 대한 발견이 흥미로운 것이라고 보았으나, 한편으로는 그의 기본 모델과는 관련이 없거나 뇌과학 발전의 과도기 산물에 불과하다고 간주한 것 같다. 다른 측면으로, 헵이 중요하게 여겼어야 했던 단순한 주제가 있다.

퀸란(Quinlan, 1991)은 헵의 신경생리학적 가정이 오직 흥분 현상에 의존한다고 지적하였다. 그러나 신경계에 대한 이해가 발달하면서 신경적 의사소통의 대부분, 그리고 신경전달물질의 대부분은 억제적이라는 점이 점차 분명해진다. 즉, 신경계에서 가장 자주 발생하는 활동 방식은 하나의 세포가 두 번째 세포의 활성화를 억제하는 것이다. 확실히 이러한 기본적 사실은 뇌과학에서 일시적 현상은 아니지만, 헵은 신경생리학적 가정에서 이를 고려하지 않았다. 신경 네트워크는 연결 강도를 변화시키기 위해 헵 규칙을 바꾸어야 하지만, 이 모델은 원래 학습 가정에 강하게 의존한다면 작동하지 않을 것이다. 헵이 거부한 파블로프 이론이 흥분과 억제 모두를 뇌 기능 분석에 언급하는 것은 흥미롭다.

논의
사항

1. 헵이 초기에 심리학자로서 관찰하고 이후 신경생리학적 이론들로 설명하려고 했던 것들에 대하여 그의 신경생리학적 이론을 통해 논하라.

2. 양 작용(mass action)과 등가 잠재력(equipotentiality)에 대한 래슐리의 개념에 대해 논하라.

3. 뇌의 교환대 개념을 설명하라. 이 개념에 대한 헵의 반대 의견과 대안으로 제시한 것은 무엇인가?

4. 헵에 따르면, 그가 맥길 대학교의 교수직을 수락할 당시 왜 학습에 대한 신경생리학적 설명은 인기가 없었는가?

5. 세포 집합체와 국면 시퀀스의 개념을 논하라.

6. 헵에 따르면, 아동기 학습과 성인기 학습의 차이는 무엇인가?

7. 폐쇄(closure)에 대한 형태주의 원리에 대해 헵은 어떻게 설명할까?

8. 헵이 의미하는 적정 수준의 자극은 무엇인가?

9. 헵에 따르면, 때때로 사람들이 자극을 찾기 위해 자신의 길을 벗어나는 이유는 무엇인가?

10. 각성 이론과 강화 이론의 관계를 설명하라.

11. 단기 기억과 장기 기억을 구별하라. 경화에 대한 설명과 경화를 방해하는 요인들을 포함하여 답하라.

12. 직접적인 뇌 자극에 의한 강화는 어떠한 고유한 특성을 갖는지 설명하라.

13. 코카인 자극은 측핵에서 도파민 방출을 자극한다. 코카인의 강화 속성은 직접적인 뇌 자극의 강화 속성과 얼마나 유사한가?

주요 개념

- 각성 이론(arousal theory)
- 경화 이론(consolidation theory)
- 국면 시퀀스(phase sequence)
- 기저핵(basal ganglia)
- 뇌의 강화 중추(reinforcement centers in the brain)
- 뇌의 교환대 개념(switchboard conception of the brain)
- 뉴런(neurons)
- 단기 기억(short-term memory)
- 등가 잠재력(equipotentiality)
- 반향적 신경 활동(reverberating neural activity)
- 변연계(limbic system)
- 선언적 기억(declarative memory)
- 세포 집합체(cell assembly)
- 수상돌기(dendrites)
- 수용체(receptors)
- 순행성 기억상실증(anterograde amnesia)
- 시냅스(synapse)
- 신경 네트워크(neural networks)
- 신경 발생(neurogenesis)
- 신경가소성(nueroplasticity, 혹은 뇌가소성 [brain plasticity])
- 신경전달물질(neurotransmitter)
- 안정 전위(resting potential)
- 양 작용(mass action)
- 역치(threshold)
- 역행성 기억상실증(retrograde amnesia)
- 우연적 발견(serendipity)
- 장기 기억(long-term memory)
- 장기 상승작용(long-term potentiation: LTP)
- 장기 억압(long-term depression: LTD)
- 전기 충격(electroconvulsive shock: ECS)
- 절차적 기억(procedural memory)
- 제한적 환경(restricted environment)
- 중간 뉴런(interneouron)
- 총합(summation)
- 최적 각성 수준(optimal level of arousal)
- 축색(axons)
- 측핵(nucleus accumbens)
- 풍요로운 환경(enriched environment)
- 해마(hippocampus)
- 헵 규칙(Hebb rule)
- 헵 시냅스(Hebbian synapse)
- 활동 전위(action potential)

제6부

진화 이론

제15장 **로버트 C. 볼스와 진화심리학**

제15장

로버트 C. 볼스
(Robert C. Bolles)와 진화심리학

　우리는 1장에서 학습과 생존이 밀접한 관련이 있다는 것을 살펴보았다. 일반적으로 고전적 조건화는 유기체로 하여금 어떠한 자극이 생존에 도움이 되는 사건의 신호가 되며 어떠한 자극이 생존에 유해한 사건의 신호가 되는지를 학습하게 한다. 일단 이러한 신호들이 학습되면, 도구적 조건화와 조작적 조건화는 유기체로 하여금 신호들에 적절한 반응을 학습하게 한다. 비록 파블로프(Pavlov) 이론과 같은 연합주의 이론들이 명백히 생존과 관련되어 있더라도, 학습에 대한 설명에서 진화 이론을 다룬 것은 손다이크(Thorndike)와 헐(Hull) 이론과 같은 기능주의 이론들이었다. 학습되지 않은 행동과 생존 간의 관계를 탐색하는 것 또한 가능하다. 행동주의의 전성기 시절에 동물행동학자(ethologists)들은 생존을 위한 종 특유(학습되지 않은) 행동의 중요성을 강조하였다. 카를 폰 프리쉬(Karl von Frisch, 1886~1982), 콘라드 로렌츠(Konrad Lorenz, 1903~1989), 니콜라스 틴베르겐(Nikolaas Tinbergen, 1907~1988) 등이 여기에 포함되는데, 이들은 1973년에 노벨 생물학상을 공동 수상했다. 동물행동학자들은 전형적으로 자연환경에서 동물의 특정 범주의 행동(공격, 이동, 소통, 영역권 등)을 연구했고 진화 이론으로 그 행동을 설명하고자 하였다. 앞으로 살펴보겠지만, 동물행동학자들이 옹호한 방법은 윌리엄 팀버레이크(William Timberlake)와 그의 동료들의 연구(Timberlake, 1997, 1999, 2001, 2002; Timberlake & Lucas, 1989; Timberlake & Silva, 1995)에 반영되었다. 그들은 '동물 중심 생물학적 행동주의'를 지지하였는데, 그것은 자연환경 안에서 특정 범주의 행동들이 일어나는 것을 생물학적, 진화적, 생리학적 이해로 통합하려는 접근법이다. 동물행동학자들은 행동의 완벽한 이해를 위해서는 학습된 경향과 학습되지 않은 경향 둘 다 고려해야 한다는 인식을 만들어 냈다. 이러한 인식은 우리가 이 장 전체에서 논의할 행동주의 이론에 상당한 수정을 가져오는 길을 내어주었다.

최근 학습 과정을 이해하기 위한 진화 이론의 함의가 더욱 상세하게 탐색되고 있다. 예를 들어, 어떤 종의 동물들은 다른 종이 전혀 학습하지 못하거나 또는 커다란 어려움을 겪으면서 학습하는 것을 쉽게 학습하는 것이 관찰되었다. 그리고 같은 종 내에서도 어떤 관계들은 쉽게 학습되는 반면 다른 관계들은 매우 어렵게 학습되었다. 학습에서 이러한 종 특유의 차이를 설명하는 것이 진화심리학(evolutionary psychology)의 관심사 중 하나이고, 이것은 유기체의 행동에 대한 설명에서 다윈(Darwin) 이론과 신다윈 이론의 함의를 상세하게 탐색한다. 이 장에서 우리는 학습 과정의 이해에 대한 진화 이론의 함의를 보다 더 탐색할 것이다.

진화 이론을 간단히 검토한 후, 로버트 C. 볼스(Robert C. Bolles, 1928~1994) 연구의 특징을 살펴보겠는데, 그는 다른 사람들과 같이 진화 원리로 학습 과정을 설명하고자 시도했다. 이 장은 인간 학습에 대한 진화심리학적 관점을 간단하게 개관하는 것으로 마무리한다.

다윈 이론과 진화심리학

자연선택과 적응

비록 초기 생물학자들과 자연주의자들이 시간이 지나면서 종 및 생물학적 구조에서의 변화를 심사숙고했지만, 그런 변화에 대한 원인, 즉 자연선택(natural selection)을 제시한 것은 다윈 (1958 [1859])의 『자연선택에 대한 종의 기원(On the Origin of Species by Means of Natural Selection)』에서였다. 이 책에는 자연선택의 기본적 특징들과 그것들의 진화심리학에 대한 관련성이 요약되어 있다.

우선, 어떤 한 종 내에서의 자연적인 변이성(variability)이 있다. 이런 변이성은 어떤 종에서는 더 큰 시각적 예민성으로, 다른 종에서는 더 큰 물리적 강도로, 또 다른 종에서는 더 빠른 학습으로 표현될 수 있다. 이런 개인차는 진화 과정의 토대를 형성하고 진화 과정이 일어나는 데 필수적인 것이 된다(Buss et al., 1998; Crawford, 1998).

둘째로, 개인차 중 일부만이 유전된다. 다시 말해 일부만이 부모로부터 자녀들에게로, 그 자녀로부터 그들의 자녀들에게로 전달될 수 있다. 일반적 규칙에 따라 유전적 돌연변이나 환경적 사건으로 인한 변이는 종의 구성원들에게 유리하지 않을 것이므로 자손들에게 전달되지도 않을 것이다. 이와 유사하게, 행동에서 학습된 변이는 그것이 유리하든 그렇지 않든 학습에 의해 다음 세대로 전달되지만 유전되지는 않는다. 진화 이론은 다른 현상의 결과인 행동적 변화보다는 오히려 유전적 변이성에 관심이 있다.

마지막으로, 유기체의 속성들과 유기체가 살고 있는 환경적 요구 사이의 상호작용은 자연선택이 일어나게 한다. 버스와 동료들(Buss et al., 1998)은 다음과 같이 말한다.

> 유전 가능한 특정 속성들을 지니고 있는 유기체들은 이러한 속성들이 부족한 유기체들보다 평균적으로 더 많은 자손을 생산한다. 왜냐하면 이런 속성들은 특정 문제를 해결하는 데 도움이 되고, 그럼으로써 특정 환경 안에서 번식에 기여하기 때문이다……. 유전 가능한 변이체(variants)를 소유한 것으로 인한 차별적인 번식 성공은 자연선택에 의한 진화의 원인이 되는 동력이다(p. 534).

적응(adaptation)은 역사적으로 생존하고 번식하는 능력에 공헌하는 생리학적 또는 해부학적 구조, 생물학적 과정, 혹은 행동 양식으로 정의된다(Wilson, 1975). 정의에 의하면 적응은 자연선택을 통해 존재하게 되고 유전 가능해진다(Buss et al., 1998; Tooby & Cosmides, 1992). 그러므로 어떤 종에서 특정 유전적 이형들, 예를 들어 색채시(color vision)는 그 적응을 소유하고 있는 개체들의 생존율을 더 높일 수 있고, 좀 더 중요하게는 더욱 성공적으로 번식하도록 유도할 수 있다. 그 결과 비록 미래의 어떤 시점에 적응이 더 이상 직접적으로 생존과 번식 성공에 기여하지 않는다고 하더라도 적응은 다음 세대의 수가 증가된 것으로 나타난다.

적응에 대한 오해   크로포드(Crawford, 1998)는 '최적의 생존'이라는 개념에 대한 오해에 주의를 주었다. 사람들은 일반적으로 자연선택이 어떤 종의 가장 강하고 공격적인 구성원을 선호하고, 진화적 성공은 종의 지배적인 구성원들만 번성하는 폭력적 투쟁을 낳는다고 믿는다. 그러나 어떤 종들에서 성공적인 구성원들은 생명을 위협하는 상황에 직면하면 숨거나 피하는 능력을 그들의 적응에 포함하고 있을지 모른다. 다시 말해, 번식 성공으로 정의되는 유전적 적합성(fitness)은 우리가 그 용어에 대해 일반적으로 생각하는 것만큼 종종 개체들의 신체적 적합성에 의존하지는 않는다.

버스와 동료들(1998)은 또한 자연선택이 어떠한 상황에서든 최적의 적응으로 이끈다는 오해를 피하라고 경고한다. "선택은 목표를 신축하기 위해 출발한 기술자 같은 것이 아니다. 선택은 단지 사용 가능한 재료들로만 작업하지 예견하지는 않는다."(p. 538) 그러므로 느린 진화의 과정은 적응이 되고, 단지 유기체의 다른 생물학적 특징들의 제약 내에서 유기체가 제공하는 유전적 재료들만 사용함으로써 결과적으로 미래에 변할 수 있는 특정 환경의 문제를 해결할 수 있다. "적응은 최적으로 설계된 기제는 아니다. 그것들은 오히려 임시적이고 개선된 해결책이다……. 다양한 역사적 힘과 현재 힘에 의해 그것들의 질과 설계가 제약된다."(p. 539) 진화는 그것이 향하는 어떤 궁극적인 목표가 있다는 일반적인 생각을 없애는 것 또한 중요하다. 예를 들어, 사람들은 진화적인 힘이 어떤 전체 계획(master plan)에 따라 전개된다고 널리 믿고 있다. 이것은 진실이 아니다. 진화는 필연적으로 과정을 의미하지 않는다. 자연선택이 의미하는 것은 어떠한 환경에서 적응적 특질을 소유한 유기체들은 생존하고 시대를 재생산하는 경향이 있다는 것이다. 버스와 동료들(1998)이 방금 우리에게 일깨워 주었듯이 진화는 '선견지명이 없다'.

마지막으로 버스와 동료들(1998), 굴드(Gould, 1991)는 적응주의자의 설명을 과잉 사용하는 것을 경계한다. 특정 목적을 위해 현재의 생물학적 구조를 사용하는 것이 그 구조가 해당 목적을 위해 진화되었음을 의미하는 것은 아니다. 예를 들어, 굴드는 새가 날기 위해서 깃털을 사용하는 것을 지적한다. 굴드에 의하면 깃털은 새 몸의 열을 조절하는 기제로 진화되었고 이후에 비행에 도입되었다. 그는 유용하지만 관련 없는 목적(열 조절이 아닌 비행)을 위해 적응(깃털)이 가담한 것을 굴절 적응(exaptation)이라고 일컫는다.

굴절 적응과 더불어 도입된 것의 부수적 효과는 특수한 적응을 동반하는 스팬드럴(spandrel)[1]이라고 불릴 수 있다. 예를 들면, 인간 뇌의 능력이 증가하면서 많은 적응적 이익을 제공했다. 이러한 이익에는 향상된 문제 해결 기술, 우수한 도구 제작, 음식의 위치 혹은 위험한 약탈자의 영역에 대한 기억의 향상 등이 있다. 더 커진 뇌의 부수적 효과는 음악, 문어(written language), 복잡한 사회적 규칙을 만드는 능력을 포함한다. 이 모든 것은 생존과 증가된 번식 적합성으로 이끄는 적응으로 오인될 수 있다.

포괄적 적합성과 신다윈 이론

우리가 이미 살펴보았듯이, 다윈은 유기체가 생산하는 후손의 수에 근거하여 적합성을 정의했다. 1964년 윌리엄 해밀턴(William Hamilton, 1936~2000)은 포괄적 적합성(inclusive fitness)이란 개념을 제안함으로써 다윈의 협의를 확대했다. 포괄적 적합성에서의 초점은 어떤 종의 개별 구성원의 번식 성공으로부터 특정 개체의 유전자와 그 종의 다른 구성원들과 공유하는 유전자의 영구화로 확대된다. 따라서 우리는 가족 집단 내에서 부모 행동이나 협동적 행동들을 적응적인 것으로 보게 되는데, 이는 그것들이 생존과 개별적인 유전자보다 공유된 유전자의 번식 성공을 증진시키기 때문이다. 개체의 희생이 유전자를 공유한 종의 구성원들의 생존을 증진시킬 수 있기 때문에 포괄적 적합성을 제공한다는 관점에서 특정 개체들을 위험하게 하는 행동은 이제 적응적인 것으로 보이게 된다.

신다윈 이론 내에서 포괄적 적합성의 개념은 극히 발견적(heuristic)이다. '이타적' 행동에 대한 설명과 함께, 그것은 자살이나 동성애와 같은 다양한 주제를 설명하는 데 사용될 수 있다(자세한 내용은 Olson & Hergenhahn, 2011를 참조하라).

---

1) 역자 주: 건축물의 아치 구조와 상부의 수평재, 그리고 기둥이 형성하는 삼각형 면을 의미한다.

볼스의 학습 이론

로버트 C. 볼스

로버트 C. 볼스는 1928년 캘리포니아 새크라멘토에서 태어나 12세가 될 때까지 집에서 교육을 받았다. 그는 1948년 스탠퍼드 대학교에서 학사 학위를 받고 1년 후 수학으로 석사 학위를 받았다. 볼스는 캘리포니아 샌프란시스코 근교의 미국해군 방사능 방위 연구소(U.S. Naval Radiological Defense Laboratory)에서 일했는데, 그곳에서 그는 미래의 대학원 동료이자 평생 친구 존 가르시아(John Garcia, 가르시아 효과의 발견자)를 만났다. 가르시아는 캘리포니아 버클리 대학교에서 심리학 박사 과정을 밟다가 휴학 중이었다 (Garcia, 1997). 볼스는 곧 버클리의 심리학 과정에 입학하여 가르시아와 함께 톨먼(Tolman) 밑에서 연구했다. 대학원 시절, 볼스와 루이스 페트리노비치(Lewis Petrinovich)는 진화론적 학습 이론에 관해 볼스의 흥미를 일으켰던 초기 연구들을 수행했다(Bolles & Petrinovich, 1954; Petrinovich & Bolles, 1954). 볼스는 1956년 박사 학위를 받은 후, 잠깐 동안 펜실베이니아 대학교에서, 그 후 프린스턴 대학교에서 교수로 재직하였다. 1959년에 그는 홀린스 대학으로 옮겨 갔으며, 1964년에는 워싱턴 대학교에서 교수로 재직하였는데, 1994년 4월 8일에 심장발작으로 사망할 때까지 그곳에 남아 있었다.

볼스는 160편 이상의 연구 논문과 학습 이론에 대한 교재를 포함하여 3권의 영향력 있는 교과서를 저술하였다. 그는 1981년에서 1984년까지 『동물 학습과 행동(Animal Learning and Behavior)』 학술지의 편집자로 일으켰고, 그의 많은 제자는 진화 과정을 학습과 연관시키는 데 중요한 공헌을 계속해 오고 있다(예: Bouton & Fanselow, 1997 참조).

주요 이론적 개념

기대   볼스에게 있어 학습은 기대(expectancies)의 발달을 포함한다. 다시 말해, 유기체는 한 종류의 사건이 확실히 다른 사건을 앞선다는 것을 학습한다. 우리는 이미 7장에서 볼스가 고전적 조건화를 "한 자극(조건 자극)이 주어지면 다른 자극(무조건 자극)이 뒤따른다는 것을 학습하는 기대"로 설명했음을 보았다. 예를 들어, 일상생활에서 번개를 보는 것과 천둥을 기대하는 것은 이런 종류의 자극-자극, 즉 S-S 기대이다. 고전적 조건화는 S-S 기대의 발달을 포함하는 반면, 조작적 조건화와 도구적 조건화는 반응-자극, 즉 R-S 기대의 발달을 포함한다(Bolles, 1972). 예를 들어, 쥐는 스키너(Skinner) 상자에 있는 지렛대를 누르면 먹이가 뒤따른다고 기대하는 것을 학습한다. 일상생활에서 초인종을 누르면 벨소리를 기대하는 것은 R-S 기대의 한 예이다. R-S 기대를 논의할 때, 반응에 의해 생성된 결과로서 S를 생각하는 것이 도움을 준다. 볼스 이론의 기대 학습은 강화를 필요로 하지 않는다. 일반적으로 두 자극 간 혹은 반응과 그 결과 간의 시간적 순서와 유관성은 학습된 기대의 본질을 결정한다. 번개의 번쩍임은 천둥의 예언인(predictor)이 되고, 버튼을 누르는 것은 벨소리의 예언인이 된다. 그러나 다른 방식으로는 안 된다(Staddon, 1988). 그러므로 우리는 볼스를 '방향적(directional)' 인접 이론가라고 말할 수 있을 것이다.

타고난 소인   기대에 대한 볼스의 강조는 톨먼의 영향(12장 참조)을 보여 준다. 그렇지만 두 이론가 사이에는 중요한 차이가 있다. 톨먼은 거의 전적으로 학습된 S-S와 R-S 기대에 집중한 반면, 볼스는 행동 분석을 통해 타고난 S-S와 R-S 기대를 강조했으며, 행동에 대한 진화적 설명에 관심이 있는 다른 심리학자들과 보조를 맞춘 것은 타고난 S-S와 R-S 기대에 대해 강조하기 위함이었다. 타고난 S-S 관계의 예는 어린 영아가 큰 소리에 두려움을 보이는 것인데, 이것은 그 영아가 큰 소리 다음에 뒤따를 위험한 사건을 기대하고 있음을 보여 준다. 예를 들어, 타고난 R-S 기대는 많은 종의 동물들이 먹이, 물, 위험, 다른 생물학적으로 중요한 대상이나 사상들(events)의 존재에 대해 보이는 정형화된(stereotyped) 행동이다.

도미안(Domjan, 1997)에 따르면 손다이크, 왓슨(Watson), 스키너 그리고 헐이 발전시킨 전통적이고 경험적인 학습 이론들의 결함은 등가 잠재력의 경험적 원리(empirical principle of equipotentiality)로 알려진 가정이다(칼 래슐리[Karl Lashley]의 등가 잠재력의 법칙과 혼동하지 말아야 한다). 이 가정에 따르면, 학습의 법칙은 "어떤 유형의 자극이나 반응에도 동등하게 적용된다"(p. 32). 그러므로 등가 잠재력의 경험적 원리는 연구자들이 어떤 종에서 그 종의 진화 역사를 고려하지 않고 학습을 연구하도록 이끈다. 게다가 한 종(예: 쥐)에서 관찰된 학습 현상이 전부는 아니지만 대부분의 다른 종들에게 일반화될 수 있다는 것은 잘못된 가정이다. 게다가 어떤 종의 구성원들이 특정 조건에서 어떤 반응을 수행하는 것을 학습하지 못할 때, 실망스러운 결과들은 설비의 고장이나 실험자 오류가 원인이라고 여겨지거나 또는 설명할 수 없는 '소음'으로 무시되었다.

등가 잠재력의 가정과는 대조적으로, 볼스(1988)는 다음과 같이 언급하였다.

> 나는 동물이 학습하는 사건에는 어떤 구조가 있으며, 학습을 하는 유기체에는 대응하는 구조가 있다는 가정을 통해 더 많은 것을 얻을 수 있다고 주장한다……. 어떤 유기체가 성공하는 방식은 학습될 필요가 있는 것을 학습할 수 있는 것이다. 이것은 경험주의자의 무선적 학습 능력이 아니라 생득론자의 유전적으로 프로그램된 학습 능력이다(p. 5).

이후에 우리는 학습된 것이 아닌 타고난 S-S와 R-S 기대를 강조하는 진화심리학이 초기 학습 연구에서 발견한 많은 변칙성(anomalies)을 설명하는 데 어떻게 도움을 주었는지 알게 될 것이다. 이 장에서 '유기체의 비행'에 대해 논의할 때, 우리는 몇몇 예를 살펴볼 것이다.

동기는 반응 융통성을 제한한다   우리가 봐 온 몇몇 이론가는 학습 과정에서의 동기 역할을 최소화하거나 부정했고(예: 거스리[Guthrie], 톨먼), 또 다른 이론가들은 유기체의 동기 상태를 매우 중요하게 여겼다(예: 헐). 분명 볼스는 후자에 속한다. 그는 동기와 학습이 서로 분리될 수 없다고 생각했다. 그렇지만 볼스의 접근에서는 유기체의 동기 상태와 유기체가 그 동기 상태에서 자연스럽게 행하는 것 둘 다 알아야 한다. 볼스(1979, 1988)에 의하면 비록 유기체가 학습하는 S-S 기대는 어느 정도 융통성은 있지만, R-S 기대는 동기가 반응 편향을 유발하기 때문에 좀 더 제한적이다. 다시 말해, 어떠한 상황에서 동물은 자연스럽게 일어나는 행동과 갈등하는 행동을 학습하는 데 큰 어려움을 겪을 것이다. 예를 들어, 동물은 먹이에 접근하기 위해 도피 관련 행동을 학습하지는 않을 것이며, 또는 고통스럽거나 위험한 자극에서 도피하기 위해 욕망적(appetitive)인 행동을 학습하지 않을 것이다.

적소 논증   볼스(1988)는 학습을 이해하기 위해서는 그 유기체의 진화 역사를 이해해야 한다고 했다. 그는 다음과 같이 말했다.

동물은 자신들의 적소(niche)에 의존하는 것과 사물들에 대한 전반적 도식에 맞추는 방법을 학습하거나 학습하지 않을 의무, 다시 말해 필수 사항(imperative)을 가지고 있다. 우리는 어떤 종류의 경험이 학습에 반영되고 어떤 것은 반영되지 않을지 기대한다. 자기 적소에 대한 동물의 선험적이고 생물학적인 의무(commitment)를 위반하는 학습 과제는 변칙적인 행동을 산출할 것이라 기대된다. 특정한 방식으로 행동하는 동물의 선험적인 소인을 활용하는 학습 과제는 성공할 가능성이 크다. 그것이 적소 논증(niche argument)이다(pp. 12-13).

다른 진화심리학자들은 진화적 적응의 환경(environment of evolutionary adaptedness: EEA)이라는 생각으로 적소 논증을 확대하였다. 이 용어는 특정 적응이 나타났던 사회적 환경과 물리적 환경 둘 다를 가리킨다(Bowlby, 1969; Tooby & Cosmides, 1990). 이들과 또 다른 이들(예: Sherman & Reeve, 1997)은 EEA가 단순히 어떠한 종이 발달하는 동안에 존재했던 선사시대의 시간과 장소가 아니라는 점을 강조한다. 오히려 어떤 시기 동안에 존재했던 것은 환경요인과 사회적 요인의 조합이다. 그리고 어떠한 종에서 적응이 다르면 EEA가 다를 수 있다는 가능성이 열려 있다. 더군다나 진화가 반드시 진보는 아니라는 생각으로 돌아가, 그들은 오늘날의 유기체는 특정 EEA에서 존재했던 것과는 다른 선택 압력을 경험한다고 언급한다. 진화적 영향에 의해 조성된 행동들은 현대 환경에서 부적응적인 경우가 있다.

학습의 생물학적 경계

이 절에서는 자유롭게 방출된 반응에 강화물이 따라온다면, 또는 어떠한 조건 자극과 무조건 자극이 짝지어진다면 자동적으로 조건화가 일어난다는 견해에 대해 의심하도록 하는 증거를 살펴보겠다. 우리가 앞서 보았듯이, 모든 학습 실험에서 유기체의 유전적 자질(endowment)을 고려해야 한다는 인식이 늘어나고 있다. 볼스 이론은 유기체가 학습한 연합들과 그들이 특정한 상황에서 만들어 내는 반응들을 타고난 자질이 제한한다는 생각에 근거하여 형성된다. 더불어 이 생각은 셀리그먼(Seligman, 1970)의 지지를 받는다. 그는 어떤 종들은 다른 종들보다 생물학적으로 그렇게 하도록 준비되어 있기 때문에 더 쉽게 연합을 학습한다고 주장한다. 마찬가지로, 어떤 종들은 그것을 학습하도록 생물학적으로 준비되어 있지 않기 때문에 어떤 연합은 학습하기 어려울 수 있다. 그러므로 준비성 연속선(preparedness continuum) 위에 위치한

곳에 따라 연합이 얼마나 쉽게 학습될 것인지를 결정한다.

도구적 조건화

등가 잠재력의 경험적 원리 문제는 초기 학습 연구들에서 나타났다. 예를 들어, 손다이크 (1898)는 고양이가 먹이에 접근하기 위해 앞발을 사용하는 여러 반응을 학습할 수는 있지만 먹이 보상을 얻기 위해 몸치장하는 것을 학습하지는 못한다고 보고했다. 이 경우에는 분명 고양이의 굶주림에 대한 자연스러운 반응에 몸치장하는 행동이 포함되어 있지 않다. 혹은 셀리그먼이 주장했던 것과 같이 고양이는 생물학적으로 먹이와 몸치장을 연합할 준비가 되어 있지 않다. 볼스(1988)가 말했던 것과 같이 손다이크의 발견에 대해 "그 누구도 주의를 기울이지 않았다"(p. 5). 1950년대 초 로버트 볼스와 루이스 페트리노비치가 버클리 대학원생이었을 때, 그들은 학습에 영향을 미치는 진화에 관심을 갖게 된 새로운 시대를 여는 연구를 수행했다.

예비 연구에서 페트리노비치와 볼스(1954)는 T-미로에서 첫 번째 집단의 쥐는 왼쪽으로, 두 번째 집단의 쥐는 오른쪽으로 돌도록 훈련시켰다. 이 미로는 커다란 T자 모양이었기 때문에 T-미로라 이름 붙여졌다. 쥐는 T의 바닥에 있는 출발 지점에서 수직 구역과 수평 구역의 교차점에 있는 선택 지점으로 달렸다. 그곳에서 왼쪽 혹은 오른쪽으로 돌 수 있었다. 각 집단에서 쥐의 절반에게는 물을 박탈하였고 올바르게 도는 반응을 했을 때 물 강화를 제공했다. 나머지 쥐에게는 먹이를 박탈하였고 올바르게 돌았을 때 먹이 강화를 주었다. 이 연구에서 물 강화인을 받은 목마른 쥐는 먹이를 얻기 위해 달린 굶주린 쥐들보다 과제를 더 빨리 학습했고 더 적은 실수를 했다. 이 자체로 흥미로운데, 왜 강화인의 종류(먹이 대 물)가 학습 효율성에 영향을 미쳤을까?

두 번째 실험에서 쥐들은 다시 물이나 먹이가 박탈되었다. 그것들이 처음에 했던 선택이 무엇이었든(예를 들어 미로에서의 첫 번째 시행에서 오른쪽으로 돈 경우 물이나 먹이 각각으로 강화되었다), 두 번째 시행에서는 반대 반응을 했을 경우에만 강화되었다. 위의 예시에서는 왼쪽으로 도는 것이 해당된다. 세 번째 시행에서는 두 번째 시행에서의 선택과 반대되는 반응을 했을 경우에만 강화되었고, 실험하는 내내 그렇게 계속되었다. 즉, 쥐들은 왼쪽-오른쪽으로 교대로 도는 것에 대해 강화받았다. 이 연구에서 먹이를 얻기 위해 달리는 굶주린 쥐들이 물을 얻기 위해 달리는 갈증난 쥐들보다 과제를 더 빨리 학습했다. 두 실험의 결과는 [그림 15-1]에서 볼 수 있다.

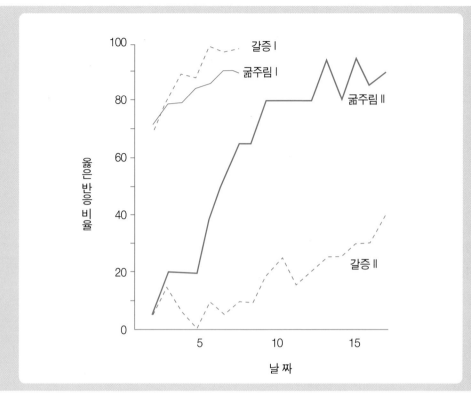

◀그림 15-1
문제 I과 II에 대한
수행 곡선

첫 번째 실험에서 물 강화는 수행 수준이 더 우수했지만 두 번째 실험에서는 왜 그렇지 않
았을까? 헐이나 스키너 같은 이론가들은 이러한 결과를 설명할 수 없었다. 그러나 진화론적
개념으로는 이 문제를 풀 수 있다. 페트리노비치와 볼스는 쥐들이 잡식성의 약탈 동물로 진화
했기 때문에, 연속적인 시행에 있어 같은 장소에서 먹이를 구하는 것을 거부하도록 편향되었
을 것이라고 제안했다. 약탈자들에게 있어 먹이는 어제 발견했던 곳에서 오늘도 발견할 수 있
는 것이 아닌 가변적 자원이다. 반면 전에 물을 발견한 곳에서 물을 찾는 것은 쥐들에게 적응
적일 것이다. 물은 보다 안정적인 자원이다. 강이나 샘은 밤새 사라질 가능성이 적다. 그러므
로 실험에서 쥐들이 보인 반응 편향은 그들의 진화 역사의 결과이다. 다시 말해, 쥐들은 물을
얻기 위해 같은 장소로 갈 준비가 되어 있지만 먹이를 발견하기 위해 같은 장소로 갈 준비가
되어 있지 않다.

도피와 회피   유기체들은 먹이나 물을 얻는 것과 관련하여 어느 정도의 반응 융통성을 보
이며 탐색할 것이다. 예를 들어, 굶주린 쥐들은 먹이 알갱이를 얻기 위해 지렛대를 누르고, 미
로를 달리고, 작은 컵 속에 코를 갖다 대는 행동 등을 할 수 있다. 그러나 볼스(1970)는 동물이

사치스러운 시행착오 학습을 하지 않는 경우가 있음을 인식했다. 유기체가 약탈자로부터의 도피에서 성공하려면 시행에서 한 번 성공적인 수행을 해야 한다. 따라서 볼스에 따르면 타고난 R-S 기대는 즉각적인 생존 위협을 제기하는 환경적인 문제를 해결하기 위해 존재한다. 볼스(1988)는 다음과 같이 썼다.

> 쥐의 전략은 자신을 보호하기 위해 고정된 행동 양식을 사용하는 것인데, 나는 그것을 종 특유 방어 반응이라고 불렀다(Bolles, 1970). 반응 자체에는 융통성이 매우 적다. 동물은 주로 자극에 대해서만 학습한다. 즉, 어떤 자극이 위험하고 어떤 것이 안전한지 학습한다(p. 11).

볼스(1970, 1972)는 쥐의 종 특유 방어 반응(species-specific defensive reactions: SSDRs)에는 얼어붙는 것, 도망치는 것, 소리 지르는 것, 뛰어오르는 것, 어떤 대상을 공격하는 것 등이 있다는 것에 주목했다. 자연환경에서 이러한 타고난 반응 중 하나 또는 그 이상이 안전으로 이끌 수 있다면 문제는 해결된다. 또한 만약 실험실에서 고통에 대한 타고난 반응들 중 하나가 그 동물로 하여금 고통을 피할 수 있도록 한다면 회피 반응을 빠르게 학습할 것이다. 사실 앞서 묘사된 상황하에서 그 동물은 새로운 반응을 학습한 것이 아니라 단순히 혐오적 자극이 종 특유 방어 반응을 일으킨 것이다.

회피 조건화는 조금 복잡하다. 볼스에 의하면 회피 조건화는 S-S와 R-S 기대 둘 다를 포함한다. 회피 조건화에서 신호는 회피적 사건(예: 충격)에 앞서기 때문에 그 동물은 소리가 날 때 고통을 기대하는 것을 학습한다. 음(tone)은 위험을 알리기 때문에 혐오적 자극 자체가 유발하는 것과 똑같은 종 특유 방어 반응을 유발하게 된다. 따라서 볼스에 따르면 고통의 경고 혹은 고통 자체 모두 종 특유 방어 반응을 유발한다.

볼스의 분석으로부터 명백히 예측할 수 있는 것은 실험에서 요구되는 반응이 그 상황에서 동물이 자연적으로 하는 반응에 가까울수록 반응을 더 빨리 학습할 것이라는 점이다. 만약 요구되는 반응이 그 동물이 타고난 반응 범주의 일부가 아니라면 그것은 매우 힘들게 학습되거나 혹은 전혀 학습되지 않을 것이다. 비둘기에게 충격을 피하기 위해 어떤 횃대에서 다른 횃대로 날아가는 것을 가르치는 것은 쉽지만 충격을 피하기 위해 키를 쪼도록 가르치는 것은 불가능하다(Bolles, 1979, p. 185). 그러므로 학습 실험에서 동물에게 요구하는 반응의 선택은 실험의 결과를 결정하는 중요한 요인이다.

> 서로 다른 회피 학습 상황에서 쥐를 우연히 한 번 쳐다보는 것만으로도 우리가 쥐들에게

요구하는 반응이 무엇인지 상당히 중요하게 고려하게 됨을 알게 된다. 그것이 한 번의 시행

만으로도 어느 정도 학습하는 것과 천 번의 시행에서도 학습하지 못하는 것 간의 차이를 만

들 수 있다. 그것은 강화유관, 다양한 실험적 매개 변인들, 그 동물의 이전 경험 혹은 여러

종류의 생리학적 중재들보다 훨씬 더 중요하다. 어떤 반응이 있을 것인지의 선택은 분명히

임의적이거나 편리성의 문제가 아니라, 학습이 일어날지 혹은 얼마나 급격하게 일어날지를

지배하는 요인이다. 반응의 선택이 그렇게 중요하다는 힌트를 주지 않는 것에 대해 고전적

학습 이론을 진지하게 고발하는 바이다(p. 185).

조작적 조건화와 유기체의 비행

손다이크는 인간을 포함한 모든 동물에 동일한 학습 법칙을 적용할 수 있다는 결론을 내렸

다. 스키너도 여러 많은 학습 이론가와 같이 손다이크의 결론에 동의하였다. 특정 강화 스케줄

에서 서로 다른 종의 동물들이 어떻게 행동하는지 관찰한 이후 스키너(1956)는 다음과 같이

말하였다. "비둘기, 쥐, 원숭이, 어떤 것이든 문제가 되지 않는다. 물론 이런 종들은 해부학적

으로 다르므로 행동 양상도 서로 다르다. 그러나 우리가 그들이 환경과 접촉하는 방법의 차이

를 인정하면 나머지 행동들은 놀랍게도 비슷한 속성들을 보인다."(pp. 230-231)

스키너의 두 동료였던 매리언 브릴랜드(Marian Breland, 후의 Bailey, 1920~2001)와 켈러

브릴랜드(Keller Breland, 1915~1965)는 스키너와 함께 연구했던 미네소타를 떠나 아칸서스

로 옮겨 갔는데, 그곳에서 그들은 '동물행동사업(Animal Behavior Enterprises)'이라고 불리

는 사업을 시작하였다. 브릴랜드 부부는 조작적 기술을 이용하여 다양한 종류의 동물들에게

다양한 묘기를 부리도록 훈련시켰고, 훈련받은 동물들을 축제, 대회장, 놀이 공원, 텔레비전

등에 선보였다. 1961년까지 브릴랜드 부부는 병아리, 돼지, 너구리, 순록, 앵무새, 돌고래, 고

래 등을 포함한 총 38종(전체 동물 수는 6천 마리 이상)을 조건화했다고 보고하였다.

모든 것이 순조롭게 진행되는 것 같았지만 브릴랜드 부부는 조건화된 행동이 무너지는 것

을 경험하기 시작하였다. 그들은 이를 「유기체의 비행(The Misbehavior of Organisms)」이라

는 논문을 통해 학계에 보고하였다(Breland & Breland, 1961). 유기체의 비행이라는 제목은

스키너의 첫 번째 저서인 『유기체의 행동(The Behavior of Organisms)』(1938)을 모방한 것이

었다.

브릴랜드 부부는 동물들이 처음에는 조건화되지만 결국 본능적 행동이 나타나 이미 학습한

것을 간섭한다는 사실을 발견하였다. 예컨대, 너구리에게 동전을 집어 5인치 금속 상자 안에

넣는 훈련을 시킨다고 가정해 보자. 너구리에게 동전 하나를 집도록 조건화하는 데 문제가 없었다. 그러나 다음에 금속 상자를 도입하면 문제가 발생한다. 너구리가 동전을 상자 안으로 떨어뜨리는 데에는 문제가 있어 보인다. 너구리는 동전을 상자 안에 대고 문지르고, 밖으로 다시 끄집어내어 몇 초 동안 꼭 잡고 있었다. 그러고는 동전을 상자 안에 떨어뜨리고 먹이 강화를 받았다. 너구리는 훈련의 다음 국면에서 금속 상자에 두 개의 동전을 넣어야만 강화를 받을 수가 있다. 그런데 너구리는 동전 두 개를 떨어뜨려 상자 안에 넣지 못한다는 것이 밝혀졌다. 그 대신 너구리들은 두 개의 동전을 함께 비비고 상자 안에 집어넣었다가 다시 끄집어냈다. 강화가 지연 또는 제거되었음에도 불구하고 동전을 문지르는 행동은 점차 더 빈번하게 나타났다. 브릴랜드 부부는 너구리에게 두 개의 동전을 금속 상자 안에 넣도록 조건화하는 것은 불가능하다고 결론지었다. 먹는 것과 연결되어 있는 생득적 행동들은 너무나 강력하여 이를 조작적 조건화의 원리로 극복할 수 없는 것처럼 보였다. 달리 말해, 이 경우에 너구리가 먹이를 깨끗이 닦고 만지는 생득적 경향성은 하나 또는 그 이상의 동전들을 용기 속에 집어넣는 학습된 반응과 경쟁한다.

유기체의 비행(misbehavior of organisms)의 다른 예로 돼지에게 커다란 목제 동전을 집어 큰 '돼지저금통'에 넣도록 하는 훈련이 있다. 저금통으로부터 몇 피트 떨어진 곳에 동전을 두었으며, 강화를 받기 위해 돼지는 동전을 저금통으로 가져가야 했다. 초반에는 조건화가 매우 효과적이고 돼지도 이런 과제를 수행하고 싶은 듯 보였다. 그러나 시간이 지남에 따라 돼지의 수행은 점점 느려졌고, 저금통으로 가는 도중 계속 동전을 떨어뜨리고 입으로 동전을 바닥에 헤집고 다시 동전을 집고 떨어뜨리며 공중에 던져 버렸다. 브릴랜드 부부는 처음에 이런 행동들이 동기가 낮아서 발생한다고 생각했다. 그래서 돼지의 동기를 향상시키려고 박탈 스케줄에 놓이게 했다. 그렇지만 이것은 동물들의 비행을 더 강화시킬 뿐이었다. 강화를 지연하거나 제거해도 돼지가 6피트 떨어진 곳까지 동전을 옮기는 데 10분 정도의 시간이 걸렸다. 학습한 행동보다 먹는 것과 연결된 동물의 본능적 행동이 더 강력해 보였다.

이런 관찰들을 통해서 브릴랜드 부부(1961)는 "동물들은 분명 강한 본능적 행동의 함정에 빠져 있는 것 같다. 여기에서 우리는 조건화된 행동보다 그런 본능적 행동이 더 우세하다는 것을 발견할 수 있다."(p. 684)라고 결론 내렸다. 브릴랜드 부부는 생득적 행동 양식이 학습한 행동 양식을 점차 대체해 가는 경향성을 본능 표류(instinctual drift)라고 불렀으며, 그들은 이에 대해 다음과 같이 기술했다.

동물이 조건화된 반응 영역에서 강한 본능적 행동을 지니고 있을 때 계속해서 시행을 하면 유기체의 조건화된 반응이 손상되고 본능적 행동으로 표류하게 된다. 강화가 지연되거나 제거되는 것조차 마찬가지인데 이것이 일반적 원리인 것처럼 보인다……. 14년 동안 계속해서 수천 마리 동물들을 조건화하고 관찰한 후 동물들의 본능적 행동 양식, 진화 역사, 그리고 생물학적 지위에 관한 지식 없이는 어떤 종의 행동도 적절히 이해, 예측, 통제할 수 없다는 결론을 마지못해 내릴 수밖에 없다(p. 684).

과제 요구 사항들과 자연적으로 편향된(또는 생물학적으로 준비된) 반응들 사이의 잘못된 짝지음으로 인한 조작적 실패의 예는 많다. 반면에 먹이 강화를 위해 비둘기가 조명이 비치는 키를 쪼게 하는 실험은 매우 일반적인 것이다. 피리새도 비둘기처럼 먹이를 얻고자 키 쪼는 것을 학습하게 될 것이다. 녹음된 피리새 노래 소리를 듣고자 피리새는 몇몇 조작적 반응을 학습할 수는 있지만, 그 녹음을 듣고자 반응 키 쪼는 것을 학습하지는 않을 것이다(Stevenson-Hinde, 1973). 비록 키를 쪼는 것은 먹이가 있을 때 자연스레 발생하는 반응일지라도, 피리새는 쪼는 것과 노래 소리를 연합할 생물학적 준비가 안 되어 있다. 볼스, 라일리, 캔터와 던컨(Bolles, Riley, Cantor, & Duncan, 1974)은 쥐들이 고정간격(FI) 강화 계획이 제공되면(하루에 한 번) 먹이 예측하기를 학습하지만, 만약 전기 충격이 동일한 FI 계획으로 일어난다면 고통스러운 전기 충격 예측하기를 학습할 준비가 안 되어 있음을 입증하였다. 볼스(1988)는 다음과 같이 기술하였다.

쥐들은 충격을 피하고자 앞뒤로 달리기를 쉽게 학습할 수 있다. 그렇지만 쥐들이 충격을 피하고자 지렛대를 누르기는 매우 어렵다. 비슷하게, 쥐가 먹이를 얻고자 지렛대 누르기를 가르치는 것은 쉬우나, 부적 결과를 피하고자 지렛대 누르기를 가르치는 것은 다른 문제라는 것이 널리 인식되고 있다. 문헌에는 그러한 변칙성들이 많았다. 먹이를 얻고자 키를 쪼는 것에 있어서 미세한 감각적 변별하기에 매우 능숙한 비둘기들이 같은 방법으로 다른 생물학적인 문제(부적 결과의 회피)를 해결한다고 보고된 적은 결코 없었다(p. 10).

자동조성

우리는 앞에서 조성(shaping) 과정은 동물이 정상적으로 반응하지 않으려는 상황에서 반응을 이끌어 내기 위하여 사용될 수 있음을 보았다. 그렇게 함으로써 연구자는 동물이 요구되는 행동을 할 때까지 그 행동에 점점 가까워질 때 강화를 준다. 그렇지만 자동조성(autoshaping)의 경우에 있어서는 동물이 스스로 자기 행동을 조성하는 것 같다. 예컨대, 브라운과 젠킨스 (Brown & Jenkins, 1968)는 만일 비둘기가 어떤 행동을 하든지(비유관 강화) 특정 간격으로 강화하고 강화인(이 경우에는 먹이)을 제시하기 직전에 원판에 조명을 비추면, 원판 쪼기를 학습한다는 것을 발견했다. 여기서 생기는 질문은 왜 비둘기는 원판 쪼는 것에 대해 전혀 강화를 받지 않았는데 어떻게 그 행동을 학습했을까 하는 것이다.

자동조성의 설명을 위한 한 가지 시도는 그것을 미신적 행동처럼 보는 것인데, 먹이가 주어지기 직전에 비둘기는 원판을 쪼고 있었을지 모른다. 그렇기 때문에 원판 쪼는 것은 미신적 반응으로 유지될 수 있다. 이러한 설명의 한 가지 문제는 이러한 상황에서 거의 모든 비둘기가 원판을 쫀다는 것이다. 만약 미신적 행동이 관련된다면 어떤 비둘기들은 원판을 쪼지만 다른 비둘기들은 원을 그리며 돌거나 검사를 실시하는 방의 다른 부분을 쫀다거나 하는 행동을 보여야 한다. 자동조성에 대한 두 번째 설명은 고전적 조건화의 원리에 토대를 두고 있다. 이 설명에 따르면 조명을 받은 원판은 일차적 강화인인 먹이에 인접해 있기 때문에 이차적 강화인이 된다. 이러한 설명은 비둘기가 원판을 쪼는 이유에 대해 설명하지 않은 것을 제외하고는 타당해 보인다. 변별 자극은 이차적 강화인이 되고 그렇게 함으로써 행동을 유지하는 데 사용될 수 있지만, 동물이 왜 이차적 강화인에 대해 마치 일차적 강화인과 같이 반응하는지는 아직 명백히 밝혀지지 않았다.

윌리엄스와 윌리엄스(Williams & Williams, 1969)가 수행한 실험은 미신적 현상과 고전적 조건화 현상으로 자동조성을 설명하는 데 부수적인 의문을 제기한다. 윌리엄스와 윌리엄스는 불빛이 비친 원판을 쪼면 강화가 일어나지 않도록 상황을 설정하였다. 비둘기가 조명 원판을 쪼지 않으면 15초마다 비둘기에게 먹이가 제공되었다. 이 연구에서 조명 원판을 쪼는 것은 전혀 강화받지 못하였다. 사실 비둘기는 원판을 쫄수록 먹이를 덜 받았다. 자동조성을 미신적 행동과 고전적 조건화로 설명한다면, 이 연구에 있어 실험적 배열은 비둘기가 원판을 쪼는 반응을 제거하거나 최소한 매우 감소시켜야 한다. 하지만 그렇지 않았다. 비둘기는 계속해서 높은 비율로 원판을 쪼았다. 실제로 몇몇 비둘기는 너무 자주 원판을 쪼아서 결국 모든 강화가 제거되었다.

젠킨스와 무어(Jenkins & Moore, 1973)에 의한 연구는 상황을 더 복잡하게 했다. 그들은 먹이를 강화인으로 사용하면 비둘기가 먹이를 먹는 자세로 원판에 반응하고, 물을 강화인으로 사용하면 물을 마시는 자세로 원판에 반응한다는 것을 발견하였다. 다시 말해, 먹이를 강화인으로 사용하면 비둘기는 마치 원판을 먹는 것 같았고, 물을 강화인으로 사용하면 마치 원판을 마시는 것 같았다.

우리는 자동조성 현상이 제거의 과정 때문에 본능적 행동 양식을 포함하는 것으로 본다. 예컨대, 배가 고픈 유기체가 먹이를 먹을 수 있는 상황에 놓이게 되면 먹이 섭취 관련 행동을 할 가능성이 가장 높다고 추정할 수 있다. 비둘기의 경우에는 쪼는 것이 그런 반응이다. 더군다나 높은 동기 상태에 있는 동안 그런 행동들은 동물의 환경 안에 있는 어떤 자극들에 의해 쉽게 인출될 수 있고, 먹이 섭취 행위와 관련된 반응은 쉽게 방출된다. 배가 고픈 비둘기에게는 불빛이 비친 원판이 그러한 자극이 된다. 이러한 설명에 의하면 불빛이 비친 원판은 단지 그 환경하에서 일어날 가능성이 매우 높은 본능적 행동을 인출할 뿐이다.

만약 자동조성에 대한 본능적 설명을 받아들인다면 학습은 결코 일어나지 않는다는 결론을 내려야 한다. 단지 동물이 민감해져서 주어진 상황에 적합한 생득적 반응을 산출할 뿐인 것이다. 볼스(1979)는 자동조성은 S-S 학습을 포함하나, 어떠한 새로운 반응 학습도 일어나지 않는다고 제안하였다. 그는 쪼는 행동을 오히려 자극에 대한 타고난 반응으로 해석했으며, 먹이 제시와의 시간적 인접 때문에 먹이 관련 속성들을 얻는다고 하였다.

> 우리는 키 쪼는 반응을 조작적 반응으로 그리고 강도가 결과에 의해 통제될 수 있는 쉽게 측정되는 임의적이고 편리한 반응으로 생각해 왔다. 그렇지만 자동조성 과정에서…… 반응의 강도는 그 결과에 의해 통제되지 않는 것을 알 수 있다. 그것은 명백히 조명이 비춰진 키의 먹이 신호 속성에 의해 통제된다(p. 180).

볼스의 지도하에 석사 학위 연구를 했던 J. E. R. 스태든(J. E. R. Staddon, 1988)은 조명을 받은 키의 예견 가치를 강조하며 볼스의 분석에 동의했다.

> [만약] 각각의 키에 조명이 비춰진 후 먹이가 뒤따른다면(그리고 먹이가 다른 경우에는 따라오지 않는다면), 불빛은 곧 먹이와 관련된 것으로서 분류된다. 먹이와 관련된 작은 물체들도 최우선 순위 활동으로 쪼기 반응을 유발한다(자동조성). 만약 쪼기를 할 때 먹이가 나오도록 장치를 구성한다면, 불빛과 먹이 사이의 상관은 더 강력해진다……. 상황과 연합된 먹이는 먹이 관련 활동들을 인출한다(p. 68).

고전적 조건화

존
가르시아

조건화된 맛 혐오　우리는 7장에서 가르시아 효과에 대해 간략히 배웠다. 여기에서는 가르시아와 콜링(Garcia & Koelling, 1966)이 시행한 실험을 좀 더 완벽히 기술하고, 가르시아 효과가 학습에 대한 진화의 영향을 이해하는 데 어떠한 중요한 공헌을 했는지 살펴본다. 가르시아와 콜링은 목이 마른 쥐에게 네 가지 조건하에서 물을 마실 기회를 제공했다. 한 집단에게는 '밝고 시끄러운 소리가 나는 물'을 제공했고, 그것을 마시면 즉각적으로 발에 전기 충격을 주었다. 밝고 시끄러운 소리가 나는 물은 관에 전극을 부착해 유기체가 접촉하면 불빛이 번쩍거리고 크게 째깍거리는 소리가 나도록 고안되었다. 두 번째 집단에게는 밝고 시끄러운 소리가 나는 물이 제공되었지만, 마시는 것에 대한 충격을 주는 대신에 메스꺼움을 유발하는 강한 X선 처치에 노출되도록 하였다. 세 번째 집단에게는 번쩍거리는 불빛과 째깍거리는 소리가 나지 않는 사카린 맛이 나는 물을 주었다. 이 집단의 쥐들은 첫 번째 집단처럼 사카린 용액을 마신 후 즉각적으로 발에 전기 충격이 주어졌다. 네 번째 집단도 사카린 용액이 주어졌고, 이어서 X선 처치로 메스꺼움을 느끼도록 했다.

　가르시아와 콜링(1966)은 집단 1의 동물들은 집단 2의 동물들과 달리 밝고 시끄러운 소리가 나는 물에 대한 혐오가 발달된 것을 발견했다. 덧붙여 집단 4의 동물들은 집단 3의 동물들과 달리 사카린 맛 물에 대한 혐오가 발달되었다. 실험 설계 및 결과는 다음과 같이 요약할 수 있다.

　　집단 1: 밝고 시끄러운 소리가 나는 물 → 충격: 물에 대한 혐오가 발달함
　　집단 2: 밝고 시끄러운 소리가 나는 물 → 메스꺼움: 물에 대한 혐오 없음
　　집단 3: 사카린 용액 → 충격: 사카린에 대한 혐오 없음
　　집단 4: 사카린 용액 → 메스꺼움: 사카린에 대한 혐오가 발달함

　밝고 시끄러운 소리가 나는 물이 충격과 짝지어진 경우는 효과적인 조건 자극이 되겠지만, 메스꺼움과 짝지어진 경우에는 그렇지 않다는 것을 알 수 있다. 이와 유사하게, 사카린 맛이

메스꺼움과 짝지어질 때는 효과적인 조건 자극이 되나, 충격과 짝지어질 때는 그렇지 않았다. 가르시아와 콜링(1966)은 외부의 사건들과 동물이 경험한 고통 사이에는 자연적 관계가 있다고 말하며 그들의 결과들을 설명했다. 즉, 고통은 '저기'로부터 왔고, 그러므로 동물은 그 고통의 외부적 예측인을 찾았는데, 이 경우에는 마시는 것과 연합된 불빛과 소음이었다. 그렇지만 메스꺼움은 외적으로가 아닌 내적으로 경험된다. 그러므로 동물들은 메스꺼움과 사카린 맛(내적인)을 연합하였고, 밝고 시끄러운 소리가 나는 물(외적인)과는 연합하지 않았다. 셀리그먼의 용어를 사용하자면, 쥐들은 밝고 시끄러운 소리가 나는 물과 고통 사이의 연합을 형성할 생물학적 준비가 되어 있으나 밝고 시끄러운 소리가 나는 물과 메스꺼움 사이의 연합을 형성할 준비는 안 되어 있다고 말할 수 있다. 마찬가지로, 동물들은 사카린 맛과 메스꺼움 사이의 연합을 형성할 생물학적 준비가 되어 있으나 사카린 맛과 메스꺼운 고통 사이의 연합을 형성할 생물학적 준비는 되어 있지 않았다.

윌콕슨, 드레고인과 크럴(Wilcoxon, Dragoin, & Kral, 1971)의 연구는 셀리그먼의 준비성 개념을 종 사이에 적용한 예이다. 그들 연구에서는 쥐와 메추라기들에게 파란 소금물이 주어졌는데 그것은 동물들을 아프게 만들었다. 그 물을 마시고 아프게 된 이후, 두 종 모두에게 파란 물이나 소금물 간에 선택을 하도록 했다. 쥐가 소금물을 회피한 반면, 메추라기는 파란 물을 회피했다. 이러한 발견은 먹기(또는 마시기) 상황에서 쥐는 맛에 의존하고 메추라기는 시각적인 단서에 의존한다는 사실을 암시한다. 즉, 각각의 종은 유전적 구성에 따라서 연합을 형성했다. 다시 말해 비록 무조건 자극(파란 소금물 처치)과 무조건 반응(아픔)이 두 종 모두에게서 같을지라도 각각의 종은 유전적 소여(endowment)에 따라서 조건 자극을 선택했다. 쥐에 있어서는 소금 맛이 조건 자극이 되었던 반면, 메추라기에 있어서는 파란색이 조건 자극이 되었다. 셀리그먼의 용어로 말하자면, 쥐들은 소금-아픔 연합을 만들도록 생물학적으로 더 준비되었지만, 메추라기는 파란색-아픔 연합을 만들도록 생물학적으로 더 준비되었다.

가르시아 연구는 한 종 안에서도 그 종의 진화 역사 때문에 특정 연합들은 다른 것들보다 더 쉽게 형성된다는 것을 나타낸다. 윌콕슨, 드레고인과 크럴(Wilcoxon, Dragoin, & Krai, 1971)은 종들 간의 차이점을 보여 주었는데, 그것은 각각의 종에 따라 최적의 연합이 다르다는 것이다. 그렇지만 로그(Logue, 1988), 로진과 팔론(Rozin & Fallon, 1981)이 지적한 것과 같이, 독성물질을 섭취하기 전 유기체가 경험한 마지막 자극은 그 물질의 맛이다. 그러므로 저자들은 만약 (대부분의) 유기체를 아프게 만들었던 먹이나 음료의 맛(형태, 색 혹은 재질이 아닌)에 대해 혐오를 획득할 수 있다면 매우 적응적일 것이라고 주장한다. 실제로 여기서 기술된 종들의 차이에도 불구하고 대부분의 척추동물은 맛 단서 하나에 대한 혐오를 학습할 수 있다(Gustavson, 1977).

다른 조건 반응들처럼 학습된 맛 혐오들도 소거될 수 있다. 달리 말해 맛(조건 자극)이 뒤따르는 아픔(무조건 반응) 없이 계속적으로 주어진다면 유기체들은 한 번 회피한 적이 있던 물질에 다시 접근하여 먹을 것이다. 볼스의 대학원생 중 하나였던 캐슬린 챔버스(Kathleen Chambers)는 1970년대 초 수컷 쥐보다 암컷 쥐에서 맛 혐오가 더 빨리 소거되는 것을 발견했고(Chambers, 1985; Chambers & Sengstake, 1976), 후속 연구에서는 이러한 성차를 폭넓게 연구하였다(예: Chambers et al., 1997 참조). 그녀가 소거 비율에 있어 차이를 설명하는 것과 볼스가 동의한 설명은 명백히 진화적인 것이었다. 그녀는 암컷들은 돌봐야 할 갓 태어난 새끼뿐만 아니라 태아의 생존에도 책임을 져야 하기 때문에 영양상 욕구를 충족하는 것이 대단히 중요하다고 주장했다. 그러므로 사실 암컷들이 이전의 질병이 어떤 특정 먹이와 연합되었는지 아닌지 어느 정도 확신을 가지고 결정하는 것은 적응적이다. 다시 말해 그 질병을 유발한 원인이 다른 요인들이라는 사실이 주어지면, 그들은 잠재적으로 영양가 높은 먹이를 '재검사' 하기 위한 생물학적 준비가 되어 있다.

그렇지만 맛 혐오의 소거를 위해 유기체는 그 질병(무조건 반응)을 경험하는 것 없이 다시 맛(조건 자극)을 경험해야만 한다. 가르시아 효과의 주요 특성이 제공되는 실험실 조건하에서는 소거가 일어날지도 모르지만 야생에서의 유기체는 조건 자극을 계속 피하다가 결국 혐오의 소거가 불가능해질 수 있다.

생물학적 행동주의

윌리엄 팀버레이크(1999, 2001, 2002)의 최근 연구는 볼스의 적소 논증을 확대하고 정교화하고 있다. 팀버레이크는 '생물학적 행동주의' 로 불렀던 것을 변호하며 동물행동학자들과 실험 행동주의자들의 입장을 조정하고자 시도하였다. 동물행동학자들의 연구는 대체로 야생종들의 자연적 행동에 초점을 맞추고 있으며, 실험 행동주의자들은 대체로 길들여진 종의 실험실 학습에 초점을 맞추고 있다. 팀버레이크는 학습 연구를 위해 표준화된 방법과 측정 기법을 만드는 데에 있어 중요한 역할을 했다는 점에서 행동주의적 전통을 높게 평가하며, 통제된 실험의 강력한 논리가 행동주의 전성기 동안 성숙해졌음을 인정한다. 그렇지만 팀버레이크는 볼스처럼 추상적, 일반적 학습 원리를 발견하는 것에 대한 시도는 준비된 학습에 있어 종 특유 차이점을 무시한다고 반박한다. 그러므로 만약 우리가 생물 진화적인 관점에서 유기체를 이해하지 않는다면, 자동조성이나 '비행(misbehavior)' 에 있어 관찰되는 것 같은 현상들을 종

종 오류로 취급하며 유용한 이론들 또는 방법들
을 거부하는 잘못을 저지를 수 있다.

　팀버레이크는 학습에 있어서 실험실 연구는
실험에서 이미 가장 자주 사용하는 종의 자연적
인 속성들을 조절한다고 주장한다. 예를 들어,
팀버레이크는 우리에게 스키너 상자가 실험실의
쥐에게 '조율되었음'을 상기시킨다. 지렛대가
위치하는 높이, 지렛대 근처로의 먹이 주기, 지
렛대 조작에 있어 필수 사항은 쥐가 자연적으로
먹이를 찾는 행동(할퀴기, 코로 비비기, 탐사하
기 등)을 이용하는 것이다. 비둘기가 눈높이에서

윌리엄
팀버레이크

불빛을 받은 키를 쪼도록 하거나 쥐가 미로를 달리도록 하는 실험 설계는 임의적이고 인위적
이지 않다. 쥐는 조명받은 원판을 쪼지 않고, 비둘기는 미로를 달리는 것에 능숙하지 않다. 검
사를 받는 동물들의 자연적 행동 능력과 준비도 둘 다와 양립할 수 있기 때문에 학습 실험실
안에서의 일반적인 과제들은 광범위하게 사용된다. 무엇보다도 중요한 것은 그러한 절차들은
신뢰성 있고 일관된 결과들을 산출하기 때문에 표준화된 실험실 과제들이 되었다는 것이다.

　팀버레이크(2002)는 성공적인 실험실 조작이 기존의 행동적 소인들을 활용하고 실험실 동
물들에 있어 실험실 과제들이 신뢰성 있고 강력한 반응을 산출하도록 잘 조율되었다는 관찰
을 통해서 많은 실험실 행동이 과잉 결정(overdetermined)되었다고 결론지었다. 팀버레이크에
의하면 만약 행동이 먹이나 물의 박탈 또는 반응-보상 유관성과 같은 실험적인 조작들이 존재
하지 않는 상황에서도 신뢰성 있게 발생한다면, 그리고 만약 그 행동의 기저에 다양한 감각-
운동 양식들이 존재한다면, 행동은 과잉 결정된 것이다. 예컨대, 야생 쥐들은 그들이 침입한
자연적인 굴과 목초지 또는 집 벽 속에서 길을 따라간다. 그것은 터널과 작은 뒷골목과 같은
통로를 탐색하고자 하는 그들의 생물 진화적 경향성이다. 길 따라가기는 탐색적이고 사회적
인 활동들의 일부로서 발생하고, 비록 그것이 먹이를 찾는 데 이용된다 하더라도 여러 가지 다
른 목적으로 사용되기 때문에 일차적 강화인이 존재하거나 박탈되는 것과는 독립적이다. 또
한 길 따라가기에는 시각, 후각, 청각, 또는 다른 단서들이 활용될지도 모른다. 그래서 팀버레
이크는 실험실 미로 행동이 과잉 결정된 것이라고 제안한다.

　이 논쟁에 대한 증거로서 팀버레이크와 그의 동료들은 박탈 조건에 관계하지 않고 쥐들이
먹이 강화가 없이 좁은 미로를 쭉 달리는 시간이 감소했다고 보고했다(Timberlake, 1983). 때

때로 방사형 미로(12장에서 톨먼이 사용한 것 같은)가 쥐들에게 있어 '능률적인' 탐색 전략들을 검사해 보는 데에 사용된다. 능률적인 전략은 이미 먹이가 소비된 미로의 통로를 회피하고 탐색하지 않은 통로를 찾는 것이다. 팀버레이크와 화이트(Timberlake & White, 1990)는 미로의 통로에 미끼로 먹이 강화를 이용하든 하지 않든 간에 먹이가 박탈된 쥐들은 효과적으로 미로 탐색을 수행했다는 것을 보여 주었다. 또한 팀버레이크(2002)는 쥐는 야행성 동물이므로 자연적으로 가장 활동적인 밤에 검사를 받는다면, 박탈과 강화를 경험하지 않은 쥐들도 효과적으로 미로 탐색을 수행하는 것을 보여 주는 미출판 자료를 보고하였다.

팀버레이크의 과잉 결정 원리가 도구적 절차와 조작적 절차에 대해 비난하는 것은 아니다. 그것은 한 종의 발견을 다른 종의 발견으로 일반화하는 것에 관한 중요한 경고이다. 또한 그것은 우리가 학습하는 유기체의 진화적 준비성을 알아야 한다는 것을 상기시킨다. 이러한 생각들을 염두에 두고, 다음에서 인간에게 있어서 진화적 선택 압력과 준비된 학습이 어떤 역할을 하는지에 대하여 살펴보겠다.

진화심리학과 인간 행동

앞선 절은 진화심리학의 범위 안에서 인간 이외의 종들에 관한 연구에 초점을 두고 있음에도 불구하고, 진화심리학은 인간의 행동을 이해하는 데 폭넓게 적용되어 왔다. 여러 가지 진화심리학 이론에 대한 명백한 지지자들로는 데이비드 버스(David Buss), 리다 코스마이즈(Leda Cosmides), 존 투비(John Tooby) 등이 있다(Buss, 1995, 2004; Buss et al., 1998; Cosmides & Tooby, 1997; Crawford & Krebs, 1998; Olson & Hergenhahn, 2011). 우리는 이후에 진화심리학의 주제들로 논의를 제한하겠다. 다시 말해 공포증의 발달, 배우자 선택, 양육, 가족 폭력, '이타성'과 도덕적 행동, 언어 발달이다.

인간 행동에 대해 진화적으로 설명하는 원리들은 여러 면에서 볼스(1972, 1988)가 인간 이외의 종의 행동에 대해 진화적으로 설명하기 위해 적용했던 원리들과 비슷하다. 무엇보다 인간이 만들어 낸 지난 200년 동안의 괄목할 만한 발전에도 불구하고 진화심리학은 여전히 인간이 수천 년의 진화적 산물이라고 가정한다. 그러므로 다른 동물들과 같이 우리도 때때로 다른 자극보다는 어떠한 특정 자극에 주목하고 다른 기대보다는 어떠한 특정 기대를 더 쉽게 학습하게 하는 타고난 소인들을 보여 준다. 다른 동물들과 같이 우리도 타고난 반응 편향을 보이기 쉬운데, 강하고 생물학적으로 유의미한 동기 상태에 의해 이끌릴 때 특히 그러하다. 다시 말해, 셀리그먼의 준비성 개념은 인간 이외 동물들의 학습에서와 같이 인간의 학습에도 적용된다. 또한 결국 적소 논증은 다른 동물들에게 그런 것과 같이 우리에게도 적용된다. 행동의 EEA와 관련지어 현재 행동을 고려한다면 우리는 인간의 행동에 대한 더욱 정확한 이해를 할 수 있다. 아무도 인간이 융통성 없는 본능적 행동들에 얽매인다고 말하지 않는다. 그렇지만 등가 잠재력의 경험적인 원리는 인간 이외의 동물들이 보여 주는 학습의 폭을 설명하는 것에 적절하지 않았던 것처럼 모든 인간 학습을 설명하는 것에 적절하지 않다고 제안한다.

공포증의 발생

최근 인간의 공포 반응에 관한 연구는 진화적 준비성으로 가장 잘 설명되는 현상이라는 것이 드러나고 있다. 인간의 공포증(뱀과 거미 같은 자극에 대한 특별히 강하고 두려운 반응)은 고전적 조건화라는 용어로 설명하기 어렵고, 그래서 그러한 설명의 시도는 불가피하게 피상적이다. 예컨대 뱀이나 거미 공포증이 있는 사람들 중 뱀이나 거미의 시각적인 조건 자극들과 짝지어진 뱀이나 거미 독의 무조건 자극들을 실제로 경험한 사람들은 거의 없다. 다음으로, 우리는 왜 뱀과 거미 공포증 같은 공포들이 그렇게 쉽게 획득되고 왜 그렇게 변하기 어려운지 설명하려는 최근의 시도들에 대해 탐색해 보겠다.

럼스던과 윌슨(Lumsden & Wilson, 1981)이 제안한 공포증 발생에 관한 다음의 진화적인 설명은 셀리그먼의 준비성 개념과 상당히 많은 부분에서 일치한다.

> 인간 학습의 준비성은 공포증의 경우에서 가장 명백히 나타나는데, 그것은 특질들의 조합에 의해 정의된 두려움이다. 그것들은 반응에 있어 극단적인 것 중 가장 첫 번째이다……. 그것들은 전형적으로 오직 한 번의 부적 강화 이후 완전히 성숙하고 (그리고) 그것들은 예외적으로 소거하기가 어렵다……. 기술적으로 발전된 사회의 총, 칼, 자동차, 전기 콘센트, 그리고 훨씬 더 유해한 위험물들은 반응을 일으키는 효과가 거의 없는 반면, 반응을 계속해서 일으키는 현상들(밀폐된 공간, 높이, 폭풍, 흐르는 물, 뱀, 거미 등)은 인류의 고대 환경 속에 존재했던 가장 위험한 것들을 포함한다는 것은 주목할 만하다. 공포증은 생존에 필요한 추가적인 한계를 제공하는 불합리한 공포 반응들의 극단적 경우라고 결론짓는 것은 합리적이다……. 절벽의 가장자리로 무심코 걸어가기보다는 공포로 메스꺼워하면서 절벽에서 멀리 떨어져서 기어가는 편이 더 낫다(pp. 84-85).

외만과 미네카(Öhman & Mineka, 2001, 2003)는 몇몇 공포증이 무의식적, 자동적 학습 과정에 의해서 매개되므로 빠르게 습득된다고 주장한다. 그들은 신경학적 '공포 모듈', 다시 말해 우리 포유류의 진화 역사의 원시적, 생물학적 흔적은 어떠한 뱀 또는 거미 공포증이 쉽게 발생하는가를 설명한다고 제안한다. 외만과 미네카는 우리가 진화적 유산의 일부분으로서 진화적으로 의미 있는 자극에 대한 공포 반응들을 학습하는데, 이를 위한 자동적인 소인을 제공하는 신경학적인 기제를 다른 동물들과 공유한다고 주장한다. 이러한 자극은 우리 주의를 끌고, 그 결과 우리는 의식적 정보처리 없이 그것들을 학습할 수 있다. 이것은 모든 인간이 자연적으로 뱀, 거미, 으르렁거리는 개 등에 공포를 느낀다는 것을 의미하지는 않는다. 그렇지만 그것은 이러한 종류의 자극이 우리 종에게 있어 자연적으로 핵심적인 것이고, 우리는 대단히 충격적인 무조건 자극에 대한 개인적인 경험들이 없을 때조차 뱀 또는 거미 공포증을 자연적으로 학습하도록 준비되어 있다고 제안하는 것이다.

첫째로, 이 저자들은 다른 포유류들 사이에서 그러한 공포가 널리 퍼져 있음을 보여 주고자 야생 영장류(예: King, 1997) 사이에서 관찰된 극단적인 뱀 공포에 대한 자료를 제시하였다. 그들은 또한 비록 실험실에서 양육된 원숭이들은 뱀에 대한 공포를 타고나지는 않은 것 같지만 진짜(또는 장난감) 뱀들에 노출된 살아 있는 원숭이 또는 비디오로 녹화된 야생 원숭이들의 반응을 지켜본 후에는 뱀 공포증이 빠르게 발생한 증거를 제시하였다(Cook & Mineka, 1990). 무엇보다 중요한 것은 그들이 인간 대상의 연구에서 뱀 또는 거미에 대한 공포는 이러한 자극들에 대한 의식적인 지각을 필요로 하지 않을 수 있다는 것을 보여 주는 자료를 제시했다는 것이다.

외만과 동료들은 어떻게 무의식적 학습이 작용하는지에 관해 탐구하기 위해서 역행 차폐(backward masking)라 불리는 절차를 활용했다. 역행 차폐에 있어서 시각적 자극은 짧게 제시되는데, 아마 20~30밀리세컨드에 불과할 것이다. 이러한 자극에 이어서 거의 즉시 두 번째 시각적 자극의 제시가 이어진다. 두 번째 시각적 제시는 첫 번째 자극에 대한 의식적인 시각적 과정을 방해하거나 또는 '차폐'하는 데 있어 시간상 역행하여 작용하는 것 같다. 그러므로 두 번째 자극은 의식적으로 지각된 유일한 자극이다. 이 절차는 다음과 같이 도식화된다.

짧은 제시 → 짧은 간격 → 제시 차폐 → 지각
그림 A → 짧은 간격 → 그림 B → B만 지각됨

외만과 소아레스(Öhman & Soares, 1993)는 (피부 전도의 변화로 나타난) 공포 반응들을 발생시키기 위해서 공포증이 없는 실험 집단에게 전기 충격(무조건 자극)과 짝지어진 뱀 또는 거미 사진(조건 자극)을 노출하였다. 통제 집단에게는 전기 충격(무조건 자극)과 짝지어진 꽃 또는 버섯 사진(조건 자극)을 보여 주었다. 공포 반응에 대한 습득 이후, 무조건 자극은 생략되고 조건 자극이 역행 차폐의 제시에 있어 첫 번째 요소로 주어졌다. 첫 번째 실험 집단은 뱀/거미 그림을 보고 곧바로 조각으로 잘려 무선적으로 재배열된 뱀 또는 거미 그림에 의해서 차폐되었다. 그러므로 차폐 자극은 뱀/거미 요소들이 있지만, 목표 자극의 완벽한 형태는 아니었다. 통제 집단은 무선적으로 재배열된 꽃 또는 버섯 그림으로 차폐된 꽃 또는 버섯 그림을 보았다. 꽃/버섯 사진이 아닌 뱀/거미 사진에 대한 공포 반응들이 관찰되었다. 이 결과들은 역행 차폐 절차가 뱀/거미 그림과 중립적인 꽃/버섯 그림 둘 다에 대한 의식적인 지각을 방해하였으나 진화적으로 유의미한 자극만 공포 반응을 환기시켰기 때문에 중요하다.

집단 1: 뱀 사진 → 차폐 그림 → 공포 반응이 발생함
집단 2: 꽃 사진 → 차폐 그림 → 공포 반응이 없음

외만과 소아레스(1994)는 이러한 발견들을 더 탐구하기 위해서 거미 또는 뱀을 이미 무서워하는 참여자들에게 거미 또는 뱀 사진을 가지고 역행 차폐 기법을 사용해 검사하였다. 비록 자극 확인을 불가능하도록 만드는 차폐 절차라 할지라도, 이미 거미를 두려워하는 참여자들은 차폐된 거미 사진에 대한 공포 반응을 보였고, 이미 뱀을 두려워하는 참여자들은 차폐된 뱀 사진에 대한 공포 반응을 나타냈다. 그러나 그 반대는 일어나지 않았다. 게다가 역행 차폐의 제시에 있어 첫 번째 요소로 뱀 또는 거미 사진을 제공했을 때 뱀 또는 거미 사진에 대한 공포 반응들은 쉽게 조건화될 수 있으나, 꽃 또는 버섯 사진의 경우는 그렇지 않았다(Öhman & Soares, 1998).

외만, 플뤼트와 에스테베스(Öhman, Flykt, & Esteves, 2001)는 뱀과 거미와 같은 자극은 자동적으로 우리와 주의를 끈다고 가정하였다. 예컨대, 참여자들은 중성 자극 배열 안에 끼어 있는 뱀 그림을 빨리 발견하지만, 뱀 그림들 배열 안에 끼어 있는 꽃 그림을 발견하는 데에는 더 오랜 시간이 걸린다. 이 효과는 기대하는 바처럼 뱀을 이미 두려워하는 참여자들에서 더욱 극대화된다.

만약 공포와 관련된 자극(예: 뱀이나 거미)이 우리의 주의를 끌거나 지배한다면, 그것은 주의를 기울임으로써 어떤 이득을 얻을 수 있기 때문일 것이다. 리프와 데락샨(Lipp & Derakshan, 2005)은 이러한 현상을 보여 주는 '점 시험(dot-probe)' 과제를 사용했다. 이 연구자들은 참여자들에게 컴퓨터 스크린 위의 두 개의 그림을 나란히 제시하였다. 그림 중 하나는 공포와 관

련된 자극(뱀 또는 거미)이었고, 다른 하나는 중성 자극(꽃 또는 버섯)이었다. 그림들은 스크린에 500밀리세컨드 동안 전시되었고, 그 이후 작은 점으로 즉각 대체되었는데, 그 점은 공포와 관련된 자극 또는 중성 자극의 자리에 나타났다. 참여자들에게 점이 나타난 스크린 쪽을 가리키는 버튼을 가능한 한 빠르게 누르도록 하였다. 그들은 점이 공포 자극 자리에 나타났을 때 유의미한 수준으로 더 빠르게 반응했는데, 이것은 그 자리에 주의를 기울였다는 주장을 지지하였다. 한편 만약 우리가 공포와 관련된 자극에 주의를 집중하고 있다면 다른 자극을 찾기 위해서 주의를 돌려야 할 때 수행에 어려움을 겪게 될 것이다. 리프와 워터스(Lipp & Waters, 2007)는 참여자들에게 9개 항목의 그림 매트릭스를 보여 주었다. 참여자들은 새 또는 물고기가 그려진 중성 표적 그림을 찾도록 지시받았다. 그들은 그림들 중 하나가 뱀 또는 거미였을 때 비교적 표적을 찾는 데에 더 느리고 실수가 많았다. 그들이 이미 뱀 또는 거미에 대한 공포를 갖고 있었을 때 그 효과는 더 컸다.

이러한 자료가 우리가 오직 진화적으로 의미 있는 자극에 대해서 공포를 학습하거나 또는 현대사회의 위험들에 대한 공포를 학습할 수 없다는 것을 제안하지는 않는다. 그렇지만 우리가 총 또는 절도에 대한 공포를 학습하는 것과는 다르게 거미 또는 뱀에 대한 공포를 학습한다고 주장한다. 다시 말해, 외만과 미네카(2001, 2003)가 제안한 것과 같이 만약 진화적으로 의미 있는 공포와 관련된 자극이 '공포 모듈'에 의해서 처리된다면 더욱 현대적인 위험들은 다른 기제들에 의해서 처리될지도 모른다. 뮐베르거, 비데만, 헤르만과 파울리(Mühlberger, Wiedemann, Herrmann, & Pauli, 2006)는 거미 공포증 또는 (항공기) 비행 공포증이 있는 참여자들을 모집했다. 참여자들은 헤드폰을 쓴 채로 거미, 항공기 충돌, 또는 중성 자극들이 포함된 그림을 보았다. 결정적 실험 조작으로는 거미 공포증 또는 비행 공포증 참여자들 각자에게 거미 그림 또는 비행기 충돌 그림과 짝지어서 크고 깜짝 놀랄 만한 소리(무조건 자극)를 제시했다. 깜짝 놀랄 만한 소리가 특정 공포와 관련된 자극과 짝지어졌을 때, 두 참여 집단 모두가 각성을 나타내는 피부전도 반응을 나타냈다. 하지만 실험 내내 거미 공포증 참여자들의 각성 반응이 지속된 반면, 비행 공포증 참여자의 반응은 그렇지 않았다. 더군다나 거미 공포증 참여자에서 나타난 내현적 피부전도 반응은 외현적 놀라움 반응과 광범위한 대뇌 피질 전위(EEG 전극을 통하여 기록된)와 동반하여 나타났다. 이러한 현상들은 비행 공포증 참여자들에게서는 일어나지 않았다. 비록 증거가 간접적이라 하더라도, 그 자료는 이 두 공포증 참여자 집단의 경우 서로 다른 뇌 기제들이 특정 공포 자극 유형들에 의해 활성화된다는 것을 시사한다. 연구자들은 진화적으로 의미 있는 자극에 대한 공포는 "더욱 깊은 그리고/또는 더욱 편향된 처리 과정과 연합되며" 그러한 공포에 원인이 되는 기제들은 "더욱 광범위하고 더욱 강하게 서로 연결될지 모른다."는 결론을 내렸다(p. 587).

배우자 선택

비록 중매결혼이 일반적인 사회도 있겠지만, 남자와 여자는 대체로 구혼과 배우자 선택에 있어 능동적인 참가자이다. 우리는 어떻게 여러 잠재적 배우자들 중에서 번식의 대상을 고르는가? 쉽게 말하면, 우리는 가장 매력적인 사람과의 장기적 짝짓기(mating) 관계를 찾는다. 그러면 우리는 어떻게 무엇이 매력적이고 무엇이 매력적이지 않은지에 대한 생각을 발전시키는가? 사회인지 학습 이론가들은 매력에 대한 정의는 우리가 속해 있는 특정 문화의 중요한 모델들(부모, 또래, 지도자 등)에게, 특히 정보화 사회에서는 미디어에 의해 매력적인 인물로 알려진 모델들에게 주의를 기울임으로써 학습된다고 주장한다. 그렇지만 진화심리학의 관점에서는 사회적으로 전달된 많은 기준은 피상적이다. 매력과 연관된 사회적 기준들은 일시적이다. 예컨대 유행하는 헤어스타일, 몸치장, 의복 형태, 선호되는 체형까지 변화할 수 있고 또 변화하고 있다. 진화심리학자들은 어떠한 단일 문화 안에서의 신체적 매력에 관한 사회적인 기준들보다 더욱 기본적이고 문화적으로 보편적인 배우자 선택 준거가 있음이 틀림없다고 한다.

배우자 선택에 있어서 탁월한 연구자 데이비드 버스는 다음과 같이 언급한다.

> 우리는 절대 배우자를 무작위로 선택하지 않는다. 우리는 배우자에게 무분별하게 끌리지 않는다……. 우리의 짝짓기는 전략적이고 우리의 전략은 특히 성공적인 짝짓기를 위해서 요구되는 특별한 문제들을 해결하기 위해 고안된다……. 우리의 진화적 과거에 성공적으로 짝짓기하는 데 실패한 사람들은 우리 선조가 되지 못했다. 우리들 모두는 경쟁에서 호감이 가는 배우자를 얻는 데 성공하였고, 생식적으로 가치 있는 배우자에게 끌렸고, 번식할 만큼 충분히 오래 배우자를 유지했고, 이해관계 있는 경쟁자를 막아 냈고, 번식 성공을 방해한 문제들을 해결했던, 선조들의 길고 끊이지 않은 계보로부터 내려왔다(1998, p. 409).

그러므로 진화적 관점은 매력적인 배우자가 유명한 매체에 의하여 묘사된 것과 같은 신체적 매력과는 연관 없는 특징들을 가질 수 있다고 제안한다. 더욱 중요한 특징들로 양육자와 부양자로서의 가치, 생식적 적합성, 동반자와 부모로서의 가치가 포함된다. 달리 말해, 매력적 배우자는 우리의 짝짓기가 우리 생존뿐만 아니라 우리 자식의 생존을 높이는 데에도 도움이 되는 특징들을 가지게 될 것이다.

데이비드
버스

버스와 그의 동료들은 잠재적인 짝짓기에서 가치 있는 보편적 특징들이 있는지 여부를 결정하기 위해서 37개의 다양한 문화에서 1만 명 이상의 사람들을 조사하였다(Buss, 1989, 1994, 1998; Buss & Schmitt, 1993). 그 결과는 문화에 의한 가변성에도 불구하고 진화는 우리가 좋은 배우자의 중요한 특징으로 인식하는(학습하기보다는) 특성들을 선택한다는 강한 증거를 제시한다. 〈표 15-1〉에서 볼 수 있듯이, 남성 또는 여성이 확인한 가장 중요한 특성들은 친절과 이해심이고, 그다음은 지능인데, 이들은 우리 배우자,

우리 자신 그리고 우리 자손들의 생존에 공헌하는 요소들이다.

남성과 여성 사이의 이러한 유사성들에도 주목할 만한 두 가지 중요한 예외가 존재한다. 남성들은 여성들보다 '신체적 매력'을 더 우위에 놓는 경향이 있고, 여성들은 남성들보다 '돈을 버는 능력'을 더 우위에 놓는 경향이 있다. 이러한 차이에 대한 진화적인 설명은 여성은 아이를 낳고 기르는 데 많은 생물학적 자원을 소비하고, 최근까지도 신생아를 먹이는 것이 가능한 유일한 부모로서 생물학적인 자원을 계속해서 소비한다는 것이다. 그러므로 여성은 자신의 자원들(그리고 강도)이 사용되는 동안에 핵가족을 보호하고 먹을 것을 제공하는 남성의 능력에 상대적으로 더욱 큰 가치를 부여한다. 그와는 반대로 남성은 여성의 성공적 생식 능력의 예

〈표 15-1〉 짝짓기에 있어 가치 있는 특성

남성과 여성이 공통적으로 가장 높은 가치를 두는 것
친절– 이해심
지능
남성이 여성보다 더 가치를 두는 것
멋진 외모
젊음
여성이 남성보다 더 가치를 두는 것
돈을 버는 능력
근면성

출처: Buss(1989)에서 요약.

측인이 되는 신체적 속성들에 더욱 큰 중요성을 두어야만 한다. 이러한 예측과 함께 버스 (1989), 버스와 슈미트(Buss & Schmitt, 1993)는 여성이 남성보다 배우자의 야망, 근면함, 사회적 지위, 운동 능력 같은 요인들에 더욱 큰 가치를 둔다는 것을 발견하였다. 반면에 남성은 여성보다 배우자의 나이, 일반적 건강, 반점 없는 피부, 눈의 투명성 같은 요소들에 주의를 기울인다. 이러한 '미의 기준들'은 건강의 지표이고, 스타일 또는 신체 형태에 대한 선호의 일시적 변화에 의하여 제한되지 않는다는 것에 주목하라.

배우자 선택에 포함되는 또 다른 단서는 인간의 후각에 대한 연구에서 드러난다. 인간 이외의 동물들이 배우자를 찾고 선택을 할 때 냄새 신호에 의존한다는 것은 널리 알려져 있으나, 인간 또한 냄새 신호를 이용한다는 것이 최근에 입증되고 있다. 아마도 좋은 냄새가 나서 매력적인 사람들을 만난 적이 있을 것이다.

주요 조직적합 유전자복합체(major histocompatibility complex: MHC)는 우리 면역 반응의 여러 측면을 조정하는 유전자들의 조합이다. (인간에게 있어 이 복합체가 때때로 인체 백혈구 항원[human leukocyte antigens: HLA]으로 언급된다는 것에 주목하라.) 인간이 땀을 흘릴 때, 주요 조직적합 유전자복합체 구성에 관한 신호와 독특한 종류의 면역력을 그 냄새에서 발견할 수 있다. 지금까지 유명한 '땀에 젖은 티셔츠' 실험들에서, 웨데카인드(Wedekind)와 그의 동료들(Wedekind & Füri, 1997; Wedekind, Seebeck, Bettens, & Paepke, 1995)은 참가자들에게 샤워나 탈취제 또는 향수 사용 없이 이틀 동안 같은 티셔츠를 입고 자라고 요청했고, 그 셔츠를 수거했다. 서로 다른 성(性)의 참가자들은 수거된 셔츠의 냄새를 맡고 만족도와 매력도에 관해 순위를 매겼다. 중요한 발견은 우리가 우리 자신과 다른 주요 조직적합 유전자복합체를 가진 사람의 냄새를 선호한다는 것이다. 더 최근의 연구들은 적어도 어떤 인종에 있어서 이성애자 커플들은 서로 다른 주요 조직적합 유전자복합체를 가지는 경향이 있다(Chaix, Cao, & Donnelly, 2008)는 것을 보여 준다. 그들은 우리가 어떻게든(아마 우리의 후각을 통해) 배우자 선택에 있어 주요 조직적합 유전자복합체를 사용한다고 제안한다. 서로 다른 주요 조직적합 유전자복합체의 선호가 가지는 적응적 이점은 명확하다. 만약 우리가 우리 자신과 정확히 일치하는 주요 조직적합 유전자복합체를 가진 누군가를 배우자로 만난다면, 우리의 자손은 바이러스, 세균, 기생충 침입에 대한 면역 방어 범위가 매우 한정될 것이다. 반대로, 만약 우리가 다른 주요 조직적합 유전자복합체 구성을 가진 누군가와 배우자로 만난다면, 우리 자신이 부모 중 한 명이 물려줄 수 있는 것보다 더 광범위한 면역 방어 범위를 얻을 기회가 증가할 것이다.

질병 회피

주요 조직적합 유전자복합체는 또한 우리가 질병이나 감염의 잠재적 매개체로부터 피할 수 있도록 도와주는 인지, 정의(정서), 행동 반응의 진화된 세트로서 행동 면역체계(behavioral immune system)와 상호작용하는 역할을 담당할 수 있다(Neuberg, Kenrick, & Schaller, 2011; Schaller & Park, 2011). 따라서 우리는 아프거나 감염된 사람들을 감지하면 경계하고(인지), 그런 사람들을 보면 두려움이나 혐오를 경험하며(정의), 그들을 피하게 된다(행동). 질병에 대한 두려움이 반드시 최선의 인간 행동을 유발하지는 않으며, 그것은 노인(Duncan & Schaller, 2009), 비만인(Park, Schaller, & Crandall, 2007), 이민자(Falkner, Schaller, Park, & Duncan, 2004)에 대한 편견을 야기할 수 있다. 그럼에도 불구하고 우리는 질병과 감염 회피에 적응하게 되고 그에 따라 반응하는 성향을 갖게 된다.

7장에서 우리는 단순히 아프거나 감염된 사람의 사진을 보는 것이 면역 반응을 증가시키는 것을 보았다. 그러므로 행동의 면역체계를 촉발시키는 동일한 단서는 주요 조직적합 유전자복합체의 면역 강화 효과 또한 유도한다(Schaller, Miller, Gervais, Yager, & Chen, 2010). 그 반대가 참이 될 수 있을까? 주요 조직적합 유전자복합체의 행동 활성화는 면역체계의 양상을 유도하는가? 대답은 '예'일 것 같다. 예를 들어, 최근에 병이 난 사람(주요 조직적합 유전자복합체가 최근 활성화된 사람)은 흉한 얼굴의 사진에 더 오래 주의를 기울이며 그러한 사진에 대한 회피 반응을 더 빨리 드러낸다(Miller & Maner, 2011). 보다 긍정적인 측면에서, 독감 예방접종을 받았거나 손을 씻으라는 요구를 받은, 그러므로 '보호된' 실험 참가자들은 이민자에 대한 편견이 감소하는 것으로 나타났다(Huang, Sedlovskaya, Ackerman, & Bargh, 2011).

언어

스키너는 조작적 조건화의 원리로 언어 학습을 설명할 수 있다고 가정하였다. 파블로프는 고차적 조건화 원리를 이용함으로써 언어를 설명하였다. 그렇지만 진화심리학자들에게 있어 이러한 학습 이론들은 언어 습득에서의 준비성의 역할에 대한 다양한 자료를 언급하지 않았기 때문에 불완전한 것이다. 사실상 언어 학습은 인간 학습에서 우리가 논의했던 어떠한 현상들보다 더욱 극적으로 생물학적 준비성을 보여 줄 수 있을지 모른다.

놈 촘스키(Noam Chomsky)가 비록 언어 현상에 대한 진화적인 설명에 회의적이라 하더라도(1972, 1988), 언어에 관한 전통적 학습 이론의 설명을 반대하는 논쟁은 그가 제안했던 두 가지 중요한 도전으로 시작한다(1959, 1975). 첫 번째, 촘스키는 아이들이 강화된 단어들 또는 문장을 단순히 반복한다기보다 오히려 특이한 일련의 단어 또는 문장을 생성한다고 언급한다. 이와 유사하게, 아이들은 그들이 처한 환경에서 모델이 없었거나 또는 어떠한 경우 모델이 있을 수 없는 것들을 말한다. 예컨대 아이가 "맞아, 난 사탕을 먹었어. 나는 그것을 했었었어(I dood it!)."라는 고백을 학습하지는 않을 것 같다. 두 번째, 촘스키는 아이들이 어떤 형식적인 가르침 없이 문법적인 이해를 발달시킨다고 주장한다. 다시 말해, 그들은 학습의 기본적 규칙들을 이해하고 일반화하며, 전형적인 또는 비전형적인 문장 혹은 구 모두를 쉽게 이해한다. 촘스키의 입장은 뇌가 어느 정도 언어를 생성하고 이해하도록 자연적으로 설계된 기관이라는 것이다. 그러므로 언어를 포함하는 학습에 대하여 이야기하는 것이 손, 심장 또는 다른 생물학적 기관을 포함하는 학습에 대하여 이야기하는 것보다 더욱 의미 있는 것은 아니다.

스티븐 핑커(Steven Pinker)의 영향력 있는 책 『언어본능(The Language Instinct)』(1994)에서는 다음의 논리적인 단계를 보여 주었고, 촘스키의 '언어 기관'을 진화심리학 영역에 포함시킬 여러 증거를 수집하였다. 첫 번째, 핑커는 언어 보편성, 다시 말해 모든 알려진 언어에 공통적 규칙 특성이 있다고 주장했다. 우리가 영어 이외의 다른 언어에 대하여 가지고 있는 낭만적 관념에도 불구하고, 모든 언어는 과거, 현재, 미래를 인식한다. 모든 언어는 대명사 참조물을 가지고 있다. 모든 언어는 주어/행동(원인-효과)의 형태를 가지고 있다. 이와 유사하게, 모든 언어는 예외가 있다 하더라도 복수형을 만드는 단순한 규칙을 가지고 있다. 모든 언어는 질문을 만들기 위하여 진술문을 수정하는 상대적으로 간단한 규칙이 있지만, 알려진 언어 중에서 진술문의 단어 순서를 바꾸어 질문을 만드는 언어는 없다. 초기 언어 연구자들은 30개의 다양한 언어에서 45개의 문법적 보편성을 발견하였고(Greenberg, 1963), 이후 연구자들은 더 많은 것을 발견하였다(예: Hawkins, 1988). 이는 뇌는 타고난 '보편적 문법'으로 연결된다는 촘스키의 주장을 지지하는 확실한 발견이었다.

두 번째로, 핑커는 모델이나 가르침이 없을 때조차도 아이들은 문법 구조를 만들기 위해 생물학적으로 준비되어 있다고 본다. 크레올어(Creole)는 이러한 타고난 발명의 예를 보여 준다(예: Bickerton, 1981, 1984, 1998 참조). 예컨대 농장 인부들과 같이 서로 다른 문화와 언어 집단으로 구성된 사람들이 함께 살 때, 그들은 피진어(pidgin)라 불리는 기능적이고 간략한 언어를 발전시킨다. 피진어는 전형적으로 다양한 언어 집단에서 나온 명사와 동사를 포함하나, "일관된 단어 순서도 없고, 접두사와 접미사도 없고, 시제 혹은 다른 시간적·논리적 표식도 없고, 단순한 절 이상의 복잡한 구조도 없고, 누가 누구에게 무엇을 했다고 지칭하는 일관된 방식도 없다"(Pinker, 1994, p. 34). 피진어에 노출되어 자란 아이들은 서로 이야기를 나누기 위하여 계속해서 피진어를 사용하지는 않는다. 그들은 그들 부모의 피진어에는 존재하지 않았던 구조를 가진 새로운 언어인 크레올어(Creole)를 만들어 냄으로써 오히려 복잡한 문법적 규칙을 창조한다. 가장 중요한 것은 크레올어를 실제 언어로 만드는 문법은 아이들이 부과하였다는 것이다. 그것은 부모 또는 형식교육에 의해 제공되지 않는다. 그러므로 아이들은 비록 문법적 구조가 언어 도구들 속에 내재되어 있지 않더라도 즉시 쓸 수 있는 가장 기본적인 언어 도구를 사용하여 문법 구조를 만들어 내도록 생물학적 준비가 되어 있다. 최근 피진어에서 크레올어로의 변형이 니카라과의 청각장애가 있는 아이들의 수화에서도 발견되었다. 청각장애를 가진 사람들을 위한 최초의 학교가 1979년 니카라과에 개교하였다. 그리고 그 학교에 입학한 아이들은 피진 수화의 형태를 발달시켰다(입술 읽기와 담화에 대한 교과과정 강조에도 불구하고). 구어에 의존하는 사람들 사이에서 크레올어가 그러했듯이(Kegl & Iwata, 1989), 청각장애를 가진 학생의 두 번째 세대는 피진 수화에서 문법적으로 더 복잡한 크레올 수화로 도약했다. 만약 형식적인 문법 가르침도 없고 복잡한 문장 구조, 동사–시제 변화, 대명사 등에 관한 모델로서의 어른들도 없었다면 이러한 문법적 규칙은 어디에서 오는가? 핑커의 대답은 촘스키와 같이 문법적인 학습은 생물학적 준비가 되어 있다는 것이다.

　타고난 소인인 언어에 관한 마지막 강력한 주장은 유전적 기제에 대한 증거를 포함하곤 한다. 물론 언어 이해와 언어 생성의 복잡성을 고려할 때 단일 유전자 또는 작은 유전자 집합체가 언어 현상의 기초라고 주장하는 것은 비현실적이다. 그렇지만 다음으로 가장 좋은 증거로 핑커는 문법 구조를 학습하는 발생학적 무능에 대한 증거를 제시한다. 특수언어장애(specific language impairment: SLI; Gopnik, 1990; Gopnik & Crago, 1991)는 일반적인 지적 손상에 대한 증거는 없으나, 언어 습득이 지체되고, 조음이 열악하며, 계속적인 문법적 오류를 범하는 결과를 가져오는 유전적인 장애이다. 예컨대, 정상적인 4세 아동들은 쉽게 'Wug 검사'를 통과한다. 이 과제에서 아이들은 'Wug'라고 불리는 선으로 그린 상상적 창조물 그림을 보게 된다. 그 이후 아이들에게 이제 두 개(또는 그 이상)의 창조물이 있다고 이야기한다. '그러면 두 개의 ＿＿＿＿가 있는가?'라는 질문에 영어를 하는 정상적인 4세 아동은 전형적으로 'Wugs'라고 말하며 빈칸을 채운다. 특수언어장애가 있는 아동과 성인들은 이러한 종류의 문제를 정확히 해결하는 데 실패하나, 수학적 또는 비언어적 과제들에서는 어려움을 전혀 보이지 않는다.

　핑커(1994)가 비록 언어의 진화, 언어 발달 그리고 이러한 현상들에 있어서 인간 뇌의 역할에 대하여 알아야 할 것이 아직 많이 남아 있다고 인정하였지만, 그는 진화심리학적 관점에 대한 열정적 옹호자이다.

그래서 우리는 무엇이 지금 자연선택에 의한 생물학적 특질들이고 또 무엇이 다른 진화적 과정에 의한 것인지 알고 있다. 언어는 어떠한가? 내 생각에 결론은 피할 수 없는 것이다. 모든 논의는…… 언어 본능의 적응적인 복잡성을 강조하였다. 그것은 다음과 같이 여러 부분으로 구성되어 있다. 구의 구조를 구성하는 개별적인 조합 체계인 통사론, 단어를 구성하는 두 번째 조합 체계인 형태론, 폭넓은 어휘, 개조된 목소리 트랙, 음운론적 규칙과 구조들, 말 지각, 어구의 해부 알고리즘, 학습 알고리즘 등이다. 그러한 부분들은 물리적으로, 정확하게 시간적 사건의 흐름에 따라 이루어진 뒤얽힌 구조적 신경 회로로서 인식된다. 이러한 회로로 인해 특별한 재능을 얻을 수 있게 된다. 정확하게 구조화된 무한대의 생각은 내뿜어지는 호흡을 조절함으로써 머리에서 머리로 전달되는 능력이다(p. 362).

진화심리학의 교육론

진화심리학은 특정 교수 기법들에 대한 시사점을 가지고 있지 않다. 그렇지만 그것은 일반적인 교육과정에 대한 시사점을 갖는다. 진화심리학자들은 아동들이 성숙되어 준비되었거나 학습할 준비가 된 상태일 때 무언가를 가르쳐야 한다고 주장한 손다이크와 피아제(Piaget)에게 동의할 것이다. 그렇지만 그들은 손다이크나 우리가 개관한 여러 이론가와는 다른 종류의 학습을 강조할 것이다. 예컨대, 진화심리학은 인간에게 이기심, 외국인 공포증(xenophobia), 공격성에 관한 자연적인 소인(predisposition)이 있다고 주장한다. 문화적 자원들을 소비하여 억제하지 않으면 이러한 성향은 스스로 드러날 것이므로, 학교의 교과과정과 활동 그리고 자녀양육과 같은 문화적 영향력을 통해 이러한 자연적 경향성을 약화시켜야 한다. 협동적인 행동, 민족과 종교 차에 대한 인내, 비공격성을 사회적 가치로 여긴다면 이기심, 편견, 공격성과 관련된 자연적인 경향성을 막기 위해 노력하고 필요한 자원을 투입해야 한다. 달리 말해 아동과 젊은 성인들이 자연적인 소인들에 반하는 방식으로 행동하도록 가르칠 필요가 있다.

한편 진화심리학자들은 생물학적으로 인간은 문화가 긍정적으로 가치를 두는 일을 학습하도록 준비되어 있다고 믿는다. 예컨대, 인간은 언어를 습득하는 인간적인 소인들을 타고났으므로 학교는 교육 초기 단계에서 이중언어 학습을 강조해야만 한다.

진화심리학자들은 교육자들에게 '오직 ~뿐 주의(nothing-butism)'를 피하라고 일깨워 준다. 이것은 행동이 유전자 또는 문화에 의해서 결정된다는 가정이다. 다시 말해, 인간 행동은 언제나 둘 다의 함수다. 이러한 깨달음은 특별히 편견과 공격성과 같은 문제 행동들을 다룰 때 중요할지 모른다. 진화심리학은 이러한 문제들에 대한 구체적 해결책을 제공하지는 않지만, 그것이 왜 그렇게 지속되는지 제안한다. 배러시(Barash, 1979)는 다음과 같이 상기시킨다. "많은 불의(injustice)가 분명 존재하고, 우리는 그러한 불의를 지적하고 어떠한 수정을 시도할 권리와 의무가 있다. 사회생물학은 우리가 남성 우월, 인종주의 같은 불의의 가능한 뿌리들을 확인하도록 도와준다. 급진적이건 단지 표면적이건 간에 만약 어떠한 변화가 일어난다면 우리는 우리 종의 생물학적인 본질(우리가 정말 무엇인지)을 잘 이해하게 될 것이다."(p. 235)

진화심리학에 대한 평가

공헌

진화심리학자들은 행동의 근접적 설명(proximate explanations)과 궁극적 설명(ultimate explanations)을 구별짓는다. 근접적 설명에는 박탈 조건, 관찰 가능한 환경 자극, 강화유관, 유기체의 즉각적 학습 역사에 관한 참조물이 포함된다. 궁극적 설명은 자연선택에 의해서 조성된 유기체의 특성과 행동을 강조한다. 이 책에서 개관한 학습 이론들 중 대부분은 전자를 강조하고 후자는 덜 강조하거나 완전히 무시한다. 볼스와 다른 진화심리학자들의 가장 중요한 공헌은 아마도 근접적 설명과 궁극적 설명을 동시에 고려해야 한다고 주장하는 것이었다. 볼스에 대한 헌사에서 가르시아(1997)는 "볼스는 톨먼을 한 걸음 넘어섰다. 맥락적 지도와 그에 수반하는 감각 인상은 관찰 아래에 있는 특정 종의 진화와 일치되어야만 한다."(p. xiii)고 언급했다. 부톤과 팬슬로(Bouton & Fanselow, 1997)는 볼스의 공헌을 확장시켰다.

그의 접근은 원자적 또는 환원주의적이라기보다 몰 단위적이었다. 볼스는 즉시적 또는 근접한 목적과 그것의 최종적 또는 진화적 목적 모두와 관련하여 행동을 고려함으로써 톨먼의 목적적 접근을 확장시켰다. 그는 항상 행동을 기능의 맥락 안에 놓는다……. 행동이 기능적 맥락에 위치할 수 있을 때까지 이해는 완전하지 않다(p. 5).

이는 진화심리학이 심리학자들의 과업을 더 쉽게 만들었다고 말하는 것은 아니다. 플롯킨

(Plotkin, 1998)은 다음과 같이 썼다.

> 자연선택이 인과적 설명 안으로 들어갈 때, 근접 원인들이 사라지지 않았기 때문에 그 설
> 명은 그것이 없을 때보다 훨씬 더 복잡해진다. 그 대신 그것들은 다른 많은 원인에 의해 보
> 충되어 왔다……. 그것은 단지 더욱 확대된 인과적 이야기가 아니다. 그것은 더욱 완벽하다
> (pp. 16-17).

이러한 더 복잡한 이야기의 장점은 명백하다. 우리는 알려진 학습 원리들을 위반하는 것 같은 연구 결과물이 진화적 설명이 주어질 때 해결되는 것을 보아 왔다. 혼란스러운 '규칙의 예외'가 결국에는 예외가 아닌 것으로 판명되었다. 더군다나 진화심리학은 중요한 발견적 기능을 제공했다. 인간의 학습 현상에 초점을 둔 많은 질문을 포함하는 새로운 연구 질문들은 인간 외의 동물과 인간 모두를 포함해서 학습에 대한 더 완벽한 이해를 자극하고 더 완벽한 이해에 근접하도록 만들어 준다.

비판

진화심리학, 곧 진화 이론 자체에 관한 가장 공통된 비판은 아마도 진화적 논쟁이 순환적이라는 주장일 것이다. 다시 말해 성공적 적응들이 자연선택으로부터 살아남은(그리고 재생산된) 신체적 혹은 행동적 특질들로 정의 내려진다는 비판이다. 그러므로 만약 어떠한 행동이 현 세대 안에 존재한다면, 그것은 선택되었음에 틀림없으므로 성공적 적응인 것이다. 그렇지만 스팬드럴과 굴절 적응에 관한 우리의 이전 논의에서는, 진화심리학자들이 적응주의자의 함정과 순환의 문제를 회피해 왔음을 보여 주었다.

두 번째 비판은 행동에 대한 진화적인 설명이 유전적 결정주의의 원칙을 포괄하고 있다는 것이다. 다시 말해 만약 우리가 우리의 유전적인 소여의 산물이라면 우리는 이기적이고 탐욕스러운 유전자의 산물일 수밖에 없는 운명이다. 그렇지만 앞서 보았듯이 진화심리학은 '오직 ~뿐 주의'를 포괄하지 않는다. 페트리노비치(1997)는 진화심리학이 "진화적으로 결정된 특질은 만약 개인이 발달하는 환경이 수정된다면 변할 수 있으므로 유전적 결정주의를 포함하지 않는다. 광범위한 상호작용주의자적 관점은 현대의 사회생물학과 진화심리학의 중심에 있다."(p. 23)라고 지적하였다.

세 번째, 비평가들은 진화심리학이 사회적 다원주의, 다시 말해 동족등용(nepotism), 인종

주의, 아마도 선택적 번식을 정당화하는 교리로의 회귀를 두려워한다. 그렇지만 이전에도 언급했듯이 낯선 사람들에게 친절하고 친족이 아닌 사람들에게 도움 행동을 확대하는 도덕적 행동은 그러한 행동들에 참여하는 것이 우리에게 이익이 되기 때문에 진화했다. 또다시, 페트리노비치(1997)는 진화심리학을 다음과 같이 방어한다.

> 그렇지만 포괄적 적합성의 중요성은 사람들이 모든 외부인에게 손해를 입히고 친족과 친구들에게만 이익이 되도록 운명 지어져 있음을 의미하지 않는다. 따라서 인간들에게 '우리'와 '그들'로 구성된 환경이 운명은 아니다. 그것은 단지 낯선 사람들보다 가족들과 더 많이 소통하고 협동하는 소인이 있다는 것을 의미한다. 편견이 있다는 사실이 사람들은 무기력하게 하는 외국인 공포증 속으로 끌려가도록 속박되어 있다는 것을 의미하는 것은 아니다(pp. 23-24).

네 번째로, 비평가들은 유전적 소인은 학습을 불가능하게 한다고 주장한다. 사실상 이러한 비평가들은 만약 행동이 유전적인 과정의 결과라면, 그것은 학습되지 않는다고 말한다. 상황이 단순히 행동을 유발한다. 그러므로 모든 행동은 무조건 반응들의 집합으로 묘사된다. 그렇지만 우리가 이미 살펴보았듯이 진화심리학은 단순히 진화적인 영향이 학습을 이끌고 편향되도록 한다고 주장한다. 진화심리학은 등가 잠재력의 경험적 원리를 거부하면서 학습은 일어나는 것이 아니라 단순히 타고난 요인에 의하여 제약을 받는 것이라고 이야기한다. 핑커(1994)는 다음과 같이 말했다. "진화심리학은 학습을 무시하는 것이 아니라 그것을 설명하려고 한다……. 학습이 일어나도록 하는 어떠한 타고난 기제 없이는 학습이 존재하지 않는다."(p. 410)

논의 사항

1. 진화심리학의 일차적 특징들을 논하라.

2. 다윈의 진화 이론을 간략히 요약하라.

3. 왜 굴절 적응과 스팬드럴이 모든 적응은 자연적으로 선택되어 왔다는 믿음을 방해하는지 설명하라.

4. 포괄적 적합성과 다윈의 협의의 적합성을 구별해 보라.

5. 볼스는 진화 원리를 포함하기 위해 어떻게 톨먼의 기대학습 이론을 확장시켰는가?

6. 등가 잠재력의 경험적 원리는 무엇인가? 왜 진화 이론가들은 그것에 동의하지 않는가?

7. 볼스의 적소 논증을 간략히 요약하라. 진화적 적응 환경(EEA) 개념을 포함하여 요약을 확장하라.

8. 생물학이 도구적, 조작적, 고전적 조건화를 어떻게 제한하는지 예를 들어 보라. 답안에는 볼스의 종 특유 방어 반응(SSDRs)의 개념에 대한 논의를 포함하라.

9. 진화심리학과 관련하여 자동조성을 설명하라.

10. 준비된 학습 맥락 안에서 다음의 인간 행동 범주들을 논의하라. 공포증의 발생, 배우자 선택, 질병 회피.

11. 진화심리학 관점에서의 언어 발달을 논하라.

12. 학습 과정의 이해에 관한 진화심리학의 공헌은 무엇인가? 왜 그 접근이 비판을 받는가?

주요 개념

- 과잉 결정(overdetermined)
- 굴절 적응(exaptation)
- 적합성(fitness)
- 궁극적 설명(ultimate explanations)
- 근접적 설명(proximate explanations)
- 기대(expectancies)
- 동물행동학자(ethologists)
- 등가 잠재력의 경험적 원리(empirical principle of equipotentiality)
- 스팬드럴(spandrel)
- 외국인 공포증(xenophobia)
- 자동조성(autoshaping)
- 자연선택(natural selection)
- 적응(adaptation)

- 적합성(fitness)
- 종 특유 방어 반응(species-specific defensive reaction: SSDRs)
- 준비성 연속선(preparedness continuum)
- 진화심리학(evolutionary psychology)
- 진화적 적응의 환경(environment of evolutionary adaptedness: EEA)
- 크레올어(Creole)
- 특수언어장애(specific language impairment: SLI)
- 포괄적 적합성(inclusive fitness)
- 피진어(pidgin)
- 행동 면역체계(behavioral immune system)

제7부

학습 이론의 미래

제16장 **맺음말**

제16장

맺음말

1장에서는 학습에 대해 정의하고자 하였으며 이를 습관화, 민감화, 본능과 같은 다른 과정과 구별하고자 하였다. 2장에서는 학습에 대한 연구에 적용하기 위해 과학의 특성에 대해 논의하였다. 3장에서는 학습 이론에 대한 역사적 선행 사건들을 정리하였다. 이어지는 장들은 풍부한 철학적 유산으로부터 파생된 주요한 이론에 대해 자세히 서술하고자 하였다. 다윈(Darwin)의 영향을 강하게 받았던 이론들은 기능주의와 진화론적 패러다임 안에 있다. 아리스토텔레스와 로크(Locke)의 전통을 따르는 이론들은 연합주의 패러다임 안에 있다. 플라톤과 데카르트(Descartes), 칸트(Kant)와 능력심리학의 전통을 따르는 이론들은 인지적 패러다임에 속한다. 헵(Hebb)의 이론은 신경생리학적 패러다임의 예로 보이며 데카르트의 업적에서 그 역사적 뿌리를 찾는다.

이 마지막 장에서 우리는 최근 학습 이론의 경향에 대해 논의하고자 한다. 이는 결코 이전에 제시된 정보가 시대에 뒤떨어졌다는 의미가 아니다. 현재 학습 이론 분야에서 일어나고 있는 거의 모든 것은 어떤 의미에서는 이 책에서 논의한 학습 이론의 연장선이다. 그러한 연장선을 이해하기 위해서는 그것의 바탕이 된 과거의 이론을 이해할 필요가 있다.

학습 이론의 최근 경향

현재에 볼 수 있는 많은 경향은 학습에 대한 연구법에서 확인할 수 있다. 우리는 몇 가지 주안점을 살펴보고자 한다.

작은 규모의 이론들

첫째, 이론을 형성할 때 최근의 이론들은 손다이크(Thorndike), 파블로프(Pavlov), 스키너(Skinner), 헐(Hull)과 같이 동물을 활용한 미로 학습, 학습에 대한 두려움, 아동의 언어 학습처럼 모든 것을 설명하고자 하기보다는 규모가 작은 경우가 많다. 최근의 이론들은 에스테스(Estes)의 이론과 같이 그 규모가 매우 작다. 최근의 이론은 학습이 어떻게 관계를 형성하는지, 청각적 신호가 두려움과 어떻게 연합하는지, 우리는 다른 사람들의 의도를 어떻게 배우는지와 같은 분야를 다룬다. 현대 학습 이론의 범위는 이 책에서 다루고 있는 다른 이론들보다 처리하기가 훨씬 수월하다.

모든 사람은 신경과학자이다

둘째, 모든 사람은 신경과학자라고 볼 수 있다. 신경촬영(PET, MRI, fMRI)이 대중화되면서 인지적 작업 중 뇌의 활동과 같은 것이 알려지게 되었다. 이를 통해 우리는 뇌가 혼란, 결정, 감정, 학습, 다른 복잡한 현상을 중재하는 과정을 알고 있다는 착각을 가지게 되었다. 교육가, 심리학 연구자, 비전문가들은 현재 실시간으로 복잡한 활동을 수행하고 있는 뇌의 사진을 접할 수 있다. 그러나 이러한 화려한 사진은 다음과 같은 착각을 초래했다. ① 굉장히 복잡한 현상이 뇌의 여러 곳에서 일어난다. ② 뇌의 각 부위가 담당하는 인지적 기능을 알고 있기 때문에 우리는 이를 더욱 잘 이해하고 있다. 방대한 문헌에 대해 자세한 검토 후에 우탈(Uttal)은 "예외 없이 뇌 체계의 모든 부분은 수많은 인지적 과정에 개입하는 것으로 보인다. 뇌의 어떤 부분도 독립적으로 작동하지 않는다. 현대 연구는 뇌의 거의 모든 부분이 대부분의 인지적 과정에 능동적으로 개입한다는 것을 밝혔다."고 하였다(2011, p. 366).

신경과학과 교육

좌뇌/우뇌 교육   셋째, "우주에서 가장 복잡하고 불가사의한 독립체"(Buss, personal communication, 2004)인 뇌를 우리가 결국 이해하게 되었다는 잘못된 믿음은 의도는 적절하지만 잘못된 정보에 바탕을 둔 수많은 교육적 적용을 자극하였다. 매우 다루기 힘든(다룰 수 없는) 환자에 대한 연구에서 이러한 기조가 시작되었는데, 이 연구에서는 환자의 뇌 반구체를 뇌량(corpus callosum)이라고 불리는 구조를 잘라 부분적으로 분리시켰다. 이 환자들은 '뇌가 분리된 환자(spilt-brain)'라고 불렸으며 지각력과 수행이 미흡했다. 이 연구를 통해 좌뇌와 우뇌가 정보를 배우고 처리하는 방식이 다르다는 것을 알게 되었다. 탁월한 연구자들은 우뇌와 좌뇌의 기능에 대한 잘못된 개념을 바로잡고자 하였다. 레비(Levy, 1985)는 다음과 같이 주장하였다.

두뇌에 대한 신화는 오류가 있는 전제를 바탕으로 한다. 이는 각각의 반구체가 특성화되어 있으며 독립된 뇌로서 기능을 한다는 것이다. 하지만 실제로 이는 사실이 아니다. 정상적인 사람들은 특성화된 기능만을 수행하는 뇌의 반쪽이나 두 개의 뇌를 가진 것이 아니다(pp. 43-44).

비튼(Beaton, 1985)은 다음과 같이 결론지었다.

첫째, 모든 연구자는 뇌의 비대칭이 절대적인 것이 아니라 정도의 문제라는 것에 동의한다. 예를 들어 뇌의 반구체가 자신의 기능을 철저히 수행하지 못할 때 다른 뇌의 탓으로 돌릴 것이다. 언어와 관련하여 좌뇌의 비대칭이 명백하다면 이는 우뇌가 이해력이 매우 좋다는 뜻이며 어떤 환경에서도 표현 능력을 구사할 수 있다(p. 285).

그럼에도 불구하고, 풍부한 교육과정과 교수 계획이 발전함으로써 우뇌형 학습자를 좌뇌형 학습자와 구분하여 가르칠 수 있게 되었고, 좌뇌형 학습자 중심의 교육 체계가 수정될 수 있었다. 우뇌/좌뇌 교육에 대한 맹신은, 다소 줄어들긴 했지만, 아직도 상식의 일부로서 남아 있다. 많은 사람들은 어떠한 학습 과제, 타인, 혹은 자신을 우뇌형 또는 좌뇌형으로 규정하곤 한다. 그러나 이러한 경향은 많은 연구 결과와 배치되는 것이다.

두뇌 기반 학습/교육   교육계가 '뇌'에 매혹되었음을 나타내는 보다 최근의 징후는 '두뇌 기반 교육(brain-based education)' 또는 '두뇌 기반 학습(brain-based learning)' 교육과정의 확산에서 찾아볼 수 있다. 우선 초중등학교 교육에 관한 여러 가지 교육 관련 자격증과 석사 학위 프로그램에서 이러한 경향이 나타나고 있다. 누군가는 '두뇌를 기반으로 하지 않는 교육이 어디 있는가?'라는 반문으로 이러한 경향을 묵살할 수도 있다. 그러나 한편으로는 이러한 의문이 두뇌 기반 프로그램의 기초를 검토하는 데 도움이 될 수 있다.

케인과 케인(Caine & Caine, 1994, 1997)은 이러한 프로그램이 바탕으로 하는 열두 가지 기본 가정을 정교화하였다. 그리고 그들은 기본 가정을 국가교육위원회(National Education Association: NEA) 사이트에 게재하였다.

첫 번째, "뇌는 병렬형(parallel) 프로세서이다". 그러나 우리는 이미 1980년대에 이뤄진 럼멜하트와 맥클리랜드(14장)의 분산 병렬 처리 과정에 대한 내용을 살펴보았다.

두 번째, "학습은 심리학 전반과 관련 있다". 그러나 이것은 파블로프(7장)가 이미 설명한 것이고, 일시적 신체 상태가 학습 환경의 부분이라는 에스테스(9장)의 이론과도 매우 비슷하다.

세 번째, "의미 탐색은 생득적인 것이다". 그러나 형태주의 이론(10장)과 피아제(11장)가 비슷한 주장을 창안하여 확장시켰다.

네 번째, "의미 탐색은 '패턴화(patterning)'를 통해 이루어진다". 패턴화는 일반적으로 의미 있는 패턴을 찾는 것으로 정의된다. 이러한 가정은 형태주의 원리를 연상시킨다.

다섯 번째, "감정은 패턴화에 매우 중요하다". 감정, 예상, 선입견, 편견, 자존감 등은 학습에 영향을 준다. 의심할 것 없이 사실이지만, 파블로프, 톨먼(12장)과 반두라(Bandura, 13장) 또한 비슷한 주장을 창안하였다.

여섯 번째, "모든 뇌는 동시에 인지하고 부분이나 전체를 창조할 수 있다". 이 또한 형태주의 원리이다.

일곱 번째, "학습은 주의의 집중 및 말초적 지각과 관련된다". 이는 전체적인 학습 환경을 의미하는 것이지 직면한 수업에만 국한되지 않는다는 점에서 중요하다. 우리는 다시 한 번 에스테스의 이론과 레빈(Lewin)의 형태주의 장 이론에 대한 반향에 대해 살펴보게 된다.

여덟 번째, "학습은 언제나 의식적 과정과 무의식적 과정을 포함한다". 이는 매우 독특한 주장이다. 그러나 무의식적 과정의 증거인 두뇌 기반 학습의 옹호자들은 학습이 일어나는 시점은 교수(teaching)를 받거나 시험(test)을 보고 나서 상당한 시일이 지난 후라고 지적한다. 독자는 톨먼과 반두라가 이 현상에 대해 말했던 것을 기억할 것이다.

아홉 번째, "우리는 공간감적인 학습과 암기 학습이라는 (적어도) 두 가지 유형의 기억 체계를 가지고 있다". 비록 톨먼이 공간감적인 학습의 개념과 인지 지도를 소개하였지만, 현대 심리학 연구자들은 서술적 기억, 절차적 기억, 자전적 기억(공간감적 혹은 다른 종류), 가끔씩 발생하는 기억과 그 외를 포함하는 장기 기억과 단기 기억을 모두 인식하였다.

열 번째, "사실이나 기술이 자연스러운 공간감 기억에 관련되어 있을 때 뇌는 가장 잘 이해하고 기억한다". 우리는 베르트하이머(Wertheimer)가 지지한 형태주의 학습 원리를 상기하게 된다.

열한 번째, "학습은 도전에 의해 강화되며 위협에 의해 방해된다". 이는 적정한 수준의 자극은 수행에 도움이 되지만 도가 지나친 자극은 오히려 방해가 된다는 헵의 이론(14장)을 서술한 것과 같다.

열두 번째, "모든 뇌는 독특하다". 이는 아마도 사실이지만 경험적으로 증명할 수 없다.

종합하면 이러한 가정들은 교수(teaching)와 학습에 대한 풍부하고 생산적인 접근법을 제공하였다. 이러한 원리가 담겨 있는 교육과정을 통해 모든 교실과 워크숍, 훈련이 강화될 것이다. 우리는 이에 대해서 논박을 하지 않는다. 명백한 사실은 이러한 두뇌 기반 가정이 새롭지도 않고 혁명적이지도 않다는 것이다. 이는 이 책에서 소개한 학습 이론의 풍부한 역사에서 살펴볼 수 있으며 학습 이론에 근거한 가정으로 불릴 수 있다. 이들은 학습의 현상에 대한 이해의 확고한 기초를 다진 형태주의자와 톨먼, 이전에 이를 실험한 다른 선구자들에게 많은 도움을 받았다고 볼 수 있다. 불행하게도 이러한 도움은 인식되지 못하는 것 같다. 만약 자신의 학문 분야의 역사를 알고 있다면 시간을 낭비할 필요는 없다.

학습 유형

열두 가지의 두뇌 기반 가정에서 볼 수 있는 뇌의 특별함에 대해 다시 한 번 생각해 보자. 사람들은 학습에 접근하는 자신만의 최적의 유형을 가지고 있다. 이러한 생각은 학습과 교수에 대한 최근의 새로운 기조를 만들어 냈다. 학생들의 학습 유형(styles)을 시험하고 진단할 수 있을 뿐만 아니라, 학생들의 학습 효과를 극대화하기 위해 교수 방법을 조정할 수 있다. 학습 유형에 대한 문헌을 검토하는 것이 우리의 의도는 아니지만 이러한 접근의 효율성에 대해 평가하는 것은 중요하다. 그리고 4명의 인지 과학자(Pasher, McDaniel, Rohrer & Bjork)는 이러한 연구를 수행하였다.

파서 등(Pasher et al., 2009)은 지난 수십 년 동안 적어도 71개의 학습 유형 평가 도구를 개발하였고 71개의 학습유형 이론을 구축하였다. 다만 보다 우수한 것이 무엇인지 아직 결정되지 않았고, 가장 범용적인 측정 도구나 이론조차도 신뢰도와 타당도에 대한 결과는 혼란스럽다.

파서와 그의 동료들은 '학습 선호의 실재(existence of study preferences)' 와 '학습 유형 가설(learning style hypothesis)' 사이의 중요한 차이점을 밝혔다. 학습 선호는 어떤 학생은 시각적 정보를 선호하고 다른 학생은 공부하는 동안 음악을 듣고자 하며, 몇몇의 학생들은 친구들과 공부하기를 원하는 반면 나머지 학생은 도서관에서 조용히 공부하기를 좋아하는 것에서 확인된다. 이러한 학습 선호는 학습이 성공적이었든 아니었든 오랜 시간 동안 일관되게 나타나는 것이다.

학습 유형 가설은 "학습이 비효과적인 것은 학습자들이 그들의 학습 유형과 다른 방식으로 교육을 받았기 때문이다. 학습자의 유형에 맞춘 개별화 교육(individualizing instruction)을 활용하면 더 나은 학습 결과를 성취할 수 있을 것이다."(Pasher et al., 2009, p. 108)라는 주장을 담고 있다.

파서와 다른 학자들은 그들의 가설을 지지할 증거를 찾기 위해 방대한 데이터를 검토하였다. 가설을 성공적으로 지지하기 위한 그들의 기준은 터무니없이 엄격하지 않았다. 첫째, 다른 훌륭한 '심리과학자' 들과 마찬가지로 그들은 적절한 실험적 통제를 강조하였으며, 그 결과 실험적 혼란과 대안적 설명을 제거할 수 있었다. 다음으로 그들은 교차 상호작용(crossover interaction)이라 불리는 특정한 패턴의 데이터를 찾았다.

교차 상호작용은 학습 유형 가설에서 인상적인 주장이었다. 예를 들어, 어떤 학생들은 시각적인 학습자이고 다른 학생들은 청각적인 학습자라고 하자. 만약 우리의 학습 과정이 시각적이라면 시각적 학습자는 청각적 학습자보다 더 나은 수행을 보여야 한다. 그러나 우리가 학습 과정을 청각적으로 바꾼다면 청각적 학습자들은 시각적 학습자들보다 더 나은 수행을 보여야 한다. 교차 상호작용에는 두 가지 유형이 추가된다. 단지 중요한 점은 다른 집단이 뛰어난 수행을 보이는 교육과정에서 미흡한 수행을 보이는 집단이 교육과정을 바꾸면 뛰어난 수행을 보일 수 있다는 것이다. 파서와 다른 학자들은 학습 유형 기조를 지지하지도 않았지만 반대하지도 않았다. 그들은 연구를 평가하거나 교육에서 학습 유형 접근의 효율성에 대해 주관적으로 결정하지 않았다. 그들은 "학습 유형과 교실 수업에 대한 방대한 양의 문헌에도 불구하고 우리는 이전에 언급된 기준에 부합하는 연구를 단지 하나 발견했을 뿐이고, 주목할 만한 수준의 증거에도 못 미쳤다."(p. 111)라고 주장하였다.

게다가 이 저자들은 "많은 사람들이 자신의 학습 방법에 대하여 여러 측면에서 잘못된 믿음을 갖고 있음을 증명하는 증거가 늘어나고 있다. 이러한 믿음으로 인해 사람들은 스스로 학습하거나 타인을 가르치는 데 있어 우회적인 방법을 선택하게 된다. 이런 사실은 교수와 학습을 향상시키기 위한 기초 연구가 필요하다는 것을 보여 준다."(p. 117)고 하였다.

현실적인 문제들

현실적인 문제들(practical problems)의 해결법에 학습 원리를 적용하는 것에 대한 관심이 증가하고 있다. 앞서 살펴본 바와 같이, 학습을 향상시키기 위해 학습 원리가 어떻게 사용되는지 보여 주기 위한 많은 시도가 있었다. 학습은 현재 성격 계발의 차원에서 강조되고 있다. 근래의 몇몇 효과적인 심리치료적 방법은 학습 원리에 기본을 두고 있다. 학습 원리는 정신병원 및 교도시설을 재설계하기 위한 기초로 사용되었다. 학습 원리는 근래에 전쟁, 국제적 관계, 합법적이고 정의적인 절차, 공공 보건과 그들의 관계와 관련하여 연구되고 있다. 학습은 환경 오염, 인구 통제, 기후 변화에 대한 국가의 태도를 수정하기 위한 방법으로서 연구된다. 학습은 일반적으로 문화 변화를 조직하기 위한 방법으로서 연구된다. 이후에도 학습 원리는 많은 인간 문제의 해결법으로서 적용될 것이다.

학습에 관한 해결되지 않은 몇 가지 문제

학습은 성숙의 함수로서 어떻게 달라지는가

많은 연구자(예: 피아제와 헵)는 특정한 성숙 단계에서 일어나는 학습이 다른 성숙 단계에서 일어나는 학습과 다르다는 것을 발견하였다. 영유아의 학습은 점진적인 현상이지만 좀 더 성숙한 학습자들에게는 통찰적이고 개념적인가? 몇 살 때 아이들은 통찰력을 가질 수 있는가? 일어나든 일어나지 않든 학습을 단일화된 과정으로 생각하는 대신 학습 과정이 성숙의 함수로서 어떻게 변하는지 깊게 연구해 볼 필요가 있다. 이러한 정보는 교육과 아이 양육에 필수적이다.

학습에는 얼마나 많은 종류가 있는가

학습의 종류에 대한 의문은 이 책의 1장에서 처음 제기되었으며 다른 모든 장에서도 반복해서 언급되었다. 학습의 종류가 하나 이상이라고 가정하면 동기(예: 추동)가 어떤 학습에서는 중요하지만 다른 학습에서는 중요하지 않을 수 있다. 추동은 도구적 조건화에서는 중요할 수 있지만 톨먼의 신호학습(sign learning)에서는 중요하지 않을 수 있다. 어떤 학습은 양자택일 방식으로 일어날 수 있고 다른 학습은 점진적으로 일어날 수 있다. 성격 유형은 아마도 학습 유형과 상호작용할 수 있다. 예를 들어, 불안이 높은 대상과 불안이 낮은 대상의 학습률은 고전적 조건화 상황에서는 차이가 있을 수 있지만 문제 해결 상황에서는 차이가 없을 수도 있다. 교차적 상호작용은 몇몇 상황에서 가능하다. 예를 들어, 불안이 높은 대상과 불안이 낮은 대상은 그들에게 요구되는 학습 유형이 변하면 반대 방식으로 수행할 수 있다. 이런 이론적 가능성은 [그림 16-1]에서 볼 수 있다.

매개의 과정은 개념 형성과 문제 해결 과정에서 매우 중요하다. 그러나 고전적 혹은 조작적 조건화에서는 전혀 중요하지 않을 수 있다. 그러므로 학습은 직접적이며 매개 과정에 독립적

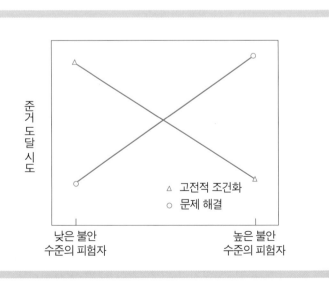

그림 16-1 ▶
불안 수준이 학습 종류에 따라 학습률에 다른 효과가 있음을 보여 주는 이론적 상호작용. 이 경우 불안이 낮은 피험자는 불안이 높은 피험자보다 더 빨리 문제를 해결한다. 고전적 조건화를 연구할 때, 불안이 낮은 피험자가 불안이 높은 피험자보다 조건화되는 데 더 오래 걸린다.

준거 도달 시도

△ 고전적 조건화
○ 문제 해결

낮은 불안 수준의 피험자 　　　　　 높은 불안 수준의 피험자

이라는 손다이크의 주장은 단지 특정 학습 종류에서만 진실일 수 있다. 이와 같이 학습은 모호함의 인식적인 감소를 포함한다는 형태주의자의 주장은 부분적으로만 진실일 수 있다. '사고(thinking)'가 중요한지 아닌지는 온전히 어떤 학습 종류를 말하느냐에 달려 있다.

강화는 무엇인가

학습 이론의 기본적인 요소인 강화에 대한 개념을 버려야 하는가? 앞서 살펴본 바와 같이 고전적 조건화를 제외하고 학습은 지속적으로 일어날 수 있고 아닐 수도 있지만 강화는 중요한 수행 변수이다. 고전적 조건화에서 강화는 특별한 정의를 갖는다. 고전적 조건화는 반사적 반응을 일으키는 강화인이 없이는 일어날 수 없다. 다른 형태의 학습에서 행동은 강화에 선행하며 우리는 강화에 대한 다양한 설명을 볼 수 있다. 강화는 수행에 대한 인센티브인가? 학습자들에게 정보를 제공하는가? 혹은 초인적인 행동을 유도하는가? 또는 학습을 방해하는가? 어떤 상황에서도 우리는 강화의 개념에 대해 다시 생각해 보아야 하며 강화에 대한 기계적이고 순환적인 설명에서 거리를 두어야 한다.

어떤 분야에 대해 알수록 그것 안에서 미세한 구분을 하기 더욱 쉬워진다. 학습 영역에 대해 알면 알수록 더 많은 차별화를 둘 수 있다. 학습 분야는 수년 전에 다소 미분화되었던 분야였던 것에 비해 매우 이질적으로 변하였다. 우리가 알게 된 대부분의 주제와 같이 학습은 단순해지기보다는 더욱 복잡해지게 되었다. 현재의 위치를 보면 학습 분야는 많은 연구 접근법과 다양한 설명을 정당화할 수 있다. 일반적인 분야에서 학습의 신경생리학, 인지 학습, 학습의 수학적 모델과 같이 분리된 자율적 분야까지 많은 파생물들을 보게 될 것이다. 이러한 분화의 과정은 모든 과학의 진화에서 일어난다.

학습 과정에 대한 최종 결론은 없다

이 책에서 학습 과정의 특성에 대한 최종 결론을 제시하고 있지는 않다. 그러나 과학에는 원래 최종 결론이 존재하지 않으므로 독자들이 실망할 필요는 없을 것이다. 과학적 지식은 진화해 왔으며 진화는 다양성에 의존한다. 확실히 학습에 대해 우리가 아는 많은 것은 1930년대와 1940년대에 학습 이론가들 사이에 이뤄진 많은 토론에서 생겨났다. 건강한 비판과 자신의 입장에 대한 방어는 과학의 발전에 도움이 되는 분위기를 제공한다. 다행히 이런 분위기는 심리학에서도 존재하지만 이론가들 사이의 논쟁은 예전만큼 격렬하지는 않다.

'학습에 대해 학습하는 것'에 관심이 있는 학생들은 어디에 남아 있는가? 학생들의 앞에는 학습에 대한 다양한 연구 접근법들로 이루어진 뷔페가 마련되어 있다. 그들은 자신의 입맛에 맞는 것을 골라서 온전히 집중할 수 있고 혹은 하나씩 조금씩 맛볼 수도 있다. 집을 지을 때 때로는 망치가 가장 효율적인 도구가 되기도 하고 때로는 드라이버나 톱이 효율적이기도 하다. 뷔페에서 하나씩 맛보려는 학생은 문제에 따라 다른 장비를 선택하는 목수와 같다. 만약 이 두 가지 방법 외에 세 번째 접근법도 학생들의 입맛에 맞지 않는다면 학생은 그 자신의 이론을 개발할 것이다. 손다이크, 파블로프, 스키너, 헐, 거스리, 피아제, 톨먼, 반두라, 볼스, 헵, 형태주의자들이 그러했듯이 말이다. 학습의 특성에 대한 지식을 축적하는 단계에서는 다양한 접근법이 필수적이다.

인간 행동의 결정에서 학습보다 중요한 과정은 없다. 가장 가치 있는 계획 중 하나는 그 과정의 수수께끼를 밝힐 수 있도록 돕는 것이다.

논의
사항

1. 상호작용이란 용어를 정의하라. 이 장에서 설명되지 않은 상호작용의 예를 몇 가지 들라.

2. 현재 학습 이론의 주요 네 가지 경향을 논하라.

3. '학습 분야는 점차 분화되고 있다'는 주장은 무엇을 의미하는가?

4. 학습에 관한 해결되지 않은 문제들을 열거하고 간단하게 논하라.

5. 과학에서 최종 결론이 없는 이유는 무엇이라고 생각하는가? 학습 과정의 연구와 관련 지으라.

| 참고문헌 |

ABERMAN, J. E., & SALAMONE, J. D. (1999). Nucleus accumbens dopamine depletions make animals more sensitive to high ratio requirements but do not impair primary food reinforcement. *Neuroscience, 92*, 545–552.

ABROUS, D. N., KOEHL, M., & LEMOAL, M. (2005). Adult neurogenesis: From precursors to network and physiology. *Physiological Reviews, 85*, 523–569.

ADANK, P., HAGOORT, P., & BEKKERING, H. (2010). Imitation improves language comprehension. *Psychological Science, 21*(2), 1903–1909.

ADER, R. (2001). Psychoneuroimmunology. *Current Directions in Psychological Science, 10*, 94–98.

ADER, R. (2003). Conditioned immunomodulation: Research needs and directions. *Brain, Behavior, & Immunity. Special Issue; Biological mechanisms of psychosocial effects on disease: Implications for cancer control, 17*, S51–S57.

ADER, R., & COHEN, N. (1975). Behaviorally conditioned immunosuppression. *Psychosomatic Medicine, 35*, 333–340.

ADER, R., & COHEN, N. (2001). Conditioning and immunity. In R. Ader, D. L. Felten, & N. Cohen (eds.), *Psychoneuroimmunology* (3rd ed., Vol. 2, pp. 3–34). New York: Academic Press.

ADER, R Letter to the editor. *Psychosomatic Medicine, 36*, 183–184.

AKHONDZADEH, S., & STONE, T. W. (1996). Glutamate–independent long-term depression in rat hippocampus by activation of GABA–sub (A) receptors. *Life Sciences, 58*, 1023–1030.

AKINS, C. K., KLEIN, E. D., & ZENTALL, T. R. (2002). Imitative learning in Japanese quail *(Coturnix japonica)* using the bidirectional control procedure. *Animal Learning and Behavior, 30*, 275–281.

AKINS, C. K., & ZENTALL, T. R. (1998). Imitative learning in male Japanese quail *(Coturnix japonica)* using the two–action method. *Journal of Comparative Psychology, 110*, 316–320.

ALLPORT, G. W. (1961). *Pattern and growth in personality.* New York: Holt, Rinehart & Winston.

AMSEL, A. (1958). The role of frustrative nonreward in noncontinuous reward situations. *Psychological Bulletin, 55*, 102–119.

AMSEL, A. (1962). Frustrative nonreward in partial reinforcement and discrimination learning: Some recent history and a theoretical extension. *Psychological Review, 69*, 306–328.

AMSEL, A. (1992). *Frustration theory: An analysis of dispositional learning and memory.* Cambridge: Cambridge University Press.

AMSEL, A., & ROUSSEL, J. (1952). Motivational properties of frustration: 1. Effect on a running response of the addition of frustration to the motivational complex.

Journal of Experimental Psychology, 43, 363–368.

ANDERSON, B. F. (1971). *The psychology experiment*. Belmont, CA: Brooks/Cole.

ANDERSON, C. A., SHIBUYA, A., IHORI, N., SWING, E. L., BUSHMAN, B. J., SAKAMOTO, A., et al. (2010). Violent video game effects on aggression, empathy, and prosocial behavior in Eastern and Western countries. *Psychological Bulletin, 136*, 151–173.

ANDERSON, J. A. (1998). Learning arithmetic with a neural network: Seven times seven is about fifty. In D. Scarborough & S. Sternberg (eds.), *An invitation to cognitive science, Vol. 4* (pp. 255–299). Cambridge, MA: MIT Press.

ANDERSON, G. V., BIRCH, L. L., & JOHNSON, P. A. (1990). The scapegoat effect on food aversions after chemotherapy. *Cancer, 66*, 1649–1653.

ANOKLIN, P. K. (1968). Ivan P. Pavlov and psychology. In B. B. Wolman (ed.), *Historical roots of contemporary psychology* (pp. 131–159). New York: Harper & Row.

ATHEY, I. J., & RUBADEAU, D. O. (eds.). (1970). *Educational implications of Piaget's theory*. Waltham, MA: Ginn-Blaisdell.

ATKINSON, R. C., & ESTES, W. K. (1963). Stimulus sampling theory. In R. D. Luce, R. R. Bush, & E. Galanter (eds.), *Handbook of mathematical psychology, 2* (pp. 121–268). New York: Wiley.

ATWOOD, H. L., & WOJTOWICZ, J. M. (1999). Silent synapses in neural plasticity: Current evidence. *Learning and Memory, 6*, 542–571.

AZARI, N. P., & SEITZ, R. J. (2000). Brain plasticity and recovery from stroke. *American Scientist, 88*, 429.

BABKIN, B. P. (1949). *Pavlov: A biography*. Chicago: University of Chicago Press.

BADING, H., GINTY, D. D., & GREENBERG, M. E. (1993). Regulation of gene expression in hippocampal neurons by distinct calcium signaling pathways. *Science, 260*, 181–186.

BAILLARGEON, R. (1987). Object permanence in 3 1/2 and 4 1/2 month-old infants. *Developmental Psychology, 23*, 655–664.

BAILLARGEON, R. (1992). The object concept revisited. In *Visual perception and cognition in infancy: Carnegie-Mellon Symposium on Cognition, 23*. Hillsdale, NJ: Erlbaum.

BAILLARGEON, R., GRABER, M., DEVOS, J., & BLACK, J. (1990). Why do young infants fail to search for hidden objects? *Cognition, 36*, 225–284.

BAKER, A. G., & MACKINTOSH, N. J. (1977). Excitatory and inhibitory conditioning following uncorrelated presentations of CS and US. *Animal Learning and Behavior, 5*, 315–319.

BANDURA, A. (1965). Influence of a model's reinforcement contingencies on the acquisition of imitative responses. *Journal of Personality and Social Psychology, 11*, 589–595.

BANDURA, A. (1973). *Aggression: A social learning analysis*. Englewood Cliffs, NJ: Prentice Hall.

BANDURA, A. (1977). *Social learning theory*. Englewood Cliffs, NJ: Prentice Hall.

BANDURA, A. (1980). Self-referent thought: The development of self-efficacy. In J. Flavell & L. D. Ross (eds.), *Cognitive social development. Frontiers and possible futures*. New York: Cambridge University Press.

BANDURA, A. (1983). Temporal dynamics and decomposition of reciprocal determinism: A reply to Phillips and Orton. *Psychological Review, 90*, 166–170.

BANDURA, A. (1986). *Social foundations of thought and action: A social cognitive theory*. Englewood Cliffs, NJ: Prentice Hall.

BANDURA, A. (1989). Human agency in social cognitive theory. *American Psychologist, 44*, 1175–1184.

BANDURA, A. (1999). A social cognitive theory of personality. In L. Pervin & O. John (eds.), *Handbook of Personality* (2nd ed.). New York: Academic Press.

BANDURA, A. (2000). Exercise of human agency through collective efficacy. *Current Directions in Psychological Science, 9*, 75–78.

BANDURA, A. (2001). Social cognitive theory: An agentic perspective. *Annual Review of Psychology, 52*, 1–26.

BANDURA, A. (2002a). Growing primacy of human agency in adaptation and change in the electronic era. *European Psychology, 7*, 2–16.

BANDURA, A. (2002b). Social cognitive theory in cultural context. *Applied Psychology: An International Review. Special Issue on Psychology in the Far East, Singapore, 51*, 269–290.

BANDURA, A., BLANCHARD, E. B., & RITTER, B. J. (1969). Relative efficacy of modeling therapeutic changes for inducing behavioral, attitudinal and affective changes. *Journal of Personality and Social Psychology, 13*, 173–199.

BANDURA, A., GRUSEC, J. E., & MENLOVE, F. L. (1967). Vicarious extinction of avoidance behavior. *Journal of Personality and Social Behavior, 5*, 16–23.

BANDURA, A., & KUPERS, C. J. (1964). The transmission of patterns of self-reinforcement through modeling. *Journal of Abnormal and Social Psychology, 69*, 1–9.

BANDURA, A., & LOCKE, E. A. (2003). Negative self-efficacy and goal effects revisited. *Journal of Applied Psychology, 88*, 87–99.

BANDURA, A., & MENLOVE, F. L. (1968). Factors determining vicarious extinction of avoidance behavior through symbolic modeling. *Journal of Personality and Social Psychology, 8*, 99–108.

BARASH, D. (1979). *Sociobiology: The whisperings within*. London: Souvenir.

BARASH, D. P. (1986). *The hare and the tortoise: Culture, biology, and human nature*. New York: Penguin.

BAUDRY, M., & LYNCH, G. (1993). Long-term potentiation: Biochemical mechanisms. In M. Baudry, R. F. Thompson, & J. L. Davis (eds.), *Synaptic Plasticity* (pp. 87–115). Cambridge, MA: MIT Press.

BEACH, F. A. (1987). Donald Olding Hebb (1904–1985). *American Psychologist, 42*, 186–187.

BEANBLOSSOM, R. E., & LEHRER, K. (1983). *Thomas Reid's inquiry and essays*. Indianapolis, IN: Hackett.

BEARD, R. M. (1969). *An outline of Piaget's developmental psychology for students and teachers*. New York: Mentor.

BEATON, A. (1985). *Left side, right side: A review of laterality research*. New Haven, CT: Yale University Press.

BECHTEL, W., & ABRAHAMSEN, A. (1991). *Connectionism and the mind*. Cambridge, MA: Basil Blackwell.

BEHRMANN, M., PETERSON, M. A., MOSCOVITCH, M., & SUZUKI, S. (2006). Independent representation of parts and the relations between them: Evidence from integrative agnosia. *Journal of Experimental Psychology: Human Perception and Performance, 32*(5), 1169–1184.

BEKKERS, J. M. (2005). Presynaptically silent GABA synapses in hippocampus. *The Journal of Neuroscience, 25*(16), 4031–4039.

BENNETT, E. L., DIAMOND, M. C., KRECH, D., & ROSENZWEIG, M. R. (1964). Chemical and anatomical plasticity of the brain. *Science, 146*, 610–619.

BERKSON, W., & WETTERSTEN, J. (1984). *Learning from error: Karl Popper's psychology of learning*. LaSalle, IL: Open Court.

BERNSTEIN, I. L. (1978). Learned taste aversions in children receiving chemotherapy. *Science, 200*, 1302–1303.

BERRIDGE, K. C. (2005). Espresso reward learning, hold the dopamine: Theoretical comment on Robinson et al. (2005). *Behavioral Neuroscience, 119*, 336–341.

BERRIDGE, K. C., & ROBINSON, T. E. (1995). The mind of an addicted brain: Neural sensitization of wanting versus liking. *Current Directions in Psychological Science, 4*, 71–76.

BERRIDGE, K. C., & ROBINSON, T. E. (1998). What is the role of dopamine in reward: Hedonic impact, reward learning, or incentive salience? *Brain Research: Brain Research Review, 28*, 309–369.

BERTHIER, N. E., DEBLOIS, S., POIRIER, C. R., NOVAK,

J. A., & CLIFTON, R. K. (2000). Where's the ball? Two-and-three-year-olds reason about unseen events. *Developmental Psychology, 36*, 394-401.

BEST, M. R., & GEMBERLING, G. A. (1977). Role of short-term processes in the conditioned stimulus preexposure effect and the delay of reinforcement gradient in long-delay taste-aversion learning. *Journal of Experimental Psychology: Animal Behavior Processes, 3*, 253-263.

BICKEL, W. K., & MADDEN, G. J. (1999). A comparison of measures of relative reinforcing efficacy and behavioral economics. *Behavioral Pharmacology, 10*, 627-737.

BICKEL, W. K., MARSCH, L. A., & CARROLL, M. E. (2000). Deconstructing relative reinforcing efficacy and situating the measures of pharmacological reinforcement with behavioral economics: A theoretical proposal. *Psychopharmacology, 153*, 44-56.

BICKERTON, D. (1981). *Roots of language.* Ann Arbor, MI: Karoma.

BICKERTON, D. (1984). The language bioprogram hypothesis. *Behavioral and Brain Sciences, 7*, 173-221.

BICKERTON, D. (1998). The creation and re-creation of language. In C. Crawford & D. L. Krebs (eds.), *Handbook of evolutionary psychology* (pp. 613-634). Mahwah, NJ: Lawrence Erlbaum Associates.

BIJOU, S. W., & BAER, D. M. (1961). *Child development, Vol. 1. A systematic and empirical theory.* Englewood Cliffs, NJ: Prentice Hall.

BIJOU, S. W., & BAER, D. M. (1965). *Child development, Vol. 2. The universal stage of infancy.* Englewood Cliffs, NJ: Prentice Hall.

BITTERMAN, M. E. (1960). Toward a comparative psychology of learning. *American Psychologist, 15*, 704-712.

BLACK, J. E., ISAACS, K. R., ANDERSON, B. J., ALCANTARA, A. A., & GREENOUGH, W. T. (1990). Learning causes synaptogenesis, whereas motor activity causes angiogenesis, in cerebral cortex of adult rats. *Proceedings of the National Academy of Sciences, 87*, 5568-5572.

BLANCHARD, E. B., KIM, M., HERMANN, C., & STEFFEK, B. D. (1994). The role of perception of success in the thermal biofeedback treatment of vascular headache. *Headache Quarterly, 5*, 231-236.

BLISS, T. V. P., & LØMO, T. (1973). Long lasting potentiation of synaptic transmission in the dentate area of the anaesthetized rabbit following stimulation of the perforant path. *Journal of Physiology, 232*, 331-356.

BOGEN, J. E. (1977). In M. C. Wittrock (ed.), *The human brain.* Englewood Cliffs, NJ: Prentice Hall.

BOLLES, R. C. (1970). Species-specific defense reactions and avoidance learning. *Psychological Review, 77*, 32-48.

BOLLES, R. C. (1972). Reinforcement, expectancy, and learning. *Psychological Review, 79*, 394-409.

BOLLES, R. C. (1975). *Theory of motivation* (2nd ed.). New York: Harper & Row.

BOLLES, R. C. (1979). *Learning theory* (2nd ed.). New York: Holt, Rinehart & Winston.

BOLLES, R. C. (1988). Nativism, naturalism and niches. In R. C. Bolles & M. D. Beecher (eds.), *Evolution and learning* (pp. 1-15). Hillsdale, NJ: Lawrence Erlbaum Associates.

BOLLES, R. C., & PETRINOVICH, L. (1954). A technique for obtaining rapid drive discrimination in the rat. *Journal of Comparative and Physiological Psychology, 47*, 378-380.

BOLLES, R. C., RILEY, A. L., CANTOR, M. B., & DUNCAN, P. M. (1974). The rat's failure to anticipate regularly scheduled daily shock. *Behavioral Biology, 11*, 365-372.

BOUTON, M. E. (1984). Differential control by contact in the inflation and reinstatement paradigms. *Journal of Experimental Psychology: Animal Behavior Processes, 10*, 56-74.

BOUTON, M. E. (1988). Context and ambiguity in the extinction of emotional learning: Implications for exposure therapy. *Behaviour Research and Therapy, 26,* 137–149.

BOUTON, M. E. (1991). Context and retrieval in extinction and in other examples of interference in simple associative learning. In L. Dachowski & C. F. Flaherty (eds.), *Current topics in animal learning: Brain emotion and cognition* (pp. 25–53). Hillsdale, NJ: Erlbaum.

BOUTON, M. E. (1993). Context, time, and memory retrieval in the interference paradigms of Pavlovian learning. *Psychological Bulletin, 114,* 80–99.

BOUTON, M. E. (1994). Context, ambiguity and classical conditioning. *Current Directions in Psychological Science, 3,* 49–52.

BOUTON, M. E., & BOLLES, R. C. (1979a). Contextual control of the extinction of conditioned fear. *Learning and Motivation, 10,* 445–466.

BOUTON, M. E., & BOLLES, R. C. (1979b). Role of conditioned contextual stimuli in reinstatement of extinguished fear. *Journal of Experimental Psychology: Animal Behavior Processes, 5,* 368–378.

BOUTON, M. E., & FANSELOW, M. S. (eds.). (1997). *Learning, motivation, and cognition: The functional behaviorism of Robert C. Bolles.* Washington, DC: American Psychological Association.

BOUTON, M. E., & KING, D. A. (1983). Contextual control of the extinction of conditioned fear: Tests for the associative value of the context. *Journal of Experimental Psychology: Animal Behavior Processes, 9,* 248–265.

BOUTON, M. E., & KING, D. A. (1986). Effect of context on performance to conditioned stimuli with mixed histories of reinforcement and nonreinforcement. *Journal of Experimental Psychology: Animal Behavior Processes, 12,* 4–15.

BOUTON, M. E., & PECK, C. A. (1989). Context effects on conditioning, extinction, and reinstatement in an appetitive conditioning preparation. *Animal Learning and Behavior, 17,* 188–198.

BOWER, G. H. (1962). The influence of graded reductions in reward and prior frustrating events upon the magnitude of the frustration effect. *Journal of Comparative and Physiological Psychology, 55,* 582–587.

BOWER, G. H. (1994). A turning point in mathematical learning theory. *Psychological Review, 101,* 290–300.

BOWER, G. H., & HILGARD, E. R. (1981). *Theories of learning* (5th ed.). Englewood Cliffs, NJ: Prentice Hall.

BOWERS, T. G. R. (1989). *The rational infant: Learning in infancy.* New York: Freeman.

BOWLBY, J. (1969). *Attachment and loss.* New York: Basic Books.

BRAUER, L. H., & DEWIT, H. (1997). High dose pimozide does not block amphetamine–induced euphoria in normal volunteers. *Pharmacology Biochemistry and Behavior, 56,* 265–272.

BREGMAN, E. O. (1934). An attempt to modify the emotional attitudes of infants by the conditioned response technique. *Journal of Genetic Psychology, 45,* 169–198.

BRELAND, K., & BRELAND, M. (1961). The misbehavior of organisms. *American Psychologist, 16,* 681–684.

BRINGMANN, W. G., LÜCK, H. E., MILLER, R., & EARLY, C. E. (eds.). (1997). *A pictorial history of psychology.* Carol Stream, IL: Quintessence Publishing Co.

BROOKS, D. C., & BOUTON, M. E. (1993). A retrieval cue for extinction attenuates spontaneous recovery. *Journal of Experimental Psychology: Animal Behavior Processes, 19,* 77–89.

BROWN, J. S., & BURTON, R. (1975). Multiple representations of knowledge for tutorial reasoning. In D. G. Bobrow & A. Collins (eds.), *Representation and understanding: Studies in cognitive science.* New York: Academic Press.

BROWN, P. L., & JENKINS, H. M. (1968). Auto-shaping of

the pigeon's key-peck. *Journal of the Experimental Analysis of Behavior, 11*, 1-8.

BROWN, R. (1965). *Social psychology.* New York: Free Press.

BRUNER, J. S. (1966). *Toward a theory of instruction.* Cambridge, MA: Harvard University Press.

BUGELSKI, B. R. (1979). *Principles of learning and memory.* New York: Praeger.

BUNDERSON, V. (1967). The role of computer-assisted instruction in university education. *Progress Report to the Coordination Board of the Texas College and University System.* Austin: University of Texas Press.

BUSS, D. M. (1989). Sex differences in human mate preferences: Evolutionary hypotheses tested in 37 cultures. *Behavioral and Brain Sciences, 12*, 1-49.

BUSS, D. M. (1994). *The evolution of desire: Strategies of human mating.* New York: Basic Books.

BUSS, D. M. (1995). Evolutionary psychology: A new paradigm for psychological science. *Psychological Inquiry, 6*, 1-49.

BUSS, D. M. (1998). The psychology of human mate selection: Exploring the complexity of the strategic repertoire. In C. Crawford & D. L. Krebs (eds.), *Handbook of evolutionary psychology* (pp. 405-429). Mahwah, NJ: Lawrence Erlbaum Associates.

BUSS, D. M. (2004). *Evolutionary psychology: The new science of the mind.* Boston: Allyn & Bacon.

BUSS, D. M., HASELTON, M. G., SHACKELFORD, T. K., BLESKE, A. L., & WAKEFIELD, J. C. (1998). Adaptations, exaptation, and spandrels. *American Psychologist, 53*(5), 533-548.

BUSS, D. M., & SCHMITT, D. P. (1993). Sexual strategies theory: An evolutionary perspective on human mating. *Psychological Review, 100*, 204-232.

CABEZAS, C., & BUÑO, W. (2006). Distinct transmitter release properties determine differences in short-term plasticity at functional and silent synapses. *Journal of Neurophysiology, 95*, 3024-3034.

CAINE, R. N., & CAINE, G. (1994). *Making connections: Teaching and the human brain.* California: Addison-Wesley.

CAINE, R. N., & CAINE, G. (1997). *Education on the edge of possibility.* Alexandria, VA: Association for Supervision and Curriculum Development.

CARLSON, J. G. (1980). Guthrie's theory of learning. In G. M. Gazda & R. J. Corsini (eds.), *Theories of learning: A comparative approach.* Itasca, IL: Peacock.

CASTELLUCCI, V. F., & KANDEL, E. R. (1974). A quantal analysis of the synaptic depression surrounding habituation of the gill withdrawal reflex in *Aplysia. Proceedings of the National Academy of Sciences, U.S.A., 71*, 5004-5008.

CAVINA-PRATESI, C., KENTRIDGE, R. W., HEYWOOD, C. A., & MILNER, A. D. (2010). Separate channels for processing form, texture, and color: Evidence from fMRI adaptation and visual object agnosia. *Cerebral Cortex, 20*, 2319-2332.

CEPEDA, N. J., PASHLER, H., VUL, E., WIXTED, J. T., & ROHER, D. (2006). Distributed practice in verbal recall tasks: A review and quantitative synthesis. *Psychological Bulletin, 132*(3), 354-380.

CHAIX, R., CAO, C., & DONNELLY, P. (2008). Is mate choice in humans MHC-dependent? *PLoS, Genetis, 4*(9), e1000184.

CHAMBERS, K. C. (1985). Sexual dimorphisms as an index of hormonal influences on conditioned food aversions. *Annals of the New York Academy of Sciences, 443*, 110-125.

CHAMBERS, K. C., & SENGSTAKE, C. B. (1976). Sexually dimorphic extinction of a conditioned taste aversion in rats. *Animal Learning and Behavior, 4*, 181-185.

CHAMBERS, K. C., YUAN, D., BROWNSON, E. A., & WANG, Y. (1997). Sexual dimorphisms in conditioned taste aversions: Mechanism and function. In M. E. Bouton & M. S. Fanselow (eds.), *Learning motivation, and cognition: The functional behaviorism of Robert C. Bolles* (pp. 195-224). Washington, DC: American Psychological Association.

CHARTRAND, T. L., & BARGH, J. A. (1999). The chameleon effect: The perception-behavior link and social interaction. *Journal of Personality and Social Psychology*, *76*(6), 893–910.

CHOMSKY, N. (1959). [Review of *Verbal Behavior* by B. F. Skinner]. *Language*, *35*, 26–58.

CHOMSKY, N. (1972). *Language and mind*. New York: Harcourt, Brace, Jovanovich.

CHOMSKY, N. (1975). *Reflections on language*. New York: Pantheon.

CHOMSKY, N. (1988). *Language and the problems of knowledge. The Managua lectures*. Cambridge, MA: MIT Press.

CLARK, A. (1990). Connectionism, competence, and explanation. In M. A. Boden (ed.), *The philosophy of artificial intelligence* (pp. 281–308). New York: Oxford University Press.

CLARK, D. O. (2005). From philosopher to psychologist: The early career of Edwin Ray Guthrie, Jr. *History of Psychology*, *8*(3), 235–254.

CLEARY, L. J., HAMMER, M., & BYRNE, J. H. (1989). Insights into the cellular mechanisms of short-term sensitization in *Aplysia*. In T. J. Carew & D. B. Kelley (eds.), *Perspectives in neural systems and behavior*. New York: Alan R. Liss.

COHEN, N. J., & EICHENBAUM, H. (1993). *Memory, amnesia, and the hippocampal system*. Cambridge, MA: MIT Press.

COHEN, N. J., RYAN, J., HUNT, C., ROMINE, L., WSZALEK, T., & NASH, C. (1999). Hippocampal system and declarative (relational) memory: Summarizing the data from functional neuroimaging studies. *Hippocampus*, *9*, 83–98.

COHEN, N. J., & SQUIRE, L. R. (1980). Preserved learning and retention of pattern analysing skill in amnesia: Dissociation of knowing how and knowing that. *Science*, *210*, 207–210.

COOK, M., & MINEKA, S. (1990). Selective associations in the observed conditioning of fear in rhesus monkeys. *Journal of Experimental Psychology: Animal Behavior Processes*, *16*, 372–389.

CORNELISSEN, K., LAINE, M., TARKIAINEN, A.,

JÄRVENSIVU, T., MARTIN, N., & SALMELIN, R. (2003). Adult brain plasticity elicited by anomia treatment. *Journal of Cognitive Neuroscience*, *15*, 444–461.

CORNFORD, F. M. (Trans.). (1968). *The Republic of Plato*. New York: Oxford University Press.

CORREA M., CARLSON, B. B., WISNIECKI, A., & SALAMONE, J. D. (2002). Nucleus accumbens dopamine and work requirements on interval schedules. *Behavioral Brain Research*, *137*(1–2), 179–187.

COSMIDES, L. & TOOBY, J. (1992). Cognitive adaptations for social exchange. In J. Barkow, L. Cosmides, & J. Tooby (eds.). *The adapted mind* (pp. 163–228). New York: Oxford University Press.

COSMIDES, L. & TOOBY, J. (1997). *Evolutionary psychology: A primer*. Santa Barbara: On-line Center for Evolutionary Psychology, University of California, Santa Barbara.

COTMAN, C. W., MONAGHAN, D. T., & GANONG, A. H. (1988). Excitatory amino acid neurotransmission: NMDA receptors and Hebb-type synaptic transmission. *Annual Reviews of Neuroscience*, *11*, 61–80.

COUSINS, M. S., ATHERTON, A., TURNER, L., & SALAMONE, J. D. (1996). Nucleus accumbens dopamine depletions alter relative response allocation in a T-maze cost/benefit task. *Behavioural Brain Research*, *74*, 189–197.

COVERT, M. V., TANGNEY, J. P., MADDUX, J. E., & HELENO, N. M. (2003). Shame-proneness, guilt-proneness, and interpersonal problem solving: A social cognitive analysis. *Journal of Social and Clinical Psychology*, *22*, 1–12.

CRAIGHEAD, W. E., KAZDIN, A. E., & MAHONEY, M. J. (1976). *Behavior modification: Principles, issues, and applications*. Boston: Houghton Mifflin.

CRAWFORD, C. (1998). The theory of evolution in the study of human behavior: An introduction and overview. In C. Crawford & D. L. Krebs (eds.), *Handbook of evolutionary psychology*. Mahwah, NJ:

Lawrence Erlbaum Associates.

CRAWFORD, C., & KREBS, D. L. (eds.). (1988). *Handbook of evolutionary psychology*. Mahwah, NJ: Lawrence Erlbaum Associates.

CRESPI, L. (1942). Quantitative variation of incentive and performance in the white rat. *American Journal of Psychology, 55*, 467-517.

CRESPI, L. (1944). Amount of reinforcement and level of performance. *Psychological Review, 51*, 341-357.

CRONIN-GOLOMB, A. (1995). Semantic netwoks in the divided cerebral hemispheres. *Psychological Science, 6*, 212-218.

CURRY, F. K. W. (1967). A comparison of left-handed and right-handed subjects on verbal and non-verbal dichotic listening tasks. *Cortex, 3*, 343-352.

DALE, N., SCHACHER, S., & KANDEL, E. R. (1988). Long term facilitation in *Aplysia* involves increase in transmitter release. *Science, 239*, 282-285.

DALY, H. B. (1969). Learning of a hurdle-jump response to escape cues paired with reduced reward or frustrative nonreward. *Journal of Experimental Psychology, 79*, 146-157.

DALY, M., & WILSON, M. I. (1982). Homicide and kinship. *American Anthropologist, 84*, 372-378.

DALY, M., & WILSON, M. I. (1988). Evolutionary social psychology and family homicide. *Science, 242*, 519-524.

DALY, M., & WILSON, M. I. (1994). Some differential attributes of lethal assaults on small children by stepfathers versus genetic fathers. *Ethology and Sociobiology, 15*, 207-217.

DALY, M., & WILSON, M. I. (1998). The evolutionary social psychology of family violence. In C. Crawford & D. L. Krebs (eds.), *Handbook of evolutionary psychology* (pp. 431-456). Mahwah, NJ: Lawrence Erlbaum Associates.

DARSILAI, V., HELDMANN, U., LINDVALL, O., & KOKAIA, Z. (2005). Stroke-induced neurogenesis in aged brain. *Stroke, 36*, 1790-1795.

DARWIN, C. (1872). *The expression of emotions in man and animals*. London: John Murray.

DARWIN, C. (1958/1959). *On the origin of species by means of natural selection*. New York: New American Library.

DAVISON, M., & McCARTHY, D. (1988). *The matching law: A research review*. Englewood Cliffs, NJ: Prentice Hall.

DECORTE, E. (ed.). (1999). On the road to transfer: New perspectives on an enduring issue in educational research and practice (Special issue). *International Journal of Educational Research, 31*(7), 555-559.

DECORTE, E. (2003). Transfer as the productive use of acquired knowledge, skills, and motivations. *Current Directions in Psychological Science, 12*, 142-146.

DEESE, J. (1951). Extinction of a discrimination without performance of the choice response. *Journal of Comparative and Physiological Psychology, 44*, 362-366.

DEWEY, J. (1896). The reflex arc concept in psychology. *Psychological Review, 3*, 357-370.

DIAMOND, D. M., DUNWIDDIE, T. V., & ROSE, G. M. (1988). Characteristics of hippocampal primed burst potentiation *in vitro* and in the awake rat. *Journal of Neuroscience, 8*, 4079-4088.

DIAMOND, M. C., LINDNER, B., & RAYMOND, A. (1967). Extensive cortical depth measurements and neuron size increases in the cortex of environmentally enriched rats. *Journal of Comparative Neurology, 131*, 357-364.

DI PELLEGRINO, G., FADIGA, L., FOGASSI, L., GALLESE, V., & RIZZOLATTI, G. (1992). Understanding motor events: A neurophysiological study. *Experimental Brain Research, 91*(1), 176-180.

DOLLARD, J. C., & MILLER, N. E. (1950). *Personality and psychotherapy*. New York: McGraw-Hill.

DOMJAN, M. (1997). Behavior systems and the demise of equipotentiality: Historical antecedents and evidence from sexual conditioning. In M. E. Bouton & M. S. Fanselow (eds.), *Learning, motivation, and* cognition: *The functional behaviorism of Robert C. Bolles*. Washington, DC: American Psychological Association.

DORRANCE, B. R., & ZENTALL, T. R. (2001). Imitative learning in Japanese quail depends on the motivational state of the animal at the time of observation. *Journal of Comparative Psychology*, *115*, 62–67.

DOYERE, V., ERRINGTON, M. L., LAROCHE, S., & BLISS, T. V. P. (1996). Low-frequency trains of paired stimuli induce long-term depression in area CAI but not in dentate gyrus of the intact rat. *Hippocampus*, *6*, 52–57.

DUNCAN, C. P. (1949). The retroactive effect of electroshock on learning. *Journal of Comparative and Psyiological Psychology*, *42*, 34–44.

DUNCAN, L. A., & SCHALLER, M. (2009). Prejudicial attitudes toward older adults may be exaggerated when people feel vulnerable to infectious disease: Evidence and implications. *Analyses of Social Issues and Public Policy*, *9*, 97–115.

EBBINGHAUS, H. (1913 [1885]). *On memory* (H. A. Ruger & C. Bossinger, trans.). New York: Teachers College Press.

EGAN, K. (1983). *Education and psychology: Plato, Piaget, and scientific psychology*. New York: Teachers College Press.

EGGER, M. D. & MILLER, N. E. (1962). Secondary reinforcement in rats as a function of information value and reliability of the stimulus. *Journal of Experimental Psychology*, *64*, 97–104.

EGGER, M. D., & MILLER, N. E. (1963). When is a reward reinforcing? An experimental study of the information hypothesis. *Journal of Comparative and Physiological Psychology*, *56*, 132–137.

EISENBERG, D. M., DELBANCO, T. L., BERKEY, C. S., KAPTCHUK, T. J., KUPELNICK, B., KUHL, J., & CHALMERS, T. C. (1993). Cognitive behavioral techniques for hypertension: Are they effective? *Annals of Internal Medicine*, *118*, 964–972.

EISENBERG, D. M., KESSLER, R. C., FOSTER, C., & NORLOCK, F. E. (1993). Unconventional medicine in the United States: Prevalence, costs, and patterns of use. *New England Journal of Medicine*, *328*, 246–252.

ELSMORE, T. E., FLETCHER, G. V., CONRAD, D. G., & SODETZ, F. J. (1980). Reduction of heroin intake in baboons by economic constraint. *Pharmacology Biochemistry and Behavior*, *13*, 729–732.

ESCOBAR, M. L., ALCOCER, I., & CHAO, V. (1998). The NMDA receptor antagonist CCP impairs conditioned taste aversion and insular cortex long-term potentiation in vivo. *Brain Research*, *812*, 246–251.

ESTES, W. K. (1944). An experimental study of punishment. *Psychological Monographs*, *57* (Whole No. 263).

ESTES, W. K. (1950). Toward a statistical theory of learning. *Psychological Review*, *57*, 94–107.

ESTES, W. K. (1954). Kurt Lewin. In Estes et al. (eds.), *Modern Learning Theory* (pp. 317–344). New York: Appleton–Century-Crofts.

ESTES, W. K. (1960). Learning theory and the new "mental chemistry." *Psychological Review*, *67*, 207–223.

ESTES, W. K. (1964a). All-or-none processes in learning and retention. *American Psychologist*, *19*, 16–25.

ESTES, W. K. (1964b). Probability learning. In A. W. Melton (ed.), *Categories of human learning*. New York: Academic Press.

ESTES, W. K. (1969a). New perspectives on some old issues in association theory. In N. J. MacKintosh & W. K. Honig (eds.), *Fundamental issues in association learning*. Halifax, Nova Scotia: Dalhousie University Press.

ESTES, W. K. (1969b). Reinforcement in human learning. In J. Tapp (ed.), *Reinforcement and behavior*. New York: Academic Press.

ESTES, W. K. (1971). Reward in human learning: Theoretical issues and strategic choice points. In R. Glaser (ed.), *The nature of reinforcement*. New

York: Academic Press.

ESTES, W. K. (1972). An associative basis for coding and organization in memory. In A. W. Melton & E. Martin (eds.), *Coding processes in human memory*. New York: Halstead.

ESTES, W. K. (1973). Memory and conditioning. In E. J. McGuigan & D. B. Lumsden (eds.), *Contemporary approaches to conditioning and learning*. Washington, DC: Winston & Sons.

ESTES, W. K. (1976). The cognitive side of probability matching. *Psychological Review, 83*, 37–64.

ESTES, W. K. (1978). On the organization and core concepts of learning theory and cognitive psychology. In W. K. Estes (ed.), *Handbook of learning and cognitive processes* (Vol. 6). Hillsdale, NJ: Erlbaum.

ESTES, W. K. (1994). *Classification and cognition*. New York: Oxford University Press.

ESTES, W. K. HOPKINS, B. L., & CROTHERS, E. J. (1960). All-or-none and conservation effects in the learning and retention of paired associates. *Journal of Experimental Psychology, 60*, 329–339.

ESTES, W. K., & SKINNER, B. F. (1941). Some quantitative properties of anxiety. *Journal of Experimental Psychology, 29*, 390–400.

ESTES, W. K., & STRAUGHAN, J. H. (1954). Analysis of a verbal conditioning situation in terms of statistical learning theory. *Journal of Experimental Psychology, 47*, 225–234.

FALKNER, J., SCHALLER, M., PARK, J. H., & DUNCAN, L. A. (2004). Evolved disease-avoidance processes and contemporary xenophobic attitudes. *Group Processes & Intergroup Relations, 7*, 333–353.

FENWICK, S., MIKULKA, P. J., & KLEIN, S. B. (1975). The effect of different levels of preexposure to sucrose on acquisition and extinction of conditioned aversion. *Behavioral Biology, 14*, 231–235.

FERNANDEZ, G., WEIS, S., STOFFEL-WAGNER, B., TENDOLKAR, I., REUBER, M., BEYENBURG, S., KLAVER, P., FELL, J., de GREIFF, A., RUHLMANN, J.,

REUL, J., & ELGER, C. E. (2003). Menstrual cycle-dependent neural plasticity in the adult human hippocampus is hormone, task, and region specific. *Journal of Neuroscience, 23*, 3790–3795.

FERSTER, C. B., & SKINNER, B. F. (1957). *Schedules of reinforcement*. Englewood Cliffs, NJ: Prentice Hall.

FESTINGER, L. (1957). *A theory of cognitive dissonance*. Stanford, CA: Stanford University Press.

FLANAGAN, O. (1991). *The science of the mind* (2nd ed.). Cambridge, MA: MIT Press.

FLAVFELL, J. H. (1963). *The developmental psychology of Jean Piaget*. New York: Van Nostrand Reinhold.

FOWLER, H., & MILLER, N. E. (1963). Facilitation and inhibition of runway performance by hind-and forepaw shock of various intensities. *Journal of Comparative and Physiological Psychology, 56*, 801–805.

FURTH, H. G. (1969). *Piaget and knowledge: Theoretical foundations*. Englewood Cliffs, NJ: Prentice Hall.

FURTH, H. G. (1970). *Piaget for teachers*. Englewood Cliffs, NJ: Prentice Hall.

GABRIELI, J. D. E. (1998). Cognitive neuroscience of human memory. *Annual Reviews of Psychology, 47*, 87–115.

GABRIELI, J. D. E., BREWER, J. B., DESMOND, J. E., & GLOVER, G. H. (1997). Separate neural bases of two fundamental memory processes in human medial temporal lobe. *Science, 276*, 264–266.

GABRIELI, J. D. E., BREWER, J. B., & POLDRACK, R. A. (1998). Images of medial temporal lobe functions in human learning and memory. *Neurobiology of Learning and Memory, 70*, 275–283.

GAGE, F. H. (2002). Neurogenesis in the adult brain. *Journal of Neuroscience, 22*, 612–613.

GAGE, F. H., COATES, P. W., PALMER, T. D., KUHN, H. G., FISHER, L. J., SUHONEN, J. O., PETERSON, D. A., SUHR, S. T., & RAY, J. (1995). Survival and differentiation of adult neuronal progenitor cells transplanted to the adult brain. *Proceedings of the*

National Academy of Sciences, 92, 11879–11883.

GAGNÉ, R. M. (1970). *The conditions of learning* (2nd ed.). New York: Holt, Rinehart & Winston.

GALEF, B. G., Jr. (1998). Edward Thorndike: Revolutionary psychologist, ambiguous biologist. *American Psychologist, 53*(10), 1128–1134.

GALLESE, V., FADIGA, L., FOGASSI, L., & RIZZOLATTI, G. (1996). Action recognition in the premotor cortex. *Brain, 119*(2), 593–609.

GALLESE, V., GERNSBACHER, M. A., HEYES, C., HICKOK, G., & IACOBONI, M. (2011). Mirror neuron forum. *Perspectives on Psychological Science, 6*(4), 369–407.

GARCIA, J. (1981). Tilting at the paper mills of academe. *American Psychologist, 36,* 149–158.

GARCIA, J. (1997). Robert C. Bolles: From mathematics to motivation. In M. E. Bouton & M. S. Fanselow (eds.), *Learning, motivation, and cognition: The functional behaviorism of Robert C. Bolles* (pp. xi–xiii). Washington, DC: American Psychological Association.

GARCIA, J., ERVIN, F. R., & KOELLING, R. A. (1966). Learning with prolonged delay of reinforcement. *Psychonomic Science, 5,* 121–122.

GARCIA, J., & KOELLING, R. A. (1966). Relation of cue to consequence in avoidance learning. *Psychonomic Science, 4,* 123–124.

GARCIA, J., McGOWAN, B., ERVIN, F. R., & KOELLING, R. A. (1968). Cues: Their relative effectiveness as a function of the reinforcer. *Science, 160,* 794–795.

GARRIS, P. A., KILPATRICK, M., BUNIN, M. A., MICHAEL, D., WALKER, Q. D., & WIGHTMAN, R. M. (1999). Dissociation of dopamine release in the nucleus accumbens from intercranial self-stimulation. *Nature, 398,* 67–69.

GAWIN, F. H. (1986). Neuroleptic reduction of cocaine-induced paranoia but not euphoria. *Psychopharmacology, 90,* 142–143.

GAZZANIGA, M. S., & LEDOUX, J. E. (1978). *The integrated mind.* New York: Plenum Press.

GELLES, R. J., & STRAUS, M. A. (1985). Violence in the American family. In A. J. Lincoln & M. A. Straus (eds.), *Crime and the family* (pp. 88–110). Springfield, IL: Thomas.

GERSHOFF, E. T. (2002). Corporal punishment by parents and associated child behaviors and experiences: A meta-analytic and theoretical review. *Psychological Bulletin, 128,* 539–579.

GERSHOFF, E. T., & BITENSKY, S. H. (2007). The case against corporal punishment of children: Converging evidence from social science research and international human rights law and implications for U.S. public policy. *Psychology, Public Policy, and Law, 13*(4), 231–272.

GICK, M. L., & LOCKHART, R. S. (1995). Cognitive and affective components of insight. In R. J. Sternberg & J. E. Davidson (eds.), *The Nature of Insight* (pp. 197–228). Cambridge, MA: MIT Press.

GINSBURG, H., & OPPER, S. (1979). *Piaget's theory of intellectual development* (2nd ed.). Englewood Cliffs, NJ: Prentice Hall.

GOLDSCHMID, M. L., & BENTLER, P. M. (1968). *Conservation concept diagnostic kit: Manual and keys.* San Diego, CA: Educational and Industrial Testing Service.

GOODRICH-HUNSAKER, N. J., & HOPKINS, R. O. (2010). Spatial memory deficits in a virtual radial arm maze in amnesic participants with hippocampal damage. *Behavioral Neuroscience, 124*(3), 405–413.

GOPNIK, M. (1990). Dysphasia in an extended family. *Nature, 344,* 715.

GOPNIK, M., & CRAGO, M. (1991). Familial aggregation of a developmental language disorder. *Cognition, 39,* 1–50.

GOTTSCHALK, W. A., JIANG, H., TARTAGLIA, N., FENG, L., FIGUROV, A., & LU, B. (1999). Signaling mechanisms mediating BDNF modulation of synaptic plasticity in the hippocampus. *Learning and Memory, 6,* 243–256.

GOULD, S. J. (1991). Exaptation: A crucial tool for

evolutionary psychology. *Journal of Social Issues, 47*, 43–65.

GREENBERG, J. H. (ed.). (1963). *Universals of language.* Cambridge, MA: MIT Press.

GREENOUGH, W. T., & CHANG, F. F. (1989). Plasticity of synapse structure and pattern in the cerebral cortex. In A. Peters & E. G. Jones (eds.), *Cerebral Cortex* (pp. 391–440). New York: Plenum.

GREITEMEYER, T., & McLATCHIE, N. (2011). Denying humanness to others: A newly discovered mechanism by which violent video games increase aggressive behavior. *Psychological Science, 22*(5), 659–665.

GRIFFITHS, O., Johnson, A. M., & MITCHELL, C. J. (2011). Negative transfer in human associative learning. *Psychological Science*, DOI: 10.1177/0956797611419305.

GRUBER, H. E. (1995). Insight and affect in the history of science. In R. J. Sternberg & J. E. Davidson (eds.), *The Nature of Insight* (pp. 397–431). Cambridge, MA: MIT Press.

GUSTAVSON, C. R. (1977). Comparative and field aspects of learned food aversions. In L. M. Barker, M. R. Best, & M. Domjan (eds.), *Learning mechanisms in food selection* (pp. 23–43). Waco, TX: Baylor University Press.

GUSTAVSON, C. R., GARCIA, J., HANKINS, W. G., & RUSINIAK, K. W. (1974). Coyote predation control by aversive conditioning. *Science, 1843*, 581–583.

GUTHRIE, E. R. (1935). *The psychology of learning.* New York: Harper & Row.

GUTHRIE, E. R. (1938). *The psychology of human conflict.* New York: Harper & Row.

GUTHRIE, E. R. (1940). Association and the law of effect. *Psychological Review, 47*, 127–148.

GUTHRIE, E. R. (1942). Conditioning: A theory of learning in terms of stimulus, response, and association. In N. B. Henry (ed.), *The forty-first yearbook of the national society for the study of education: Pt. II. The psychology of learning.* Chicago: University of Chicago Press.

GUTHRIE, E. R. (1952). *The psychology of learning* (rev. ed.). New York: Harper & Row.

GUTHRIE, E. R. (1959). Association by contiguity. In S. Koch (ed.), *Psychology: A study of a science* (Vol. 2). New York: McGraw-Hill.

GUTHRIE, E. R., & HORTON, G. P. (1946). *Cats in a puzzle box.* New York: Rinehart & Winston.

GUTHRIE, E. R., & POWERS, F. F. (1950). *Educational Psychology.* New York: Ronald Press.

HAIDER, H., & FRENSCH, P. A. (2002). Why aggregated learning follows the power law of practice when individual learning does not: Comment on Rickard (1997, 1999), Delaney et al. (1998), and Palmeri (1999). *Journal of Experimental Psychology: Learning, Memory, and Cognition, 28*(2), 392–406.

HALL, G., & PEARCE, J. M. (1979). Latent inhibition of a CS during CS–US pairings. *Journal of Experimental Psychology: Animal Behavior Processes, 5*, 31–42.

HALL, G., & PEARCE, J. M. (1982). Restoring the associability of a pre-exposed CS by a surprising event. *The Quarterly Journal of Psychology, 34B*, 127–140.

HAMILTON, D. A., DRISCOLL, I., & SUTHERLAND, R. J. (2002). Human place learning in a virtual Morris water task: Some important constraints on the flexibility of place navigation. *Behavioural Brain Research, 129*, 159–170.

HAMILTON, D. A., & KOLB, B. (2005). Differential effects of nicotine and complex housing on subsequent experience-dependent structural plasticity in the nucleus accumbens. *Behavioral Neuroscience, 119*(2), 355–365.

HAMILTON, W. D. (1964). The genetical evolution of social behavior. *Journal of Theoretical Biology, 7*, 1–52.

HANEY, M., WARD, A. S., FOLTIN, R. W., & FISCHMAN, M. W. (2001). Effects of ecopipam, a selective dopamine D1 antagonist, on smoked cocaine self-administration by humans. *Psychopharmacology, 155*, 330–337.

HARLOW, H. F. (1949). The formation of learning sets. *Psychological Review, 56,* 51-65.

HARLOW, H. F. (1950). Analysis of discrimination learning by monkeys. *Journal of Experimental Psychology, 40,* 26-39.

HARLOW, H. F. (1959). Learning set and error factor theory. In S. Koch (ed.), *Psychology: A study of a science* (Vol. 2). New York: McGraw-Hill.

HARRIS, B. (1979). Whatever happened to little Albert? *American Psychologist, 34,* 151-160.

HARRIS, J. R. (2000). Context-specific learning, personality, and birth order. *Current Directions in Psychological Science, 9,* 174-177.

HASKELL, R. E. (2001). *Transfer of learning: Cognition, instruction, and reasoning.* San Diego, CA: Academic Press.

HAWKINS, J. (ed.). (1988). *Explaining language universals.* New York: Blackwell.

HEBB, D. O. (1946). On the nature of fear. *Psychological Review, 53,* 259-276.

HEBB, D. O. (1949). *The organization of behavior.* New York: Wiley.

HEBB, D. O. (1955). Drives and the C.N.S. (Conceptual nervous system). *Psychological Review, 62,* 243-254.

HEBB, D. O. (1959). A neuropsychological theory. In S. Koch (ed.), *Psychology: A study of a science* (Vol. 1). New York: McGraw-Hill.

HEBB, D. O. (1972). *Textbook of psychology* (3rd ed.). Philadelphia: W. B. Saunders.

HEBB, D. O. (1980). [Autobiography]. In G. Lindzey (ed.), *A history of psychology in autobiography* (Vol. VII). San Francisco: Freeman.

HEBB, D. O., & DONDERI, D. C. (1987). *Textbook of psychology* (4th ed.) Hillsdale, NJ: Erlbaum.

HECHT, H., & PROFFITT, D. R. (1995). The price of expertise: Effects of experience on the water-level task. *Psychological Science, 6,* 90-95.

HELLIGE, J. B. (1993). *Hemispheric asymmetry: What's right and what's left.* Cambridge, MA: Harvard University Press.

HENLE, M. (1986). *1879 and all that: Essays in the history of psychology.* New York: Columbia University Press.

HERGENHAHN, B. R. (1972). *Shaping your child's personality.* Englewood Cliffs, NJ: Prentice Hall.

HERGENHAHN, B. R. (2009). *An introduction to the history of psychology* (6th ed.) Belmont, CA: Wadsworth.

HERGENHAHN, B. R., & OLSON, M. H. (2007). *An introduction to theories of personality* (7th ed.). Upper Saddle River, NJ: Prentice Hall.

HERMANN, C., KIM, M., & BLANCHARD, E. B. (1995). Behavioral and prophylactic pharmacological intervention studies of pediatric migraine: An exploratory meta-analysis. *Pain, 60,* 239-255.

HERON, W. (1957, January). The pathology of boredom. *Scientific American,* pp. 52-56.

HERRNSTEIN, R. J. (1961). Relative and absolute strength of response as a function of frequency of reinforcement. *Journal of the Experimental Analysis of Behavior, 4,* 267-272.

HERRNSTEIN, R. J. (1970). On the law of effect. *Journal of the Experimental Analysis of Behavior, 13,* 243-266.

HERRNSTEIN, R. J. (1974). Formal properties of the matching law. *Journal of the Experimental Analysis of Behavior, 21,* 159-164.

HESS, E. H. (1958). "Imprinting" in animals. *Scientific American, 198,* 81-90.

HEYES, C. M., & DAWSON, G. R. (1990). A demonstration of observational learning using a bidirectional control. *Quarterly Journal of Experimental Psychology, 42B,* 59-71.

HEYES, C. M., DAWSON, G. R., & NOKES, T. (1992). Imitation in rats: Initial responding and transfer evidence. *Quarterly Journal of Experimental Psychology, 45B,* 229-240.

HICKLIN, T. R., WU, P. H., RADCLIFFE, R. A., FREUND, R. K., GOEBEL-GOODY, S. M., CORREA, P. R. et al. (2011). Alcohol inhibition of the NDMA receptor function, long-term potentiation, and fear learning requires striatal-enriched protein tyrosine phosphatase. *Proceedings of the National Academy of Sciences, 108*(16), 6650-6655.

HILGARD, E. R., & MARQUIS, D. G. (1940). *Conditioning and learning*. Englewood Cliffs, NJ: Prentice Hall.

HILL, W. F. (1990). *Learning: A survey of psychological interpretations* (5th ed.). New York: Harper & Row.

HILTZ, S. R. (1993). Correlates of learning in a virtual classroom. *International Journal of Man-Machine Studies, 39*, 71-98.

HINDE, R. A., & TINBERGEN, N. (1958). The comparative study of species-specific behavior. In A. Roe & G. G. Simpson (eds.), *Behavior and evolution*. New Haven, CT: Yale University Press.

HINTON, G. E., & ANDERSON, J. A. (eds.). (1981). *Parallel models of associative memory*. Hillsdale, NJ: Erlbaum.

HOBBES, T. (1962 [1651]). *Leviathan*. New York: Macmillan.

HOLLAND, J. G., & SKINNER, B. F. (1961). *The analysis of behavior: A program for self-instruction*. New York: McGraw-Hill.

HOLLAND, P. C. (1977). Conditioned stimulus as a determinant of the form for the Pavlovian conditioned response. *Journal of Experimental Psychology: Animal Processes, 3*, 77-104.

HOLLIS, K. (1982). Pavlovian conditioning of signal-centered action patterns and autonomic behavior: A biological analysis of function. In S. Tosenblatt, R. A. Hinde, C. Beer, & M. Busnel (eds.), *Advances in the study of behavior* (Vol. 12). New York: Academic Press.

HOLT, J. (1967). *How children learn*. New York: Pitman.

HOMME, L., CSANYI, A. P., GONZALES, M. A., & RECHS, J. R. (1970). *How to use contingency contracting in the classroom*. Champaign, IL: Research Press.

HOMME, L. E., DEBACA, P., DIVINE, J. F., STEINHORST, R., & RICKERT, E. J. (1963). Use of the Premack principle in controlling the behavior of school children. *Journal of the Experiemental Analysis of Behavior, 6*, 544.

HUANG, J. Y., SEDLOVSKAYA, A., ACKERMAN, J. M., & BARGH, J. A. (2011). immunizing against prejudice: Effects of disease protection on attitudes toward out-groups. *Psychological Science*, published online 4 November 2011. DOI: 10.1177/0956797611417261.

HULL, C. L. (1928). *Aptitude testing*. Yonkers-on-Hudson, NY: World Book.

HULL, C. L. (1933a). Differential habituation to internal stimuli in the albino rat. *Journal of Comparative Psychology, 16*, 255-273.

HULL, C. L. (1933b). *Hypnosis and suggestibility: An experimental approach*. New York: Naiburg.

HULL, C. L. (1943). *Principles of behavior*. Englewood Cliffs, NJ: Prentice Hall.

HULL, C. L. (1952). *A behavior system: An introduction to behavior theory concerning the individual organism*. New Haven, CT: Yale University Press.

HULSE, S. H. (1958). Amount and percentage of reinforcement and duration of goal confinement in conditioning and extinction. *Journal of Experimental Psychology, 56*, 48-57.

HULSE, S. H., EGETH, H., & DEESE, J. (1980). *The psychology of learning* (5th ed.). New York: McGraw-Hill.

HUMPHREYS, L. G. (1939a). Acquisition and extinction of verbal expectations in a situation analogous to conditioning. *Journal of Experimental Psychology, 25*, 294-301.

HUMPHREYS, L. G. (1939b). The effect of random alternation of reinforcement on the acquisition and extinction of conditioned eyelid reactions. *Journal of Experimental Psychology, 25*, 141-158.

HURSH, S. R. (1991). Behavioral economics of drug self-administration and drug abuse policy. *Journal of the Experimental Analysis of Behavior, 56*, 377-393.

HURSH, S. R., & BAUMAN, R. A. (1987). The behavioral economics of demand. In L. Green & J. H. Kagel (eds.), *Advances in behavioral economics* (Vol. 1, pp. 117–165). Norwood, N. J.: Ablex.

HURSH, S. R., & NATELSON, B. H. (1981). Electrical brain stimulation and food reinforcement dissociated by demand elasticity. *Physiology and Behavior, 26,* 509–515.

HURSH, S. R., & SILBERBERG, A. (2008). Economic demand and essential value. *Psychological Review, 115*(1), 186–198.

IACOBONI, M., WOODS, R. P., BRASS, M., BEKKERING, H., MAZZIOTTA, J. C., & RIZOLATTI, G. (1999). Cortical mechanisms of human imitation. *Science, 286,* 2526–2528.

IKEMOTO, S., & PANKSEPP, J. (1996). Dissociations between appetitive and consummatory responses by pharmacological manipulations of reward–relevant brain regions. *Behavioral Neuroscience, 110,* 331–345.

INHELDER, B., & PIAGET, J. (1958). *The growth of logical thinking from childhood to adolescence* (A. Parson & S. Milgram, trans.). New York: Basic Books.

INNIS, N. K. (1999). Edward C. Tolman's purposive behavior. In W. O'Donohue & R. Kitchener (eds.), *Handbook of behaviorism* (pp. 97–117). San Diego, CA: Academic Press.

JACOBS, B., SCHALL, M., & SCHEIBEL, A. B. (1993). A quantitative dendritic analysis of Wernecke's area, II: Gender, hemispheric, and environmental factors. *Journal of Comparative Neurology, 237,* 97–111.

JACOBSEN, P. B., BOVBJERG, D. H., SCHWARTZ, M. D., ANDRYKOWSKI, M. A., FUTTERMAN, A. D., GILEWSKI, T., NORTON, L., & REDD, W. H. (1993). Formation of food aversions in cancer patients receiving repeated infusions of chemotherapy. *Behavior Research and Therapy, 31,* 739–748.

JAMES, W. (1890). *The principles of psychology* (2 vols.). New York: Henry Holt.

JENKINS, H. M., & MOORE, B. R. (1973). The form of the autoshaped response with food or water reinforcers. *Journal of the Experimental Analysis of Behavior, 20,* 163–181.

JOHNSON, C. I., & MAYER, R. E. (2009). A testing effect with multimedia learning. *Journal of Educational Psychology, 101*(3), 621–629.

JONCICH, G. (1968). *The sane positivist: A biography of Edward L. Thorndike.* Middletown, CT: Wesleyan University Press.

JONES, M. C. (1924). A laboratory study of fear: The case of Peter. *Pedagogical Seminary, 31,* 308–315.

JONES, M. C. (1974). Albert, Peter, and Jone B. Watson. *American Psychologist, 29,* 581–583.

JUNG–BEEMAN, M., BOWDEN, E. M., HABERMAN, J., FRYMIARE, J. L., ARAMBEL–LIU, S., GREENBIATT, R., et al. (2004). Neural activity when people solve verbal problems with insight. *Public Library of Science Biology, 2,* 500–510.

JURASKA, J. M. (1990). The structure of the cerebral cortex: Effects of gender and the environment. In B. Kolb & R. Tees (eds.), *The cerebral cortex of the rat* (pp. 483–506). Cambridge, MA: MIT Press.

JURASKA, J. M., FITCH, J. M., & WASHBURNE, D. L. (1989). The dendritic morphology of pyramidal neurons in the rat hippocampal CA3 area: Effects of gender and experience. *Brain Research, 333,* 115–121.

KAGAN, J. (1980, September). Jean Piaget's contributions. *Phi Delta Kappan,* pp. 245–246.

KALICHMAN, S. C. (1988). Individual differences in water–level performance. *Developmental Review, 8,* 273–295.

KALIVAS, P. W., & NAKAMURA, M. (1999). Neural systems for behavioral activation and reward. *Current Opinion in Neurobiology, 9,* 223–227.

KAMIN, L. J. (1969). Predictability, surprise, attention, and conditioning. In B. A. Campbell & R. M. Church (eds.), *Punishment and aversive behavior.* Englewood Cliffs, NJ: Prentice Hall.

KANDEL, E. (1991). Cellular mechanisms of learning and

the biological basis of individuality. In E. R. Kandel, J. H. Schwartz, & T. M. Jessell (eds.), *Principles of neural science* (3rd ed., pp. 839-852). New York: Elsevier.

KANDEL, E. R., & SCHWARTZ, J. H. (1982). Molecular biology of learning: Modulation of transmitter release. *Science, 218,* 433-443.

KARPICKE, J. D. (2009). Metacognitive control and strategy selection: Deciding to practice re-trieval during learning. *Journal of Experimental Psychology: General, 138*(4), 469-486.

KARPICKE, J. D., & BAUERNSCHMIDT, A. (2011). Spaced retrieval: Absolute spacing enhances learning regardless of relative spacing. *Journal of Experimental Psychology: Learning, Memory, and Cognition, 37* (5), 1250-1257.

KAUER, J. A., & MALENEA, R. C. (2007). Synaptic plasticity and addiction. *Nature Reviews Neuroscience, 8,* 844- 858.

KAUFMAN, A., BARON, A., & KOPP, R. E. (1966). Some effects of instructions on human operant behavior. *Psychonomic Monograph Supplements, 1,* 243-250.

KEEN, R. (2003). Representation of objects and events: Why do infants look so smart and toddlers look so dumb? *Current Directions in Psychological Science, 12,* 79-83.

KEGL, J., & IWATA, G. A. (1989). *Lenguage de signos Nicaraguense (Nicaraguan sign language): A pidgin sheds light on the "creole" ASL.* Proceedings of the 4th annual meeting of the Pacific Linguistics Society, Eugene, OR.

KELLER, F. S. (1968). Good-bye teacher. *Journal of Applied Behavior Analysis, 1,* 69-89.

KELLER, F. S., & SCHOENFELD, W. N. (1950). *Principles of psychology.* New York: Appleton-Century-Crofts.

KELLER, F. S., & SHERMAN, J. G. (1974). *PSI: The Keller plan handbook.* Menlo Park, CA: W. A. Benjamin.

KERR, D. S., & ABRAHAM, W. C. (1995). Cooperative interactions among afferents govern the induction of homosynaptic long-term depression in the hippocampus. *Proceedings of the National Academy of Sciences, 92,* 11637-11641.

KIBBE, M. M., & LESLIE, A. M. (2011). What do infants remember when they forget? Location and identity in 6-month-olds memory for objects. *Psychological Science,* published online 17 November. DOI: 10.1177/0956797611420165.

KIMBLE, G. A. (1961). *Hilgard and Marquis' conditioning and learning* (2nd ed.). Englewood Cliffs, NJ: Prentice Hall.

KIMBLE, G. A. (1993). A modest proposal for a minor revolution in the language of psychology. *Psychological Science, 4,* 253-255.

KIMBLE, G. A., & GARMEZY, N. (1968). *Principles of general phycology* (3rd ed.). New York: Ronald Press.

KIMMEL, H. D. (1974). Instrumental conditioning of autonomically mediated response in human beings. *American Psychologist, 29,* 325-335.

KIMURA, D. (1961). Cerebral dominance and the perception of verbal stimuli. *Canadian Journal of Psychology, 15,* 166-171.

KING, G. E. (1997, June). The attentional basis for primate responses to snakes. Paper presented at the annual meeting of the American Society of Primatologists, San Diego, CA.

KINGSTONE, A., ENNS, J. T., MANGUN, G. R., & GAZZANIGA, M. S. (1995). Guided search is a left hemisphere process in split-brain patients. *Psychological Science, 6,* 118-121.

KIRKWOOD, A., ROZAS, C., KIRKWOOD, J., PEREZ, F., & BEAR, M. F. (1999). Modulation of long-term synaptic depression in visual cortex by acetylcholoilne and norepinephrine. *Journal of Neuroscience, 19,* 1599-1609.

KLAHR, D., CHEN, Z., & TOTH, E. E. (2001). From cognition to instruction to cognition: A case study in elementary science instruction. In K Crowley, C. D. Schunn, & T. Okada (eds.), *Designing for science: Implications from everyday, classroom, and professional settings* (pp. 209–250). Mahwah, NJ: Erlbaum.

KLAHR, D., & NIGAM, M. (2004). The equivalence of learning paths in early science instruction: Effects of direct instruction and discovery learning. *Psychological Science, 15,* 661–667.

KOBILIUS, J., WAGEMANS, J., & OP de BEECK (2011). Emergence of perceptual Gestalts in the human visual cortex: The case of the configural-superiority effect. *Psychological Science, 22*(10), 1296–1303.

KOCH, S. (1954). Clark L. Hull. In Estes et al. (eds.), *Modern learning theory* (pp. 1–176). New York: Appleton-Century-Crofts.

KOFFKA, K. (1963 [1935]). *Principles of Gestalt psychology.* New York: Harcourt, Brace, and World.

KÖHLER, W. (1925). *The mentality of apes.* London: Routledge & Kegan Paul.

KÖHLER, W. (1947). *Gestalt psychology: An introduction to new concepts in modern psychology* (rev. ed.). New York: Liveright.

KOLB, B., COTE, S., RIBEIRO-da-SILVA, A., & CUELLO, A. C. (1996). NGF stimulates recovery of function and dendritic growth after unilateral motor cortex lesions in rats. *Neuroscience, 76,* 1139–1151.

KOLB, B., GIBB, R., & GORNY, G. (2003). Experience-dependent changes in dendritic arbor and spine density in neocortex vary with age and sex. *Neurobiology of Learning and Memory, 79,* 1–10.

KOLB, B., GIBB, R., & ROBINSON, T. E. (2003). Brain plasticity and behavior. *Current Directions in Psychological Science, 12,* 1–5.

KOLB, B., GORNY, G., COTE, S., RIBEIRO-da-SILVA, A., & CUELLO, A. C. (1997). Nerve growth factor stimulates growth of cortical pyramidal neurons in young adult rats. *Brain Research, 751,* 289–294.

KOLB, B., GORNY, G., LI, Y., SAMAHA, A. N., & ROBINSON, T. E. (2003). Amphetamine or cocaine limits the ability of later experience to promote structural plasticity in the neocortex and nucleus accumbens. *Proceedings of the National Academy of Sciences, 100*(18), 10523–10528.

KOLB, B., & STEWART, J. (1995). Changes in neonatal gonadal hormonal environment prevent behavioral sparing and alter cortical morphogenesis after early frontal cortical lesions in male and female rats. *Behavioral Neuroscience, 109,* 285–294.

KOLB, B., & WHISHAW, I. Q. (1998). Brain plasticity and behavior. *Annual Review of Psychology, 49,* 43–64.

KORN, J. H., DAVIS, R., & DAVIS, S. F. (1991). Historians' and chairpersons' judgements of eminence among psychologists. *American Psychologist, 46,* 789–792.

KOUNIOS, J., & BEEMAN, M. (2009). The aha! moment: The cognitive neuroscience of insight. *Current Directions in Psychological Science, 18*(4), 210–216.

KOUNIOS, J., FRYMIARE, J. L., BOWDEN, E. M., FLECK, J. I., SUBRAMANRAM, K, PARRISH, T. B., et al. (2006). The prepared mind: Neural activity prior to problem representation predicts subsequent solution by sudden insight. *Psychological Science, 17,* 882–890.

KREBS, D. L. (1998). The evolution of moral behaviors. In C. Crawford & D. L. Krebs (eds.), *Handbook of evolutionary psychology* (pp. 337–368). Mahwah, NJ: Lawrence Erlbaum Associates.

KUHN, T. S. (1973). *The structure of scientific revolutions* (3rd ed.). Chicago: University of Chicago Press.

KULIK, J. A., KULIK, C. L. C., & COHEN, P. A. (1979). A meta-analysis of outcome studies of Keller's personalized system of instruction. *American Psychologist, 34,* 307–318.

KUPFERMANN, I., CASTELLUCCI, V., PINSKER, H., & KANDEL, E. (1970). Neuronal correlates of habituation and dishabituation of the gill withdrawal reflex in *Aplysia. Science, 167,* 1743–1745.

KWOK, V., NIU, Z., KAY, P., ZHOU, K, Mo, L., JIN, Z. et al. (2011). Learning new color names produces rapid increase in gray matter in the intact adult human cortex. *Proceedings of the National Academy of Sciences, 108*(16), 6686–6688.

LABBE, E. E. (1995). Treatment of childhood migraine

with autogenic training and skin temperature biofeedback: A component analysis. *Headache, 35*, 10-13.

LAIFENFELD, D., KLEIN, E., & BEN-SHACHAR, D. (2002). Norepinephrine alters the expression of genes involved in neuronal sprouting and differentiation: Relevance for major depression and antidepressant mechanisms. *Journal of Neurochemistry, 83*, 1054-1064.

LEEPER, R. (1935). The role of motivation in learning: A study of the phenomenon of differential motivational control of the utilization of habits. *Journal of Genetic Psychology, 46*, 3-40.

LEFRANCOIS, G. R. (1968). A treatment for the acceleration of conservation of substance. *Canadian Journal of Psychology, 22*, 277-284.

LEHMAN, D. R., LEMPERT, R. O., & NISBETT, R. E. (1988). The effects of graduate training on reasoning: Formal discipline and thinking about everyday-life events. *American Psychologist, 43*, 431-442.

LESHNER, A. I., & KOOB, G. F. (1999). Drugs of abuse and the brain. *Proceedings of the Association of American Psysicians, 111*, 99-108.

LEUNER, B., MENDOLIA-LOFFREDO, S., KOZOROVITSKIY, Y., SAMBURG, D. GOULD, E., & SHORS, T. J. (2004). Learning enhances the survival of new neurons beyond the time when the hippocampus is required for memory. *Journal of Neuroscience, 24*, 7477-7481.

LEVY, J. (1985, May). Right brain, left brain: Fact and fiction. *Psychology Today*, pp. 38-39, 42-44.

LEYTON, M., CASEY, K. F., DELANEY, J. S., KOLIVAKIS, T. & BENKELFAT, C. (2005). Cocaine craving, euphoria, and self-administration: A preliminary study of the effect of catecholamine precursor depletion. *Behavioral Neuroscience, 119*(6), 1619-1627.

LI, C., NUTTALL, R. L., & ZHAO, S. (1999). A test of the Piagetian water-level task with Chinese children. *Journal of Genetic Psychology, 160*, 369-380.

LI, Y., KOLB, B., & ROBINSON, T. E. (2003). The location of persistent amphetamine-induced changes in the density of dendritic spines on medium spiny neurons in the nucleus accumbens and caudate-putamen. *Neuropsychopharmacology, 28*, 1082-1085.

LINSKIE, R. (1977). *The learning process: Theory and practice*. New York: D. Van Nostrand.

LIPP, O. V., & DERAKSHAN, N. (2005). Attentional Bias to Pictures of Fear-Relevant Animals in a Dot Probe Task. *Emotion, 5*, 365-369.

LIPP, O. V., & WATERS, A. M. (2007). When danger lurks in the background: attentional capture by animal fear-relevant distractors is specific and selectively enhanced by animal fear. *Emotion, 7*, 192-200.

LOGUE, A. W. (1988). A comparison of taste aversion learning in humans and other vertebrates: Evolutionary pressures in common. In R. C. Bolles & M. D. Beecher (eds.), *Evolution and learning* (pp. 97-116). Hillsdale, NJ: Lawrence Erlbaum Associates.

LØMO, T. (1966). Frequency potentiation of excitatory synaptic activity in the dentate area of the hippocampal formation. *Acta Physiologica Scandinavia, 68*, 128.

LORENZ, K. (1952). *King Solomon's ring*. New York: Crowell.

LORENZ, K. (1965). *Evolution and modification of behavior*. Chicago: University of Chicago Press.

LORENZ, K. (1970). *Studies in animal and human behavior* (Vol. 1). Cambridge, MA: Harvard University Press.

LU, B. (2003). BDNF and activity-dependent synaptic modulation. *Learning and Memory, 10*, 86-98.

LUBOW, R. E. & MOORE, A. U. (1959). Latent inhibition: The effect of nonreinforced preexposure to the conditioned stimulus. *Journal of Comparative and Physiological Psychology, 52*, 415-419.

LUMSDEN, C. J., & WILSON, E. O. (1981). *Genes, mind, and culture*. Cambridge, MA: Harvard University Press.

LUNDIN, R. W. (1974). *Personality: A behavioral*

analysis (2nd ed.). New York: Macmillan.

LYNCH, G., & BAUDRY, M. (1984). The biochemistry of memory: A new and specific hypothesis. *Science, 224*, 1057–1063.

LYNCH, G., & BAUDRY, M. (1991). Reevaluating the constraints on hypothesis regarding LTP expression. *Hippocampus, 1*, 9–14.

MACCORQUODALE, K., & MEEHL, P. E. (1953). Preliminary suggestions as to a formalization of expectancy theory. *Psychological Review, 60*, 55–63.

MACDONALL, J. S. (1999). A local model of concurrent performance. *Journal of the Experimental Analysis of Behavior, 71*, 57–74.

MACDONALL, J. S. (2003). Reinforcing staying and switching while using a changeover delay. *Journal of the Experimental Analysis of Behavior, 79*, 219–232.

MACKINTOSH, N. J. (1973). Stimulus selection: Learning to ignore stimuli that predict no change in reinforcement. In R. A. Hinde & J. S. Hinde (eds.), *Constraints on learning.* London: Academic Press.

MACKINTOSH, N. J. (1975). A theory of attention: Variations in the associability of stimuli with reinforcement. *Psychological Review, 82*, 276–298.

MAHURIN, R. K. (1998). Neural network modeling of basal ganglia function in Parkinson's disease and related disorders. In R. W. Parks & D. S. Levine (eds.), *Fundamentals of neural network modeling: Neuropsychology and cognitive neuroscience* (pp. 331–355). Cambridge, MA: MIT Press.

MAIER, S. F., SELIGMAN, M. E. P., & SOLOMON, R. L. (1969). Pavlovian fear conditioning and learning helplessness: Effects on escape and avoidance behavior of (a) the CS–US contingency, and (b) the independence of the US and voluntary responding. In B. A. Campbell & R. M. Church (eds.), *Punishment and aversive behavior.* New York: Appleton-Century-Crofts.

MALONE, J. C. (1991). *Theories of learning: A historical approach.* Belmont, CA: Wadsworth.

MALOTT, R. W., RITTERBY, K., WOLF, E. L. C. (2002). *An introduction to behavior modification.* Kalamazoo, MI: Behaviordelia.

MANTHEY, S., SCHUBOTZ, R. I., & von CRAMON, D. Y. (2003). Premotor cortex in observing erroneous action: An fMRI study. *Brain Research Cognitive Brain Research, 15*(3), 296–307.

MAROUN, M., & RICHTER-LEVIN, G. (2003). Exposure to acute stress blocks the induction of long-term potentiation of the amygdala–prefrontal cortex pathway *in vivo. Journal of Neuroscience, 23*, 4406–4409.

MARTIN, G. M., WALKER, K. M., & SKINNER, D. M. (2003). A single unstable visual cue impairs spatial learning in a water maze. *Learning and Motivation, 34*, 87–103.

MARTIN, V. C., SCHACTER, D. L., CORBALLIS, M. C., & ADDIS, D. R. (2011). A role for the hippocampus in encoding simulations of future events. *Proceedings of the National Academy of Sciences, 108*(33), 13858–13863.

MARX, M. H., & CRONAN-HILLIX, W. A. (1987). *Systems and theories in psychology* (4th ed.). New York: McGraw-Hill.

MASH, C., NOVAK, E., BERTHIER, N. E., & KEEN, R. (2006). What do two-year-olds understand about hidden-object events? *Developmental Psychology, 42*(2), 263–271.

MAY, P., TIITINEN, H., ILMONIEMI, R. J., NYMAN, G., TAYLOR, J. G., & NAAEAETAENEN, R. (1999). Frequency changes in human auditory cortex. *Journal of Computational Neuroscience, 6*, 99–120.

McCLELLAND, J. L., & RUMELHART, D. E. (1988). *Explorations in parallel distributed processing: A handbook of models, programs and exercises.* Cambridge, MA: MIT Press/Bradford Books.

McEWEN, B. S. (2001). Plasticity of the hippocampus: Adaptation to chronic stress and allostatic load. *Annals of the New York Academy of Sciences, 933*, 265–277.

McKEE, M. G. (2008). Biofeedback: An overview in the context of heart-brain medicine. *Cleveland Clinic Journal of Medicine, 75*, Supplement 2, S31-S34.

MEDIN, D. L., & SHAFFER, M. M. (1978). Context theory of classification learning. *Psychological Review, 85*, 207-238.

MEEHL, P. E. (1950). On the circularity of the law of effect. *Psychological Bulletin, 47*, 52-75.

MEEK, R. L. (1977). The traditional in non-traditional learning methods. *Journal of Personalized Instruction, 2*, 114-119.

MELZACK, R., & THOMPSON, W. R. (1956). Effects of early experience on social behavior. *Canadian Journal of Psychology, 10*, 82-90.

METALINKOV, S. (1934). *Role du systeme nerveux et des facteurs biologiques et psychiques dans l' immunitie.* [The role of the nervous system and of biological and psychic factors in immunity.] Paris: Masson.

METALINKOV, S., & CHORINE, V. (1926). Role des reflexes conditionnels dans l'immunitie. [The role of conditional reflexes in immunity.] *Annales de l' Institut Pasteur, 40*, 893-900.

METCALFE, J., FUNNELL, M., & GAZZANIGA, M. S. (1995). Right-hemisphere memory superiority: Studies of a split-brain patient. *Psychological Science, 6*, 157-164.

MILLER, G. A. (1965). Some preliminaries to psycholinguistics. *American Psychologist, 20*, 15-20.

MILLER, N. E. (1969). Learning of visceral and glandular responses. *Science, 163*, 434-445.

MILLER, N. E. (1983). Behavioral medicine: Symbiosis between laboratory and clinic. In M. R. Rosenzweig & L. W. Porter (eds.), *Annual Review of Psychology, 34*, 1-31.

MILLER, N. E. (1984). *Bridges between laboratory and clinic.* New York: Praeger.

MILLER, N. E., & CARMONA, A. (1967). Modification of a visceral response, salivation in thirsty dogs, by instrumental training with water reward. *Journal of Comparative and Physiological Psychology, 63*, 1-6.

MILLER, N. E., & DOLLARD, J. C. (1941). *Social learning and imitation.* New Haven, CT: Yale University Press.

MILLER, S. L., & MANER, J. K. (2011). Sick body, vigilant mind: The biological immune system activates the behavioral immune system. *Psychological Science*, published online 4 November 2011. DOI: 10.1177/0956797611420166.

MILNER, B. (1959). The memory defect in bilateral hippocampal lesions. *Psychiatric Research Reports, 11*, 43-58.

MILNER, B. (1965). Memory disturbance after bilateral hippocampal lesions. In P. Milner & S. Glickman (eds.), *Cognitive processes and the brain.* Princeton, NJ: Van Nostrand.

MISHKIN, M., MALAMUT, B., & BACHEVALIER, J. (1984). Memories and habits: Two neural systems. In G. Lynch, J. L. McGaugh, & N. M. Weinberger (eds.), *Neurobiology of learning and memory* (pp. 65-77). New York: Guilford Press.

MOLTZ, H. (1957). Latent extinction and the fractional anticipatory response mechanism. *Psychological Review, 64*, 229-241.

MONTGOMERY, K. J., ISENBERG, N., & HAXBY, J. V. (2007). Communicative hand gestures and object-directed hand movements activated the mirror neuron system. *Social Cognitive and Affective Neuroscience, 2*(2), 114-122.

MOORE, B. R., & STUTTARD, S. (1979). Dr. Guthris and *Felis domesticus* or: Tripping over the cat. *Science, 205*, 1031-1033.

MOORE, J. W., & STICKNEY, K. J. (1980). Formation of attentional-associative networks in real time: Role of the hippocampus and implications for conditioning. *Physiological Psychology, 8*, 207-217.

MORGAN, C. L. (1891). *An introduction to comparative psychology.* London: W. Scott.

MOUNT, G. R., PAYTON, T., ELLIS, J., & BARNES, P.

(1976). A multimodal behavioral approach to the treatment of alcoholism. *Behavioral Engineering, 33*, 61-66.

MOWRER, O. H. (1956). Two-factor learning theory reconsidered, with special reference to secondary reinforcement and the concept of habit. *Psychological Review, 63*, 114-128.

MOWRER, O. H. (1960). *Learning theory and behavior*. New York: Wiley.

MUELLER, C. G., & SCHOENFELD, W. N. (1954). Edwin R. Guthrie. In Estes et al. (eds.), *Modern learning theory* (pp. 345-379). New York: Appleton-Century-Crofts.

MÜHLBERGER, A., WIEDEMANN, G., HERRMANN, M. J., & PAULI, P. (2006). Phylo-and ontogenetic fears and the expectation of danger: differences between spider-and flight-phobic subjects in cognitive and physiological responses to disorder-specific stimuli. *Journal of Abnormal Psychology, 115*, 580-589.

MULLER, G. E., & PILZECKER, A. (1900). *Experimentelle Beitrdge Zur Lehre Vom Gedachtniss*. Leipzig.

MULVANEY, M. K., & MEBERT, C. J. (2007). Parental corporal punishment predicts behavior problems in early childhood. *Journal of Family Psychology, 21*(3), 389-397.

MUNN, N. L., FERNALD, D. L., Jr., & FERNALD, P. S. (1972). *Introduction to psychology*. Boston: Houghton Mifflin.

MURDOCK, B. B., Jr. (1961). The retention of individual items. *Journal of Experimental Psychology, 62*, 618-625.

MURRAY, D. J. (1995). *Gestalt psychology and the cognitive revolution*. New York: Harvester Wheatsheaf.

NAKANISHI, S. (1992). Molecular diversity of glutamate receptors and implications for brain function. *Science, 258*, 597-603.

NANN-VERNOTICA, E., DONNY, E. C., BIGELOW, G. E., & WALSH, S. L. (2001). Repeated administration of the D1/5 antagonist ecopipam fails to attenuate subjective effects of cocaine. *Phychopharmacology, 155*, 338-347.

NELSON, J. B., SANJUAN, M. D. C., VADILLO-RUIZ, S., PÉREZ, J., & LEÓN, S. P. (2011). Experimental renewal in human participants. *Journal of Experimental Psychology: Animal Behavior Processes, 37*(1), 58-70.

NEUBERG, S. L., KENRICK, D. T., & SCHALLER, M. (2011). Human threat management systems: Self-protection and disease avoidance. *Neuroscience & Biobehavioral Reviews, 35*, 1042-1051.

NICOL, C. J., & POPE, S. J. (1993). Food deprivation during observation reduces social learning in hens. *Animal Behaviour, 45*, 193-196.

NIXON, K., & CREWS, F. T. (2004). Temporally specific burst in cell proliferation increases hippocampal neurogenesis in protracted abstinence from alcohol. *Journal of Neuroscience, 25*(43), 9714-9722.

NOWEND, K. L., ARIZZI, M. N., CARLSON, B. B., & SALAMONE, J. D. (2001). D1 or D2 antagonism in nucleus accumbens core or dorsomedial shell suppresses lever pressing for food but leads to compensatory increases in chow consumption. *Pharmacology Biochemistry and Behavior, 69*, 373-382.

OBRIST, P. A., SUTTERER, J. R., & HOWARD, J. L. (1972). Preparatory cardiac changes: A psychobiological approach. In A. H. Black & W. F. Prokasy (eds.), *Classical conditioning II*. Englewood Cliffs, NJ: Prentice Hall.

ÖHMAN, A., FLYKT, A., & ESTEVES, F. (2001). Emotion drives attention: Detecting the snake in the grass. *Journal of Experimental Psychology: General, 131*, 466-478.

ÖHMAN, A., & MINEKA, S. (2001). Fear, phobias, and preparedness: Toward an evolved module of fear and fear learning. *Psychological Review, 102*, 483-522.

ÖHMAN, A., & MINEKA, S. (2003). The malicious serpent: Snakes as a prototypical stimulus for an evolved module of fear. *Current Directions in Psychological Science, 12,* 5-9.

ÖHMAN, A., & SOARES, J. J. F. (1993). On the automatic nature of phobic fear: Conditioned electrodermal responses to masked fear-relevant stimuli. *Journal of Abnormal Psychology, 102,* 121-132.

ÖHMAN, A., & SOARES, J. J. F. (1994). "Unconscious anxiety": Phobic responses to masked stimuli. *Journal of Abnormal Psychology, 103,* 231-240.

ÖHMAN, A., & SOARES, J. J. F. (1998). Emotional conditioning to masked stimuli: Expectancies for aversive outcomes following nonrecognized fear-irrelevant stimuli. *Journal of Experimental Psychology: General, 127,* 69-82.

OKEN, B. S. (2008). Placebo effects: Clinical aspects and neurobiology. *Brain, 131,* 2812-2823.

OLDS, J. (1955). Physiological mechanisms of reward. In M. R. Jones (ed.), *Nebraska symposium on motivation.* Lincoln: University of Nebraska Press.

OLDS, J., & MILNER, P. (1954). Positive reinforcement produced by electrical stimulation of septal area and other regions of rat brain. *Journal of Comparative and Physiological Psychology, 47,* 419-427.

OLTON, D. S. (1992). Tolman's cognitive analyses: Predecessors of current approaches in psychology. *Journal of Experimental Psychology, General, 121,* 427-428.

OLSON, M. H. & HERGENHAHN, B. R. (2011). *An introduction theories of personality* (8th ed.). Upper Saddle River, NJ: Pearson Prentice Hall.

PACHECO-LÓPEZ, G., RIETHER, C., DOENLEN, R., ENGLER, H., NIEMI, M., ENGLER, A., KAVELAARS, A., HEIJNEN, C. J., & SHEDLOWSKI, M. (2009). Calcineurin inhibition in splenocytes induced by Pavlovian conditioning. *The Federation of American Societies for Experimental Biology Journal, 23,* 1161-1167.

PALMER, T. D., MARKAKIS, E. A., WILLHOITE, A. R., SAFAR, F., & GAGE, F. H. (1999). Fibroblast growth factor 2 activates a latent neurogenic program in neural stem cells from diverse regions of the adult CNS. *Journal of Neuroscience, 19,* 8487-8497.

PALMER, T. D., RAY, J., & GAGE, F. H. (1995). FGF-2 responsive neuronal progenitors reside in proliferative and quiescent regions of adult rodent brain. *Molecular and Cellular Neuroscience, 6,* 474-486.

PARK, J. H., SCHALLER, M., & CRANDALL, C. S. (2007). Disease-avoidance mechanisms and the stigmatization of obese people. *Evolution & Human Behavior, 28,* 410-414.

PASHER, H., McDANIEL, M., ROHRER, D., & BJORK, R. (2009). Learning styles: Concepts and evidence. *Psychological Science in the Public Interest, 9*(3), 105-119.

PAVLOV, I. P. (1927). *Conditioned reflexes.* London: Oxford University Press.

PAVLOV, I. P. (1928). *Lectures on conditioned reflexes.* New York: Liveright.

PAVLOV, I. P. (1941). *Conditioned reflexes and psychiatry.* New York: International.

PAVLOV, I. P. (1955). *Selected works.* Moscow: Foreign Languages Publishing House.

PEARCE, J. M., & BOUTON, M. E. (2001). Theories of associative learning in animals. *Annual Review of Psychology, 52,* 111-139.

PEARCE, J. M., & REDHEAD, E. S. (1995). Supernormal conditioning. *Journal of Experimental Psychology: Animal Behavior Processes, 21,* 155-165.

PETERSON, L. R., & PETERSON, M. J. (1959). Short term retention of individual verbal items. *Journal of Experimental Psychology, 58,* 193-198.

PETRI, H. L., & MISHKIN, M. (1994). Behaviorism, cognitivism, and the neuropsychology of memory. *American Scientist, 82,* 30-37.

PETRINOVICH, L. (1997). Evolved behavioral mechanisms. In M. E. Bouton & M. S. Fanselow (eds.), *Learning, motivation, and cognition: The functional behaviorism of Robert C. Bolles* (pp. 13-30). Washington, DC: American Psychological Association.

PETRINOVICH, L., & BOLLES, R. C. (1954). Deprivation

states and behavioral drive discrimination in the rat. *Journal of Comparative and Physiological Psychology, 47*, 450–453.

PHILLIPS, D. C., & ORTON, R. (1983). The new causal principle of cognitive learning theory: Perspectives on Bandura's "reciprocal determinism." *Psychological Review, 90*, 158–165.

PHILLIPS, J. L., Jr. (1975). *The origins of intellect: Piaget's theory* (2nd ed.). San Francisco: Freeman.

PHILLIPS, J. L., Jr. (1981). *Piaget's theory: A primer.* San Francisco: Freeman.

PIAGET, J. (1966). *Psychology of intelligence.* Totowa, NJ: Littlefield, Adams.

PIAGET, J. (1970a). *Genetic epistemology* (E. Duckworth, trans.). New York: Columbia University Press.

PIAGET, J. (1970b). Piaget's theory. In P. H. Mussen (ed.), *Carmichael's manual of child Psychology* (Vol. 1). New York: Wiley.

PIAGET, J. (1973). *The child and reality: Problems of genetic psychology* (A. Rosin, trans.). New York: Penguin Press.

PIAGET, J., & INHELDER, B. (1956). *The child's conception of space.* London: Routledge.

PIAGET, J., & INHELDER, B. (1969). *The psychology of the child* (H. Weaver, trans.). New York: Basic Books.

PINKER, S. (1994). *The language instinct: How the mind creates language.* New York: William Morrow and Company.

PINKER, S. (1997). *How the mind works.* New York: Norton.

PLOTKIN, H. (1998). *Evolution in mind: An introduction to evolutionary psychology.* Cambridge, MA: Harvard University Press.

POPPENK, J., MOSCOVITCH, M., McINTOSH, A. R., OZCELIK, E., & CRAIK, F. I. M. (2010). Encoding the future: Successful processing of intentions engages predictive brain networks. *Neuroimage, 49*, 905–913.

POPPER, K. (1963). *Conjectures and refutations.* New York: Basic Books.

POTHIER, D. D., HUBBARD, B., HUGHES, C., SULWAY, S., DILLON, W., & RUTKA, J. A. (2011). Low-cost auditory biofeedback for bilateral vestibular loss. *Otolaryngology-Head and Neck Surgery, 145*, 96.

PRADOS, I (2011). Blocking and overshadowing in human geometry learning. *Journal of Experimental Psychology: Animal Behavior Processes, 37*(1), 121–126.

PREMACK, D. (1959). Toward empirical behavior laws: Vol I. Positive reinforcement. *Psychological Review, 66*, 219–233.

PREMACK, D. (1962). Reversibility of the reinforcement relation. *Science, 136*, 255–257.

PRESSEY, S. L. (1926). A simple apparatus which gives tests and scores and teaches. *School and Society, 23*, 373–376.

PRESSEY, S. L. (1927). A machine for automatic teaching of drill material. *School and Society, 25*, 549–552.

QUINLAN, P. T. (1991). *Connectionism and psychology: A psychological perspective on new connectionist research.* Chicago: University of Chicago Press.

RACHLIN, H. (1976). *Behavior and learning.* San Francisco: Freeman.

RACHLIN, H. (1991). *Introduction to modern behaviorism* (3rd ed.). San Francisco: Freeman.

RACHLIN, H., & GREEN, L. (1972). Commitment, choice and self-control. *Journal of the Experimental Analysis of Behavior, 17*, 15-22.

RAMACHANDRAN, V. S. (2000). Mirror neurons and imitation learning as the driving force behind "the great leap forward" in human evolution. Accessed June 5, 2007 at http://www.edge.org/3rd_culture.

RAMACHANDRAN, V. S., & BLAKESLEE, S. (1998). *Phantoms in the brain.* New York: HarperCollins.

RASHOTTE, M. E., & AMSEL, A. (1999). Clark L. Hull's behaviorism. In W. O'Donohue & R. Kitchener (eds.), *Handbook of behaviorism* (pp. 119–158). San Diego, CA: Academic Press.

RAZRAN, G. (1961). The observable unconscious and the

inferable conscious in current Soviet psychophysiology. *Psychological Review, 68,* 81-147.

RAZRAN, G. (1965). Russian physiologists' psychology and American experimental psychology. *Psychological Bulletin, 63,* 42-64.

REISS, B. F. (1946). Genetic changes in semantic conditioning. *Journal of Experimental Psychology, 36,* 143-152.

RENALDI, R, POCOCK, D., ZEREIK, R., & WISE, R. A. (1999). Dopamine fluctuations in the nucleus accumbens during maintenance, extinction, and reinstatement of intravenous D-amphetamine self-administration. *Journal of Neuroscience, 19,* 4102-4109.

RESCORLA, R. A. (1966). Predictability and number of pairings in Pavlovian fear conditioning. *Psychonomic Science, 4,* 383-384.

RESCORLA, R. A. (1967). Pavlovian conditioning and its proper control procedures. *Psychological Review, 74,* 72-80.

RESCORLA, R. A. (1971). Variation in the effectiveness of reinforcement and nonreinforcement following prior inhibitory conditioning. *Learning and Motivation, 2,* 113-123.

RESCORLA, R. A. (1988). Pavlovian conditioning: It's not what you think. *American Psychology, 43,* 151-160.

RESCORLA, R. A. (2002). Effect of following an excitatory-inhibitory compound with an intermediate reinforcer. *Journal of Experimental Psychology: Animal Behavior Processes, 28,* 163-174.

RESCORLA, R. A., & HETH, C. D. (1975). Reinstatement of fear to an extinguished conditioned stimulus. *Journal of Experimental Psychology: Animal Behavior Processes, 1,* 88-96.

RESCORLA, R. A., & WAGNER, A. R. (1972). A theory of Pavlovian conditioning: Variations in the effectiveness of reinforcement and non-reinforcement. In A. H. Black & W. F. Prokasy (eds.), *Classical conditioning II.* Englewood Cliffs, NJ: Prentice Hall.

RIESEN, A. H. (1947). The development of visual perception in man and chimpanzee. *Science, 106,* 107-108.

RIMM, D. C., & MASTERS, J. C. (1979). *Behavior therapy.* New York: Academic Press.

RINGEN, J. (1999). Radical behaviorism: B. F. Skinner's philosophy of science. In W. O'Donohue & R. Kitchener (eds.), *Handbook of behaviorism* (pp. 159-178). San Diego, CA: Academic Press.

RIZZOLATTI, G., FADIGA, L., GALLESE, V., & FOGASSI, L. (1996). Premotor cortex and the recognition of motor actions. *Cognitive Brain Research, 1,* 131-141.

RIZZOLATTI, G., FOGASSI, L., & GALLESE, V. (2001). Neurophysiological mechanisms underlying the understanding and imitation of action. *Nature Reviews Neuroscience, 9,* 661-670.

ROBERTS, A. H. (1994). "The powerful placebo" revisited: Implications for headache treatment and management. *Headache Quarterly, 5,* 209-213.

*ROBINSON, D. N. (1981). *An intellectual history of psychology* (rev. ed.). New York: Macmillan.

ROBINSON, D. N. (1986). *An intellectual history of psychology* (Paperback text edition). Madison: University of Wisconsin Press.

ROBINSON, S., SANDSTROM, S. M., DENENBERG, V. H., & PALMITER, R. D. (2005). Distinguishing whether dopamine regulates liking, wanting, and/or learning about rewards. *Behavioral Neuroscience, 119*(1), 5-15.

ROBINSON, T. E., & BERRIDGE, K. C. (2000). The psychology and neurobiology of addiction: An incentive-sensitization view. *Addiction, 95 (Suppl2),* S91-S117.

ROBINSON, T. E., & BERRIDGE, K. C. (2001). Incentive sensitization and addiction. *Addiction, 96,* 103-114.

ROBINSON, T. E., & BERRIDGE, K. C. (2003). Addiction. *Annual Review of Psychology, 54,* 25-53.

RODRIGUEZ, P. F. (2010). Human navigation that requires calculating heading vectors recruits parietal cortex in a virtual and visually sparse water maze task in fMRI. *Behavioral Neuroscience, 124*(4), 532–540.

ROEDIGER, H. L., III, & KARPICKE , J. D. (2006a). The power of testing memory: Basic research and implications for educational practice. *Perspectives on Psychological Science, 17*, 181–210.

ROEDIGER, H. L., III, & KARPICKE, J. D. (2006b). Test-enhanced learning: Taking tests improves long-term retention. *Psychological Science, 17*, 249–255.

ROMANES, G. J. (1882/1897). *Animal intelligence.* London: Kegan Paul, Trench.

ROMANES, G. J. (1884). *Mental evolution in animals.* New York: Appleton–Century–Crofts.

ROMANES, G. J. (1885). *Mental evolution in man.* London: Kegan Paul.

ROSENZWEIG, M. R., & BENNETT, E. L. (1978). Experiential influences on brain anatomy and brain chemistry in rodents. In G. Gottlieb (ed.), *Studies on the development of behavior and the nervous system* (pp. 289–387). New York: Academic Press.

ROVNER, B. W. (2002). The Charles Bonnet syndrome: Visual hallucinations caused by vision impairment. *Geriatrics, 57*, 45–46.

ROWLAND, D. C., YANOVICH, Y., & KENTROS, C. G. (2011). A stable hippocampal representation of a space requires its direct experience. *Proceedings of the National Academy of Sciences, 108*(35), 14654–14658.

ROZIN, P., & FALLON, A. E. (1981). The acquisition of likes and dislikes for foods. In J. Solms & R. L. Hall (eds.), *Criteria of food acceptance* (pp. 35–48). Zurich, Switzerland: Forster Verlag AG.

RUJA, H. (1956). Productive psychologists. *American Psychologist, 11*, 148–149.

RUMELHART, D. E., McCLELLAND, J. L., & PDP RESEARCH GROUP. (1986). *Parallel distributed processing* (Vols. 1 and 2). Cambridge, MA: MIT Press/Bradford Books.

SALAMONE, J. D., & CORREA, M. (2002). Motivational views of reinforcement: Implications for understanding the behavioral functions of nucleus accumbens dopamine. *Behavioral Brain Research, 137*, 3–25.

SALAMONE, J. D., & CORREA, M., MINGOTE, S., & WEBER, S. M. (2003). Nucleus accumbens dopamine and the regulation of effort in food-seeking behavior: Implications for studies of natural motivation, psychiatry, and drug abuse. *Journal of Pharmacology and Experimental Therapeutics, 305*(1), 1–8.

SALAMONE, J. D., COUSINS, M. S., & BUCHER, S. (1994). Anhedonia or anergia? Effects of haloperidoland nucleus accumbens dopamine depletion on instrumental response selection in a T-maze cost/benefit procedure. *Behavioural Brain Research, 65*, 221–229.

SALAMONE, J. D., KURTH, P., McCULLOUGH, L. D., & SOKOLOWSKI, J. D. (1995). The effects of nucleus accumbens dopamine depletions on continuously reinforced operant responding: Contrasts with the effects of extinction. *Pharmacology Biochemistry and Behavior, 50*, 437–443.

SALTZ, E. (1971). *The cognitive bases of human learning.* Homewood, IL: Dorsey Press.

SAPOLSKY, R. M. (2000). Glucocorticoids and hippocampal atrophy in neuropsychiatric disorders. *Archives of General Psychiatry, 57*, 925.

SARTAIN, Q. A., NORTH, J. A., STRANGE, R. J., & CHAPMAN, M. H. (1973). *Psychology: Understanding human behavior* (4th ed.). New York: McGraw–Hill.

SCHADE, J. B., & BAXTER, C. F. (1960). Changes during growth in volume and surface area of cortical neurons in the rabbit. *Experimental Neurology, 2*, 158–178.

SCHALLER, M, MILLER, G. E., GERVAIS, W. M., YAGER, S., & CHEN, E. (2010). Mere visual perception of other people's disease symptoms facilitates a more aggressive immune response. *Psychological Science, 21*, 649–652.

SCHALLER, M., & PARK, J. H. (2011). The BEH system (and why it matters). *Current Directions in*

Psychological Science, 20, 99-103.

SCHEIBEL, A. B., CONRAD, T., PERDUE, S., TOMIYASU, U., & WECHSLER, A. (1990). A quantitative study of dentrite complexity in selected areas of the human cortex. *Brain and Cognition, 12*, 85-101.

SCHRAMM, W. (1964). *The research on programmed instruction: An annotated bibliography.* Washington, DC: U.S. Office of Education (OE-34034).

SCHUMAN, E. M., & MADISON, D. V (1991). A requirement for the intercellular messenger nitric oxide in long-term potentiation. *Science, 254*, 1503-1506.

SCOVILLE, W. B., & MILNER, B. (1957). Loss of recent memory after bilateral hippocampal lesions. *Journal of Neurology, Neurosurgery, and Psychiatry, 20*, 11-21.

SEARS, R. R. (1944). Experimental analysis of psychoanalytic phenomena. In J. McV. Hunt (ed.), *Personality and the behavior disorders.* New York: Ronald Press.

SEARS, R. R., MACCOBY, E. E., & LEVIN, H. (1957). *Patterns of child rearing.* New York: Harper & Row.

SEARS, R. R., WHITING, J. W. M., NOWLIS, V., & SEARS, P. S. (1953). Some child-rearing antecedents of aggression and dependency in young children. *Genetic Psychology Monographs, 47*, 135-236.

SEJNOWSKI, T. J., & ROSENBERG, C. R. (1987). Parallel networks that learn to pronounce English text. *Complex Systems, 1*, 145-168.

SELIGMAN, M. E. P. (1969). Control group and conditioning: A comment on operationism. *Psychological Review, 76*, 484-491.

SELIGMAN, M. E. P. (1970). On the generality of the law of learning. *Psychological Review, 77*, 406-418.

SELIGMAN, M. E. P. (1972). Phobias and preparedness. In M. E. P. Seligman & J. L. Hager (eds.), *Biological boundaries of learning.* New York: Appleton-Century-Crofts.

SELIGMAN, M. E. P. (1975). *Helplessness.* San Francisco:

Freeman.

*SELIGMAN, M. E. P., & HAGER, J. L. (eds.). (1972). *Biological boundaries of learning.* New York: Appleton-Century-Crofts.

SELIGMAN, M. E. P., & MAIER, S. F. (1967). Failure to escape traumatic shock. *Journal of Experimental Psychology, 74*, 1-9.

SEWARD, J. P., & LEVY, N. J. (1949). Sign learning as a factor in extinction. *Journal of Experimental Psychology, 39*, 660-668.

SHAPIRO, D., TURKSY, B., GERSON, E., & STERN, M. (1969). Effects of feedback and reinforcement on the control of human systolic blood pressure. *Science, 163*, 588-589.

SHEFFIELD, F. D., & ROBY, T. B. (1950). Reward value of a non-nutritive sweet taste. *Journal of Comparative and Physiological Psychology, 43*, 471-481.

SHELLICK, S., & FITZSIMMONS, G. (1989). Biofeedback: An exercise in self-efficacy. *Medical Psychotherapy: An International Journal, 2*, 115-124.

SHEPARD, R. N. (1992). The advent and continuing influence of mathematical learning theory: Comment on Estes and Burke. *Journal of Experimental Psychology, General, 121*, 419-421.

SHERMAN, J. G. (1992). Reflections on PSI: Good news and bad. *Journal of Applied Behavior Analysis, 25*, 59-64.

SHERMAN, P., & REEVE, K. (1997). Forward and backward: Alternative approaches to studying human social evolution. In L. Betzig (ed.), *Human nature: A critical reader* (pp. 147-158). New York: Oxford University Press.

SHINSKEY, J. L., & MUNAKATA, Y. (2005). Familiarity breeds searching: Infants reverse their novelty preferences when reaching for hidden objects. *Psychological Science, 16*, 596-600.

SHORS, T. J., MIESEGAES, G., BEYLIN, A., ZHAO, M., RYDEL, T., & GOULD, E. (2001) Neurogenesis in the adult is involved in the formation of trace memories.

Nature, 410, 372–376.

SHUWAIRI, S. M., ALBERT, M. K., & JOHNSON, S. P. (2007). Discrimination of possible and impossible objects in infancy. *Psychological Science, 18*(4), 303–307.

SIEGEL, S. (2005). Drug tolerance, drug addiction, and drug anticipation. *Current Directions in Psychological Science, 14*(6), 296–300.

SIEGEL, S. (2008). Learning and the wisdom of the body. *Learning and Behavior, 36*, 242–252.

SIEGEL, S. (2011). The Four-Loko effect. *Perspectives on Psychological Science, 6*(4), 357–362.

SIEGEL, S., BAPTISTA, M. A. S., KIM, J. A., McDONALD, R. V., & WEISE-KELLY, L. (2000). Pavlovian psychopharmacology: The associative basis of tolerance. *Experimental and Clinical Psychopharmacology, 8*, 276–293.

SIEGEL, S., KIM, J. A., & SOKOLOWSKA, M. (2003). Situational specificity of caffeine tolerance. *Circulation, 108*, e38.

SIEGEL, S., & RAMOS, B. C. (2002). Applying laboratory research: Drug anticipation and the treatment of drug addiction. *Experimental and Clinical Psychopharmacology, 10*, 162–183.

SKINNER, B. F. (1938). *The behavior of organisms: An experimental analysis*. Englewood Cliffs, NJ: Prentice Hall.

SKINNER, B. F. (1948). *Walden Two*. New York: Macmillan.

SKINNER, B. F. (1950). Are theories of learning necessary? *Psychological Review, 57*, 193–216.

SKINNER, B. F. (1951). How to teach animals. *Scientific American, 185*, 26–29.

SKINNER, B. F. (1953). *Science and human behavior*. New York: Macmillan.

SKINNER, B. F. (1954). The science of learning and the art of teaching. *Harvard Educational Review, 24*, 86–97.

SKINNER, B. F. (1956). A case history in scientific method. *American Psychologist 11*, 221–233.

SKINNER, B. F. (1957). *Verbal behavior*. Englewood Cliffs, NJ: Prentice Hall.

SKINNER, B. F. (1958). Teaching machines. *Science, 128*, 969–977.

SKINNER, B. F. (1960). Pigeons in a pelican. *American Psychologist, 15*, 28–37.

SKINNER, B. F. (1967). In E. G. Boring & G. Lindzey (eds.), A *history of psychology in autobiography*. New York: Naiburg.

SKINNER, B. F. (1971). *Beyond freedom and dignity*. New York: Knopf.

SKINNER, B. F. (1974). *About behaviorism*. New York: Knopf.

SKINNER, B. F. (1984). The shame of a American education. *American Psychologist, 39*, 947–954.

SKINNER, B. F. (1986). What is wrong with daily life in the Western World? *American Psychologist, 41*, 568–574.

SKINNER, B. F. (1987). *Upon further reflection*. Englewood Cliffs, NJ: Prentice Hall.

SMEDSLUND, J. (1961). The acquisition of conservation of substance and weight in children: I. Introduction. *Scandinavian Journal of Psychology, 2*, 11–20.

SONG, H., & BAILLARGEON, R. (2008). Infants' reasoning about others' false perceptions. *Developmental Psychology, 44*(6), 1789–1795.

SOTO, F. A., & WASSERMAN, E. A. (2010). Error-driven learning in visual categorization and object recognition: A common-elements model. *Psychological Review, 117*(2), 349–381.

SPENCE, K. W. (1936). The nature of discrimination in animals. *Psychological Review, 43*, 427–449.

SPENCE, K. W. (1937). The differential response in animals to stimuli varying within a single dimension. *Psychological Review, 44*, 430–444.

SPENCE, K. W. (1942). The basis of solution by chimpanzees of the intermediate size problem. *Journal of Experimental Psychology, 31*, 257–271.

SPENCE, K. W. (1952). Clark Leonard Hull: 1884–1952. *American Journal of Psychology, 65*, 639–646.

SPENCE, K. W. (1956). *Behavior theory and conditioning.* New Haven, CT: Yale University Press.

SPENCE, K. W. (1960). *Behavior theory and learning: Selected papers.* Englewood Cliffs, NJ: Prentice Hall.

SPENCE, K. W., & LIPPITT, R. (1940). "Latent" learning of a simple maze problem with relevant needs satiated. *Psychological Bulletin, 37,* 429.

SPERRY, R. W. (1961). Cerebral organization and behavior. *Science, 133,* 1749-1757.

SPERRY, R. W. (1964). The great cerebral commissure. *Scientific American, 210,* 42-52.

SPOONER, F., JORDAN, L., ALGOZZINE, B., & SPOONER, M. (1999). Student ratings of instructions in distance learning and on-campus classes. *Journal of Educational Research, 92,* 132-140.

SPRINGER, S. P., & DEUTSCH, G. (1985). *Left brain, right brain* (rev. ed.). San Francisco: Freeman.

SPURZHEIM, G. (1834). *Phrenology, or the doctrine of mental phenomena.* Boston: Marsh, Capen, & Lyon.

SQUIRE, L. R. (1992). Memory and the hippocampus: A synthesis from findings with rats, monkeys, and humans. *Psychological Review, 99,* 143-145.

STADDON, J. (1995, February). On responsibility and punishment. *Atlantic Monthly,* 88-94.

STADDON, J. E. R. (1988). Learning as inference. In R. C. Bolles & M. D. Beecher (eds.), *Evolution and learning* (pp. 59-77). Hillsdale, NJ: Lawrence Erlbaum Associates.

STADDON, J. E. R., & CERLUTTI, D. T. (2003). Operant conditioning. *Annual Reviews of Psychology, 54,* 115-144.

STANOVICH, K. E. (2010). *How to think straight about psychology* (9th ed.). Boston: Allyn & Bacon.

STANTON, P. K. (1996). LTD, LTP, and the sliding threshold for long-term synaptic plasticity. *Hippocampus, 6,* 35-42.

STAUBLI, U., & LYNCH, G. (1987). Stable hippocampal long-term potentiation elicited by "theta" pattern stimulation. *Brain Research, 444,* 153-158.

STEVENSON-HINDE, J. (1973). Constraints on reinforcement. In R. A. Hinde & J. Stevenson-Hinde (eds.), *Constraints on learning.* New York: Academic Press.

STEWART, J., & KOLB, B. (1994). Dendritic branching in cortical pyramidal cells in response to ovariectomy in adult female rats. *Brain Research, 654,* 149-154.

STEWART-WILLIAMS, S., & PODD, J. (2004). The placebo effect: Dissolving the expectancy versus conditioning debate. *Psychological Bulletin, 130,* 324-340.

SUBRAMANIAM, K., KOUNIOS, J., PARRISH, T. B., & JUNG-BEEMAN, M. (2009). A brain mechanism for facilitation of insight by positive affect. *Journal of Cognitive Neuroscience, 21,* 415-432.

SUEDFIELD, P., & COREN, S. (1989). Perceptual isolation, sensory deprivation, and rest: Moving introductory psychology texts out of the 1950s. *Canadian Psychology, 30,* 17-29.

SULLOWAY, F. J. (1996). *Born to rebel: Birth order, family dynamics, and creative lives.* New York: Pantheon.

SUMOWSKI, J. F., CHIARAVALLOTI, N., & DELUCA, J. (2010). Retrieval practice improves memory in multiple sclerosis: Clinical application of the testing effect. *Neuropsychology, 24*(2), 267-272.

TAYLOR, J. A. (1951). The relationship of anxiety to the conditioned eyelid response. *Journal of Experimental Psychololgy, 41,* 81-92.

TENNIE, C., CALL, J., & TOMASELLO, M. (2010). Evidence for emulation in chimpanzees in social settings using the floating peanut task. *PLoS ONE, 5,* e10544. DOI:10.1371/journal.pone.0010544.

THANELLOU, A., & GREEN, J. T. (2011). Spontaneous recovery but not reinstatement of the extinguished conditioned eyeblink response in the rat. *Behavioral Neuroscience, 125*(4), 613-625.

THOMAS-OLLIVIER, V., REYMANN, J. M., LEMOAL, S., SCHUCK, S., LIEURY, A., & ALLAIN, H. (1999). Procedural memory in recent-onset Parkinson's disease. *Dementia and Geriatric Cognitive*

Disorders, 10, 172–180.

THORNDIKE, E. L. (1898). Animal intelligence: An experimental study of the associative processes in animals. *Psychological Review* [Monograph Suppl.] *2(81).*

THORNDIKE, E. L. (1901). The mental life of the monkeys. *Psychological Review Monograph, 3(15).*

THORNDIKE, E. L. (1905). *The elements of psychology* (2nd ed.). New York: Seiler.

THORNDIKE, E. L. (1906). *The principles of teaching: Based on Psychology.* New York: Seiler.

THORNDIKE, E. L. (1911). *Animal intelligence.* New York: Macmillan.

THORNDIKE, E. L. (1912). *Education, a first book.* New York: Macmillan.

THORNDIKE, E. L. (1913a). *Educational Psychology: Vol. 1. The psychology of learning.* New York: Teachers College Press.

THORNDIKE, E. L. (1913b). *Educational Psychology: Vol. 2. The original nature of man.* New York: Teachers College Press.

THORNDIKE, E. L. (1922). *The psychology of arithmetic.* New York: Crowell-Collier and Macmillan.

THORNDIKE, E. L. (1924). Mental discipline in high school studies. *Journal of Educational Psychology, 15,* 1–22, 83–98.

THORNDIKE, E. L. (1932). *The fundamentals of learning.* New York: Teachers College Press.

THORNDIKE, E. L. (1940). *Human nature and the social order.* New York: Macmillan.

THORNDIKE, E. L. (1949). *Selected writings from a connectionist's psychology.* New York: Appleton-Century-Crofts.

THORNDIKE, E. L. & WOODWORTH, R. S. (1901). The influence of improvement in one mental function upon the efficiency of other functions. *Psychological Review, 8,* 247–261, 384–395, 553–564.

THORPE, W. H. (1963). *Learning and instinct in animals* (2nd ed.). Cambridge, MA: Harvard University Press.

TIGER, L. (1979). *Optimism: The biology of hope.* New York: Simon and Schuster.

TIMBERLAKE, W. (1980). A molar equilibrium theory of learned performance. In G. H. Bower (ed.), *The psychology of learning and motivation* (Vol. 14, pp. 1–58). San Francisco, CA: Academic Press.

TIMBERLAKE, W. (1983). Appetitive structure and straight alley maze running. In R. Mellgren (ed.), *Animal cognition and behavior* (pp. 165–222). Amsterdam: North Holland Press.

TIMBERLAKE, W. (1997). An animal centered, causal-system approach to the understanding and control of behavior. *Applied Animal Behaviour Science, 53,* 107–129.

TIMBERLAKE, W. (1999). Biological behaviorism. In W. O'Donohue & R. Kitchener (eds.), *Handbook of behaviorism* (pp. 243–284). San Diego, CA: Academic Press.

TIMBERLAKE, W. (2001). Integrating niche-related and general process approaches in the study of learning. *Behavioural Processes, 54,* 79–94.

TIMBERLAKE, W. (2002). Niche-related learning in laboratory paradigms: The case of maze behavior in Norway rats. *Behavioural Brain Research, 134,* 355–374.

TIMBERLAKE, W., & ALLISON, J. (1974). Response deprivation: An empirical approach to instrumental performance. *Psychological Review, 81,* 146–164.

TIMBERLAKE, W., & FARMER-DOUGAN, V. A. (1991). Reinforcement in applied settings: Figuring out ahead of time what will work. *Psychological Bulletin, 110,* 379–391.

TIMBERLAKE, W., & LUCAS, G. A. (1989). Behavior systems and learning: From misbehavior to general principles. In S. B. Klein & R. R. Mowrer (eds.), *Contemporary learning theories: Instrumental conditioning theory and the impact of biological constraints on learning* (pp. 237–275). Hillsdale, NJ: Erlbaum.

TIMBERLAKE, W., & SILVA, K. M. (1995). Appetitive

behavior in ethology, psychology, and behavior systems. In N. Thompson (ed.), *Perspectives in ethology* (pp. 211–253). New York: Plenum Press.

TIMBERLAKE, W., & WHITE, W. (1990). Winning isn't everything: Rats need only food deprivation not food reward to traverse a radial arm maze efficiently. *Learning and Motivation, 21*, 153–163.

TIPPETT, L. J., & FARAH, M. J. (1998). Parallel distributed processing models in Alzheimer's disease. In R. W. Parks & D. S. Levine (eds.), *Fundamentals of neural network modeling: Neuropsychology and cognitive neuroscience* (pp. 319–415). Cambridge, MA: MIT Press.

TOLMAN, E. C. (1932). *Purposive behavior in animals and men.* New York: Naiburg.

TOLMAN, E. C. (1938). The determiners of behavior at a choice point. *Psychological Review, 45*, 1–41.

TOLMAN, E. C. (1942). *Drives toward war.* New York: Appleton–Century–Crofts.

TOLMAN, E. C. (1945). A stimulus–expectancy need–cathexis psychology. *Science, 101*, 160–166.

TOLMAN, E. C. (1949). There is more than one kind of learning. *Psychological Review, 56*, 144–155.

TOLMAN, E. C. (1959). Principles of purposive behavior. In S. Koch (ed.), *Psychology: A study of a science* (Vol. 2). New York: McGraw–Hill.

TOLMAN, E. C. & HONZIK, C. H. (1930). Introduction and removal of reward, and maze performance in rats. *University of California Publications in Psychology, 4*, 257–275.

TOLMAN, E. C., RITCHIE, B. F., & KALISH, D. (1946a). Studies in spatial learning. I. Orientation and the short-cut. *Journal of Experimental Psychology, 36*, 13–24.

TOLMAN, E. C., RITCHIE, B. F., & KALISH, D. (1946b). Studies in spatial learning. II. Place learning versus response learning. *Journal of Experimental Psychology, 36*, 221–229.

TOOBY, J., & COSMIDES, L. (1990). The past explains the present: Emotional adaptations and the structure of ancestral environments. *Ethology and Sociobiology, 10*, 29–49.

TOOBY, J., & COSMIDES, L. (1992). Psychological foundations of culture. In J. H. Barkow, L. Cosmides, & J. Tooby (eds.), *The adapted mind* (pp. 19–136). New York: Oxford University Press.

TOPOLINSKI, S., & REBER, R. (2010). Gaining insight into the "aha" experience. *Current Directions in Psychological Science, 19*, 402–405.

UNDERWOOD, B. J., & KEPPEL, G. (1962). One–trial learning? *Journal of Verbal Learning and Verbal Behavior, 1*, 1–13.

UTTAL, W. R. (2011). *Mind and brain: A critical appraisal of cognitive neuroscience.* Cambridge: MIT Press.

VAKIL, E., & HERISHANU–NAAMAN, S. (1998). Declarative and procedural learning in Parkinson's disease patients having tremor or bradykinesia as the predominant syndrome. *Cortex, 34*, 611–620.

VANDERWOLF, C. H., KRAMIS, R., GILLESPIE, L. A., & BLAND, B. G. (1975). Hippocampal rhythmical slow activity and neocortical low voltage fast activity: Relations to behavior. In R. L. Isaacson & K. H. Pribram (eds.), *The hippocampus. Vol. 2. Neurophysiology and behavior.* New York: Plenum Press.

VASTA, R., ROSENBERG, D., KNOTT, J. A., & GAZE, C. E. (1997). Experience and the water–level task revisited: Does expertise exact a price? *Psychological Science, 8*(4), 336–339.

VERPLANCK, W. S. (1954). Burrhus F. Skinner. In Estes et al. (eds.), *Modern learning theory* (pp. 267–316). New York: Appleton–Century–Crofts.

VOEKS, V. W. (1950). Formalization and clarification of a theory of learning. *Journal of Psychology, 30*, 341–363.

VOIGT, T., OPITZ, T., & DOLABELA de LIMA, A. (2005). Activation of early silent synapses by spontaneous synchronous network activity limits the range of neocortical connections. *Journal of Neuroscience,*

25 (18), 4605-4615.

VON SENDEN, M. V. (1932). *Raum-und gestaltauffassung bei operierten blindgeborenen vor und nach der operation.* Leipzig: Barth.

VORONIN, L. L., & CHERUBINI, E. (2004). "Deaf, mute, and whispering" silent synapses: Their role in synaptic plasticity. *Journal of Psychology, 557* (1), 3-12.

VYAS, A., MITRA, R., RAO, S., & CHATTARJI, S. (2002). Chronic stress induces contrasting patterns of dendritic remodeling in hippocampal and amygdaloid neurons. *Journal of Neuroscience, 22,* 6810-6818.

WAGNER, A. R. (1961). Effects of amount and percentage of reinforcement and number of acquisition trials on conditioning and extinction. *Journal of Experimental Psychology, 32,* 234-242.

WAGNER, A. R. (1963). Conditioned frustration as a learned drive. *Journal of Experimental Psychology, 64,* 142-148.

WAGNER, A. R. (1969). Stimulus selection and a "modified continuity theory." In G. H. Bower & J. T. Spence (eds.), *The psychology of learning and motivation* (Vol. 3). New York: Academic Press.

WAGNER, A. R. (1971). Elementary associations. In H. H. Kendler & J. T. Spence (eds.), *Essays in neobehaviorism: A memorial volume to Kenneth W. Spence.* Englewood Cliffs, NJ: Prentice Hall.

WAGNER, A. R. (1978). Expectancies and the priming of STM. In S. H. Hulse, H. Fowler, & W. R. Honig (eds.), *Cognitive processes in animal behavior.* Hillsdale, NJ: Erlbaum.

WAGNER, A. R., & RESCORLA, R. A. (1972). Inhibition in Pavlovian conditioning: Application of a theory. In R. A. Boakes & M. S. Halliday (eds.), *Inhibition and learning.* New York: Academic Press.

WALKER, E. L. (1969). Reinforcement-"the one ring." In J. T. Tapp (ed.), *Reinforcement and behavior.* New York: Academic Press.

WALTERS, G. C., & GRUSEC, J. E. (1977). *Punishment.* San Francisco: Freeman.

WASHBURN, M. F. (1908). *The animal mind: A text-book of comparative psychology.* New York: Macmillan.

WATSON, J. B. (1908). Imitation in monkeys. *Psychological Bulletin, 5,* 169-178.

WATSON, J. B. (1913). Psychology as the behaviorist views it. *Psychological Review, 20,* 158-177.

WATSON, J. B. (1925). *Behaviorism.* New York: Norton.

WATSON, J. B. (1926). Experimental studies on the growth of the emotions. In C. Murchison (ed.), *Psychologies of 1925.* Worcester, MA: Clark University Press.

WATSON, J. B. (1936). John B. Watson. In C. Murchison (ed.), *History of Psychology in autobiography* (Vol. 3). Worcester, MA: Clark University Press.

WATSON, J. B., & McDOUGALL, W. (1929). *The battle of behaviorism.* New York: Norton.

WATSON, J. B., & RAYNER, R. (1920). Conditioned emotional reactions. *Journal of Experimental Psychology, 3,* 1-14.

WATSON, R. I. (1978). *The great Psychologists* (4th ed.). Philadelphia: Lippincott.

WEDEKIND, C., & FÜRI, S. (1997). Body odor preference in men and women: Do they aim for specific MHC combinations or simply heterozygosity? *Proceedings of the Royal Society of London, B, 264,* 1471-1479.

WEDEKIND, C., SEEBECK, T., BETTENS, F., & PAEPKE, A. J. (1995). MHC-dependent mate preferences in humans. *Proceedings of the Royal Society of London, B, 260,* 245-249.

WEIMER, W. B. (1973). Psycholinguistics and Plato's paradoxes of the Meno. *American Psychologist, 28,* 15-33.

WERTHEIMER, M. (1912). Experimentelle studienfiber das sehen von bewegung. *Zeitschrift Für Psychologie, 61,* 161-265.

WERTHEIMER, M. (1959 [1945]). *Productive thinking,* enlarged ed. by Max Wertheimer, ed. Michael Wertheimer. New York: Harper & Row.

WERTHEIMER, M. (1980). Gestalt theory of learning. In

G. M. Gazda & R. J. Corsini (eds.), *Theories of learning: A comparative approach*. Ithasca, IL: Peacock.

WILCOXON, H. C., DRAGOIN, W. B., & KRAL, P. A. (1971). Illness-induced aversions in rat and quail: Relative salience of visual and gustatory cues. *Science, 171*, 826-828.

WILLIAMS, B. A., & McDEVITT, M. A. (2002). Inhibition and superconditioning. *Psychological Science, 13*, 454-459.

WILLIAMS, D. R., & WILLIAMS, H. (1969). Auto-maintenance in the pigeon: Sustained pecking despite contingent non-reinforcement. *Journal of Experimental Analysis of Behavior, 12*, 511-520.

WILSON, E. C., PALMERO, R., SCHMALZL, L., & BROCK, J. (2010). Specificity of impaired facial identity recognition in children with suspected developmental prosopagnosia. *Cognitive Neuropsychology, 27*(1), 30-45.

WILSON, E. O. (1975). *Sociobiology: The new synthesis*. Cambridge MA: Harvard University Press.

WILSON, E. O. (1988a). *Consilience: The unity of knowledge*. New York: Knopf.

WILSON, E. O. (1988b). *On human nature*. Cambridge MA: Harvard University Press.

WILSON, M., & KNOBLICH, G. (2005). The case for motor involvement in perceiving conspecifics. *Psychological Bulletin, 131(3)*, 460-473.

WINDHOLZ, G. (1992). Pavlov's conceptualization of learning. *American Journal of Psychology, 102*, 459-469.

WOLPE, J. (1958). *Psychotherapy by reciprocal inhibition*. Stanford, CA: Stanford University Press.

WOODWORTH, R. S. (1938). *Experimental psychology*. New York: Henry Holt.

YUCHA, C. B., CLARK, L., SMITH, M., URIS, P., LAFLEUR, B., & DUVAL, S. (2001). The effect of biofeedback in hypertension. *Applied Nursing Research, 14*(1), 29-35.

ZEAMAN, D. (1949). Response latency as a function of the amount of reinforcement. *Journal of Experimental psychology, 39*, 466-483.

ZENTALI, T. R. (2003). Imitation by animals: How do they do it? *Current Directions in Psychological Science. 12*, 91-95.

ZENALL, T. R. (2011). Perspectives on observational learning in animals. *Journal of Comparative Psychology*, Advance online publication. DOI: 10.1037/a0025381.

ZIRKLE, G. A. (1946). Success and failure in serial learning: I. The Thorndike effect. *Journal of Experimental psychology, 36*, 230-236.

ZUBEK, J. P. (1969). *Sensory deprivation: Fifteen years of research*. New York: Appleton-Century-Crofts.

| 찾아보기 |

〈인 명〉

〈내 용〉

[저자 소개]

Matthew H. Olson
햄린 대학교(Hamline University) 심리학과 교수. 미시간 대학교에서 실험심리학 박사 학위를 받았다. 사후과 잉확신편향(hindsight bias), 비합리적 행동(irrational behavior) 등을 주제로 논문을 발표하였다. 저서로는 『성격이론(An Introduction to Theories of Personality)』, 『학습심리학(An Introduction to Theories of Learning)』 등이 있다.

B. R. Hergenhahn
햄린 대학교(Hamline University) 심리학과 명예교수. 저서인 『심리학의 역사(An Introduction to the History of Psychology)』, 『학습심리학(An Introduction to Theories of Learning)』, 논문인 「심리학의 인지적 혁명 (Psychology's cognitive revolution)」 등을 통해 학습심리학 분야의 역사와 이론을 통합적으로 정리하였다.

[역자 소개]

서울대학교 학습창의센터
서울대학교 교육학과 교육심리 전공을 중심으로, 미래 인재의 학습 역량과
창의성 계발을 위한 연구와 실천을 지향하는 학문공동체

[대표 역자]

신종호(Shin, Jongho)
서울대학교 대학원 석사(교육학 전공)
미네소타 대학교 대학원 박사(교육심리학 전공)
전 세종대학교 교육학과 교수
현 서울대학교 교육학과 교수

이선영(Lee, Seon-Young)
서울대학교 대학원 석사(교육학 전공)
조지아 대학교 대학원 박사(교육심리학 전공)
전 연세대학교 교육학과 교수
현 서울대학교 교육학과 교수

학습심리학
-인간의 사고, 정서, 행동의 이해-

An Introduction to Theories of Learning (9th ed.)

2015년 8월 31일 1판 1쇄 발행
2021년 2월 25일 1판 5쇄 발행

지은이 • Matthew H. Olson · B. R. Hergenhahn
옮긴이 • 서울대학교 학습창의센터
펴낸이 • 김 진 환
펴낸곳 • (주) **학 지사**

　　　　04031 서울특별시 마포구 양화로 15길 20 마인드월드빌딩 5층
대표전화 • 02) 330-5114　　　팩스 • 02) 324-2345
등록번호 • 제313-2006-000265호
홈페이지 • http://www.hakjisa.co.kr
페이스북 • https://www.facebook.com/hakjisabook

ISBN 978-89-997-0742-1 93180

정가 **27,000원**

이 도서의 국립중앙도서관 출판시도서목록(CIP)은 서지정보유통지원시스템
홈페이지(http://seoji.nl.go.kr)와 국가자료공동목록시스템(http://www.nl.go.kr/kolisnet)
에서 이용하실 수 있습니다.
(CIP제어번호: CIP2015019698)

출판 · 교육 · 미디어기업 **학 지사**

간호보건의학출판 **학지사메디컬** www.hakjisamd.co.kr
심리검사연구소 **인싸이트** www.inpsyt.co.kr
학술논문서비스 **뉴논문** www.newnonmun.com
원격교육연수원 **카운피아** www.counpia.com